The Euro Trap

ON BURSTING BUBBLES, BUDGETS, AND BELIEFS

.
.
.

HANS-WERNER SINN

First Edition Published in 2014, in the United States of America by Oxford
University Press. (www.oup.com)

Translated with mediation of Maria Pinto–Peuckmann, Literary Agency, World
Copyright Promotion, Kaufering, Germany.

유로의 함정

Hans−Werner Sinn 지음

이헌대, 조윤수, 장택규 옮김

한티미디어

유로의 함정 The Euro Trap

발행일 2015년 3월 15일

지은이 한스베르너 진

옮긴이 이현대 조윤수 장택규

펴낸이 김준호

펴낸곳 한티미디어 | **주 소** 서울시 마포구 연남동 570-20

등 록 제15-571호 2006년 5월 15일

전 화 02)332-7993~4 | **팩 스** 02)332-7995

ISBN 978-89-6421-225-7 (93320)

정 가 25,000원

마케팅 박재인 최상욱 김원국 | **관 리** 김지영

편 집 이소영 박새롬 안현희

홈페이지 www.hanteemedia.co.kr | **이메일** hantee@empal.com

본인의 저서 '유로의 함정'이 한티미디어의 출판기획과 이헌대 교수의 탁월한 번역으로 출간되게 되어 영광스럽게 생각한다. 한국과 독일에는 공통점이 많다. 근로자의 도덕률뿐만 아니라 경제구조도 비슷하다. 두 나라 모두 천연자원이 거의 없다.

또한 이 두 나라는 공산주의 진영과 시장경제 진영 간 분단의 운명을 체험하였다. 이 두 나라는 '불가피한 제약'이라는 것이 어떤 것인지를 잘 알고 있으며 정치적 혼란도 경험하였다. 따라서 나는 한국의 독자와 교감할 수 있길 바란다.

독일은 그 사이에 통일을 달성하였고, 단일통화가 존재하는 새로운 유럽 국가연방에 통합되었다. 25년 전 이 프로젝트가 시작되었을 때 사람들은 커다란 기대를 품었다. 유럽의 통합을 촉진해야 하고, 평화를 위해 통합을 한층 더 강화해야 한다는 것이었다.

유감스럽게도 이러한 희망은 비극으로 끝났다. 유럽은 유로체제 내에서 역동성을 상실했고 연이은 위기에 휘청거리고 있다. 사람들은 남유럽의 대량실업에 우려를 금치 못하고 있다. 급진정당의 세력이 강화되어 체제전복 이념이 확산되고 있으며 극단적 발언도 서슴지 않고 하는 분위기이다. 국가 간 막대한 구제금융을 통하지 않고서는 이러한 분노를 결코 잠재울 수 없는 지경에 이르렀다. 제2차 세계대전 이래로 서유럽 국민들 사이에 긴장이 유로도입 이후처럼 이토록 첨예화된 경우는 전혀 없었다.

이 책은 그 원인을 경제적 측면에서 규명하고 선택 가능한 정책대안을 제시하려고 한다. 이것은 유럽의 실패를 되풀이하지 말라는 교훈이자 경고이다. 국가의 통합에 반대하는 주장을 펼치자는 것이 아니라 오히려 그 정반대이다. 스위스 모델에 따라 유럽통합을 지속할 것을 요구한다. 그러나 이 책은 정치적 단순논리에 대해, 그리고 경제법칙보다 정치를 우선시하려는 의도에 대해 강력한 경고의 메시지를 던지고 있다.

2015년 2월 19일
뮌헨에서

한스베르너 진

"유럽의 최근 경제경험에 관한 이 예리한 분석에서 한스베르너 진은 잘못된 인센티브와 부실한 제도를 바로잡는 데 실패한 정치적 계략인 유로에 대한 검시(檢屍)를 하고 있다. 그는 법의학적 조사 과정에서, 금융정책의 실시를 통해서, 그리고 부담을 지게 되는 사람들의 분명한 동의나 승인 없이 이루어진 충격적 재정공약의 정체를 밝히고 있다. 진 교수는 유럽의 안정과 번영의 경로(經路)에 놓여 있는 가장 중요한 장애물은 비논리적이며 지속 불가한 시스템이라고 강변하면서 행동을 요구하고 나선다. 이 우수한 저작은 유로와 그 전망을 옹호함에 있어 현실보다 희망을 가지려는 사람들로부터 큰 반향을 불러오고 있다."

- Alan J. Auerbach, Professor of Economics and Law, University of California, Berkeley

"유로 위기에 관해 풍부한 내용을 담고 있고 문외한도 이해할 수 있는 독보적인 책을 한스베르너 진이 저술하였다. 바라건대 정치가들은 이 책을 읽는 데 그치지 말고 가슴깊이 새겨야 할 것이다."

- Ernst Baltensperger, Professor Emeritus of Macroeconomics, University of Bern

"한스베르너 진은 과도한 국채와 유럽연합 전반의 경쟁력 분산으로 인해 야기된 위험에 대해 탁월한 능력으로 선명하게 개관하고 있다. 남유럽 국가들이 유럽중앙은행에서 제공받은 신용이 급격히 증가했고 그에 따른 위험 때문에 안정적인 회원국들의 자산이 증가했다는 주장은 과장되었음에 틀림없다."

- Peter Bernholz, Professor Emeritus of Public Finance,
University of Basel

"한스베르너 진은 독일에서 저술활동이 가장 활발하고 학식이 가장 뛰어난 경제학자로 부상하였다. 그는 유로뿐 아니라 그 밖의 매우 다양한 주제에 관해 저술하였다. 이 책은 그야말로 역작(力作)이다."

- Jagdish N. Bhagwati, Professor of Economics,
Law and International Affairs, Columbia University, and author of In Defense
of Globalization

"나는 이 책에서 눈을 뗄 수가 없었다. 이 책으로 진 교수는 드디어 걸작을 완성하였다. 책을 너무 잘 써서 심지어는 경제학자가 아닌 사람들도 쉽게 이해할 수 있다. 이 책은 아무런 과장 없이 당신이 정신을 바짝 차리도록 할 것이다."

- Friedrich Breyer, Professor of Economics and Public Policy,
University of Konstanz

"진 교수는 또다시 우리를 계몽하고 자극했으며 강력한 정책대안을 제시하였다. 그의 견해에 따르면, 남유럽의 유로존 가입국은 일시적으로 유로존을 탈퇴하고 화폐를 평가절하한 후 투명한 금융 및 재정상의 대차대조표를 갖춘 재정질서를 확립함으로써 경쟁력을 회복해야 한다. 그렇게 되면, 미국식 금융시스템, 국가에 대한 강력한 재정제약, 지역중립적인 금융정책 등을 특징으로 하는 새로운 EU는 이 나라들이 새로운 조건하에 유로존으로 복귀하는 것을 환영할 것이다. 진 교수는, 기존 정책 때문에 북유럽의 대규모 자본이 남유럽으로 이동하면서 불가피하게 상호대차관계가 형성되었고 그가 신뢰하던 발권중앙은행이 거품의 재발을 야기했으며 남유럽 국가의 경쟁력이 없었다는 점을 인정하면서 이러한 사태로 말미암아 결국 역사가 위기로 점철되게 되었다는 주장을 펼치고 있다."

"진 교수는 모든 관련 사안의 문제를 제기하고 있으며, 그 과정에서 유럽이 왜 곤경에 빠지게 되었는지를 우리에게 가르쳐주고 있다. 복잡한 수수께끼가 풀렸고, 신화가 드러났으며, 불가사의가 그렇게 기술적이지 않은 방식으로 설명되었다. 이 분석적이고 역사적인 안목에 전적으로 동의하지 않는 사람들은 이제 관련 사안에 관한 진 교수의 분명한 해설에 대해 논박하고 그 비중과 해석을 달리해야 할 것이다. 모든 독자는 진 교수의 시의적절한 노력에서 안목을 키우고 많은 점을 배울 것이다. 현재 유럽이 당면하고 있는 난제의 연결고리를 파악하는 데 관심을 갖고 있는 사람이라면 누구나 읽어야 할 필독서이다."

- Robert Haveman, Professor Emeritus of Economics and Public Affairs,
University of Wisconsin-Madison

"한스베르너 진이 연구물을 생산하는 거장(巨匠)으로서 넓은 독자층을 갖고 있음은 충분히 이해할 만하고 또 분명한 사실이다. 중요한 저작!"

- Stefan Homburg, Professor of Public Finance,
University of Hannover

"한스베르너 진은 그의 완벽한 분석에서 놀라울 정도로 참을성 있게, 현명하게, 명석하게 유로 위기의 복잡하게 얽히고설킨 이야기를 술술 풀어내고 있다. 심혈을 기울인 분석을 통해 유로시스템이 중대한 개혁 없이는 지속될 수 없다는 점을 분명히 밝히고 있다. 그리고 이러한 개혁을 수행하는 방법과 관련하여 그가 제시한 획기적 권고사항들은 우리 모두가 수용할 만한 가치가 있다."

- Peter W. Howitt, Professor Emeritus of Social Sciences,
Brown University

"한스베르너 진은 중요한 메시지를 전달하기 위해 복잡한 인과관계를 쉽게 이해할 수 있는 언어로 또다시 명석하게 설명하고 있다."

- Otmar Issing, Professor of Economics,
Money and International Economic Relations,
University of Frankfurt, and former ECB Chief Economist

"진 교수는 미래를 향한 현실적인 여러 대안을 제시하면서 정신이 번쩍 들 정도로 냉철하게 과거를 회고하고 있다. 이 책은 현재 유럽이 어떤 상황에 처해 있는지, 그리고 유로를 구하기 위해 무엇을 해야 할지를 알고 싶은 사람이라면 누구나 읽어야 할 필독서이다."

- Anil K. Kashyap, Professor of Economics and Finance,
University of Chicago

"진 교수는 독일의 유로 선택에 반대했던 사람들이 결국에는 옳았다고 인정하기 때문에 이 도발적인 책에서 작심한 듯 솔직담백한 어조로 서술하고 있다. 이 책은 유로시스템의 잘못된 점이 무엇인지, 그리고 그것을 어떻게 고칠 수 있는지, 아니면 고칠 수 없는지에 관해 일관된 분석을 하고 있다. 유럽의 미래를 걱정하는 사람이라면 누구나 이 책을 읽을 필요가 있다."

- David Laidler, Professor Emeritus of Economics,
University of Western Ontario

"'유로의 함정'(Euro Trap)이라는 제목의 이 책은 수많은 사람들의 커다란 관심을 끌고 있다. 이 책은 많은 강점을 지니고 있다. 구체적이지만 쉽게 읽을 수 있다. 이 책은 유로의 실제 원동력이 유럽을 강하게 만들고 미래의 전쟁을 방지하려는 정치라는 점에 인식을 같이하고 있다. 따라서 유로를 포기할 것이 아니라 강화해야 한다는 것이다. 무엇보다도, 장기간에 걸친 유로 위기는 많은 사람들이 우리를 그렇게 설득한 것처럼 단순히 금융위기에 그치는 것이 아니라는 점을 솔직담백하게 밝히고 있다. 유럽의 경제회복은 각 지역의 생산비 격차 때문에 지연되고 있다. 진 교수의 결론에 따르면, 채무국은 경쟁력 회복을 위해 일시적으로나마 유로존을 탈퇴하고 평가절하를 단행해야 한다. 저자는 이러한 조정 작업이 아무런 대가를 치루지 않고 순탄하게 진행될 수는 없겠지만 성장회복을 위한 필요충분조건이라고 인식하고 있다."

- Allan H. Meltzer, Professor of Political Economy, Carnegie Mellon University,
and Distinguished Visiting Fellow, the Hoover Institution,
Stanford University

"한스베르너 진은 유로 구제에 관해 분명하고 설득력 있게 분석하고 있다. 비록 제공된 신용의 대부분이 결코 상환되지 않을 것이라는 점이 분명해졌지만, 그는 정책가들이 납세자가 치른 비용에 대한 책임을 져야 한다는 전제 하에 이들이 왜 더 깊은 수렁에 빠져들었는지를 설명하고 있다. 정치적 선언을 맹목적으로 받아들지 않고 실제 어떤 일이 진행되고 있는지를 알고 싶어 하는 사람들의 마음을 사로잡는 책이다. 우리의 정치가들은 이 책을 꼭 읽고서 자신들이 도대체 무슨 일을 하고 있는지 깊이 깨달아야 할 것이다."

- Manfred J. M. Neumann, Professor Emeritus and Director
of Institute for International Economy, University of Bonn

"'유로의 함정'이라는 이 책은 수렁에 빠져 있는 유로존에 대해 대담하고 명석하게 분석하고 있다. 북유럽에서 남유럽으로의 금융이전에 관한 한스베르너 진의 명쾌하고 분명한 설명, 그리고 그가 제시한 출구전략에 대해 유럽을 비롯한 전 세계의 일반대중과 정책입안자는 신중하게 궁구해야 할 것이다."

- William D. Nordhaus, Professor of Economics,
Yale University

"한스베르너 진은 최소한 10년 만에 유로에 관한 가장 중요한 학술서를 저술한 것 같다. 어떤 논점을 취하든 간에 이 책을 꼼꼼히 읽어봐야 할 것이다. 그의 목표는 열렬한 지지를 보내거나 비판을 가하는 데 있는 것이 아니라 균형 잡힌 객관적 통찰을 제공하는 데 있다. 진 교수의 기본 논제는 유로시스템을 좀 더 투명하고 좀 더 민주적으로 만들어야 비로소 그것의 미래가 매우 밝아질 수 있을 것이라는 점이다."

"위대한 금융기계(financial machine)가 여전히 작동하고 있다. 그러나 한스 베르너 진은 나로 하여금 모든 사람이 간과한 작품 깊숙이 숨겨져 있는 디자인 결함을 발견한 정확하고 신중한 기술자의 모습을 떠올리게 하고 있다. 이 책은 이러한 발견의 산물이다. 너무 흥미진진하고 그 세부내용이 너무 걱정스러워서 나는 이 책을 한자리에서 다 읽어버렸다."

"한스베르너 진이 쓴 '유로의 함정'(Euro Trap)은 유로시스템의 기본적인 약점을 철저히 파헤치고 있다. 이 책은 유로존 구제정책의 잘못된 접근방식을 지적하는 데 그치지 않는다. 통화동맹의 장기적 안정을 도모하기 위한 새로운 전략도 제안하고 있다."

"한스베르너 진은 언제나 그렇듯이 열정과 단순명쾌함으로 이 중요한 저작에서 유로존이 직면하고 있는 위험한 취약점의 원인을 설명하고 현실적인 개선안을 제시하고 있다. 그는 현재 금융의 복잡한 사정뿐만 아니라 해결해야 할 매우 근본적인 문제점을 통찰하고 있다. 그 중 하나는 공동 재정정책이 부재한 통화동맹에서 중앙은행이 실질적인 재정정책을 실시하도록 압박을 받고 있다는 점이다. 다른 하나는 주변국들이 채무과잉 때문만이 아니라 소득손실을 수반하는 실질적 평가절하에 대한 지속적 요구 때문에 고통을 받고 있다는 점이다. 진 교수가 제안하는 대안에 모든 사람이 동의하지는 않을 것이다. 그러나 그는 진정성이 있는 사람이라면 누구라도 궁극적인 대안을 찾아야 한다고 강변하고 있다. 진 교수는 영향력이 매우 큰 사람이다."

"이 책은 유럽의 국제수지 위기, 그리고 이와 관련하여 남유럽에 만연한 경쟁력 위기에 관한 전반적 이해를 도모하고 있다. 이 시도가, 지금까지 잘 알려지지 않았거나 부분적으로만 알려진 풍부한 경험적 사실을 토대로 한 분석에 입각하고 있음은 반론의 여지가 없다. 이 중요한 저작은 우리의 눈앞에서 베일을 벗기고 있다."

"한스베르너 진은 현재의 유로존이 어떤 문제점을 지니고 있는지에 관해 설명하고 강력한 개혁이 필요하다고 강변하고 있다. 이 책은 유로존 논쟁에 커다란 기여를 하고 있으며, 이에 참여하고자 하는 사람은 꼭 읽어야 할 책이다."

　유럽인들은 유럽연합EU을 통해 국수주의의 굴레에서 벗어나 유럽대륙
의 자유와 번영을 크게 증진시켰다. 그 안정성은 이들의 자발적이고 호
혜적인 단합 여부에 달려있다. 그러나 최근 유로 위기로 인해 안정성이
위협을 받고 있다. 유로 위기를 계기로 사람들 사이에 많은 논쟁과 분노
가 일었고, 오래전에 사라졌다고 생각되었던 옛 망령들이 되살아나고
있다. 유럽연합의 혜택이 컸던 만큼, 단일통화가 유럽의 단합에 미치는
충격도 파괴적이다.

　20여 년 전 유럽은 열광적인 유로 지지자들로 가득했다. 나도 이들 중
한 사람이었다. 이들은 노련한 경제학자들이 낸 경고의 목소리를 알아
듣지도 들으려지도 않았다. 그 당시에는 단일통화가 유럽대륙의 평화
를 유지하고 번영을 도모하기 위한 한 단계로 인식되었고, 유럽이 역사
적으로 중대한 국면에 도달하고 있는 듯하였다. 이러한 희망은 불행하
게도 냉혹히 무산되었다. 오늘날 유로존은 연속된 위기에 충격을 받아
흔들리고 있다. 남유럽은 경쟁력이 추락해 헤어나기 어려운 함정에 빠
져있고, 북유럽은 전례 없이 증가한 공공채무와 책임의 소용돌이에 휘
말리고 있다. 파이낸셜타임스 기고문에서 마틴 울프Martin Wolf가 지적한 것
처럼, 자학적인 사람들만이 유로도입 결정을 집요하게 계속 환영할 것이

다.[1] EU 설계자의 한 사람으로서 네덜란드의 EU집행위원회 위원이었던 프리츠 볼케슈타인Frits Bolkestein은 유로 프로젝트가 실패했으며 네덜란드는 유럽 통화동맹에서 탈퇴해야 한다고 주장하였다.[2] 유로그룹의 전임 의장인 장클로드 융커Jean-Claude Juncker는 2013년의 무사안일주의를 심지어는 1913년에 그 누구도 1년 뒤에 세계대전이 발생할 것이라고 예상치 못했음에 빗대어 힐책하기도 하였다.[3] 이러한 비교는 좀 지나치다고 할지라도, 유럽이 현재 곤경에 빠져 있다고 느끼는 사람들이 전례 없이 심히 적대적인 시기를 보내고 있음은 틀림없는 사실이다.

이 위기가 2007/2008년에 미국 은행에서 유럽 국가 및 은행으로 확산되면서 2차대전 후 지금까지 세계에서 가장 심각한 불황이 발생하였다. 이 불황은 광범위한 구제조치에 의해 일시적으로 억제되었지만 아직도 남유럽의 실물경제를 파괴하고 있다. 스페인과 그리스의 실업률은 30%에 육박하고 있는데, 이는 세계적으로 1930년대 대공황 때에나 찾아볼 수 있는 수준이다. 한편 이 나라들의 청년실업률은 60% 가까이로 치솟았다. 이탈리아조차도 40%를 넘어섰다. 스페인, 이탈리아, 그리스의 산업생산은 불황이나 더블딥(이중 경기침체)으로 인해 황폐화되었고, 프랑스와 포르투갈도 극히 저조한 상황이다. 네덜란드조차도 부동산 거품이 터지면서 고통을 겪고 있다.

회복의 신호가 나타나고 있는 것도 사실이다. 2012년부터 세계경제가

---

1) M. Wolf, 'Why the Euro Crisis Is Not Yet Over', *Financial Times*, 19 February 2013 참조, 검색: 〈http://www.ft.com/intl/cms/s/0/74acaf5c-79f2-11e2-9dad-00144feabdc0html#axzz2QE1x Dy8K〉.

2) 'VVD'er Bolkestein will parallelle munt naast euro', (Bolkestein wants a parallel currency besides the euro) *Algemeen Dagblad online*, 11 April 2013 참조, 검색: 〈http://www.ad.nl/ad/nl/1012/Nederland/article/detail/3423694/2013/04/11/VVD-er-Bolkestein-wil-parallelle-munt-naast-euro.dhtml〉.

3) 'Jean-Claude Juncker Interview, 'The Demons Haven't Been Banished', *Spiegel Online International*, 11 March 2013 참조, 검색: 〈http://www.spiegel.de/international/europe/spiegel-interview-with-luxembourg-prime-minister-juncker-a-888021.html〉.

회복되기 시작했고 자본시장도 어느 정도 진정되었다. 이제 최악의 위기는 지나갔다는 것이 각종 미디어가 전하고 있는 대체적인 정황이다. 하지만 남유럽 국가의 심각한 구조적 위기라는 불꽃은 아직도 우리의 발밑에서 이글이글 타오르고 있다. 이러한 회복은 근본적인 구조개선보다는 유럽중앙은행European Central Bank; ECB과 재정구제계획의 보장에 크게 의존하고 있는 만큼 매우 취약한 것이다. 특히 유럽중앙은행은 위기국 국채의 무제한 매입을 약속한 무제한국채매입Outright Monetary Transaction; OMT 계획을 통해 과잉채무국의 국채를 매입하는 투자자들을 안심시켜왔다. 이것은 영악한 투자자의 파산위험을 건전 국가의 순진한 납세자와 복지수혜자에게 전가하여 일종의 진정효과를 거두면서 시장의 판도를 바꾸어 왔다. 이러한 신기루 같은 해결책은 잠재적 피해자가 위험전가 게임의 속성을 알게 되면 곧바로 사라질 것이다. 단기간 시장안정의 대가로 유로시스템 내의 정치적 불안과 불신이 오래 지속될 것이다.

투자자의 위험을 납세자에게 전가하는 것은 법적으로도 지속되기 어렵다는 점이 입증될 것이다. 2014년 2월에 독일 헌법재판소는 OMT 계획이 EU의 기본법에 위배되며 유럽중앙은행 정책위원회의 권한남용이라고 판결하였다. 재판소가 아직 최종판결을 내리지는 않았고 유럽재판소에 OMT 계획의 잠정적 수정의견을 제시한 상태이지만, 유럽중앙은행이 투자위험보장을 제한할 가능성은 거의 없어 보인다.

또한 남유럽 사회는 점점 더 불안해지고 있다. 유럽중앙은행을 포함한 국제적 구제계획을 통해 사람들이 기아에서 벗어나고 소요사태가 통제될 수 있었지만, 유럽은 계속 불안감에 휩싸여 있다. 스페인의 분리주의 운동은 새로운 동력을 얻고 있으며, 그리스의 노동조합들은 점점 더 폭력적인 파업을 조직하고 있다. 2011년에 이탈리아의 베를루스코니Silvio Berlusconi 총리는 이탈리아가 재앙과도 같은 더블딥의 두 번째 국면에 접어들고 있다고 보고 이탈리아의 유로 탈퇴에 관한 국제 비밀협상을 개시하였다.[4] 불과 2년 반 만에 세 명의 총리가 교체되는 동안 이탈리아의 상황은 더욱 나빠졌다. 새로 입각한 렌치Matteo Renzi 총리는 이탈리아 정치를 혁명적으로 변화시키겠다고 공언하였다. 그가 이탈리아를 제대로 변화시킬 수 있을지는 두고 볼 일이다.

정치가와 유권자는 국내 갈등이 심해지자 외국에서 희생양을 찾았다. 이탈리아에서는 베를루스코니의 포르자이탈리아Forza Italia 당이 자국의 문제를 독일의 탓으로 돌렸다. 그리스, 포르투갈, 사이프러스는 자국의 개탄스런 재정상황과 대량실업의 책임을 독일에게 전가하며 독일의 긴축재정 요구에 대한 반대시위를 부추겼다. 2012년 10월 독일 메르켈 총리가 아테네를 방문했을 때 이 도시는 폭력을 막기 위해 보안봉쇄에 들어가야 했다. 유로는 결코 평화계획이 아니라는 점이 분명히 드러났다.

이러한 갈등을 계기로 많은 유권자들이 유로를 거부하는 정당에 가입하였다. 독일에서 유로도입의 일등공신으로 알려진 루케Bernd Lucke 경제학 교수가 '독일의 대안'Alternative for Germany; AfD이라는 성공적인 반(反)유로 정당을 설립한 것은 참으로 놀라운 일이다. 그리스에서는 그의 동료인 피아레스 대학출신 카사네바스Theodorus Katsanevas가 비슷한 공약을 내세우며 드라크마 파이브스타스Drachme Five Stars 당을 설립했는데, 이것은 이탈리아에서 반유로, 반체제의 파이브스타스 당을 설립해 2013년 선거에서 4분의 1의 득표로 3위를 차지했던 그릴로Beppe Grillo의 성공사례를 모방한 것이었다. 르팽Marine Le Pen이 이끄는 프랑스 국민전선French National Front과 윌더스Geert Wilders가 이끄는 네덜란드 자유당Dutch Freedom은 둘 다 수권정당으로

---

4) L. Bini-Smaghi, *Morire di austeritá: Democrazie europee con le spalle al muro*, Il Mulino, Bologna 2013, especially chapter 3, *Indietro no si torna*; 번역본: *Austerity: European Democracies against the Wall*, Centre for European Policy Studies (CEPS), Brussels 2013, 특히 chapter 3: *No Turning Back*, p. 29 참조.

서 반유로 국제연합체를 구성하였다. 그리스에서는 현재 가장 강력한 지지를 받고 있는 시프라스Alexis Tsipras 대표의 시리자Syriza 사회당이 국제통화기금IMF, 유럽중앙은행ECB, 유럽연합EU으로 구성된 트로이카가 강요하는 어떠한 재정긴축도 더 이상 받아들이지 않을 것이라고 선언하였다. 만약 이들이 정권을 잡게 되면 그리스는 유로탈퇴라는 정치적 결정을 강행할 것이다.

그러나 재정긴축은 정책입안자들이 강요한 것이 아니라 남유럽의 채무상환능력에 대해 점차 불안감을 느껴온 자본시장의 요구에 따른 것이다. 북유럽 국가들이 유럽중앙은행 및 정부간 구제조치를 통해 제공했던 생명선이 없었다면 남유럽 채무국은 훨씬 더 높은 금리를 지불해야 했을 것이고, 이들 중 일부는 이미 파산했을 개연성이 매우 높다. 그리고 남유럽의 분노는 여전히 지불능력 있는 북유럽 국가를 향하고 있는데, 이는 북유럽이 제공하고 있는 공적자금이 불충분하다고 생각하기 때문이다. 이와 반대로 최근 유럽중앙은행의 연구에서 밝혀진 바와 같이,[5] 일부 북유럽 국가는 남유럽에 비해 결코 더 잘 살지 못하기 때문에 구제조치 확대와 남유럽 채무부담 추가 수용을 점점 더 강하게 거부하는 것으로 확인되고 있다. 남유럽의 재정삭감 피로감과 북유럽의 구제조치 피로감 사이에서 심화되고 있는 갈등 때문에 유럽 프로젝트의 미래가 점점 더 위태로워지고 있다.

케인스학파의 관점에서는, 남유럽이 적자재정지출 확대를 통해 극복할 수 있는 경기침체를 겪고 있을 따름이다. 궁극적으로는 실업률이 높아질수록 재정지출의 승수효과가 더 커질 것이라는 점이다. 이러한 정책은 남유럽 경제가 구조적으로 건전하고 일시적 수요부족 때문에만 고통을 겪고 있다면 설득력이 있을 것이다. 그러나 위기국들이 케인스식

---

5) European Central Bank, 'The Eurosystem Household Finance and Consumption Survey: Results from the First Wave', *Statistics Paper Series*, No. 2, April 2013 참조, 검색: ⟨http://www.ecb.int/pub/pdf/other/ecbsp2en.pdf⟩.

정책을 실시하려면 국내시장의 대출금리가 너무 비싸서 다른 나라들이 제공하거나 보증한 대출을 활용해야 할 것이다.

위기국들은 수요확대에도 불구하고 경쟁력이 심하게 약화되어 고통을 겪고 있기도 하다. 유로로 인해 인플레 유발적 대출거품이 일고 있는 상황 하에서 남유럽 국가들에 고비용 구조가 형성되었다. 수많은 동유럽 국가들이 EU에 가입해서 치열한 저임금 경쟁자가 되고 민간 직접투자를 유치해 적정 가격의 상품을 유럽시장에 팔고 있던 바로 그 시기에 이들은 북유럽 국가들에 비해 임금과 가격을 상당히 높였다. 폴란드의 노동자와 숙련공은 기술수준과 근면성으로 명성을 날린 반면, 스페인과 그리스의 제조업 임금은 폴란드보다 각각 세 배와 두 배 이상으로 높았다. 이러한 약점을 극복하는 데는 오랜 세월이 걸리게 마련이므로 케인스식 적자재정 정책은 문제해결을 위한 올바른 정책수단이 되지 못할 것이다. 남유럽 국가들은 물가상승률을 낮추거나 심지어 물가를 하락시킴으로써 유로존의 경쟁국들보다 더 나은 경쟁력을 확보해야만 한다. 유로의 평가절하도 효과적인 방안일 것이다. 그러나 이 두 정책을 실현하기 위해서는 케인스식 적자재정지출을 통해 공공수요를 확대하기는커녕 오히려 수요를 축소시킬 필요가 있는 것이다.

수요와 유동성을 창출하는 구제조치는 여러 가지 부수효과를 낳는다. 이것은 자본을 도피시키려는 금융투자자에게 시간을 벌어주고, 그 대신 인질이 된 북유럽 납세자의 돈을 위험에 빠트리며, 경쟁력 회복을 위해 임금과 물가를 조정하는 고통스런 개혁을 시행하라는 남유럽 정부에 대한 압력을 완화시킨다. 이러한 조치는 올바른 처방을 지연시키는 일회용 진통제에 불과하다.

금융시장이 이론적으로 다양한 균형에 이를 수 있음은 분명한 사실이다. 어떤 조건하에서는 공공채무보증을 실제로 단행하지 않고서도 저금리와 채무지속성을 확보해줌으로써 더 나은 균형을 달성할 수도 있다. 나는 이것을 '진열장의 돈' 이론이라고 부른다. 이 이론에 따르면, 이 돈은 실제로 인출되는 일 없이 전시용으로만 필요한 것이다.

그러나 이 이론이 유럽의 경우에는 적용되지 않는 것 같다. 여기에는 두 가지 이유가 있다. 첫째, 남유럽 국가들에서는 위기 전 저금리 시기에도 막대한 경상수지 적자가 누적되었으며 그 적자의 구조적 요인이 아직도 사라지지 않고 있다. 따라서 이들의 경제난은 단순히 금융위기 때문이 아니고 뿌리 깊은 다른 원인에서 비롯된 것이다.

둘째, 진열장의 돈을 실제로 가져갔다는 점이다. 2013년 말까지 구제기금 중 3,390억 유로가 정부간, EU, IMF의 대출로 제공되었다. 이에 더하여 유럽중앙은행은 일반대중이 거의 모르거나 전혀 알지 못하는 막대한 규모의 구제금융을 제공하였다. 유럽중앙은행은 위기국의 국채를 대량으로 사들였을 뿐만 아니라 필요하다면 이러한 채권을 무제한 지속적으로 매입할 것이라고 발표하였다. 또한 위기국의 중앙은행이 발권력으로 국가의 자금조달 문제를 해결해 국민과 기업이 상품 수입대금을 지불하고 해외 민간채무를 상환할 수 있도록 함으로써 자국과 이들의 해외채권자를 도왔다. 이러한 지원은 소위 타겟**Target** 신용의 형태를 취하였다. Target은 유로시스템 내부결제시스템인 Trans-European Automated Real-Time Gross settlement Express Transfer system의 머리글자를 딴 것이다. 이 책을 통해 알게 되겠지만, 이러한 시스템을 각국 중앙은행의 국내 차환조치와 결합한 것은 위기국에게 중요한 구제창구가 되었고, 유럽의회가 통제했던 그 어떤 구제조치보다도 강력한 것이었다. 2013년 말에는 남유럽과 아일랜드에 제공된 타겟 신용은 6,130억 유로였고, 정부간, EU, IMF의 구제대출을 합한 금액의 약 두 배에 달했다. 타겟 신용 규모는 최근 들어 감소하고 있고 정부간 구제기금에 의한 재정대출로 대체되어 점차 줄어들 것이다. 타겟 신용을 제공함으로써 유럽중앙은행은 통화동맹 내에서 자본시장과는 별도로 특정 국가나 주에게 자금을 제공하는 지역 재정자금대출기관으로 탈바꿈하였다. 나중에 살펴보겠지만, 미국의 연방준비제도에서는 무제한 타겟 신용이나 OMT 계획의 대상이 정해져 있지 않다. 미국에서는 특정 주나 지역에 시장금리 미만으로 대출하기 위해 발권력을 행사할 수 없다.

이 책의 핵심 주제는 위기 이전과 위기 동안에 유로시스템이 예산을 느슨하게 통제했다는 점에 관한 것이다. 위기 전에는 너무 많은 북유럽 자본이 남유럽으로 이동해 이 지역에 인플레이적 거품을 일게 하고 경쟁력을 상실케 하였다. 과잉 자본이동은 단일통화가 나타내는 (유로시스템을 이용하는 은행이나 국가의 부도를 전혀 예상치 못한 투자자에게 필요하다면 채무상환을 위해 돈을 찍어낼 수 있다는) 암묵적 보호에 주로 기인한 것이었다. 이것은 또한 EU의 은행과 보험에 대한 규제제도가 투자자들을 자극한 결과였다. 이 제도는 마스트리히트 조약의 구제금지조항을 부인하였다. 투자자들이 이 조항을 진지하게 받아들였더라면 자본이동을 중단하거나 축소했을 것이다.

위기발생 후에는 민간자본 이동의 부족분을 충당하기 위해 유럽중앙은행을 통해 가용 공적자본을 창출하였다. 이것은 리먼 위기의 여파로 유럽경제의 즉각적 붕괴를 방지할 필요가 있었던 2008년에 방어기제가 되었다. 그러나 유럽중앙은행과 유로공동체는 시장경제가 요구하는 엄정한 공적예산 통제로 회귀하기보다는 느슨한 예산통제정책을 계속 실시하였다. 즉 시장금리보다 낮은 금리로 공공대출을 늘려 채무자와 채권자를 모두 구제하였다. 이것은 마스트리히트 조약의 근간을 뒤흔드는 것이었다.

프랑스, 독일, 영국의 은행시스템은 이 순서대로 위기국에게 심하게 노출되어 있었다. 이 나라들은 구제정책이 없었더라면 자금을 회수할 수 없었을 것이라는 점에서 이 정책의 혜택을 누렸지만, 위험을 수반한 채권의 수익을 제대로 실현할 수 없었다는 점에서는 고통을 겪기도 하였다. 왜냐하면 긴축금융정책을 실시할 경우 이 나라들은 채무국의 은행과 정부를 지원하려는 국내 발권력에 의한 대출 및 공적구제금융과 경쟁하지 않을 수 없었기 때문이다.

1980년에 헝가리 경제학자 코르나이János Kornai는 공산주의 경제가 느슨한 예산통제 때문에 종말을 고하게 될 것이라고 예언하였다.[6] 유로존은 지금 이와 똑같은 운명을 맞이할 위험에 처해 있다. 느슨한 예산통제가 단기적으로는 체제의 붕괴 가능성을 줄이는 데 도움이 되지만, 고질병을 치유하기 위한 구조개혁의 유인을 사라지게 한다. 정부와 유럽중앙은행은 경쟁력 없는 국가의 취약한 금융기관을 구제하기 위해 자산가격과 대차대조표를 유지시키고 있지만, 실질 자본수익률을 공급주도 경제의 선결조건인 신규투자를 촉발하기 위해 필요한 수익률 수준 미만으로 억제하는 쓰라린 대가를 치르고 있는 것이다. 이러한 구제조치는 경제회복을 유도하기는커녕 일본식 장기침체를 초래할 것이다. 이러한 조치는 경제를 제대로 구하는 것이 아니라 유익할 수 있는 창조적 파괴를 회피하는 것일 따름이다.

공적 구제정책이 지속될 경우 유럽인들이 계속 조화롭게 살 수 있을지도 의심스럽다. 민간부문에서 공공부문에 이르기까지 채무자와 채권자의 관계에 이러한 정책이 계속 적용된다면, 분쟁을 해결할 민법도 존재할 필요가 없고 반목과 갈등을 야기하는 공개논쟁만이 가열될 것이다. 역사적으로 보아 채권자와 채무자간 갈등관계의 사례는 무수히 많다. 이 책의 마지막 장에서 미국의 건국 초기 사례 한 가지에 대해 논의할 것이다. 장클로드 융커가 이러한 공포는 결코 현실화되지 않을 것이라고 시사했지만, 채무자와 채권자의 공식관계에서 촉발될 수 있는 분쟁의 범위가 얼마나 넓은지를 생각하면 두려움에 휩싸인다.

지금은 다분히 교착상태에 빠져 있다. 유럽을 중앙계획적 자본시장을 갖춘 경제로 전환시키지 않고서 유로를 유지할 수 있는 정책대안은 매우 한정적이다. 유로시스템의 붕괴를 예방하고 유로의 개념을 유럽평화계획

---

6) J. Kornai, '."Hard" and "Soft" Budget Constraint', *Acta Oeconomica* 25, 1980, pp. 231–246.

으로 지지하는 것은 아직도 노력할만한 가치가 있는 일이다. 그러나 이를 성취하기 위해서는 현재 정치가들이 구상하고 있는 것보다 한층 더 급진적인 개혁을 단행할 필요가 있다.

이 책은 유로가 유럽에 초래한 혼란에 관해 자세히 살펴볼 것이다. 위기를 야기한 요인을 분석하고, 남유럽 국가의 경쟁력 상실에 관해 설명하고, 유럽중앙은행과 유럽공동체가 지금까지 수행한 구제조치의 내용을 기록하며, 아직도 유효한 몇 가지 정책대안에 관해 논할 것이다.

나는 이 책에서 왜 현재 형태로는 유로존이 존속할 수 없다고 생각하는지를 설명할 것이다. 또한 일부 유로지역 국가의 경우 일시적인 유로 탈퇴와 경쟁력 회복을 위한 새로운 통화의 평가절하가 관심사가 될 수 있다고 주장할 것이다. 이것이 이 나라들에게 더 쉬운 방법일 뿐만 아니라 유로시스템을 안정시킬 수 있는 유일한 기회이다. 사실 나는 유럽인들이 공동국가 건설에 성공하기 위해서는 '살아 숨 쉬는 유로'의 단계, 즉 전후 브레턴 우즈 체제와 같은 고정환율제와 달러 사이에 존재하는 유연한 단일통화의 단계를 거쳐야만 한다고 확신한다. 또한 민간 및 공공의 손상된 대차대조표를 말끔히 정리해주고 현재 일부 채무국의 감당하기 어려운 부담을 줄여주기 위한 대규모 채무회의를 개최해야 한다고 생각한다. 이러한 회의가 일찍 열릴수록 회복은 더 빨라질 것이다. 이 경우 유로존 납세자의 부담이 경감될 것이며, 자본주의 시장경제 작동에 필요한 요소인 미래예측 효과가 증대할 것이다.

현재 형태의 유로시스템 작동에 대해 근본적으로 회의적이지만, 나는 유로에 대한 희망은 물론 통합유럽에 대한 희망을 버리지 않을 것이다. 20세기의 경악할만한 사건들에 대해 내 조국의 책임이 제일 크다. 하지만 유럽통합을 견고하게 하는 것 외에는 다른 대안을 찾을 수 없다. 실제로 나는 유럽합중국United States of Europe의 창설까지 주창할 것이다. 단일유럽국가는 법적구속력이 있는 보호계약을 제정하게 될 것이다. 그렇지 않으면 성공적인 지역과 불안정한 지역 간의 변함없는 상호위험분담과 재정통합을 통한 생활수준 보장이 이루어지지 못할 것이다. 나는 이 책의 뒷부분에서 단일유럽국가 건설의 명암에 관해 간략히 설명할 것이며, 스위스연맹을 유용한 모델로 적극 제시할 것이다. 나는 이러한 계획이 내 일생동안 실현될 수도 있다고 생각하며, 유럽인들에게 희망을 주고 방향을 제시하는 것이 가치 있는 일임을 잘 깨닫고 있다.

그러나 나는 견고한 유럽통합을 위한 길이 오직 하나만 존재한다고 믿지는 않는다. 따라서 영국의 캐머런 총리가 영국의 EU 가입에 관한 국민투표 실시를 발표하면서 촉발시켰던 논쟁을 환영한다. 유럽통합의 원래 목표가 보이지 않을 정도로 멀리 표류했기 때문에 지난 20년간 EU의 발전에 대해 신중하게 성찰할 좋은 기회이다. 우리의 지도자들은 자신들이 설정한 경로가 모두 따라가야 할 올바른 길이며 목표에 도달하기 위해 속도를 높여야 한다고 계속 주장하고 있다. 그러나 현재의 혼란, 특히 많은 유럽국가에서의 충격적으로 높은 실업률은 그것이 과연 모두 같이 가야할 옳은 길인지 의심을 불러일으킨다. 마지막 갈림길로 돌아가서 다른 길을 찾는 편이 더 나을 수도 있다. 이러한 견해를 표명하는 사람들을 '반(反)유럽인'이라고 치부해버리는 것 외에는 아무런 다른 반응을 보이지 않는 정치가나 학자는 개탄스러울 따름이다. 현상(現狀)을 고수하는 것은 유럽에서 정치적으로나 경제적으로 더 이상 실현가능한 방안이 아니다. 유럽이 미래에 번영하도록 하려면 대안을 제시해야 한다. 단순히 같은 생각을 되풀이해서는 안 되고 용기와 비전을 갖춘 새로운 대안이 필요하다.

2014년 2월, 뮌헨에서
한스베르너 진(Hans-Werner Sinn)

"유로의 함정"Euro Trap이라는 이 책의 저자 한스베르너 진Hans-Werner Sinn
은 현재 독일 뮌헨대학교 경제학과 교수로서 Ifo 연구소CESifo 소장직을 맡
고 있는 세계적으로 저명한 경제학자이다. 1980년대 뮌헨대학교 유학시
절부터 지금까지 26년째 사제지간의 연을 맺어온 본인은 그동안 저자와
다양한 학술교류를 했고, 그 사이에 저자의 책을 여러 권 국내에 번역 소
개하게 되었다. 독일통일관련 경제정책에 관해 가장 대표적인 저서로 손
꼽히는 "새로운 출발을 위한 전환 전략"(Kaltstart, 서울프레스, 1995), 통일
후 독일경제의 위기와 개혁에 관한 "독일경제 어떻게 구할 수 있는가?"(Ist
Deutschland noch zu retten?, 까치, 2007), 미국 서브프라임 위기와 유럽
재정위기의 근원을 파헤친 "카지노 자본주의"(Casino Capitalism, 에코피
아, 2010)에 이어 이 책이 네 번째이다.

본인이 한스베르너 진의 책을 적극 소개하는 이유는 단순히 그가 독일
에서 저술활동이 활발하고 학식이 뛰어난 거장(巨匠)이라서가 아니다. 저
자가 우리에게도 매우 유익한 시의성 높은 주제에 관한 책을 탁월한 통찰
력으로 균형감 있게 저술하기 때문이다. 이 책도 저자의 다른 책들과 마찬
가지로 복잡한 주제의 인과관계를 쉽게 이해할 수 있도록 단순명쾌하고

설득력 있게 설명하고 현실적 대안을 제시하고 있어 많은 사람들로부터 찬사를 받고 있다. 예컨대 하버드대학교의 로고프Kenneth Rogoff 교수는 "유로에 관한 가장 중요한 학술서..... 어떤 논점을 취하든 간에 이 책을 꼼꼼히 읽어봐야 할 것이다..... 균형 잡힌 객관적 통찰"이라고 호평하였다.

본인은 역자로서 이 지면을 빌어 유로화 사용 19개국으로 구성된 유로존의 현 상황과 이 책의 주요 내용을 간략히 정리함으로써 독자의 이해를 돕고자 한다. 유럽연합은 한동안 공동의 평화와 번영을 누려왔으나 최근 유로 위기로 인해 매우 불안한 모습을 보이고 있다. 특히 그리스, 스페인, 이탈리아 등 남유럽 국가들은 경쟁력 약화로 심각한 경제위기에 처해 있다. 2007/8년 미국의 경제위기가 유럽으로 확산되면서 전후 최악의 경제위기가 발생하여 광범위한 구제조치를 취했음에도 불구하고 남유럽의 산업생산이 붕괴하고 실업은 1930년대 대공황 때의 수준으로까지 악화되었다. 2012년부터 세계경제가 회복기미를 보이다가 최근 다시 불안해지고 있는 가운데, 남유럽은 심각한 구조적 위기를 근본적으로 해결하지 못하고 유럽중앙은행의 구제금융에 크게 의존하고 있는 실정이다. 북유럽도 부동산 거품 붕괴와 과도한 국가채무로 심한 고통을 겪어왔다.

2014년에는 유로존의 물가상승률이 목표치 2.0%에 훨씬 못 미치는 0.3~0.8%선에 머물렀으며 유로화의 가치는 9년 만에 최저치에 달했다. 기준금리를 사상최저인 연 0.05%까지 내리고 자산유동화증권과 커버드본드 매입에 나서는 등 시장의 유동성을 확대하기 위해 노력했던 유럽중앙은행은 침체에 빠진 유로존을 되살리기 위해 5천억 내지 1조 유로 규모의 국채매입에 나설 것이라고 했다. 이렇게 대대적인 양적완화정책을 실시하면 유로화 가치는 더 떨어질 테지만, 유로존이 저성장과 디플레이션 위기를 해결하고 경제에 활력을 불어넣을 수 있을지 의심스러운 상황이다.

유로존의 심각한 갈등 때문에 유럽의 미래가 점점 더 위태로워지고 있다. 위기에 처한 남유럽의 정치가와 유권자는 국내 갈등이 심해지자 외국에서 희생양을 찾으면서 더 이상 재정긴축을 수용하지 않고 있다. 이러한 갈등을 계기로 많은 유권자들이 유로 반대 정당에 가입하기도 하였다. 일각에서는 유럽 통화동맹에서 탈퇴해야 한다는 주장까지 제기되면서 유로 시스템이 붕괴할 조짐조차 나타나고 있다.

이 책은 현재 유로존이 해결해야 할 매우 근본적인 문제점을 통찰하고 있다. 특히 함정에 빠진 유로의 시스템에 어떤 문제가 있는지, 그리고 그것을 어떻게 고칠 수 있는지에 관해 명쾌하고 일관된 분석을 하고 있다. 유로존의 과도한 국채, 국제수지 위기, 남유럽 국가의 경쟁력 상실과 대량실업의 원인을 분석할 뿐 아니라 유로시스템의 기본적 약점과 유럽중앙은행과 여러 국가의 구제정책 오류를 신랄하게 비판하면서 통화동맹의 장기적 안정을 위한 유효한 대안도 제시하고 있다.

저자는 유로 도입에 반대했던 사람들이 옳았음을 인정하면서 유로시스템이 예산을 너무 느슨하게 통제했음을 특히 강한 어조로 비판하고 있다. 유로 도입을 계기로 북유럽 국가에서 남유럽 국가로 자본이 대거 이동함에 따라 남유럽의 인플레이션 유발적 신용버블이 발생하고 경쟁력이 추락하게 되었으며 유로존이 2008년 세계금융위기에 취약하게 되었다. 이와 관련하여 저자는 위기 발생 전 유럽연합의 은행과 보험에 대한 규제제도가 마스트리히트 조약의 구제금지 조항을 준수하고 투자자들이 이 조항을 진지하게 받아들였더라면 자본이동이 중단 또는 축소되었을 것이라는 점을 강조한다.

위기발생 후에도 유럽중앙은행과 유로공동체는 시장경제가 요구하는 엄정한 공적예산 통제로 회귀하기보다는 느슨한 예산통제 정책을 계속 실시하였다. 그러나 이러한 정책이 민간에서 공공부문에 이르기까지 채무자와 채권자의 관계에 계속 적용된다면, 유로존 경제가 붕괴되고 유럽인들이 조화롭게 살 수 없게 될 것이라고 우려하고 있다. 분쟁을 해결할 법률도 존재할 필요가 없고 반목과 갈등을 야기하는 논쟁이 가열될 따름이다. 느슨한 예산통제가 단기적으로는 체제의 붕괴 가능성을 줄이는 데 도움이 되겠지만, 장기적으로는 고질병을 치유하기 위한 구조개혁의 유인을 사라지게 하여 경제회복을 유도하기는커녕 일본형 장기침체를 초래할 것이다. 이러한 조치는 경제를 제대로 구하는 것이 아니라 창조적 파괴를 회피하는 것일 따름이라는 점이다.

한스베르너 진은 유럽에서 전쟁이 재발하는 것을 막기 위해서라도 유로에 대한 희망을 저버리지 말고 현재의 정치적 구상보다 한층 더 급진적인 개혁을 단행하여 유럽통합을 더 견고하게 해야 한다며 유럽의 미래 번영을 위한 획기적인 비전을 제시하고 있다. 공동 재정정책이 부재한 통화동맹에서 실질적으로는 중앙은행이 재정정책을 실시하도록 압박을 받고 있는데, 남유럽 등 채무국이 일시적으로나마 유로존을 탈퇴하고 새로운 통화의 평가절하를 단행한 후 경쟁력을 회복하고 투명한 금융 및 재정질서를 확립해야 한다는 것이다. 이를 달성하기 위해서는 유럽중앙은행의 역할을 제한하고 느슨한 예산제약 체제를 탈피해서 공공 및 은행부채를 청산하여 위기국이 숨 쉴 수 있게 해주는 소위 '살아 숨 쉬는 유로'의 단계를 거쳐야만 한다. 즉 유로가 강력한 정치중심권이나 달러와 같은 단일통화동맹으로 최종 전환될 때까지, 유로시스템은 회원국들에게 유로를 탈퇴하고 재가입할 수 있는 선택권을 제공하는 유연한 모습을 갖춰야 한다는 것이다. 일부 채무국의 감당하기 어려운 부담을 줄여주기 위해서는 대규모 채무회의를 조속히 개최해야 한다는 주장이다.

이 책은 "카지노 자본주의"의 속편 또는 완결판이라 할 수 있다. 이 책은 유로 위기의 복잡다단한 이야기에 관해 참신하고 설득력 있는 시각을 제시하고는 있지만 내용이 너무 구체적이어서 "카지노 자본주의"보다 읽기가 더 어려울 수도 있다. 하지만 이 책은 경제학도가 아니더라도 유럽이 왜 곤경에 빠지게 되었는지, 현재의 유로존이 어떤 문제점을 지니고 있는지, 그리고 왜 강력한 개혁이 필요한지를 잘 이해할 수 있도록 최대한

의 배려를 하고 있다. 위스콘신대학교의 명예교수인 헤이브먼Robert Haveman 은 "복잡한 수수께끼가 풀렸고, 신화가 드러났으며, 불가사의가..... 설명 되었다. 모든 독자는 진 교수의 시의적절한 노력에서 안목을 키우고 많은 점을 배울 것"이라고 평했다. 시카고대학교의 카샵Anil K. Kashyap 교수에 따르면, "미래를 향한 현실적인 여러 대안을 제시하면서 정신이 번쩍 들 정도로 냉철하게 과거를 회고하고 있다." 진 교수가 제시하는 대안에 동의하지 않는 사람도 있겠지만, 유럽과 세계의 미래를 걱정하는 사람이라면 누구나 저자의 출구전략에 대해 신중하게 생각해봐야 할 것이다. 최근 유로의 위기가 세계경제의 뜨거운 감자라는 점에서도 일독을 권한다.

이 책을 번역하게 된 계기는 좀 특별했다. 2014년 1월 초 미국의 필라델피아에서 개최된 전미경제학회AEA에서 저자와 그의 일행을 우연히 만나 잠시 환담을 나누던 중에 이 책의 한국어판 출간에 관해 합의하였다. 9월 말에 원서를 받아보고 책의 분량이 적지 않아 부담이 컸지만, 조윤수 대사와 장택규 본부장이 번역에 동참해주어 얼마나 다행스러운지 모른다. 공사 다망한 가운데서도 심혈을 기울여 같이 번역해주신 두 분께 진심으로 감사드린다. 이 책의 가치를 알아보고 위탁과제로 채택해주신 윤창현 원장을 비롯한 금융연구원의 임직원, 그리고 타산을 따지지 않고 기꺼이 출간에 응해주신 김준호 사장을 비롯한 한티미디어 임직원 여러분께도 깊은 사의를 표하는 바이다. 번역초안에 여러 조언을 주신 같은 학과의 채희율 교수, 이기영 교수, 이내황 전 한국은행 경기본부장, 이헌협 전 현대증권 조사부장, 심재승 코스콤 전무, 이효정 서울경제연구소 연구원, 이필규 조교에게도 감사드린다.

2015년 3월
이현대

목차

그림 목차

표 목차

Chapter **1**

희망과 실제

Wish and Reality

유로의 역동성

유로의 효과를 평가하려면 유럽의 정치인들이 그것에서 기대한 바와 대중에게 공약한 내용을 돌이켜 볼 필요가 있다. 무엇보다도 유럽 경제에 대한 기대가 매우 컸다. 리스본 어젠다Lisbon Agenda라고도 일컫는 2000년 3월 리스본 전략의 최종 선언문에 이러한 기대가 가장 잘 반영되어 있다.[1]

유럽연합은 오늘 향후 10년간을 위한 새로운 전략적 목표를 세웠다. 더 나은 일자리를 늘리고 더 위대한 사회결속을 다지면서 지속가능 경제성 장을 달성할 수 있는 세계 최고의 경쟁력을 지닌 역동적 지식기반 경제가 된다는 목표가 바로 그것이다.

리스본 계획은 혁신과 경제성장을 촉진하려는 웅대한 계획이었다. 또한 이것은 새로운 단일통화의 도입에 발맞춰 효과를 발휘할 유로의 보완책으로 여겨졌다. 출범 당시에는 유럽에 '낙관주의'라는 새로운 정신에 불을 밝히고 구세계의 새로운 황금기를 맞이한다는 거창한 목표를 갖고 있었다. 유로가 은행 간 거래수단으로는 이미 그 전 해에 도입되었지만, 실제로 통용되기 시작한 것은 2002년부터였다. 리스본 계획과 유로는 성장과 번영의 시대를 알리는 듯하였다.

유럽과 전 세계가 경제호황을 누리게 되면서 낙관주의는 더욱 확산되었다. 현재의 유럽연합 회원국들은 2000년에 3.9%의 성장을 달성했는데, 이는 그 이전 10년간의 평균보다 훨씬 더 높은 성장률이다. 그 결과로 실업률이 감소하였다. 어느 모로 보나 훨씬 더 좋은 시절이 다가오고 있다고 믿을 만했다. 단일통화라는 과감하고 새로운 체제의 등장으로 구세계는 제2차 세계대전 이후 전혀 경험하지 못했던 새로운 동력을 갖추게 될 것이라고 믿었다. 맥킨지의 사장 헨츨러Herbert Henzler는 '유로가 유럽의 원기를 회복시켜 줄 것'이라고 말했다.[2] 유럽의 각종 공공기관의 공무원, 예컨대 유럽중앙은행 부총재인 노이어Christian Noyer는 유로를 '경제성장의 진정한 가속기'[3]라고 격찬하는가 하면, 살로먼스미스바니Salmon Smith Barney의 쇤홀츠Kim Schoenholtz와 같은 은행경제학자는 '유로존이 초기의 황금기를 누릴 것'이라고 예견하였다.[4]

그러나 실제로는 기대에 크게 어긋났다. 호황은 일찍이 2001년에 터져버린 인터넷 버블에 불과한 것으로 드러났고, 어젠다를 통해 상상으로나마 기대했던 10년이 지나서도 유럽은 세계의 가장 역동적인 지역은커녕 가장 부진한 저성장 지역이 되었다. [그림 1.1]을 보면 이러한 결과를 분명히 파악할 수 있다. 2000년부터 2010년까지 세계경제는 43% 성장하였다. 한편 EU는 미국보다 약간 더 낮은 겨우 17% 성장에 그쳐 전세계 대륙 중에서 가장 미미한 성장세를 보였다. 따라잡기 과정에서 급성장하고 있는 동유럽 국가들이 여기에 포함되어 있어 그나마 이 정도의 성장을 달성할 수 있었던 것이다. 구 공산주의 국가를 포함한 동유럽은

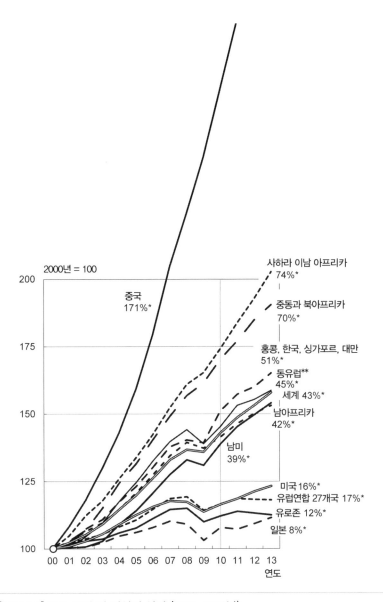

[그림 1.1] 주요 국가 및 지역의 성장 (2000∼2013년)

* GDP 성장 (2000∼2010년).
** 중앙유럽의 구 공산권 국가 포함.
자료: International Monetary Fund, *World Economic Outlook*, October 2013.
주: 2005년 물가 기준 GDP 성장률이다.

45%라는 괄목할 만한 성장률을 기록하였다. 이에 반해 유로존의 현 회원국들은 12% 성장에 그쳤는데, 이는 일본을 제외하면 단연코 세계 최악의 성과였고 절대규모로 봐도 최저치에 해당하는 것이었다. 중국은 171% 성장해 비교대상국 중 최고 기록을 세웠고, 심지어는 사하라 이남의 아프리카조차도 74%나 성장하였다. 남미는 39% 성장에 그쳤다. 유로시스템 하 유럽에서 희망과 실제의 차이가 이토록 컸던 경우는 거의 없었다.

상황은 점점 더 악화되었다. 2006/2007년 미국에 닥친 금융위기가 늦어도 2007년 여름부터는 유럽으로 번져 나갔다. 그 일 년 후부터 전 세계에 걸쳐 발생한 대불황Great Recession 동안 유로지역 국가의 경제는 어느 나라 할 것 없이 모두 침체하였다. 대부분의 나라가 심각한 위기에 빠졌다. 이 글을 쓰고 있는 동안에도 이 나라들은 여전히 위기 전 국내총생산GDP 수준을 회복하지 못하였다.[5]

최근 역사에서 그 전례를 찾아볼 수 없었던 심각한 자금조달 위기가 그리스, 아일랜드, 포르투갈, 스페인, 이탈리아, 사이프러스에서 발생하였다 (여기서는 이 나라들을 GIPSIC 국가로 통칭함). 이로 인해 유럽중앙은행ECB, 국제통화기금IMF, 유럽연합EU 그리고 유로 회원국이 국제적으로 대대적인 구제조치를 취하게 되었다.[6] 그러나 이러한 구제 노력은 근본적 구조결함과 경쟁력 문제를 가시적으로 개선하지 못한 채 일회용 진통제 같은 역할만 하였다. [그림 1.2]에서 보듯이 2013년 11월에 그리스인의 28%가 실업에 빠져 있었다. 스페인에서는 실업률이 2013년 2월에 27%로 절정에 달한 후 2013년 12월경 26%로 약간 감소하였다. 이보다는 훨씬 더 낮았지만 아일랜드(12%), 이탈리아(13%), 포르투갈(15%), 사이프러스(18%)의 실업률도 위험할 정도로 높았다. 포르투갈과 아일랜드가 뚜렷한 추세전환의 징후를 보이고 있는 한편, 이탈리아, 그리스, 사이프러스의 실업 증가세는 조금도 누그러지지 않고 계속되고 있다. 스페인에서는 실업자의 해외이주가 증가함에 따라 실업이 미미하게 감소하고 있는 듯하다.

청년실업은 훨씬 더 위태롭다. 노동자에게 제공된 무기계약이라는 높은 수준의 보호 때문에 청년구직자들은 일자리를 구하지 못하고 있다. [그림 1.3]이 제시하고 있듯이, 2013년 말에 25세 미만 청년의 실업률은 그리스 59%, 스페인 54%였다. 이 통계는 계절요인을 조정한 것이기 때문에 겨울 몇 달 동안의 조정되지 않은 청년실업률을 과소평가하고 있다. 2013년 11월 그리스의 경우 실제 청년실업률은 61.4%에 달했다. 이탈리

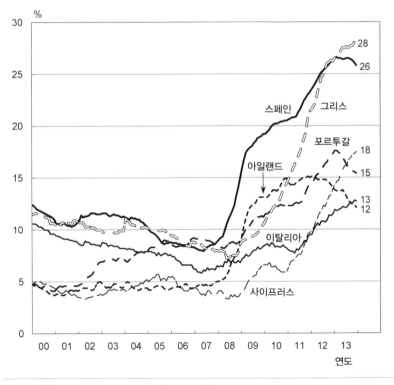

[그림 1.2] GIPSIC 국가의 실업률 (계절조정)

자료: Eurostat, Database, *Population and Social Conditions*, Labour Market, Employment and Unemployment.

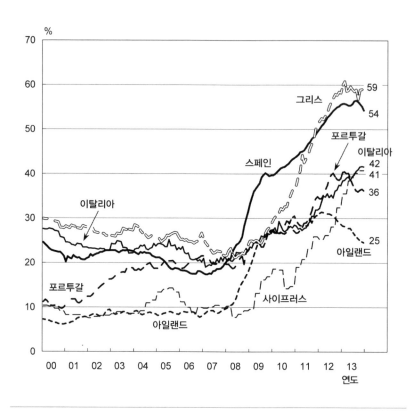

[그림 1.3] GIPSIC 국가의 청년실업 (25세 미만, 계절조정)

자료: Eurostat, Database, *Population and Social Conditions*, Labour Market, Employment and Unemployment.

아와 포르투갈의 청년실업률은 각각 42%와 36%에 달해 덜 파국적이지만, 여전히 위태롭긴 매한가지이다 ([그림 1.3] 참조). 이 두 나라의 청년실업률은, 휴가기간 중 직업훈련계획 덕분에 유로지역 국가 중에서 예외적으로 낮은 실업률을 기록하고 있는 독일(7.4%)의 5배에 달하고 있다. 청년들이 계속 교육을 받고 있기 때문에 청년실업률이 이처럼 높다고 생각하기 쉽다. 그러나 유감스럽게도 그렇지 않다. 청년실업률의 분자에도 분모에도 교육 중인 청년은 전혀 포함되어 있지 않다. 이 그림에는 노동력으로 등록된 25세 미만의 청년만 집계되어 있다. 남유럽의 이러한 절망적 상황은 파국 그 자체이다. 이로 인해 유럽의 계획을 위협하는 폭동을 비롯한 통제 불가능한 사태가 발생할 수 있다.

일부 국가에서는 경제가 자유낙하하고 있다. 2011년, 2012년, 2013년의 그리스 경제는 각각 7.1%, 6.4%, 4.0% 축소되었다. 이탈리아, 포르투갈, 프랑스에서는 경제가 뿌리째 흔들리고 있다. 많은 유로지역 국가의 경기가 하강하고 있고, 그중 일부는 심지어 극심한 경기침체에 빠져 있다. 2011년에 독일, 네덜란드, 오스트리아를 제외한 유로존의 GDP는 약 1.0% 증가했지만, 2012년에는 0.8%, 2013년에는 0.5% 감소하였다. 프랑스조차도 실업률을 통제하기 어려운 나날을 보내고 있다. 그 비율이 10.8%로 독일의 두 배 이상에 달하고 있다 (제3장의 [그림 3.8] 참조). 프랑스의 청년실업률은 25.6%로 독일의 3배 이상에 달하고 있다.

남유럽의 경제난이 가중됨에 따라 투자자들이 점점 더 빠른 속도로 대거 이탈하였다. 제7장에서 논의하겠지만, 2011년 중반과 2012년 중반 사이에만도 유동자산 6,400억 유로가 이탈리아와 스페인에서 빠져나갔다. 2012년 9월에 독일헌법재판소가 무제한구제계획인 유럽안정기구 European Stability Mechanism; ESM 참여 반대 소송을 기각하고 유럽중앙은행이 유로존 위기국의 국채매입에 대해 투자자에게 보증을 서주는 무제한국채매입 계획을 공포하자 그때서야 비로소 자본도피가 중단되었다. 실업과 성장의 통계에서 확인할 수 있듯이, 이러한 정책이 금융시장을 안정시켰다고 하더라도 실물경제까지 안정시킬 수 있었던 것은 아니다. 다음 금융위기가 발생하는 것은 시간문제일 따름이다. 2013년 1분기에 발생한 사이프러스의 위기로 유럽에 대한 도전이 끝났다고 볼 수 없다.

유럽의 정책입안자들은 한 고비 한 고비 위기에 시달리고 있다. 이들은 문제가 발생하면 해결책이나 안정화대책을 강구하지만, 겉보기에 평온한 상황이 불과 몇 달 지나고 나면 어디선가 또 다른 곳에서 새로운 위기가 발생하며, 이 경우 그 과정이 궁극적으로 어떻게 귀결될 것인지에 대해서는 아무도 예견하지 못한 채 또다시 대책을 강구하곤 한다. 그리스, 아일랜드, 포르투갈, 스페인, 사이프러스는 여러 가지 정부 간 구제계획에서뿐만 아니라 이탈리아와 마찬가지로 유럽중앙은행에서도 막대한 지원을 받았다 (제8장에서 이에 관한 전반적 사항을 파악할 수 있음). 이 중에서 자금을 시장조건으로 차입하는 나라는 하나도 없다. 이들은 모두 다른 유로지역 국가들이 제공하거나 보증한 자금으로 살아가고 있다. 이 나라들 납세자의 돈으로 시장의 긴축요구를 완화시키고 있는 셈이다. 위기가 끊이지 않고 계속 발생하고 있으며 해결될 조짐조차 전혀 보이지 않고 있다. 이것은 모두 리스본 어젠다의 희망사항과는 거리가 먼 아우성이다. 유럽은 분명 뭔가 잘못되었다.

유로와 평화

유로는 경제문제에만 관련된 것이 아니었다.[7] 정치적 목표가 한층 더 중요하였다. 1990년에 콜 총리와 미테랑 총리는 '회원국 관계를 진정한 정치동맹으로 전환시키는 것'[8]이 주된 관심사라고 공언하였다. 더욱이 프랑스의 전직 재무장관이고 총리였던 피에르 베레고부아Pierre Bérégovoy는 1992년 5월 마스트리히트 조약을 체결한 후 프랑스 국회에서 행한 연설의 서두에서 이렇게 말했다.[9]

그렇다. 내가 유럽을 신뢰하는 것은 평화를 갈구하기 때문이다. 유럽대륙의 평화.

독일 총리 헬무트 콜Helmut Kohl은 1998년 4월 23일에 독일연방의회에서

유로의 도입을 합리화하려고 이렇게 말했다.[10]

> 유로는 평화와 자유의 수호자로서 유럽연합을 강화할 것이다.... 오늘의 결정이 독일과 여타 유럽 국가의 미래세대가 평화와 자유 속에서 사회의 안정과 번영을 누리면서 살 수 있을지를 결정적으로 좌우할 것이라고 말하는 것은 결코 과장이 아니다.

그는 '오늘 이 자리에서 유로 도입을 반대하는 발언을 하고 있는 사람들은 몇 년 내에 그런 의견을 개진한 적이 없다고 스스로를 부정하게 될 것이라고… 확신한다'고 덧붙였다. 장클로드 융커Jean-Claude Juncker[11]와 같은 정치인도 유로가 유럽평화 프로젝트라는 사실을 강조하였다. 한편 현재 독일 총리인 앙겔라 메르켈Angela Merkel은 구제정책을 옹호하는 과정에서 이와 매우 유사한 견해를 피력하였다.[12]

그러나 이러한 측면에서 보더라도 유로는 기대에 부응하지 못하였다. 위기국의 경제문제와 자본시장에 팽배한 회의주의로 인해 신경이 날카로워지면서 유로존의 조화가 깨지기 시작하고 있다. 정상회담이 개최될 때마다 회원국 간 갈등이 점점 더 격화되어왔다. 일부 국가는 궁지에 몰리고 있다는 느낌을 가지고 있다. 별 탈 없이 위기에서 벗어날 수 있을 것이라고 기대했던 스페인과 이탈리아와 같은 경제규모가 큰 회원국이 특히 그렇다. 다른 회원국은 자국 채권의 대폭적인 평가절하를 우려하고 있으며 채무공동화에 따른 금융실패를 회피하려고 한다. 이탈리아의 전직 총리 마리오 몬티Maio Monti는 갈등이 '이미 유럽의 심리적 해체를 암시하는 것'이라고 믿으며 유로가 '관계가 멀어지는 요인'[13]으로 작용하지 않을까 우려하였다. 그리고 저자서문에서 언급한 바와 같이, 최근에 장클로드 융커는 심지어 2013년을, 1년 후에 전쟁이 발발할 수 있다고 예측한 사람이 거의 없었던 무사안일주의가 팽배했던 해인 1913년에 비교하기도 하였다.

높은 실업률로 인해 사회불안이 고조되고 있다. 지난 4년간 유럽 전역에서 재정지출 삭감과 실업에 항의하는 시위에 참가하기 위해 많은 나라의 시민들이 거리로 뛰쳐나왔다. 스페인에서는 2011년 5월 이후 50여 개 도시에서 '이제 진정한 민주주의'Democracia real ya!를 기치로 한 시위가 발생하였다. 바르셀로나에서만도 8만 명이 시위에 가담하였다. 대부분의 시위는 주택담보대출 상환능력이 없는 주택소유자들이 퇴거명령에 반발하여 발생했고, 그 과정에서 일부 주택소유자가 자살하기도 하였다. 2012년 9월 포르투갈에서는 약 백만 명이 '트로이카와 함께하는 악마에게'라는 기치를 내세운 시위에 가담하였다. 여기서 트로이카는 국제통화기금, 유럽중앙은행, 그리고 공적 구제기금의 혜택을 받는 위기국의 긴축정책 준수 여부를 심의하는 유럽연합집행위원회European Commission의 대표를 말한다. 그리스에서는 시위가 일상이 되었고, 그 과정에서 수많은 사망자가 발생하였다. 2011년에만도 노동조합이 전국 규모의 긴축반대 시위를 4차례나 조직하였다. 시위 중에 대중교통이 마비되고 관청이 폐쇄되었으며 병원의 응급서비스가 줄어드는 사례가 허다했다. 이탈리아에서는 2012년 10월에 10만여 명이 긴축정책에 반대해 점차 공세적 압박을 가하면서 몬티 정부의 개혁에 반대하는 시위를 벌였다. 그러나 총체적 반란이 아직 발생했던 것은 아니다. 23개국의 긴축정책에 반대하는 '행동과 연대의 날'Day of Action and Solidarity인 2012년 11월 14일에 갈등이 최고조에 달하였다.

이러한 갈등으로 인해 유럽의 정치판도도 바뀌었다. 이탈리아에서는 베페 그릴로Beppe Grillo가 이끄는 유로 반대당이 사전 선거운동을 하지도 않고 국민투표에서 26%나 득표하였다.[14] 한편 독일에서도 경제학자 베른트 루케Bernd Lucke가 설립한 유로 반대당이 그릴로의 성공사례를 따르고 있다. 이 두 정당의 정강(政綱)이 정반대임에도 불구하고 이런 일이 발생한 것이다. 2012년 6월 그리스의 국민투표에서는 46%를 득표한 보수당 연합세력인 신민당Nea Demokratia, 범 헬레니즘 사회주의 운동Panellinio Sosialistiko Kinima, 사회민주당Dimokratiki Aristera이 긴축정책에 훨씬 더 격렬하게 반대하는 좌파연합당Syriza-RKM을 비롯한 다른 정당들보다 약간의 우위를 점하였다.[15] 프랑스에서는 유로 탈퇴를 원하는 마린 르팽Marine Le Pen 주도하의 국민전선National Front이 국민의 지지를 빠르게 획득하고 있으며 전국 최고정당으로 부상할지도 모른다. 포르투갈과 독일에서는 헌법재판소가 정치권에서 가장 큰 영향력을 행사하게 되었다. 포르투갈의 헌법재판소는 정부의 예산절감을 위한 실업 및 질병수당 삭감정책과 공공근로자와 연금수령자를 위한 하계휴가 보너스 지원책을 거부하였다.[16] 한편 독일의 헌법재판소는 참가국의 공동책임을 약화시킨 유럽안정기구European Stability Mechanism의 설치에 관한 부속협약의 체결을 정부가 강력하게 요구하도록 하였다 (제8장 참조).[17] 지금도 소송이 진행되고 있다는 점은 헌법재판소가 독일연방은행Bundesbank의 특정 정책참여 능력을 제한하거나 독일 정부가 마스트리히트 협약의 재협상을 강하게 요구할 것임을 암시하는 것이다.

긴축정책에 대한 피로감과 구제정책에 따른 피로감으로 인해 마찰이 점점 더 자주 빚어지면서 갈등이 매우 국제적인 양상을 띠어 가고 있다. 남유럽의 정부들은 트로이카가 가하고 있는 제약을 거부하는 입장을 취하고 있다. 특히 독일은 시위의 대상이 되었다. 남유럽 정부들은 구제금융의 주된 제공자인 독일이 긴축재정 요구를 골자로 하는 재정협약으로 압력을 가하고 있다고 공격하였다. 이들은 이 협약 때문에 실업이 발생하고 있다고 생각하고 있다. 그리고 북유럽의 정부는 남유럽의 낭비와 재정규율 부재에 대해 불만스러워 하고 있다. 이들은 자국의 지원이 밑빠진 독에 물 붓기 식이 될까봐 걱정하고 있다.

서유럽에서의 독일에 대한 적개심은 제2차 세계대전 이래 독일이 겪었던 그 어떤 악감정보다 더 강하다. 그리스에서는 독일을 비난하는 상징으로 나치의 철십자 문양이 등장하기도 했고, 이탈리아 일간지 일 조르날레Il Giornale는 독일이 제4제국을 건설하려는 징후를 보이고 있다고 비판하고 있다.[18] 몬티는 이탈리아의 반독 시위 때문에 독일이 이탈리아 국채의 가산금리 인하를 허용하지 않을 것이라고 예언하였다.[19] 영국의 좌파 주간지 뉴스테이츠먼New Statesman은 독일의 메르켈 총리가 '히틀러 이후 가장 위험한 독일 지도자'라고 말했다.[20]

한때 영란은행을 굴복시켰던 영향력 있는 미국인 투기꾼인 조지 소로스는 독일이 제국주의의 행태를 보이고 있으며, 만약 독일이 추가 구제조치를 묵인하지 않는다면 유럽의 일반대중이 독일에 대해 증오심을 갖게 될 것이라고 예언하였다.[21] 2012년 9월에 소로스는 독일이 '주도하든가, 아니면 떠나라'[22]고 요구했으며, 2013년 4월에는 '유로본드를 수용하든가, 아니면 떠나라'고 주장하였다.[23] 유로본드를 발행하여 유로지역 국가가 국채를 공동으로 보증해야 하며 과잉국채를 해소하는 등 채무공동화를 실현해야 한다는 것이다. 유명한 상을 받은 영국의 언론인으로서 소로스의 지원을 받고 있는 신경제사상연구소Institute for New Economic Thinking 이사장 칼레츠키Anatole Kaletsky는 독일이 1차 대전과 2차 대전을 일으켰고 지금 또다시 유럽에 엄청난 위험을 초래하고 있다며 같은 맥락의 이야기를 하였다. 그는 독자에게 지금 유럽이 '독일에 맞서 싸울 때가 아닌가?'라는 질문을 던지고 있다.[24]

이러한 주장과 긴축반대운동은 유럽이 해결하지 못한 채무문제를 둘러싸고 근본적인 분배갈등에 빠졌음을 시사하고 있다. 채무자들이 과도한 부채를 지고 있고 이제 더 이상 상환할 능력이 없기 때문에 대손상각손실을 우려하는 채권자들은 그 빚을 대신 갚아 줄 사람을 찾고 있다. 국제 투자자의 견지에서 보면 상황은 분명하다. 이들은 스스로 유로존의 일부이기 때문에 그리스, 스페인, 그리고 현재 위기를 겪고 있는 다른 나라들에게 돈을 빌려주었다. 만약 이 나라들이 돈을 돌려받지 못한다면 다른 유로지역 국가들이 이들을 위해 대신 갚아 줘야 한다. 유럽은 문제를 스스로 해결하기에 충분히 크고 강하다. 유럽의 경제대국들이 책임져야 한다. 이들이 책임을 회피하는 것은 부당한 일이다.

그러나 투자자들은 마스트리히트 조약의 규칙을 무시하였다. 결국 이 조약의 핵심은 구제금지no-bailout 조항(유럽연합의 기능에 관한 조약 125조)인데, 이는 그 어떠한 유로지역 국가도 다른 가입국의 채무에 대한 법적 책임을 지거나 지급부담을 떠맡지 않는다는 것이다.[25]

> 유럽연합은 중앙정부, 지방자치단체, 여타 공공기관, 법인격기구 또는 특정 회원국 공공기관의 채무에 대해 책임을 지거나 떠맡지 않을 것이다…
> 회원국은 중앙정부, 지방자치단체, 여타 공공기관, 법인격기구 또는 특정 회원국 공공기관의 채무에 대해 책임을 지거나 떠맡지 않을 것이다.

구제금지 조항은 유로가 상호보험이나 채무공동화 체제로 구상되지 않았음을 분명히 하고 있다. 반대로 이러한 지원은 명시적으로 배제되었다.

출범 당시부터 일부 유럽 국가는 유로 프로젝트가 채무공동화 계획으로 판명될 것을 우려했고, 따라서 구제금지 조항을 조약에 포함시켜야 한다고 주장하였다. 특히 독일은 이것을 독일 마르크를 포기하는 전제조건으로 삼았다.[26] 이에 반해 프랑스는 연방유럽국가의 근간이 될 정치구조를 창안한다는 독일의 생각에 반대하였다.

마스트리히트 조약 체결 당시 독일인 대다수가 독일 마르크의 유로로의 전환에 반대했기 때문에[27] 콜 정부는 새로운 공동화폐의 도입이 채무공동화나 유로지역 국가 간 이전지출 계획을 의미하는 것이 아니라는 점을 누누이 강조하였다. 유로 도입에 관한 그의 위대한 연설에서 콜은 청중에게 잠시 휴식을 취하면서 자신이 무슨 말을 하고 있는지에 관해

각별히 주의를 기울여 달라고 요청하였다. 그러고 나서 낮은 목소리로 연거푸 두 차례나 진지하게 말했다.[28]

> 협약의 규정에 따르면, 유로 공동체는 회원국의 채무에 대해 어떠한 책임도 지지 않을 것이며 추가적인 금융상의 이전지출은 없을 것이다.

당시 총리가 이렇게 단호하고 엄격하게 말했기 때문에 오늘날 독일 정부가 대대적인 구제조치와 채무공동화 계획에 그토록 강한 거부감을 보이고 있는 것이다.

유럽국가공동체와 유럽중앙은행이 실제로 구제조치를 단행함에 따라 시장의 채무국에 대한 긴축정책 요구가 완화되었다. 그 규모는 무엇을 기준으로 하더라도 엄청났다. 이 책의 뒷부분에서 다시 살펴보겠지만 (특히 제8장 참조), 2012년 8월에 위기가 고조되었을 때 유럽국가공동체와 유럽중앙은행은 위기국(GIPSIC 국가)에게 총 1조 3,390억 유로를 제공했는데, 이것은 1인당 평균 1만 유로에 달하는 금액이었다. 이것은 분명 소액의 기여금이 아니었다. 구제계획을 떠맡아 시장의 긴축요구를 완화시켜 준 사람들을 구원자라고 고맙게 여기기는커녕, 오히려 구제 기금 수령자가 마땅히 받아야 할 돈을 지급하지 않고 긴축만 강요하는 탄압자로 인식하고 있다는 점은 유럽 위기의 아이러니이다. 유로가 붕괴하고 GIPSIC 국가가 채무상환을 이행하지 못하게 된다면, 제8장([그림 8.2])에서 파악할 수 있듯이 독일은 4,500억 유로 또는 국민 1인당 5,500유로의 손실을 입게 될 것이다. 네덜란드와 핀란드의 국민은 심지어 1인당 6,900유로의 손실을 입게 될 것이다. 이 세 나라는 현재 갈등을 빚고 있는 유로지역 국가의 긴축정책 완화에 커다란 기여를 하고 있다.

구제금지 조항이 존중될 것이라는 콜 총리의 믿음은 위기 동안에 확실히 깨지고 말았다. 프랑스의 전직 재무장관이고 현직 IMF 총재인 크

리스틴 라가드Christine Lagarde는 느닷없이 각종 구제계획이 불법이었음을 인정하였다.[29]

> 우리는 국가 간 격차를 줄이고 유로존을 진정으로 구하려고 모든 규칙을 위반하였다.

프랑스 은행들이 위기국에게 제공한 신용이 독일 은행들이 제공한 신용보다 GDP 대비 비율로 두 배에 달했다는 점을 감안하면 이러한 입장은 도무지 이해할 수가 없다.[30] 그러나 이 입장에는, 정책결정권자들이 그 당시 실제 상황의 압박에서 벗어나기 위해 세세하게 기록된 유럽의 법률과 조약을 무시하려는 의도가 드러나 있다.[31]

마스트리히트 조약에 관해 논의할 당시에, 위기가 발생해도 존중받을 것이라는 기대 속에 체결된 조약의 단순 보호조항을 순진하게 믿어서는 안 된다는 강한 경고의 목소리가 있었다. 이러한 경고를 한 사람으로는 독일연방은행총재 한스 티트마이어Hans Tietmeyer,[32] 노벨상 수상자 밀턴 프리드먼Milton Friedman,[33] 전직 미 경제자문회의의장 마틴 펠트스틴Martin Feldstein,[34] 전직 런던정경대학총장 랄프 다렌도프Ralph Dahrendorf 등이 있다. 다렌도프는 유로의 미래에 대해 매우 뚜렷한 어조로 이렇게 말했다.[35]

> 우리의 통화동맹은 중대한 실책이다. 이것은 유럽을 통합하기는커녕 분열시킬, 위험하고 무모하며 잘못 제시된 목표이다.

1998년에는 158명의 독일 경제학자가 유로의 조기도입에 반대하는 공동 소장(訴狀)에 서명하였다.[36] 학자의 양심상 유감스럽지만 이들이 옳았음을 인정하지 않을 수 없다.

유로의 무역 및 자본이동에서의 장점

이 모든 것은 유로존이 단순히 유로를 포기해야 한다는 것만을 의미하지는 않는다, 왜냐하면 일어날 일이 일어났기 때문이다. 많은 재료를 가지고 케이크를 만들 수는 있지만, 일단 케이크를 만들고 나면 그 재료를 다시 추출해 내기는 어렵다. 유로존의 금융제도는 서로 매우 강하게 연계되어 있어서 채무를 구(舊)통화로 전환하면 문제가 야기될 따름이다. 더욱이 유로는 유럽대륙의 원대한 정치통합에 있어 매우 커다란 상징적인 힘을 가지고 있어서 이것이 합리적 조건하에서 유지될 수 있길 바랄 뿐이다. 메르켈 총리가 '유로의 실패는 유럽의 실패'라고 공언한 것은 다소 과장된 측면이 있긴 하지만 진실의 한 단면을 내포하고 있다. 경제적 측면에서 보면 유로는 재화와 용역의 교환제도에 불과하다. 그러나 정치적 측면에서 보면 바라건대 유로는 유럽의 역사적 통합에서 큰 성과를 낳을 과감한 시도의 한 단계인 것이다.

그 과정에서 여러 난관에 부딪치겠지만, 핵심 유로지역 국가를 중심으로 유로존 차원의 개혁과 조정을 반드시 일궈 내야 할 것이다. 유로존을 일시적으로 탈퇴하는 국가에게 특히 매력적일 수 있는 개혁의 근거와 형태에 관해서는 제4장과 제9장에서 논의할 것이다.

하지만 이러한 과정은 유로의 철폐가 아니라 오히려 유로의 유지를 목표로 삼아야 한다. 유로는 모든 가입국이 누릴 수 있는 다양한 혜택을 제공하고 있다. 이런 관점에서 유로의 창시자들이 옳았다고 할 수 있다. 이 책에서 통화동맹에 대한 평가수위와 무관하게 북유럽 유로지역 국가의 회원자격 유지 가능성에 대해 의문을 제기하지는 않겠다. 내가 여기서 가하는 비판은 유럽의 이상을 훼손하자는 것이 아니고 오히려 그것을 강화하기 위한 개혁안의 근거를 제시하자는 것이다.

유로의 한 가지 명백한 긍정적 효과는 화폐거래비용의 감소이다. 모든 관광객은 직감적으로 자기에게 유리하다고 생각하고 있다. 과거에는 대외거래에서 1,000프랑 당 15프랑이 거래비용으로 사라졌다. 사업차 여행하는 사람들은 여행하고 남은 다양한 지폐와 동전을 다음에 사용하기 위해 지갑을 여러 개 지녀야 했고 외국돈을 구별하느라 고생했던 기억이 아직도 생생할 것이다. 유로가 도입되면서 이러한 애로가 해소되었다.

이보다 더 중요한 것은 환율 불확실성의 제거이다. 환율의 지속적 변동은 유럽 내 거래에서 상당한 장애물로 작용하였다. 선물(先物) 매입 시 계약당사자가 실제 계약금액이 얼마인지를 몰랐던 경우가 많다. 만약 매도자의 통화를 사용했다면 매수자는 일종의 복권을 산 셈이었고, 매수자의 통화를 사용했다면 매도자는 결과적으로 얼마를 받게 될지 몰랐다. 물론 양쪽 다 이러한 환위험에 대한 보험에 가입할 수 있었지만 그 보험료가 커서 거래에 부담이 되었다.

명목 고정환율이 갑자기 재조정되었던 1992년을 포함한 단일통화 도입 전 수십 년 동안 유로는, 골치 아픈 문제였던 환율급변으로부터 유로존의 사업과 금융을 보호하였다. 유로는 인플레이션 발생 가능성이 높은 국가가 통화의 정상적인 평가절하를 통해 경쟁력을 강화하는 것을 막기도 하였다. 브레턴우즈 체제의 붕괴(1973년)에서 유로의 실제 도입(1999년)에 이르기까지 리라의 가치는 독일 마르크에 대해 80%, 스페인 페세타는 76%, 프랑스 프랑은 52% 절하되었다.[37] 유럽통화제도EMS가 존재했던 시기인 1979년 3월 13일부터 1998년 12월 31일까지는 이탈리아가 13번의 평가절하와 한 번의 평가절상을 했고, 프랑스가 6번 평가절하 했으며, 스페인은 1989년 가입 후 4번 평가절하했다.[38] 하지만 프랑스는 1993년에 트리셰 중앙은행 총재가 '강한 프랑'franc fort 정책을 실시하면서 정상적인 평가절하 과정을 마감하였다. 하지만 이것은 분명히 프랑크푸르트에 있는 독일연방은행의 입장이었다. '강한 프랑' 정책은 독일 마르크에 대한 프랑스 프랑의 평가절하를 막기 위한 경쟁적 인플레이션 대책으로서 선언된 것이었다.[39] 환율 불확실성의 정도와 평가절하의 득실에 대해서는 아직도 논란이 일고 있다.

[그림 1.4]에서 보듯이 경제대국의 여타 유럽 국가에 대한 수출의 비중이 감소하고 있다는 사실이 이런 측면에서 흔히 거론되고 있다. 1999년에는 독일 상품 및 서비스 수출의 약 44%가, 지금은 약 36%만이 유로존을 대상으로 이루어지고 있다. 다른 경제대국의 경우 그 수준이 더 높기는 하지만 이와 비슷한 하향세를 보이고 있다. 이에 따라 유로 도입 후 유로존의 상대적 비동조화 현상이 뚜렷이 나타났다. 이러한 현상이 유로지역 국가가 다른 회원국의 상품에 대한 관심이 사라졌음을 의미하는 것은 아니다. 그림에 나타난 하향세는 앞서 [그림 1.1]에서 본 바와 같이 세계의 다른 대륙의 역동적 발전으로 설명된다. 유럽 수출이 세계적으로 확산되었기 때문에 유로지역 국가가 세계경제의 역동성에서 큰 혜택을 입었고, 고성장 지역으로의 수출이 저성장 유로존에 대한 수출보다 필연적으로 더 신속히 증가하였다.

더욱이 유로가 없었더라면 유럽 역내교역이 어떻게 전개되었을지 의문이다. 그러므로 조급한 결론을 내리는 것은 바람직하지 않다. 유로가 없었더라도 유럽연합의 역내시장은 그 자체로서 유럽 역내교역에 강한 자극을 제공했을 것이다. 자유무역은 유럽 내 노동력의 통합과 분할을 위한 실질적인 원동력이다. 환율변동에 대한 보호가 실제로 얼마나 큰 기여를 했을지는 불확실하다.

그러나 환율의 심한 변동은 무역에 지장을 초래하는 것 이상으로 큰 영향을 미친다. 이것은 자유로운 자본이동을 저해하기도 하는데, 그 이유는 대출계약이 만기가 길고 거래규모에 비해 이익이 적어 환율변동에 특히 취약하기 때문이다. 만약 채권자가 자국의 통화로 대출을 한다면, 만기 시의 위험은 채무자에게 전가되는 것이다. 유로나 스위스

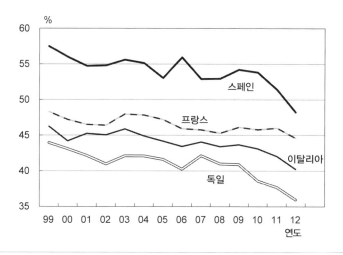

[그림 1.4] 유로존으로의 수출비중 (1992~2012년)

자료: Eurostat, Database, *Economy and Finance*, National Accounts, Annual National Accounts, Exports and Imports by Member States of the EU/third Countries.

프랑으로 표시된 대출을 받은 동유럽의 많은 채무자들이 국내 통화의 상대적 평가절하로 인해 온전히 채무감당을 지속하기가 아주 어려워지면서 현재 부담을 떠안고 있다. 이러한 상황은 통화동맹이 이루어지기 전 서유럽 국가에서도 나타났다. 이와 반대로 만약 채권자가 채무자 나라의 통화로 대출하는 것을 수용한다면, 채권자는 만기에 얼마를 받게 될지 알 수 없는 것이다. 어느 쪽이든 국제적 대출관계는 지장을 받게 된다.

　제2장에서 자세히 설명하겠지만, 이런 유형의 불확실성을 제거하면 각 국의 통화로 받은 대출에 대한 금리가 극적으로 수렴한다. 따라서 이것은 무역에서의 불확실성 제거보다도 유로존 내부에 더 큰 영향력을 발휘했다. 유로를 도입하기 전에는 외국인 투자자가 만기까지의 통화 평가절하 위험을 반영한 프리미엄을 요구하였다. 유로가 공포되자마자 이러한 프리미엄은 사라졌고, 오늘날 우리가 겪고 있는 위기를 주로 설명해 주는 유

로존 전체 경제발전에서의 국가별 격차가 나타나기 시작했다.

금리수렴으로 인해 북유럽에서 남유럽으로 자본이 실제로 이동했다는 점에서 어느 정도는 유로존 전체가 혜택을 보았다고 할 수 있다. 투자자들은 그 이전에는 환율 불확실성 때문에 감히 엄두도 내지 못했던 더 큰 투자수익의 기회를 북유럽보다는 남유럽에서 찾을 수 있었던 것 같다. 따라서 성장률을 높이는 자본이동에 대한 기대가 유로 도입을 계기로 자연히 높아졌다. 저자를 포함한 일부 관찰자에게는 이것이 단일통화의 가장 큰 이점으로 여겨졌다.[40] 그러나 불행하게도 투자자가 그 이전의 환율위험 대신 부분적으로 파산위험이 생겼다는 사실을 무시했기 때문에 이러한 과정은 과열되고 통제되지 못한 채 과도한 금리수렴을 초래함으로써 물가와 임금의 기대수준을 급격히 높였다. 출범 당시의 기대가 왜 실현되지 못했는지에 관해서는 제2장과 제4장에서 포괄적으로 논의할 것이다.

통화동맹에 이르는 길

유럽의 정치권은 오랫동안 환율동맹을 목표로 삼아왔다. 유럽의 각국 정부는 1970년의 베르너 계획Werner Plan에 따라 자국의 환율이 '터널 속의 뱀'처럼 움직이게 하는 개입을 통해 환율을 조정하기로 합의하였다. 달러에 연동되는 기준 환율에 비례해 합의된 환율이 각국 통화에 적용되었고, 그 범위가 설정되었다. 해당 중앙은행은 자국의 환율이 이 범위 내에서 변화하도록 외환거래를 통해 외환시장에 개입해야 했다. 이 통화 스네이크 제도는 그리 성공적이지 못했다. 대부분의 나라가 이 제도를 포기했고, 결국에는 독일 주변국의 몇 개 통화만이 남게 되었다. 그 후 1979년에 프랑스 대통령 지스카르데스텡과 독일 총리 헬무트 슈미트가 제안한 유럽환율조정장치Exchange Rate Mechanism; ERM를 통한 새로운 환율통제가 시도되었다. 가입국 수가 변하면서 이 제도는 유로 도입 전까지 지속되었다. 그러나 1992년 들어 이 제도는 독일 통일에 따른 외환시장의 부담을 감당할 수가 없었다. 상당수의 국가가 독일 마르크에 대한 자국 통화의 가치를 예상보다 훨씬 큰 폭으로 절하하였다. 평가절하 압박을 받고 있던 중앙은행들은 외환시장에 개입하면서 금리인상을 통해 환율을 유지하려고 노력하였다. 심지어 스웨덴은 중앙은행 재할인율을 일시적으로 연율 500%까지 올렸다. 그러나 중앙은행들은 금융투자자의 투기에 따른 거대자금의 이동을 막아 낼 수 없었다. 1992년에는 영국 파운드가 독일 마르크에 비해 14% 절하되었다. 리라는 17%, 페세타는 10%, 스웨덴 크로나는 16%, 핀란드 마르카는 16% 절하되었다.[41] 그 후 이탈리아가 유럽환율조정장치를 일시 탈퇴했고, 영국은 영원히 떠나버렸다.

이러한 혼란으로 인해 특히 프랑스에서는 자국 통화를 폐지하려는 강한 움직임이 나타났고, 1989년에는 유럽집행위원회가 그 전년도에 채택했던 소위 들로르 계획Delors Plan이 실현되기에 이르렀다.[42]

들로르 계획은 통화동맹을 3단계로 실현하려는 구상이었다. (1990년 1월에 시작하는) 첫 단계에서는 가입국 간 자유로운 자본이동을 저해하는 모든 장벽을 제거해야 했다. (1994년 1월에 시작하는) 두 번째 단계는 가입국 예산을 통합해 안정된 단일통화의 기초를 마련하는 것이었다. 세 번째 단계에는 환율고정과 단일통화 유로의 도입이 포함되었다. 이 개념은 신뢰할 만한 환율을 통해 통화에 대한 투기를 종식시킬 수 있는 제도를 만든다는 것이었다. 유로가 이러한 목표를 달성할 수 있는 유일한 방안인 듯하였다.

독일은 유럽연합의 최대 국가로서 자국의 통화정책이 다른 나라에 의해 영향을 받길 원치 않았기 때문에 들로르 계획의 실행을 망설였다. 독일은 '크라우닝 이론'crowning theory을 적용하길 원했다. 즉 단일통화 전에 준비단계로서 우선 고도의 재정통합을 이룩할 필요가 있다는 것이었다. 남유럽 국가의 인플레이션 확산에 대한 우려뿐만 아니라 다른 나라들이 안정에 대한 약속을 지킬지에 대한 우려도 존재하였다.

현재와 같은 유로의 도입을 궁극적으로 추진했던 헬무트 콜 총리조차도 다음과 같이 경고하였다.[43]

> 정치통합이 경제통화통합을 위한 필수불가결한 요소라는 점은 아무리 강조해도 지나치지 않다. 근래의 역사를 통해…. 우리는 정치통합 없이도 경제통화통합을 유지할 수 있다는 것이 어리석은 생각이었음을 잘 알고 있다.

이에 반해 다른 나라들은 독일연방은행이 자국의 결정을 좌지우지하는데 대해 구속감을 느끼고 있었다. 이들은 독일연방은행의 금리정책을 따라야 했다. 하지만 독일연방은행이 경제적 판단에 따라 독자적으로 입안한 정책은 다른 나라 경제에 잘 맞지 않았다. 예를 들어 인플레이션을 억제하기 위해 독일연방은행이 금리를 인상할 필요가 있을 때 인접국은 경기침체로 인해 금리를 인하해야 했다. 물론 반대의 경우도 있었다. 독일연방은행은 항상 독일 마르크 경제권의 전체 규모를 감안해 금리정책을 조율하였다. 다른 나라들은 자본이동을 방지하기 위해서는 자국의 금리를 독일연방은행의 금리에 따라 조정해야 한다는 것을 자각하고 있었다. 왜 다른 나라들이 이러한 상태를 변화시키려고 애썼는지 쉽게 이해할 수 있다. 이러한 이유로 프랑스 대통령은 크라우닝 이론이 독일의 지연작전에 불과하다고 생각했다. 그는 경제정책의 공조 없이 유로를 도입하는 것이 가능한가라는 질문에 대해 나중에 이렇게 답했다. '경제정책은 저절로 조율될 것이다.'[44]

독일 재통일의 대가?

독일 재통일이 임박했을 때까지 독일과 인접국 간의 냉랭한 관계가 해소되지 않고 있었다. 수많은 유럽인이 재통일로 더 강해질 것 같은 독일을 정치적으로 더 강하게 통제하길 요구하였다. 이에 반해 독일인은 과도한 정치적 저항에 부딪치지 않고 재통일을 실현하기 위해 스스로 낮은 자세를 취하였다. 독일은 아직도 주권국가가 아니었고 재통일을 추진하기 위해서는 결국 제2차 세계대전 승전국들의 공식적 동의를 얻어 내야 했다. 미국과 러시아가 이미 동의한다는 신호를 보냈던 만큼 어떤 유럽국가도 분명 독일의 재통일을 현실적으로 방해할 수는 없었다. 특히 미국의 부시 대통령은 강력한 재통일 지지자였고, 러시아 대통령 고르바초프는 어떤 방법으로도 소련을 유지할 수 없었기 때문에 어쩔 수 없이 독일의 재통일에 동의하였다. 그러나 프랑스의 반대는, 제2차 세계대전 후 프랑스-독일 축(軸)과 더불어 독일의 지상목표였던 유럽통합을 위태롭게 할 수 있었다.

1990년 1월 4일에 프랑스와 독일의 정상은 들로르 계획의 시행을 지지하기로 결정하였다. 이 결정은 2년 뒤인 1992년 7월에 마스트리히트 조약으로 이어졌다.[45] EU 회원국들은 이 조약에서 1999년 1월 1일까지 몇 가지 통합기준을 충족시킨 후에 유로를 도입하기로 합의하였다.[46]

프랑스는 자국의 중앙은행이 독일연방은행의 통화정책 결정에 어떠한 영향력도 행사하지 못한 채 따라야만 했던 것을 자각하고 있었기 때문에 유로를 강하게 밀어붙였다. 미테랑은 처음에는 독일 재통일에 대해 적극적으로 반대했지만 독일이 유로 도입에 동의하는 조건으로 통일을 묵인했던 것 같다. 이러한 거래가 공식문서에서는 전혀 언급된 적이 없어 공식적으로는 늘 부인되어왔고 분명히 법적 실체는 없지만, 그것의 암시적 성격은 너무나 뚜렷하다.[47] 마스트리히트에서 계획된 유럽정상회담 후에 미테랑과 콜은 2+4 협상과 정상회담합의서를 공동 발표했는데, 이는 경제통화통합을 위한 주춧돌이 되었다. [48]

독일연방은행의 권력에 대해 프랑스가 얼마나 신경을 썼는지는 미테랑 대통령이 독일 마르크에 대해 '독일의 원자폭탄'[49]이라고 별명을 붙였다는 사실에서, 그리고 그의 국민에게 마스트리히트 조약이 베르사유 조약보다도 프랑스에게는 훨씬 더 나은 사실상 '슈퍼–베르사유'라고 언급한 사실에서 파악할 수 있다.[50] 유력 일간지 르피가로는 독일이 베르사유 조약에 억지로 서명해야 했을 때 내세웠던 슬로건인 '독일인들이 모든 대가를 치를 것이다'[51]를 따서 '오늘날 독일이 대가를 치러야 한다'고 주창했는데, 이 때문에 독일에서 가장 영향력 있는 주간지인 슈피겔의 편집장 루돌프 아우그슈타인Rudolf Augstein이 크게 분노하였다.[52] 르피가로가 언젠가는 독일이 구제정책 자금을 제공해야 할 것이라고 그 당시에 예언했다고 추정하기는 어렵다. 일부 라틴계 유럽의 유로 지지자들은 어떻게 해서든 생활수준을 수렴시키고 채무를 공동부담하기 위해 독일을 단일통화체제에 끼워 넣길 원했던 것 같다.

콜은 독일 마르크를 포기하는 대가로 유럽을 정치동맹으로 몰고가려 했지만, 미테랑이 이에 동의하지 않았다. 시라크 대통령조차도 유로 도입 당시 이렇게 말했다.[53]

나는 유럽이 거대국가가 되거나 그 기관들이 미국식으로 변하는 것을 받아들이지 않을 것이다.

따라서 콜은 다른 유로지역 국가로부터 정치통합의 심화로 해석될 수 있는 그 어떠한 양보도 받아 내지 못한 채 유로의 도입에 만족해야만 했다.

이전지출 및 채무동맹

프랑스와 독일은 유로 도입의 결정을 화해과정의 핵심적인 단계라고 생각하였다. 하지만 일부 남유럽 국가들은 다른 동기에서 유로에 가입하지 않을 수 없었다. 이들은 국채금리가 낮아지길 원했고, 유로를 통해 북유럽 국가들이 누리던 번영의 수준에 도달할 수 있을 것이라고 생각하였다.

남유럽인들 사이에서는 유로가 제공할 혜택에 대한 기대가 더 단순하고 분명하였다. 그리스 가수 코스타 코르다리스가 이에 관해 재미있게 표현하고 있다.[54]

　그리스인들은 유로에 군침을 흘리고 있었다. 이들은 평생 단 한번만이라
　도 멋진 독일차를 갖고 싶어 했다.

이것은 독일 재통일 당시의 감정을 다시 느끼게 하고 있다. 통일 전에 동독시민들이 외쳤던 '독일 마르크가 우리에게 오든지, 우리가 독일 마르크로 가든지'라는 구호에 통화의 상징적 측면이 적나라하게 드러나 있다. 많은 정치가들이 유로를 정치 프로젝트로 인식했지만, 경제학자는 대부분 그것을 거래편의를 위한 기술적 수단으로 보았다. 그러나 남유럽 국가들이 유로 도입을 추진한 진정한 이유는 아마도 그것이 새로운 부와 번영의 상징이었기 때문일 것이다.

일부 전문가와 정책자문가조차도 이전지출 동맹, 즉 독일의 제도와 비슷한 지역평준화용 이전지출 제도를 고안함으로써 이러한 기대에 구체적인 의미를 부여하였다.[55]

독일 정부와 독일연방은행도 당연히 그렇게 추론하였다. 이들은 남유럽 국가들의 공공채무가 과다하다는 점이 우려스럽다면서 이들을 배제하길 원했다. 독일연방은행은 1998년 연설에서 이전지출 동맹은 없을

것이라고 말한 헬무트 콜과 같은 확신을 갖고 있지 않았다. 따라서 독일연방은행은 유로를 수락하기에 앞서 마스트리히트 조약에 공공채무가 GDP의 60%를 초과할 수 없다는 조건을 포함시켜야 한다고 은밀하게 주장하였다. 1991년 마스트리히트 조약이 체결되었을 당시 알려진 통계에 따르면, GDP 대비 채무비율이 이탈리아 102%, 그리스 92%, 벨기에 128%, 아일랜드 95%, 네덜란드 79%로 60%를 훨씬 넘었기 때문에 이 나라들은 기준을 충족시키지 못할 것으로 예상되었다. 실제 대부분의 유로 지역 국가와 마찬가지로 이들도 가입기준을 충족시키지 못하였다. 기준연도인 1997년에 60%한도 미만이었던 나라는 핀란드(56%), 프랑스(58%), 룩셈부르크(7%), 영국(54%)뿐이었다. 이러한 측면에서 볼 때, 적어도 법률적으로는 유로 프로젝트가 이때 시작되어서는 안 되었던 것이다.

하지만 조약의 문안작성에 있어서 유럽 정치가들은 분명 독창적이었다. 재정적자 비율이 감소하여 3% 기준에 근접하는 경우, 또는 예외적이거나 일시적으로 이 비율을 초과할 경우에는 60% 한도가 무시될 수 있다는 애매한 조항이 마스트리히트 조약에 포함되었다.[56] 이에 따라 결국에는 모든 것이 가능해졌다. 과도한 채무에도 불구하고 유로 가입을 바라던 남유럽 국가에게 문이 활짝 열렸다. 유로 자체는 이미 확고한 프로젝트였다. 유로를 통화로 채택하고자 했던 국가들이 가장 중시했던 조항이 드디어 포함된 것이다. 남유럽 국가와 더불어 지중해 연안지역에 깊은 이해관계가 있었던 프랑스는 당연히 콜 정부가 유로존 확대를 수락할 때까지 압력을 행사하였다. 뒤늦게 깨달은 것이지만, 이것이 오늘날 유럽에 영향을 주고 있는 채무문제의 근원이었다.

그러나 콜 총리 스스로가 이탈리아를 유로존에 가입시키기 위해 독일연방은행과 그 전문가들의 우려를 무시하고 60% 한도를 보류하려고 한 정황증거가 있다.[57] 프랑스나 이탈리아와의 협상에 전력을 기울이는 것과 통일유럽의 대부(代父)로서 역사에 길이 남을 이상을 실현하는 것 중

양자택일의 기로에 서서 결단을 내리기가 그에게는 별로 어렵지 않은 일이었다.

독일 재무상 테오 바이겔Theo Waigel은 끝까지 이 조항을 삽입하지 않기 위해 노력했던 것 같다.[58] 그러나 유럽연합이 독일에게 신탁청의 채무를 국가채무에 포함시킬 것을 강하게 요구하자 그도 저자세를 취하였다.[59] 신탁청 채무까지 포함시키면 1994년부터 1995년까지 독일의 GDP 대비 국가채무의 비율은 8% 포인트 오른 58%가 되어 60% 한도에 거의 육박하였다. 1996년에는 그 비율이 60.4%에 달해 한도를 넘어섰고, 기준연도인 1997년에는 이를 확실히 넘어서는 61.3%에 달하였다. 여기에 마스트리히트 조약의 가입조건을 엄격히 적용했더라면 독일도 유로에서 배제되었을 것이다. 그러나 유로 도입의 주된 의의는 서유럽 국가들이 독일연방은행의 강권에서 벗어나기 위해 독일연방은행의 유럽 내 금리결정권을 박탈하거나 금리를 차별화해 결정하는 것이었다. 독일을 배제하고서는 유로 도입이 무의미했기 때문에 가입기준이 무시되었던 것이다. 그 결과 새로운 가입국에게 문호가 개방되었다. 채무를 과다하게 지고 있었던 남유럽의 유로가입 지원국과 벨기에는 독일도 가입 요청을 할 수 있는 한 구성원이라고 주장하였다. 바이겔은 독일의 채무한도 초과 문제를 사전에 해결하기 위해 독일연방은행에게 저평가된 금 보유고의 가치를 절상하여 많은 평가 이익을 이전받을 수 있게 해달라고 간청하였다. 그러나 독일연방은행은 원칙을 완강하게 지켰다.

유럽중앙은행

많은 유럽 국가들이 새로운 통화인 유로를 이용하게 되면서 유럽중앙은행European Central Bank; ECB은 유럽 대륙에서 가장 영향력이 큰 정치적 기관이 되었다. 유럽중앙은행은 유로존을 금융위기의 충격파로부터 보호해줄 수 있는 유일한 기관이 되었다. 앞으로 더 자세히 살펴보겠지만, 이런 변화로 인해 유럽중앙은행은 자원배분, 즉 부의 지역간 분배와 경제활동에 장기간 영향을 미칠 수 있는 일련의 행위에 깊숙이 관여하게 되었다. 유럽중앙은행을 영란은행처럼 중앙집권적 기관으로 만드는 방안이 논의되기도 하였다. 하지만 각국이 기존의 중앙은행에 대해 애착을 갖고 있어 이러한 시도는 무산되었고, 오히려 더 분권화된 구조가 만들어졌다. 각국의 중앙은행은 자산이나 부채의 규모에 큰 차이가 있는 채로 고유한 주권기관으로 존속하게 되었고, 통화정책을 수행하는 등 기본적인 경제적 역할을 유지하였다. 그러나 이들은 프랑크푸르트에 있는 유럽중앙은행 정책위원회의 규정과 조건을 준수해야 할 뿐만 아니라 통화정책에서 벌어들인 운영수입을 유럽중앙은행 납입자본금의 지분에 따라 나누어야 했다. 따라서 유로를 발행하는 중앙은행제도를 '유로시스템'Eurosystem이라고 한다. 이 책에서는 유럽중앙은행과 유로시스템을 굳이 분명하게 구분할 필요가 없을 경우 동의어로 사용할 것이다.

(유로지역 국가의 중앙은행뿐 아니라) 유럽연합의 각국 중앙은행은 최초 납입자본금이 57억 6천만 유로였던 유럽중앙은행의 자본금을 2010년 말에 107억 6천만 유로로 늘리기 위해 자본금을 갹출하였다. 2013년 12월말 현재 유럽중앙은행의 자기자본은 금 보유고의 평가차익을 더해 210억 유로였다.[60] 자본금 지분은 유럽연합 회원국의 평균 GDP와 인구수를 고려해 계산한 국가규모에 비례해 설정되었다.[61] 유럽연합 회원국 중에서 유로존에 가입하지 않은 나라의 출자금을 빼고 자본 지분율을 계산하면, 독일 27.0%, 프랑스 20.3%, 이탈리아 17.9%에 달한 데 비해 그리스는 2.8%, 몰타는 0.1%에 불과하였다. 이렇게 조정된 자본 지분율은 통화정책에서 발생한 손익분배와 같은 중요한 계산에 적용되었다.

유로시스템은 현재 이탈리아 출신 유럽중앙은행 총재인 드라기를 포함한 6명으로 구성된 이사회에 실무를 위임한 정책위원회에 의해 통제되고 있다. 2013년에는 이 위원회에 6명의 이사 외에 17명의 각국 중앙은행 총재가 위원으로 추가 선임되었다. 2014년 초에는 라트비아가 추가로 위원 자리를 확보하면서 18번째 가입국으로 합류하였다. 리투아니아가 가입하여 유로지역 국가 수가 18개를 넘게 되면, 활동 회원국의 수를 제한하기 위해 정책위원회 멤버십에 순환제도를 적용할 것이다.

각국의 중앙은행 총재는 5년 임기로 선출되고, 유럽중앙은행 이사의 임기는 8년이며, 유럽중앙은행 총재의 임기도 8년이다. 각국 중앙은행 총재는 연임할 수 있지만, 유럽중앙은행 총재는 그렇지 않다.

각국 중앙은행 총재가 국내의 정치과정을 통해 선출되긴 하지만 국가의 대표자격을 가질 수는 없으며, 정치적 영향에서 벗어나 독립적으로 공익을 위해 순수하게 전문직 관료로서 의사를 결정하도록 되어 있다. 마스트리히트 조약을 체결할 당시에 특정 이해관계에 따른 기회주의적 행동을 막는 훌륭한 통화제도를 구축하기 위해 '정치적 독립'을 기본요건으로 삼은 것이다.

이러한 정신에 따라 각국 중앙은행 총재의 투표권은 국가의 규모나 지분율에 관계없이 모든 가입국에게 동일하게 부여되었다. 이러한 구조는 민간기업의 운영방식과는 전혀 다르며, 심지어는 각국의 투표권을 납입자본금이나 책임에 비례해 부여하는 IMF와도 다르다. 유럽중앙은행의 경우 인구수가 프랑스의 1/156, 독일의 1/195, 이탈리아의 1/142에 불과한 몰타가 이 나라들과 똑같은 투표권을 보유하고 있다.

유럽중앙은행 총재를 포함한 이사들도 투표권을 갖고 있다. 이 세 나라가 통상적으로 일반위원회에 한 명씩 대표를 파견하고는 있지만 이들의 투표권 지분은 책임범위에 비해 훨씬 낮은 8.7%에 불과하다. 몰타의 국민 일인당 투표권은 프랑스보다 78배, 독일보다 98배, 이탈리아보다 71배나 더 큰 비중을 차지하고 있는 셈이다. [그림 1.5]는 모든 유로

지역 국가의 관련 통계를 보여주고 있다.

모든 회원국을 규모에 상관없이 평등하게 대하는 것은 마스트리히트 조약에 따른 유럽중앙은행의 유일한 목표가 물가안정 유지라는 점에서도 정당화되었다. 유럽중앙은행제도ESCB 하의 유럽연합 회원국 조약 105조에는 다음과 같이 명시되어 있다.

유럽중앙은행제도의 기본 목표는 물가안정을 유지하는 것이다.

아마도 모든 회원국이 이 목표에 전적으로 공감했기 때문에 이해갈등이 빚어지지 않았고, 중앙은행 총재를 정치색이 없는 전문직 관료로 여길 수 있었던 것 같다.

그러나 이 책에서 앞으로 계속 거론하겠지만, 유럽중앙은행은 문제의 국가와 채권자의 이익을 위한 대대적인 구제조치를 수행하는 과정에서 중요한 구제기관으로 탈바꿈하고 있다. 이 은행은 국가와 은행의 파산을 막아 민간 투자자들이 실패한 투자의 결과에서 벗어날 수 있도록 도와주고 있다. 유럽중앙은행은 부실은행에게 시장에서보다 더 좋은 조건으로 신용을 제공해주고 있고 부실국가의 국채가격 안정을 위해 그 국채를 사들이는 등 마치 최종대부자처럼 행동하고 있다. 이러한 측면은 모두 유로 회원국 간의 부의 분배와 자본의 지역배분에 있어 중요한 의미를 지니고 있다. 따라서 유럽중앙은행 이사회를 통화정책 결정에만 관여하는 순수 전문직 관료집단으로 해석하기 어려워 보인다.[62]

직접적 재분배 효과의 잠재적 득실은 흔히 생각하듯이 유럽중앙은행의 자기자본에 국한되는 것이 아니다. 2013년 말 현재 유로지역 국가 중앙은행 전체의 자기자본은 유럽중앙은행의 210억 유로를 포함해 3,530억 유로(평가절상된 유보액 포함)에 달했다.[63] 잠재적으로 국가간에 재배분되는 진정한 자원의 규모는 훨씬 더 크다. 왜냐하면 화폐발행을 통해서,

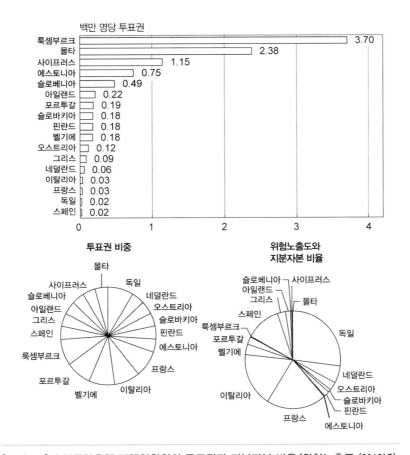

[그림 1.5] 유럽중앙은행 정책위원회의 투표권과 지분자본 비율/위험노출도 (2013년)

자료: European Central Bank, *Organisation*, Decision−making Bodies, ECB Council and Capital Key; European Commission, Economic and Financial Affairs, *Economic Databases and Indicators*, AMECO−the annual macro-economic database.

주: 지분자본(capital key)비율은 각국의 지분자본을 유로시스템에 참여하는 중앙은행들의 지분자본과 통화거래에 따른 지분자본의 합계로 나눈 것이다. 예를 들어 영국의 중앙은행은 유럽중앙은행에 자본 지분을 갖고 있지만 손익을 분배하는 데는 참여하지 않는다. 지분자본 비율은 한 국가의 부채와 이익 지분이다. 결과적으로 지분자본 비율은 한 국가의 인구와 GDP 지분의 평균에 의해 결정된다.

즉 자체 발행한 화폐를 이자를 받고 상업은행에 빌려줌으로써 중앙은행이 얻게 되는 발권차익을 포함하기 때문이다. 이 발권차익의 현재가치를 '발권차익 자본금'이라 할 수 있는데, 정태적 조건하에서는 본원통화량(M_0) 그 자체를 의미한다. 2013년 말 현재 유로시스템의 정태적 발권차익 자본금은 2013년 유로존 GDP의 13%에 달하는 1조 2,620억 유로였다. 명목상의 자기자본 3,530억 유로를 더하면 유로존 GDP의 17%에 해당하는 총 1조 6,150억 유로가 된다.

통화량이 경제 및 물가수준과 더불어 빠르게 증가한다는 점을 감안하면, 발권차익 자본금은 훨씬 더 큰 금액이 된다.[64] 시티그룹의 분석에 따르면, 자기자본과 발권차익 자본금의 이론적 합계는 유로존 GDP의 36%에 달하는 3조 4천억 유로이다.[65] 이 합계의 대부분은 약 2조 9천억 유로의 발권차익 자본금이다. 이러한 자본금을 유럽중앙은행의 정책을 통해 운영한다는 것은 사소한 문제가 아니며 '통화정책'이라는 미명하에 간단히 포함될 수 있는 것이 아니다. 소위 목표 균형이라는 맥락에서 유럽중앙은행의 제반 정책이 통화정책의 영역을 훨씬 벗어나 분배효과를 낳아가면서까지 유로지역 국가들 사이에 발권차익 자본금의 거대한 이동을 유도한 이유에 관해서는 이 책의 후반부에서 자세히 설명할 것이다.

Chapter 2
주변국의 거품

Bubbles in the Periphery

THE EURO TRAP

자본수입

제1장의 머리말에서 밝혔듯이, 유로를 도입할 당시에는 대부분의 사람들이 이 새로운 통화가 유럽의 성장과 번영을 촉진할 것이라고 믿었다. 궁극적으로는 유로가 통화권을 평준화하고, 기존에 높은 이자를 지급했던 국가들에게 저금리 대출을 제공함으로써 진정한 공동자본시장을 창출하고, 북유럽 국가의 자본이 남유럽 국가로 흘러들어가게 해서 투자수익률을 높여 유럽의 경제성장을 촉진할 것이라고 생각하였다.[1] [그림 1.1]에서 볼 수 있듯이, 성장기대감이 지나치게 낙관적이었던 것으로 드러났다. 하지만 지금 이 순간 고통을 겪고 있는 GIPSIC 국가(그리스, 아일랜드, 포르투갈, 스페인, 이탈리아, 사이프러스)를 위한 자본재배분이 실제로 이루어졌다. 이 장에서는 자본수입국의 입장에서 자본재배분 과정을 살펴볼 것이다. 다음 장에서는 독일을 비롯한 자본수출국에 초점을 맞출 것이다.

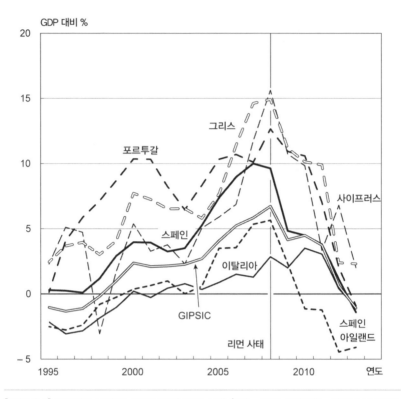

[그림 2.1] GIPSIC 국가의 GDP 대비 자본수입 (또는 이에 상응하는 경상수지 적자,
1995~2013년)

자료: Eurostat, Database, *Economy and Finance*, Balance of Payments-International
Transactions, Balance of Payments Statistics by Country; European Commission, Economic
and Financial Affairs, *European Economic Forecast*, Autumn 2013; Ifo 연구소 계산.

주: 국제수지상 순(純)오차 및 누락을 무시하면, 자본수입액은 경상수지 적자 규모와
같다 (제6장 참조). 2013 European Commission forecast, Autumn 2013.

[그림 2.1]에서 볼 수 있듯이, 위기발생 전 몇 년 동안 GIPSIC 국가는
모두 거대한 자본수입국이었다. 이들의 총 자본수입액(그림의 중간부
근 윤곽선)이 2000년까지는 적었지만, 2002년 이후에 폭발적으로 증가
하여 리먼브라더스가 파산했던 2008년에는 결합 GDP의 약 6%에서 정

점에 이르렀다. 그 후 위기를 겪는 동안에도 여전히 자본수입 규모가 상당히 컸지만, 매년 줄어들어 마침내 2013년에는 자본을 수출하게 되었다. 아일랜드는 이미 2010년에 자본수출국으로 전환했고, 사이프러스와 그리스만이 여전히 자본을 수입했다. 제7장에서 살펴보겠지만, 위기의 첫해에는 민간자본보다는 다양한 종류의 국제 공공자본이 위기로 타격을 입은 나라들로 유입되었다.

상대적으로 보면 최대의 자본수입국은 그리스, 포르투갈, 사이프러스였다. 리먼브라더스 위기가 발생했을 때 이 나라들의 자본수입액은 역사상 최고 수준인 GDP의 12%를 넘어섰다. 비교적 비중이 큰 나라 중에서는 스페인이 2007년에 GDP의 10%에 달하는 최고조의 자본수입을 기록해 눈에 띈다. 나중에 또 언급하겠지만, 스페인이 절대금액으로는 그때까지 최대 자본수입국이었다.

국제수지의 정의에 따르면, 한 나라의 자본수입액은 경상수지 적자, 즉 수출액을 초과하는 수입액에 순이자지급액을 더한 것과 같다. 따라서 [그림 2.1]에 나타나 있는 곡선들은 두 가지 다른 방식으로 해석할 수 있다. 자본흐름과 경상수지는 동전의 양면과 같다. 이것들은 수치가 같고 상호의존적이다.[2] 상품의 수출입은 경기순환 과정에서 국내경제와 교역대상국 경제의 상대적 발전 속도에 따라 증감하게 되며, 그 결과로 자본흐름이 생기는 것이다. 이것이 문제를 바라보는 보편적 시각이다. 지금까지 경기순환 현상이 가장 일반적인 관심을 끌었기 때문에 그렇다. 그러나 투자자들이 자산 포트폴리오를 조정하는 커다란 변화가 생기면서 그 인과관계가 뒤바뀌었다. 바람직한 포트폴리오 재배분을 원동력으로 하여 실물경제 활동이 조정되면서 경상수지 불균형이 촉발되며, 그 결과로 또다시 바람직한 포트폴리오 재배분이 가능해져 자본흐름이 생기게 된다. 결국 유로의 도입으로 이러한 바람직한 포트폴리오 조정이 이루어지게 된 것이다. 지금까지의 투자관점에서 위험한 것으로 판명된 나라들이 이제는 국제 자본 및 실물투자자들에게 매력적으로 보이게 되었다.

금리 스프레드의 실종[3]

투자자들이 GIPSIC 국가의 포트폴리오를 우호적으로 재구성하게 된 결정적 계기는 불확실성의 제거였다. 단일통화 도입에 따라 한편으로는 환율의 불확실성이 사라졌고, 다른 한편으로는 통화통합이 국가나 은행의 파산 가능성을 줄이기에 충분한 안정성 및 상호보호의 신호로 간주되었다.

투자자들은 유로가 남유럽과 아일랜드에서 투자위험을 줄일 것이라고 생각했다. 이는 이 나라들의 금리하락에서 가장 명확히 드러난다. [그림 2.2]에는 여러 유로지역 국가의 10년 만기 국채수익률이 제시되어 있다. 그림에 나타난 내용은 (이에 상응하는 자료를 구할 수는 없지만) 민간 대출금리에도 당연히 적용되어 왔다. 유로가 도입됨에 따라 초기에 높았던 스프레드가 극적으로 수렴하면서 대부분의 국가에서 약 10년간 금리동조화 현상이 나타났으나, 현재의 위기에서는 스프레드 확산 국면이 재현되고 있다.

금리 스프레드는 항상 투자자의 원금손실 우려에 근거를 두고 있다. 투자자들은 채무불이행 위험을 보전하기 위해 안전투자 금리에 프리미엄을 덧붙이고 있다. 파산 때문에 원금을 모두 날릴 가능성이 있거나 평가절하된 통화로 채무를 환수할 우려가 생길 경우, 투자자들은 연간 실효금리를 대차계약시 합의한 명목금리에서 연간 파산확률과 연간 예상통화가치하락률을 뺀 값으로 어림잡아 계산한다. 이와 같이 포트폴리오 옵션의 대안들 간에 실효금리가 같아지고 투자자들에게 무차별하도록 채무불이행 위험과 예상 통화가치하락률에 따라 명목금리를 다르게 정

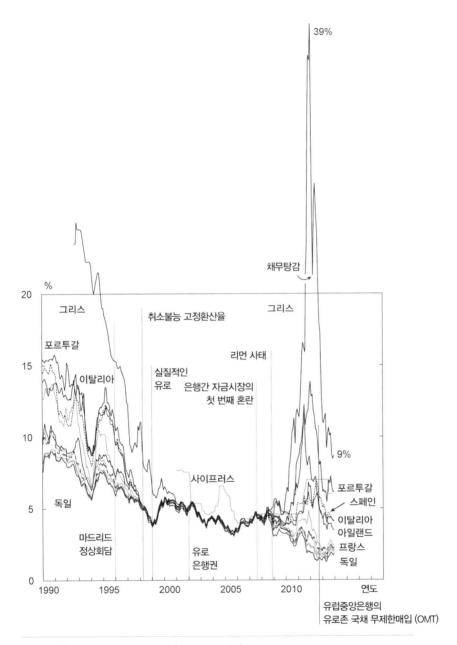

[그림 2.2] 10년 만기 국채수익률 (1990~2013년)

자료; Thomson Reuters Datastream, Data Category: *Interest Rates*, *Benchmark Bonds*.

주: 금리는 10년 만기 국채(소위 벤치마크 채권)의 평균수익률이다. 로이터는 특정일에 만기가 다른 다양한 채권의 관찰된 수익률에 대하여 금리기대론을 적용시켜, 특정일 발행 10년 만기 가상채권의 수익률을 계산하고 있다.

해야 한다. 이러한 현상으로 인해 같아 보이는 금리가 실제로 다르고 달라 보이는 금리가 실제로 같아지게 되며, 금리차이(스프레드)가 투자자들의 위험평가를 확실히 반영하게 되는 것이다. 투자위험을 반영한 금리차이는 시장경제의 근본적 효율성 요건의 하나인 '일물일가의 법칙'이 성립하도록 하는 필수조건이다.

그림에 나타난 기간 중에는 독일의 금리가 가장 낮았고, 다른 나라의 금리는 내재된 고유위험에 따라 달랐다. 따라서 GIPSIC 국가는 모두 비교적 높은 곳에 위치하고 있다. 그림의 왼쪽 부분 스프레드가 발생하게 된 주된 원인은 인플레이션과 그에 따른 평가절하 위험인 것으로 추정되며, 오른쪽 부분 스프레드는 주로 채무불이행 위험에 기인한 것으로 보인다. 또 다른 위험이 존재했을 수도 있겠지만 그 크기는 비교적 작았을 것이다. 다만 중간의 약 10년 동안은 투자자들이 GIPSIC 국가에게 제공한 대출을 환수할 것이며 실제로 대차계약에 명시된 금리만큼 돈을 벌 것이라고 믿었던 것 같다.

유로 도입이 확실해지기 전에는 남유럽 국가와 아일랜드의 민간 및 공공채무자는 잠재적 통화가치 하락을 보상하기 위해 해외채권자에게 매우 높은 수익률을 제공해야만 했는데, 대부분의 차입국 통화가치는 그 이전 수십 년간 반복적으로 하락해 왔다. 1991년부터 마드리드 정상회의가 개최되어 유로 출범이 공식화되었던 1995년 후반까지 5년간 이탈리아, 스페인, 포르투갈의 10년 만기 국채수익률은 독일보다 평균 4.8% 포인트 높았다. 그리스의 금리는 독일보다 최소한 15% 포인트 높은 20%를 상회하였다.

민간 및 공공채무자에게 금리부담은 매우 컸다. 일부 국가는 공공채무 이자지급에만 GDP의 10% 이상을 지출하였다. 남유럽 국가들이 유로를 그토록 갈망했던 것은 바로 이 때문이었다. 이들은 새로운 통화가 도입되면 환위험에 따른 스프레드가 계속 감소하고 채무자의 이자부담이 상당히 줄어들 것이라고 생각했다.

변동환율제에서는 언제든지 인플레이션과 평가절하를 통해 채무부담이 감소할 수 있었다. 그러나 이들은 유로가 투자자들 사이에서 신뢰를 얻고 그에 따라 금리부담이 경감되길 간절히 바랐다. 또한 이들은 이자절감분을 채무원금 축소와 신뢰할 만한 장기 안정성장을 위해 사용할 수 있을 것으로 기대하였다. 수십 년간 이러한 나라들에게 재앙을 초래했던 만성적 고금리의 악순환, 그 결과 만성적으로 가중된 재정난, 만성채무, 막대한 이자부담 등의 문제를 한꺼번에 해결할 수 있을 것이라고 기대했던 것이다.

이들은 유로화를 채택함에 따라 평가절하 선택권을 포기해야 하는 잠재적 장기위험이 금융시장 안정과 이자부담 경감이라는 즉각적 이점보다 더 작을 것이라고 생각하였다.

초기에는 모든 것이 잘 돌아가는 것처럼 보였다. 환율 불확실성이 사라졌고, 1995년 12월 마드리드 정상회의 후 단 2년 만에 금리가 수렴했고, 유로 도입 일정이 정해졌으며, 어떤 국가가 참여할 지가 명확해졌다. 1998년 5월에 통합이 완수되었는데, 이때 제1차 라운드[4]에 참가한 11개국의 환율이 변하지 않도록 고정되었다. 1999년 1월 1일에 은행 간 법정통화로서 유로가 공식 도입되었고, 2002년 1월과 2월에는 실물화폐가 실제로 도입되었으며, 그 후로는 더 이상 특별한 조치를 취할 필요가 없었다. 이미 자본시장에서 유로의 시세가 형성되고 있었기 때문이다. 1998년 5월부터는 그림에 표시할 수 없을 정도로 금리 스프레드가 극히 낮아졌다. 이탈리아나 스페인과 같은 나라는 투자자들에게 국채매입을 독려하기 위해 대개의 경우 독일보다 20베이시스 포인트, 즉 0.2% 정도 높은 금리 프리미엄만 제공하면 되었다.

그리스가 가입기준을 이행한 해는 1999년으로 약간 뒤늦은 감이 있지만, 그림에서 볼 수 있듯이 그리스 국채의 수익률도 덩달아 내려갔다. 뒤에서도 살펴보겠지만, 그리스는 재정적자[5]를 줄이려는 목적으로 2001년 유로의 지폐와 주화가 실제로 도입되는 시기에 맞추어 유로시스템에 슬며시 합류하였다. 그리스의 스프레드는 35베이시스 포인트 (0.35%)로 떨어졌는데, 이것은 유로 채택 이전의 통상적 스프레드에 비하면 미미한 것이었다.[6]

사이프러스는 다른 나라보다 한참 뒤늦은 2008년까지도 유로존에 가입하지 않았지만, 이미 2007년 7월 10일에 가입이 결정되어 있었고 조속히 가입할 것으로 기대되었다. 이 나라의 독일 금리 초과 스프레드는 2005년 초에 2.5% 포인트였는데, 2007년 8월과 12월 사이에는 평균 0.3% 포인트 수준으로 크게 축소되었다.

이상적이라고 할 수 있는 금리국면은 미국의 서브프라임 위기가 유럽으로 번져서 은행간 자금시장이 붕괴되었던 2007년 여름에, 유럽의 금리수렴이 시작된 지 10년 만에, 실질적인 유로 도입 후 5년 만에 끝나고 말았다.[7] 2007년 7월 30일에 독일의 산업신용은행IKB이 미국 서브프라임 시장의 채권을 포함한 자산에 대한 미확정 대손상각 손실 때문에 위험한 상황에 처해 있다고 밝히면서 모든 사태가 시작되었다. 며칠 뒤인 8월초에 프랑스 최대이자 유로존 제2대 은행인 BNP 파리바가 미국 서브프라임 시장에 개입한 소속 헤지펀드들이 자금난을 겪고 있으나 이들에 대한 자금제공을 중단하겠다고 선언하였다. 이 발표로 인해 금융시장에는 엄청난 충격파가 일었고, 2007년 8월에 은행간 자금시장이 첫 번째 위기를 맞게 되었다. 일반대중에게는 잘 알려지지 않았지만, 유럽중앙은행이 관대하게 유동성을 투입함으로써 위기 확산을 가까스로 막아냈다. 그러나 이때까지 투자자들 사이에서는 회의론이 뿌리 깊게 자리 잡고 있었다. 9월에는 영국 은행인 노던록이 심각한 자금난에 직면했고, 1개월 후에는 독일 주립은행의 더블린 자산유동화법인인 작센유럽은행이 그 뒤를 이었으며, 2008년 1월에는 미국 투자은행인 베어스턴스가 무너지기 시작해 2008년 3월과 5월 사이에 제이피모건 체이스에 인수되기에 이르렀다.

은행과 국가가 만기도래 부채를 상환하지 못할 수도 있다고 투자자들이 우려하기 시작하면서부터 금융위기는 약간의 시차를 두고 재정분야로 확산되었다. 처음에는 그 정도가 매우 미약했지만, 2008년 9월에 미국 투자은행 리먼브라더스가 파산하면서 댐이 터져 버렸다. 위기가 고조되면서 우려국가들에 대한 독일 금리 초과 스프레드가 충분하지 않다고 여겨졌다. 수많은 구제조치와 간헐적인 긍정적 경기관련 뉴스 덕에 일시적으로나마 스프레드의 상승이 저지되기도 했지만, 스프레드는 대체로 2012년 여름까지 계속 상승하였다.

이 기간 동안 그리스의 10년 만기 국채수익률은 39%까지 치솟았고, 포르투갈 14%, 아일랜드 12%, 스페인 7%로 올랐다. 유로가 이 단계에서 붕괴하는 듯하였다.

그러나 2012년 여름에 대반전이 일어났다. 우선, 유럽중앙은행은 2012년 9월 6일에 무제한국채매입 계획을 발표하여, 필요하다면 위기로 타격을 입은 나라들의 국채를 무제한 사들이고 그 과정에서 잠정 대손상각 손실을 장부에 기재함으로써 실질적으로 투자자를 구제하겠다고 확약하였다.[8] 이러한 공적보장, 즉 유럽중앙은행 총재가 유럽중앙은행은 "무슨 일이라도 할 것"이라고 선언함에 따라 시장이 안정되고 국채 스프레드[9]가 하락하였다. 한편 2012년 6월 29일에 독일 하원이 항구적 구제기구인 유럽안정기구European Stability Mechanism; ESM를 비준하고 같은 해 9월 12일에 독일헌법재판소가 ESM을 중지하라는 소송을 기각함에 따라 ESM이 마침내 그 자본의 필요요건 90%에 도달하였다.[10]

[그림 2.3]은 이러한 위기와 2012년 여름 안도감을 주는 뉴스가 국채 가격에 어떤 영향을 미쳤는지를 보여주고 있다. 이 그림은 위기로 타격을 입은 나라에 초점을 맞춰 [그림 2.2]의 국채수익률 정보를 또 다른 방

식으로 보여준다. 스프레드의 급상승으로 기존 국채가격이 급락함에 따라 채권소유자들은 엄청난 자산손실을 입었다. 유럽중앙은행의 개입은 특히 혼란의 와중에 희망을 잃은 많은 사람들의 채권을 덥석 낚아챈 헤지펀드에 뜻밖의 횡재를 초래하였다. 아일랜드 채권가격의 회복은 막대한 이익의 원천이었다. 금융기관들이 유럽중앙은행의 구제정책 지속여부에 그토록 큰 관심을 가졌던 것과 유럽 납세자와 국제 투자자가 이런 정책의 재분배 효과에 촉각을 곤두세웠던 것은 다름 아닌 바로 이러한 자산가격의 등락 때문이었다.

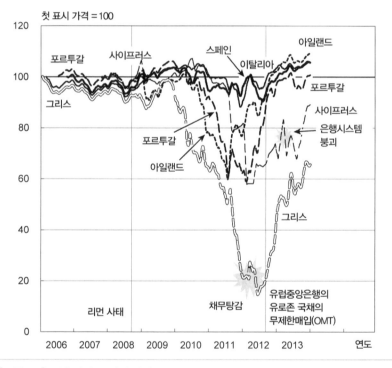

[그림 2.3] 10년 만기 국채의 가격

자료; Thomson Reuters Datastream, *Bonds & Convertibles*.

주: 이 그림은 2006년(아일랜드 2007년)에 발행된 10년 만기 국채의 시장가를 나타내고 있다. 2012년 그리스 채무탕감 후, 2006년에 발행된 원 채권의 가치와 비교한 투자자들이 부실채권과 교환해서 받은 채권의 상대적 시가를 표시한 것이다.

그림을 보면 2012년 3월에 그리스 곡선이 단절되어 있다. 이 시점은 그리스 국채에 대해 소위 자발적 평가절하가 강요되었고, 이에 따라 개인투자자의 명목 상환요구액 중 1,050억 유로가 삭감되었던 때이다. 이 곡선은 그리스 국채의 초기투자 시장가치를 제시하고 있다. 채권의 평가절하 예상으로 인해 채권가치가 하락했지만, 평가절하 자체로 투자자 자산의 시가가 실제로 떨어지지 않았다는 점은 흥미로운 사실이다. 그 이유는 자산의 시가가 이러한 채권의 시장할인율을 이미 반영하고 있었기 때문이다. 사실상 채권의 평가절하로 인해 분위기가 쇄신되고 가까운 장래에 평가절하가 이루어질 가능성이 현저히 작아짐에 따라 그리스의 신규발행 국채의 가치는 단기간에 두 배 이상으로 커졌다.

그리스와 사이프러스의 은행부문이 자금난을 겪은 후인 2013년 초에 라이키Laiki 은행이 채무불이행 상태에, 그리고 사이프러스가 채무불이행에 준하는 상황에 처하게 되면서 은행계정 동결이 요구되었고 지금까지도 국제적인 자본통제가 이루어지고 있다. 그럼에도 불구하고 유럽중앙은행과 국가공동체의 다양한 구제조치 덕분에 금융시장이 안정되어 왔다. 정치가는 모든 것을 통제할 수 있다며 국민을 안심시키고 있다. 이들이 옳을 수도 있고 틀릴 수도 있다. 그러나 제4장에서 보게 되듯이, 이들은 분명 남유럽의 진성(眞性) 위기를 통제하지 못하고 있다. 불씨가 계속 살아남아 있다. 이 때문에 금리 스프레드는 아직도 상당히 높은 수준이다. 낙관적인 발표가 쏟아져 나오고는 있지만 여전히 정치적 불확실성이 만연해 있다.

유로가 도입되기 전에 투자자들은 남유럽에 빌려준 자금을 전액 환수하지 못할 수도 있다는 걱정을 했다. 하지만 오늘날에도 다시 조바심을 내고 있다. 과거에는 인플레이션과 평가절하 위험, 그리고 지금은 채무불이행 위험으로 그 이유는 다르지만 쟁점은 기본적으로 같다. 투자자들은 예상손실을 보전하기 위해 위험에 상응하는 수익률을 부과하게 마련이다. 이러한 견지에서 볼 때, 유로는 몇 년 동안만 일부 국가의 신용도 문제에 미미한 영향을 미쳤을 뿐 문제의 진정한 해결에 기여하지 못했다. 중고차의 페인트 아래 슬어있는 녹처럼 머지않아 문제점이 드러났고, 그 사이에 이 문제는 막대한 외채증가로 인해 사실상 해결하기가 더 어려워졌다.

시기의 문제

금리수렴은 자본이동 유발 강도를 나타내는 명백한 지표이다. 하지만 [그림 2.2]에 표시된 금리수렴의 시기가 [그림 2.1]에 표시된 경상수지적자 확대 시기와 정확하게 일치하지 않는다는 점은 약간 당혹스러울 수 있다. 금리수렴은 1998년 초에 거의 완료되었지만, GIPSIC 국가가 대규모로 자본을 수입하는 데는 2~3년 정도가 더 걸렸다. 아직 포트폴리오가 변경되지도 않았는데, 어떻게 희망포트폴리오 변경을 통한 금리수렴이 발생할 수 있을까? 유로 도입에 따른 포트폴리오 재구성, 즉 금리수렴과 경상수지 적자 발생 사이에 어떤 인과관계가 존재하는가?

앞서 언급했듯이, 자본수입액은 정의상 경상수지 적자액과 동일하다. 그러나 경상수지는 주로 관성에 따르며 경제적 자극에는 상당히 더디게 반응한다. 결국 경상수지의 변화는 생산구조 및 무역기반시설의 변화, 그리고 심지어는 산업의 생성과 소멸을 반영하고 있다. 그래서 투자자들이 국제 자산포트폴리오를 재구성하려고 할 때 경상수지 때문에 실제 자본순유입이 제한되는 경향이 있다. 포트폴리오 재구성의 욕구가 강해지면 자산의 시장가격과 금리는 즉각 변한다. 하지만 실물경제가 해외자금 수급(需給)을 보완적으로 변화시키는 방향으로 반응하지 않는다면 이러한 욕구가 충족되지 않을 수도 있다. 이러한 변화와 더불어 구체적

실현에 상당한 시간이 소요되는 대체효과뿐만 아니라 실물경제의 확장과 축소가 나타나는 것이 일반적이다. 변동환율제[11]의 경우 이러한 사실이 확인되었으며, 고정환율제나 통화동맹에서도 상황은 거의 비슷하다.

물론 어떤 소수 그룹의 투자자가 거래상대방을 찾는다면 언제든지 포트폴리오를 재구성할 수 있다. 그러나 투자자들이 특정 국가(특정 공공기관이나 거래상대방에게 영향을 주지 않는 국가)에 대한 자본수출을 늘리려 한다면, 이 나라의 경상수지는 적자로 전환하는 반응을 보이게 될 것이다. 그렇지 않으면 투자자들이, 외국상품의 구입을 위해 기꺼이 자금을 차입하는 가계, 기업, 공공기관 등을 찾을 수 없을 것이기 때문이다.

통화동맹 내에서는 차입조건이 개선되면 실물투자(예를 들어 부동산) 붐이 일어나서 고용과 소득이 창출되지만, 결국에는 수입이 증가하여 경상수지적자가 발생할 수 있다. 투자 붐에 따른 임금상승으로 수출국의 경쟁력이 저하되고 수출이 감소하면 경상수지의 반응은 더 커진다. 하지만 여러 가지 이유로 경상수지가 뚜렷한 반응을 보이기까지는 몇 년이 걸릴 수도 있다. 한편으로는 투자 붐이 일어나기까지는 시간이 많이 걸리고, 또 한편으로는 수출가격 상승에 따른 임금상승이 투자산업에서 수출산업으로 전이되면 수출이 감소하기 시작한다. 게다가 변동환율제의 경우 이미 잘 알려진 바와 같이, 수출가격이 상승해도 가격상승이 물량감소보다 더 빨리 그리고 더 일찍 일어나기 때문에 초기에는 수출총액이 증가하게 된다.

경상수지는 자본수입에 대해 어느 정도 시차를 두고 반응하기 시작하지만 그 역반응은 아주 갑자기 일어날 수 있다는 점은 매우 흥미로운 사실이다. 어떤 나라가 수입초과분을 메우기 위한 해외자금을 조달할 수 없다면 외국상품의 수입이 불가능할 것이라는 점은 분명하다.[12] 이것은 경상수지 적자가 일련의 포트폴리오 투자결정에 좌우되는 것과 마찬가지다. 자금줄을 바짝 잡아당기면 상품수입이 즉시 중단되겠지만, 자금줄을 느슨하게 풀어주면 이 개방과정은 지지부진하고 확신도 서지 않는 국내의 자의적 결정에 좌우될 것이다. 그래서 2007년에 투자자들이 자금줄을 잡아당겨 금리동조화 기간이 끝났을 때, GIPSIC 국가의 경상수지 적자 증가세가 반전되었다. 2007/8년에 경상수지 적자 보전자금을 자본시장에서 조달할 수 없게 된 후 현재의 위기에 이르기까지 경상수지 적자 감소와 관련해 특기할 만한 사실은 적자 추세가 얼마나 갑자기 반전되었는지가 아니라 얼마나 천천히 소멸되었나이다. [그림 2.1]에서 보듯이, 국제금융시장이 처음 붕괴한 후 꼬박 5년이 지난 시점인 2012년 말에도 GIPSIC 국가의 경상수지 적자는 완전히 사라지지 않았다. 2013년에 이르러서야 적자가 겨우 사라지고 미미한 흑자로 전환되었다. 경상수지적자의 점진적 감소는 유럽중앙은행과 국가공동체의 공적자금 제공에 기인했으며 이 자금이 이 나라들의 재정적자, 경상수지 적자의 대부분, 때로는 노골적 자본도피를 보전했음을 이 책의 뒷부분에서 이해하게 될 것이다.

정부예산 구제

유로의 '좋았던' 시절을 돌이켜 보자. 유로채택 결정으로 많은 가입국에서 특히 금리부담이 감소할 것으로 기대되었고 실제로 이런 일이 발생했다. 부채가 많은 유로지역 국가는 모두 이 구제책으로 막대한 이익을 보았다.

이탈리아의 경우를 보자. 마드리드 정상회의 전에는 공공채무 이자부담이 점점 더 큰 우려를 자아내는 문제로 부각되고 있었다. 이 나라의 GDP 대비 이자부담은 1985년 8.4%에서 1995년 11.5%로 증가해 정부예산에 실질적 부담이 되었다.[13] 이는 이탈리아 채무가 1985년 GDP의

82%에서 1994년 125%로 급증했기 때문이다. 투자자들은 이탈리아의 채무상환 능력에 대해 점점 더 큰 불안감을 갖게 되었다.

1995년 마드리드 정상회의에서 유로출범이 선포되자 투자자의 불안감이 진정되었고, [그림 2.2]에서 보듯이 국채금리가 불과 2년 반 만에 6% 포인트 내렸다. 이에 따라 이탈리아는 더 좋은 조건으로 채무를 연장하게 되었고, 정부의 이자부담도 줄어들었다. 마드리드 정상회의 5년 뒤인 2000년에 이탈리아는 이자지급에 GDP의 11.5%가 아니라 단지 6.3%만 지출하면 되었다. 10년 뒤인 2010년에는 이 부담이 4.5%로 줄어들었다. 금리수렴뿐만 아니라 이탈리아의 명목 GDP를 부풀린 높은 물가상승률 때문에 상대적 이자부담이 줄어들었다. [그림 2.4]는 이러한 이점을 보여주고 있다.

그림에서 볼 수 있듯이 그리스의 상황도 매우 비슷했다. 그리스의 곡선은 오랫동안 이탈리아의 곡선과 겹치고 있으며 2008년까지 멋진 평행선을 그리고 있다. 이탈리아는 유로 도입에 따른 금리하락으로 국가 차원에서 막대한 이익을 보았다. 위기발생 후에는 그리스의 이자부담이 급증해 2011년에 정점을 찍고 나서 더 낮은 수준으로 내려왔다. 제7장과 제8장에서 다루겠지만, 고금리 시장대출을 저금리 공적 구제금융으로 대체한 것과 2012년 그리스가 채무불이행을 통해 국가채무를 GDP의 54%에 달하는 1,050억 유로만큼 줄인 것으로 이를 설명할 수 있다.

다른 위기국들에서는 위기동안에 그리스와 달리 국가채무의 이자부담이 커졌다. 이러한 사실 때문에 많은 불만이 터져 나왔다. 흔히 들을 수 있는 불만은 현재의 금리수준이 감당하기 어렵다는 점이다. 공동으로 자금을 조달하고 금리를 낮추기 위해서는 '유로본드'euro bond가 필요하다. 실제로 채권발행에 따른 채무부담을 공동으로 지면 금리를 감당할 수 있는 수준으로 낮출 수 있다. 그러나 독일은 유로본드 도입 압력에 굴복하지 않고 있다. 남유럽 국가들이 '시장의 제재(制裁)'로부터 계속

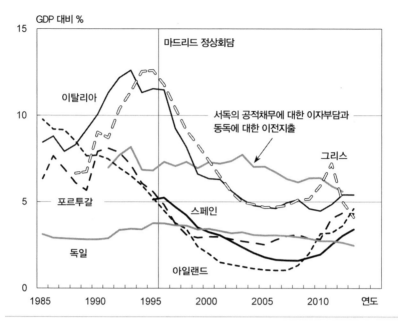

[그림 2.4] GDP 대비 공적채무 이자부담률 (1985~2012/2013년)

자료: Eurostat, Database, *Economy and Finance*, Annual National Accounts; and Government Finance Statistics, Annual Government Finance Statistics, Government Revenues, Government Expenditures, and Main Aggregates; European Commission, Economic and Financial Affairs, *European Economic Forecast*, Autumn 2013; Organisation for Economic Co-operation and Development, *iLibrary*, National Accounts, Main Aggregates; and M. Kloβ, R. Lehmann, J. Ragnitz, and G. Untiedt, 'Auswirkungen veränderter Transferzahlungen auf die wirtschaftliche Leistungsfähigkeit der ostdeutschen Länder', *ifo Dresden Studien* 63, Munich 2012, p. 35.

주: 서독은 옛 독일연방공화국의 주들을 포함한다 (베를린 제외). 2013 European Commission forecast, Autumn 2013.

보호를 받는다면 국가채무는 더 늘어날 것이고 결국 독일이 그것을 대신 갚게 될 수도 있다는 우려 때문에 그렇다.

이러한 불만이 얼마나 정당화될 수 있는지는 논란의 여지가 있다. 첫째, 현재 금리는 시장에 맡겨두었을 때 부과될 수 있는 수준이 결코 아니다. 그것은 투자자들이 상환받을 수 있다는 확신을 갖도록 유럽중앙은행과 국가공동체가 다양한 방식으로 개입해 인위적으로 낮춰 온 금리이다. 둘째, 지금 이 나라들이 감당할 수 없다고 생각하는 금리수준은 만성적 저금리 국가인 독일에서조차도 한때는 일반적인 수준이었다. 셋째, [그림 2.2]에서 보듯이 이 나라들이 위기 시에 지불한 시장금리는 대개 유로 도입 전보다 훨씬 낮았다. [그림 2.4]에서 보듯이 이들의 GDP 대비 이자부담은 모든 경우에, 심지어는 GDP 대비 채무가 급증한 경우에도 실제 유로 도입 이전보다 낮았다.

확실히 그 당시에는 인플레이션율이 비교적 높았기 때문에 특정 국가가 채무부담을 회피할 수 있었다. 인플레이션을 통해 GDP는 증가했지만 채무는 명목가치에 머물렀다. 따라서 신규채무가 발생하지 않은 경우에는 GDP 대비 채무비율이 점차 줄어들었다. 국채투자자들이 투자 자본의 가치하락에 대한 보상으로 요구하는 인플레이션 요인이 금리에 반영되어 있었다. GDP 대비 채무비율을 상승시키지 않고 자본을 차입할 수 있더라도 금리의 인플레이션 요인이 여전히 예산에 포함되어야 했다. 유로가입에 대한 열망 역시 이러한 인플레이션 요인을 회피하려는 욕구와 관련이 있었다.

이 나라들의 부담이 감당할 수 있는 것인지의 여부를 평가하기 위해 통일 후 서독과 비교해 볼 필요가 있다. [그림 2.4]의 회색곡선을 보면, 국가채무와 더불어 서독이 떠맡아야 했던 동독 이전지출에 대한 이자부담의 합계가 GDP의 6%선에 달하고 있지만, 2013년 이탈리아와 스페인의 이자부담률은 각각 GDP의 5.4%와 3.4%에 불과하다. 따라서 이 나라들의 주장과 달리 실제로는 이들이 채무를 통해 터무니없는 이자부담을 지고 있는 것이 아니다.

2011년과 2012년에 스프레드가 크게 벌어졌음에도 불구하고, 유로 도입에 따른 이탈리아의 저금리 혜택은 2012년 한 해만 해도 1991~1995년보다 960억 유로나 더 컸다. 이 금액은 그 해의 부가가치세 수입액

930억 유로보다도 크다.

이탈리아는 모두의 예상을 깨고 재정적자를 유로존 가입기준으로까지 매우 빠르게 낮췄다는 명성을 얻었다. 1995년에는 GDP 대비 재정적자비율이 7.7%로 여전히 높았지만, 1997년에는 유로가입 기준인 3%보다 낮은 2.7%로까지 떨어졌다. 그러나 이 기간의 재정적자 감소율 5%포인트의 거의 절반(2.3%포인트)은 이자절감에 따른 것이었다. 이런 의미에서 이탈리아는 유로 도입 자체로 가입조건을 충족시켰다 해도 과언이 아니다.

재정규제 결여

금리하락이 채무자의 직접적 비용절감만을 의미하는 것은 아니었다. 금리하락은 채무자의 행태도 변화시켰다. 이로 인해 채무자의 저축의욕이 약화되었고 채무의존도가 높아졌다.

유로출범 당시에 이런 상황이 어느 정도는 예견되었다. 1995년 마드리드 정상회의에서 가입국의 재정적자 한도를 설정하는 안정협약을 구상했던 것은 바로 이 때문이었다. 1996년 더블린 정상회의에서 이 조약의 초안이 작성되었는데, 나중에 프랑스가 이 조약의 내용을 부분 수정하고 명칭을 안정성장협약이라고 변경한 후에야 조약을 비준할 수 있었다. 가입국들은 재정확립을 위한 중기목표를 설정하고 경기부양책을 위한 구조적 재정적자가 GDP의 1%를 초과하지 않도록 할 것을 약속하였다.[14] 경기부진이 극심할 경우에는 이 비율을 3% 수준까지 올릴 수 있도록 허용하였다. 국가가 일년 내에 실질GDP의 2% 이상이 감소하는 불황이 발생할 것이라고 판단할 경우에 한해 경기부양책의 일환으로 이 비율을 3% 이상 올릴 수 있었다. 가입국들은 예산목표 이탈 신호가 나타나면 예산적자를 신속히 제거하고 수정예산 조치를 취할 것을 약속하였다.[15] 재정적자비

율 상한선인 3%를 초과하면 제재를 가하도록 규정되었다.[16]

그러나 마스트리히트 조약의 경우에도 그랬듯이 이 규정은 제대로 지켜지지 않았다. 2005년에는 심지어 독일과 프랑스가 이 규정을 위반했고, 그에 따라 제재 가능성은 제한되고 규정은 약화되었다. 2013년까지 3% 적자한도를 위반한 사례가 무려 148건에 달했다.[17] [그림 2.5]는 유로존 최대 채무국들의 재정적자비율이 시간에 따라 어떻게 변해왔는지를 보여주고 있다. 그림에서 볼 수 있듯이 재정적자비율이 안정성장협약의 최대허용치인 3%를 하회하는 경우보다 상회하는 경우가 훨씬 많았다.

3% 한도를 초과한 148건 중에서 심각한 불황을 고려해 용인할 수밖에 없었던 경우는 51건에 불과했다. 달리 말하자면, 97건에 대해서는 제재를 가했어야 한다. 2005년 이전에 적용되던 원래 규정대로라면 사실상 117건이 제재를 받았어야 한다. 실제로는 단 한 건도 제재를 받지 않았는데, 그 이유는 위반 당사국인 EU회원국의 경제재무장관으로 구성된 ECOFIN 위원회가 제재 여부를 결정했기 때문이다. 엄격히 준수해야 할 신성한 규약이 완전히 허세(虛勢)였던 것으로 적나라하게 드러났다.

재정규제가 제일 느슨했던 나라는 그리스와 포르투갈이었다. 처음에는 둘 다 그랬지만, 그리스는 심지어 재정위기가 시작될 때까지도 과도한 성장률을 구가했다. 극심한 경기침체라고 볼 수 있는 명백한 근거가 없었음에도 불구하고 두 나라 모두 분석기간 중에 3% 재정적자비율 기준 아래로 내려간 적이 없다. 그리스와 포르투갈은 신규 차입금을 사회기반시설 확충보다는 주로 공무원 급여인상을 위해 사용하였다. 2000년부터 2008년까지 급여(명목)는 그리스 80%, 포르투갈은 30% 올랐다. 이와 대조적으로 이 기간 독일의 급여는 소비자 물가상승률(누적 15%)보다 낮은 10% 상승에 그쳤다.[18] 이 기간 중 공무원 수도 포르투갈과 그리스에서는 각각 6%, 16% 증가했지만 독일에서는 오히려 7% 감소하였다.[19]

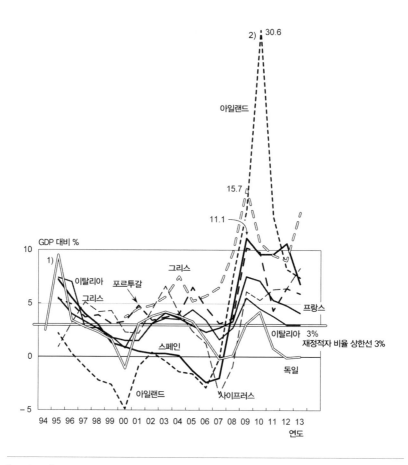

2) ⁞ 30.6

아일랜드

15.7

11.1

GDP 대비 %

10

1)

이탈리아

포르투갈

그리스

그리스

프랑스

5

이탈리아 3%

재정적자 비율 상한선 3%

스페인

0

독일

아일랜드

사이프러스

-5

94 95 96 97 98 99 00 01 02 03 04 05 06 07 08 09 10 11 12 13

연도

[그림 2.5] 주요 유로지역 국가의 재정적자

1) 독일 통일로 인한 신탁청 채무의 추정치 포함.

2) 상업은행 채무추정치 포함.

자료: Eurostat, Database, *Economy and Finance*, Government Finance Statistics, Government Deficit and Debt; European Commission, Economic and Financial Affairs, European Economic Forecast, Autumn 2013; German Federal Statistical Office, *Fachserie 18*, Reihe 1.4; Ifo Institute, *Ifo Economic Forecast 2012/2013: Increased Uncertainty Continues to Curb German Economy*, 28 June 2012.

주: 2013 European Commission forecast, Autumn 2013.

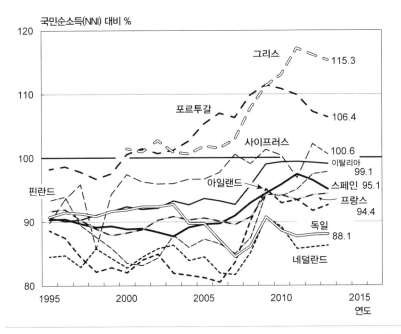

[그림 2.6] 주요 유로지역 국가의 국민순소득 대비 공공 및 민간소비 (1995~2013년)

자료: Eurostat, Database, *Economy and Finance*, National Accounts (GDP 포함), GDP와 주요 구성요소-경상가격, 최종 소비지출; 소득, 저축과 순대출/차입, 경상가격 총국민소득; European Commission, Economic and Financial Affairs, Economic Databases and Indicators, AMECO - 연간 거시경제 데이터베이스; Ifo 연구소 계산.

주: 2013 European Commission forecast, Autumn 2013.

포르투갈과 그리스에서는 과도한 공공차입으로 인해 소비 붐이 일었다. 2007년 민간 및 공공부문의 총 소비는 국민순소득의 106%와 103%에 달했는데, 위기 동안에 각각 111%와 117%로 오히려 더 증가하였다. 소득의 대부분을 소비한 나라도 있었다. 특히 이탈리아는 최근에 소득 전부를 소비했다. [그림 2.6]에서 볼 수 있듯이, 그리스와 포르투갈은 완전히 열외(列外)였다. 이 두 나라는 유로를 이용해 분에 넘치게 살았다.

유로지역 국가 중에서 확실히 열외였던 그리스와 포르투갈을 뺀 대부분의 나라에서도 국가채무가 GDP보다 더 빨리 증가했다. 저금리의 유혹이 만연하였다. [그림 2.5]에 표시되지 않은 나라까지 포함시키면 수많은 나라가 적자한도를 준수하지 못하였다. [그림 2.7]은 2013년 현재 유로지역 국가의 GDP 대비 채무비율이 1995년부터 2013년까지 어떻게 변했는지를 보여주고 있다. 현재 대부분의 나라에서 GDP 대비 채무비율이 마스트리히트 조약에서 허용한 60% 한도를 1995년에 비해 훨씬 더 심하게 넘어서고 있다. 벨기에와 네덜란드는 예외적인 모범사례였다. 벨기에의 성공은 이탈리아의 성과와 뚜렷한 대조를 이루고 있다. 벨기에가 130%에서 시작해 현재 100%에 달한 반면, 이탈리아는 121%에서 시작해 현재 130%에 머물고 있다.

유로지역 국가의 평균 GDP 대비 채무비율이 72%에서 96%로 20% 포인트 이상 상승하였다. 이러한 측면에서 보면 유로존의 통화동맹으로의 전환을 허용하지 말았어야 했다.

독일도 초기의 협약위반자였다. [그림 2.5]에서 보듯이 독일은 재정적자를 정당화할 수 있는 유일한 환경인 심각한 불황이 발생하지 않았음에도 불구하고 2002년부터 2005년까지 3% 한도를 초과하였다. 1995년 독일의 재정적자비율이 9.5%로 매우 높은 편이었던 것은 예전에 통일과정에서 발생한 신탁청 채무를 일시적으로 예산에 포함시켰기 때문이다. 이 일시적 영향을 배제하면 적자비율은 3.1%였을 것이다. 진정한 문제는 2002년과 2005년 사이에 발생하였다.

그 당시 슈뢰더 총리는 거센 압력을 행사해 안정성장협약 구조를 완화함으로써 제재에서 벗어날 수 있었다. 이러한 상황에서 프랑스도 2003년과 2004년에 적자한도 기준을 위반하였다. 사실상 이 두 나라가 협약을 무효화했다. 당시 독일은 자국의 유로위기로 인해 재정수입이 급감했기 때문에 적자기준을 지키기가 어려웠다. 다음 장에서도 논의하겠지만, 독일 정부는 '어젠다 2010'이라는 고통스런 사회개혁안 외에 국민에게 예산삭감의 부담까지 강요하길 꺼렸다. 그렇지만 독일이 조약을

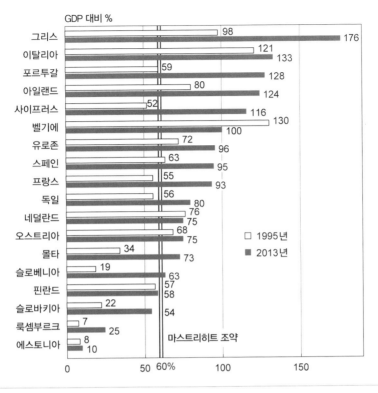

GDP 대비 %

[그림 2.7] 유로지역 국가의 공적채무 (1995년과 2013년)

자료: Eurostat, Database, *Economy and Finance*, Government Finance Statistics, Government Deficit and Debt; European Commission, Economic and Financial Affairs, *Economic Databases and Indicators*, AMECO–연간 거시경제 데이터베이스.

주: 2013 European Commission forecast, Autumn 2013.

위반하는 바람에 나머지 가입국들이 차입을 더욱 절제하지 않게 되었음은 부인할 수 없는 사실이다.

더욱이 2010년에는 독일의 채무가 GDP의 8%포인트에 해당하는 2,870억 유로나 급증하였다. 이는 독일의 주립은행과 히포 부동산회사[Hypo Real Estate; 위험한 국제투자를 감행하고 히포페라인스방크Hypovereinsbank의 부동산 포트폴리오를 상당 부분 인수해 곤경에 빠졌던 히포페라인스방크의 자회사가 미국발 누적 부실자산 중심의 배드뱅크bad bank를 설립했기 때문이다. 이 국유은행들의 채권자들은 정부에게 지급보증이나 보증보호와 같은 실질적인 요구를 하였다. 1995년에 56%였던 독일의 GDP 대비 채무비율이 2013년에는 80%로 상승하였다.

다년간의 과잉적자, 위기 중의 저성장, 특히 2008년에 파산한 은행그룹 덱시아Dexia와 관련된 다양한 은행구제 조치 등으로 인해 프랑스의 GDP 대비 채무비율도 1995년 56%에서 2013년 93%로 급등하였다.

도덕적 해이가 만연한 가운데서도 재정적자와 관련해 칭찬을 아끼지 말아야 할 정도로 엄격한 입장을 취한 나라는 현재 한층 더 심각한 위기의 희생양이 되어 버린 아일랜드와 스페인이다. 유로가 잘 작동되고 있던 시기에 이 두 나라는 명목GDP와 세수가 차입 붐으로 인한 채무증가 속도보다 더 빠르게 증가했다는 이유만으로 안정성장협약 한도를 위반하지 않았다. 스페인의 경우 유로 도입 초기인 1998년까지만 3%의 재정적자한도를 초과했고, 그 후 몇 년간 꾸준히 하락해 2005년에는 흑자로 전환되었다. 2007년까지 흑자액이 GDP의 2%에 달하였다. 아일랜드는 더 잘했다. 1995년과 1996년에만 적자를 기록했고, 그 후 2007년까지 거의 매년 채무를 상환하였다.

위기가 터지자 이 두 나라에게 문제가 생겼다. 특히 은행시스템 안정을 위한 대규모 구제조치와 더불어 경제와 세수가 위축되었고, 그 결과 대규모 재정적자와 채무가 발생하였다. 2010년 아일랜드에서는 정부가 민간으로부터 엄청난 규모의 채무를 떠안게 되어 GDP의 30.6%라는 천문학적 적자를 기록하였다. 정부의 지급보증도 GDP의 무려 245%에 달했다. 앵글로아이리시Anglo Irish 은행 하나만으로도 그해 아일랜드 재정적자 총액의 16% 포인트를 차지하였다. (Eurostat의 이상야릇한 규정에 따르면 이 은행의 채무에 대한 인수금은 공공적자로 산정되지만, 독일의 GDP 대비 채무비율을 8%나 증가시킨 독일 주립은행과 히포부동산

회사의 채무에 대한 인수금은 공공적자로 산정되지 않는다.) 스페인의 국가채무가 증가한 것은 위기 동안에 국가가 여러 상업은행에 자본을 집중 투입했기 때문이다.

이탈리아의 실기(失機)

지금 혼란에 빠져 있는 나라 중 최대 국가는 이탈리아이다. 유로 체제 하 이탈리아의 행적을 추적해 보면 유로 도입의 장점을 이해할 수 있는 교훈을 얻게 될 것이다. 이탈리아의 역사는 잃어버린 기회의 역사이다.

[그림 2.5]에서 보듯이 이탈리아의 재정적자는 2000년까지 감소한 후 2001년부터 2006년까지는 3% 한도를 살짝 넘었고, 2007년과 2008년에는 잠시 그 한도 밑으로 내려갔다가 그 후로는 또다시 한도를 초과하였다.

이러한 추이는 매우 실망스럽다. 왜냐하면 이탈리아는 금리수렴의 최대 수혜자였기 때문이다. 만약 이탈리아가 채무상환과 무관한 재정지출을 초과하는 재정수지 흑자분인 기초흑자의 비율을 항상 4%(1995년에 달성했던 수준)로 유지했더라면 이 나라는 유로를 통한 이자절감 덕택으로 2003년부터 2011년까지 GDP의 0.5%에서 1% 사이의 재정적자를 기록했을 것이다. 하지만 실제로는 이탈리아가 1.6%에서 5.5% 사이의 재정적자를 기록하였다. 여러 정부가 유로의 선물인 이자절감분을 채무상환에 쓰지 않고 소비해 버렸음에 틀림없다.

처음에는 모두 좋은 의도로 시작했다. 이탈리아의 가입협상을 벌였던 디니Lamberto Dini 총리는 초기에는 어떻게든 금리이점을 살림과 동시에 기초흑자를 증대시켜 자신의 약속을 지키려고 노력하였다. 그 결과 1995년과 2000년 사이에는 기초흑자 비율이 4.1%에서 5.4%로 높아졌다. 당시 이탈리아는 이자절감분 전액을 채무상환에 사용했고, 심지어는 경상

예산의 일부도 절약하였다. 재정을 계속 강화하기 위해 진지한 노력을 기울였다.

그러나 이러한 바람직한 시도는 오래가지 못하였다. 디니 총리 실각 후 만 5년이 되는 2001년까지 4명의 총리를 거치는 동안 기초흑자가 3.1%로 떨어졌고, 재정위기로 경기침체가 시작되기 직전인 2008년에는 고작 2.5%에 불과했다. 2010년에는 0.1%로 그마저 거의 사라졌다. 그 후 기초흑자가 2011년, 2012년, 2013년에 각각 1.1%, 2.5%, 2.3%로 증가했지만 1995년의 4.1% 수준에는 항상 못 미쳤다. 그래서 2001년부터 이탈리아는 유로가 안겨 준 이자혜택의 상당 부분을 채무상환에 쓰기보다는 낭비해버렸다. 따라서 오늘날 이탈리아의 GDP 대비 채무비율이 1995년보다 훨씬 높다는 것은 별로 이상할 게 없다.

이것은 분명 민주주의와 관련된 문제다. 어떤 정부는 합의를 하고 이행약속을 고수하지만, 그 다음 정부는 미래세대를 위해 무엇인가를 행하기보다는 자국의 부채에 대해 인접국들이 공동으로 책임지길 은근히 바라면서 유권자들의 당시 요구에 영합해 약속을 저버린다. 유럽중앙은행이 저금리를 유지할 것이라는 희망이 지속되는 한 채무를 지는 것이 항상 더 편리한 정부예산 보전 방식이었다.

만약 이탈리아가 이자절감분을 계속 저축했더라면 지금까지 대부분의 국가채무를 청산했을 것이다. 만약 정부가 유로가 안겨준 이자혜택을 낭비하지 않았더라면 무슨 일이 일어났을까? 다음의 계산을 통해 이 질문에 대한 해답을 찾을 수 있을 것이다.

1995년에는 국가채무에 대한 이자(11.5%) 지급만을 위해 필요했지만, 1996년부터는 이자지급뿐 아니라 원금분할상환을 위해서도 매년 GDP의 일정 부분을 이탈리아 예산에 별도로 비축했다고 가정하자. 다시 말해 금리수렴에서 파생된 지출절감분을 채무 잔고에 대한 이자지급뿐 아니라 채무 자체의 상환에도 사용했다고 가정하자. 다른 조건이 같다면, 특히 경제발전의 정도가 같다면 [그림 2.8]에서 '가상(명목)'이라는 이름이 붙은 곡선으로 표시한 것처럼 이탈리아의 GDP 대비 채무비율은 매년 감소했을 것이다. 2013년 말에는 국가채무가 GDP의 133%인 2조 1천억 유로가 아니라 8%인 1,170억 유로에 불과했을 것이다. 그러나 그림에 제시된 바와 같이 이자절감분은 기본적으로 낭비되었고 재정지출 확대의 재원으로만 사용되었다.

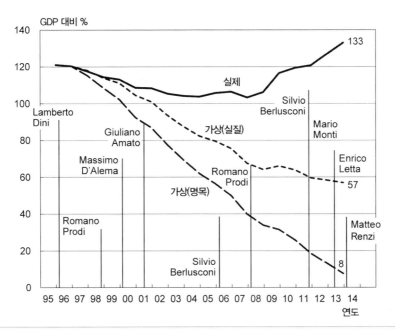

[그림 2.8] 이탈리아 공적채무의 가상 및 실제 변동 (1995~2013년)

자료; Eurostat, Database, *Economy and Finance*, Annual National Accounts; and Government Finance Statistics, Annual Government Finance Statistics; and Government Deficit and Debt; European Commission, Economic and Financial Affairs, *Economic Databases and Indicators*, AMECO − 연간 거시경제 데이터베이스; Ifo 연구소 계산; Governo Italiano, *Presidenza del Consiglio dei Ministri*, 7. August 2012 참조, 검색〈http://www.governo.it/Governo/Governi/governi.html〉.

주: 2013 European Commission forecast, Autumn 2013; Ifo 연구소 계산.

이 계산에서는 유로 도입에 따른 인플레이션율의 감소는 고려하지 않았다. 이탈리아는 인플레이션이 심해서 항상 채무를 쉽게 상환할 수 있었다. 명목 이자부담은 높았지만 인플레이션에 의한 GDP 성장으로 GDP 대비 채무비율이 낮았다. 이탈리아는 GDP 대비 채무비율을 높이지 않고서도 국가의 이자부담을 세금이 아니라 새로운 채무로 충당할 수 있었다. 채무상환에 사용할 수 있었던 금리절감분을 기준연도(1995년)에 비해 낮아진 인플레이션율로 조정하면 [그림 2.8]에 '가상(실제)'으로 이름 붙여진 점선이 도출된다. 이 선은 이탈리아의 가상 GDP 대비 채무비율보다는 분명히 덜 가팔랐음을 보여주고 있다. 이탈리아의 2013년 말 GDP 대비 채무비율은 단지 57%로 1995년의 절반 수준이 되었을 것이고, 이탈리아는 자본시장에서 독일 금리수준으로 자금을 조달하는 데 아무런 어려움이 없었을 것이다.

오늘날 고통을 겪고 있는 다른 나라들에 대해서도 이와 비슷한 계산을 해볼 수 있다. 이들은 전형적으로 금리절감분을 채무상환에 사용하기보다는 재정자금 조달을 위한 차입을 계속했다. 어떤 경우에는 심지어 예전보다 더 많이 차입했다. 유로 도입에 따른 금리절감은 저축 가능성을 제공함과 동시에 차입의 장점을 증대시켰지만, 대체로 후자가 전자보다 우세한 것으로 판명되었다. 따라서 오늘날 위기에 비추어 볼 때, 유로 도입으로 인해 과잉채무국이 채무함정에서 벗어나기는커녕 오히려 그 함정에 더 깊이 빠져들었다고 할 수 있다.

외채 문제

위기의 결과로 대부분 유로지역 국가의 국가채무 수준이 더 높아졌다. 그러나 국가채무가 반드시 해외채무인 것은 아니다. 국내 투자자들이 국채를 살 수도 있고, 또 해외채무라고 해서 반드시 국가채무인 것도 아니다. 가계나 기관투자자도 해외에서 차입할 수 있다. 따라서 이 나라들이 너무 많은 국채를 발행해서 위기에 빠지게 되었다는 명제는 대체로 옳지 않다. 이 명제가 그리스와 포르투갈에게는 적용될 수 있겠지만, 아일랜드와 스페인에게는 맞지 않는다.

[그림 2.9]의 하단에서 볼 수 있듯이 아일랜드와 스페인은 신중한 공공채무정책을 실시했음에도 불구하고 외채부담이 커서 고통을 겪고 있다. 막대 옆의 숫자는 2012년 유로지역 국가의 해외순자산 포지션을 나타내고 있다. 음수는 해외순채무 포지션, 양수는 해외순자산 포지션을 나타낸다. 2012년 말 GDP 대비 해외순채무 비율이 아일랜드 112%, 그리스 109%, 스페인 91%로 사실상 모두 경고수준이었다. 이 나라들의 채무수준을 능가하는 국가는 포르투갈(115%)뿐이었다. 이러한 사실을 통해 우리는 GIPSIC 국가가 국가채무로 큰 고통을 겪고 있음을 쉽게 확인할 수 있다. 이 나라들의 민간경제도 분명히 해외에서 차입을 했으며, 경우에 따라서는 이것이 더 중요한 재원이었다. GIPSIC 국가는 단순한 국가채무위기 때문이 아니라 주로 외채위기 때문에 고통을 겪었던 것이다.

한 나라의 해외순자산 포지션(때로는 국제순투자 포지션이라고도 함)은 부동산과 주식지분을 포함해 국민이 외국인에 대해 갖고 있는 재무적 채권총액에서 외국인이 국민에 대해 갖고 있는 채권총액을 차감한 것으로 정의된다. 이것이 음수라는 것은 해외순채무 포지션을 의미하는 것이다. 해외순자산 포지션은 시간이 흐르면서 경상수지 흑자가 누적됨에 따라 형성된다. 이것의 가치는 구성자산의 시장가치가 변함에 따라 조정된다. 이와 마찬가지로 기존의 경상수지 적자로 인해 발생한 해외순채무 포지션과 그 가치도 재평가 효과에 영향을 받는다.

해외순자산 포지션을 둘러싸고 흥미로운 질문이 하나 생긴다. 그 발생시점이 유로출범 공포 이전인지, 그 후 이미 금리가 수렴하고 나서인지,

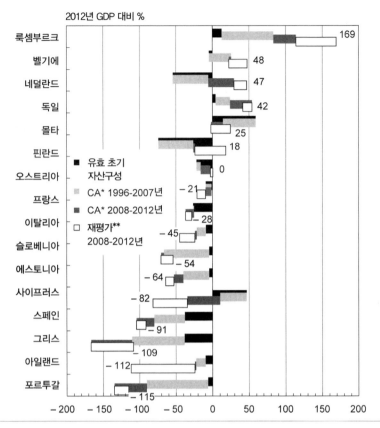

[그림 2.9] 대외순자산 포지션과 그 구성 (2012년)

* CA = 누적 경상수지
** 각국의 대외 채권과 채무의 시장가치 변동

자료: Eurostat, Database, *Economy and Finance*, Annual National Accounts and Balance of Payments—International Transactions, Balance-of-Payments Statistics by Country; and International Investment Positions; Banca d'Italia, *Base Informativa Pubblica*, Balance of Payments and International Investment Position; Ifo 연구소 계산.

주: 수치는 유로지역 국가의 2012년 말 현재 GDP 대비 순 대외자산 포지션 비율을 나타내고 있다. 이것은 각국 막대의 총 길이로 표시되어 있다. 검은색 부분은 1995년의 추정 유효대외순자산 포지션을, 옅은 회색 부분은 1996년부터 2007년까지 누적된 경상수지 불균형을, 짙은 회색 부분은 위기가 발생한 동안(2008년부터 2012년까지) 누적된 경상수지 불균형을, 하얀 막대는 2008년에서 2012년 사이에 자산과 부채의 시장가격 변화에 기인한 재평가 효과를 각각 나타내고 있다. (1996년과 2007년 사이의 재평가 효과는, 소위 유효 초기포지션을 만들기 위해 1995년의 초기 대외순자산 포지션과 합성되었다.) 오른쪽을 향하고 있는 막대들은 자산의 증가(또는 부채의 감소)를, 왼쪽을 향하고 있는 막대들은 부채의 증가(또는 자산의 감소)를 측정하고 있다. 모든 막대는 해당 국가의 2012년 GDP 대비 비율(%)로 표시되어 있다.

아니면 위기가 발생한 때부터인지, 이 중요한 질문에 대한 답을 찾는 과정에서 우리는 금리혜택의 소득효과로 채무상환이 비교적 용이해져서 채무국의 채무가 줄어들 것인지, 아니면 도덕적 해이로 인해 저금리가 차입을 촉진하여 (그래서 경상수지 적자를 누적시켜) 채무가 오히려 더 늘어날 것인지에 관한 논쟁의 실마리를 풀 수 있을 것이다.

[그림 2.9]를 통해 이 질문에 대한 답을 하나 찾을 수 있다. 이 그림은 금리수렴 현상이 나타나기 전인 1995년 특정국의 초기 해외채무와 자산 포지션에 관한 정보, 그리고 위기발생 시점을 기준으로 나눈 해외채무 및 자산의 축적에 관한 정보를 제공하고 있다. 이 그림에서는 2012년 유로지역 국가의 해외순채무와 자산포지션을 네 가지 구성요소로 분해하였다.

1. 마드리드 정상회의가 개최된 해인 1995년에 기초를 둔 초기의 실질 해외순자산 포지션 (해외자산의 초기 장부가와 신규채무 시장금리의 하락 후 실시한 통계적 자산재평가를 포함한 것임). 흑색 표시.
2. 1996년부터 2007년까지 거품형성에 따른 경상수지 적자 및 흑자. 옅은 회색 표시.
3. 2008년부터 2012년까지 위기 동안의 경상수지 적자 및 흑자. 짙은 회색 표시.
4. 2008년부터 2012년까지 위기 동안 장기채무와 채권의 시장가격 하락에 의한 재평가 효과. 백색 표시.

수평막대로 표시된 구성요소를 모두 합하면 2012년 각국의 해외순자산 포지션 가치가 된다. 각 구성요소는 각국의 2012년 GDP(각 기간의 GDP 가 아님)의 항목에 표시되어 있다. 효과를 합했을 때 음수(0선의 왼쪽)가 되면 2012년 말까지 해외순채무 상태이고, 효과의 합계가 양수(0선의 오른쪽)라면 해외순자산 상태인 것이다. 옅은 회색 부분과 짙은 회색 부분의 합계는 [그림 2.1]의 자본수입곡선에 나타난 것과 기본적으로 같다.

스페인의 사례를 통해 그림을 어떻게 봐야 할지 알아보자. 이 나라의 1995년 실질 해외순채무 3,900억 유로(2012년 GDP의 38%)는 흑색막대로 표시되어 있다. 1996년부터 2007년까지 유로의 '호시절'(好時節)에 누적된 경상수지 적자 4,330억 유로(옅은 회색막대) 때문에 이 채무가 증가했다. 2008년부터 2012년까지 위기 동안 스페인의 경우 경상수지 적자가 확대(짙은 회색막대)되어 2,530억 유로의 해외순채무가 더 누적되었다. 이 기간 동안 스페인 채무증권의 시장가치 하락에 따른 소위 재평가 효과로 해외순채무가 1,350억 유로 감소했다. 따라서 2012년 말 스페인의 결산 해외순채무는 2012년 GDP의 91%에 해당하는 9,410억 유로(= 3,900억 유로 + 4,330억 유로 + 2,530억 유로 − 1,350억 유로)였다.

우리는 스페인의 사례에서 해외순채무가 기본적으로 위기 동안이 아니라 금리수렴기인 1996년과 2007년 사이에 이미 형성된 것임을 알 수 있다. 유로가 초래한 금리하락은 해외순채무에 세 가지 영향을 미쳤다. 첫 번째는 긍정적인 재평가 효과였다. 금리가 하락함에 따라 정상회담 이전부터 고금리를 부담하던 초기 국채의 시장가격이 높아졌다. 이 효과로 인해 초기의 실질 해외순채무 포지션이 상향 조정되었다. 금리하락의 두 번째 효과는 반대 방향으로 작용하였다. 스페인의 채무자는 이 효과를 활용해 채무부담을 줄이고 해외채무를 훨씬 쉽게 연장하거나 상환할 수 있었다. 그러나 불행하게도 이들은 기회를 놓쳐 버렸다. 세 번째 영향은 금리하락이 해외순채무의 증가를 주도했다는 점이다. 한 마디로 저금리 차입의 유혹이었다. 1996년부터 2007년까지 유로 팽창기에 스페인 사람들은 경상수지 적자로 인해 해외채무를 4,330억 유로나 증가시켰다.

이러한 점에서 볼 때 스페인 경제 전체가 채무를 제한했다는 견해는 수정되어야 한다. 스페인 정부만 제한했지 스페인 경제 전체가 그랬던 것은 아니다. 다음 절에서 보게 되듯이 스페인의 막대한 해외순채무가 단연코 유로존 최대의 미해결 재정현안이다.

[그림 2.9]는 그리스, 포르투갈. 아일랜드가 스페인과 비슷한 상황에 있음을 보여주고 있다. 이 나라들은 모두 유로 도입 당시에 이미 상당한 실질 해외순채무 포지션을 갖고 있었고 금리하락으로 많은 혜택을 누렸음에도 불구하고 마드리드 정상회의 이후와 위기 이전에 GDP에 비해 상당히 큰 규모의 해외채무를 누적시켜 왔다 (옅은 회색막대). 저금리는 지나친 희생 없이 적어도 이들 채무의 일부라도 상환할 수 있는 기회였다. 하지만 이들은 빚을 갚기보다는 오히려 더 많이 빌리길 원하였다.

포르투갈과 그리스의 해외채무는 이미 위기 전에도 상당히 누적되었는데, 위기 중에는 경상수지 적자를 통해 해외채무가 더욱 누적되어(짙은 회색막대) 외채문제가 더욱 악화되었다.

GIPSIC 국가 중에서는 오직 아일랜드만이 위기 중에 차입을 통한 채무증가를 초래하지 않았다. 그러나 아일랜드의 금융기관들은 단기로 차입해서 장기로 대출하는 만기전환 전문이었기 때문에 금리상승기에 막대한 채무재평가 영향을 경험하였다. 이 금융기관들은 보유 장기해외자산에 대한 대손상각 손실을 상쇄할 만한 단기외채 탕감혜택을 누리지 못한 채 고통을 겪었다.

이와 대조적으로 스페인, 그리스, 포르투갈의 금융기관들은 장기 해외순채무의 시장가격 하락에 따른 재평가효과로 이익을 보았다. 2012년 봄에 거의 채무불이행 단계까지 가서 노골적으로 1,050억 유로의 채무탕감을 받았던 그리스의 경우도 이와 같은 경향을 보였다.

2012년 말 각국의 GDP 대비 해외순채무 비율은 그리스 109%, 포르투갈 115%, 아일랜드 112%, 스페인 91%였다. 채무탕감과 재평가효과가 없었다면 그리스, 포르투갈, 스페인의 해외순채무 포지션은 각각 221%, 135%, 105%였을 것이다. 만약 그리스의 재평가효과를 배제하고 공식적 채무탕감분만 차감한다면, 그리스의 해외순채무 포지션은 GDP의 167%였을 것이다.

사이프러스는 해외순채무 없이 상당한 해외순자산을 갖고 출발했으므로 다른 나라와는 달랐다. 사이프러스도 위기를 전후해서 해외에서 순차입할 수 있는 기회를 잡았다. 게다가 채무구조의 만기전환 때문에 아일랜드와 유사한 재평가 영향으로 고통을 겪었던 것으로 추정된다. 사이프러스의 2012년 말 해외순채무 포지션 82%는 스페인에 근접한 수준이었다.

다른 순 채무국 중에서는 동유럽 가입국인 슬로베니아, 에스토니아, 슬로바키아가 눈에 띤다. 이들은 모두 위기 전에 막대한 금액을 차입했지만, 위기 동안에는 차입을 줄였다. 특히 에스토니아는 2007년 이후에 매우 적게 차입했고 채무가치의 하락으로 이익을 보았다. 반대로 슬로베니아는 자산가치의 하락으로 고통을 겪었는데, 이는 아마도 아일랜드와 같은 이유에서였을 것이다. 2012년 말에 슬로베니아의 해외순채무는 GDP의 45%였고, 에스토니아는 54%, 슬로바키아는 64%에 달했다.

위기에 처한 나라 중에서 이탈리아는 GDP에 비해 해외채무가 다소 적었던 특기할 만한 예외적 사례이다. 앞서 보았듯이 이탈리아가 금리 혜택을 낭비했던 것을 고려하면 이것은 놀라운 일이다. 다른 나라와 달리 이탈리아는 1996년부터 2007년까지 금리가 낮았던 호시절에 해외차입으로 해외순채무 포지션을 악화시키지 않았고, 오히려 적은 금액(180억 유로)이나마 빌려주었다. 다만 위기 동안에는 이탈리아의 경상수지가 적자로 돌아서면서 해외순채무 포지션이 악화되었다. 이는 채무가치의 하락에 따른 이익(백색막대)에 맞먹는 수준이었다. 2012년 말 이탈리아의 해외순채무 포지션은 다른 GIPSIC 국가의 3분의 1에서 4분의 1 정도인 GDP의 28%에 불과했다. 이 비율은 이탈리아의 GDP 대비 정부부채비율의 5분의 1을 약간 상회하는 것이다. 이 주목할 만한 사실은 이탈리아의 외채가 공적인 것이 아니고 주로 민간의 몫이라는 점과 이탈리아의 국채를 전형적으로 외국인보다는 이탈리아인이 보유하고 있다는 점으로 설명할 수 있을 것이다. 이탈리아의 민간인은 신중한 데 반해 공공차입자는 그렇지 않은 것 같다.

룩셈부르크는 해외순자산이 GDP의 169%에 달하는 최대 채권국이다. 제2위의 해외순자산 보유국은 그 비율이 48%인 벨기에이다. 벨기에는 위기 전에 막대한 경상수지 흑자를 기록했고, 위기동안에 장기해외채무의 가치가 하락함에 따라 커다란 이익을 보았다. 공공채무가 GDP의 100%에 육박할 정도로 막대하다는 점에서 볼 때, 국부(國富)가 이렇게 많다는 것은 실로 놀라운 일이다. 이를 통해 우리는 앞서 묘사한 이탈리아인의 성격을 떠올리게 된다. 이 두 나라 사람들의 차이점을 굳이 밝히자면 벨기에 사람들은 결코 순 해외차입자가 아니라는 점이다.

상당한 규모의 해외순자산 포지션을 보유한 다른 나라는 핀란드와 네덜란드이다. 이 두 나라는 위기발생 시점을 전후로 하여 상당한 금액의 자본을 수출하였다. 그러나 이들은 위기발생 초기에 부정적 영향을 주는 해외순자산을 보유하고 있었고, 위기 동안에는 이들의 해외채무 가치가 하락하지 않았다. 따라서 해외순자산의 상대적 포지션에 있어서는 이 두 나라가 벨기에보다 뒤처졌다.

독일의 해외순자산 포지션은 네덜란드와 벨기에 비해 상대적으로는 약간 더 작지만, 독일의 경제규모가 벨기에보다 훨씬 커서 절대치로는 최대이다. 위기 전후에 독일은 해외순자산을 축적했지만, 위기 동안에 독일이 보유한 장기자산(위기국과 미국이 발행한 해외국채 및 여타 증권)의 시장가치가 대폭 하락해 GDP의 약 13% 또는 3,360억 유로에 달하는 채권의 가치가 폭락하는 고통을 겪었다. 이러한 손실에도 불구하고 2012년 말 독일의 해외순자산은 GDP의 42% 또는 1조 1,070억 유로에 달했다. 재평가 영향이 없었다면 독일의 해외순자산 포지션은 GDP의 54%로 그 비율이 23%에 달했던 벨기에를 앞섰을 것이다.

거품

외채 누적이 공공부문에 의한 것이든 민간부문에 의한 것이든 간에 이 모든 나라는 그로 인해 인플레이션 붐을 겪었고 경쟁력을 상실하였다. 유로존의 미래에서 경쟁력이 갖는 의미에 관해서는 제4장에서 다룰 것이다. 이 붐은 두 가지 효과의 산물이다.

첫째, 공공 및 민간채무자의 이자절감분이 실질 가처분소득 증대로 이어져 소비를 자극하면서 인플레이션에 불을 지폈다. 민간채무자는 소비를 늘릴 수 있었고, 정부는 공무원 수를 늘리고 기존 공무원 봉급인상용 자금을 더 많이 확보하게 되었는데, 이 또한 소비를 자극하였다. 둘째, 저금리로 인한 차입촉진 역시 인플레이션을 유발하는 수요효과를 낳았다. 정부만 이러한 유혹에 사로잡혔던 것이 아니고 민간채무자도 똑같은 영향을 받았다. 앞서 살펴보았듯이 실제로 스페인에서는 민간채무가 확실히 더 많았다.

유로가 도입되기 전 스페인은 독일과 마찬가지로 고정금리부 장기주택담보대출을 보유하고 있지 않았다. 더욱이 건설부문 대출금리는 국채익률을 상회할 정도로 매우 높았다. 예를 들어 1991년에는 초기금리가 17%나 되어서 건설업이 부진하였다. 1995년 12월 마드리드 정상회의에서 유로 도입이 선언되면서 바로 모든 것이 바뀌었다. 스페인 은행들이 유럽은행간 시장에서 훨씬 더 낮은 금리로 차입할 수 있게 되면서 건설업자들에게 점차 유리한 조건으로 자금을 제공할 수 있게 되었다. 하지만 이들 스스로 높은 마진폭으로 큰 이익을 내기 전까지는 확실히 그렇지 않았다. 스페인 사람들은 망설이지 않고 기회를 포착하였다. 이들은 대출을 받아 주택을 리모델링하거나 신축하는 등 엄청난 건축 붐을 일으켜 전체경제를 요동치게 하였다.

유로 도입 후 누적된 외채의 규모가 비교적 큰 스페인은 현재 유로존의

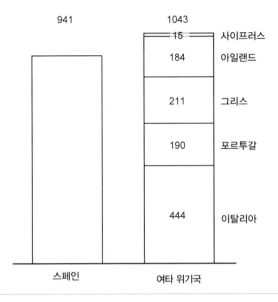

941	1043	
	15	사이프러스
	184	아일랜드
	211	그리스
	190	포르투갈
	444	이탈리아
스페인	여타 위기국	

[그림 2.10] 스페인의 해외순채무 비교 (2012년, 10억 유로)

자료: Eurostat, Database, *Economy and Finance*, Balance of Payments−International Transactions, Balance of Payments Statistics and International Investment Positions; Banca d'Italia, *Base Informativa Pubblica*, Balance of Payments and International Investment Position.

채무문제에서 가장 부담스런 존재이다. [그림 2.10]에서 볼 수 있듯이 스페인의 채무규모(9,410억 유로)는 다른 위기국의 해외순채무를 모두 합한 금액(1조 430억 유로)에 약간 미달하는 수준이다. 또한 이 금액은 독일의 해외순자산(1조 1,070억 유로)과 거의 같은 규모이다.

은행과 여타 대출자들은 이 과정에서 통제를 가했어야 했다. 그러나 이들 또한 열기에 휩쓸리고 평소의 엄격한 주의지침을 완화해 버렸다. 담보대출조건에 있어 스페인은 미국과 똑같은 일을 벌였다. 은행은 고객에게 대출제안을 쏟아 냈고 담보가 부족해도 상관없다고 발표하였다. 독일에서는 민간담보대출비율이 최고 60%였는데, 스페인은 독일을 비롯해 다른 나라에서 통상적인 자산가대비 담보비율보다 더 높은 비율로 대출해주었다. 바르셀로나 은행가에게 들은 바에 따르면, 대출잉여금으로 스포츠카에 돈을 낭비하는 고객에게 은행이 자산가치의 130%까지 대출해주는 경우가 비일비재했다.

2013년 말 6개 위기국의 은행채무는 고객예금 3조 6천억 유로를 포함해 8조 2천억 유로, 또는 이 나라들의 결합GDP의 263%에 달하였다. 이러한 채무는 주로 일반인, 부동산개발업자, 부동산매입자에 대한 의심스런 대출에서 발생했으며, 위기 동안에 고통으로 다가왔다. 유로지역 국가들이 수행한 집단적 구제조치는, 2012년 EU정상회담에 따라 은행구제에 쓰일 막대한 자금도 조성했겠지만 대손상각의 다른 분야에 대한 파급효과를 흡수했을 것이다. 이 문제에 관해서는 제8장에서 좀 더 자세히 다룰 것이다.

스페인의 건축 붐은 이민에도 영향을 미쳤다. 노동력이 필요했고 임금이 상승했으며 많은 일자리가 꾸준히 증가하였다. 1999년부터 리먼브라더스 파산과 함께 건설 붐이 갑자기 끝난 해인 2008년까지 10년 동안 6백만 명의 이민자가 건설 등 여러 경제부문에서 일하려고 스페인에 몰려들었다. 이들 중 루마니아 출신 77만 명을 포함해 약 230만 명은 EU국가에서 왔고 나머지는 대부분 북아프리카와 남미에서 왔다. 이는 원래 인구의 15%에 달하는 거대한 이민이었고, 10년 동안 치고는 매우 높은 비율이었다. 건설노동자는 다른 상품에 소비할 돈을 벌게 되었고, 그에 이어 더 많은 사람들이 상품생산 과정에서 돈벌이를 할 수 있는 일자리를 찾았다. 1995년부터 2007년까지 독일경제가 21% 성장에 그치는 동안 스페인의 실질 GDP는 55%나 증가하였다 (다음 장의 [그림 3.2] 참조).

아일랜드의 상황도 아주 비슷했다. 부동산 붐은 스페인보다 더 확연했고, 그 결과 대량이민도 발생하였다. 같은 10년 동안 총 유입이민자 수가 원래 인구의 20%에 달했으며, 유출이민을 감안한 이민 순유입이민자 수 비율은 10%에 달하였다. 아일랜드는 스페인보다 더 빠르게 성장하였다. 이 나라는 1995년부터 위기가 시작된 해인 2007년까지 129% 성장해 유럽 전체에서 정상을 차지하였다. 이 나라의 경제생산 규모가 두 배 이상 증가했다. 이러한 과정은 그리스나 포르투갈과는 달리 정부의 참여 없이 전개되었다.

그러나 민간에서든 정부부문을 통해서든 간에 저렴한 대출로 인해 경제 붐이 야기된 것은 결국 부적절한 일이었다. 그 이유는 한 부문이 다른 부문에서 자동적으로 이익을 취했기 때문이다. 그리스와 포르투갈에서는 공무원이 대출을 통한 임금상승으로 집을 사거나 짓기도 했지만, 아일랜드와 스페인에서는 건설노동자, 개발업자, 주택소유자가 대출을 통한 소득으로 세금을 납부하였다. 이로 인해 경제가 팽창되었고 결국에는 거품이 발생했다. 지나친 낙관주의로 인해 경기가 과열되면 한 나라 자산의 실질가치가 더 이상 명목가치에 부합하지 않게 되면서 투자자들 사이에 투자안전에 대한 불안감이 조성되기 때문에 언젠가는 거품이 터지게 되어 있다.

경제 붐은 분명히 유로 도입과 함께 기대되었던 바이다. 이것은 유로존 내에서 실질적인 수렴과정, 즉 지금까지 가난했던 나라들의 만회과정으로 이어졌다. 그러나 그 붐이 지나치게 가속화되어 임금, 상품 가격, 부동산 가격이 장기적으로 유지될 수 있는 수준 이상으로 상승하였다. 사람들은 투자를 결정할 때마다 자의적으로 기준을 훨씬 벗어나 관측 추세의 먼 미래까지 예측하였다.

부동산 가격

이러한 사실은 특히 부동산 가격에 들어맞는다. 부동산 가격이 올라가기 시작할 때 점점 더 많은 사람들이 낙관적으로 변해 바닥권 투자를 통해 시세차익을 얻을 수 있다고 믿는다. 그 후 결국에는 가격이 실제로 상승하고 더 많은 사람들이 이러한 심리에 젖어든다. 항상 더 높은 가격, 더 많은 실제 건설사업, 강력한 호황, 견고한 상승세의 임금 등과 더불어 자체강화 기대감의 과정이 자리 잡게 되는데, 이 과정은 첫 번째 건설사업이 인수자를 찾지 못하게 되고 의심이 확산되면서 매입자가 드물어지고 부동산시장에서 과잉공급이 입증되고 나서야 비로소 끝나게 된다. 가격이 급락하여 신규 사업이 중단되고 건설노동자가 해고되어 수요가 부진해지면 대량실업이 발생하는 전반적 경제위기가 시작된다.

[그림 2.11]은 다양한 유로 국가에서 부동산 가격이 얼마나 빨리 오르내렸는지를 보여주고 있다. 특히 부동산 붐이 일었던 아일랜드와 스페인에서 부동산 가격이 심하게 변동하였다. 마드리드 정상회의에서 리먼브라더스 사태에 이르기까지 단 13년 만에 아일랜드의 부동산 가격은 네 배, 스페인은 세 배가 되었다. 프랑스와 그리스의 부동산 가격도 위기발생 시점에 유로 도입 선언 시점에 비해 두 배 반이나 높았다.

독일이 부동산가격의 부침에 동조하지 않은 것은 주목할 만한 일이다. 독일의 경우 스스로 유로위기에 빠져 있었기 때문에 부동산가격이 세계경제위기 발생 전까지 계속 하락하였다. 다만 그 후에, 역설적이지만 바로 그 위기로 인해 새로운 건설 붐이 일면서 가격이 오르기 시작했다. 이에 관해서는 다음 장에서 좀 더 자세히 설명할 것이다.

위기국의 거품은 부동산 가격에만 생겼던 것이 아니다. 저렴한 유로대출로 상품가격 및 실질소득이 전반적으로 상승하는 추세가 나타나면서 공공 및 민간채무자들은 차입을 늘리는 것이 유리하다고 믿게 되었다. 채무에 리스크가 없다는 생각이 만연하여 차입이 상당히 유리하게 보였다. 보기에 따라서는 이것이 합리적일 수도 있다. 왜냐하면 위기에 영향을 받은 대부분의 국가가 10년 내내 초고속 성장을 했기 때문이다. 이러한 과정이 무한히 계속될 것이라고 생각한 것이 잘못이었다.

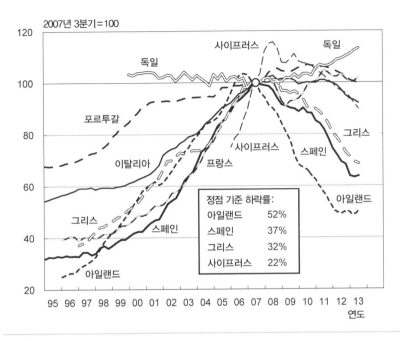

[그림 2.11] 유로존의 부동산 가격

자료: European Central Bank, Statistical Data Warehouse, *Economic Concepts-Prices, Output, Demand and Labour-Prices-Residential Property Price Indicator, Residential Property Price Index Statistics*; German Federal Statistical Office, *Genesis Database*, Themen, Preise-Agrarpreise, Preise gewerbl. Produkte, Baupreise-Häuserpreisindex, Preisindex für bestehende Wohngebäude; Central Bank of Cyprus, Media & Publications-Publications-Surveys-*Residential Property Price Indices*, Data Series; Central Bank of Greece, Statistics-*Real Estate Market Analysis*-Index of Prices of Dwellings (Historical Series).

주: 아일랜드는 2010년 3분기까지 분기별 자료; 이후 월별 자료만 이용 가능하다. 독일연방통계국의 독일 자료는 2011년 3분기까지 사용되었다. 독일의 경우 유럽중앙은행의 통계를 이용하였다.

　

모든 폭발적 성장과정은 때가 오면 어느 시점에서 끝나기 마련이다. 즉 지나친 호황에 의한 상품 가격과 임금의 상승으로 사실상 기업의 경쟁력이 약화된다는 인식이 확고해질 때 갑작스럽게 종말을 고한다. 성장 추세에 대한 의심이 들기 시작하면 이미 때가 너무 늦은 경우가 많다.

상품 가격과 임금이 지속가능한 경쟁력 수준에서 일단 너무 많이 오르게 되면 다시 끌어내리기가 매우 어렵다. 부동산 가격만 양방향으로 자유자재로 움직이게 된다.

유로의 '호시절'에 폭등했던 거의 모든 가격이 잠시 주춤거리다가 극히 빠른 속도로 다시 내려왔다. 아일랜드에서의 가격하락은 특히 빨랐다. 아일랜드의 부동산 가격은 2006년부터 50% 이상 하락하였다. 이와 대조적으로 프랑스의 부동산 가격은 아직 하락하지 않았다. 위기의 첫 번째 파도 속에서 10% 정도 내렸지만, 그 후에 안정세를 보이더니 위기 발생 당시의 수준을 넘어 계속 상승하였다. 만약 프랑스의 부동산 가격이 유로도입 후의 폭발적 상승에도 불구하고 높은 수준에서 유지된다면, 이는 실로 놀라운 역사적 사건으로 기록될 것이다.

민간자산

유로 도입으로 자금유입이 촉진되어 나타난 호경기 덕분에 남유럽 국가들은 일자리를 창출하고 소득을 증대시켰을 뿐만 아니라 상당한 자산을 형성함으로써 여타 유로지역 국가보다 더 부유하게 되었다. 유럽중앙은행이 2010년을 기준으로 대부분의 국가에 대해 2008년 후반부터 2011년 중반까지 수행한 가계자산 조사의 결과를 요약하고 있는 [그림 2.12]를 통해 이것을 확인할 수 있다. 왼쪽 막대들은 가계당 평균자산을, 오른쪽 열은 중앙값 자산, 즉 인구를 양분하여 부의 수준을 나타내고 있다. 위기로 타격을 입은 나라들이 오히려 더 잘 살고 있다는 것은 놀라운 일이다. 평균적으로 보아 독일 가계보다 스페인 가계가 49%, 이탈리아 가계가 41%나 더 부유하다. 그리스와 포르투갈의 가계조차도 각각 24%, 21% 정도만 독일에 뒤처질 뿐이다. 사이프러스 가계는 평균

67만 1천 유로의 자산을 보유하고 있어 독일 가계보다 무려 3.4배, 프랑스 가계에 비해 2.9배나 부유하다. 유감스럽게도 아일랜드는 이 조사에 참여하길 거부하였다.

아일랜드와 사이프러스의 경우 은행의 역할이 상당히 유사하기 때문에 이 두 나라를 비교하면 흥미로운 결과가 나타났을 것이다. 그리스, 이탈리아, 포르투갈, 스페인, 사이프러스 가계의 자산은 여타 유로국보다 평균 23% 더 많았다.

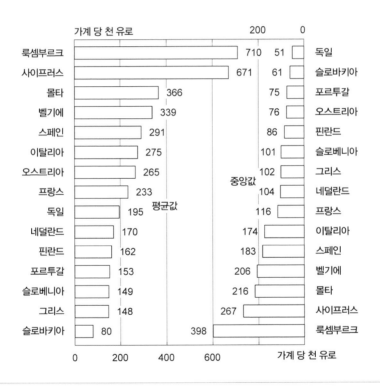

[그림 2.12] 가계의 자산 (2010년)

자료: European Central Bank, 'The Eurosystem Household Finance and Consumption Survey: Results from the First Wave', *Statistics Paper Series*, No. 2, April 2013, p. 76.

중앙값 자산을 고려하면 차이는 더 커진다. 어느 나라에서든 중앙값은 평균값 아래에 있는데, 이는 소득분배가 편중되어 있어 오른쪽 끝부분이 중앙값보다 평균값에 더 큰 영향을 미치기 때문이다. 그림에서 볼 수 있듯이 그리스와 포르투갈의 중앙값 자산은 독일보다 각각 98%, 46%나 더 높은 수준이었다. 스페인의 중앙값 자산은 독일보다 255%나 높았고, 이탈리아는 238%, 사이프러스는 419%나 높아 독일의 중앙값이 왜소하게 느껴진다.

북유럽에 비해 남유럽 국가의 성과가 좋게 나왔기 때문에 유럽중앙은행 분석의 정확도에 의문을 제기하기도 했다. 특히 독일과 핀란드는 사전 추정치에 부합하지 않았다. 이러한 차이는 가계 규모의 차이로 설명할 수 있다고 주장한 경우가 있다. 그러나 이러한 영향을 감안하더라도 이탈리아인과 스페인인은 여전히 독일인보다 평균 14% 더 부유하고, 네덜란드인보다 42%, 핀란드인보다 40%나 더 부유하다.[38]

유럽중앙은행의 분석에서 나타난 남유럽 국가 가계의 자산수준이 높은 것은 두 가지 변수로 설명할 수 있다. 첫째, 국가채무가 증가함에 따라 국민은 예산균형을 위해 충분한 세금을 내지 않고 민간자산을 형성할 수 있었다. 어떤 의미에서는 남유럽의 막대한 민간자산은 공공빈곤을 반영하는 데 반해 북유럽의 민간빈곤은 건전재정을 반영하는 것이다. 달리 말하자면, 북유럽과 남유럽 국가 모두 재정자금 조달을 위해 국민에게 돈을 걷는 방식이 달랐다. 북유럽 정부는 세금의 형태로 거둔 반면, 남유럽에서는 정부가 국채발행을 통해 돈을 거둠으로써 나중에 국민의 민간자산으로 전환하였다. 둘째, 앞서 언급했듯이 해외차입자금 유입으로 남유럽에서 건설 붐이 일었고, 해외차입에 의해 형성된 채무액 이상으로 부동산 가격이 상승했다는 점이다. 차입으로 인해 민간자산이 증식되었거나 적어도 그에 대한 환상이 나타났다.

시장실패인가 정부실패인가?

거품 파열로 인해 남서부 유럽국가가 공포에 휩싸였을 뿐 아니라 지금은 EU의 응집력과 유로의 존재마저 위협받고 있다. 어떻게 이런 일이 생길 수 있었을까? 어떻게 투자자들이 10년 내내 주의를 기울이지 않고 그저 0.3% 포인트의 위험 프리미엄을 위해 그리스 국채처럼 결국은 쓰레기가 되어 버린 자산에 투자를 할 수 있었을까? ([그림 2.3] 참조) 한 나라가 파산하면 긴급구제조치는 없을 것이고 채권자들이 그 피해를 감수해야 한다는 점을 마스트리히트 조약(125조 TFEU)이 천명하고 있음에도 불구하고 어떻게 이들은 꼬박 10년간 파산위험을 무시할 수 있었을까?

이러한 질문에 대해 두 가지 잠정적인 해답을 제시할 수 있겠다. 첫 번째 해답은 시장중개인들이 흔히 미래를 잘못 예상하여 현재에 그릇된 결정을 한다는 점이다. 유사 이래로 세계 도처에서 신용거품이 존재해 왔다.[39] 투자자들은 때때로 주의를 소홀히 하고 잊어버리기도 하며 지속성장에 대한 기대를 서로 전파하면서 거품이 터질 때까지 자산의 가격을 위로 몰고 간다. 이때 갑자기 분위기가 바뀐다. 야성적 충동이 비이성적 예상을 부채질하고 비이성적 공포가 폭발해 공황상태가 나타난다.[40]

어떤 사람들은 이것을 '시장실패'라고 한다. 그러나 실제로 상품과 신용의 이전에 대해 시점간 계약을 결합해 줌으로써 계획을 조정하도록 하는 완벽한 선물시장은 존재하지 않는다.[41] 선물시장이 불완전하기 때문에 알려진 시장변수 대신 미래 시장가격과 소득에 대한 기대치를 활용하지만, 대리인들이 의사결정 근거로 삼는 세계에 관한 직관적이거나 객관적인 모델들이 잘못되어 있기 때문에 이러한 기대치는 흔히 잘못된 것으로 판명된다. 유감스럽게도 이러한 시장을 조성하고 장기계약을 체결하는 데 드는 비용 때문에 이러한 문제를 쉽게 해결할 수 없으며, 완벽한 조건을 갖추지 않고 소수의 선물시장을 추가하면 실제 상황이 오히려 더 악화될 수 있다.[42] 시장의 불완전성이 문제를 야기하는 원인이라면 시장의 실패를 운운하는 것은 너무 단순하다고 할 수 있다.

두 번째 해답은 정책입안자 스스로 문제를 일으키는 원인이 되었다는 점이다. 예컨대 이들은 예상치를 왜곡하고 거품형성 과정에서 지나친 낙관주의를 조장했다. 그 이유는 이들이 중개인보다도 더 부실한 경제 모델에 입각해 예측했거나, 시장을 통해 유로존 전반에 걸쳐 효과적으로 자본을 배분하기보다는 유권자에게 유리한 잘못된 방향으로 자본을 이동시키려고 의도했기 때문이다.

사실상 EU는 마스트리히트 조약의 구제금지 조항에도 불구하고, 문제가 발생했을 때 다른 나라 납세자의 부담으로 파산국과 채권자의 구제에 나설 것이라고 투자자들이 믿게 하는 많은 신호를 보냈다. EU는 투자자들이 위험을 무시한 채 정상적으로는 투자를 피해야 할 곳에 자금을 투입하도록 부추김으로써 마스트리히트 조약을 훼손하였다. 이것이 유로 프로젝트의 최우선 동력이었다. 소수의 국가만 구제금지 조항을 고수하고 시장중개인들은 이를 진지하게 받아들이지 않았던 상황에서 모든 제도를 지나치게 이 자금이동 목적에만 초점을 맞추어 만들었다.

구제금지 조항을 진지하게 받아들였다면 유로지역 국가들은 국가부도에 대한 지침과 절차를 마련했어야 한다. 국가부도가 발생하면 어떤 일이 생길 것인지, 그리고 특히 채권자들이 채권가치하락과 채무재조정에 의해 영향을 받게 될 일련의 과정이 무엇인지 구체화했어야 한다. 이에 더해 질서정연한 유로존 퇴출에 관한 규칙도 명문화했어야 한다. 그랬더라면 2010년 5월에 시작된 그리스 구제금융에 대한 명확한 지침을 제공할 수 있었을 뿐만 아니라 2012년 3월 그리스 채무조정 당시의 혼란도 피할 수 있었을 것이다. 이 경우 투자자들도 구제금지 조항이 엄격히 적용될 것이고 채무가 과다하고 경쟁력이 없는 국가에게 대출해 주면 실제로 상당한 위험을 감수해야 한다는 신호로 받아들였을 것이다.

이러한 상황에서는 시장의 요구에 따라 일찌감치 위험 프리미엄이 부과되어 채무국의 만성적 해외차입 증대 욕구가 위축되었을 것이며, 따라서 그리스와 포르투갈에서 거품이 발생하기 어려웠을 것이다. 이러한 수단을 간접적으로 강구했더라면 스페인과 아일랜드에서 은행들이 자국 정부에 의해 구제된, 결국 일어나고야 말았던 위기들이 줄어들었을 것이며 민간의 자산거품도 강력히 통제되었을 것이다. 제8장에서 설명하겠지만, EU는 현재 은행에 대한 해결책을 마련하는 과정에서 투자자들의 불안감을 불식시키기 위해 퇴출과 국가부도를 금기시하고 있다.

구제금지 조항을 방치함에 따라 이루어진 EU의 가장 중요한 정책결정 중 하나는 상업은행이 규제모델을 무시하고 모든 EU 국가의 국채를 자본금 규모와 상관없이 매입할 수 있도록 해준 것이다. 그 당시에는 은행들이 주의를 기울이지 않은 채 국채의 대차대조표 기재에 별 의구심을 갖지 않았지만 결국에는 그것이 독(毒)이었던 것으로 판명되었다.[42]

은행규제에 대한 바젤협약에 따르면 위험가중 자산의 일정비율을 자기자본(Tier I 자본)으로 보유해야 했는데, 위험가중치는 표준방식에 의해 외부적으로 결정하거나 은행이 감독기관에 제출한 일관성 있는 자체 위험모델을 통해 내부적으로 결정해야 했다. 은행들이 표준방식을 이용했을 때는 바젤협약이 국채의 위험가중치를 0으로 설정하는 것을 허용했지만, 좀 더 세련된 내부 위험모델을 이용하게 되면서부터는 은행이 국채에 대해 가중치 0을 부여할 수 없게 되었다. EU는 이 규정을 2006년에 바꾸어 은행이 국채에 대해 자체 위험모델을 적용할 수 있는 이점과 무위험 가중치를 결합할 수 있도록 허용하였다.[44]

따라서 은행은 국채에 대해 어떠한 자본도 별도로 확보할 필요가 없었고, 신용평가기관이 국가투자등급을 내리지 않으면 신용도가 비교적 높은 국가 간에는 차별이 이루어지지 않았다. 이러한 관행은 전 세계의 많은 은행규제 방식을 통제하고 있는 바젤협약에 따른 것이 아니라 EU 정부가 뒤늦게 비공개로 바젤협약에 추가한 특별조항에 따른 것이다.

미미하고 차별화되지 않은 위험가중치가 유로존의 은행간 거래에서도 허용되었다. 신용도와 상관없이 다른 은행에 대한 채권에 대해서는 0.2라는 파격적인 위험가중치가 요구되었는데, 이는 심지어 우량기업 대출시 요구되는 0.5 이상, 흔히 1의 차별화된 위험가중치보다 훨씬 낮은 것이었다. 이 조항은 그것이 없었다면 차입에 더 큰 어려움을 겪었을 낮은 신용도의 은행들에게로 대출흐름을 유도함으로써 유럽의 은행간 시장을 인위적으로 과열시켰다. 북유럽 은행들은 이 조항 때문에 남유럽 은행들과 아일랜드에 과도하게 대출해주게 되었다. 각국의 지역기업, 가계, 정부에게도 점차 과다한 대출이 이루어졌다. 이로 인해 소비와 투자의 거품도 지나치게 팽창하였다. 이러한 대출은 대부분 공무원과 건설노동자의 임금상승으로 이어져 전반적인 생활수준을 향상시켰고 수입을 증가시켰지만, 그 결과 경제가 저금리 대출이라는 마약에 중독되어 버렸다.

관료들이 대중들 모르게, 협약보다 중요도가 훨씬 낮은 단순한 정치적 결정을 내림에 따라 대출은행들의 유효 필요자기자본이 감소했으며, 유로존의 차입 정부와 은행은 모두 실제와는 다르게 이구동성으로 안전하다고 선언하였다. 위험을 평가하고 제대로 차별화된 위험 프리미엄을 부과하는 자본시장의 기본적 역할이 이로 인해 훼손되었다. 시장의 위험평가를 이해하지 못하고 존중하지도 않았기 때문에 유로가 도입되기 전에 차별받았다고 생각하는 국가의 대표들이 EU의 주무기관에서 다수를 차지하고 있어, 더 안전한 투자기회를 포기하고 마스트리히트 조약의 규정을 노골적으로 무시하면서까지 힘겹게 저금리 대출을 확보하는 경우가 많다.

유럽 은행들이 내재된 부도위험을 그렇게 무시하면서까지 기꺼이 상호간에 또는 정부에게 대출해 주었던 것은 주로 관료들의 무모한 의사결정 때문이었다. 이를 통해 우리는 왜 북유럽 은행이 남유럽 국가의 국채를 게걸스럽게 먹어치웠는지, 그리고 왜 위기국의 은행에게 막대한 자금을 빌려주었는지를 이해할 수 있다. 지금 EU가 그토록 개탄하고 있는 남유럽 은행과 정부 사이의 의심스런 관계도 이를 통해 파악할 수 있다. 이러한 규제오류 때문에 국제자본흐름이 엄청나게 왜곡되었고 남유럽 국가들이 마약에 중독되었으며, 이들은 수출산업 붕괴로 상품수입에 의존하는 소비경제로 전락하였다. 이로 인해, 마약공급이 중단되고 시장순응적 긴축이 시작되었을 때 고통스런 금단증상이 나타났다.

이 와중에, 바젤 은행감독위원회는 새로운 규제체제인 바젤 Ⅲ를 창안했다. 이것은 2013년부터 2019년까지의 과도기를 거쳐 발효될 것이며, 2019년 전에 유럽 각국의 의회를 거쳐 시행될 것이다. 불행하게도 이 체제는 과거의 오류를 영속화하는 것이다. 유럽연합EU이 도입한 가중치가 이제는 심지어 바젤협약에서 공식화되었으며, 그릇된 자본배분에 더욱 강력한 근거를 부여하고 있다.[45] 이는 EU집행위원회와 유럽의회가 승인한 새로운 보험회사규제인 지급능력 Ⅱ Solvency Ⅱ에도 적용된다.[46] 지금까지는 보험회사 지급능력 규제가 프리미엄 수입 관련 자기자본 보유에 대해서만 명시되어 있었다. 앞으로 보험회사도 원칙적으로 투자에 비례해 자기자본을 보유해야 한다. 그러나 은행의 경우와 마찬가지로 EU는 물론 노르웨이, 리히텐슈타인, 아이슬란드의 국채에 대해서도 자기자본을 보유할 필요가 없다. 또다시 이 체제는 우량 채무국과 불량 채무국을 구별하는 데 실패하고 있으며, 보험회사가 자금대출시 눈먼 장님이 되도록 유도하고 있는 것이다.

확실히 은행과 보험회사는 차별화된 위험 프리미엄을 부과할 수 있었고 더 많은 완충자본을 자발적으로 확보하기로 결정할 수 있었다. 그러나 이들은 그렇게 하지 않았다. 왜냐하면 이들은 최악의 상황이 닥치면 예비자본도 추가로 잃게 될 것이라는 점을 잘 알고 있었기 때문이다. 최소자본으로 경영하는 전략이 세계 도처에서 수많은 금융기관 사업모델의 핵심으로 인식되었다. 모든 것이 잘 굴러가는 정상적인 시기에는 이익이 주주에게 분배된다. 위기가 닥쳐 기관이 부도가 나면, 주주가 감내해야 하는 것은 단지 이들이 투입한 소량의 자본뿐이다. 유한책임을 지는 도박이 카지노 자본주의의 기본원리이다.[47]

자본시장의 관점에서 보면, 유로지역 국가들이 단일통화를 이루고 있다는 사실만으로도 이미 암묵적 보호약속에 의해 너무 느슨하고 왜곡되어 있던 이들에 대한 규제의 효과가 한층 더 약화되었다. 국가부도나 은행시스템 붕괴 시 강대국이 약소국을 반드시 구제하거나, 아니면 약소국이 통화동맹에서 필요자금을 인출할 충분한 정치력을 지녔을 것이라는 생각이 유로시스템 내 투자자들 사이에 팽배해 있었다. 이는 필요한 경우 유럽중앙은행이 최종대부자로서 저금리로 대출을 연장해 줄 것이라고 기대했기 때문이다. 실제로는 다른 나라들이 재정자금으로 구제해 주었지만, 설사 그렇지 않았더라도 유로지역 국가들이 드라크마, 리라, 페세타 대신에 유로를 찍어 낼 수 있는 국내 발권력을 보유하고 있었기 때문에 자본수입국이나 그 나라의 은행시스템의 돈이 바닥나는 일은 일어나지 않았다. 사실 이러한 발권력은 유럽중앙은행의 규정을 따르지 않고서는 행사될 수 없었다. 그러나 한 나라의 자체 판단에 의해 긴급인출권(긴급유동성지원, ELA; 제5장 참조)을 행사하는 경우에는 이 규제가 융통성 있게 적용되었다. 한편, 과잉채무나 잠재위험에 처해 있는 나라들이 유럽중앙은행의 의사결정기구에서 상당한 투표권과 정치적 영향력을 행사했다. 유럽중앙은행은 유동성 위기를 피하고 지급불능 사태를 막기 위해 막대한 자금을 풀 수 있는 무한한 힘을 가진 기관인 것처럼 보였다.

1979년에 출범한 유럽 환율조정장치European Exchange Rate Mechanism : ERM체제에서 유럽경제가 겪었던 부정적인 경험에 비추어 보면, 유럽중앙은행의 무한권력은 대외거래 문제에 있어서 궁극적 해결책인 듯하였다. 제1장에서 설명한 바와 같이, 독일통일의 충격으로 환율을 조정할 필요가 있었을 때, 유럽중앙은행이 투기적 공격에 대응할 만큼 충분한 자금여력이 없어 ERM이 붕괴되었다.[48] 예컨대 독일연방은행은 1992년 9월에 시세가 약화되고 있는 외화[49]를 사들이기 위해 총 920억DM을 확보해 그중 600억DM을 프랑스 프랑[50] 방어에 사용했지만, 이 금액은 확실히 부족한 것이었다. 통화동맹 하에서는 단순한 환율조정체제에서와는 달리 평가절하가 발생하지 않고 금리가 수렴할 것이며 민간 및 공공채무자에게 유리한 구제가 제공되어 유럽경제가 더 나은 균형 상태에 안착할 것이라고 투자자들은 생각했다.[51] 그러나 바로 이 무한권력이 거품을 낳고 모든 파국적 사건을 초래한 것이다. 유로시스템은 그 존재만으로도 통화지역 전체에 걸쳐 10년간의 안정과 금리수렴에 도움이 되었다. 10년 동안 가게 창에 돈을 진열하는 것만으로도 충분했다. 그러나 이것이 초래한 보장되지 않은 믿음이 결국 거품파열로 이어졌고, 결국 그 충격을 받은 나라들이 진열된 돈을 모두 가져가게 되었다.

이것은 유로존의 딜레마를 단적으로 보여주고 있다. 한편으로는 환율안정이 필수조건이어서 유럽중앙은행이 무한권력을 갖게 된 것이다. 또한편으로는 모든 가입국의 예산을 엄격히 통제하고 과잉채무를 방지해야 하기 때문에 엄격한 예산한도뿐 아니라 채무자의 신용상태에 따른 금리 프리미엄이 필요하게 된다. 유로존은 두 가지 다른 목표의 균형을 유지하려 했지만 첫 번째 목표에 주력하고 두 번째 목표를 등한시함으로써 결국 실패하고 말았다. 일부 급가속 경제가 탈선했을 때 예산 브레이크를 밟았지만 때는 이미 너무 늦었다.

유럽의 정치가는 대부분 이러한 문제를 전혀 인식조차 못한 상태에서 자국에 대한 예산통제를 관대하게 하는 등 단기이익에 혈안이 되어 있었던 반면, 문제의식이 있었던 사람들은 안정성장협약이 적시에 제동을 걸어줄 것이라고 믿고 편하게 생각했다. 이러한 믿음은 착각으로 드러났다. 이는 당시 정치가들이 이 협약을 심각하게 받아들이지 않고 탁상공론만 벌였으며 스페인과 아일랜드의 사례에서 볼 수 있듯이 위기의 중심에 놓여 있었던 민간부문의 과잉채무에 대해 무언가를 할 수 있는 능력을 전혀 갖추고 있지 않았기 때문이다. 안정성장협약이 독일인에게는 위로용 가짜약이었고, 은행에게는 관대한 회계규정과 유럽중앙은행의 (대출자가 위험을 사실상 묵인하도록 부추겼던) 암묵적 보호라는 밀매된 마약이었다.

동전의 이면

The Other Side of the Coin

THE EURO TRAP

유로 도입의 승자와 패자

GIPSIC 국가(그리스, 아일랜드, 포르투갈, 스페인, 이탈리아, 사이프러스)에서의 대재앙에 가까운 변화, 특히 높은 수준의 실업([그림 1.2]와 [그림 1.3] 참조)과 부동산 거품의 붕괴([그림 2.11] 참조)는 경제위기 기간 동안 이들 국가에서 나타난 급격한 경기후퇴recession와 거의 맞아떨어지는 사태였다. 은행간 단기자금시장이 처음 붕괴된 해인 2007년을 기준으로 하고 있는 [그림 3.1]은 경기둔화의 정도를 잘 보여주고 있다. 전세계가 2008년과 2009년에 소위 대불황 국면으로 빠져들었을 때 사이프러스를 제외한 GIPSIC 국가도 마찬가지였다. 그러나 그 후 세계경제가 활성화되어 2010년에 급속한 성장을 이루었으나 불행히도 대부분의 GIPSIC 국가는 경제를 회복하지 못하였다. 사이프러스를 포함한 일부 GIPSIC 국가에서는 경기가 오히려 더 위축되었다. 그리스에서는 경제규모가 23%나 축소되는 등 가장 심각한 경기침체가 발생하였다.

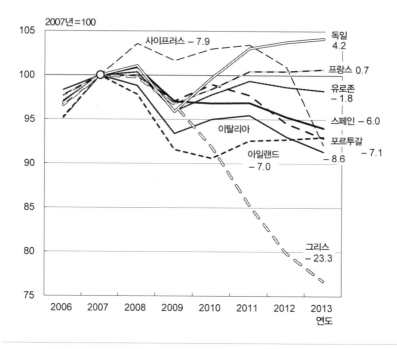

[그림 3.1] 주요 유로지역 국가의 위기 기간 중 성장 (2006~2013년, %)

자료: Eurostat, Database, *Economy and Finance*, National Accounts, GDP and its Main Components; European Commission, Economic and Financial Affairs, *Economic Databases and Indicators*, AMECO – 연간 거시경제 데이터베이스; Ifo 연구소 계산.

주: GDP 성장률은 2005년 가격 기준으로 계산되었다. 수치들은 2007년과 2013년 사이의 GDP 성장률을 나타내고 있다. [그림 3.2]의 주(註)도 참조하기 바란다. 2013 European Commission forecast, Autumn 2013.

이에 반해 유럽에서 경제규모가 가장 큰 독일은 위기 기간 중에 눈부신 성장을 이룩하였다.[1] 한편 프랑스의 경제는 정체되어 있었다.

경제운용 성과의 차이를 보면 독일이 유로로 인해 가장 큰 혜택을 누린 것이 분명해 보인다. 유럽 최대의 경제대국인 독일은 풍요롭게 되었지만 남유럽 국가들은 아직도 어려움을 겪고 있다. 이러한 현상 때문에

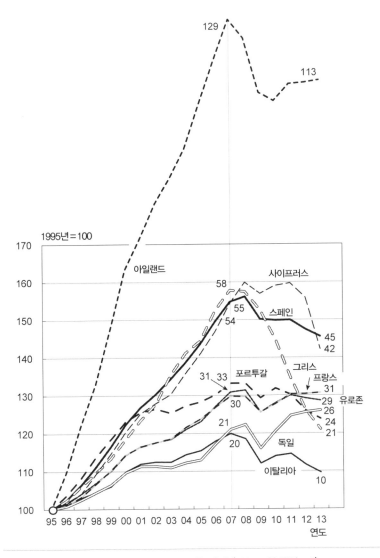

[그림 3.2] 주요 유로지역 국가의 위기 전후 성장 (1995~2013년, %)

자료: Eurostat, Database, *Economy and Finance*, National Accounts, GDP and its Main Components; European Commission, Economic and Financial Affairs, *Economic Databases and Indicators*, AMECO – 연간 거시경제 데이터베이스; Ifo 연구소 계산.

주: GDP 성장률은 2005년 물가기준으로 계산되었다. 규모 관련 통계치는 GDP 금액을 각국의 GDP 디플레이터로 나누어 계산한 수치이다. 이것이 통상적인 통계적 정의이지만, 통화동맹에서는 조화(harmonized) GDP 디플레이터를 사용하여 나누는 것이 더 타당할 수도 있다. 그래야 각국의 상대물가 변화를 이끄는 질적인 변화를 파악할 수 있기 때문이다. 이 경우 독일의 성장 곡선은 훨씬 더 악화되어 순위가 꼴찌인 이탈리아 밑이 될 것이다. 2013 European Commission forecast, Autumn 2013.

독일이 종종 유로 도입에 따른 승자로 평가되곤 한다. 유럽집행위원회가 이러한 입장을 발표했고 독일 정부도 이를 인정하였다.[2] 그러나 독일이 금융위기 발생 전에 이미 유로 위기를 겪으면서 고통스러운 대응책을 펼쳤다는 점에서 실상은 이와 매우 다르다. 장기적 측면에서 보면 독일의 경기운용은 그다지 훌륭하지 않았다.

[그림 3.2]는 [그림 3.1]에서와 같은 유로지역 국가의 성장세를 나타낸 것이다. 그러나 이 그림에서는 유로 도입 시기를 확정한 마드리드 정상회의가 개최되었고 유로에 맞추어 시장이 조정되기 시작한 해인 1995년을 기준시점으로 삼고 있다. 이 그림에서 볼 수 있듯이 2007년 위기 발생 이전 각국의 경제성장세는 2007년 이후와 거의 정반대 현상을 나타내고 있다.

특히 독일의 경우 위기 이전과 이후의 경제가 완전히 다른 양상을 보이고 있다. 1995년부터 2007년까지 12년간 유로지역 국가의 평균 성장률이 31%인데 반해 독일은 불과 21%의 성장을 기록했는데, 이는 이탈리아보다 불과 1% 포인트 높은 수준이었다. 2006년까지 독일의 성장률은 이탈리아보다도 낮아 유로지역 국가 중 가장 저조하였다. 마드리드 정상회담에서 유로를 도입하기로 선언했을 때부터 위기발생 이전까지 유럽의 영역을 우랄산맥까지 확장해 보더라도 독일은 모든 유럽 국가 가운데 가장 낮은 성장세를 보였다. 2002년에 어떤 독일 하원의원이 철로에서 사용하는 붉은색 손전등을 흔들며 본회의장 통로를 걸어 나가면서 독일 경제가 유럽열차의 맨 마지막 칸에 있다고 주장하기도 하였다.[3]

GIPSIC 국가의 경제는 이와 반대로 1997년부터 2007년 사이에 37%의 매우 빠른 성장세를 기록하였다. 그리스와 스페인의 경제는 약 55% 정도 성장했고, 아일랜드는 무려 129%나 성장하였다. 이러한 성장세는 2007년을 기점으로 한 [그림 3.1]에서의 성장세와는 판이하게 다르다. [그림 3.1]의 노루는 [그림 3.2]에서 거북이가 되었고, 거꾸로 [그림 3.1]

의 거북이는 [그림 3.2]에서 노루가 되었다. 앞에서도 언급했듯이, 어떻게 보면 위기 이후의 경제운용 성과는 위기 이전의 성과를 거울로 보는 것 같다.

그렇지만 전적으로 그런 것은 아니다. GIPSIC 국가의 경우 2007년 이후의 경기후퇴를 감안하더라도 1995년 이후 초기 성장세가 워낙 강해서 그 전체 성장세는 높았던 것이다. 예를 들어 1995년부터 2013년까지 아일랜드는 113%, 스페인은 45%, 사이프러스는 42%나 성장하였다. 이를 종합해보면 GIPSIC 국가는 전체 기간 중에 25%의 성장을 달성해 유로지역 국가의 전체 평균성장률 29%와 거의 비슷한 수준이었다.

독일은 최근의 성장에도 불구하고 여전히 전체 기간의 경기운용 성과는 평균 이하였다. 1995년부터 2013년까지 불과 26%의 성장에 그쳤는데, 이는 유로지역 국가의 평균에 미치지 못하는 수준이다.

포르투갈과 이탈리아 역시 평균에 미치지 못하였다. 포르투갈은 유로 도입 후 처음 5년간은 최고 성장률을 기록할 정도로 뛰어난 출발을 보였으나 그 추세를 벗어나자 경기가 후퇴하기 시작하였다. 전체 기간 중에 독일의 성장률과 비슷한(24%) 성장을 이루었다. 이탈리아는 위기 발생 이전부터 경기가 후퇴하기 시작하여 계속 정체상태에 있다. 2013년 이 나라의 국내총생산GDP은 1995년에 비해 거의 10% 높은 수준이었다. (이탈리아의 통계수치가 정확하며, 어마어마한 규모의 지하경제로도 이 수치가 변하지 않는다는 가정 하에) 이탈리아 경제는 1995~2013년에 모든 국가 중에서 성장률이 가장 낮았다.

독일의 경우 1인당 실질 GDP 성장률로 비교해 보면 앞의 그림에서처럼 절대수치로 비교하는 것보다 그나마 나은 편이다. 그 이유는 비교 대상인 지난 18년 동안 유로지역 국가의 평균 인구가 9.5% 늘어난 데 비해 독일의 인구는 0.5%만 늘어날 정도로 거의 정체상태였기 때문이다.[4] 독일의 신생아 출생률은 1,000명당 8.3명이어서 모든 OECD 국가 중에서 가장 저조하다.[5] 독일경제가 좋지 않다보니 이민도 줄어들어 이민자 수의 증가로 낮은 출생률을 보충하지 못하였다. 1990년대 동유럽에서 대규모 인구가 유입된 이래 유로 도입 이후에는 이민자 수가 줄어들었으며, 심각한 경기침체가 발생한 2008년과 2009년에는 마침내 이민자가 독일을 떠나기 시작했다. 2005년 이후 독일에서 출생한 사람들이 다른 나라로 이동하기 시작했으며 2006년에는 독일 내 터키 사람들이 빠져나가기도 하였다. 이에 따라 2003년부터 2010년까지 독일 인구가 점차 줄어들었다. 다만 위기 이후 최근에 독일경제가 호조를 띠면서 인구 이동 추세가 다시 역전되는 양상을 보이고 있다.[6]

　인구증가세가 미미했음에도 불구하고 독일의 1인당 GDP 순위는 다른 유로지역 국가에 비해 상대적으로 낮아졌다. [그림 3.3]을 통해 2013년 현재 17개 유로지역 국가의 1955년부터 1인당 GDP 순위의 변화를 알 수 있다. 독일은 통일 후 1인당 평균 GDP가 줄어들었지만, 1995년에는 그 순위가 2위였다. 당시 금융서비스 산업이 높은 비중을 차지하고 있었던 룩셈부르크가 부동의 1위였다. 그 후 규모가 비교적 작은 유로지역 국가가 치고 올라오면서 독일은 점차 밀려나게 되었고 급기야 2007년에는 8위로까지 떨어졌다. 다시 7위로 올라선 것은 경제위기 이후였다. (2013년 현재 유럽연합 회원국을 대상으로 비교한다면 독일은 1995년에 룩셈부르크, 덴마크에 이어 3위에서 2007년에는 11위로 밀려났다가 2013년 말에 9위로 올라섰다.) 어느 다른 나라도 이처럼 급격히 추락하지는 않았다. 포르투갈은 같은 기간 중에 3단계, 프랑스와 벨기에는 2단계, 이탈리아는 1단계 하락하였다. 아일랜드와 핀란드는 4단계, 슬로베니아와 몰타는 2단계 상승하였다.

　이러한 현상만으로 독일이 유로의 최대 수혜자라고 번번이 주장하는 사람들을 반박할 수 있는 것은 아니다. 공개적으로 주장하는 회수에 따라 진실여부를 평가한다면 독일은 유로를 도입하여 다른 어느 국가보다도

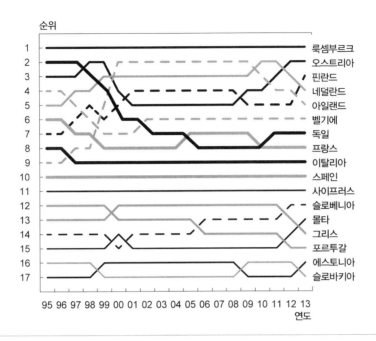

[그림 3.3] 유로지역 국가의 1인당 GDP 순위

자료: Eurostat, Database, *Economy and Finance*, National Accounts, GDP and Main Components; European Commission, Economic and Financial Affairs, *Economic Databases and Indicators*, AMECO – 연간 거시경제 데이터베이스; Ifo 연구소 계산.

주: 2013 European Commission forecast, Autumn 2013.

많은 혜택을 누렸다고 봐야 할 것이다. 그러나 앞에서의 통계수치가 보여주듯이 아무리 자주 주장한다고 해서 진실에 가까워지는 것은 아니다.

유럽 중심국의 주변국으로의 자본수출

유로 도입과 경제위기 사이에 유럽에서 일어난 변화는 자본이동 동향을 살펴보면 잘 이해할 수 있다. 무엇보다도 남유럽의 거품을 가져온 자

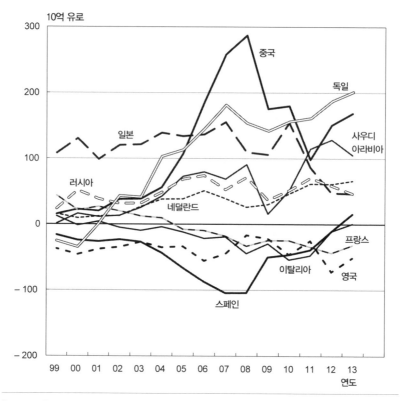

[그림 3.4] 세계 최대의 자본수출국과 일부 다른 국가들 (1999~2013년)

자료: International Monetary Fund, *World Economic Outlook Database*, October 2013; Deutsche Bundesbank, Time Series Databases, External Sector, Balance of Payments; and Exchange Rates; Ifo 연구소 계산.

주: 2013년의 경우 그래프에 IMF 전망치가 포함되어 있다 (독일 제외).

본이 어딘가에서 왔을 터인데, 그곳이 바로 독일이다. 독일은 당시 자국의 경제에 해가 될 정도로 가장 큰 자본수출 국가였다.

유로가 처음 도입될 때부터 독일 저축액의 상당 부분이 외국으로 빠져나가기 시작했으며 국내 투자는 매우 미미하였다. [그림 3.2]에서 나타난 바와 같이 독일의 경제가 매우 미약하게 성장한 이유는 국내 투자가 부족했기 때문이다. 독일은 1991년에 자본 수입국이 되었는데, 이는 공산주의를 탈피한 동독 지역 경제를 부양하기 위한 재원이 필요했기 때문이다. 이러한 추세가 변하여 2002년에는 다시 자본 수출국이 되었으며 이때가 독일이 유로를 실제로 도입한 해였다. 그 이후 바로 독일의 자본순수출 규모는 중국, 러시아, 사우디아라비아의 규모를 능가하였으며 2006년에는 일본보다도 컸다. 2006년부터 2010년까지 독일은 중국 다음으로 세계 제2위의 자본순수출국이었으며 2011년에는 [그림 3.4]에서 나타난 바와 같이 세계 1위의 자리를 되찾았다.

1995년 마드리드 정상회담에서 유로 도입을 선언한 후 제2장에서 설명했듯이 경상수지의 관성 때문에 약간의 시차를 두고 독일의 자본수출이 이루어졌다. 유로가 실제로 도입되던 즈음에 자본수출이 확연히 진행되고 있어 독일이 앞으로 기업을 할 장소인가에 대한 우려 섞인 목소리가 나오기 시작하였다.[7] Ifo 연구소는 소위 '사회 지원의 활성화'라는 제안과 독일 문제에 관한 책('독일을 어떻게 구할 수 있는가?')을 가지고 2002년과 2003년에 토론에 참여했는데, 이러한 제안과 책자는 궁극적으로 슈뢰더 정부가 채택한 '어젠다 2010'이라는 개혁안에 커다란 영향을 미쳤다.[8] 당시 독일 산업근로자의 임금이 어느 국가보다도 높다는 사실은 다음과 같은 국제동향에 배치되는 현상이었다.

- 국제화로 대변되는 산업경쟁의 심화
- 철의 장막이 걷혀진 상황
- 유럽연합의 동진(東進)
- 특히, 유로의 도입

유로의 도입으로 독일 노동자의 경쟁력이 약하다는 사실이 확실히 드러났고 가격과 임금이 투명해져 점차 경쟁압력에 내몰리게 되었으며, 무엇보다도 환율의 불확실성이 사라지게 되었다. 그동안 환율이 불확실하여 노동비용과 투자이윤율 측면에서 자본이동의 장점을 십분 활용하지 못하였다. 앞서 설명한 바와 같이 환율의 불확실성을 제거해

자본의 자유로운 이동에 제약이 되는 요인을 없앤다는 점은 유로 도입의 원동력 중 하나이다. 유로 덕택에 이제 투자자는 유로지역 국가 중 저임금 국가에게 투자하기 시작하였다. 이전에 저임금 국가들에 투자하기를 꺼려했던 독일의 은행과 보험사들은 이제 이들 국가가 독일에의 투자와 비교할 때 매력적인 대체국가로 떠오르면서 상당한 규모의 독일 저축액이 이들 국가로 나가게 된 것이다.

이러한 상황에 직면하여 독일은 국내 산업에 대한 피해를 줄이는 한편, 점차 더 많은 노동집약적인 중간재를 수입하여 국내에서의 일자리가 줄어들고 자본, 창조재능, 부가가치를 수출 산업의 하부부문으로 이동시키는 바자 경제bazaar economy로 독일이 변모하는 것을 피하기 위하여 임금을 억제하는 등의 개혁을 단행하는 것 외에는 별다른 방도가 없었다.[9] 국내 산업에서 창출되던 부가가치가 수출산업의 하부구조로 옮겨가는 것은 막을 수 없었지만 최소한 임금상승을 제한하여 그 추세를 늦출 수 있었다. 임금상승을 억제하게 되면 상대적으로 노동집약적인 일부 산업이 여전히 경쟁력을 보유할 수 있는 한편, 산업부문에서 상실된 일자리를 보완하기 위하여 서비스부문에서 충분한 일자리가 창출될 수 있었다. 개혁은 고통스러웠지만 의심할 나위 없이 필요하였다.

유럽의 주변부 국가에게는 환율 불확실성의 제거가 필요했지만, 독일의 경우 저축자본이 국내에 투자되지 않고 해외로 빠져나간 것이 문제였다. 독일은 [그림 3.5]에서와 같이[10] 유로 도입 시(2002년)부터 리먼브라더스 위기 시(2008년)까지 5년 동안 유로를 도입한 모든 국가 가운데 국내 순투자가 큰 차이로 가장 낮았다.

독일을 제외한 모든 국가에서 경제가 회복되는 것 같았다. 투자자들은 이제야 많은 우려를 하고 있는 위험요인을 당시에는 파악하지 못한 채 독일 이외 지역의 높은 기대수익률에만 관심을 기울였다. 독일의 생명보험사와 은행은 대부분 실적이 부진한 주립은행으로서[11] 가산 금리를

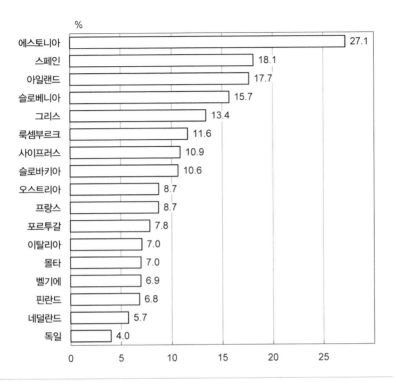

%

에스토니아	27.1
스페인	18.1
아일랜드	17.7
슬로베니아	15.7
그리스	13.4
룩셈부르크	11.6
사이프러스	10.9
슬로바키아	10.6
오스트리아	8.7
프랑스	8.7
포르투갈	7.8
이탈리아	7.0
몰타	7.0
벨기에	6.9
핀란드	6.8
네덜란드	5.7
독일	4.0

[그림 3.5] 국민순소득(NNI) 대비 순투자 (2003~2007년)

자료: Eurostat, Database, *Economy and Finance*, National Accounts, GDP and its Main Components; and National Accounts, Income, Saving and Net Lending/Borrowing; Ifo 연구소 계산.

주: 도표는 감가상각 후 민간 및 공적투자의 합계가 국민순소득(NNI)에서 차지하는 비율을 나타낸다. (국민순소득이 저축의 국내 사용을 비교하기에 가장 적절한 분모임에 틀림없으나, GDP상 순투자나 다른 소득을 기준으로 한다고 해서 순위가 바뀌지는 않는다.)

단지 20~35bp, 즉 0.20~0.35% 더 얻기 위해 독일의 채권 대신 그리스, 포르투갈, 스페인의 국채를 매입하고자 하였다. 이 당시 독일에서 축적된 자본은 외국에서 더 높은 수익률을 실현하기 위해 대규모로 외국에 투자되어 그곳에서 일자리를 창출하고 경제성장률을 올리는 데 기여하였다.

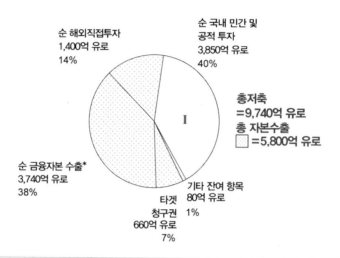

순 해외직접투자
1,400억 유로
14%

순 국내 민간 및
공적 투자
3,850억 유로
40%

총저축
=9,740억 유로
총 자본수출
□=5,800억 유로

I

순 금융자본 수출*
3,740억 유로
38%

타겟
청구권
660억 유로
7%

기타 잔여 항목
80억 유로
1%

[그림 3.6] 독일 저축의 용도 (2003~2007년)

* 통계적으로 분류하기 어려운 항목이 포함되어 있다.

자료: German Federal Statistical Office, *Fachserie* 18, Reihe 1.2; Deutsche Bundesbank, Time Series Databases, External Sector, Balance of Payments.

[그림 3.6]은 2003년부터 2007년까지 축적된 9,740억 유로의 총 저축 가운데 국내 순 민간 및 공공투자, 순 금융자본수출, 순 해외직접투자의 비중을 나타내고 있다. 이 기간 중 독일 저축의 60%인 5,800억 유로가 해외로 유출되었고, 오직 40%만이 국내 민간 및 공공 목적으로 투자되었다.[12] 이렇게 높은 비율의 저축을 다른 나라의 투자재원으로 수출했던 나라는 역사적으로 그 전례를 찾아보기 어렵다.

이 그림은 또한 660억 유로라는 비교적 적은 규모의 타겟 청구권Target Claims과 회계착오로 명세를 알 수는 없지만 자본수출에 해당하는 잔여 항목이 여전히 증가하고 있음을 보여주고 있다. 이 책의 마지막 부분에서 자세히 설명하겠지만, 타겟 청구권은 중앙은행의 대출refinancing credit이 국제적으로 발생하는 것으로서 사실상 공적 자본수출인 것이다.[13] 이 그림에서 가장 주목할 만한 것은 독일의 막대한 자본수출 가운데 극히 일부분만이 순 해외직접투자라는 점이다. 동유럽을 비롯한 외국에 있는 독일의 대규모 산업단지는 자본이동에서 차지하는 비중이 아주 작은데, 이는 외국인투자자가 독일 기업에 투자한 금액이 훨씬 크기 때문이다. 직접투자보다 더 중요한 것은 언론도 거의 파악하지 못할 정도로 은행이나 보험사를 통해 익명으로 은밀하게 이루어진 금융자본의 유출이다.

통상 자본을 수출하게 되면 이로써 발생하는 노동임금의 손실보다 자본소득의 이익이 더 많기 때문에 전반적으로 보아 수입국보다는 수출국에게 이득이 된다. 그러나 이 논리는 자본이 잘 투자된다는 것을 전제로 하는 것이다. 독일과 같이 북유럽 국가에서도 사람들이 은행계좌에 꾸준히 저축하고, 생명보험에 가입하여 납부하며, 은행과 보험사는 이렇게 받아들인 돈을 국내에서보다 더 높은 수익률을 달성하기 위해 해외에 투자한다. 이와 같이 수출된 자본은 대개 바람직한 사업의 재원으로 충당되지만, 유감스럽게도 그렇지 못한 여러 벤처사업의 재원으로 사용되기도 한다. 이러한 자본이 대서양을 건너 미국 은행의 신용청구권과 연계되어 설계된 상품인 의심스러운 자산담보부 증권으로 흘러들어갔다. 그런데 이 증권은 정치적 목적에서 가난한 사람들이 집을 구입하는 데 도움을 주려는 의도가 있었으며, 소위 서브프라임 위기의 중심에 서 있는 상품이었다.[14] 이 자본들은 또한 남유럽 국가의 국채로 흘러가 공무원 월급의 재원이나 위험한 부동산 사업에 투자되어 현재 거의 지급 불능 상태에 빠져 있는 스페인계 까하스Cajas와 같은 저축은행의 재원으로 사용되었다. 지나고 나서 보니 이러한 투자의 수익률은 투자자들이 기대했던 것과는 전혀 일치하지 않았다.

독일은 서유럽 국가 가운데 가장 많은 자본을 수출한 국가였지만, 독일의 은행시스템이 위기에 가장 많이 노출되었던 것은 아니다. [그림 3.7]에서와 같이 프랑스의 은행시스템이 더 많이 노출되어 있었다. 이 그림

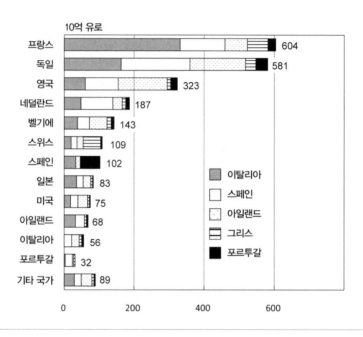

10억 유로

프랑스	604
독일	581
영국	323
네덜란드	187
벨기에	143
스위스	109
스페인	102
일본	83
미국	75
아일랜드	68
이탈리아	56
포르투갈	32
기타 국가	89

범례:
- 이탈리아
- 스페인
- 아일랜드
- 그리스
- 포르투갈

0   200   400   600

[그림 3.7] 리먼 위기 당시 그리스, 아일랜드, 포르투갈, 스페인, 이탈리아의 공공 및 민간부문에 대한 국제 은행청구권

자료: Bank for International Settlements, Statistics, *Consolidated Banking Statistics*, May 2013.

주: 이 그림은 국제 청구권으로서, 2008년 3분기 가치 기준에 따라 순위를 정하였다. 국내 청구권은 포함되지 않았다. 청구권 대상자에는 개인 및 공공 거주자가 모두 포함되어 있다.

은 그리스, 아일랜드, 포르투갈, 스페인, 이탈리아 등 소위 GIIPS 국가의 공공 및 민간부문에 자본을 제공한 여러 국가의 은행시스템이 위험에 노출된 정도를 개관한 것으로서 (2008년 3분기에 발생한) 리먼브라더스 위기 당시의 위험노출도에 따라 그 순위를 정하였다.[15]

프랑스 은행의 위험노출 규모는 6,040억 유로였고 독일 은행은 5,810억 유로였는데, 이는 각각 2008년 GDP의 31%와 24%에 해당된다. 절대 규모로도 프랑스의 위험노출도가 독일보다 4% 정도 더 높았다. 이를 GDP에 대비하면 33% 정도나 더 높았다.

프랑스 은행들은 특히 국채에 상당히 많이 투자하였다. 유감스럽게도 리먼브라더스 위기 시점의 통계는 존재하지 않지만, 2010년 1분기에 국제결제은행BIS은 처음으로 그리스, 아일랜드, 포르투갈, 스페인의 국채무에 대한 은행의 위험노출도를 발표하였다. 프랑스의 은행이 이 4개국에 대해 노출된 위험채권의 규모는 독일의 은행보다 55%나 더 컸고, 프랑스 GDP가 독일에 비해 작다는 점을 감안하면 제1장에서 설명한 바와 같이 위험노출도가 95%나 더 높았다.[16] 이 사실은 모두 프랑스의 은행시스템이 독일보다 유럽 채무위기에 더 심하게 영향을 받은 이유이며, 유럽중앙은행 및 여타 국가가 시행한 구조조정지원 사업으로부터 금융 차입국 다음으로 많은 혜택을 받은 이유이기도 하다.

[그림 3.7]은 GIIPS 국가의 공공 및 민간기관에 대한 금융 청구권만을 나타내고 있으나, 프랑스 은행들은 남유럽 국가 은행에 대한 주식 지분을 가지고 있어 이 나라들의 은행시스템과 매우 긴밀하게 연계되어 있다. 예를 들어 그리스의 9대 은행인 게니키Geniki 은행은 프랑스의 소시에테제네랄Société Générale의 자회사였고 그리스 5대 은행인 엠포리키 은행Emporiki Bank은 프랑스 크레디아그리꼴Crédit Agricole의 자회사였는데, 이 은행들은 그리스알파Greek Alpha 은행에 상징적으로 1유로에 매각되었다. 프랑스의 크레디아그리꼴은 이탈리아의 인테사상파올로Intesa Sanpaolo와 포르투갈의 방코에스프리토산토Banco Espirito Santo에, 그리고 프랑스의 방크나시오날드파리Banque Nationale de Paris는 이탈리아의 BNL 은행에 대한 소유지분을 가지고 있다.

프랑스가 위험에 많이 노출된 것은 프랑스가 대규모 자본순수출국이어서가 아니다. [그림 3.4]가 보여 주듯이 프랑스는 사실상 자본순수입국이었다. 진짜 이유는 프랑스 은행시스템이 국제금융허브 역할을 수행했기 때문이다. 즉 프랑스가 지리적으로 가깝다는 점과 공통의 라틴어 유래 언어를 사용해 문화적 유대가 강하다는 점을 기반으로 프랑스 은행들이 국제금융시장에서 자금을 조달해 지중해 연안국에게 배분하였다.

영국은 런던 시를 중심으로 남유럽 국가의 금융허브 역할을 하였다. 영국 역시 순 자본수입국이었지만 ([그림 3.4] 참조) 유럽의 경제위기국에게 대대적으로 투자했으며, 영국 은행이 이들 국가의 공공 및 민간 기관에 투자하여 생긴 위험노출 채권규모가 2008년 GDP의 18%에 이르렀다.

절대금액 기준으로 보면, 영국에 이어 네덜란드, 벨기에, 스위스, 스페인(스페인 자금수요자에 대한 스페인 은행의 대출을 포함하지 않은 수치임) 순으로 위기국에 대한 투자로 인해 위험에 노출되었다. 2008년 GDP 대비 위험노출도는 벨기에(41%)가 가장 높았고 아일랜드(38%), 네덜란드(32%), 프랑스(31%), 스위스(30%), 독일(24%), 포르투갈(19%), 영국(18%), 스페인(9%), 이탈리아(4%), 일본(3%), 미국(1%) 순이었다.

독일의 대량실업

[그림 3.5]가 보여준 바와 같이 독일에서는 국내투자의 부진으로 거의 만성적으로 대규모 실업이 발생했는데, 한때는 현재의 이탈리아 실업률과 비슷한 수준까지 올라갔다 ([그림 1.2] 참조). 인터넷 호황의 절정기에는 독일이 1970년대 초 이래 지속된 실업률 상승세를 탈피할 수 있을 것으로 보였으나 2001년 9.11 테러 사건 이후 세계적 경기침체로 인해 이러한 희망이 꺾여 버렸다. 독일의 실업률은 2005년 4월 11.5%까지 급격히 상승하여 그 이전 경기순환과정 최저점에서의 실업률을 상회하였다 (1997년 3월부터 1998년 2월까지 9.7%에 달했음). 2005년 당시 독일은 모든 유로지역 국가 가운데 가장 높은 실업률을 기록하면서 경제난

을 겪었다. [그림 3.8]은 독일의 실업률 추이를 경제위기국과 프랑스에 비교하고 있다.

2001년부터 2006년까지 독일은 '유럽의 병자'였던 데 반해 현재 위기에 빠져 있는 GIPSIC 국가들은 그 당시 전례를 찾아보기 어려울 정도의 풍요로움을 구가하고 있었다. 특히 아일랜드, 그리스, 스페인의 경우 유로도입 후 실업률이 상당한 정도로, 심지어 급격하다고 할 정도로 낮아졌다.

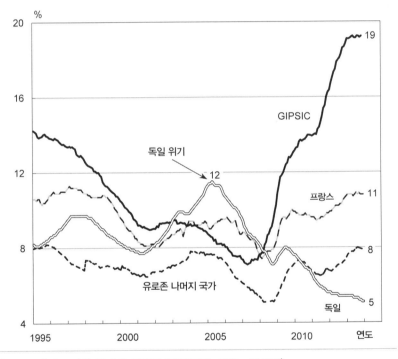

[그림 3.8] 유로지역 국가의 실업률 (계절조정, 1995~2013년)

자료: Eurostat, Database, *Population and Social Conditions*-Labour Market-Labour Force Survey-LFS Main Indicators; Ifo 연구소 계산.

주: 이 곡선들은 유럽통계청(Eurostat)이 발표한 통계에 입각하여 현재 유로존 모든 국가의 실업률을 보여주고 있다. 슬로베니아는 1996년 1월부터, 슬로바키아는 1998년 1월부터, 그리스는 1998년 4월부터, 사이프러스와 몰타는 2000년 1월부터, 에스토니아는 2000년 2월부터이다.

아일랜드에서는 2000년부터 금융위기가 시작되던 시기까지 고용이 정말 폭발적으로 늘어났다. 포르투갈은 초기의 모멘텀이 사라진 후 상당히 저조했지만, 그래도 실업률은 독일보다 3% 포인트 정도 낮았다. 이탈리아에서는 저성장에도 불구하고 1998년부터 2007년까지 거의 매년 실업률이 낮아져 6%에 이르렀는데, 이는 유로지역 국가 중 최저 수준이었다. [그림 3.8]에서와 같이 GIPSIC 국가의 전반적인 실업률은 2000년 10%에서 2007년 7.3%로 떨어졌다. 2005년 4월에는 이들 국가의 실업률이 독일보다 3% 포인트 정도 낮았다.

프랑스에서도 유로를 도입한 후부터 실업률이 확실히 떨어져 2002년부터 2007년까지 독일 수준보다 현격히 낮았다. 2005년 4월에는 독일보다 2.4% 포인트나 낮았다.

그러나 경제위기로 인해 이러한 흐름이 완전히 뒤바뀌었다. 독일에서는 2006년부터 경제가 활기를 띠면서 고용상황이 확실히 호전된 반면 다른 나라들은 오히려 추락하기 시작했다. 2013년 말에는 독일의 실업률이 가장 최근 경기가 좋았던 해인 2008년의 실업률보다 훨씬 더 낮았던 반해, 프랑스의 실업률은 2004/2005년 겨울 최악의 경기침체 때보다도 더 높아졌다.

어젠다 2010

독일의 유로 위기로 슈뢰더 정부는 '어젠다 2010'이라는 고통스러운 사회개혁을 추진하였다.[17] 이 개혁의 기본 내용은 장기 실업자를 저소득자로 바꾸어 정부가 기금을 지원하는 것이다. 정부는 장기 실업보험을 없애고 장기 실업혜택을 일반 복지수준으로 낮추어 최저생계비만 지원하면서도, 저소득 계층에 제공한 혜택의 회수율은 낮추어 임금보조가 복지에 추가되도록 하였다. 이러한 새로운 복지시스템은 실업수당 II 라고 불렸다. 약 130만 명의 서독지역 거주자와 약 100만 명의 동독지역 거주자가 장기 실업지원 폐지에 따른 영향을 받았다. 최근 경기가 좋았던 해인 2008년에는 500만 명의 고용가능한 사람들에게 '실업수당 II'가 적용되었으며, 그중 130만 명이 임금보조를 받았다.[18] 슈뢰더가 속한 정당은 이러한 개혁을 단행한 그를 용서하지 않았으며, 그는 비록 매우 근소한 차이이기는 하지만 앙겔라 메르켈에게 패해 재선에 실패하였다.

개혁은 독일 근로자에게 커다란 어려움을 가져왔다. 개혁은 이들에게 엄청난 부담을 주어 수백만 국민에게 크나큰 영향을 미쳤고 독일 사회의 근간을 흔들어 놓았다. 독일이 유로 도입의 커다란 승자라고 주장하는 것은 이러한 변화에 비추어 어리석은 일이다.

슈뢰더 개혁이 독일 노동시장에서는 뜻밖의 행운이었다. 그 이유는 국민들이 일을 하지 않을 경우 공적지원이 줄어들고 일을 할 경우 더 늘어나기 때문이다. 이 개혁은 근로자가 실업대신 노동을 선택하게 되는 임금의 한계수준을 낮춤으로써 독일 복지시스템상 암묵적으로 설정된 최저 임금수준을 효과적으로 낮추었다. 임금 한계수준이 낮아지면서 임금의 구조분포도 하향 이동하여 수년간 평균 임금상승률이 노동생산성 증가율보다 낮아졌으며, 이에 따라 국민소득에서 차지하는 이윤의 비중이 증가하게 되었다. 이로 인해 독일 근로자의 경쟁력이 점차 개선되었고 특히 저임금 부문에서 더 많은 일자리가 창출되었다.

금융위기가 시작된 후 독일의 경제와 노동시장이 건전해진 것은 주로 슈뢰더 개혁 때문이다. 이 성공은 부분적으로 유로의 도입에 따라 시스템이 변화한 데 따른 것이었지만, 유로 도입 자체로 인한 이점으로 발생한 것은 분명 아니다. 독일이 저임금 전략 실시에 실패했다면 실업을 줄이기가 더 어려웠을 것이며, 경제위기 발생 후 실제 이룬 것만큼 커다란 성장을 달성하지는 못했을 것이다.

새로운 건설 붐

독일의 경제성장이 경제위기와 직접 관련이 있다고 보는 또 다른 이유가 있다. 독일의 은행, 보험사, 민간투자자가 해외투자의 위험을 과소평가했고 위험이 발생하더라도 위기에 처한 국가들이 구제금융을 할 것으로 기대했기 때문에 위기발생 전에 독일의 저축이 대규모로 해외로 흘러 나갔다. 그 후 경제위기가 발생하자 이들은 마음을 바꾸어 자본을 국내에 두는 방안을 택하였다. 이들은 주로 독일의 부동산에 관심을 돌려 통일 후 대규모의 건설경기를 불러일으켰다.[19] 건설에 투자되지 못한 자금은 주택건설업자에게 대출되었다. 2011년과 2012년의 담보비율은 최저수준이었다 ([그림 2.2]의 국채금리와 비슷하게 움직였음). 기업들이 공장이나 기계류에 대한 투자를 증대함에 따라 공작기계 산업의 수요가 증가하고 건설경기가 다시 한 번 크게 일어났다. 공작기계 및 건설업 부문에서 새로운 일자리가 창출되고 임금소득이 발생함에 따라 소비가 증가하였다. 나아가 투자 산업 그 자체로도 일자리가 창출되어 이러한 경향이 전반적으로 확산되었다. Ifo 연구소의 연구원들은 2010년 이른 여름에 이미 이러한 가능성을 예견했고, 자본이 국내에 더 많이 투자되어 황금의 10년대가 시작될 것이라고 하면서도 이러한 변화는 다른 국가에 비교한 상대적인 것이며 일시적인 경기후퇴가 당시 그리고 현재도 모든 나라에 발생할 것이라고 주장하였다.[20] 그 이후의 변화는 이러한 예측이 옳았음을 말해주고 있다.

투자자의 심리 변화로 경기가 호황국면으로 접어들고 2010년과 2011년에 투자가 증가하였다. 이러한 투자는 경제성장의 추진력이 되었고 그 규모는 대외무역규모를 넘어섰다.[21] 건설부문에 대한 실질투자가 계속 감소하여 1994년부터 2009년까지 15년간 약 4분의 1이 줄어들었다. 그 후 2010년부터 다시 늘기 시작하여 2012년에는 2009년보다 8% 증가하였다.[22] 2012년의 주택 건축허가는 2009년보다 37% 증가했고, 자가 주택 건축허가는 그때보다 86% 증가하였다.[23] 토목공사 발주도 22% 증가하였다.[24] 건축가도 호황을 누렸는데, 밀린 작업을 하기 위해 대기하는 기간이 2007년에 4.7개월, 2009년에 5.3개월이었던 데 반해 2012년에는 5.9개월로 늘어났다. 이는 독일이 통일된 후 경기호황을 누렸던 1994년 이후 가장 긴 기간이었다.[25]

독일의 경기회복은 위기 발생 이전과 유로 도입 이후의 기간 동안 파국으로 치달았던 경제위기를 되돌리는 정도에 불과하였다. 당시 스페인에 투자된 자본은 스페인 도시 주변의 황폐화된 지역의 건설수요 충당에 대부분 소요되었던 반면, 독일의 주택이나 인프라 시설은 점점 더 낙후되어 갔었다. 이러한 측면에서 자본이 최근 독일로 되돌아오면서 효율성이 높아졌다. 위기 후 독일의 경제호황이 유로 도입의 승자라고 하는 것은 심각한 병을 앓고 난 환자가 회복되었을 때 자신의 병으로부터 혜택을 보았다고 주장하는 것과 같은 이치의 주장이다.

탱고 춤에 대한 오해

그러나 독일의 지속적인 무역수지 흑자는 독일이 유로 도입으로 혜택을 보고 있음을 의미하는 것은 아닌가? 물론 독일이 수출을 통해 이윤을 획득하고 일자리를 창출하며, 이를 유럽 국가들이 부러워하고 있는 것은 사실이다.

독일이 유로 도입으로 얻은 혜택을 입증하기 위해 수출로 이익을 보았다는 주장이 확산되는 가운데 유럽 정치인들도 비슷하게 생각하는 것 같다. 독일 총리도 다음과 같이 말해 여러 정치인의 의견을 대변하고 있다.[26]

> 우리 독일인은 독일이 수출국으로서 유로 도입을 통해 특히 많은 혜택을 누렸음을 아주 잘 알고 있다.

마찬가지로 당시 프랑스 재무장관이었고 현재 IMF 총재인 크리스틴 라가드는 종종 독일의 대규모 경상수지 흑자를 지목하여 이것이 남유럽 국가 경상수지 적자의 반대급부라고 주장하였다.[27]

> 탱고는 두 사람이 추는 것이다.

그녀는 2010년에 이와 같이 언급하면서 독일이 다른 국가를 희생하면서 흑자를 보고 있다고 강조해 왔다.

통계수치로 보면 라가드의 주장이 물론 옳다. 그녀가 주장한 대로 유로지역 국가의 경상수지가 전체적으로 균형을 이룬다고 할 경우 독일의 흑자는 필연적으로 다른 유로지역 국가의 적자를 투영한 결과이다. [그림 3.9]는 독일과 GIPSIC 국가의 경상수지를 비교한 것인데 정의상 [그림 2.1]과 [그림 3.4]에 나타난 각각의 자본수출 및 자본수입과 같다. 확실히 독일의 경상수지 흑자와 순자본 수출의 변화는 대부분 이들 국가의 적자를 투영한 모습이다. 유로 도입이 결정되었던 1995년에는 특별히 언급할 정도의 불균형이 없었다. 그러나 그 후부터 불균형이 심하게 발생하여 위기가 시작되었던 2007년과 2008년에는 매년 2,000억 유로까지 치솟았다.

그러나 독일이 정말로 다른 국가를 희생하면서 경상수지 흑자를 보았는가? 독일의 경상수지 흑자가 다른 유로지역 국가와의 교역을 통해 주로 발생한 것이 아니라면 이러한 결론은 너무 성급한 것이다. [그림 1.4]에서와 같이 독일 수출의 36%만이 다른 유로지역 국가를 대상으로 이루어졌다. 또한 2007년 위기 발생 초기에 독일의 유로존 이외 국가를 대상으로 한 무역수지 흑자는 1,680억 유로(GDP의 6.9%)였던 데 반해 유로지역 국가를 대상으로 한 흑자는 646억 유로(GDP의 2.7%)에 불과했고 GIPSIC 국가가 그 중 540억 유로를 차지하였다. 수출을 위해 수입한 중간재를 감안하여 GIPSIC 국가에 대한 순수출을 부가가치 측면에서 다시 계산해 보면 GIPSIC 국가에 대한 독일의 흑자는 456억 유로(독일 GDP의 1.9%)에 불과하였다.[28]

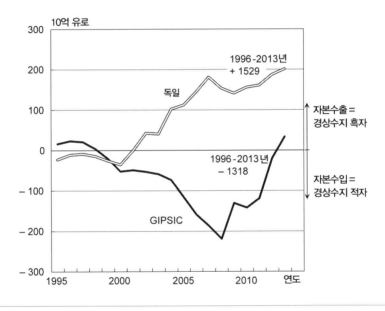

[그림 3.9] 유로존의 자본흐름과 경상수지 – 유럽의 탱고 (1995~2013년)

자료: Eurostat, Database, *Economy and Finance*, Balance of Payments–International Transactions, Balance of Payments Statistics by Country; European Commission, Economic and Financial Affairs, *European Economic Forecast*, Autumn 2013; Deutsche Bundesbank, Time Series Databases, External Sector, Balance of Payments; Ifo 연구소 계산.

주: GIPSIC 2013 European Commission forecast, Autumn 2013.

[그림 3.9]에서와 같이 위기발생 후 독일과 GIPSIC 국가 간의 경상수지 격차가 크게 벌어진 것을 볼 때 경상수지 상호간의 연관성이 그다지 밀접하지 않다는 것을 확실히 알 수 있다. 위기 기간 동안 GIPSIC 국가의 경상수지 적자가 줄어들었지만 독일의 경상수지 흑자는 별로 변하지 않았으며 심지어 늘어나기까지 하였다. 독일의 경상수지 흑자는 다른 유로지역 국가에게 제공되었으리라 생각되는 재화와 용역의 순수출 규모를 측정한 것이 아니다.

더욱이 분석대상 기간 동안의 독일의 흑자는 자본이동에 따른 것인데, 이로 인해 독일경제가 강화된 것이 아니라 오히려 약화되었다. 제2장의 첫 부분에서 설명한 바와 같이, 이러한 현상은 투자자가 독일에서 남유럽과 기타 다른 지역으로 국제 포트폴리오를 재구성했기 때문에 발생하였다. 이자율 수렴이 의미하는 바와 같이 ([그림 2.2] 참조) 유로를 도입한다는 발표로 남유럽에 투자할 경우 위험이 따른다는 인식이 사라졌다. 이로써 실제 경제활동에 변화가 생겨 경상수지 불균형이 발생하고 포트폴리오를 원하는 대로 재구성할 수 있게 되었다. 그러나 자본은 독일에서 남유럽 국가로 직접 흘러가기도 하고 또한 국제자본시장으로 가서 이 자본이 GIPSIC 국가로 흘러 들어가기도 하였다. [그림 3.7]에서와 같이 프랑스와 영국이 순 자본수출국은 아니지만 GIPSIC 국가에 대한 노출 정도는 프랑스 은행이 1위, 영국 은행이 3위였다.

독일의 이윤이 국내소득에서 차지하는 비중이 점증하면서 저축이 증가하고, 증가된 저축이 외국으로 흘러나가 높은 수익을 올리다보니 국내 투자가 감소하면서 불경기가 장기간 지속되었다. 소비재 및 투자재에 대한 국내 수요가 부족하여 충분한 일자리가 창출되지 못하였다. 독일의 소득이 거의 증가하지 않고 수입재 수요도 다른 나라에 비해 지지부진하였다. 독일의 수출은 다른 나라들의 수입이었기에 이들 국가의 소득증가로 인해 늘어난 것이었다. 이러한 이유로 독일의 수출증가는 수입감소 이상으로 이루어졌다. 게다가 독일의 경상수지 흑자는 경쟁력 강화에 기인한 측면이 있다. '어젠다 2010' 개혁과 함께 독일의 대량실업으로 임금수준이 적정해지면서 더 많은 이윤과 저축이 생기게 되었고 인플레이션율도 낮아져 독일 상품의 경쟁력이 높아졌다. 독일은 인플레이션을 완화함으로써 실질적 가격인하 과정을 겪게 되었다.

주변국들의 상황은 정반대였다. 자본이 흘러들어와 인플레이션을 수반하는 소비와 투자를 활성화시켰고 이것이 다시 수입재 수요를 유발하였다. 반면 임금과 가격이 상승함으로써 이들 국가의 수출산업은 경쟁력을 잃게 되었다.

이것이 자본주의의 법칙이다. 자본이 갑에서 을로 흐르면 갑은 불황을 겪고 을은 호황을 겪게 마련이다. 호황의 경제는 소득과 가격이 올라가 수입을 늘리고 수출을 줄이는 반면 불황의 경제에서는 정반대의 현상이 생긴다. 독일은 불황의 경제였고 유럽의 주변국은 호황의 경제였다. 이것은 독일의 경상수지 흑자와 유럽의 탱고를 설명하는 것이지 독일의 경상수지 흑자가 다른 국가의 '희생 하에' 이루어졌다는 주장을 뒷받침하는 것은 아니다. 어느 국가의 자본이 다른 국가의 이점을 활용하고자 그 국가로 흘러가 국내에서가 아니라 다른 국가의 일자리와 소득을 창출했다고 해서 그 국가를 비난하는 것은 어리석은 일이다. 주요 독일 정치지도자들도 가지고 있는 의견이지만, 무역흑자를 수출국의 특별한 이윤으로 간주하는 것은 섣부른 중상주의적 사고에 불과하다.

물론 국가의 입장에서는 경상수지 흑자의 경우 그만큼 해외자산이나 다른 국가에 대한 청구권이 더 많게 되어 장점이 있다. 독일의 경상수지 흑자는 독일의 순 해외자산이 매년 증가하게 되는 원동력이다 ([그림 2.9] 참조). 1995년 12월 마드리드 정상회의에서 유로가 처음 도입되었을 때부터 2013년까지 독일은 15,290억 유로라는 엄청난 자산을 축적했으며 [그림 3.9]의 독일 곡선 하단면적이 이에 해당된다. 이들 자산은 다른 모든 나라에 대한 청구권이며, 독일의 많은 자본수출이 프랑스의 은행을 통해 GIPSIC 국가에게 흘러가 일차적으로 GIPSIC 국가에 대한 청구권이 아니라고 하더라도 경상수지 적자로 축적된 GIPSIC 국가의 채무가 1조 3,180억 유로로 독일의 해외자산과 거의 근접한 규모이다.

해외자산을 축적하게 되면 이자소득이 따르기 때문에 이 자산을 소유한 독일인에게는 분명히 이롭다. 이것이 독일인이 해외에 돈을 투자하는 주된 이유이다. 그러나 이러한 주장이 성립하려면 두 가지 조건이 갖추어져야 한다.

첫 번째는 국내저축으로 조달된 투자액으로 생산성 향상이나 임금상승이 일어나는 곳은 국내가 아니라 해외이기 때문에 독일 일반인, 특히 금융자산을 아주 조금 가지고 있는 근로자가 혜택을 보는 것이 아니다. 널리 알려진 것처럼 경상수지 흑자로 국내 근로자가 실제 혜택을 보는 것은 아니다. 수출부문에서 일자리가 창출된다고는 하지만 아주 미미한 정도이며, 경상수지 흑자로 축적된 자본이 수출되지 않았다면 이 자본은 국내 수요를 창출하고 건설 및 토목 산업에서 일자리를 창출했을 것이다. 따라서 경상수지 흑자가 국내투자로부터 해외투자로 포트폴리오를 구성하여 얻은 결과라면 경상수지 흑자로 인한 소득효과에 따른 국내 노동의 순 고용효과는 없다. 많은 사람들이 간과하는 것은 국내저축을 국내투자 또는 해외투자 어디에 사용하든 간에 국내 상품수요에는 변화가 없다는 점이다. 해외투자가 무역 관련 산업에서 순 수요를 창출하는 것만큼 국내투자도 국내건설과 장비산업의 수요를 유발한다. 국내 수요가 해외수요로 바뀌면 수출산업이 건설부문 등 국내 비교역재 산업보다 노동집약적인 경우 국내에서 두 산업 간의 차이만큼 노동을 창출하는 효과가 발생할 수 있지만, 그 반대가 사실이다. 따라서 무역흑자로 일어나는 수요효과는 국내노동에는 긍정적이라기보다 부정적일 가능성이 크다.

국내투자와 해외투자 간의 진정한 차이는 공급효과에 있다. 확실히 국내투자는 국내 생산시설을 증가시켜 국내 공급을 더 늘린다. 만약 공급효과가 해외에서 발생한다면 국내 근로자는 얻는 것이 없다. 즉 공급효과가 국내에서 발생해 새로운 공장이나 설비를 국내에서 사용할 목적으로 건설해야 새로운 일자리가 창출되어 국내 근로자에게 혜택이 돌아간다.

두 번째 조건은 무역흑자로 독일인이 외국에 거액의 예금계좌를 만들었을 때 과연 그 돈을 필요로 할 때 인출할 수 있는가 하는 점에 의문이 든다. 독일의 베이비 붐 세대가 2025~2030년경 은퇴시기가 되어 연금보험회사를 통해 남유럽 등지에 투자한 자금을 인출하려는 시점에 독일은 이들이 필요로 하는 상품과 서비스를 수입하게 되어 경상수지 적자가 발생할 것이다. 이들이 자신의 저축액을 사용하고자 할 경우 당연히 경상수지 적자가 발생하게 된다. 그러나 이것은 이들의 자금을 사용하는 외국인이 이 자금을 상환한다는 전제하에 성립한다. 외국인의 현재 인구구조와 부채현황 등을 감안할 때 과연 상환할 수 있는지는 두고 볼 일이다. 만약 상환하지 못한다면 경상수지 흑자는 아무런 의미가 없다. 실제로 제2장에서 이미 설명한 바와 같이 1996~2012년에 축적된 경상수지 흑자 1조 3,280억 유로 가운데 독일의 해외자산 순증(純增)분 3,360억 유로는 그동안의 채무탕감 조치와 향후 채무탕감 예상에 따른 자산의 시장가치 하락으로 이미 상각되었다.

Chapter 4

경쟁력 문제

The Competitiveness Problem

THE EURO TRAP

경상수지가 개선된 이유

유럽의 경제는 2007년 8월 은행 간 단기자금시장이 처음 위축된 후이 원고를 마무리할 즈음인 2014년 2월에도 그 위기가 6년 반 동안 지속되었다. 위기로 직접 타격을 입은 국가의 국민은 실업이 증가하고 있는점을 점차 우려하게 되었고, 경제가 건실한 국가의 납세자도 다른 나라에 대한 구제금융 지원으로 자신들에게 부과되는 부담금이 증가하는 것에 조바심을 내게 되었다. 한편 금융시장이 상당히 진정되어 가산금리가 줄어들었고, 자본시장에서는 이전에는 기피되었던 경제위기 국가에대한 관심이 다시 커지게 되었다. 국제 언론도 다른 현안에 주목하게 되어 경제위기는 대부분 사람들의 관심권에서 벗어났다. 심지어 남유럽의실물경제가 회복되고 있다는 신호도 나타났다.

GIPSIC 국가의 경상수지 적자가 [그림 3.9]에서와 같이 감소하고 위기국의 수출이 상당히 개선되고 있다는 사실은 경제회복의 신호로 평가

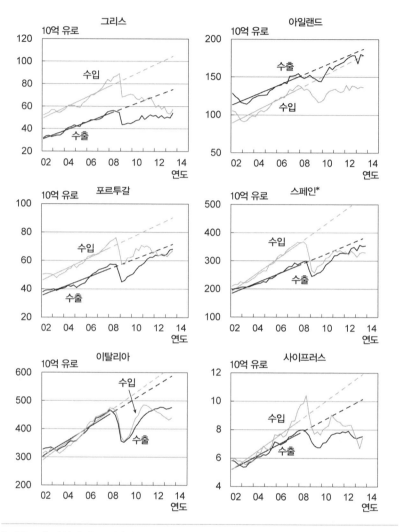

[그림 4.1] 경상계정 구성 (계절조정, 2002년 1분기 ~ 2013년 3분기)

* 2002년 1분기 ~ 2013년 4분기

자료: Eurostat, Database, *Economy and Finance*, Quarterly National Accounts, GDP and Main Components; Ifo 연구소 계산.

주: 수출 및 수입은 Eurostat이 보고하는 바와 같이 상품 및 서비스를 포함한다 (계절 조정 및 영업일수 조정 후). 추세선은 2001년 1분기에서 2007년 4분기 사이의 선형 추세로 계산되었다. 도표는 연간으로 환산한 분기 데이터를 나타낸다.

되곤 하였다. 경쟁력이 회복되고 있는 것처럼 보이는 경상수지 적자의 감소는 유럽연합과 유럽중앙은행의 도움으로 이루어진 고통스럽지만 과감한 개혁조치의 결과라고들 하였다.[1]

그러나 유감스럽게도 이러한 해석은 [그림 4.1]을 보면 잘못된 것임을 바로 알 수 있다. 이 그림은 경제위기를 겪고 있는 6개국의 경상수지 상의 수출과 수입을 각각 나타내고 있다. 또한 위기가 발생하기 전의 수출입 추이를 점선으로 나타내어 경상수지 개선의 원인이 어디에 있는지를 알려 주고 있다.

이 그림들은 수출입이 위기발생 당시에 크게 부진해졌고 그 후에도 부분적으로만 회복되었음을 나타내고 있다. 그러나 모든 경우에 수입이 수출보다 훨씬 더 줄어들었고, 이에 따라 경상수지가 개선되었음을 알 수 있다. 그 어떤 국가에서도 수출이 위기발생 이전의 추세선 이상으로 회복되지는 않았다. 심지어 그리스, 사이프러스, 이탈리아의 경우에도 수출이 위기발생 이후 극히 부진해졌다. 포르투갈, 스페인, 아일랜드의 경우 수출이 위기발생 이전 추세에 도달했지만, 얼핏 보아도 알 수 있듯이 그 이상으로 증가하지는 않았다. 요약하자면, 2008/2009년의 심각한 경기침체 이후 수출이 회복되긴 했지만 경쟁력이 개선되었을 경우 달성했어야 할 위기발생 이전의 수준까지는 이르지 못하였다.

수입 감소는 위기 그 자체에 기인한 것이었다. 부실경제가 붕괴함으로써 고용과 소득이 감소했고, 그 결과 자본시장이 위축되어 소득효과에 따른 수입 감소가 발생한 것이었다.

외국자본이 벌어들인 순 투자소득이 감소한 것도 경상수지 개선의 커다란 원인으로 작용하였다. 즉 유럽중앙은행이 통화를 늘린 가운데 위기국에서 영업활동을 하고 있는 외국기업 자회사의 이윤이 줄어들었고, 다양한 재정 및 준재정 구제정책으로 시장에 제공된 신용이 저금리 공공신용으로 대체되거나 채권자가 더 낮은 수익에도 만족할 수 있는 공공

[그림 4.2] GIPSIC 국가가 비거주자에게 지급한 순 투자소득

* 2007년 4분기 평균수익률 가정, 순외채 비례 (평가절하 효과 배제).
자료: Eurostat, Database, *Economy and Finance*, Quarterly National Accounts, GDP and Main Components; and Balance of Payments—International Transactions, Balance of Payments Statistics and International Investment Positions, Balance of Payments by Country; Ifo 연구소 계산.
주: 점선은, 평균수익률이 2007년 4분기 수준을 유지하고 있을 경우, 즉 동 채무가 자신의 시장가치의 잠재적 상각 없이 GIPSIC 경상적자에 따라 증가한다는 가정하에 투자소득 지급이 순외채에 비례하여 증가하는 경우, 비거주자에게 지급되는 순 투자소득 지급에 따른 GIPSIC 국가의 명목 연간 부담액을 나타낸다.

보험이 제공되었던 것이다. 총체적으로 보면, 경상수지 적자는 수입과 비거주자앞 지급 순 투자소득에서 수출을 뺀 금액이다.[2]

[그림 4.2]는 구제기금 제공, 유럽중앙은행의 개입, 이윤 감소 등에 기인한 수익률 감소의 잠재적 효과를 보여주고 있다. 이 그림에서 GIPSIC 국가가 다른 국가에 지불한 실제 순 투자소득(굵은 실선)과 순외채가 현재 경상수지 적자에 따라 증가하는 가운데 순외채에 대한 수익률이

2007년 말 수준에 머물러 있을 경우 다른 나라에게 지불해야 했다고 가정한 순 투자소득(점선)을 비교하고 있다. 재미있는 것은 2012년 위기에 처한 국가들이 지급한 투자소득은 2008년보다 가산금리가 높아졌고 (실제로는 폭등했음, [그림 2.2] 참조) GIPSIC 국가의 (재평가 효과를 포함한) 순외채 규모가 3,470억 유로로 2007년 수준보다 22% 증가했음에도 불구하고 2007년에 비해 26%나 줄어들었다는 점이다.

2012년만 보면 GIPSIC 국가는 금리하락으로 670억 유로의 이익을 보았다. 2012년 말 이들 국가의 순외채가 2조 유로인 점을 감안한다면, 이는 이자율이 3% 포인트 정도 하락한 것과 같다 ([그림 2.10] 참조). 2008년부터 2012년까지 5년 동안 GIPSIC 국가는 최소한 2,090억 유로의 이득을 보았는데, 이는 1인당 평균 1,558유로에 해당한다. 시장금리가 급격히 상승한 점을 감안하면, 실제 이익은 이보다 훨씬 컸을 테지만 그 규모를 정확하게 산출하기는 어렵다. 앞서 산출한 이익 규모는 통화정책, 구조조정 지원, 과실송금 규제완화 등에서 비롯된 혜택을 매우 보수적으로 추산한 것이다.

[그림 4.3]은 이자가 붙는 저축이 경상수지에 어떤 의미가 있는지를 알려 주고 있다. 이 그림은 GIPSIC 국가의 총 상품 및 서비스의 수출입을 나타내고 점으로 표시된 영역인 GIPSIC 국가의 순이자 부담(외국기업의 과실송금과 유보금 포함)을 나타내고 있는데, 순이자 부담액은 다른 국가에 대한 부채로서 상품수입과 같이 경상수지의 마이너스 항목이 된다. 점으로 표시된 영역 위의 점선 표시 부분은 앞서 [그림 4.2]에서 산정한 바와 같이 구조조정 지원, 유럽중앙은행의 개입, 과실송금 규제완화 등이 이루어지지 않았을 경우 GIPSIC 국가가 부담했어야 할 추가 이자 부담액을 보수적으로 산출한 것이다. [그림 4.3]의 오른쪽에서 보다시피 가장 최근의 수입액 및 비거주자에 대한 순이자 지급액 합계가 수출액보다 작게 되었다. 그러나 다른 조건이 일정할 때, 다른 나라들이

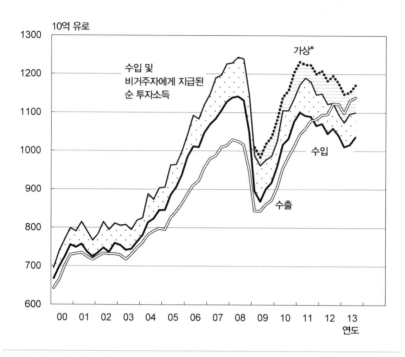

[그림 4.3] GIPSIC 국가의 수출, 수입, 순이자 부담 (계절조정)

* 2007년 평균 수익률 가정, 순외채 비례 (재평가 효과 배제).
자료: Eurostat, Database, *Economy and Finance*, Quarterly National Accounts, GDP and Main Components; and Balance of Payments—International Transactions, Balance of Payments Statistics and International Investment Positions, Balance of Payments by Country; Ifo 연구소 계산.

주: 점선 곡선은 [그림 4.2]에서의 계산에 따라 외국인에게 지급된 가상적 투자수익과 수입의 합계를 그린 것이다. 도표는 연간으로 환산한 분기 데이터를 나타낸다.

저금리 공여자금의 낮은 수익률에 만족하지 않았다면 이러한 현상은 발생하지 않았을 것이다.

죽어가는 기업

남유럽 국가 경상수지 개선의 내용에 낙담하는 이유는 [그림 4.4]에서
와 같이 제조업의 동향에 대한 자료로 재확인할 수 있다. 일반적으로 제
조업의 생산이 해당 국가의 수출과 매우 관련성이 높고 경제적 풍요의
핵심 요인이기 때문에 제조업부문의 회복은 매우 중요하다.

[그림 4.4] 위기 탈출? 제조업 생산 (계절조정)

자료: Eurostat, Database, Industry, Trade and Services, Short-term Business
Statistics, Industry, Production in industry; CPB Netherlands Bureau for Economic
Policy Analysis, World Trade Monitor, Database; OECD, OECD.StatExtracts,
Industry and Services, Production and Sale (MEI); Ifo 연구소 계산.
주: 월간 데이터는 계절 조정되었다. 또한 월간 데이터는 최근 3개월 평균으로 평활화
되었다 (해당 월 포함). 데이터는 2008년 1분기 값이 100이 되도록 표준화되었다.

이 그림에 따르면, 2013년 말 현재 선진국 경제는 위기발생 이전인 2008년 1분기의 제조업 생산수준으로 회복하지 못한 반면, 신흥공업국과 개도국은 놀랄 만한 수준으로 성장하였다. 대표적인 예로서 미국과 독일은 그나마 위기 이전의 수준 근처에 도달하였다. 그러나 GIPSIC 국가와 프랑스의 회복 정도는 매우 참담하였다.

위기를 겪은 국가 중에 경제규모가 가장 큰 이탈리아의 상황은 특히 걱정스러웠다. 그 이유는 북부 이탈리아의 매우 생산적인 가족단위의 제조업이 이탈리아의 자부심과 안정에서 중심 역할을 했기 때문이다. 공구제작, 금속가공, 제혁, 패션 등 여러 분야의 제조업이 각 지방의 주요 전통산업이었는데, 이제 이러한 산업에 속한 기업들이 파리 목숨처럼 죽어가고 있어 아마도 이탈리아 통계청에서 공식 통계자료를 발간하지 않는 이유의 하나가 아닌가 싶다. 심지어 유럽의 가장 큰 자동차 제조업체의 하나인 피아트 사도 이탈리아를 떠날 계획을 세우고 있을 정도이다. [그림 4.4]의 이탈리아 곡선과 같이 2010년에는 이탈리아 경제가 회복할 가능성이 있다고 믿을 만한 희망이 있었으나 2011년부터 제조업 생산이 급전직하하였다. 당시 총리였고 성공한 기업인이었던 실비오 베를루스코니가 이 책 서문에서와 같이 2011년 가을에 유로 탈퇴를 위해 비밀협상을 벌이기 시작했다는 것은 더 이상 놀랄 일이 아니다. 2013년 말 이탈리아의 생산규모는 세계경제의 대침체 이후인 2009년 수준으로 위기발생 직전보다 23%나 작았다. 이탈리아는 침체되었던 경기가 회복되다가 다시 침체되는 더블딥 현상의 조짐을 확실히 보이고 있다.

이보다 더 심각한 것은 스페인 상황이다. 스페인에서도 더블딥 현상이 있었지만 단순한 경기후퇴가 아니라 더욱 심각한 더블딥으로서 첫 번째 경기하강보다 두 번째 경기하강이 더 심하였다. 2013년 말 현재 산업생산이 30%나 감소하였다. 이는 1929년부터 1933년까지 여러 선진국에서 발생한 대공황과 비슷한 파국적인 상황이었다.

그리스는 더블딥 현상이 없었지만 거의 비슷한 상황이었다. 2013년 말 현재 산업생산이 31% 감소하였다. 사이프러스의 산업생산은 2013년 11월 현재 41% 감소하였다.

포르투갈과 프랑스의 경우는 약간 나았지만 산업생산 감소율은 각각 11%, 16%로서 여전히 전 세계 선진국의 평균하락률(7%)보다 높았다. 포르투갈 경제는 회복세로 돌아서고 있는 조짐이지만, 프랑스 경제는 여전히 정체되었으며 자동차 공장의 문을 닫을 것이라는 소식만이 무성하다. 푸조 시트론Peugeot Citron 사는 11,200명을, 르노Renault 사는 7,500명을 해고할 것이라고 발표하였다.[3] 프랑스 정부는 환경 친화적인 차량을 구입하는 경우 보조금을 지급하는 방식으로 구조조정을 지원할 계획이다.[4]

위기에 처한 나라들 가운데 아일랜드만이 비교적 양호한 성과를 거두었다. [그림 4.1]에서 이러한 상황을 파악할 수 있는데, 이에 관해서는 이번 장의 후반부에서 자세히 설명할 것이다.

너무 비싼 가격

경상수지의 구조적 개선이라는 측면에서 경쟁력 개선과 제조업 생산 회복은 소득효과나 신용비용을 낮추는 정책보다는 상대가격 변화에 따른 대체효과를 통해서만 달성할 수 있다. 어떤 나라에서 생산제품의 가격이 너무 비싸고, 수입과 생활비 조달을 위해 외국의 신용을 필요로 한다면 이는 경쟁력이 낮은 것이다. 이와 반대로 아무리 생산성이 낮은 나라이더라도 생산제품의 가격이 충분히 낮고 생활수준이 매우 낮음에도 이에 만족하여 외국의 신용 없이도 지낼 수 있다면 경쟁력이 있는 것이다. 기술적으로 경쟁력이 부족한 경우는 없다.

정치인과 일반대중은 인프라 시설이 부족하고, 사법체계가 비효율적이고, 이노베이션이 부진하고, 규율이 약하며, 부패 등의 이유로 경제의 생산성이 낮아 경쟁력이 부족하다고 이야기하곤 한다. 사실 이러한 요인들이 국가 경쟁력을 약화시키지만, 이는 임금이나 다른 비용을 들여 생산된 제품의 가격이 매우 비쌀 때에만 그러하다. 이에 반해 어느 정도 생산성이 있는 가운데 임금과 다른 비용을 줄일 경우, 그 어떤 나라라도 경쟁력이 있을 수 있다. 무역적자의 측면에서 경쟁력이 부족하다는 것은 단지 생산성에 비해 높은 소득을 원하는 것이고, 이는 가격이 높다는 것을 의미한다.

이것이 이번 장의 나머지 부분에서 설명하려는 주제이다. 먼저 GIPSIC 국가가 유로 도입으로 인한 신용팽창기에 가격을 과도하게 상승시켜 경쟁력을 상실케 했다는 점을 설명한 후 경쟁력을 회복하기 위하여 디플레이션을 통한 가격인하 가능성을 검토할 것인데, 이는 생각보다 실행하기 어려운 과제이다.

[그림 4.5]는 아일랜드와 남유럽 국가에서 실제 인플레이션이 얼마나 높았는가를 보여준다. 이 그림에서 막대는 마드리드 정상회의가 개최되었던 1995년과 미국 서브프라임 위기가 유럽에도 영향을 미쳤던 2007년의 가격상승 정도를 나타낸다. 이 변화 폭은 수입상품을 포함한 소비자가격의 변화가 아니라 국내 생산제품의 가격지수인 GDP 디플레이터의 변화이다.

GDP 디플레이터는 특정 국가의 경쟁력을 나타내는 좋은 지표인데, 그 변화가 통화가치의 하락이나 상승 정도를 측정하는 것과 유사한 기능을 하기 때문이다. 통화가치가 상승하는 경우와 국내 가격 및 소득이 상승할 경우는 국내 상품이 외국 소비자에게는 더 비싸고 외국 상품이 국내 소비자에게는 더 싼 것과 같은 효과를 가져 온다. 이 두 경우 모두 외국과 국내의 소비자는 국내 상품 대신 외국 상품을 소비하고자 하는

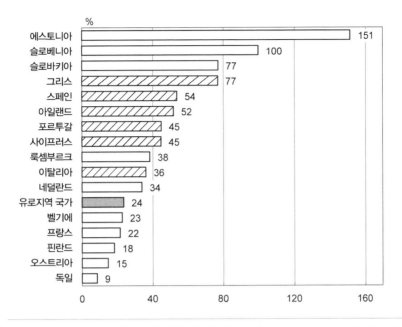

[그림 4.5] 유로지역 국가에서 생산된 상품의 가격 변화 (1995~2007년, GDP 디플레이터)

자료: Eurostat, Database, Economy and Finance, Annual National Accounts, GDP and Main Components, Price Indices.

유인이 생기며, 그 결과로 무역수지 적자가 발생하게 된다.

[그림 4.5]의 빗금 친 막대는 위기에 처한 6개국의 가격 변화이고, 회색 막대는 유로지역 국가의 평균 가격 변화를 나타낸다. 6개 위기국의 인플레이션 증가율은 모두 유로지역 국가 평균보다 높다는 것을 알 수 있다. 유로지역 국가의 가격은 평균 24% 상승했지만 이탈리아는 36%, 포르투갈은 45%, 아일랜드는 52%, 스페인은 54% 상승하였다. 그리스의 인플레이션은 더 심해서 그 비율이 77% 상승한 반면, 독일은 12년 동안 불과 9%만 올랐다.[5] 따라서 독일은 다른 나라에 비해 실질적으로 (또는 국내적으로) 평가절하를 겪었으며, 다른 나라들은 실질적으로 평가절상을

겪었다. 앞서 언급한 요점을 다시 한 번 강조하자면, 경쟁력에 미치는 효과 면에서 보면 통화가치가 절상되어 물가가 상대적으로 상승하든지, 아니면 실제로 물가가 상승하든지 간에 별 차이가 없다는 점이다.

물가는 기본적으로 소위 발라사–사무엘슨 효과에 따라 상승했을 수도 있다.[6] 이 효과는 수출부문보다 국내 서비스부문에서의 생산성 향상이 늦다는 가정 하에, 수출부문에서의 생산성이 각국의 특성에 따라 상승하게 되면 이것이 수출산업의 임금상승으로 이어지고 나아가 국내 서비스부문의 임금으로 전이되어 서비스 가격이 상승하는 경우를 가정한 경우에 발생한다. 이 경우에는 가격상승이 경쟁력에 부정적인 영향을 미치지 않는다. 그러나 제2장에서 설명한 것처럼 GIPSIC 국가의 가격상승은 건설 및 정부부문의 신용팽창에서 일어나 임금과 중간재 비용이 높아지면서 수출부문으로 전이되어 경쟁력을 훼손하게 되었다. 이는 발라사–사무엘슨 효과가 가정한 가격전이와는 정반대의 효과이다.

스페인의 통계를 근거로 작성한 [그림 4.6]은 발라사–사무엘슨 효과가 거의 없음을 보여주고 있다. 금리가 거의 수렴하고 ([그림 2.2] 참조) 주택가격 거품이 일어난 1998년부터 건설업의 임금이 제조업의 임금에 비해 상승했는데, 이는 전자가 후자를 끌어올렸지 후자가 전자를 끌어올린 것은 아니었음을 시사하고 있다. 발라사–사무엘슨 효과보다 신용거품이 이 현상을 더 잘 설명하고 있음을 확인할 수 있다.

GDP 디플레이터로 측정한 가격상승이 모든 상품에 똑같이 일어난 것은 아니다. 수출 또는 수입한 제조업부문 상품인 교역재는 그 가격이 국제경쟁에 따라 대부분 정해져 있기 때문에 쉽게 오르지 않는다. 따라서 가사서비스, 이발, 식당 등과 같이 국제경쟁이 심하지 않은 소위 비교역재에서 주로 인플레이션 압력이 발생한다. 앞서 언급한 바와 같이, GDP디플레이터는 특정 국가의 경쟁력을 나타내는 훌륭한 지표인데, 그 이유는 비교역재의 가격상승으로 인해 임금이 상승하게 되고, 이것이

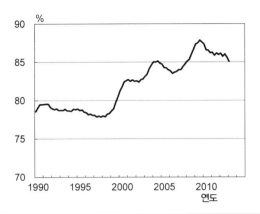

[그림 4.6] 스페인의 제조업대비 건설업의 노동자 1인당 임금 (1990년 1분기 ~ 2013년 1분기)

자료: Instituto Nacional de Estadística, INEbase, Society, Labour Market, Wage Survey for Industry and Services (1990–1999), Main Series 1981–2000, Ganancia media por trabajador y mes. Pagos totales por sectores de actividad, periodo, categorías profesionales y unidad, empleados y obreros; Quarterly Labour Cost Survey (QLCS, since 2000), Main Series of the QLCS by Activity Sectors, Period, Cost Components and Measurement Unit, Total Wage Cost per Worker.

주: 데이터는 이동 평균으로 평활화되었다.

교역재의 생산비용 상승과 이윤의 감소로 이어져 미미한 비교역재 가격 상승에도 수출이 감소하고 수입이 증가하기 때문이다.[7] 그렇다고 하더라도 대부분의 상품은 넓은 의미에서 교역재이다. 예를 들어 식당서비스, 이발, 주택임대 등도 이민이나 여행처럼 교역재의 성격을 띨 수 있다.

[그림 4.5]는 국내에서 생산되는 상품의 명목가격 변화만을 나타내고 있다. 경쟁력에 미치는 모든 효과를 평가하기 위해 마드리드 정상회담이 개최된 1995년 12월 이후에, 그리고 유로 도입으로 환율이 돌이킬 수 없이 고정된 1998년 이전에 환율이 어느 정도 재조정되었던 점을 고려해야 한다. 그 하나의 예로서 1996년 11월 25일 이탈리아는 리라의 가치를 독일 마르크

에 비해 11% 이상 절상하였다.[8] 이러한 효과와 그 후 인플레이션으로 발생한 실질적인 평가절상 요인을 더한다면 이탈리아 상품은 1995년 마드리드 정상회의 이후 2007년까지 독일보다 44%나 더 비싸게 되었다. 아드리아 해안에서 모든 것이 저렴하여 독일인들이 이 해안을 '독일인의 바비큐 장소'라고 하면서 일광욕을 즐기던 때는 이미 지나갔다. 가격이 싼 음식을 찾는 독일인은 이제 독일에 머무르는 것이 더 낫게 되었다. 심지어 독일 내 이탈리아 식당의 피자가 이탈리아 내 식당의 피자보다 더 싸다.

[그림 4.7]은 유럽집행위원회에서 발표한 통계에 입각한 것으로서 환율이 어느 정도 조절되었던 것을 감안해 각국이 해당기간(1995~2007년)

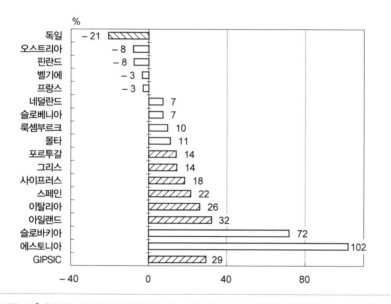

[그림 4.7] 유로존 나머지 무역상대국에 대한 실질 평가절상 및 절하 (1995~2007년)

자료: European Commission, Economic and Financial Affairs, *Economic Databases and Indicators*, Price and Cost Competitiveness, Quarterly Real Effective Exchange Rates vs. (rest of) EA17, Price Deflator GDP, Market Prices; Ifo 연구소 계산.
주: 여기서 유럽연합 수치는 무역지분을 가중치로 했을 때 여타 유로지역 국가의 평균 GDP 디플레이터에 대한 명목 GDP 디플레이터의 변화로 표시하였다.

동안 유로존 무역상대국의 화폐가치에 비해 어느 정도 절상 또는 절하되었는지를 설명하고 있다. 위기에 처한 나라는 모두 확실히 평가절상되었다. 예컨대 이탈리아는 26%, 아일랜드는 32%나 절상되었다. 이탈리아의 평가절상 비율은 앞서 설명한 독일 대비 44%보다 낮은데, 이는 일부 이탈리아 무역상대국의 화폐가치도 같은 기간 동안 독일에 비해 절상되었기 때문이다.

그림의 마지막 막대그래프는 위기에 처한 6개국을 한 단위로 보아 평가절상 비율을 나타내고 있다. 무역가중치로 평가한 다른 유로지역 국가의 평균가격 대비 이 6개국의 평균 물가지수 상승률은 29%로서 무시할 정도가 아니다.

이 논란이 되고 있는 기간 동안 독일은 무역가중치를 감안하면 21%나 평가절하되었다. 이것이 유로 위기 동안 독일경제가 활력을 찾고 괄목할 정도로 경쟁력을 갖추게 된 주된 이유이다. 독일 산업의 생산성이 특정 기간 동안 다른 나라의 생산성보다 더 높았는가 하는 것은 논쟁의 주제가 될 수 있다. 그러나 확실한 것은 독일 제품의 가격이 상대적으로 더 쌌다는 점이다. 제3장에서 설명한 바와 같이, 임금통제를 통해 일어난 실질적인 평가절하는 무시할 수 없을 정도로 뚜렷한 성과를 거두었다.

실질적인 평가절하의 필요성

실질적인 평가절상으로 위기에 처한 국가들은 확실히 경쟁력을 잃었다.[9] 거품이 일어났던 기간 동안 가격과 임금은, 신용을 도입하지 않고 꾸준히 경제성장을 이룬 경우보다 더 올랐다. 지난 수년간 GIPSIC 국가의 경상수지 적자가 꾸준히 늘어났으며 ([그림 3.9] 참조), 이 적자를 메우기 위해 외국신용을 도입할 필요도 생겼다. 자본시장에서 이러한 적자를 메울 자금을 조달할 수 있을 동안은 문제가 없었지만 2007년 여름, 이 시장에서 자금이 빠져나가게 되자 위기가 닥쳐왔다.

값싼 신용을 더 이상 이용할 수 없게 되자 GIPSIC 국가는 실질적인 평가절상을 하기 어렵게 되었다. 이제 가격이라는 시계를 되돌려 GIPSIC 국가의 디플레이션 또는 유럽경제의 중심국인 독일의 인플레이션을 통해서만 자금을 조달할 수 있게 되었다. 가격 시계는 오직 앞으로만 천천히 움직이기 때문에 바로 디플레이션을 가져오기는 어렵다. 임금과 가격을 올리면 언제나 환영받지만, 반대로 내리면 큰 저항을 불러일으킨다. 독일 내에서 인플레이션을 바로 일으키는 것에 관해서도 다음에 설명하겠지만 엄청난 저항에 부딪친다. 그러나 위기에 처한 국가가 유로시스템 하에서 경쟁력을 되찾으려면 유로존의 상대가격을 재조정하는 방법 외에 다른 대안이 없으며, 전체적으로 인플레이션 없이 이 목적을 달성하려는 경우 몇몇 국가에서의 디플레이션은 피할 수 없다.

이러한 점에서 마리오 드라기Mario Draghi 유럽중앙은행 총재가 이와 같은 해결방안에 대해 우려를 표명한 것은 매우 놀라운 일이다. 그는 유럽중앙은행의 무제한국채매입OMT 정책을 옹호하기 위해 독일 하원에서 다음과 같이 주장했는데, 이에 관해서는 제8장에서 다시 설명할 것이다.[10]

우리가 평가해 보니 가격안정에 더 큰 위협요인은 몇몇 유로지역 국가에서 현재 가격이 하락하고 있다는 점이다. 이러한 측면에서 무제한국채매입은 우리에게 부여된 임무와 상치되지 않는다. 사실 무제한국채매입은 우리가 달성하려고 하는 목표를 위해 매우 중요하다.

이러한 발언으로 드라기 총재는 암묵적으로 유럽중앙은행의 주요 정책목표가 가격안정임을 알리고 여러 국가에서 디플레이션의 위험에 대한 조치를 취하는 것을 정당화하였다. 이러한 우려는 잘못된 것인데, 그 이유는 몇몇 국가에서의 디플레이션은 유용하며 경쟁력을 회복하는 데 반드시 필요하기 때문이다.

현재까지 유럽중앙은행은 각국의 현실에 맞는 가격수준이 아니라 항상 유로지역 국가의 평균가격을 기준으로 하여 가격안정을 규정하였다. 남유럽 국가의 가격이 평균수준 이상으로 올라있을 때 가격수준을 변화시키는 정책을 실시해야 한다는 것을 유럽중앙은행 이사진이 한사코 반대했음에도 이들 국가에서 디플레이션 경향이 있다고 하여 이를 다 같이 억제하는 정책을 실시해야 한다고 지금 이들이 주장한 것은 혼란스럽기만 하다.[11] 특정 국가의 가격을 안정시키려 한다면 유럽중앙은행은 인플레이션을 유발하는 신용거품이 계속 일어나는 동안 긴축적 통화정책을 취했어야 한다. 또한 지금은 상대가격을 재조정해 잘못된 점을 고치려 해야지 유럽중앙은행이 관여할 때가 아니다.

통상 디플레이션에 앞서 일어나는 대량실업과 불안정성에 대응해 경제를 보호해야 하는 이유가 있는 것은 사실이다. 이러한 이유로 팽창적 통화 및 재정정책을 정당화할 수 있다. 그러나 이러한 정책을 실시하는 것은 유럽중앙은행의 위임권한 밖의 일이다. 임금의 하향 신축성을 높이는 공급정책은 실업을 줄이는 데 매우 유용하다. 그러나 이러한 정책을 실시해서는 안 된다는 주장은 유럽중앙은행의 위임권한을 아주 잘못 해석하는 것이다.

경쟁력을 회복하기 위해 어느 시기까지 가격의 시계를 뒤로 되돌려야 하는가? 이에 대한 답을 내리기가 매우 어려운데, 그 이유는 앞서 설명한 발라사−사무엘슨 효과로 GIPSIC 국가의 가격상승이 어느 정도는 타당하고 또 지속적이기 때문이다. 이러한 효과가 어느 정도 발생하는 경우에는 가격 시계가 1995년까지로 되돌아갈 필요는 없다고 볼 수 있다.

그러나 이와 달리 GIPSIC 국가가 외채를 많이 누적한 상황에서 시장이 정상으로 돌아오도록 하고 구조조정 지원 신용을 상환하고자 할 경우 더 높은 이자를 지불해야 하기 때문에 경상수지를 균형으로 한다는 측면에서 예전의 가격수준으로 돌아가는 것은 경쟁력을 회복하기에 충분치 않다. 따라서 가격 시계는 1995년보다도 더 돌아가야 할 것이다.

골드만삭스의 경제부 연구원들은 가격조정이 어느 정도 필요한가에 대한 모의실험 모델을 만들었다.[12] 이들은 유로지역 국가가 장기적으로 (20년) 자국 내 모든 순 대외자산을 GDP의 25% 이하로 낮추기 위해 제품의 상대가격을 어느 정도 조정해야 할 것인가를 조사하였다. 이들은 위기국은 경상수지를 개선하기 위해 유로존 평균보다 가격을 인하해야 하며, 독일은 경상수지 흑자를 줄이기 위해 유로존 평균보다 가격을 상승시켜야 한다는 점을 지적하였다. 순 대외자산 및 부채는 주로 경상수지의 흑자나 적자가 누적되면서 발생하게 되는데, [그림 2.9]에서와 같이 그리스, 아일랜드, 포르투갈, 스페인, 사이프러스의 순 대외부채는 2012년 GDP의 100% 정도이었던 반면 독일은 약 40%의 순 해외자산을 보유하였다. 연구자들은 유로지역 국가의 평균 인플레이션이 2%이고, 외국 제품을 기준으로 할 때 유로존 가입국의 평균 상대가격이 항상 일정하게 유지되도록 유로의 대외가치를 조정한다고 가정하였다.

유로가 변동환율을 택하고 유럽중앙은행이 환율조절에 관여하지 않으며, 위기발생 이전에 모든 유로존 가입국이 전 세계 다른 국가들과 경상수지 균형을 이루었을 경우 이러한 가정은 합리적이다. [표 4.1]은 이러한 전제하에 산출한 내역을 알려주고 있다.

첫 번째 수치가 있는 열은 여러 다른 모델을 적용한 결과에 따라 특정 국가의 필요한 가격 하락치 및 상승치를 나타내고 있으며, 두 번째 열은 2010년 3분기에 적용될 첫 번째 열 수치의 평균을 나타낸다. 이 수치를 산출하는 과정에서 가격조정이 필요한지 여부는 실제 경제에 대한 가정 요인뿐만 아니라 채무수준과 이자율에 따라서 결정된다. 기본적인 시나리오에서는 2010년 당시의 이자 부담과 같이 ([그림 4.2] 참조) 외채에

[표 4.1] 유로지역 국가의 유로존 평균 대비 가격조정 필요 규모 (2010년 3분기)

	평가절하	평균	2011~2013년의 터키와 동등하게 하기 위한 필요 가격 삭감
포르투갈	25~35%	30% (20%*)	29%
그리스	25~35%	30% (20%*)	36%
스페인	25~35%	30% (27.5%*)	
프랑스	15~25%	20%	
이탈리아	5~15%	10%(0%*)	
	평가절상	평균	
아일랜드	0~5%	2.5%(0%*)	
독일	15~25%	20%	

* 2012년 3분기 현재, 그리스 국채에 대한 헤어컷, 구제책, 이자감축 정책을 고려하였다.

자료: H. Pill, K. Daly, D. Schumacher, A. Benito, L. Holboell Nielsen, N. Valla, A. Demongeot, and A. Paul, Goldman Sachs Global Economics, 'Achieving Fiscal and External Balance (Part 1): The Price Adjustment Required for External Sustainability', *European Economics Analyst*, Issue No. 12/01, 15 March 2012; H. Pill, K. Daly, D. Schumacher, A. Benito, L. Holboell Nielsen, N. Valla, A. Demongeot, and S. Graves, Goldman Sachs Global Economics, 'External Rebalancing: Progress, but a Sizeable Challenge Remains', *European Economics Analyst*, Issue No. 13/03, 17 January 2013; OECD Database, *OECD.StatExtracts*, National Accounts, PPPs and Exchange Rates; Ifo 연구소 계산.

주: 첫 두 개의 수열은 2010년 3분기 현재 유로존 평균에 대비한 GDP 디플레이터 재조정을 보여주고 있는데, 이에 따르면, 유로존의 나머지 세계에 대비한 평균 무역조건을 일정하게 하기 위해 대외 유로가치를 조정하는 것을 가정할 때, 모든 유로 국가들의 대외 자산 포지션의 절대가치가 장기간(20년) GDP의 25% 미만으로 낮아진다. 괄호 안의 수치들은 그리스의 이자감축 정책뿐만 아니라 헤어컷을 감안하여 필요한 재조정이다. 세 번째 수열은 2011~2013년 평균 물가수준에 기초한 터키 대비 그리스와 포르투갈의 필요조정분이다.

대한 이자 부담이 적절하다고 가정하였다.

기본적인 시나리오에 더하여 골드만삭스는 2012년 3분기의 상황에 대해서는 수정된 추정치를 내놓았다. 이 수치는 세 번째 열의 괄호 안에 나타나 있다. 이 수정치는 정부 간 구제금융 지원과 유럽중앙은행의 지원, 그리스가 GDP의 54%에 해당하는 1,050억 유로를 삭감하는 노력 등을 반영한 수치이며, 그 결과 이자 부담이 줄어들고 순외채를 줄이는 것이 가속화된다.

기본적인 시나리오에서는 그리스와 포르투갈이 가격을 크게 인하(30%)해야 한다는 것을 이 표가 보여주고 있다. 수정된 시나리오에서도 각각 20% 정도로 여전히 상당 수준 인하해야 한다고 나타난다. 경상수지 적자를 해소하기 위해 그리스 수입품의 소득 탄력성을 다르게 가정한 가운데 EEAG가 산출한 것에서도 그리스에 대한 두 가지 추정치가 같은 정도로 높게 나왔다.[13]

OECD 구매력 통계에 따라 그리스와 포르투갈의 가격수준을 터키와 비교하면, 그 수준이 높았음을 다시 확인할 수 있었다. 2011~2013년의 평균가격과 환율에 근거하여 터키를 그리스 및 포르투갈과 비교하면서 어느 정도 가격을 인하해야 하는지를 계산했는데, 그 수치는 세 번째 숫자 열에 있다. 이 수치를 실제 환율과 비교하게 되면 어느 국가가 다른 국가보다 과대평가되어 있는지 과소평가되어 있는지를 파악할 수 있게 된다. 발라사-사무엘슨 효과로 인해 선진국과 개도국의 가격수준을 비교하기는 쉽지 않은 반면, 터키와 그리스와 같이 경제발전 수준이 비슷한 나라끼리는 상대적으로 쉽게 비교할 수 있다. 터키와 그리스의 해변, 음식, 교회 등은 비슷하다. 여행객에게 제공하는 서비스와 상품이 비슷한 수준이다. 이러한 측면에서 그리스가 경쟁력을 가지려면 이 지역의 시장여건을 결정하고 7배나 큰 이웃 나라 터키보다 물가가 더 비싸서는 안 된다. 그러나 실제로 2011~2013년 그리스의 물가는 평균 55%나 더 비쌌다. 따라서 경쟁력을 회복하기 위해 36%나 가격을 낮출 필요가 있으며[14] 이 수치는 골드만삭스 연구자들이 제시한 수치보다도 더 큰 수치이기는 하지만, 그래도 같은 두 자리의 수치이다. 터키는 유럽연합과 관세동맹을 맺었기에 여행에 대한 제약이 없다. 이러한 이유로 그리스가 강력한 이웃 나라인 터키와는 경쟁하기가 어렵다. 이러한 논거를 포르투갈에 적용해본다면, 포르투갈이 터키와 경쟁하기 위해 그 가격을 2011~2013년 평균보다 29%나 낮추어야 한다.

가격을 조정할 필요가 있는 나라 가운데 스페인이 가장 눈에 띄는데, 이는 나라크기(4,600만 인구)와 가격조정 규모 때문이다. 기본적인 시나리오에 따르면 가격은 약 30%, 수정된 시나리오에서도 가격을 27.5% 정도 낮추어야 한다. 이 수치는 제1장과 제2장에서 설명한 바와 같이 스페인이 유럽의 가장 큰 문제국가라는 우려를 확인시켜 준다. 스페인은 유로존 가입국 가운데 절대액 기준으로 외채가 가장 많으며, 실업률은 그리스 다음으로 높았다. 이제부터는 필요한 가격조정 가운데 실제 어느 정도 이루어졌는지를 살펴보도록 하자.

놀랍게도 프랑스도 가격을 20% 정도 낮추어야 하는데, 이 수치는 수정된 시나리오에서도 마찬가지다. 이러한 결과는 프랑스의 경상수지 적자(2013년 GDP의 1.8%)가 계속 증가하고 있는 데 따른 것으로서 이 문제의 전혀 다른 측면을 알려준다.

이에 비해 이탈리아는 가격의 아주 미세한 조정만으로 충분하다. 유로 도입 초기 수년 동안 인플레이션 증가율이 높았고 1996년 리라 가치가 절상되었음을 감안하면 이것은 매우 놀라운 일이다 ([그림 4.5] 참조). 이에 관한 설명은 골드만삭스 분석의 기준년도인 2010년에 이탈리아의 순외채는 불과 GDP의 24.8%로 상대적으로 매우 낮았고 골드만삭스가 가정한 기준치인 25%보다도 낮았다. 그러나 이탈리아의 순외채가 2012년 28%([그림 2.9] 참조)로, 2013년 29%로 상승한 점을 감안하면 24.8%는 너무 낙관적이었다. 이러한 수치는 경제가 성장한다면 채무 지속성 기준을 만족시키기 위해 경상수지가 반드시 흑자일 필요가 없다는 점을 의미하지만 유감스럽게도 이 수치 발표 후 경제가 뒷걸음치기 시작하였다. 그러나 이러한 수치는 장기간(20년) 예측에 따른 것이며 1~2년의 경제운용 성과에 기초한 것은 아니다.

동전의 이면은 아일랜드와 독일이다. [표 4.1]에 따르면 아일랜드는 가격을 인하할 필요가 없으며, 있다고 하더라도 미세하게만 조정하면 되었다. 반면 독일은 유로존 가입국 전체가 균형에 이르도록 하기 위해 평균 대비 20% 정도 가격을 인상하여 경쟁력과 순 대외자산을 낮추어 위기에 처한 국가가 경쟁력을 회복하고 외채를 상환하도록 도와줄 필요가 있었다.

미미한 진전

과연 상대가격의 조정과정이 일어나고 있었는가? 남유럽 국가가 이미 경쟁력을 회복하고 있었는가? 만약 그렇다면 이들 국가가 구제기금 지원 없이도 경쟁력을 회복할 수 있다는 희망을 가질 만한 이유가 있을 것이고, 따라서 경제가 건전한 나라의 납세자가 당분간 이들 국가를 계속 도와줄 명분이 있을 것이다. 만약 그렇지 않다면 유로 위기를 보다 급격하게 해결할 방안을 찾아야 했다.

금융업 및 유럽연합의 관계자들은 위기에 처한 국가의 단위노동비용이 낮아지고 있다고 종종 지적하면서, 이러한 수치는 유럽연합의 정책이 올바르다는 징표이며 정책이 거의 성공적으로 이루어진 만큼 납세자가 지속적으로 지원해야 한다고 주장한다. 그러나 단위노동비용을 지표로 본 것은 잘못이다. 그 이유는 한 나라의 경쟁력을 평가함에 있어 단위노동비용은 상품가격의 종속변수이기 때문이다. 단위노동비용이 연이어 가격인하를 유도할 경우에만 이 비용이 감소했을 때 경쟁력이 개선되었음을 의미한다. 또 하나는 고용이 일정할 경우에 단위노동비용의 감소는 경쟁력이 개선되었음을 시사할 뿐이다. 이는 우선 생산성이 더 낮고 평균적인 일자리보다 단위노동비용이 더 높은 한계선상의 일자리가 가장 먼저 사라지므로 실업이 증가하면 그 자체로 단위노동비용의 감소로 이어지기 때문이다.

특정 국가가 위기국면으로 접어들면 대부분의 기업은 단위노동비용이 높은 일자리를 먼저 정리하며, 합리화 조치를 취할 수 없을 정도로 단위노동비용이 높은 회사는 파산하게 된다. 그 결과 새로운 일자리가 하나도 창출되지 않았더라도 남아 있는 일자리의 평균 단위노동비용이 자연히 낮아진다. 이러한 상황이 대체로 단위노동비용의 감소를 설명한다. 이는 통계적 허구일 따름이다.

독일도 유로 도입 후 위기에 처했을 당시 공개토론에서 이와 비슷한 혼란이 생겼는데, 이는 위기로 인해 실업이 급증하고 단위노동비용이 감소했기 때문이다.[15] 경제학자들은 독일의 과도하게 높은 임금수준에 대처하여, 일자리가 줄어들지 않도록 사회적 대체소득을 축소함에 따른 임금인상 요구에 대처하여 복지개혁을 단행할 필요가 있다고 주장하였다. 이에 대해 노동조합은 단위노동비용이 줄어들었음을 지적하면서 경제가 이미 정상적인 단계로 들어섰기에 엄중한 개혁을 할 필요가 없다고 주장하였다. 당시 단위노동비용이 줄어든 것은 현재의 남유럽에서와 같이 한계에 있는 일자리를 정리한 것이며, 그 결과 실업이 늘어난 것이었다. 독일 경제의 실질적인 진전은 슈뢰더 정부의 사회개혁으로 광범위한 임금통제가 이루어진 이후에 이루어졌으며 (제3장의 '어젠다 2010' 절 참조), 그 결과 경제성장률과 고용이 증가하였다.

[그림 4.8]을 통해 1995년 마드리드 정상회의 이후 유로존 가입국에서의 상대가격 변화를 의미하는 소위 '실질실효환율'을 개관할 수 있다.[16] 유럽연합집행위원회의 정의에 따르면, 특정 국가의 실질실효환율은 자국을 제외한 유럽존 가입국의 가중 평균 GDP 디플레이터 대비 자국의 GDP 디플레이터이며, 여기서 무역의 비중이 가중치로 사용된다. 이

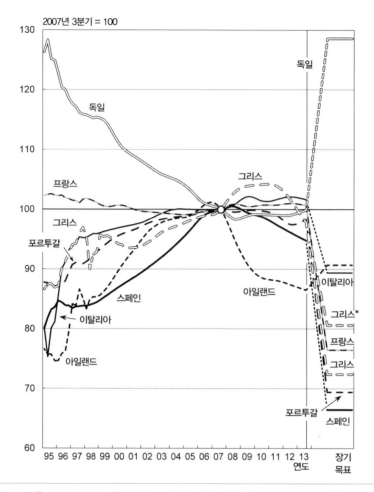

[그림 4.8] 실질실효환율 (여타 유로지역 국가에 대비한 GDP 디플레이터)

* 그리스 국채에 대한 헤어컷 이후의 수정치이다.

자료: European Commission, Economic and Financial Affairs, Economic Databases and Indicators, Price and Cost Competitiveness, Quarterly Real Effective Exchange Rates vs. (rest of) EA17, Price Deflator GDP, Market Prices; H. Pill, K. Daly, D. Schumacher, A. Benito, L. Holboell Nielsen, N. Valla, A. Demongeot, and A. Paul, Goldman Sachs Global Economics, European Economics Analyst, Issue No 12/01, 15 March 2012; H. Pill, K. Daly, D. Schumacher, A. Benito, L. Holboell Nielsen, N. Valla, A. Demongeot, and S. Graves, Goldman Sachs Global Economics, European Economics Analyst, Issue No. 13/03, 17 January 2013.

주: 도표는 유럽집행위원회가 발표한 실질실효환율의 원래 값을 보여 주고 있다. 통상 이는 무역상대국의 무역 가중 평균 물가에 대비한 (만약 물가지수가 이용 불가한 경우에는 평균 제품 생산 단위 비용에 대비) 해당국 생산물의 가격 수준(GDP 디플레이터)의 비율을 표시한다. 장기 필요수준 대신 실질 데이터를 표시한 도표의 마지막 시점은 2013년 3분기이다.

그림에서는 실질실효환율 또는 상대가격은 은행 간 단기자금시장이 처음 붕괴되던 때인 2007년 3분기를 100%로 하여 기준으로 삼는다.

이 그림을 통해 모든 GIPSIC 국가의 경우 위기 발생 전에 각기 다른 유로존 가입국에 비해 더 큰 폭으로 가격이 상승했음을 알 수 있다. 이에 비해 독일은 2007년까지 상대가격이 계속 하락하였다. 1995~2007년까지 실질가격이 21%나 하락하였다. 이러한 내용은 [그림 4.7]에 나타난 정보와 기본적으로 같은 것이다.

이 그림이 추가적으로 설명하는 내용은 정신을 번쩍 들도록 한다. 위기 발생 초기부터 2009년까지 독일의 실질적인 가격인하의 추세가 역전되었다고 기대할 만한 근거가 있기는 하다. 그러나 실제로는 그 정반대의 상황이 전개되었다. 독일의 인플레이션은 유로존 가입국 내 무역상대국의 평균수준으로 따라갔던 데 반해 이탈리아와 프랑스의 인플레이션은 무역상대국이나 독일보다 더 빨리 진행되어 경쟁력을 더욱 훼손하였다. 이들 국가는 필요한 실질 가격인하의 징조를 전혀 보이지 않았다. 특히 프랑스에서 문제가 일어나기 시작하여 유로지역 국가 전체에 부정적인 영향을 미쳤다. 놀랍게도 그리스에서는 위기가 발생한 이후에도 인플레이션이 가속화되었다. 2007년 이후 그리스의 가격곡선 기울기가 가파르게 올라가는 것이 이러한 현상을 설명해준다. 2005~2007년까지 3년 동안은 그리스의 평균 인플레이션 증가율(GDP 디플레이터)은 여타 유로지역 국가 평균보다 0.5% 포인트 정도 높았으나 그 후 3년간 이 평균보다 1.5% 포인트 올라갔고 상대적 가격 인플레이션은 2010년까지 지속되었다. 자본시장에의 접근이 어려웠고 이자수익률이 점차 높아진 2011년에는 ([그림 2.2] 참조) 그리스가 인플레이션 추세를 반전시킬 수밖에 없었다. 위기가 발생한 지 5년 이상이 지난 2012년 말에 그리스는 위기진입 당시의 실질실효환율 수준에 다시 도달하였다.

그러나 이탈리아와 그리스가 이 시점에서 간접세를 인상했는데, 간접세는 관광서비스를 제외하고 모든 수출품에 대해 면제되는 반면 수입품에는 부과되어 경쟁력에 반드시 해가 되지는 않는다는 사실을 명심해야 한다. 이탈리아의 경우 간접세 인상은 지금까지 1% 포인트 미만의 가격인상 효과를 유발했으며, 그리스의 경우는 기껏해야 3% 포인트의 인상 효과를 불러일으켰다.[17]

스페인과 포르투갈은 무역상대국 대비 실질가격이 하락하였다. 2007년 3분기부터 2013년 3분기까지 실질가격이 스페인에서는 약 5%, 포르투갈에서는 약 1.5% 하락하였다.

아일랜드를 제외하고는 그 어떤 위기국도 앞서 설명한 바와 같이 골드만삭스 연구에서 필요하다고 계산된 수준까지 가격을 인하하지 않았다. 이 곡선의 오른쪽 끝 수평선 부분은 실질환율의 장기 목표치로서 골드만삭스가 2010년 3분기 대비 기본 시나리오에 따라 산출했으며, 여기에는 유럽중앙은행이나 구제기금에 의한 어떠한 금리인하 조치도 감안되지 않았다.

이 그림에서 오직 그리스의 경우에만 최근 수치를 보여주는데, 앞서 설명한 바와 같이 2012년 시행한 GDP의 54%나 되는 엄청난 채무탕감이 이에 반영되었다. 이 채무탕감은 영속적이기 때문에 구제조치가 끝나고 이자율이 정상으로 돌아오더라도 그리스는 이러한 혜택을 계속 받게 될 것이다.

골드만삭스 연구 결과는 해당 국가를 포함한 유로존의 평균에 비해 얼마나 조정할 것인가 하는 것인 반면, 유럽연합집행위원회의 수치는 어느 국가가 다른 모든 유로지역 국가에 비해 어느 정도 가격인상 또는 인하를 할 것인가 하는 정보를 제공하고 있다. 골드만삭스의 분석치가 설득력이 있기 위해서는 유럽공동체의 잣대에 맞도록 다시 계산되어야 한다. 이 수치가 중소국가에서는 별다른 차이가 없겠지만, 대국의 경우 가격인하 또는 인상의 폭이 국가의 규모에 따라 크게 다를 것이다.

[그림 4.8]에서 경종을 울리는 또 다른 측면은 GIPSIC 국가와 프랑스의 경쟁력 회복에 도움이 되려면 독일은 유로지역 국가 평균 대비 20%, 자국을 제외한 유로지역 국가 대비 30% 정도 가격인상을 해야 함에도 위기 기간 중에 아무런 인상조치를 하지 않았다는 점이다. 6년 반 동안의 위기가 지난 후에도 대부분 GIPSIC 국가에서는 필요한 가격조정을 시행하지 않고 있으며, 가까운 시일 내에 이러한 조정이 이루어질 가망이 거의 없다는 의미이다. 따라서 위기에 처한 어느 국가도 [그림 4.1]에서 나타난 바와 같은 추세 이상으로 수출을 늘리는 데 성공하지 못한다고 하여 놀랄 일이 아니다. 이들 국가가 경제위기와 대량실업으로 인한 소득감소 효과를 수입대체효과로 보완하기 위해 상대가격을 낮추는 것은 필수적이다. 이것이 이들 국가가 평균적인 실업률로 되돌아가는 유일한 방법이다.

비교역재 가격이 하락하는 경우 경쟁력이 나아지는 데는 두 가지 이유가 있다. 그 하나는 수출에 사용되는 중간재의 비용이 감소하고 수출산업의 임금비용이 감소하기 때문이다. 다른 하나는 소비자가 외국 상품을 국내 상품으로 대체하여 수입을 줄이고 국내에서 일자리를 창출하기 때문이다. 관광 이외에 별다른 수출산업이 없는 그리스와 같은 국가에서는 특히 두 번째 이유가 중요하다.

그리스는 기후가 농업에 적합하고 이스라엘에 농산물을 많이 수출할 수 있어 확실히 더 이상 좋은 조건이 없는 농업부문에서도 경상수지 적자가 큰 것은 말이 안 되는 상황이다. 농산물의 수입이 수출보다 1.5배나 많다.[18] 그리스는 네덜란드에서 토마토를, 그리고 독일에서 정제된 올리브유를 수입한다.[19] 그리스의 가격과 임금이 하락한다면, 그리스인은 당연히 외국 상품 대신 자국 상품을 구입할 것이고, 따라서 농민은 땅을 놀리기보다 스스로 경작하고 젊은이는 농업부문에서 일자리를 되찾게 될 것이다.

아일랜드의 사례

경쟁력을 회복하기 위해 실질적으로 가격을 인하하는 것은 중요하지만, 이를 이루기는 매우 어렵다. 가격인하는 유로지역 국가 내에서 대량실업을 동반한 상당한 경제적 위축효과를 가져올 가능성이 있어 어느 국가에서도 이러한 조치가 일어나길 바라지 않는다. 제9장에서는 가격인하를 위해 유로존 안팎에서 가능한 실질적 방안을 분석할 것이다.

아일랜드가 유로존 내에서 실질적인 가격인하를 단행할 방안을 찾았다는 것은 더욱 놀라운 일이다. 2006~2012년에 아일랜드는 유로존의 다른 국가에 비해 15%라는 깜짝 놀랄 정도의 수준으로 가격을 인하하였다. 이는 위기국에서 취한 조치와는 비교가 되지 않는다.

그리고 아일랜드는 가격인하의 성과를 보았다. 아일랜드에서는 위기 발생 전 수년 동안 경상수지 적자가 점차 늘어나 2004년 GDP의 0.6%에서 2008년에는 6%에 이르렀으나 위기 기간 중에 이 적자가 없어졌다. 오히려 2010년에 소규모의 흑자로 전환했으며, 2013년에는 흑자가 GDP의 4%라는 경이로운 수준까지 올라갔다.

물론 유럽중앙은행과 유로지역 국가의 이자 경감정책도 이러한 성공의 요인으로 작용하였다. 이 수치는 [그림 4.3]에서의 방법론에 따라 측정할 수 있다. 2008~2012년에 아일랜드의 경상수지 적자가 늘어남에 따라 순외채도 증가하고 이에 비례해 해외순투자 소득이 지급되었다면 연간 이자 부담율도 2012년 GDP의 4%나 되었을 것이다. 그러나 2008~2012년 경상수지가 놀랍게도 GDP의 –5.6%에서 4.4%로 GDP의 10%나 개선되었다.

아일랜드 경제가 붕괴하여 [그림 4.1]에서와 같이 수입규모도 작아졌음은 물론 사실이다. 아일랜드에서 경상수지 개선의 주된 원인이 소득효과에 있기도 하다.

그럼에도 불구하고 아일랜드의 수출([그림 4.1] 참조), 특히 공산품 수출([그림 4.8] 참조)이 상대적으로 호조를 보여 성공담을 이야기할 때면 여전히 아일랜드를 그 예로 들곤 한다. 위기에 처한 다른 나라들이 더블 딥 또는 경기침체를 겪는 가운데 아일랜드의 산업생산은 독일이나 미국보다도 더 빠르게 위기로부터 회복하였다.

이러한 뛰어난 성과로 아일랜드는 외채의 일정부분을 상환할 수 있게 되었다. 이 성과로 투자자는 아일랜드 투자에 신뢰감을 가지게 되었고 아일랜드 채무에 대한 위험수익률이 하락하게 되었다. [그림 2.2]에서와 같이 2011년 이른 여름, 위기에 처한 나라 가운데 위험수익률이 상승하지 않은 경우는 아일랜드가 유일하였다.

다른 위기국이 아일랜드와 유사한 조치를 취할 태세가 전혀 되어 있지 않았던 데 반해 아일랜드가 어떻게 이와 같이 가격을 인하할 수 있었는가? 이에 대해서는 여러 가지 설명이 가능하다.

첫째, 아일랜드는 미국의 사회 모델을 따르는 가운데 다른 나라보다 노동시장이 탄력적이고 노동조합이 덜 강경하여 임금인하를 추진하기가 비교적 쉬웠다. [그림 4.9]는 위기발생 이전과 이후의 국가별 경제 전체와 공공부문에서 근로자에 대한 보상이 어느 정도로 이루어졌는가를 보여주고 있다.[20]

이 그림에서 아일랜드의 임금이 가장 큰 폭으로 감소했다는 것을 쉽게 알 수 있다. 2007~2012년에 경제 전체로 임금이 13% 하락하였다. 이에 비해 스페인의 임금은 4%만 감소했고, 2007~2011년 포르투갈의 임금은 3% 상승하였다. 그리스는 임금이 2009년까지 상승한 후 2007~2011년에는 총 7%나 급감하였다.

이 책을 저술하고 있는 시점인 2014년 2월에 취합한 정보를 분석해 보면, 공공부문의 임금이 하방경직성을 띠고 있다는 점은 주목할 만하다. 2007~2012년의 위기 기간 동안 아일랜드에서만 공공부문 임금이 14%

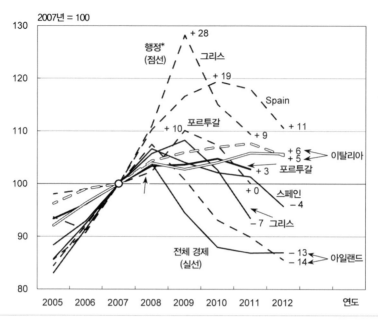

[그림 4.9] 공공부문 및 전체 경제의 노동소득 (2005~2012년)

* 행정, 국방, 사회보장.

자료: Eurostat, Database, Economy and Finance, Annual National Accounts, National Accounts Aggregates and Employment by Branch.

주: 곡선은 1인당 임금이 아니고 피고용자에게 지급된 총 급여의 변화를 나타낸다.

정도 하락하였다. 이에 비해 스페인에서는 공공부문 임금이 처음에 빠른 속도로 2010년까지 19% 정도 상승한 후 다시 약간 하락하였다. 스페인의 심각한 금융위기와 대량실업의 발생에도 불구하고 공공임금 수준이 2007~2012년에 11%나 상승하였다. 포르투갈에서는 공공임금 수준이 거의 변하지 않았다.

그리스에서는 공공부문의 임금보상이 2007~2009년에 28% 상승했다가 2009~2011년에 15% 감소하였다. 위기 기간임에도 2007~2011년에 9% 상승했는데, 같은 기간 동안 아일랜드 정부부문의 임금은 10% 감소하였다. 그리스가 대대적인 긴축정책을 실시하고 있다고 주장하지만 이러한 수치는 그렇지 않음을 알려주고 있다. 민간부문은 긴축의 징조를 보였지만 공공부문은 그렇지 않았다.

둘째, 아일랜드는 수출산업이 매우 강하다. 아일랜드의 수출은 2012년에 GDP의 108%나 되었는데, 어느 나라에서나 마찬가지로 수출품에서 차지하는 수입중간재의 비중이 높았다. 반면 스페인에서는 수출이 GDP에서 차지하는 비중이 33%, 포르투갈에서는 39%, 그리스에서는 27%에 불과하였다. 수출산업이 강한 국가일수록 수출을 위해 임금통제를 요청하는 로비도 강하다. 이에 반해 그리스와 같이 수입 로비가 강한 국가에서는 실질적인 가격하락이 수입과 연관된 사업에 피해를 주기 때문에 추진하기가 매우 어렵다. 실질적인 가격하락과 같이 국내 상품가격이 하락하게 되면 사람들이 수입품 구매를 자제하여 수입업자에게 영향을 미치게 된다. 미할리스 크리스호이다스Michalis Chrysochoidis 그리스 경제부 장관은 2012년 2월 독일 프랑크푸르트 알게마이네 차이퉁 지와의 기자회견에서 유럽연합의 보조금이 그리스의 수출산업에 해를 끼쳐 더 나은 기업과 인재가 수출부문에서 수입부문으로 옮겨갔다고 불평하면서 수출의 중요성을 강조한 바 있다.[21] 그리스 장관은 '네덜란드 병'이라는 경제이론을 인용하여, 자본이 유입되면 수출은 일시적인 증가에 그치는 데 반해 수입은 대폭 증가하게 된다고 말하였다. 한편 병명에 국가명이 붙은 네덜란드의 경우 자금이 유입된 것은 유럽연합의 자금이 아니라 자국의 가스 수출로 벌어들인 자금이었다.[22]

셋째, 가장 중요한 요인으로 아일랜드에 다른 나라보다 더 빨리 위기가 닥쳤다는 점이다. 2006년 아일랜드 부동산 거품이 먼저 터졌으며 ([그림 2.11] 참조), 당연히 그해부터 상품가격이 급락하기 시작하였다 ([그림 4.8] 참조). 아일랜드는 당시 홀로 서 있는 상황이었다. 정부 간 구제금융 지원이 없었으며 유럽중앙은행의 특별 지원책도 없었다. 아일랜드는 스스로 헤쳐 나가야 했으며 임금과 가격을 낮추면서 자구노력을 기울였다.

위기 상황에 직면한 다른 나라들은 그 후 2~3년이 지난 2008년 9월 리먼브라더스의 붕괴 이후 위기를 맞았다. 이들 국가는 아일랜드가 택했던 긴축과 사회적 내핍의 과정을 택하기보다 특히 돈을 더 찍어내는 것과 같은 대안을 찾으려고 하였다. 이러한 문제에 대해서는 다음 장에서 심도 있게 논의하고자 한다.

발틱 국가 – 긴축의 효과

발틱 국가들은 아일랜드와 비슷한 조치를 취하였다. 라트비아와 리투아니아는 각각 2005년 및 2004년 ERM-II 시스템의 회원국이 되었는데 이는 유로시스템에 가입하는 전 단계 조치로서 환율을 유로대비 ± 15% 이상 움직이지 않도록 하여야 했다. 에스토니아는 2011년, 라트비아는 2014년 1월 1일 유로에 가입하였으며 리투아니아는 가능한 한 빠른 시일 내 가입하고자 한다.

다른 공산권 국가와 같이 발틱 국가들은 1995년 이후 가격과 임금이 상당히 올랐으며 에스토니아의 경우 경제위기가 닥쳤을 때 물가가 두 배 오른 상황이었다. 체제전환 당시 이들 국가가 생산한 상품은 공산주의 시대의 상품과 품질이 거의 비슷해 현재 생산하고 있는 상품과 비교할 수 없었기 때문에 가격상승은 대체로 통계적인 가공이었다.

이들 국가의 상품 가격은 현재 위기에 처한 국가들과 비슷한 이유로 매우 비쌌으며, 궁극적으로 이러한 추세를 벗어나야 했다. [그림 4.10]에서와 같이 이들 국가들은 위기발생 이후 임금을 대폭 삭감하여 긴축 정책을 시행하였다. 특히 라트비아의 실질임금은 2007~2012년간 전 부문에 걸쳐 9%, 공공부문에서는 16% 하락하였다. 그 가운데 2008~2010

년에는 공공부문 임금과 전체적인 임금이 34% 정도 충격적으로 하락했는데, 이는 앞서 살펴본 국가들 가운데 최고치이며 심지어 아일랜드의 임금하락률보다도 높았다.

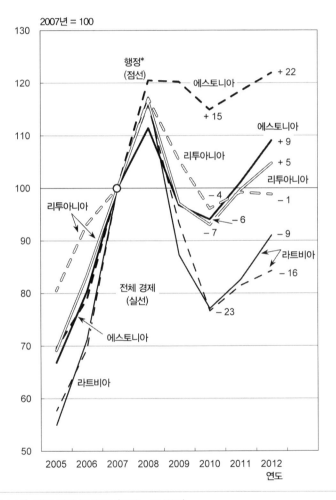

[그림 4.10] 발틱 국가의 임금 (2005~2012년)

자료: Eurostat, Database, *Economy and Finance*, Annual National Accounts, National Accounts Aggregates and Employment by Branch.

리투아니아에서는 2008~2009년의 임금하락폭이 17%(경제 전체), 10%(공공부문)이었다. 그러나 2007~2012년의 기간에는 공공부문의 임금은 거의 변화가 없었고 모든 경제부문에서는 5% 상승하였다. 에스토니아의 임금은 모든 기간 동안 9%(경제 전체), 22%(공공부문) 상승하였다.

세 나라 모두 심각한 경기침체를 겪었다. 라트비아의 실질 GDP는 2007~2012년간 12%, 에스토니아는 4%, 리투아니아는 2% 감소하였다.

라트비아의 경제운용성과는 매우 놀랄만하다. 커다란 의문은 라트비아가 전면적인 자국화폐 평가절하를 할 수 있었음에도 자발적으로 실질가격인하라는 독배를 마신 것은 무슨 이유에서인가 하는 것이다. 라트비아 전 총리인 발디스 돔브로브스키스가 언급한 내용에 그 해답이 있다. 즉 다른 조치를 취하였으면 라트비아가 유로존에 가입할 가능성이 위태롭게 되었을 것이라는 점이다.[23] 이러한 논리로서 그는 모든 사회지도자들이 대규모 임금삭감 정책에 동참하도록 설득할 수 있었다. 그리고 그는 다음과 같이 요약하였다.

유로존에 가입하기 위하여 무엇이든지 해야 한다. 일단 가입하면 원하는 것은 무엇이라도 확실히 할 수 있다.

[그림 4.11]에서와 같이 라트비아와 리투아니아의 임금 통제는 경쟁력에 긍정적인 영향을 미쳤다. GIPSIC 국가와 같이 수입이 수출보다 더 줄어든 반면 ([그림 4.1] 참조), 수출은 두 나라에서 공히 위기 이전의 추세를 훨씬 넘어섰다. 리투아니아는 특히 뛰어난 성공을 거두었다.

긴축정책이 효과를 발휘하였다.

라면서 리투아니아 전 총리인 안드리우스 쿠빌리우스가 활짝 웃었다.[24]

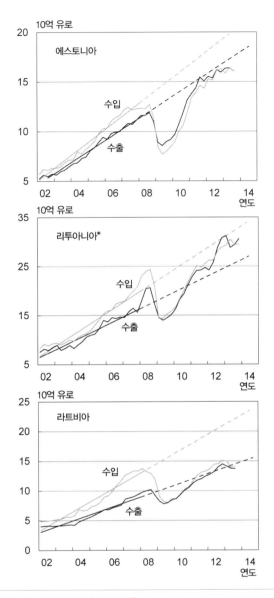

[그림 4.11] 발틱 국가의 수출입 (계절조정)

* 2002년 1분기 ~ 2013년 4분기.
자료: Eurostat, Economy and Finance, Quarterly National Accounts, GDP and Main Components; Ifo 연구소 계산.

주: 수출입에는 유럽연합통계청(Eurostat)이 발표하는 상품과 서비스가 포함되어 있다 (계절 및 영업일수 조정). 추세선은 2002년 1분기부터 2007년 4분기까지의 선형 추세로 계산되었다. 그림은 연간으로 계산된 분기 데이터이다.

진정한 경쟁자

발틱 국가가 상대적으로 유연하다는 점은 남유럽 국가에게는 또 다른 문제, 즉 동유럽 국가와의 새로운 경쟁이라는 현실에 직면하게 되었다. 이러한 경쟁은 유로가 처음 도입되었던 1995년에는 문제가 되지 않았으나 여러 동유럽 국가가 2004~2007년 유럽연합에 가입하면서 그 우려가 점점 더 커져 갔다. 대부분의 동유럽 국가가 공산주의의 멍에에서 벗어나고 체제전환의 문제를 극복하였다. 발틱 국가인 폴란드, 체코, 슬로베니아, 헝가리 등은 약간 예외적으로 숙련노동력으로 시장경제를 잘 운용하면서 정착해 갔다. 이 나라들에는 독일 등 여러 국가에서 외국인 직접투자가 유입되어 사업의 장소로 인기가 있었으며, 산업도 매우 경쟁적으로 형성되어갔다. 남유럽 국가 가운데 이탈리아를 제외하고는 이와 같은 경쟁력을 갖춘 나라는 없었다. 더욱이 동유럽 국가는 남유럽 국가보다 더 큰 장점인 가격이 싸다는 점이 있었다.

[그림 4.12]는 위기에 처한 유로존의 GIPSIC 6개국과 유럽연합에 속한 동유럽 국가 산업근로자의 시간당 임금을 비교한 것이다. 위기에 처한 거의 모든 나라의 임금수준이 동유럽 국가보다 확실히 높다. 슬로베니아만이 예외로서 사이프러스와 포르투갈보다 임금이 더 높다. 근로시간을 가중치로 하여 계산했을 때 그림에 나타난 바와 같이 유로존의 남유럽 국가와 아일랜드는 동유럽 국가보다 임금수준이 평균 247%나 높다. (스코다와 아우디를 생산하는) 대규모 폭스바겐 공장을 유치하고 있는 체코, 슬로바키아, 헝가리 등 3개국은 폭스바겐의 상당히 큰 (시트 생산) 공장을 유치한 스페인과 경쟁하는데, 3개국의 임금수준은 스페인의 3분의 1에서 2분의 1 정도에 불과하다. 또한 동유럽에서 가장 큰 나라인 폴란드의 시간당 임금은 7유로에 불과하여 그리스의 2분의 1, 스페인의 3분의 1 수준이다. 어떤 기준을 적용하더라도 이 차이는 크며, 경제학자가 아니더라도

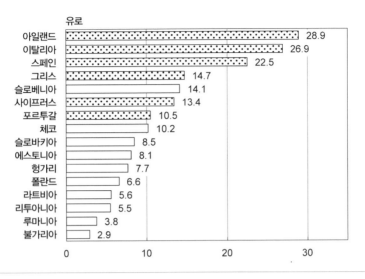

[그림 4.12] 동유럽의 유럽연합 회원국과 비교한 GIPSIC 국가의 제조업 시간당 임금 (2012년)

자료: German Federal Statistical Office, 'Arbeitskosten in Deutschland 2012 um 32% höher als im EU-Durchschnitt', press release of 26 March 2013, No. 116, 검색: 〈https://www.destatis.de/DE/PresseService/Presse/Pressemitteilungen/2013/03/PD13_116_624.html〉.

누구나 동유럽이 더 높은 성장을 하여 남유럽 국가에게 기회를 주기까지는 남유럽 국가가 장기간의 어려움을 겪게 될 것이라고 예측할 수 있다.

남유럽의 어려움은 동유럽의 규모가 크다는 점이다. 동유럽이 크지 않다면 저임금 경쟁은 남유럽의 성장에 커다란 위협이 되지 않을 것이다. 유럽연합의 일원인 동유럽 국가는 1억 1백만 주민의 거주지이다.[25] 이 규모는 1억 3천만이나 되는 위기에 처한 남유럽 국가의 인구보다는 작지만,[26] 확실히 자본의 재배분에 있어 남유럽 국가에게는 고통이 될 수 있을 정도로 충분히 클 수 있다. 더욱이 유럽연합이 저임금의 터키나 세르비아와 상호협력을 위한 협정을 맺어 유럽연합 시장에 유리하게 접근할 수 있도록 한 점을 감안할 때 앞서 언급한 남유럽 국가의 어려움은 한층 더 크다. 터키와 세르비아의 인구는 현재 8천 1백만이다.[27] 남동부 유럽과 터키에서도 이윤이 큰 투자 기회가 많아 남유럽 국가는 이들 국가와 경쟁하기에 매우 버겁다.

유로의 함정 – 디플레이션의 위협

남유럽 국가의 과도한 임금 및 가격수준을 조정하는 것은 남유럽 유럽연합 회원국의 경기회복에 불가피한 조치이기는 하나 이러한 조치는 통화동맹 내에서 시행하기가 힘들고 극복하기도 어렵다. 언뜻 보기에는 유로지역 국가에서 상대가격을 필요한 만큼 조정하는 것이 어렵지 않다. 만약 몇 년에 걸쳐 각국마다 다른 인플레이션으로 잘못된 가격이 형성되었다면 마찬가지로 같은 기간 동안 인플레이션 구조를 되돌려 잘못된 상황을 고칠 수 있을 것으로 볼 수 있다. 그러나 가격 시계를 쉽게 되돌릴 수 없기에 이러한 낙관적인 견해는 잘못된 것이다.[28]

유로 도입 후 물가가 오른 나라에서는 인플레이션이 만성화되어 있었다. 노동조합, 정부, 은행, 가계, 기업 모두가 상당한 수준의 인플레이션에 익숙하여 유로 도입 이전 오랫동안 기대수준이나 구매습관, 임금요구, 가격결정 행위 등이 이에 맞추어져 있었다. 이에 반해 실질가격 하락을 겪었던 국가, 특히 독일에서는 유로가 도입되기 오래전부터 낮은 수준의 인플레이션에 익숙해져 있었다. 이 두 국가군이 단순히 자리를 바꾸는 것이 쉽지 않은데, 이는 이들의 정신세계에 깊숙이 각인된 그동안의 익숙한 습관, 전통, 기호 등을 극복해야 하기 때문이다.

앞서 설명한 바와 같이 균형가격으로 되돌아가는 과정은 현재의 가격을 형성한 과정보다 훨씬 더 길어질 텐데, 그 이유는 경제위기 국가의 대외채무가 크게 늘어나 경상수지가 악화되어 왔기 때문이다. 골드만삭스 연구는 스페인, 포르투갈, 그리스에서 이러한 현상을 발견했는데, 이들 국가는 1995년 마드리드 정상회의 당시의 가격보다 상대적으로 가격을 낮추어야 한다는 계산이 나왔다.

이것이 얼마나 어려운가를 설명하기 위해 골드만삭스의 유로존 연구 결과에 따라 회원국의 디플레이션을 유발하지 않는 가운데 가격을 재조정한다고 가정해 보자. 독일이 경제 전체의 물가수준을 71% 올리고 명목저축의 실질가치를 42% 떨어뜨리기 위해서는 매년 5.5%씩 10년간 인플레이션이 발생해야 한다. 이 경우 유로지역 국가의 연평균 인플레이션율은 3.6%가 된다. 설령 유럽중앙은행이 이러한 수준의 인플레이션을 기술적으로 관리한다고 하더라도 이는 마스트리히트 조약을 위반한 것이며, 1915년부터 1923년까지 경험한 초 인플레이션의 충격이 여전히 정신에 깊숙이 뿌리박혀 있는 독일에서는 폭동이 일어난다. 이러한 이유에서 독일이 자국 통화인 마르크를 포기하면서 유럽중앙은행의 목표가 물가안정이 되어야 한다는 조건을 달았던 것이다. 유럽연합조약TFEU 제105조의 첫 문장은 다음과 같다.[29]

유럽중앙은행시스템ESCB의 중요한 목표는 물가안정을 달성하는 것이다.

이밖에도 유로지역 국가가 유동성 함정, 즉 이자율이 제로에 가깝고 통화정책의 실효성이 사라진 상황에서 가격을 인상하기가 어렵다. 일본이 유용한 경고를 제공한다. 1990년 주택가격 거품이 일어나면서 1997년의 은행위기로 40%나 되는 은행이 도산위기에 몰려 정부의 구제금융을 제공받았으며, 일본 중앙은행은 단기 이자율을 거의 제로로 정하였다. 이러한 상황이 지금까지 계속되면서 돈이 넘쳐나게 되었다. 이러한 노력에도 불구하고 일본 중앙은행은, 한센A. Hansen의 용어를 빌리자면[30]

지속적 디플레이션과 구조적 장기침체를 벗어나지 못하고 있다. 1980 ~1994년에 20% 정도의 인플레이션이 발생한 후 일본의 GDP 디플레이터가 거의 비슷한 정도로 하락하여 한 세기의 3분의 1이 지난 현재 GDP가 1980년 수준으로 되돌아갔다.

따라서 유로지역 국가의 가격을 재조정하기 위해 위기국의 가격을 실제로 내려야 한다. 가격을 인하하게 되면 유로지역 국가의 일부분에만 영향을 주는 것이기에 일본과 같이 직접적인 통화 평가절상에 의한 불태화(不胎化)가 이루어지지는 않으며 아일랜드, 라트비아, 리투아니아에서와 같이 가격하락에 따라 국가 경쟁력이 개선될 수 있다.

디플레이션이 필요한 또 다른 이유는 위기 발생 전에 실질적인 가격인하를 경험했던 국가와는 달리 GIPSIC 국가는 자본시장에 접근하기 어려운 상황에서 이 나라들이 인플레이션을 약화시켜 점진적으로 가격을 조정할 수 있는 시간이 그리 많지 않기 때문이다. 자본시장은 기다려주지 않으며, 필요한 가격조정을 위해 상당히 큰 압력을 가해 곧바로 디플레이션을 일으킨다.

그러나 디플레이션은 그리스, 포르투갈, 스페인과 같은 국가에게 상당한 어려움을 주고 있으며 현재의 실업, 특히 청년실업에서 그 어려움이 나타나고 있다 ([그림 1.2] 및 [그림 1.3] 참조). 디플레이션이 어느 정도 발생한 후에는 경제가 활기를 되찾겠지만, 이 과정은 매우 고통스러우며 사회 각 부문에서 아우성이 난다. 파벌 간의 갈등과 타협안을 쉽사리 수용하지 않으려 하는 강한 노동조합으로 인해 정치시스템이 긴장하게 된다.

케인스가 1925년 그의 논문 '처칠의 경제적 효과'에서 주장한 바가 그 내용이며, 그는 이를 '일반이론'에서도 다시 제기한 바 있다.[31] 케인스는 처칠에게 영국이 금본위제로 돌아가서는 안 되며 금본위제로 복귀하면 실질가격이 하락하여 노동조합의 저항으로 대규모 실업이 발생할 수 있다고 경고하였다. 그는 각각의 노동조합은 다른 모든 노동조합이 임금을 동시에 낮추리라고 생각하지 않기 때문에 임금인하에 반대한다고 주장하였다. 따라서 어떤 노동조합이 독자적으로 임금을 낮추더라도 식당이나 이용원이 이를 수용하여 서비스 가격을 낮추어 임금인하로 인한 실질소득 감소를 완화하리라 기대하기는 어렵다. 더욱이 임금을 낮춘 노동조합의 회원의 상대적인 임금수준이 낮아지게 된다. 모든 임금을 동시에 낮추자고 합의한다면 저항이 줄겠지만, 그렇게 하기가 어렵기 때문에 실질 임금수준은 하방 경직적이 되어 수요가 줄어들면 대량실업이 발생하는 것이다. 대공황 시절 영국은 케인스가 주장한 경제위기를 경험하면서 또다시 금본위제도를 포기할 수밖에 없었다.

독일의 바이마르공화국은 케인스가 언급한 또 다른 대표적인 사례이다. 독일은 베르사유 조약의 내용을 담은 도스 플랜Dawes Plan의 제약 때문에 경쟁력 회복수단인 통화의 평가절하를 단행할 수 없었다. 도스 플랜에 따른 조약에서 가장 중요한 부분은 독일제국 통화인 라이히스마르크와 금 간의 고정환율을 규정한 1924년 독일 은행법이다. 이 환율을 바꾸려고 할 경우 독일의 공공 및 민간부문의 채권자와 처절한 갈등을 빚어야 했을 것이다. 심지어 히틀러도 이 문제를 건드리지는 못했을 것이다.[32] 1929년 대공황이 발생한 후 몇 년 동안 독일의 경쟁국인 영국, 일본, 일부 스칸디나비아 국가가 자국 통화의 가치를 절하하였다. 영국이 1931년 9월 통화를 금과 연계하는 것을 포기한 후 영국 파운드의 가치는 금본위제 때보다 30%나 떨어졌다 (1933년 3월 미국도 금본위제에서 탈퇴하면서 달러를 40% 평가절하하였다). 이러한 상황에서 독일이 경쟁력을 회복할 수 있는 유일한 방법은 가격과 임금을 인하하여 통화가치를 실질적으로 절하하는 것이었는데, 브뤼닝Heinrich Brüning 총리는 엄중한 긴축정책을 통해 가격인하를 집요하게 추진하였다.[33]

그 결과 독일의 임금은 1929~1933년에 27% 급감했고,[34] 소비자물가도

23% 하락하였다.[35] 실질적인 가격인하로 30%나 되는 대량실업이 발생했지만, 다른 국가에서 공공신용을 조달해 실업난을 해소하는 복지국가로서의 완충역할을 하지 못해[36] 1928~1932년에 GDP가 16%나 감소하였다.[37] 금본위제를 탈퇴한 나라들은 비교적 경제를 잘 운용해나갔지만 독일은 경기침체로 좌우익 세력이 길거리에서 난투극을 벌이는 거의 내전 단계까지 갔다. 1933년에는 그 어떤 내전보다 심각한 수준이었다. 독일 사례의 교훈은 포르투갈, 그리스, 스페인이 실질가격을 필요한 정도로 인하하게 되면 정치적으로 분열된 국가에서는 매우 심각한 결과를 초래할 수 있다는 점이다. 노동조합은 전력을 다해 이러한 조치에 반대할 것이며, 심지어 조합원의 권익을 위해 길거리투쟁에 나설 것이다. 이론적으로는 모든 분야에서 광범위하게 임금인하가 조율될 경우 명목임금의 감소로 인해 국내산품의 가격도 떨어지므로 이를 받아들일 수 있다. 그러나 현실적으로는 광범위한 임금인하를 조율하는 것이 매우 어렵다. 그 결과 모든 노동조합이 회원의 임금을 지키기 위해 죽기 살기로 싸울 것이다. 다른 노동조합이 양보하기 전에는 그 어떤 조합도 양보하지 않을 것이다. 케인스는 고정환율제도 때문에 독일의 바이마르공화국이 함정에 빠졌다고 지적하였다.[38] 재미있는 것은 케인스의 이론을 크게 반대한 밀턴 프리드만도 이 점에서는 의견을 같이하였다.[39] 현대 경제에서는 명목임금이 하방경직성을 띠기 때문에 임금이나 가격의 인하를 통해 실질가격의 하락을 도모하는 것은 매우 제한적이다.

또한 노동조합이 설령 실질적인 가격인하를 수용하더라도 이러한 조치는 개인소득의 수입 및 지출 상황에 심각한 왜곡을 가져온다. 앞서 언급한 정도로 가격이 하락하게 되면 기계류, 건물 등 자산을 소유하고 국내 은행에 채무가 있는 여러 일반기업은 자산 및 현금흐름의 가치가 줄어드는 대신 채무와 채무상환부담에는 변동이 없어 어려움에 봉착할 것이다. 얼핏 보기에 가격을 인하하면 더 경쟁적이 될 것 같지만 많은 기업이 파산하게 된다.[40] 이와 마찬가지로 신용을 얻어 부동산을 구입한 많은 가계는 임금과 가격이 동시에 하락했음에도 채무를 상환할 수 없게 되어 부도로 내몰리게 된다. 국내의 자산 대비 채무 비율이 왜곡되면 상대적 가격인하가 아니라 실질적 가격인하를 이루려는 모든 노력이 무위로 끝나게 된다.

GIPSIC 국가는 모두 유로 도입 후 신용거품으로 경쟁력을 상실했기 때문에 심각한 국내 채무문제에 봉착하게 되었다. 따라서 기업, 민간, 가계, 정부기관 등은 채무와 채무상환부담이 너무 커 가격과 임금을 동시에 그리고 일정한 비율로 삭감하더라도 상당한 정도의 실질적 가격하락을 받아들이기가 어렵다. 그럼에도 불구하고 디플레이션을 통해 실질적으로 가격이 하락할 경우 기업과 가계의 대규모 파산은 불가피할 것이다.

이것이 발틱 국가와 GIPSIC 국가 간의 중요한 차이이다. 발틱 국가는 공산주의를 이제 막 벗어나 과대평가된 통화로 2차 유럽환율조정장치 ERM II에 가입했기에 물가수준이 비싸지만 정부, 가계, 기업의 채무가 그다지 많지 않았다. 이에 따라 사회 각계각층에게 긴축정책의 장점에 대해 설득하기가 비교적 쉬웠다. 그러나 이러한 예를 남유럽과 아일랜드에 적용하기는 쉽지 않다.

이것이 당면한 딜레마이며, 유로지역 국가가 막다른 골목에 몰린 셈이다. 유로존 인구의 40%나 차지하는 GIPSIC 국가와 유로존 인구의 20%에 달하는 프랑스조차도 과도한 신용이 야기한 인플레이션으로 경쟁력을 잃은 끔찍한 상황에 처해 있으며, 가격인하를 통해 이 함정에서 빠져나올 길은 국내 채무문제로 막혀 있는 것이다.

이러한 상황에서 통화동맹을 탈퇴해 곧바로 가격을 인하하는 것이 유일한 실행방안이다. 그러나 탈퇴할 경우 예금인출사태와 자본이탈이 발생하여 은행부문이 파산할 수 있으므로 이들 국가가 자본을 통제하여 은행예금에서 인출할 수 있는 금액을 제한해야 할 것이다. 2013년 초 사이프러스 은행시스템이 파산하면서 생긴 상황은 앞서 설명한 파급효과가 일어날 수 있음을 확실하게 보여주었다. 따라서 유로지역 국가의 해결방안, 최소한의 쉬운 해결방안은 없는 것이다.

그럼에도 불구하고 평가절하의 즉각적인 시행에 커다란 장점이 있다는 사실을 간과해서는 안 된다. 이 조치로 인해 수입상품이 비싸지게 되고 사람들이 국내에서 이와 비슷한 상품을 구매하게 되어 국내산품에 대한 수요가 증가한다. 이것은 또한 수출수요를 불러일으킨다. 그럼에도 소득 대비 채무의 비율은 변하지 않아 국내채무를 가지고 있는 개인이나 기관의 대차대조표가 왜곡되지 않는다. 국내 채권자가 가지고 있는 개인과 기관의 채무 역시 자동적으로 통화 전환에 포함되기 때문에 아무도 국내 은행에 대한 채무 및 다른 국내채무에 대해 부도를 선언할 필요가 없다.

그러나 외채는 여전히 문제가 된다. 국내에서는 실질적인 평가절하와 통화가치를 바꾸는 직접적인 평가절하의 차이가 없다. 두 경우 다 국내 통화가치의 절하에 따라 그 가치가 감소하는 국내자산에 비하여 외채는 그 가치가 상대적으로 커진다.

통화가치가 절하되면 상대적으로 외채의 규모가 증가한다는 것이 통화가치 절하를 반대하는 주장의 근거가 되고 있다. 그러나 이러한 주장은 잘못되었다. 평가절하를 큰 폭으로 할 경우 경상수지 흑자를 가져올 정도로 경쟁력을 끌어올리게 되어 최소한 외채의 일정 부분이라도 상환할 수 있게 된다. 이러한 점에서 본다면 외채 탕감이 없는 경우 외채를 감당하는 과정에서 GDP 대비 외채 비율이 처음에는 상승하는 것처럼 보인다. 평가절하의 결과 이 비율이 상승하는 과정을 거친 이후에야 경상수지 흑자가 평가절하 전의 수준으로 되돌아감에 따라 이 비율을 낮출 수 있다.

그렇지만 어떤 국가는 여전히 파산하거나 외채를 상환하지 못할 수 있다. 이 경우 채권자는 해당 국가에 재기의 기회를 주기 위해 자신의 청구권을 일부 포기하거나 외국의 납세자가 이 국가에 구제금융을 지원하는 방안이 있다. 그러나 이러한 방안은 대개 경쟁력 문제와는 별 관계가 없다.

채무문제가 해결된 경우라도 일부 국가는 유로존을 떠나 자국의 새로운 통화를 평가절하하여 경쟁력을 회복할 수 있다. 이 책의 마지막 장에서는 이러한 해결방안이 가지고 있는 위험을 최소화하는 방안을 검토할 것이다.

The White Knight

THE EURO TRAP

붕괴

미국의 금융위기가 유럽 은행권에 닥쳤을 때 공공 및 민간부문의 채무는 마치 제동장치 없이 돌진하던 유럽특급열차처럼 탈선하기 시작했다. 새로운 독(毒)이 되어 버린 미국의 채권에 대해 대손상각을 하게 되면서 유럽 은행의 자본이 감소했고 트리플 A 등급은 안전하다는 환상이 깨지게 되었다. 부실은행 수가 증가하면서 불안감이 빠르게 고조되었다. 이로 인해 2007년 8월 유럽 은행 간 단기자금시장이 처음으로 붕괴하기에 이르렀다. 그 당시 스프레드가 점차 커지면서 분산된 데서도 분명히 파악할 수 있듯이 ([그림 2.2] 참조), 그 붕괴로 인해 유럽의 주변부 국가 발행 채권에 대한 위험 평가와 보유행태에 변화가 일어났다.

이러한 변화는 특히 영업중단 은행들에서 두드러지게 나타났다. 2007년 8월 유럽중앙은행이 유동성 공급을 통해 첫 번째 은행 간 단기자금시장 붕괴를 막아낸 지 불과 한 달 만에 첫 번째 뱅크런이 일어나면서 영국의 노던록Northern Rock에 영향을 미쳤다. 이 은행이 다른 은행으로부터 자금을 조달하기 어려워졌다는 사실 때문에 지급불능상태에 빠져 있다는 우려가 고조되었다. 은행의 고객들은 계좌의 잔고를 현금으로 인출하려고 달려갔지만, 어떠한 은행 점포도 예금계정에 기재된 모든 예금을 보유하고 있지는 않았기 때문에 패닉이 발생하였다. 영란은행은 처음에는 이 은행의 구제를 거부했지만, 결국 2008년 2월에는 이 은행을 국유화하고 구제금융을 제공함으로써 은행의 신용을 회복시키는 것 외에는 별다른 도리가 없었다. 그 후 미국 은행인 베어스턴스Bear Stearns가 흔들리기 시작했고, 이와 동시에 독일의 작센 주립은행Landesbank Sachsen이 그의 아일랜드 소재 특수목적 자회사인 유럽작센은행Sachsen LB Europe의 영업부진으로 타격을 입었다. 2008년 7월에는 미국의 모기지 대부업체인 인디맥IndyMac이 파산을 신청했고, 독일에서는 2008년 상반기에 주립은행들이 연쇄 도산하였다.[1]

2008년 9월에 리먼브라더스의 붕괴 여파로 수백 개의 은행이 도산하면서 세계의 은행 간 단기자금시장이 마비되었다.

재정 및 금융구제책에 힘입어 그 후 몇 달 동안 금융시장이 다소 안정되었고 2009년 하반기에는 세계경기 회복이 시작되었다. 그러나 유럽 주변부 은행과 국가에 대한 저금리와 그에 수반되었던 과열경제도 끝이 났다. 바람직한 수렴과정에서 일어나기 시작했던 거품이 결국에는 터져버렸다. [그림 2.2]에서 보는 바와 같이 스프레드는 유로가 공표되기 전에도 찾아볼 수 없었던 수준으로까지 뛰어올랐다.

[그림 5.1]은 국제결제은행BIS의 공식통계에 입각해 위기국의 은행 대출잔액과 자본도피 규모를 제시하고 있다. 분명, 거의 모든 국가의 은행 시스템이 리먼브라더스 붕괴 후 위기를 맞은 국가들의 민간이나 공공부문에 대한 대출총액을 축소하였다 ([그림 3.7]도 참조).[2] 이들은 대부분 대출연장을 중단하고 기존 차입금에 대해 만기상환을 요구하였다.

그래서 GIIPS 국가(GIPICS에서 사이프러스를 제외한 국가)에 대한 이들의 대출총액은 2007년 4분기 2조 4,490억 유로에서 2013년 3분기 1조 3,490억 유로로 1조 1,000억 유로나 줄어들었다. 대규모 자본이 본국으로 되돌아오거나 비교적 안전하다고 생각되는 국가로 이동하였다.

은행부문이 위기국에 대한 대출잔액을 늘린 나라는 미국뿐이었다. 그 규모는 2007년 4분기 850억 유로에서 2013년 3분기 1,210억 유로로

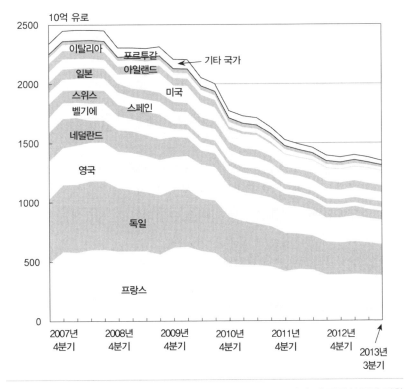

[그림 5.1] 그리스, 아일랜드, 포르투갈, 스페인, 이탈리아의 민간 및 공공부문에 대한 국제 은행 청구권

자료: Bank for International Settlements, Statistics, *Consolidated Banking Statistics*.

주: 이 그림은 국제 청구권과 해외계열사의 현지청구권을 2008년 3분기(리먼 위기) 당시 가치의 순서에 따라 나타낸 것이다. 국내 청구권은 포함되지 않았다.

확대되었다. 미국 은행들은 유럽 은행들보다 확실히 덜 위험 회피적이어서 이들이 빠져나올 때 오히려 들어가 이익창출 기회를 찾았다.

그러나 독자들은, 이 그림에 GIIPS 국가 경제의 민간 및 공공부문과 관련된 은행들의 총 대출잔액의 감소만이 나타나 있고 GIIPS 국가의 은행들도 다른 나라에 대한 대출잔액을 변경했다는 사실은 나타나 있지 않다는 점에 유념할 필요가 있다.[3] 예를 들어 이탈리아 은행들은 해당기간 동안 무려 1,310억 유로의 자금을 해외에서 회수했는데, 이는 아마도 외국 은행들이 이탈리아에서 회수해 간 3,340억 유로를 부분적으로 충당하기 위한 것이었을 것이다. 아일랜드 은행들이 4,140억 유로를 해외에서 회수했고 외국 은행들은 아일랜드에서 2,640억 유로를 회수해 갔다.

그러나 스페인에서 외국 은행들이 2,980억 유로를 회수해 가는 동안 스페인 은행들은 다른 나라에 추가적으로 2,890억 유로를 빌려주었다는 점은 흥미로운 일이다. 이 두 가지 수치는 스페인 은행시스템이 붕괴에 직면하면서 긴급한 자본도피가 이루어졌음을 의미한다. 약 1,390억 유로에 달하는 스페인 도피자금 대부분이 카리브해 연안국이나 780억 유로가 유입된 브라질을 포함한 남미로 유입되었다. 영국에는 550억 유로, 미국에는 650억 유로가 흘러 들어갔다.

이와 비슷한 현상이 그리스에서도 나타났다. 외국 은행들이 그리스로부터 1,450억 유로를 회수해 가는 동안 그리스 은행들은 690억 유로를 여러 나라로 이체하였다. 자금이체가 이루어진 국가의 명단 맨 위에는 터키와 사이프러스가 있었고, 그 다음에는 불가리아, 루마니아, 영국, 마셜 군도, 라이베리아, 세르비아, 독일, 알바니아, 우크라이나, 파나마, 몰디브 등이 있었다. 이외에도 BIS 통계에 잡히지 않는 많은 나라로 자금이 이체되었을 것으로 추정된다. 예를 들면 그리스는 스위스에 약 2,000억 유로를 예치해 놓은 것으로 보고되었다.[4]

게다가 자금은 흔히 GIIPS 국가에 도달하기 전후로 종종 다른 나라로 흘러 들어가기도 한다. BIS 통계에 나타난 국가경유 은행 대출규모에서 이를 분명히 파악할 수 있다. GIIPS 국가에 대한 프랑스 은행의 총 대출규모가 2007년 4분기부터 2013년 3분기까지 2,040억 유로 줄어드는 동안 벨기에 은행은 프랑스에 대한 대출잔액을 680억 유로 줄였고, 덴마크 은행은 560억 유로, 영국 은행은 270억 유로 줄였다. 모두 합해 대출규모가 1,510억 유로 축소되었다. 따라서 프랑스가 GIIPS 국가에 빌려주었다가 위기 시에 회수했던 막대한 자본은 실질적으로 유럽의 은행간 시장을 통해서 다른 국가로부터 조달된 자금으로 볼 수 있다. [그림 3.7]과 [그림 5.1]에는 프랑스 은행이 다른 은행보다 위기국에게 더 많은 자금을 빌려준 것으로 나타나 있다. 그러나 프랑스가 자본순수출국은 아니었다는 점을 감안하면 ([그림 3.4] 참조), 이것은 다른 나라에서 빌려온 자금임에 틀림없다. 실제로 프랑스가 라틴어족에 속한 덕분에 프랑스 은행시스템은 남유럽 국가에 대한 자금배분에서 주도적인 역할을 하였다.

이것은 모두 흥미롭지만 혼란스러운 측면도 있다. 금융자본 이동의 복잡한 구조는 단순하게 설명하기 어렵고 다소 불완전하다. 왜냐하면 보험회사, 사모펀드 회사, 헤지펀드, 많은 민간기업 등과 같이 금융자본의 흐름에 참여하고 있는 많은 중개인들은 은행이 아니라서 BIS통계에 포함되지 않기 때문이다.

독일과 그 밖의 다른 나라들 간 민간자본 이동의 속성에 관한 독일연방은행 통계를 보면 다른 부문의 중요성을 어느 정도 파악할 수 있다.[5] BIS 통계를 보면 독일 은행들이 2007년 4분기부터 2013년 3분기까지 다른 나라에서 9,020억 유로, GIIPS 국가에서만 3,040억 유로를 회수했고, 이에 대해 외국 은행들은 1,730억 유로를 독일로부터 순(純)회수했다. 그러나 독일연방은행의 보고에 따르면, 독일 기업과 가계가 같은 기간에 대출, 해외증권 구입, 직접투자 등을 통해서 1조 260억 유로를 순 수출하였다.[6] 따라서 독일 민간자본의 유출입은 대체로 균형이 맞는 것으로 보인다. 그러나 특히 헤지펀드나 투자펀드 같은 외국 금융기관에 의한 자금회수와 외국기업 및 가계에 의한 독일 내 투자에 관한 정보가 빠져 있기 때문에 이 정보도 불완전하다.

기본적으로 모든 자금의 흐름을 보여주는 독일의 국제수지 통계에 따르면, 위기가 발생한 후 독일로의 민간자본 순(純)유입은 없었다. 이에 반해 2008년 초부터 2013년까지 5,210억 유로에 상당하는 자본의 순유출이 일어났다.[7] 오로지 2010년에만 약 1,000억 유로의 자본 순수입이 있었지만, 이것은 여러 다른 해에 걸친 그 이상의 자본 순수출에 의해 상쇄되었다.[8] 따라서 독일 은행들이 다른 나라에 공여했던 신용을 일정 부분 회수했다 할지라도, 이 기간 동안에 국제금융기관뿐 아니라 독일 기업이나 가계가 더 많은 민간자본을 국외로 수출했다고 볼 수 있다. 위기동안에 거대한 자본이 독일로 이동했다는 주장이 매스컴을 통해 계속 개진되어 왔다는 점을 감안하면 이러한 사실은 매우 중요한 의미를 지닌다.

그러나 2008년부터 2013년까지 민간의 자본 순수출이 5,210억 유로였다는 통계는 의심스럽다. 왜냐하면 독일이 이 기간 동안 1조 10억 유로의 막대한 경상수지 흑자를 보였고, 전체적으로 같은 금액의 자본 순수출을 나타냈어야 한다는 사실에 부합되지 않기 때문이다 ([그림 3.4]도 참조).[9] 이 의문은 제7장에서 풀릴 것이다.

하지만 GIPSIC 국가로의 민간자본 순유입이 상당히 줄어들었다는 점, 그리고 제7장에서 좀 더 자세히 살펴보겠지만 상당 기간 동안 일부 국가에서 자본의 흐름이 반대 방향으로 움직였다는 점은 거의 의심할 여지가 없다. GIPSIC 국가에게는 이것이 큰 문제였다. 앞서 살펴본 바와 같이 인플레이션에 의한 신용거품으로 인해 이들의 경쟁력이 약화되었고 자금조달이 필요한 막대한 경상수지 적자가 발생했기 때문이다 ([그림 2.1] 참조). 여기서 한 가지 의문이 대두된다. 이 경상수지 적자와 민간자본 흐름의 역전에 따른 자본부족을 메꾸어 준 구원의 백기사는 과연 누구였는가? 그 답은 다름 아닌 유로시스템인 것이다.

발권기관의 도움

위기에 처한 국가를 처음 구해준 백기사는 유로시스템이었다. GIPSIC 각국의 중앙은행NCBs은 유럽중앙은행의 정책위원회의 규정에 따라 국내 상업은행에게 저금리로 신용을 공여하였다. 다시 말해서 이들은 윤전기로 돈을 찍어서 은행들을 도와주었다. 이러한 지원은 리먼 사태 직후인 2008년 10월부터 시작되었다. 게다가 2010년 5월부터 모든 중앙은행과 유럽중앙은행은 GIPSIC 국채를 상당량 매입하기 시작했고, 2012년 9월에는 유럽중앙은행이 향후 소위 무제한국채매입 계획을 통해 국채를 무한정 사들이겠다고 발표하였다. 이 계획은 2010년 5월에 시작된 역내국가 간 구제책에 추가하여 시행되었다. 이 장의 나머지 부분과 이어지는 두 장에서는 각국의 중앙은행 대출 기능에 초점을 맞출 것이다. 국채매입과 역내 정부구제책에 관해서는 제8장에서 다룰 것이다.

중앙은행 대출은 개별국가의 관할권내에서 각국의 중앙은행이 유로시스템의 규정 및 공유된 책임과 위험에 따라 시중은행에 자기창조 화폐Self-created money를 발행하는 방식으로 이루어졌다. 유럽에서 신용대출은 각국 중앙은행이 화폐를 발행하는 중요한 채널이다. 이는 장기대출과 소위 한계대출기관의 신용 등으로 분류할 수 있다. 그 밖에 각국의 중앙은행은 제한된 범위 내에서 은행부문이 보유한 자산을 공개시장에서 매입하는 방식으로도 화폐를 발행하는데, 이는 미국에서 신용창조 시 주로 사용하는 일반적인 방법이기도 하다. 매입된 자산은 금, 외화,

국채 그리고 민간부문에 의해 일시적으로 발행된 유동화채권인 커버드본드 등이 포함된다. 이 책의 나머지 부분에서는 중앙은행 대출, 신용창조의 원천을 망라하는 자산매입 등에 대해 논의할 것이다.

화폐는 은행권의 형태를 취할 수도 있지만, 상업은행이 각자 중앙은행에 보유하고 있는 요구불예금 계좌에 입금된 장부화폐로 우선 발행된다. 이 책에서 별도로 언급하지 않으면 화폐는 중앙은행 화폐 또는 본원통화, 즉 유통 중인 은행권과 시중은행이 중앙은행에 보유하고 있는 소위 '당좌계정'current accounts과 '예금계정'deposit facilities에 예치한 요구불예금을 의미하는 것이다. 첫 번째 용어(당좌계정)는 경제학의 대외무역회계에서 완전히 다른 의미로 사용되고 있기 때문에 여기서는 사용을 피하고자 한다. 더욱이 유로존의 예금제도 예치금은 은행이 더 이상 이자를 받지 못하기 때문에 대부분 그 실효성을 상실하였다. 또한 상업은행은 이익에 반해 중앙은행에 정기예금을 보유하고 있는 만큼 중앙은행에 자금을 빌려주고 있는 셈이다. 이런 정기예금은 본원통화의 일부분이 아니다.

더욱이 이 책에서 사용하는 '발권(發券)'이라는 용어는 은행권의 실질적 발행뿐만 아니라 넓은 의미에서의 신용창조를 의미한다.[10] 이와 마찬가지로 화폐분쇄와 자금이체라는 용어는 뒤에서 은유적인 의미로 사용될 것이다.

중앙은행 대출은 일반적으로 기껏해야 이틀에서 3개월 정도의 아주 짧은 기간 동안 주어져 사용될 수 있고 지속적으로 갱신되어야 한다. 오늘날에는 만기가 좀 더 긴 경우가 일반적이다. 중앙은행들은 신용을 창조하여 그들의 관할권 내에 있는 상업은행에 자금을 제공한다. 그리고 전통적으로 재할인율이라고 불리는 소정의 이자를 부과한다. 이 이자율은 위기 시 지속적으로 인하되어 이 책을 쓸 당시에는 0.25% 수준에 머물러 있다.

은행은 보통 예금자나 다른 대여자로부터 그들 고객에게 빌려줄 자금을 모으며 다른 대여자들도 마찬가지로 그들의 고객으로부터 자금을 받는다. 다시 말해 자금은 민간부문으로부터 나오고 다시 민간부문으로 흘러 들어간다. 그러나 성장하는 경제는 일반상품 거래를 위해 커다란 규모의 자금을 필요로 한다. 왜냐하면 화폐의 대부분이 계좌나 지갑에 잠시 머물고 지속적으로 유통되기 때문이다. 이런 이유로 어떤 국가의 지급관행을 고려할 때 추가적인 자금은 매년 경제의 명목성장률에 비례하여 중앙은행에 의해 창조되어 시중은행에 빌려주는 형태로 민간부문에 공급되어 유통되게 된다. 그러므로 성장하는 경제에서 화폐유통 뒤에 숨어 있는 신용공여의 규모는 지속적으로 증가되어야만 한다. 이는 중앙은행에 소위 발권차익seignorage이라는 통화발행에 따른 이자수입을 가져오고 이 수입은 국고로 귀속된다.[11] 제1장에서 언급했듯이, 2013년 유로시스템의 발권차익의 규모는 정적인 유통측면에서는 약 1.3조 유로였고 동적인 유통측면에서는 약 2.9조 유로 수준에 달했다. 각국 중앙은행NCBs이 공동규정에 따라 운영하면서 이들의 이자수익은 모아지고 각 중앙은행은 국가 경제규모에 비례해 그 일부를 받게 된다. 그 부분은 유럽중앙은행시스템 구축 당시 상대적으로 매우 적었던 자본투입 이후 시스템의 '지분자본'capital key이라고 불리고 있다.[12]

중앙은행의 본원통화 창조 이외에 상업은행들은 요구불예금을 대출함으로써 은행권과 같은 역할을 하고 국가의 경제수준에 비례하여 소요되는 장부화폐를 창조한다. 이들은 중앙은행이 본원통화 발행에서 얻는 것처럼 스스로 창출한 예금에 대해 신용창조 수입을 얻는다. 민간부문의 현금인출에 대비하고 유동성 확보에 필요한 최소한의 법정 지급준비금을 예치해야 하기 때문에 상업은행이 유동성 부족 위험이 없이 자의적으로 중앙은행에 예치해 놓은 자금 이상으로 장부화폐를 창조할 수는 없다. 그러므로 상업은행에 의해 만들어지는 장부화폐의 규모는 본원통화의 규모에 의해 내생적으로 결정되며 이 책에서 다루고 있는 이슈와 동떨어진 독립변수가 아니다.

경제위기 시에는 채권자와 채무자 간의 신뢰가 깨져 잠정 채권자들이 다른 사람에게 자금을 빌려줄 경우 되돌려 받지 못할 위험이 커지기 때문에 빌려주기보다는 현금이나 장부화폐로 자금을 비축하길 원하므로 중앙은행은 좀 더 많은 화폐를 공급해야 한다. 그러나 유동성 선호현상이 갑자기 발생하면 경제가 불안해진다. 왜냐하면 퇴장된 추가 유동성 때문에 최종 투자자들이 투자재 구입에 필요한 신용을 확보하지 못하기 때문이다. 예금자로부터 실질적 투자자로의 자금이동은 원활하지 않게 되어 총수요가 부족하게 된다. 이러한 부정적 영향을 피하기 위해 중앙은행은 퇴장으로 인해 발생하는 저축과 투자 간 자금흐름의 누수를 막기 위해 추가로 자금을 공급해야 한다.

유동성 퇴장은 예금자의 자금이 실제 상품이나 투자재의 구입을 원하는 최종 자금수요자에게 도달하기 전에 은행이나 보험사와 같은 여러 금융기관을 통해 전달될 경우 좀 더 심각한 문제가 된다. 불신풍조가 만연하게 되면 여러 금융중개기관에서 다양한 형태의 대규모 현금 퇴장이 동시다발적으로 나타나게 된다. 예금자로부터 최종 투자자까지 신용흐름의 각 단계마다 자금의 일부분이 퇴장되어 사라지게 되고 이는 실제 투자자에게 자금이 거의 도달하지 않는 경우가 발생하게 된다. 이로 인해 금융위기가 실물경제를 위기에 빠트려 대량실업을 유발할 수 있다. 은행간 자금시장은 이렇게 여러 단계를 거쳐 작동하는 시스템이다. 자금의 갑작스런 퇴장의 결과 2007년 8월 일시적으로 은행시스템이 마비되었고, 2008년 9월 리먼브라더스가 붕괴했던 것이다. 실물경제에 미친 영향은 대단히 심각해서 2009년에는 세계경제가 전후 최악의 불황에 빠졌다.

유럽중앙은행은 처음에는 약간 주저했지만 퇴장된 잉여자금을 대체하기 위해 점차 적극적인 노력을 기울였다. 2007년 8월 9일과 그 후

며칠 동안 상업은행에게 무제한의 오버나잇[13] 유동성을 제공한 것을 제외하고는, 모든 은행에게 정상적인 신용만 공여할 수 있도록 통제했다. 그러나 위기가 점점 더 심각해지고 리먼브라더스의 붕괴로 은행 간 단기자금시장이 마비되었을 때 한 단계 향상된 광범위한 신용지원 계획을 시행해 유동성을 충분히 공급하였다.[14] 시중은행에게 극히 제한된 양의 중앙은행 자금을 몇 년간 경매를 통해 공급하다가 2008년 10월부터 중앙은행은 충분한 담보가 제공된다는 전제하에 점점 더 낮은 금리(처음 1%에서 결국 0.25%로 내려감)로 무제한 신용을 제공할 수 있게 되었다. 이런 새로운 정책은 이 책을 쓰고 있는 지금도 계속 시행되고 있으며 전액배정정책Full Allotment Policy이라고 불린다.

이러한 정책수단은 시중은행에게 불안정한 은행간 단기자금시장에 대한 대안을 제공하였다. 당시에 채무를 진 은행들은 내부 자금을 확보하려는 다른 은행으로부터 자금을 차입하는 대신에 각국의 중앙은행에게 지원을 요청하였다.

이와 동시에 유럽중앙은행은 은행들이 잉여자금을 이자가 발생하지 않는 요구불예금 계좌에 예치하는 대신에 적정이자율로 유럽중앙은행에 그 자금을 예치할 수 있도록 지속적으로 허용하였다. 이러한 정책으로 유럽중앙은행은 대출업무의 안정성을 보장하기 위해 그의 장부를 통해 대여하는 경로 역할을 하는 등 채권은행과 채무은행 간의 중개기관의 지위를 담당했다.[15] 그러나 어쨌든 유로시스템의 대출활동이 중앙은행에 시중은행의 자금이 얼마나 예치되어 있는가에 크게 좌우되지 않았기 때문에 이러한 설명은 단지 그 과정을 경험적으로 묘사하는 데 그치는 것이다. 나중에 유럽중앙은행은 '통화정책 전달구조의 기능'의 향상에 관심을 가졌다.

유로시스템이 중앙은행 대출을 충분히 제공한 것은 완전한 성공이었다. 이것 덕분에 은행 간 시장 작동에 필수적인 요소인, 여전히 건전한 경제의 건전한 은행들 사이의 신뢰가 매우 빨리 회복되었다. 이 수단을 도입한지 불과 몇 달 만인 2008년에서 2009년으로 넘어가는 시점에 은행간 단기자금시장이 다시 잘 작동하였다. 만약 이러한 수단을 계속 적용하는 것이 시중은행에게 더 이상 매력적인 대안이 되지 못했다면 시장이 국가와 기관의 위험을 차별적으로 재평가하여 건전한 상태를 분명히 더 빨리 회복할 수 있었을 것이다.

시장이 위험을 재평가한다는 것은 GIPSIC 국가가 예전보다 더 높은 프리미엄을 지불해야 한다는 것을 의미한다. 이 경우 이 국가들의 상환능력의 신뢰도는 추락하게 되는데, 그 이유는 위기 동안 투자자는 이 국가들의 해외 및 국가부채에 대해 면밀한 감시를 해왔기 때문이다. 이 나라들의 시중은행은 국채를 너무 많이 보유하고 있어서 (앞서 설명했듯이 국채에 대한 자기자본 보유의무가 없었던 결과로) 점점 더 파산하기 쉬운 것으로 간주되었다. 게다가 이 은행들은 부동산 시장의 붕괴로 인해 분위기가 심상치 않은 민간부문에 대규모 담보대출을 제공해 왔다. 이런 이유로 인해 시중은행들은 잉여저축을 보유한 나라로부터의 은행간 대출에 대해 더 큰 위험 프리미엄을 제공해야만 했다. 이로 인해 각국 중앙은행의 저금리 대출에 대한 시중은행의 수요가 크게 확대되었다. 예정된 만기를 연장하기 위한 유럽중앙은행에 대한 압력이 점점 더 커지게 되었다. 유럽중앙은행은 만기일을 정했으나 2009년 여름에 세계적인 경기상승이 감지되기 시작하면서 2010년부터 2012년까지 경기가 강한 추진력을 얻었음에도 불구하고 만기일이 다가오면 또 다시 연장을 반복하였다. 이 글을 쓰는 시점에도 비상대책들이 계속 시행되고 있고, 위기가 발생한 지 8년째가 되고 이 제도가 채택된 지 약 7년이 지난 시점인 2015년 7월 7일까지 적어도 이러한 조치들이 유지될 것이라고 발표되었다.

유럽중앙은행의 신용정책은 유로존 전체를 위해 설계되었고 개별국가에 대한 특별한 조치를 고려하지 않았지만, 리먼 쇼크가 극복된 후에는 자금조달 문제가 끈질기게 지속되면서 시장에서 높은 이자가 요구되었던 남유럽 및 서유럽 국가들에게 대한 특별정책으로서 기능하기 시작했다. 그 후 유럽중앙은행의 대출정책은 위기를 일반적으로 극복하기 위한 정책이 아니라 시장조건보다 나은 금리로 신용을 제공함으로써 GIPSIC 국가를 지원하는 창의적인 정책수단으로 탈바꿈해 나갔다. 신용은 민간시중은행을 통해 민간기업과 각국 정부로 흘러갔다. 이때 민간기업이나 각국 정부는 중앙은행 대출을 얻기 위해 채권이나 주식을 담보로 사용하였다.

사실상 유럽중앙은행의 대출정책은 2010년 5월에 도입된 국제적 구제계획보다 2년 반 앞서 시행되었던 주변국 구제제도였다. 이 책이 서점에 배포될 시점이면 유로존은 위기 7년차와 유럽중앙은행의 주변국 구제계획 6년차에 거의 도달하게 될 것이다.

유로 도입 전에 오늘날 유로존을 구성하는 국가들은 자주적인 통화정책을 따랐기 때문에 돈을 찍어내는 발권력에 의지할 가능성을 이미 가지고 있었다. 그러나 과도한 화폐발행이 인플레이션과 통화의 평가절하를 초래할 것이고 그 결과 구매력은 감소할 것이기 때문에 이들은 신중했어야만 했다. 유로지역 국가 사이에는 환율이 더 이상 존재하지 않는 통화동맹의 일원이기 때문에 이들이 발권력을 방만하게 사용했을지라도, 즉 화폐를 지나치게 많이 찍어냈더라도 유로는 이들에게 평가절하 위험을 제거해주며 명백한 이익을 제공하였다. 더욱이 한 국가의 중앙은행에 의한 추가 통화빌행은 다른 나라 중앙은행에 의한 통화발행 감소로 상쇄되었기 때문에 인플레이션 위험은 존재하지 않았다.

유로시스템이 우량담보에 대해서만 단기 유동성을 제공하고 공급부족 시 중앙은행 대출을 유지하는 유동성 경매를 제공할 때 이러한 혜택은 크지 않았다. 그러나 유로시스템이 위기 동안 중앙은행 신용에 대한 접근성을 완화했을 때 그 혜택은 훨씬 더 분명했고, 은행간 단기자금시장에 의해 요구되는 상대적으로 좀 더 부담스러운 신용조건을 회피하려는 많은 국가들이 발권력을 적극 활용하였다. 이는 신용거품의 폭발 및 민간투자자의 자금제공 거절에도 불구하고, 시장에서 빌릴 수 없거나 불리한 조건으로 빌려야 하는 돈을 발권기관이 찍어내 이들의 경상수지 적자를 지속적으로 메울 수 있도록 했다. 게다가 발권력에 의지함으로써 이들은 프랑스와 북유럽 국가로뿐만 아니라 영국, 미국 등 그 밖에 많은 다른 나라로의 일시적 자본도피로 인한 자본부족을 메워 줄 자금을 창출할 수 있었다. 제7장에서는 발권을 통한 자금조달에 관해 국가별로 논의할 것이다.

독자들은 실제로 그랬을까 하는 의문을 갖게 될 것이다. 유로존의 각 개별국가 중앙은행이 그들이 원하는 만큼의 통화를 발행해서 국내경제 및 정부에 대여해 주는 것이 정말 가능했을까? 각국 경제규모에 맞춰 중앙은행에 신용을 창출할 수 있는 자금을 배정할 수 없었을까 (큰 국가는 큰 윤전기, 작은 국가는 작은 윤전기)? 설마 국가들이 더 이상 어디에서도 싸게 빌릴 수 없어서 단순히 화폐를 발행할까, 그리고 과연 아무 일도 없었던 것처럼 그렇게 할 수 있었을까?

옳거나 그르거나 그렇게 할 수 있었다는 게 답이다. 유럽중앙은행이나 유럽조약은 가입국의 경제규모에 따른 자금의 할당량에 대해 명문화하거나 고려하지 않았다. 이와 반대로 유로시스템의 신용 공급이 어디서 일어나든 별 문제가 되지 않는다는 것이 보편적 인식이다. 이러한 견해는, 은행들이 공동규정의 적용을 받지 않는다는 사실, 각국의 발권 성향은 지역별로 다양하다는 사실, 그리고 담보기준이 매우 낮고 다르게 해석될 수 있다는 사실과 명확히 대비된다. 특히 은행과 고객을 공동 재정시스템에 포함시킴으로써 개별국가 위험으로부터 금융기관의 파산위험을 분리할 수 있는 단일유럽국가가 아직 형성되지 않았고, 유감스럽게도 가까운 미래에는 이루어지지 않을 것이라는 사실과도 뚜렷하게 대조되는 입장이다. 이 책의 마지막 장에서 이 주제를 다시 다룰 것이다.

그러나 경제규모에 따라 중앙은행에 담보제공을 약속한 은행에게 대여해 주는 방식으로 화폐발행을 할당하는 간접적인 방법이 있다. 상대적으로 규모가 작은 경제는 경제규모가 큰 국가보다 사용가능한 담보가 더 작다고 추정할 수 있다는 근거를 가지고 신용창조를 간접적으로 제한할 수 있다. 적격담보에 대한 규칙을 정하고 있는 유럽중앙은행 정책위원회는 안타깝게도 권한을 최대한 활용해 이러한 제한을 철폐하였다.

담보기준 완화와 만기 연장

위기 발생 전에 은행은 유럽중앙은행의 내부 신용평가기준에 의거 예컨대 S&P의 A- 등급[16]에 상응하는 최소한 싱글 A의 평가를 받은 담보를 제공하고 그들의 중앙은행으로부터 신용을 확보해야만 했다. 신용은 관행적으로 일주일 정도의 단기로 제공되었다. 제공된 신용의 규모는 제한되었고 만기는 최장 3개월이었다. 유럽중앙은행은 국내저축이나 해외신용의 부족분을 메우기 위해 금융부문에 자금을 공급하기보다는 국내거래가 이루어지도록 상업은행과 여타 민간부문에게 필요한 유동성을 공급하였다. 만약 어떤 국가가 국내에서 판매한 것보다 더 많은 상품을 해외에서 구입하길 원한다면 아주 안전한 담보를 제공하지 않는 한 바로 중앙은행에 지원을 요청할 수는 없고, 자금을 조달하기 위해 높은 이자율로 국제자본시장의 문을 두드려야 한다. 금리가 높아지면 수입수요가 감소하고 외국인들은 자금을 제공하길 원하게 된다.

미국 금융위기가 유럽으로 전이되었을 때, 이러한 형태의 통화정책은 강력한 반발을 샀다. 특히 은행간 자금시장을 통해 자금을 공급하던 외국은행을 비롯한 대여자들은 대규모 경상수지 적자를 안고 있는 국가들로부터 자금을 인출하거나 이 국가들에게 보다 높은 이자율을 요구하는 등 거래를 회피하려 했기 때문에 이들 국가는 지급불능위기 아니면 유동성 위기에 직면하게 되었다. 대여자들은 담보를 제공하면서 자국의 중앙은행을 통해 이러한 자금부족을 극복하려 했다. 그러나 이들은 양질의 적격담보를 빠르게 소진했고, 유럽중앙은행 대출의 만기가 해외 민간대출을 대체하기에는 너무 짧았다.

2008년 가을 리먼브라더스 붕괴로 위기가 목전에 닥쳤을 때, 유럽중앙은행 정책위원회는 다양한 정책변경을 통해 시중은행을 도왔다. 그 중 특히 가시적인 변화는 앞서 언급한 제한된 자금을 경매하는 방식에서 전액배정정책으로 변경한 것이었다. 그러나 이보다 더 중요한 것은 적격담보의 질적 요건을 파격적으로 완화시키고 중앙은행 대출의 만기를 연장해 준 것이었다.[17] 이러한 조치에 관해서는 위기 발생기간 동안의 제반 후속조치와 함께 [표 5.1]에 정리했으며 아래에서 계속 설명해 나갈 것이다.

2008년 10월에 유럽중앙은행은 대출 기간을 최장 6개월로 두 배 연장하면서 2008년과 2009년에 2,650억 유로를 제공하였다.[18] 유럽중앙은행은 장기대출거래Long-Term Refinancing Operations; LTRO를 통해 신용을 제공하였다. 2009년 5월에 유럽중앙은행은 전액배정방식으로 세 차례에 걸쳐 12개월 만기의 LTRO를 시행하기로 결정하였다. 첫 번째는 6월에 시작되었고 총 4,420억 유로의 수요가 있었다. 2009년 말까지 이러한 LTRO의 총 규모는 6,140억 유로로 늘어났다.[19] 2011년 12월 21일에 유로시스템은 심지어 3년 만기 신용을 제공하기 시작하였다.[20] 두 차례 분할 발행했는데, 최근 것은 2012년 2월 29일에 공여한 총 1조 190억 유로였다. 드라기 총재는 그의 계획을 '거대한 바주카포'라고 불렀다.[21]

총액 중 5,660억 유로가 중앙은행의 단기 신용을 대체하기 위해 사용되었고, 나머지 4,530억 유로는 중앙은행 신용에 추가로 제공되었다. 어떤 은행은 이 자금을 비축했고, 나머지 은행은 다른 은행에서 빌린 개별 신용을 대체하는 데 사용하였다. 전체적으로 보아 유로시스템의 은행은 더

[표 5.1] 유럽중앙은행 신용 정책의 변화 (시행일자)

일자	정책수단
2008년 10월 15일	전액배정정책
2008년 10월 24일까지	담보의 최저 등급 – 싱글A
2008년 10월 25일	ABS[1]를 제외한 모든 자산에 대해 최저등급 트리플 B로 완화 비규제시장에서 대출기관에 의해 발행된 증권도 인정 (STEP[2] 시장 포함)
2008년 10월 30일	LTRO[3]의 만기가 6개월로 연장됨
2009년 2월 1일	정부보증 자체용도 채권을 담보로 인정
2009년 3월 1일	ABS의 최저등급 – 트리플 A
2009년 6월 23일	12개월 만기 LTRO 3회 입찰중 첫 회
2010년 5월 6일	그리스가 발행 또는 보증한 채무에 대한 등급요건 면제
2011년 4월 1일	아일랜드가 발행 또는 보증한 채무에 대한 등급요건 면제
2011년 7월 7일	포르투갈이 발행 또는 보증한 채무에 대한 등급요건 면제
2011년 12월 19일	특별 ABS[4]에 대한 등급요건을 싱글 A로 낮춤 – ACC[5] 인정
2011년 12월 21일	3년 만기 LTRO 2회 입찰 중 첫 회
2012년 6월 29일	특별 ABS에 대한 등급요건을 트리플 B로 낮춤
2013년 5월 3일	EU-IMF 계획 하에 있는 국가가 발행 또는 보증한 채무에 대한 등급요건 면제
2013년 5월 9일	사이프러스가 발행 또는 보증한 채무에 대한 등급요건 면제

1) 자산유동화증권
2) 단기 유로채, 비규제시장 ([박스 5.1] 참조)
3) 장기대출제도
4) 주택담보나 중소기업대출로 구성된 자산유동화증권
5) 추가 신용 청구권

높은 시장금리로 자금을 외부에 빌려주기보다는 나중에 사용할 목적으로 유동성 안전판을 확보하기 위해 유럽중앙은행의 예금제도에 약 6,000억 유로를 맡겨두었다.[22]

적격담보에 대한 질적 요구조건을 낮추는 조치들은 정교하고 다양하며 파격적이었다. 첫 번째 조치는 2008년 10월 15일 전액배정정책이 도입된 뒤 바로 취해졌다. 2008년 10월 25일에는 자산유동화증권ABS을 제외한 적격담보의 최저 등급이 싱글 A에서 정크본드 수준 바로 위인 트리플 B로 낮추어졌다. 유럽중앙은행은 미리 정해진 날짜에 정상적인 평가기준으로 되돌아갈 것이라고 여러 차례 발표했으나 그 날짜가 다가왔을 때 날짜를 다시 연기했고, 이런 식의 정책은 지금까지도 지속되고 있다.[23]

평가등급을 트리플 B까지 낮춤에 따라 은행은 자산의 상당 부분을 담보로 활용할 수 있게 되었고, 새로운 중앙은행 대출을 통해 이러한 자산을 더 많이 취득할 수 있게 되어 잠시나마 도움이 되었다. 그러나 이렇게 완화된 기준을 충족시킨 담보조차도 곧 고갈되었다. 유럽 중앙은행은 담보요건을 더욱 완화시킴으로써 위기에 처한 나라들이 자국 중앙은행의 결정에 따라 화폐발행을 통해 더 많은 신용을 이용할 수 있도록 조치하였다. 완화책은 항상 오래가지 못했고, 최근의 허용된 담보범위가 고갈될 때까지만 지속되었다. 그러나 이런 일이 일어날 때마다 유럽중앙은행은 담보의 질적 요건을 더욱 완화함으로써 더 많은 담보를 허용해 주었다.

국채는 시중은행이 자국의 중앙은행으로부터 대출을 받을 때 맡기는 담보에 있어서 중요한 역할을 하였다. 은행은 그들의 중앙은행으로부터 새로 자금을 빌려 국채를 매입했고, 이 국채를 다시 신용에 대한 담보로 사용하였다. 정부에 의한 간접금융이 항상 이런 방식의 편리한 프로세스로 이루어졌다. 그러나 신용평가기관이 그리스, 포르투갈, 아일랜드의 국채에 대한 부정적인 전망을 발표하면서 그 국채를 순차적으로 (2010년 4월 그리스, 2011년 7월 포르투갈, 아일랜드) 투자부적격 등급으로 낮추자 이러한 프로세스가 멈추었다.[24] 유럽중앙은행의 정책위원회는 각국 국채뿐 아니라 이들 국가의 정부가 보증한 사채에 대해서도 최소한의 평가기준을 면제하는 조치를 내렸다 (2010년 3월 그리스, 2011년 4월 포르투갈, 2011년 7월 아일랜드, 2013년 5월 사이프러스).[25] 2013년 5월 3일 유럽중앙은행은 EU-IMF 프로그램을 따르거나 지원받는 국가에 대해 최소한의 평가기준을 철폐하여 이러한 면제조치를 일반화시켰다.[26] 더구나 유럽중앙은행은 위기로 고통 받는 국가들의 국채가 담보가치를 유지할 수 있도록 유럽중앙은행의 국채매입계획Security Market Program; SMP과 무제한국채매입계획OMT을 통해 해당국가의 국채를 사들이기로 결정했다. 이에 관해서는 제8장에서 더 자세히 논의할 것이다. 이러한 조치로 채무국은 시장에서 국채를 신규 발행할 수 있게 되었다. 왜냐하면 은행들이 그 채권을 담보로 하여 각국 중앙은행에서 인출한 새로운 자금으로 그것들을 살 수 있었기 때문이다.

유럽중앙은행의 계정에 따르면, 이러한 간접적 정부차입의 총액은 지방정부와 중앙정부를 통틀어 2013년 1분기에 4,520억 유로였고, 그 대부분이 위기에 처한 국가에 집중되었다.[27] 제이피모건J.P. Morgan 사에 따르면, 2011년 2월까지 그리스 중앙은행에 제공된 담보의 39%에 해당하는 560억 유로가 그리스 국채로 구성되었다. 게다가 그중 38%인 550억 유로는 그리스 지방정부에 의해 보증된 채권이었다.[28] 이러한 조치는 유럽중앙은행을 통한 정부의 간접적인 자금조달로 이루어졌고 이러한 국가들의 파산을 방지했다. 국가보증은 시중은행이 유동성이 없는 채권을 담보로 제공할 수 있도록 했다. 자산의 진정한 가치가 알려져 있지 않았기 때문에 그들이 거래되지 않는다는 점을 고려하면 은행은 그 채권들을 액면가로 평가하는 경향이 있었고, 각국 중앙정부에 그들에 대한 보증서를 발행해 달라고 요청했다. 정부는 국가경제를 위해 유럽중앙은행의 싼 대출을 보장받으려고 이러한 요구를 들어주었다. 유일한 문제는 신용평가기관의 판단에 따라 국가 자체가 지급불능 위기에 빠진 상황에서 정부보증은 아무런 가치가 없었다는 점이다.

자산유동화증권ABS은 유럽중앙은행의 담보정책에서 중요한 역할을 하였다. 이들은 포트폴리오 내부위험의 분산, 그리고 낙수 원리waterfall principle에 따른 청구권의 계층화 덕분에 다양한 본래 자산보다 더 안전한 것으로 여겨지는 자산 포트폴리오에 대한 다양한 청구권으로 구성되었다.[29] 은행은 민간기업이나 다른 은행에 대한 청구권을 가지고 이러한 자산유동화증권을 만들어 유로시스템 내의 각국 중앙은행에게 그것들을 담보로 제공할 수 있었다. ABS는 시장에서 거래되고 싱글 A 평가를 받는다는 조건하에 늦어도 2004년부터는 담보로 확실히 인정되었다. 앞서 언급한 바와 같이 이것들은 2008년 10월 25일 담보요구기준을 트리플 B로 완화하는 정책에서 배제되었다. 그럼에도 불구하고 위기로 인해 시중은행들이 은행간 대출을 각국 중앙은행의 신용으로 대체하려 할 때 ABS는 필요한 담보를 생성하는 매력적 방법이 되었다. 이런 목적으로 사용된 ABS 잔고는 2007년 평균 1,820억 유로에서 2010년 4,900억 유로로 급속도로 증가하였다.[30] 잠재적인 남용을 막기 위해 유럽중앙은행은 2009년 3월에 ABS 평가기준을 싱글 A에서 트리플 A로 강화하였다.[31] 그러나 이런 좋은 ABS 종목이 드물었기 때문에 정책위원회는 이런 정책을 유지할 수 없었다. 정책위원회는 2011년 12월 19일 주택저당권에 의해 보증되거나, 중소기업에 대한 대출에 의해 보증된 ABS에 대한 최소한의 요구조건을 싱글 A 범위로 다시 낮추기로 결정하였다.[32] 더구나, 2012년 6월에는 최소한의 요구조건을 가장 낮은 투자등급인 트리플 B로까지 낮추었고, 주택담보대출, 중소기업대출, 상업저당대출, 자동차담보대출, 임대차계약, 소비자대출을 포함한 넓은 범위의 채권에 이 완화된 조건을 적용하였다.[33]

ABS를 담보로 사용하게 되면서 은행은 담보로 제공되기 어려운 미심

쩍은 자산을 섞어 사용할 수 있는 여유를 갖게 되었다. 아일랜드에서는 자산대출이 수십억 유로의 가치를 지닌 패키지로 묶여 유럽중앙은행에 담보로 제공되었다. 그 결과 유동성이 없는 ABS는 본래 저급의 증권임에도 불구하고 정부는 이를 중앙은행 대출용 적격담보로 만들기 위해 종종 보증을 서 주었다. 스페인 은행들은 부동산대출채권을 ABS에 대량으로 집어넣어 이를 유럽중앙은행에 담보로 제공하였다.

　자산유동화증권이라는 정책수단이 미국 금융위기 때 수치스런 역할을 했다는 것은 잘 알려진 사실이다. 왜냐하면 은행들이 더 좋은 등급을 받기 위해 이질적인 증권을 묶을 수 있도록 허용했기 때문이다. 은행들은 증권의 다양화가 통계적으로 독립적인 위험을 제거할 것처럼 위장했지만, 사실상 이런 증권들은 대부분 아주 높은 상관된 위험을 내포하고 있었다. 위기가 발생해 기관들의 사기행각이 밝혀진 다음에는 시장에서 신규발행이 거의 이루어지지 않았다.[34] 그러나 유럽중앙은행이 은행들에게 허용한 대출거래refinancing operations는 여전히 활발하게 이루어졌다. 세계에서 가장 현명한 투자자 워렌 버핏은 한때 이를 '대량살상 무기'라고 불렀다.[35] 이들을 묘사하기 위해 흔히 사용되는 또 다른 은유적 표현은 '소시지'인데, 진짜 소시지의 경우 사람들은 그 안에 무엇이 들어있는지 꼭 알려고 들지 않기 때문이다.

　ABS 소시지에 들어간 고기는 때때로 먹을 수 없었다. 예를 들어 축구선수 크리스티아노 호날두를 영입하는 데 사용된 대출에서 비롯된 레알 마드리드 축구 클럽에 대한 청구권이 스페인 ABS에서 발견되었고, 포르투갈에서는 통상 12월 31일이 만기인데 9999년(오타가 아님) 12월 31일이 만기일인 청구권이 발견되었다.[36] 그러는 동안 스페인에서 가망이 없을 정도로 채무가 많은 축구클럽의 가치를 대폭 절하해야 한다는 문제제기가 있었다.[37] 이럴 경우 유럽중앙은행 담보의 일정 부분이 사라질 것이다. 위험한 자산대출로 인해 시장이 불안해지면서 은행이 지급불능이 되고 중앙은행 대출을 갚을 수 없게 된다면 결국 다른 나라의 납세자가 레알 마드리드 소속 축구선수를 위해서 돈을 지불해야 할 것이다.

담보정책의 특이한 면은 은행이 정부나 기업과 같은 다른 당사자에 의하기보다는 은행부문이 스스로 발행한 증권을 담보로 제공할 수 있다는 점이다. 이런 은행채를 담보로 받는 조건은 유럽중앙은행이 승인한 규제시장이나 비규제시장에서 거래해야 한다는 점이다. 후자는 2008년 10월 25일에 도입되었다.[38]

은행채를 담보로 사용할 가능성은 소위 단기유로채STEP 시장과 밀접하게 관련되어 있다. STEP 시장은 국내법에 따라 운영되는 프랑스은행Banque de France이 통치하는 일종의 소수민족 특구와 같은 것이다. STEP 시장이 유럽중앙은행에 의해 규제되지는 않았지만, 2013년 7월에 담보로 허용되고 유동성 있는 적격자산으로 취급된 STEP 채권의 총 발행 물량은 4,040억 유로였다. 그 중 3,410억 유로는 금융기관에 의해 발행된 채무였다.[39] 단기유로채 시장의 역할과 세부사항은 아래의 박스 안에 설명되어 있다.

[박스 5.1] 단기유로채(STEP) 시장

단기유로채(Short-term European Paper; STEP)는 만기가 며칠에서 일년 사이이고, 증권거래소에서 거래되지 않는, 금융기관 발행 증서를 포함한 상업증권을 말한다. 단기유로채 시장은 시장기준과 관행을 수렴함으로써 단기증권을 위한 유럽시장을 통합할 목적으로 2006년에 창설되었다. 그것은 2007년 4월에 비규제 시장으로서는 처음으로 유로시스템 대출업무의 담보목적을 위해서 받아들여졌지만, 그 당시에는 금융기관들이 발행한 증권을 받아들이는 것은 금기사항이었다.[40] 그러나 2008년 10월에 유럽중앙은행이 이 금기사항을 처음으로 깨뜨렸고, 유로시스템의 대출조치에 있어서 은행들이 발행한 단기유로채에 대해 담보로써 일시적으로 적격하다고 선언하였으며, 그들의 승인이 2009년 12월에 가서 한해 더 연장되었다.[41] 2011년 9월에는, 유럽중앙은행이 '유로통화정책 제도 및 절차에 관한 일반조항'을 근본적으로 변화시켰다.[42] 유럽중앙은행은 대출기관 발행 채무증서들이 규제된 시장에서 거래될 때만 적격하다는 자격요건의 보류를 승인하였다. 2012년 1월부터 어떠한 시한도 없이 금융기관 발행 단기유로채권들이 유로시스템의 대출조치에 있어서 담보로 이용하는 데 적격한 것으로 되어 왔다.

2013년 7월에 담보로 설정된 단기유로채 금액이 4,040억 유로였고, 그중 약 84%가 상업은행들이 발행한 증서로 구성되어 있다.[43]

단기유로채 시장은 EURIBOR-EBF(유럽은행연맹의 한 조직)에 의해 운영되고 있는데, 그 조직은 최근에 유럽은행 간 우대금리인 유리보(Euribor)[44]를 조작한 혐의를 받았고, 유럽중앙은행의 '규제 시장'에 관한 정의[45]를 충족시키지 못하는 기준에 따라 프랑스은행에 의해 감독되고 있다.

거래증권에 대한 상세한 자료는 유로클리어 프랑스(Euroclear France)로부터 프랑스은행에 제공되지만, 유럽중앙은행에 완전히 보고되는 것은 아니다. 유로클리어 프랑스는 유로클리어 은행(Euroclear Bank)의 계열사인데, 유로클리어은행은 유로 단기채 시장에서 큰손 중 하나이다. 단기채 시장에서 자체 계정으로는 세계에서 두 번째로 큰 중개기관이다. 이 모든 것은 유로시스템 내의 프랑스 통화정책 특구를 연상시킨다. 프랑스 은행들이 신속한 차입수단으로써 단기유로채 시장에 과다하게 의존하고 있는 것을 보면 이러한 인상을 갖게 된다. 프랑스 은행들은 대략 총 1,900억 유로의 단기유로채를 발행해 왔고, 효과적으로 시장을 운영해 오고 있다.[46] 단기유로채 시장은 여전히 성장하고 있는 것으로 보이며, 스페인과 포르투갈에서 온 은행 등 많은 고객을 새로 끌어들이고 있다.

은행채의 허용과 관련된 문제는 은행이 자체발행 채권을 상호간에 발행하고 거래할 수 있다는 것이다. 그 당시 은행채는 각국의 중앙은행으로부터 대출을 받기 위한 담보로 사용될 수 있었다. 남용에 대한 유일한 방어수단은 은행채가 거래되어야 한다는 것이었다.[47] 그러나 은행들이 이런 채권을 발행하고 나서 서로 거래한 다음 그 채권을 자국의 중앙은행을 통해 대출을 받는 데 사용하였다. 실제로 이것은 마치 은행이 담보를 제공하지 않고 화폐 윤전기(중앙은행)로부터 자금을 차입하는 것과 같다. 유럽중앙은행은 서로 밀접하게 연관된 은행의 무담보 채권의 사용에 대해 질적인 제약을 가함으로써 이러한 남용을 방지하려고 노력하였다.[48] 그럼에도 불구하고 2012년 말까지 원칙적으로 중앙은행 대출용 담보로 제공될 수 있는 무담보 채권의 규모는 2.5조 유로였으며, 담보로 사용된 그런 채권의 규모가 약 3,290억 유로였다.[49]

이러한 거래의 편리한 부수적인 효과는, 채권이 액면가 이상으로 거래될 경우 무(無)에서 자기자본을 창출하는 데 그 채권을 사용할 수 있다는 점이다. 원칙적으로 유통거래에 참여하는 모든 은행은 자산가치를 자신의 채권을 발행함으로써 초래된 채무 이상으로 기장(記帳)할 수 있다. 이는 일반적으로 자산의 유통거래에 있어서 잘 알려진 내용이다.[50]

은행채 사용의 또 다른 변형된 형태는 거래는 되지 않지만 같은 은행이 발행하고 중앙은행 대출을 신청하기 위해 담보로 제공된 채권, 즉 자기용도 채권own-use bonds이다. 각국 중앙은행은 정부의 보증을 전제로 이러한 채권을 받아들였다. 예를 들어 이탈리아 은행들은 2011년에 400억 유로 상당의 자기용도 채권을 담보로 제공했고, 아일랜드 은행들은 2011년에 약 180억 유로, 2013년 3월에 또다시 80억 유로를 저당 잡혔다.[51] 그리스 은행들은 2011년에 64억 유로에 달하는 자기용도 채권을 담보로 사용하였다.[52]

담보로 받아들여진 비유동성 자산에는 기업에 대한 직접적 대출채권도 포함되어 있었다. 유럽중앙은행 정책위원회는 2011년 12월 8일 열띤 토론 후 독일연방은행의 표결에 반해 일관된 최소 담보평가기준을 포기하기로 하고, 각국 중앙은행으로 하여금 유로시스템 적격기준을 충족시키지 못하는 대출채권에 대해 담보로 받아들일지 여부를 결정하도록 하였다.[53] 추가신용청구제도Additional Credit Claims Framework로 알려진 이런 정책은 2011년 12월 19일에 시행되었다. 이는 개별 중앙은행이 자신의 위험으로 유럽중앙은행의 적격담보 기준 이하로 평가된 대출채권을 은행이 자체 적격기준을 만들어 정책위원회에서 승인을 받는다는 조건하에서 담보로 받을 수 있도록 허용했다는 것을 의미한다.[54] 유로시스템의 17개 중앙은행 중에서 7개 은행(이 중에는 특히 프랑스은행과 이탈리아은행이 포함되었음)만이 이런 선택권을 사용해서 2012년 2월 9일 정책위원회 회의에서 독특한 적격기준에 대한 승인을 요청하였다.[55] 2013년 1분기에 담보로 사용된 대출채권의 규모는 총 담보의 19%에 해당하는 4,720억 유로였다.

담보로 받은 비유동성 자산에는 앞서 언급한 정부보증 대출채권과 여타 담보부 대출채권, 소매 주택저당채MBS, 그리고 공공기관이나 국제기구와 같은 적격 상대방이 예치한 정기예금이 포함되었다. 이것들은 중앙은행 대출 확대를 위한 중요한 수단으로서 실제로 매우 활성화된 담보 범주에 포함되었다. 이러한 종류의 자산규모는 2007년부터 2009년까지 1,090억 유로에서 3,590억 유로로 약 3배 이상 증가했고, 2013년 1분기에는 6,440억 유로로 또다시 두 배 정도 증가하였다.[56] 이런 범주에 속하는 담보의 비중은 이 기간 동안 총 담보의 10%에서 26%로 증가하였다.

요약하자면, 보다 긴 만기, 아주 낮은 담보요구 수준, 낮은 이자율 등은 모두 유럽중앙은행이 실제로 은행신용을 위해 은행간 단기자금시장에서 상당히 낮게 입찰해 왔다는 것을 의미한다. 이런 것들은 문제 있는 은행과 그들의 고객이 파산하지 않도록 하였으나, 좋은 투자와 나쁜 투자 사이에 감시역할을 하는 민간 자본시장의 역할이 크게 훼손되었음을 의미하기도 한다. 이 주제에 관해서는 이어지는 여러 절에서 자세하게 다룰 것이다. 많은 좀비은행이 이러한 구제정책으로 유지되었지만 이제 은행연합의 공적자금으로 자본을 확충할 필요가 있다 (제8장 참조).

요점을 다시 한 번 정리하자면, 유로존 은행이 시장에서 지급해야 할 금리가 더 높아질수록 담보기준 완화와 만기 연장은 이들에게 큰 도움이 되었다. 이러한 관대한 담보정책이 유로존의 모든 국가에게 똑같이 적용된 것도 사실이다. 하지만 유럽중앙은행은 담보기준을 낮춰 위험을 흡수하는 정책을 실시함으로써 아직도 시장을 왜곡시키고 있는 것이다.

그러나 담보정책이 생각처럼 그렇게 일관되게 시행되지 않았기 때문에 결코 그 조건을 유지할 수 없었다. 유럽중앙은행은 약 3만 8천 개의 다양한 자산을 담보로 수용하고 담보 형성과정에 대한 다른 나라의 다양한 역사를 인정하면서 각국의 조문에 세부규칙과 명세서를 적용하고 있다.[57] 이 시스템의 오류를 제대로 수정하지 못한 것, 그리고 각국 중앙은행의 일반규칙에 대한 자의적 해석을 효과적으로 통제하지 못해 나라마다 서로 다른 적격담보기준을 적용하게 된 것에 대한 비난이 이어지고 있다.

특히 문제가 되는 것은 담보부족 위험을 최소화하기 위해 저당 잡힌 담보의 가치에 대한 할인율을 적용하는 문제이다.[58] 유로시스템은 일반적인 할인 원칙을 적용하고 있지만, 각국의 중앙은행은 필요한 평가를 국내에서 수행하기 때문에 이런 원칙에 대한 각 국가의 적용방식은 매우 다양하였다. 특히 각국의 중앙은행은, 더 많은 중앙은행 대출을 받기 위해 은행이 사용할 수 있는 적격담보금액을 늘릴 목적으로 이들이 받은 담보 등급을 조작하면서 유럽중앙은행이 정한 알파벳 순의 평가기준을 회피하였다.[59]

도덕적 해이

리먼 위기 직후 은행간 시장이 붕괴하여 즉각적 대응이 필요한 상황에서 유럽중앙은행이 적절한 정책을 수행했다는 사실에 대해서는 많은 사람들이 인정하고 있다. 그러나 2009년 하반기에 세계경제가 강하게 회복되기 시작한 후에도 유럽중앙은행이 특히 적격담보기준을 정크본드 수준으로 낮춘 정책을 오랫동안 실시하고 계속 연기한 것은 커다란 우려를 낳았다.[60] 유럽중앙은행이 통화정책의 범주를 훨씬 벗어난 과정에까지 개입함으로써 은행과 채권자를 구제하고 있다는 우려가 대두되었다.

독일연방은행 총재 옌스 바이트만Jens Weidmann은 2012년 초에 ECB 총재 마리오 드라기에게 편지를 써서 각국의 중앙은행으로부터 대출을 받을 때 은행들이 설정한 담보의 질이 낮다고 불평하면서 이러한 우려를 표명했는데, 그 내용이 언론에 유출되어 널리 인용되었다.[61] 2010년 5월 유럽중앙은행의 국채매입계획(SMP, 제8장 참조)으로 시작되었던 유럽중앙은행과 독일연방은행 사이의 지속적 갈등이 2011년에는 독일연방은행 총재 악셀 베버Axel Weber와 유럽중앙은행의 수석 이코노미스트 위르겐 슈타르크Jürgen Stark의 사임으로 이어졌는데, 이것은 바로 이 편지에서 점화된 것이었다.

이론적으로는 유럽중앙은행이 필요한 곳에 유동성을 지원하는 통화정책을 수행한다. 하지만 실제로는 발권용 윤전기에서 만들어 낸 신용으로 민간은행과 그들의 채권자를 구제해 주었던 것이다. 유동성이 문제라는 견해가 우세하기 위해서는 유럽중앙은행이 반드시 1등급 담보를 요구하는 정책을 고수해야 했을 것이다. 유럽중앙은행은 명백히 이러한 정책에서 벗어났을 뿐만 아니라 다면적이고 불투명한 담보기준 제도를 만들어 모든 경고를 무시하면서 혼란을 초래하였다.

담보기준을 왜 그토록 급격하게 완화시켰는지 의문이 들 수도 있다. 한 가지 이유는, 유럽중앙은행의 신용에 대한 상각손실이라는 측면에서 은행도산의 비용은 유로시스템 내부에서 사회화되어야 한다는 인식에서 비롯된 전통적인 도덕적 해이의 문제에서 찾을 수 있다. 유로시스템은 통화정책 운용에서 발생한 수익과 손실을 가입국 중앙은행과 정부 사이에 공동 배분하는 체제이다 (제1장 참조). 이러한 도덕적 해이 효과는 유럽중앙은행 정책위원회의 다수가 소수의 격렬한 반대에도 불구하고 왜 모순된 담보의사결정을 내렸는지를 잘 설명해 준다. 이것은 또한, 민간투자가 국내 차입자를 피하는데도 불구하고, 왜 위기를 겪는 국가의 정부와 중앙은행이 국내은행으로 하여금 국채를 매입하고 민간경제에 자금을 대출할 수 있도록 하고 유로시스템의 담보규정을 파격적으로 완화해 이 나라들의 발권용 윤전기에 전적으로 의존하려고 한 이유에 대해서도 설명해 준다.

자금을 대출해 준 은행과 채무자가 도산할 경우 유로지역 국가들이 그 손실의 일부를 분담하는 반면, 각국 경제는 자산가격, 사회기반시설, 일자리, 연금과 임금이 유지된다는 측면에서 새로운 신용에 의해 생성된 현금흐름의 직접적인 혜택을 누렸다고 볼 수 있다.[62] 이러한 혜택이 특히 소규모 국가에게 컸다. 이는 이러한 나라의 경우 불건전한 신용 재융자 공여에 따른 유로화 기준 손실분담률이 미미했기 때문이다. 이러한 관점과는 반대로, 중소국가가 대국보다 인구대비 훨씬 더 많은 의결권을 갖게 된다는 사실(제1장 참조)은 이러한 측면에서 문제가 큰 것으로 보인다.

이러한 해석에 대한 반론이 있는데, 그것은 유럽중앙은행이 지금까지 위험부담전략으로 인해 발생하는 대규모 손실을 피할 수 있었다는 주장이다. 제8장에서 논의하겠지만, 이러한 주장은 그러나 도산위험을 유로존 납세자들에게 전가하도록 한 유럽중앙은행 정책위원회가 내린 여러 가지 결정으로 인해 각국 의회의 후속적 선택이 편향(偏向)되었고 막대한 재정구제기금을 설정함으로써 추후에 위험의 재구성을 무리하게 추진했다는 사실을 간과하고 있다. 일단의 국가군(群)이 다른 국가의 은행 도산을 막아주기 위해 그 나라로 자원을 강제로 이동시킴으로써 결국에는 유로존을 심지어 이전지출동맹transfer union으로까지 탈바꿈시킬 수도 있다.

유럽중앙은행이 이러한 우려에 대해 공개적으로 반응한 적은 없지만, 담보기준을 낮추었음에도 불구하고 담보에 적용하는 할인율haircut이 충분하기 때문에 제공한 신용에서 위험을 발견할 수 없다는 입장을 반복적으로 밝혀왔다.[63] 또한 담보의 시장가치를 매일 관찰하고 있으며 가치가 하락하면 즉각적으로 추가담보를 요구하거나 신용을 축소할 것이라고 말해 왔다.[63] 하지만 불행히도 유럽중앙은행은 오늘날까지 어떤 증권을 담보로 승인했고 어떤 삭감조치를 취했는지에 관해 아무런 통계도 발표한 적이 없을 뿐만 아니라 이러한 안전장치가 실제로 어떻게 작동했는지에 관한 정보도 발표한 적이 없다.[64] 게다가 시가기준으로 매일 변화하는 가격변동에 맞춰 할인율을 조정하는 것은 거래되는 자산에만 해당되는 것이지, 전체담보의 26%에 해당하는 거래되고 있지 않는 자산에는 당연히 적용되지 않는다.

심지어 자산이 거래되더라도 할인율 정책은 손실발생에 대한 안전장치가 되지 못한다. 등급요건을 심지어 투자등급 아래의 극단적으로 낮은 수준까지 완화함으로써, 유럽중앙은행은 한 국가의 갑작스런 채무불이행 위험에 스스로를 노출시켜 왔다. 이 경우 추가담보를 요구하지 않고도 다양한 할인율을 적용해 채권의 시장가치를 즉시 줄일 수 있다. 만약 유럽중앙은행이 금융위기의 상황에서 일부 담보에 대해 불충분하다고 선언한다면, 해당 은행의 중앙은행 대출에 대한 접근이 제한될 것이다. 이럴 경우 담보로 제공할 수 있는 채권에 대한 은행의 수요가 감소하여 이용 가능한 담보가 아예 사라져 버릴 것이다.

이러한 상황은 2012년 2월 말 그리스 중앙은행이 그리스 국채를 담보로 채택했을 때 발생했다. 그리스 의회가 그리스 국채보유자들에게 채권액의 일부를 '자발적으로' 포기하라고 압력을 넣은 후에 일어난 일이다. 그리스 의회는 채권액의 일부를 포기하는 데 (15세기 스페인 종교재판 전의 자발적 고해성사처럼) 자발적으로 합의하지 않는 채권자에게는 채권액 삭감을 강요하는 방식으로 그리스 국채에 대한 계약조건을 변경할 것이라는 이른바 '공동조치 조항'을 발표하였다.[65] 이 발표 후에 그리스 국채의 가격은 곤두박질쳤고, 그리스 중앙은행이 제공한 대출에 대한 담보는 더 이상 충분할 수 없었다. 그리스의 상업은행이 추가로 담보를 제공할 수도 없게 되었다. 결국 유럽중앙은행은 2012년 2월 28일에 스스로 모든 담보요건을 완전히 철폐하고 그리스 중앙은행에게 담보부 대출을 완화된 조건의 긴급신용의 한 형태인 긴급유동성지원Emergency Liquidity Assitance; ELA 대출로 전환해줄 것을 요청해야 했다.[66] 채무상환유예가 완료되었을 때, 유럽중앙은행은 다시 그리스 국채를 담보로 채택하였다. 하지만 2012년 7월 25일 그리스 국채가 새로운 압력에 직면하게 되어 유럽중앙은행은 그리스 중앙은행에 다시 한 번 ELA 대출을 받도록 요청해야 했다.[67]

20여 년 전 유로가 처음 논의되었을 때, 채무문제를 화폐 윤전기로 해결하는 데 익숙한 남유럽 국가에 대해 더 강한 채무규율을 적용하자는 주장이 있었다. 각국의 통화가 유통될 때에는 각국 정부는 과다하게 차입을 했고 보유 채권의 일부를 상업은행에게 매각하곤 했는데, 상업은행은 발권기관으로부터 대출을 받아 그것을 사들였다. 이것은 인플레이션과 통화의 평가절하를 초래하는 과정이었다. 각국 정부가 외국환 차입 시와 마찬가지로 자체 발행할 수 없는 통화로 자금을 차입할 수밖에 없으므로 유로화는 더욱 엄격하게 관리해야 한다는 주장이 그래서 대두되었던 것이다.

불행하게도 이러한 주장은 채무국이 유럽중앙은행 정책위원회에서 다수를 차지하고 있었기 때문에 묵살되었다. 이들은 사실상 지역통화 발행의 규칙을 마음대로 바꿀 수 있었다. 이 나라들에게는 상황이 전보다는 훨씬 더 나아졌다. 이 나라 각국의 중앙은행이 대출을 위해 발행한 통화가 유로존 어디에서든 법정통화로 받아들여졌고 상품이나 자산의 매입에도 사용되었다. 이에 관해서는 이어지는 두 장에서 좀 더 자세히 논의할 것이다.

유럽중앙은행 정책위원회에서 다수를 차지한 위원들조차 각국의 발권용 윤전기를 가동시킬 필요가 없었다. 앞서 언급한 ELA 신용은 셀프서비스 시설과 여지없이 닮았다.

긴급유동성지원(ELA) 신용

ELA는 'Emergency Liquidity Assistance'의 머리글자로 긴급유동성지원이라 한다. 이것은 유럽중앙은행 정책위원회의 3분의 2가 반대하지 않는 한, 각국 중앙은행이 스스로의 위험에 따라 상업은행에게 제공하는 대출로 구성된다.[68] 2013년에는 정책위원회 23명의 위원 중 8명, 즉 3분의 1을 약간 넘는 위원이 저렴한 신용을 필요로 한 GIPSIC 국가 출신이었다 ([그림 1.6] 참조). 몇 해 동안의 다른 위기의 경우에 GIPSIC 국가는 오히려 더 많은 의결권을 차지하기도 했다. (단지 2014년 라트비아가 가입함에 따라 GIPSIC 국가는 필요정족수를 잃게 되었다.) 이에 따라 정책위원회에서 다른 국가들이 반대 연합전선을 구축할 수는 없게 되었다. 이론적으로는 정책위원회의 GIPSIC 국가 출신 위원이 원하는 만큼 발권기관을 통해 신용을 자국에게 제공할 수도 있었고, 아무도 이들을 막을 수 없었다.

그리스, 아일랜드, 사이프러스의 중앙은행은 유로시스템에서 대규모의 ELA 신용을 끌어왔고, 이를 사용했을 때 이들 국가는 사실상 이미 파산 직전의 상태에 있었다. 아일랜드의 ELA 신용규모는 2011년 2월 7백억 유로로 2012년 GDP의 43%였고, 그리스는 2013년 5월 1,260억 유로로 2012년 GDP의 64%였으며, 사이프러스는 2013년 4월 110억 유로로 2012년 GDP의 64%였다.[69] 유럽중앙은행 정책위원회가 총 2,510억 유로에 달하는 ELA 신용을 용인한 것으로 보이며, 2012년 6월 정점에 달했다. 2013년 12월까지 ELA 총신용 규모가 750억 유로로 떨어졌는데, 이는 주로 다른 구제금융으로 대체되었기 때문이다.[70]

긴급유동성지원ELA 신용에 대한 장벽이 이처럼 낮았던 이유는, 발행 주체인 중앙은행 자체가 상각손실을 부담해야 하기 때문에 ELA 신용이 다른 나라들에게 채무위험을 전가시키지 않을 것이라고 믿었기 때문이다. 기본적으로 단일통화정책에 간섭하지 않는 한, 다른 유로지역 국가에게는 영향을 미치지 않는 그 나라만의 고유한 문제인 것처럼 보인다. 2013년 6월 11일 독일 헌법재판소 청문회에서 유럽중앙은행 정책위원인 아스무센Jörg Asmussen을 포함한 유럽중앙은행 대표들은 이러한 점을 계속 강조해 왔다.[71] 하지만 이러한 견해는 기껏해야 절반의 진실이라고 볼 수 있는데, 이는 다음에 설명하는 바와 같이 ELA 신용이 상당히 큰 규모라면 유로시스템이 실제로 채무위험을 지게 되기 때문이다.[72]

제1장에서 살펴보았듯이, 통화정책 운용으로 인한 수익은 일반적으로 유로시스템 회원국들이 공동으로 관리해 왔다. 공식적으로 ELA 신용은 예외였지만, 유로시스템 내의 이자송금액을 계산하는 실질적인 방식은 예외에 해당되지 않는다. ELA 신용은 각국 중앙은행이 유럽중앙은행의 주요 대출 금리보다 보통 1% 포인트 더 높은 금리로 상업은행에게 제공한다. 예상되는 위험 보상의 명목으로 높은 금리가 유지되지만, 각 중앙은행은 정상적인 대출을 통해 얻은 이자수입 부분을 실질적으로 다른 중앙은행과 공유해야 한다. 그 이유는 주어진 유로시스템의 본원통화하에서 ELA 신용 때문에 유로시스템 내 다른 지역에서의 정상적인 중앙은행 대출의 여지가 줄어들고 그에 따라 이자수익도 감소하기 때문이다.

ELA 신용이 유로시스템에 부과하는 위험을 이해하려면 대출의 가치는 만기에 원금상환을 위한 자금을 조달하기 위해 연속적으로 연장한 동일대출 금액과 이로 인해 발생하는 무한한 이자흐름의 현재가치를 합한 금액과 동일하다는 사실을 알아둘 필요가 있다. 일반적으로, 은행이 중앙은행 대출을 상환할 수 없고 설정된 담보가 가치 없는 것으로 밝혀진다면 유로시스템 전체에서 손실이 발생하게 된다. 상응하는 신용사슬에서 생성된 이자가 더 이상 공동기금으로 유입되지 않는다는 점에서 그러하다. 하지만 문제의 국가는 여전히 통화정책운용을 통해 얻은 유로시스템 전체 이자수입 잔여분의 일정 몫을 받게 된다. 중앙은행 대출의 짧은 만기에도 불구하고 유로시스템의 손실은 영구적이다. 이는 본원통화의 시간경로를 고려할 때, 지급불능의 중앙은행 대출을 대체할 더 많은 대출을 실행함으로써 이자손실을 보상받을 수 없기 때문이다. 그 이자손실은 각국의 지분자본에 비례하여 유로시스템의 회원국들에게 영구적으로 배분된다. 이는 어떻게 상각손실이 장부에 기입되는지를 명시한 회계규정에 관계없이 사실이다.

이와 대조적으로 ELA 신용이 부도난 경우에는 지원한 중앙은행에게 채무가 부과되며, 결국에는 중앙은행이 소속된 국가가 그 부담을 지게 된다. 이 경우 각국 중앙은행은 영속적으로 채무를 부담해야 하는데, 이 채무부담은 유로시스템에서 받는 이자수입 삭감액에 상응하는 것이다. 이점은 앞서 언급한 내용에 부합되는 것으로 보인다.

그러나 한 중앙은행이 ELA 신용을 너무 많이 공급하여 이자수입에 대한 유로시스템의 공동기금에 대한 권리가 공동기금에 납부해야 할 ELA 신용의 이자보다 작은 경우, 그 중앙은행은 채무를 상환하기 위해 자기자본으로 조달된 자산의 수익을 사용해야 한다. 만약 수익이 충분히 크지 않다면 유로시스템은 ELA의 손실을 분담해야 할 것이다. 따라서, 만약 한 국가의 ELA 신용이 공동기금의 이자수입에 대한 각국 권리금의 현재가치와 중앙은행 자기자본의 합계보다 더 크다면, 유로시스템은 ELA 상각위험을 감수해야 할 것이다. 법적으로는 중앙은행이 채무에 대해 의무를 지지만, 이러한 상황에서는 실질적으로 지급의무를 다하지 못할 수 있다.

해당국가가 중앙은행에게 새로운 자기자본을 출연함으로써 암묵적 책임을 지는 것으로 볼 수 있으나, 이것은 명확하고 구속력 있는 규정이 존재하지 않는 회색지대일 뿐이다. 유로시스템의 정관에서는 확실히 이러한 자본확충에 대해 고려하고 있지 않다.[73] 그러므로 십중팔구 유로시스템이 이러한 손실을 부담하게 될 것이다.

정태적인 조건 하에서 추가적인 ELA 신용에 대한 채무를 정상적인 중앙은행 대출의 채무와 구분할 수 없게 되는 한계수준은 중앙은행의 ELA 신용잔액(ELA 이자부담액의 현재가치)이 유로시스템의 본원통화에서 지분자본 몫(유로시스템의 공동이자기금에 대한 각국 중앙은행 권리금의 현재가치)과 중앙은행 자기자본의 합계가 같아지는 금액이다. 위기 동안, ELA 신용 총액은 이 한계수준을 초과했는데, 그 초과율은 그리스 144%, 아일랜드 276%, 사이프러스 244%였다.[74] 이것은 ELA 신용이 중앙은행의 자체 위험만으로 발행되므로 정책위원회의 다수의 동의를 얻을 필요도 없다는 생각이 환상이었음을 보여준다.

중앙은행이 자체적으로 ELA 신용 공여에 대한 의사결정을 할 수 있다는 사실을 고려하면, 자국의 은행시스템이 파산 직전인 상황에 직면해 있는 관계자들은 파산을 지연시키고 중요한 채권자들을 구제하여 위기가 닥치기 전에 도망갈 수 있도록 이러한 종류의 신용을 사용하는 유혹에 빠질 것이다. 110억 유로 규모의 사이프러스 ELA 신용 중 일부에서도 이러한 상황이 발생했는데, 이 중 95억 유로, 즉 사이프러스 GDP의 절반 이상이 라이키 은행으로 흘러갔다.[75] 이러한 사실은 언론에 유출되었던 사이프러스 대통령 니코스 아나스타시아데스Nicos Anastasiades가 유럽중앙은행 총재 마리오 드라기Mario Draghi에게 보낸 편지에도 명확하게 나타나 있다. 아나스타시아데스에 따르면 라이키 은행은 ELA 신용을 받았을 때 이미 파산한 상태였지만, 그 대출자금은 정권교체를 견인하고 선거를 치르는 데 사용되었다.[76] 결과적으로 이 은행은 2013년 3월 파산하였다.[77] GDP의 56%에 달하는 100억 유로의 정부간 구제금융이 국가부도를 막기 위해 제공되었다. 이는 유럽중앙은행이 상각손실을 부담하는 것은 막았지만, 구제자금으로 위험을 전가했기 때문에 납세자에게는 별 차이가 없는 것이었다. 결국 납세자들이 유럽중앙은행의 화폐발행 손실을 대체하거나, 구제기금의 손실로 대신하거나, 그렇지 않으면 구제기금의 손실을 막기 위해 사이프러스에게 추가 자금을 지원해야 할 것이다.

ELA 신용은 은행이 유동성 위기를 극복하는 데 도움을 주기 위한 것일 뿐 지급불능을 연기하기 위한 것은 아니다. 또한 위험에 빠진 은행을 구제하고 싶어하는 지역정부에 구제금융을 제공하기 위한 것도 아니다. 왜냐하면 그렇게 하는 것은 화폐발행을 통해 재정자금을 조달하는 것을 금지하고 있는 유럽연합 기능에 관한 조약TFEU의 제123조를 위반하는 것이기 때문이다. 그러나 이러한 제약이 실제로 항상 작용하는 것은 아니다.

2012년 4분기 그리스에서 명백한 남용이 발생했는데, 그리스가 모든 의무를 다하지 않았다는 이유로 트로이카는 일시적으로 정부 간 구제 신용의 신규 자금tranche 지급을 중단하였다. 이는 그리스의 파산을 유발할 수 있었기 때문에, 그리스 중앙은행은 다른 은행들에게 ELA 신용을 제공했고, 이것이 그리스 정부에게도 도움이 되었다. 유럽중앙은행 정책위원회는 그 누구도 이 나라의 플러그를 잡아 빼길 원치 않았듯이 ELA 신용 사용을 용인하였다 .

아일랜드의 경우, ELA 신용이 2008년과 2010년에 발생한 두 차례의 급격한 자본이동을 보충하는 데 사용되었다 (제7장의 [그림 7.3] 참조). 그 사이에 신용 잔액이 700억 유로에서 단지 24억 유로로 줄어들었다. 그 이유는 앞장에서 살펴본 것처럼, 아일랜드 경제가 막대한 실질적 평가절하의 덕분에 급격히 회복되었기 때문이기도 하지만, 이보다 더 중요한 것은 아일랜드가 정부간 지원을 받았기 때문이다 (제7장도 참조). 이 감소의 대부분은 아일랜드 은행정리기구(Irish Bank Resolution Corporation; IBRC, 파산 직전의 영국과 아일랜드 은행의 잔여재산으로 설립된 일종의 배드뱅크임)에 제공된 ELA 신용 중에서 400억 유로가 평균 만기가 34년 이상인 저금리 장기국채로 전환되었다가 2013년 2월에 IBRC가 부도나면서 아일랜드은행Bank of Ireland으로 이관된 것에 기인한다.[78] 이러한 방식으로 잠재적 상각손실이 장기 이자손실로 전환되었고, 이는 기본적으로 현재가치 기준으로는 동일하지만, 아일랜드 중앙은행은 현 계정에 산입하지 않아도 된다는 장점이 있었다.

ELA 신용이 동일한 이자를 계속 받을 수 있다는 점을 고려하면 ELA 신용을 아일랜드은행이 보유한 국채로 전환하는 것은 유로시스템에게 중립적인 것이었다. 그러나 이 거래를 수용하면서, 유로시스템은 요구했을 높은 수익률을 요구하지도 않고, 원래 초단기로 고안된 대출의 만기를 시장에서 장기국채의 만기로 연장해 버렸다. 이 거래는 통화정책과는 관계가 없었지만, EU 조약의 제123조를 노골적으로 위반했고, 위험 프리미엄을 지불하지 않고 유로시스템에 아일랜드의 파산위험 일부를 전가하는 전면적인 정부금융이었다.

아일랜드의 예는 다른 국가들의 관심도 불러일으켰다. 사이프러스의 아나스타시아데스 대통령은 2013년 6월에 유럽연합집행위원회, ECB, IMF에 편지를 써서 자기 나라에 대해서도 동일한 거래를 하도록 제안하였다.[79] 하지만 그의 요청은 거절되었다.

유럽중앙은행 시스템이나 구제기금이 정상적인 중앙은행 대출을 ELA

신용으로, 그리고 ELA 신용을 절감된 금리의 더 직접적인 신용으로 재구성하는 것은 유럽중앙은행의 담보화 정책이 결코 안전하지 않다는 것을 나타내며, 유로시스템 가입국을 국가부도에서 보호해 주는 데 전적으로 불충분하다는 사실을 입증하는 것이다. 위험을 재포장하는 것은 위험을 줄이는 것이 아니라 겉모습만 바꾸는 것일 뿐이다. 이러한 정책으로 인해 유럽중앙은행은 통화정책을 수행하는 본연의 임무에서 벗어나 불안한 기반 위에 놓여 있는 국가를 위한 최종대부자로서의 역할을 더 많이 수행하였다. 궁극적으로 EU의 납세자들은 이 정책에 의해 손해를 볼 것이고, 유럽중앙은행의 손실 또는 유럽중앙은행을 구제할 역내 정부간 구제금융의 손실, 더 나아가 아직 유로존에 설립되지는 않았지만 구제기금 지원용 이전지출시스템의 손실을 감수해야 할 것이다.

유럽의 국제수지 위기

The European Balance-of-Payments Crisis

타겟 잔액

위기국이 지역 윤전기(발권기관)에서 대체신용을 끌어내는 데 도움이 된 유럽중앙은행의 수많은 정책결정을 이해하고 파악하기는 매우 어렵다. 하지만 Ifo 연구소가 처음으로 발표하고 분석한 바 있는 이른바 타겟 잔액Target balances을 통해 유럽중앙은행 구제활동의 전모를 뚜렷하고 정확하게 파악할 수 있다.[1] 최근까지 유럽 및 개별국가 차원의 정치적인 정책결정자들은 타겟 잔액에 대해 제대로 알지 못했으며, 외견상으로는 유럽중앙은행의 독립성을 넌지시 암시하면서 문제해결에 따른 자체 부담을 줄이기 위해 번번이 타겟 잔액을 매우 선호했음에 틀림없다. 그러나 이 사안이 금융위기 시 자주 거론되는 화제가 되고 신용평가기관인 무디스가 독일의 타겟 위험을 강조하면서[2] 독일의 전망을 '안정적'에서 '부정적'으로 바꾼 뒤에는 정치적 침묵이 끝나고 광범위한 학술발표가 시작되었다.[3]

이 사안은 독일연방은행의 바이트만Jens Weidman 총재가 이 청구권에 대해 우려를 표명한 후 뜨거운 정치적 화제가 되었다. 그는 이 책의 앞 장에서 언급한 서한에서 독일연방은행의 타겟 청구권이 담보되어야 하는데 중앙은행 대출에 대한 담보기준이 너무 낮다고 불평하였다.[4] 바이트만 총재가 이 편지를 쓰기에 앞서 독일연방은행은 타겟 문제에 대해 침묵하고 내부적으로 몇 달 동안 심도 있는 토론을 벌였다. 이 편지에서 바이트만 총재는, 타겟 잔액이 유럽통화제도하에서의 정상적 통화창출 부산물로서 하나의 통계계정에 불과하다는 독일연방은행의 기존 입장에서 스스로 벗어났다.[5] 이러한 입장은 그 누구보다도 마스트리히트 조약 체결 당시 독일연방은행 총재였던 슐레징어Helmut Shlesinger의 비난을 받아왔다.[6] 바이트만 총재의 편지 내용에 따르면, 각국 중앙은행 사이의 타겟 잔액이 크게 증가했고 이것이 유로지역 국가의 중앙은행에게 커다란 부담이 될 것이라는 우려를 독일연방은행이 명확히 표명하였다. 유럽중앙은행이 타겟 잔액의 패널 데이터를 아직까지 공표하지 않았지만, 그동안 데이터의 개념과 정확성에 대해서는 Ifo 연구소 포럼CESifo Forum의 비공식적 공표를 통해,[7] 그리고 간접적으로는 유럽중앙은행이 사실상 일별로 데이터를 파악하고 있다는 총재의 연설문을 통해 확인해 왔다.[8]

앞 절에서 논의했듯이, 타겟 잔액의 배후에는 회원국 중앙은행들이 제공한 같은 규모의 중앙은행 대출이 있다. 언뜻 보면 특별해 보이지 않지만, 이것이 실제로는 각국 중앙은행의 국내 거래를 위한 필요 유동성을 초과하는 중앙은행 신용을 반영한다. 이 초과화폐는 문제된 국가의 경제주체들이 외국의 상품과 자산을 구입하거나 대외채무를 상환하는데 사용된다. 이렇게 타겟 잔액은 단순히 특정 국가의 경제에서 국내거래에 필요한 유동성(즉, 국내에 머무르면서 한 계좌에서 다른 계좌로 이동하는 유동성)을 제공하는 것과는 성격이 근본적으로 다르다. 실제로 이 잔액은, 개인 당좌계정에 단기 대월금융을 공급하는 것과 비슷하게,

각국 중앙은행이 신용을 계속 공급해 주면 이 나라는 외국 상품 및 자산의 취득과 외채 상환을 계속할 수 있게 된다.

이 초과 유동성은 특정 국가의 시중은행이 중앙은행에서 대출을 받을 때 제공해야 하는 담보의 적격기준을 낮춘 직접적인 결과이다. 중심국의 입장에서 달리 말하자면, 타겟 잔액은 유럽중앙은행의 대출을 통해 GIPSIC 국가에게 제공되는 공적 국제신용을 의미한다. 실제로 이것은 유럽재정안정기금European Financial Stability Facilities; EFSF, 유럽안정화기구European Stability Mechanism; ESM 등 유럽의회가 힘들게 합의한 공적 구제정책에 불과하다. 국가별 수혜자(은행 또는 국가)와 세부 신용조건은 다르지만, 경제적 의미는 다르지 않다.

타겟 잔액으로 측정한 초과 중앙은행 대출을 살펴보면, 위기국이 자본시장에서 외면당하여 위기가 발생했음에도 불구하고 비록 위기 5년 동안 어느 정도 줄어들긴 했지만 ([그림 2.1] 참조) 왜 위기국의 자본수입이 지속될 수 있었는지를 알 수 있다. 이 초과 중앙은행 대출은 그 어떤 정책보다 앞선 구제정책이었다. 또한 그 이미지를 돌이켜보면, 그것은 자본시장이 작동을 멈추었을 때 유럽중앙은행이 백마 탄 기사로서 휘둘렀던 무기였던 것 같다. 그 이유는 앞으로 잘 설명하겠지만, 타겟 잔액으로 나타난 초과 중앙은행 대출을 이 책에서는 '타겟 신용'Target credit이라고 한다. GIPSIC 국가가 인출한 타겟 잔액의 규모는 공적 구제금융의 규모보다 훨씬 더 크다.

이 주제는 복잡하여 일반 독자들이 한 번 보고 바로 이해하기는 어려울 것이다. 그러나 이것은 유로존에서 무슨 일이 일어났는가를 이해하는 데 무엇보다도 중요하며, 나머지 구제정책을 모두 다 합친 것보다 더 중요하다. 타겟 잔액의 증가 동력은 결국 채권국 해외자산의 상당부분을 위험하게 만들었다. 이 장과 다음 장에서는 이 사안에 대해 모든 사람이 이해할 수 있도록 이 복잡한 내용을 단계적으로 설명할 것이다.

타겟은 유로존 은행 간의 국제 유로화 거래를 결제하는 시스템이다. 이는 Trans-European Automated Real-time Gross settlement Express Transfer system이라는 복잡한 표현의 머리글자이며 다른 의미를 갖지는 않는다. 타겟 시스템은 공공 또는 민간 금융기관의 상업금융기관과의 거래로 인해 유로존의 각국 중앙은행 사이에 발생한 지급지시를 중개하고 측량한다. 각국 중앙은행의 타겟 적자는 타국으로의 지급지시 순유출, 즉 경제학 용어로는 국제수지 적자이다. 역으로 타겟 흑자는 타국으로부터의 지급지시 순유입, 즉 국제수지 흑자이다.[9] 실질적으로는 별로 정확하지 않지만, 각국 중앙은행에 예치한 시중은행의 예금 측면에서 보면, 지급지시 발생국에서는 자금이 소멸되고 상대국가에서는 자금이 창출되므로 국제 자금흐름의 일환이라고도 할 수 있다.

때로는 '타겟 투'Target2라는 용어가 2007년 발효된 2세대라는 점을 표현하기 위해 '타겟'Target 대신에 사용되기도 한다. 그러나 별 상관이 없다. 첫 번째와 두 번째 타겟 시스템의 차이는 기술적 측면에 있으며, 국제수지 불균형을 의미하는 타겟 계정의 경제적 해석에는 아무런 영향이 없다.[10] 이처럼 타겟이라는 머리글자 뒤에 붙은 2라는 숫자는 실질적인 경제적 의미가 없어 이 책에서는 무시하였다.

타겟 시스템에서는 전자 자금이동, 즉 국제 자금이체만이 파악된다. 가방에 담아 운송하는 화폐의 물리적 흐름에 관한 통계는 존재하지 않는다. 유로존 내에서 지급흐름에는 별다른 제약이 없는 반면 현금수송에 대해서는 제한이 가해지므로 물리적 현금운송은 비교적 작다고 추정할 수 있다. 물론 여행이나 이주노동자의 고국방문 경비 지출에 따라 유로존 안팎(터키와 동유럽 유럽연합 회원국 등)으로 국경을 넘는 현금이동은 발생하며, 이것이 독일에게 상당한 영향을 미치고 있다. 잠재적으로는 타겟 잔액에서와 같은 문제가 발생하는데, 이에 관해서는 제8장에서 다룬다.[11]

유로존 내에서 상인과 금융기관 사이에 국내외를 막론하고 계속 지급이 이루어지지만, 국제거래만이 타겟 잔액으로 잡힌다. 어떤 나라 사람이 다른 나라 사람에게서 구매하여 제3국에 수출한다. 지분, 채권, 자산 및 공장 전체가 국경을 초월하여 매매된다. 새로운 신용이 인출되고 오래된 채무는 상환된다. 이러한 거래는 항상 지급지시로 연결되지만, 유출입이 순상계되므로 통상 특정 국가에만 잔액이 쌓이는 순지급 지시는 아니다. 이러한 상황은 국제수지 균형이라고 알려져 있다.[12]

국가들 사이의 국제수지 균형은 경상수지 균형과는 다르다. 개괄적으로 말하자면, 경상수지 균형이란 일국이 상품 및 서비스를 수입한 만큼 수출한다는 의미이다. 그러나 한 나라의 수출보다 수입이 많으면 경상적자가 될 수도 있다. 그러나 경상수지 적자를 보전하는 신용이 유입되기 때문에 국제수지는 균형이 된다.

그리스의 예를 살펴보자. 그리스는 상품의 수입이 수출보다 많다. 그러므로 그 적자를 보전할 수 있는 자금이 필요하다. 자금 마련을 위해 국제금융시장을 타진한다. 예를 들어 프랑스의 은행이 그리스의 은행을 통해 고객에게 자금을 보내면, 그리스의 고객은 독일 자동차 구입을 위해 독일로 자금을 이체한다. 자금이 해외에서 조달되어 다시 해외로 이체된다. 이 경우 그리스의 국제수지는 균형을 이룬다. 이것이 금융위기 이전에 있었던 양상이다.

무역수지가 흑자인 독일과 같은 나라에서는 그 양상이 정반대이다. 독일은 수출이 수입보다 많기 때문에 외국으로부터의 자금유입을 누렸다. 이 자금은 외국 채권, 지분 및 기타 해외자산 구입, 외국인 차입자에 대한 신용공여 등에 사용되었다. 예를 들어 자금이 베네룩스 국가를 거쳐 프랑스계 은행에 흘러들어간 후 그리스로 보내지기도 하였다.

모든 국가에서, 자금은 한 방향으로만 움직이지 않고 국경을 넘어 양방향으로 움직였다. 타겟 잔액 또는 국제수지 잔액은 대략 0으로 국제

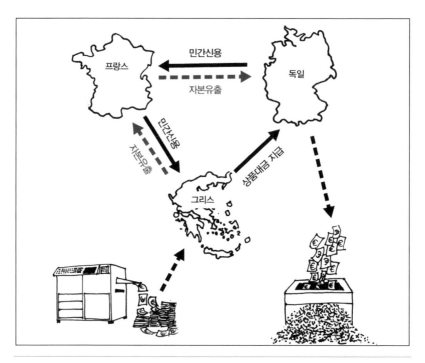

[그림 6.1] 국제수지 균형 및 국제수지 위기 시의 자금흐름

자료: Ifo 연구소.

수지 균형 상태였다. [그림 6.1]은 세 국가를 거치는 사례이다. 당분간 (점선이 아닌) 실선만 살펴보기로 한다.

국제수지 불균형은 국경을 넘나드는 자금흐름이 한 방향으로 치우칠 때, 즉 유입과 유출이 전액 상계되지 않고 잔액이 남는 경우에 발생한다. 예를 들어 그리스의 자동차 구매자가 프랑스에서 대출을 받지 않고 그리스에 이미 가지고 있던 자금을 이체해 차를 구매하길 원한다면, 그리스에는 앞에서와 같이 동일한 금액의 자금이 그리스를 떠나고 더 적은 자금이 유입될 것이기 때문에 타겟 적자 혹은 국제수지 적자가 발생할 것이다. 만약 다른 상황이 동일하다면, 그리스로의 자금이체가 감소하므로 프랑스에서는 흑자가 발생하고, 독일의 국제수지는 균형을 이룬다. 물론 이 경우 프랑스가 더 이상 신용이 필요치 않기 때문에 독일로부터 프랑스로의 자금흐름은 그친다. 이때 국제수지 흑자는 프랑스가 아닌 독일에 발생한다.

이 같은 사례는 교훈적일 뿐이라는 데 유의하라. 실제로는 신용이 독일로부터 국제자본시장으로 대변되는 큰 기금으로 흘러갔고, 프랑스는 자금의 원천을 가늠할 수 없지만, 그리스로 자금을 빌려주기 전에 이 기금에서 자금을 인출해 왔다. 더욱이 상당한 규모의 자금이 독일에서 그리스로 직접 흘러가기도 하였다. 그러나 현재의 추상적 수준에서는 이러한 설정을 무시할 수 있다.

위기가 진행되는 동안 민간자본의 흐름이 경색되었을 뿐 아니라 일부 국가의 특정 시기에는 그 방향이 바뀌기까지 하였다. 이는 주로 대출자가 미상환 대출금을 연장해 주지 않거나 상환을 요구하는 형태를 띠어 현저한 자본유출이 있었기 때문이다. 단기이고 연장이 잘 되지 않아 본국으로 송금하기가 쉬운 유럽 은행간 신용의 경우에 특히 이러한 상황이 자주 발생하였다.

앞의 사례에서는 이것을 그리스에서 프랑스로, 프랑스에서 독일로 흐르는 (실선이 아닌) 점선으로 표시하였다. 이제 그리스의 경우 타국으로부터 상품을 구매하거나 기존 채무를 상환하기 위해서는 다른 국가들 앞으로 순지급 지시서를 발행해야 한다.

이러한 유로지역 국가 사이의 국제수지 불균형은 기본적으로 국내 지역 간에 또는 유로존과 여타 국가 간에도 발생할 수 있다. 그러나 불균형이 대규모로 발생할 가능성은 매우 낮다.

재정균등화계획이 유로존의 각국이 재정문제에 봉착할 경우 지방 및 중앙정부의 행정에 대한 지원과 엄격한 통제를 보장한다. 이러한 제약을 통해 과다차입을 방지함으로써 민간자본 흐름의 급정지나 자본도피를 막을 수 있다. 그러나 어떤 지역이 시장에서 상황이 진정되지 않는 자금 압박에 봉착하게 되면 종종 다른 지역의 공적신용에 힘입어 국제수지 적자를 회피할 수 있게 된다. 유럽에서 특정 지역을 기피하는 민간대출자를 찾아볼 수 없는 이유가 바로 여기에 있는 것이다.

이와 달리 미국에는 연방정부와 주정부 사이의 공식적 재정균등화계획이 존재하지 않으며, 연방기구 또는 연방실업제도를 통한 묵시적 충격흡수 기능도 매우 약하다.[13] 그러나 유사 타겟의 불균형을 제한하고 이를 결제하는 다른 제도적 제약이 있다 (제7장의 '미국의 유사 타겟 잔액 결제방식' 절 참조.)

통화지역 밖 국가의 경우 환율이 신축적으로 변동하고 통화가 이질적이어야 상품 및 자본흐름의 대외균형을 달성할 수 있다. 통화의 대규모 국제이동은 중앙은행이 환율에 영향을 주기 위해 외환을 비축할 때에만 발생한다. 다른 통화지역의 민간부문 사이에는 외국통화의 중대한 순흐름이 없다. 왜냐하면 한 나라의 통화는 대개, 그것이 법정통화로서 기능하는 나라의 밖에서는 거의 거래되지 않기 때문이다. 그 대표적인 예외는 전 세계의 교환수단인 달러이다.

국제 지급거래의 차이는 경상계정 틀 내의 지급과 자본계정 틀 내의 지급 사이에서 나타나는 경우가 많다. 경상계정은 상품, 서비스(신용거래 관련 이자 포함), 증여의 취득과 관련된 거래를 포함한다. 한편 자본계정은 자산의 교환으로 초래되는 지급, 특히 신용의 공여와 상환을 측정한다. 채무에서 벗어나는 것으로 해석되는 차용증서IOU 매도의 경우에서와 같이, 자산의 국제매도는 매도자로 하여금 다른 것을 구입할 수 있도록 해준다. 때때로 국제통화기금의 통계에서는 자본계정을 보다 협소하게 정의하여, 대부분의 경제학자가 자본계정이라고 명명한 것에 대해 금융계정financial account이라는 용어를 사용한다. 그러나 이 용어는 경제학적 표현으로는 흔히 사용되지 않는다. 이 책의 목적상 자본계정이라는 용어는 주식이나 부동산(구매자가 충분한 규모의 소유지분을 사면 직접투자자 됨)과 같은 금융자산과 실물자산을 포함한 여러 종류 자산의 매입뿐만 아니라 은행 간 단기신용, 직접투자 등 모든 종류의 신용을 내포한다. 타겟 불균형의 변화를 통해 개별 중앙은행의 공적자본 흐름을 측정할 수도 있지만, '자본흐름'이라는 용어는 달리 명시하지 않는 한 통상적인 의미(즉, 민간 및 재정 기관에 의한 신용공여)로 사용할 것이다.

이상을 기초로 자본계정과 경상계정이 각각 순 정산될 때 국제수지가 균형, 그렇지 않을 때는 불균형이라고 할 수 있다. 그러므로 유로존 내에서 국제수지 또는 타겟의 적자는 순 민간 및 재정자본 수입에 의해 보전되지 못한 경상수지 적자 부분, 또는 동등하게 경상수지 적자와 순 민간 및 재정자본 수출의 합계로 정의할 수 있다. 이 개념은 뒤에서 타겟 잔액과 경상수지 사이의 관계를 논의할 때 유용하게 사용될 것이다.[14]

[그림 6.1]에는 비유적으로 윤전기와 분쇄기가 그려져 있다. 민간은행과 중앙은행의 활동이 국제 자금흐름의 국내 통용 통화량에 대한 영향을 자동적으로 차단하므로, 이 기계들이 역할을 하게 되는 것이다. 그렇지 않으면 그리스 내에서 유통되는 통화량이 축소되어 국제거래가 저해되기 때문에, 그리스로부터의 통화유출은 중앙은행 대출에 따른 새로운 통화의 창출과 관련되어 있다. 한편 독일로의 통화유입은 독일 은행들이 필요로 하지 않는 추가 유동성으로 이어지기 때문에 그들은 독일연방은행 예치를 선택하게 되는데, 이 경우 통화가 이 경제에서 제거되는 효과가 있다. 이러한 측면에 관해서는 아래에서 더욱 자세히 논의할 예정이다.

타겟 잔액의 팽창

[그림 6.1]을 통해 기본적인 관련 과정을 이해하는 데 그친 반면, [그림

6.2]에서는 티모 볼메르스호이저Timo Wollmershäuser와 저자가 유로존 가입국 중앙은행의 대차대조표(아직 공개하지 않은 경우에는 IMF 통계를 이용했음)로 작성한 데이터베이스의 정확한 계수를 보여준다.[15] 이 패널 데이터 세트는 우리가 공개하고 해석한 후부터 널리 인용되고 있다.[16] 뒤에서 자세히 살펴보겠지만, 이 계수들은 중앙은행 간 채권 및 채무를 기록한 회원국 중앙은행의 대차대조표에 수록되어 있다. 이것들은 대개 모호한 표제 아래 다른 계정과 섞여 숨어 있기 때문에 추출해 내기가 쉽지 않다. 어떤 나라는 이 데이터를 국제통화기금에만 제공하므로 국제통화기금이 발표한 통계에서 추출해야 한다. 국가별 공표시한도 매우 다르다. 아직까지도 유럽중앙은행을 통해 포괄적인 기본통계를 직접 구할 수는 없다. 그러나 각국 중앙은행의 대차대조표를 토대로 국제통화기금의 통계로 보완하여 이 잔액을 계산하는 방법은 이제 유럽중앙은행도 이용하는 세계적 표준이 되었다.[17]

[그림 6.2]에서는 독일, 네덜란드, 핀란드, 룩셈부르크 등 북유럽 유로존과 GIPSIC 국가(그리스, 아일랜드, 포르투갈, 스페인, 이탈리아, 사이프러스)의 국제수지 또는 타겟 잔액의 유로존 내에서의 변화를 살펴볼 수 있다. 앞에서와 마찬가지로 GIPSIC 국가는 정부간 구제정책이나 유럽중앙은행의 국채매입 형태의 공적지원을 받는 국가이다. 북유럽 유로존의 점선은 타겟 청구권으로 알려진 국제수지 흑자 누적액을 나타내고 (표의 좌측 척도), GIPSIC 국가의 실선은 타겟 채무인 국제수지 적자 누적액을 나타낸다 (표의 우측 척도). 모든 계수는 증감이 아닌 잔액 기준이며, 증감은 곡선의 경사로 나타냈다. 표 양쪽 척도의 간격은 같으며 부호만 다르다. 타겟 청구권이 2007년 유로존 GDP의 1.3%에 불과해 2007년 여름까지의 잔액은 대충 0으로 보았다.

그러나 2007년 8월 유럽의 은행 간 단기자금시장이 처음으로 휘청거린 후부터 심각한 불균형이 발생하기 시작하였다. GIPSIC 국가와 북유럽

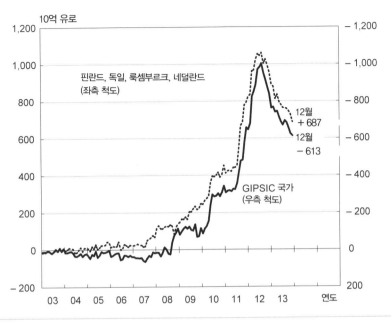

[그림 6.2] 유로존의 국제수지 불균형 누적액 (2003년 1월～2013년 12월)

자료: Deutsche Bundesbank, Database, Time series BBK01.EU8148B; De Nederlandsche Bank, Statistics, Financial Institutions, Domestic MFI-statistics (monetary), Balance sheet of the Nederlandsche Bank; Banco de España, Boletín Estadístico, Balance sheet of the Banco de España; Banca d'Italia, Statistical Database, Bank of Italy balance-sheet aggregates 참조; 다른 나라들의 경우 International Monetary Fund, International Financial Statistics, net claims on Eurosystem (IFS code xxx12e0szkm), Currency issued (IFS code xxx14a00zkm), and Currency put into circulation (IFS code xxx14m00zkm)를 참조하기 바람.

주: 독일, 네덜란드, 이탈리아 및 스페인의 타겟 잔액 데이터는 해당 중앙은행의 대차대조표 자료를 그대로 이용하였다. 다른 나라의 데이터는, 국제통화기금(IMF)의 국제금융통계(International Financial Statistics)로부터 정확한 대용치를 계산하였다. 이는 H.-W. Sinn과 T. Wollmershäuser의 "Target Loans, Current Account Balances and Capital Flows: The ECB's Rescue Facility', 2012, Appendix, p. 504 ff.의 방법론에 따른 것이다. '타겟 청구권'은 '유로시스템에 대한 순 청구권'과 '은행권 발행과 관련된 유로시스템 내부 청구권' 사이의 차이를 계산한 것이다. 후자는 '화폐발행액'과 '화폐유통액' 사이의 차이로 계산하였다. 이 그림에서는 2014년 2월 26일 입수 가능한 최신 데이터인 2013년 12월 현재 모든 국가의 계수를 포괄하였다.

유로존 국가의 두 곡선이 매우 뚜렷이 평행하고 있다. 물론 이들은 유로 국가의 부분집합이고, 아래에서 설명하겠지만 잔액을 합산하면 0이 된다. 프랑스, 벨기에와 같이 유럽 자본흐름의 중개기관 역할을 했던 나라의 은행뿐만 아니라 북유럽 유로존의 은행이 해외대출에 주저하고 있었기 때문에, 신용거품 위기 초부터 대규모 경상적자를 물려받은 GIPSIC 국가는 상품구매자금을 보전해야 했으나 외국으로부터의 자금유입으로 이를 보전하지 못해왔다. 이보다 더 큰 문제는 경우에 따라서는 기존 해외차입금에 대한 상환자금을 보전해야 했다는 점이다. 앞서 언급한 바와 같이 이들은 자국의 중앙은행으로부터 대출받아 부족분을 보충했는데, 이는 담보요건을 낮춰 다양한 담보물을 중앙은행 대출에 적격하도록 조정함으로써 가능했다. 각국 중앙은행은 화폐를 발행하여 이를 시중은행에게 대출함으로써 추가로 신용을 제공했는데, 이는 다른 유로 국가에 대한 타겟 잔액 순지급에 사용되었다.

2011년 봄에 Ifo 연구소가 타겟 잔액 통계를 처음 발표했을 때 독일의 타겟 청구권 잔액 보유액은 3,000억 유로를 조금 넘었는데, 어떤 관측자들은 이 금액이 곧 줄어들 것이며 이미 그런 상황이 전개되고 있다고 말하였다. 실제로는 큰 차이가 있었다. 2011년 4월부터 2012년 8월까지 독일의 타겟 청구권은 분기당 850억 유로(매월 280억 유로)씩 증가하였다. 독일의 타겟 청구권은 2012년 8월 7,510억 유로로 최고치를 기록하였다. 다른 북유럽 유로지역 국가에서도 비슷한 상황이 발생하였다. 2012년 8월에는 북유럽 유로지역 국가가 보유한 총 타겟 청구권이 1조 600억 유로로 그해 유로존 GDP의 11.2%에 달하였다. 동전의 다른 면으로, 2012년 8월 GIPSIC 국가의 타겟 채무는 1조 20억 유로에 이르렀다. 나중에 알려진 것처럼 타겟 잔액은 폭증하였다.[18]

그러나 그림에서 보듯이 2012년 9월 이후에는 잔액이 감소하였다. 제7장과 제8장에서 자세히 설명하겠지만, 이는 정부간 재정구제자금이 위기국에게 지급되고 위기 전염국이 극심한 금융위기에 봉착할 경우 유럽중앙은행과 구제기금인 유럽재정안정기금이 이 국가들의 국채를 매입하겠다고 약속한 데 기인한다. 이러한 보증은 외국인 투자자가 GIPSIC 국가의 국채를 매입토록 유도하였고, 간접적으로는 이 국가들의 민간자산에 대한 신뢰를 회복시켰다. 이에 힘입은 공공 및 민간 지급지시가 이 국가들의 타겟 채무를 감축시켰다.

이와 관련된 경제학적 논의에서는 국내통화와 국외통화, 즉 내부통화와 외부통화를 구분할 필요가 있다.[19] 외부통화란 유동성창출 거래를 통해, 즉 시중은행에 제공된 중앙은행 대출이나 시중은행으로부터의 자산매입을 통해 다른 나라에서 발생했지만 유로지역 국가에서 통용되는 통화를 말한다. 이것은 타겟 시스템을 통한 지급지시에 의해 유로지역 국가로 이체되었다. 다음으로 내부통화란 이 통화가 통용되는 동일 국가의 중앙은행 대출이나 자산매입에서 창출된 통화를 말한다. 이러한 개념 하에, [그림 6.2]의 점선은 북유럽 유로존에 유입된 외부통화의 잔액을 나타내며, 실선은 국제 지급지시에 이용되고 다른 국가에서 외부통화가 된 GIPSIC 국가에서 창출된 통화이다. 곡선들의 유사성에서 북유럽 유로존에서 유통되는 외부통화는 대부분 GIPSIC 국가에서 유입되었음을 알 수 있다.

[그림 6.3]은 타겟 잔액이 최고치인 2012년 8월의 국가별 잔액이다. 독일, 룩셈부르크, 네덜란드, 핀란드는 상당한 금액의 외부통화, 즉 타겟청구권을 축적했고, GIPSIC 국가는 타겟 채무자가 되었다. 이는 이 나라들이 중앙은행 대출이나 자산매입을 통해 내부의 필요 이상으로 많은 통화를 창출해 이를 해외로 보내 채무를 상환하거나 자산과 상품을 구입했기 때문이다. GIPSIC 국가에 오스트리아, 벨기에, 슬로바키아, 슬로베니아, 몰타도 동참했는데 이들 국가의 채무는 비교적 작은 편이다. 유럽중앙은행 자체의 타겟 잔액(그 원천에 관해서는 주석을 참조하기 바

람)을 포함한 유로시스템 내의 타겟 잔액을 모두 합하면 0이 된다.[20]

독일연방은행은 단연코 유로시스템의 최대 채권자였다. 독일의 유럽 중앙은행 납입의무 자본비율은 비록 27%밖에 되지 않았지만, 2012년 8월에는 유로시스템 총 타겟 청구권의 70% 이상을 차지하였다. 그러나 1인당 기준으로는 룩셈부르크가 226,400유로로 최고를 차지했고, 그 다음으로는 핀란드 11,700유로, 독일 9,200유로, 네덜란드 7,500유로의 순이었다.

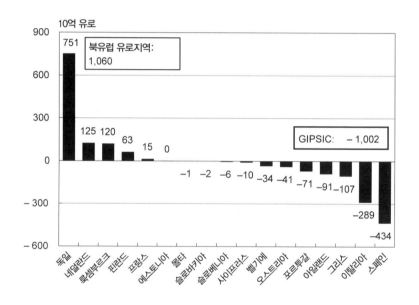

[그림 6.3] 국별 타겟 잔액 (2012년 8월 최고치 기준)

자료: [그림 6.2] 참조.

주: [그림 6.2]에서 언급되지 않은 국가들은 그리스, 사이프러스, 핀란드, 포르투갈, 룩셈부르크와 마찬가지로 IMF 데이터로 계산하였다. 계산을 위해서는 H.-W. Sinn과 T.Wollmershäuser의 "Target Loans, Current Account Balances and Capital Flows: The ECB's Rescue Facility', 2012, Appendix, p. 504 ff. 참조.

타겟 채무국의 경우 스페인이 총 4,340억 유로로 최고였고, 다음으로 이탈리아 2,890억 유로, 그리스 1,070억 유로, 아일랜드 910억 유로, 포르투갈 710억 유로, 사이프러스 100억 유로의 순이었다. 1인당 타겟 채무 기준으로는 아일랜드가 19,800유로로 최고였고, 그 다음으로는 사이프러스 11,600유로, 그리스 9,500유로, 스페인 9,400유로, 포르투갈 6,700유로, 오스트리아 4,900유로, 이탈리아 4,700유로, 벨기에 3,100유로 등이었다.

타겟 잔액은 왜 신용의 척도인가?

국제수지 불균형은 항상 공적신용의 한 형태인 통화당국 간의 국제신용을 반영한다. 이는 통상 자산 및 상품의 교환에 따라 외환보유액이 고갈되거나 축적될 때 발생한다. 유로시스템에서는 외환보유액 대신 타겟 청구권 및 채무가 축적되었고, 다른 상황은 서로 비슷하다.

그럼에도 불구하고 정상적인 신용공여는 화폐의 취급을 수반하므로 이러한 경우가 경제학자가 아닌 사람들에게는 잘 와 닿지 않을 것이다. 타겟 청구권을 보유하고 있는 채권국의 중앙은행이 타겟 채무를 진 타국 중앙은행에 자금을 빌려주는지, 빌려준다면 어떻게 하는지 따져보는 것은 당연하다. 그 정답은 물론 '그렇게 하지 않았다'이다. 신용관계는 전혀 다른 의미에서 발생한다.

스페인 국민이 네덜란드의 매도자로부터 자산을 구입하는 사례를 살펴보기로 하자. 이 구입으로 네덜란드 중앙은행은, 자산매입자의 스페인 시중은행을 대행하는 스페인 중앙은행을 대신하여 지급지시를 수행한다. 네덜란드 중앙은행은 네덜란드 매도자의 시중은행에 지급을 하고, 그 대가로 스페인 중앙은행에 대한 청구권, 좀 더 정확하게는 스페인

중앙은행에 대한 청구권을 수취하는 유로시스템에 대한 청구권을 취득한다. 네덜란드 중앙은행은 네덜란드 매도자에게 지급을 하며, 스페인 중앙은행을 대신해 이렇게 함으로써 스페인 중앙은행에게 신용을 제공한다.

이는 예컨대 내가 지갑을 잃은 친구에게 돈을 빌려줘 배관수리비를 낼 수 있게 해주는 것과 비슷하다. 이러한 지급을 수행함으로써 나는 친구에게 신용을 제공하고, 그 과정에서 그에 대한 청구권을 획득한다.

둘 사이의 유일한 차이점은, 내 친구는 저녁이 되면 대출을 상환하지만 타겟 청구권은 원칙적으로 영원히 만기 변제할 수 없다는 점이다. 이 때 스페인은 타겟 청구권 외에는 그 대가로 어떤 상품이나 자산을 양도할 필요 없이 자산을 취득한다. 이것이 꼭 자산에만 해당되는 것이 아니다. 네덜란드 중앙은행이 매도자에게 지급해 주는 자금으로 취득하는 것이면 ― 상품, 서비스, 증권, 부동산이나 회사, 또는 채무상환 시 잔존하지 않게 되는 단순 차입증서 등 ― 아무런 차이가 없다. 언제나 그 과정은 같다.

친구의 경우는 내가 궁지에 빠진 친구를 도와줄 것인가 아닌가를 항상 결정할 수 있다는 점에 있어서도 타겟의 경우와 다르다. 타겟의 경우 네덜란드 중앙은행은 결정을 할 수 있는 재량의 여지가 없다. 지급을 수행할 의무가 부과되어 있는 것이다. 이것이 유로시스템의 작동방식이다.

네덜란드 중앙은행은 지급지시를 수행하면서 네덜란드 내에서 순환되는 통화를 창출한다. 정상적으로는 신용을 시중은행에 제공하거나 시중은행 자산을 매입하면서 통화를 창출한다. 그러나 타겟 잔액을 설명하는 사례에서, 네덜란드 중앙은행은 시중은행에 대한 청구권이나 민간자산에 대한 소유권 대신에 유럽중앙은행에 대한 청구권을 취득한다.

사례에서나 실제에서나 모두, 스페인으로부터의 순지급 지시는 스페인의 국내 통화량을 감소시킨다. 이는 자산매입자가 자신의 시중은행 예금을 양도하고, 이어 시중은행도 중앙은행에 예치된 예금을 넘겨주기 때문이다. 이것이 유럽중앙은행시스템의 관대한 신용공여 정책과 스페인의 타겟 잔액 증가 사이의 연결고리인데, 이는 앞서 논의한 바와 같이 담보요건을 완화함으로써 가능해졌다. 이 장의 마지막 절에서 이에 관해 좀 더 자세히 설명할 것이다. 정책이 덜 관대했다면 화폐발행으로 인한 신용이 줄어들고 위험 프리미엄 차감 후의 스페인 금리가 더 높아졌을 것이라는 점에서, 외국인 대출자의 스페인에 대한 신용조건이 보다 매력적으로 되어 스페인으로의 외국신용 유입이 촉진되었을 것이다. 이는 타국으로부터 스페인으로의 역 지급지시의 규모가 증가하여 스페인의 타겟 채무를 감소시킨다는 것을 의미한다. 아마도 네덜란드 자산을 구입한 스페인 구매자는 그 대신에 국내자산을 취득했을 것이다.

원래는 타겟이 각국 중앙은행 간 신용의 원천으로 기능할 목적을 지니지 않았다. 독일연방은행의 헬무트 슐레징어 전 총재가 설명한 바와 같이, 타겟 시스템은 사후적으로 발생되는 신용공여는 하지 않고 금융 흐름의 청산소 역할만 하였다.[21] 그때는 타겟 잔액이 익일물 기준으로만 존재하고 거의 동시에 상계되는 것으로 생각되었다. 실제로 2007년까지는 그러하였다.

그 당시 슐레징어는 그들 사이의 잔액이 상계되어 0이 되지 않는 경우, 민간 청산소에 의해 상호 신용이 공여되어 국제 지급지시가 이루어질 것이라는 아이디어였다고 주장하였다. 실제로 자신의 내부 지급시스템을 유지하는 다국적 은행 내에서뿐만 아니라 유럽의 시중은행 사이에 타겟을 경유하지 않는 민간 지급지시가 있다. 이러한 지급이 결제되지 못할 때에는 민간 국제신용이 이 기관들 사이에서 흐른다. 타겟 잔액은 민간이 아닌 공적 국제신용을 측정하므로 이 민간신용은 타겟잔액에 기록되지 않으며 기록되어서도 안 된다.[22]

제7장에서 좀 더 자세히 설명하겠지만, 타겟 유사 잔액이 미국에서도 발생할 수 있으나 미국의 지급결제제도는 공적으로 통제되기는 하나 기본적으로 사적이므로 매년 청산되어야 한다. 유럽에서와 같은 이러한 거대한 규모의 불균형이 미국에서는 발생할 수 없다. 유로존에서는 타겟 포지션이 오픈되어 있고 결제 메커니즘도 없다. 채권국의 중앙은행은 영원한 회계상의 청구권에 스스로 만족해야 하고, 전체 유럽중앙은행시스템이 일별 기준으로 양자간 청구권을 사회화함으로써 타겟 청구권을 보장한다는 사실에서만 위안을 찾을 수 있다. 앞의 사례에서, 네덜란드 중앙은행이 처음에는 스페인 중앙은행에 대한 청구권을 획득했으나 당일 마감에는 이 청구권이 유럽중앙은행에 대한 청구권으로 전환되었다. 이와 반대로 스페인 중앙은행의 채무는 유럽중앙은행에 대한 채무, 즉 유로시스템에 대한 채무가 되었다.[23] 그러므로 스페인 중앙은행이 파산할 경우 유로시스템이 이전과 같이 생존하기 위해서는 모든 생존 중앙은행이 손실을 분담해야 한다.

타겟 잔액은 일종의 신용이므로 여기서 이자수익이 발생하는 것은 당연하다. 실제로 이 금리는, 각국 중앙은행에서 신용을 수취하는 시중은행에 적용되는 대출 기준금리와 같다.[24] 2008년까지 이 금리는 4.5%였으나 그 후 꾸준히 낮아져 2009년 5월 1%에 이르렀다. 2012년 6월 11일에는 0.75%로 더 낮아졌으며, 2013년 5월 8일 0.5%, 2013년 11월 13일 0.25%로 낮아져, 이 책을 쓰고 있는 지금 이 순간에도 이 수준을 유지하고 있다. 이 금리는 유로존의 평균 물가상승률보다 훨씬 낮다. 물가상승률은 2008년에서 2012년까지 2%를 맴돌다가 2013년 1.4%, 2014년 1월 0.8%로 낮아졌다. 미수이자는 타겟 잔액에 연간기준으로 가산되며 매년 복리로 이월된다.

이자가 부과되어 잔액에 가산된다는 사실 때문에 [그림 6.1]과 관련해 앞에서 주장한 바를 어느 정도 수정해야 한다. [그림 6.1]의 선들이 전자

시스템을 통해 국경을 넘어 이동하는 중앙은행 통화량을 나타낸다는 주장은 대차대조표에도 포함되는 미수이자를 고려하도록 수정되어야 한다. 그러나 문제의 시기 동안 이 금리는 거의 1% 이하였으므로, 이 잔액과 국제 통화흐름 합계의 차이는 무시할 수 있다. 각각 다른 시기에 공여된 신용은 누적 이자지급액을 더했을 때 합리적으로 비교할 수 있으므로 실제로는 잔액을 신용으로 해석하는 것이 결과적으로 더 정확하다.

이렇게 마이너스 타겟 잔액을 가지고 있는 개별 중앙은행은 유럽중앙은행에 이자를 지급해야 하고, 역으로 플러스 타겟 잔액을 가지고 있는 개별 중앙은행은 유로시스템에서 이자수익을 수취해야 한다. 여기서 왜 그런가 하는 질문이 대두된다. 결국, 이자 부담액과 이자수취액은 각국 중앙은행에게 자본금 비율에 따라 분배되므로, 유로존 중앙은행 사이의 이자지급은 무의미하다. 이는 재산을 공유하고 있는 부부의 한 배우자가 다른 배우자에게 자동차 구입에 대한 이자를 지급하는 것과 비슷하다. 이자로 지급한 돈은 지급 이전이나 이후에도 부부에게 남아 가계 밖으로 사라지지 않는다. 시스템 창시자들이 개별 중앙은행 하나가 파산하거나 유로시스템에서 퇴출될 수 있다는 점을 감안한 것이 유일한 해답이 될 수 있다. 이 경우 문제의 중앙은행에 대한 이자부과는 유럽중앙은행 시스템 내 나머지 중앙은행의 청구권이 된다. 예를 들어 만약 그리스가 유로존을 떠나야 한다면 남은 중앙은행들이 (복리) 이자를 포함해 그리스에 대한 청구권을 보유한다. 이러한 가능성이 없다면 타겟 채무에 대한 이자는 무의미하다.

공적자본 수출로서의 타겟 잔액

타겟 잔액으로 이어지는 순 통화의 흐름이 이에 상응하는 (민간 채무

증서의 재매입, 즉 채무상환을 포함한) 상품 및 자산의 실물흐름을 나타내므로, 잔액이 신용과 같은 성격을 갖는 이유는 복식부기의 필요성보다 더 심오하다. 이 상품과 자산의 순흐름은 중앙은행의 대차대조표에 자산과 부채로 기장되어야 한다. 그렇지 않을 경우 이것이 한 나라에서 다른 나라로 증여되기 때문이다. 물론 민간 수출업자는 상품수출 대금을 수취하는 것으로 충분히 만족한다. 그러나 사실은 이 대금이 자국 중앙은행에 대한 청구권이며, 이 중앙은행의 대차대조표 부채 란에 기입된다. 이 중앙은행의 다른 중앙은행이나 유로시스템에 대한 청구권은 해당 상품이나 자산을 수출한 국가의 국민경제에 대한 유일한 등가교환물이 된다.

그러므로 타겟 잔액의 변동이 실제로 일국의 국제수지 통계에서 '대외자본투자' (또는 이와 비슷한) 항목으로 자본계정에 기장되는 것이 논리적이다. 또한 타겟 잔액이 각국 중앙은행 대차대조표에 기록되듯이, 일국의 대외 순자산 포지션으로 기장되는 것이 논리적이다. 독자들은 제2장의 [그림 2.9]와 [그림 2.10]을 통해 유로 도입 발표 이후의 대외순자산 포지션 급증 등에 관해 설명한 것을 기억할 것이다. 제7장에서 살펴보겠지만 특히 2008년 이후 이 증가의 대부분은 타겟 잔액의 증가에 기인한다. [그림 6.4]는 타겟 잔액이 공식적으로 보고된 주요 유로지역 국가의 대외 순자산 포지션을 보여주고 있는데, 대외 순자산 포지션과 타겟 잔액이 GDP 대비 비율로 표시되어 있다.

만약 대외채무가 한편으로는 통상의 (민간 및 재정) 신용 및 자산청구권, 다른 한편으로는 타겟 채무의 두 가지 요소로 구성되어 있다고 한다면, 그리스, 아일랜드와 같이 곤경에 빠진 일부 국가에서 타겟 채무는 순 대외채무의 주요 부분을 설명한다는 점에 주목하자. 2012년 그리스 GDP의 109%를 차지했던 대외채무 중 50% 포인트는 그리스 타겟 채무로 설명된다. 대외채무 비율이 GDP의 91%인 스페인은 33% 포인트, 28%인 이탈리아는 16% 포인트, 115%인 포르투갈은 39% 포인트, 112%인 아일랜드는 48% 포인트 등이다. 만약 대외순채무에서 타겟 채무가 차지하는 비중으로 국가의 순위를 매긴다면 이탈리아가 50% 이상으로 최고이다.

이에 반해 네덜란드와 독일의 순 대외자산은, 비슷한 구성을 고려할 때 그 대부분이 타겟 청구권으로만 구성되어 있다. 독일에서는 2012년 GDP의 42%인 대외순자산 포지션의 25% 포인트가 독일연방은행의 타겟 청구권이다. 절대액으로 이는 1조 1,070억 유로 중 6,560억 유로에 달한다. 네덜란드에서는 타겟 청구권이 GDP의 47%인 총액 중 20% 포인트를 차지한다.

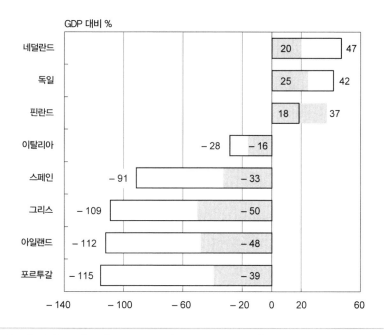

[그림 6.4] 타겟 잔액(회색)과 대외자산 (GDP 대비, 2012년)

자료: Eurostat, Database, *Economy and Finance*, Balance of Payments – International Transactions; 타겟 잔액 – [그림 6.2] 참조.

핀란드에서는 GDP의 18%인 타겟 청구권이 대외순자산 포지션을 19% 포인트 초과해 특이한 양상을 띠고 있다. 이는 핀란드 경제가 더 이상 세계의 다른 나라에 통상적인 순 청구권을 가지지 않았음을 의미한다. 더구나 유로시스템이 핀란드 타겟 청구권을 변제하지 않는다면, 핀란드는 GDP의 19%만큼 대외순채무 포지션으로 추락할 것이다.

내부통화와 외부통화 그리고 지역 윤전기

타겟 시스템의 기본 메커니즘을 설명한 (윤전기의 이미지를 떠올리기 바람) [그림 6.1]에서 간단히 암시한 유럽중앙은행의 대출정책이 타겟 잔액과 어떤 관계가 있는지 다시 한 번 살펴보자. 해외로 유출되는 자금이 보충되지 않는 경우 그냥 그대로 두면 불가피하게 유동성위기가 발생하게 되므로 그 어떤 경제도 해외유출 자금의 지속적 증가에 대처할 수 없게 된다. 현대 경제에서 중앙은행의 통화량은 매우 작다. 일반적으로 민간의 부가 GDP의 3배 내지 5배가 되는 반면, 이른 바 본원통화라고 불리는 중앙은행 통화량은 GDP의 10분의 1에서 5분의 1 정도에 불과하다. 예를 들어 2011년 유로존 중앙은행의 통화량은 GDP의 12.3%였으며, 독일은 17.8%, 그리스는 19.7%였다. 그러나 그리스의 경우 2011년 경상적자가 GDP의 9.9%였다. 그리스가 자본유출을 겪지 않고 경상적자를 기존 통화만으로 보전했더라도, 그리스 중앙은행으로부터의 새로운 자금보충이 뒤따르지 않았더라면 통화량은 2년 내에 고갈되었고, 이로 인해 국내의 어떤 거래도 수행할 수 없었을 것이다.

여기서 타겟 잔액으로 측정된 통화의 유출은 새로운 화폐발행에 의해 충당되어야 한다는 점을 분명히 알 수 있다. 물론 통화수요의 신축성과 화폐유통 속도를 강조했던 케인스학파 경제학자에 의해 항상 지적되어

왔듯이, 약간 더 적은 유통 통화량으로 주어진 GDP를 달성할 수 있게 하는 경제의 유연성이 확실히 있다. 주어진 소득과 지출 하에서, 지갑과 수표계좌에 평균적으로 더 적은 현금을 보유하고 저축성 예금계좌에 소액을 더 자주 채우고 현금인출기를 자주 방문해 소액을 인출해 근근이 살아나갈 수는 있다. 이와 마찬가지로 시중은행은 보다 정교한 위험관리기법을 통해 자신의 중앙은행 당좌계정에 더 낮은 평균 중앙은행 통화량으로도 꾸려나갈 수는 있다. 금리가 상승하면 유동성 보유에 따른 기회비용이 커지기 때문에 휴대할 유동성 잔액을 변화시킬 필요가 있는 것이다. 그러나 이런 유연성만으로 위기국이 경험한 순 자금유출에 대처할 수 있는 것은 결코 아니다.

개인의 경우도 마찬가지이다. 만약 소득이 없어졌는데도 개인이 이자수익이 있는 자신의 실물 및 금융자산을 포기하길 원치 않는 경우 지갑과 은행계좌의 유동성 화폐가 남아 있는 한 생활수준을 그대로 유지할 수 있다. 현상유지는 하고 있지만 은행계좌는 아주 빨리 고갈되고 지갑은 더 빨리 바닥을 보일 것이므로 개인은 마이너스 수지를 갖게 될 것이다. 그러나 결국에는 돈이 없어질 것이므로 수지를 개선하기 위해 일자리를 찾든지 대출을 받든지 자산의 일부를 팔든지 등의 어떤 조치를 취해야 할 것이다. 만약 일자리 수입으로도 수지 개선에 실패하고 자산매각도 원치 않는데 은행이 신용제공을 거부할 뿐만 아니라 현 신용잔액에 대한 상환요구를 한다면 이 사람은 문제에 봉착하게 된다. 자신의 지하실에서 필요한 돈을 인쇄함으로써 문제를 해결하는 것은 법률적 처벌 대상이 되므로 이 사람에게 이를 권장할 수는 없다. 그러나 유로지역 국가의 경우는 상황이 조금 다르다.

[그림 6.5]는 위기동안 무엇이 발생했는가를 보여준다. 점선은 GIPSIC 국가의 본원통화, 즉 이들 국가 내에서 유통되는 통화량의 위기 첫 해부터의 증감을 나타낸다. 한 나라의 본원통화는 해당국 중앙은행이 발행한

은행권과 시중은행이 이 중앙은행에 가지고 있는 요구불예금으로 구성된다. 초기에 증가하다가 다소 평탄해진 큰 폭의 국제수지 적자에도 불구하고 GIPSIC 국가의 본원통화는 감소하지 않았음을 알 수 있다. 그러므로 지급지시에 의해 해외로 보내진 통화는 인쇄되어야 했는데, 그렇지 않았다면 이들의 본원통화가 타겟 잔액이 증가한 만큼 감소했을 것이기 때문이다.

가파르게 상승하는 실선은 GIPSIC 국가에서 중앙은행 대출이나 자산매입에 의해 창출된 통화의 총량을 나타낸다. 실제로 이 통화량은 이들 국가에서 통용된 것보다 더 많다. 이 실선과 점선의 차이는, 타겟 잔액으로 측정된, 지급지시에 의해 다른 나라로 흘러나간 중앙은행 통화의 순량을 나타낸다. 이것이 앞의 '타겟 잔액의 팽창' 절에서 설명한 외부통화로서 중앙은행 대출과 자산매입으로 창출되어 국내에서 유통되는 내부통화에 반대되는 것이다.

[그림 6.5]는 지금까지 수행한 타겟 잔액의 분석을 보완하는 심오한 경제적 해석을 제공한다. 앞서 논의한 바와 같이 이 잔액은 중앙은행간 상호 지급지시의 결과인 신용흐름을 나타낸다. 지급지시가 발행된 국가에서는 본원통화가 감소하고 지급결제를 받는 국가에서는 증가하므로 이 잔액은 국경을 넘는 통화의 순흐름을 정확히 측정한다. 그러나 발행 국가에서 통화가 추가로 창출되지 않는다면 통화의 초과흐름은 있을 수 없다. 그림에서 보듯이 외부통화량이 내부통화량과 동일한 시점은 이미 2011년 7월에 도달되었다. 따라서 윤전기를 통해 보충하지 않았다면 GIPSIC 국가에 중앙은행 통화가 하나도 남아있지 않을 뻔했다. 그러므로 타겟 잔액을 통해 추가 통화창출 및 이를 가지고 이루어진 경제의 유동성 필요금액 이상의 추가 중앙은행 대출(또는 추가 자산매입)의 규모를 간접적으로 측정할 수 있다. 앞서 살펴본 바와 같이 이 추가 중앙은행 대출은 담보기준 완화와 만기연장에 의해 가능해졌다. 이로 인해 은행은

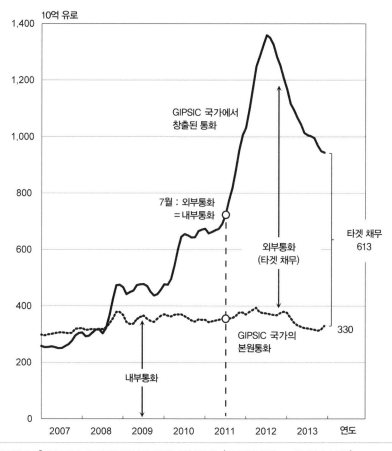

[그림 6.5] GIPSIC 국가의 내부통화와 외부통화 (2007년 1월 ~ 2013년 12월)

자료: 유럽중앙은행, 아일랜드중앙은행, 그리스중앙은행, 포르투갈은행, 스페인은행, 이탈리아은행, 사이프러스중앙은행의 대차대조표 ; IMF의 International Financial Statistics; H.-W.Sinn과 T.Wollmershäuser의 "Target Loans, Current Account Balances and Capital Flows: The ECB's Rescue Facility', 2012, figure 3 참조. 약간 변경된 본원통화 정의로 업데이트하였다 (공식 정의에 의하면, 현재는 예치금 포함).

주: 한 국가 또는 국가 그룹의 본원통화는 상업은행의 자국 중앙은행 앞 요구불예금(예치금 포함), 법정 은행권(경제규모에 비례한 은행권 발행) 및 관련된 '유로시스템내 채무'(비례 초과 은행권 발행)의 합계로 정의된다. 후자는 국가 그룹이 전체 통화지역을 포함하면 순계하여 0이 된다. 내부통화는 리파이낸싱 거래나 자산매입에 의해 지역적으로 창출되어, 순계 기준으로 국제 지급지시에 의해 아직 다른 나라로 내보내지 않은 중앙은행 통화이다. 타겟 잔액으로 측정되는 통화인 외부통화는, 국제 지급 지시에 의해 해당 국가 밖으로 나가 해외에서 순환하는, 중앙은행 대출 및 자산매입을 통해 일국의 NCB에 의해 창출된 통화 부분이다. 도표는 3개월 이동평균으로 평활화된 것이다. 2013년 12월 GIPSIC 국가의 경우 본원통화 3,300억 유로, 상업은행 예금 560억 유로, 법정 은행권 3,350억 유로였는데, 비율 미달 은행권 발행으로부터의 유로시스템내 청구권이 610억 유로가 있어 실제 은행권 발행은 2,740억 유로였다.

새로 발행한 통화를 지역경제에 풀 수 있게 되었으며, 국민들이 상품 및 자산을 해외에서 구입하거나 외채를 상환할 수 있게 되었다. 시장상황을 호전시킨 발권용 윤전기에서 만들어낸 저렴한 신용이 없었다면, 이 나라들의 유동성이 부족하고 이에 따라 그들에게 높은 금리가 요구되었을 것이다. 국민들이 해외에서 상품 및 자산을 구입하는 규모가 줄어들고 위험 프리미엄 공제 후의 수익률이 더 높아졌을 것이므로 외국인 투자자들은 더 많은 민간신용을 제공하려는 경향을 보였을 것이다. 이는 타겟 잔액으로 측정된 순지급 지시가 앞에서와 같이 폭발적으로 증가하는 것을 막았을 것이다.

미국에서는 연방준비제도이사회가 위기동안 본원통화를 세 배로 증가시킨 것이 근심의 큰 원인이었다.[25] 그 당시 가장 큰 경각심을 불러일으킨 것은, GIPSIC 국가에서 창출된 통화량이 그림에서 보듯이 2007년 말부터 2012년 말까지 5년간 3,050억 유로에서 9,430억 유로로 세 배 이상 증가했다는 사실이다.[26]

윤전기의 셀프서비스는 아주 놀랍도록 훌륭했다. 유럽중앙은행이 무제한국채매입Outright Monetary Transactions; OMT 계획 발표로 시장을 안정시키기 전인 2012년의 정점에서는 6개 위기국의 화폐발행액이 1조 3,590억 유로로 증가했는데, 그중 9,850억 유로가 대외 상품 및 자산구입과 외채상환에 사용되었다. 이는 유로시스템이 일반인은 잘 모르도록 은밀하게 제공한 구제금융으로서 기존의 모든 공적 구제금융을 무색케 하는 것이다.

북유럽 국가의 중앙은행 대출 구축(驅逐)

이제 의문은 위기국의 막대한 통화창출이 나머지 유럽 국가에 어떤 영향을 미쳤냐 하는 것이다. 공개토론에서 가장 자주 제기된 주제는 인플레이션이다. 정치인과 경제학자는 이 위험에 대해 경고하고 있으나[27] 유럽중앙은행은 인플레이션 추세를 나타내는 조짐이 없다며 사람들을 안심시키고 있다.[28]

한 가지는 분명하다. 막대한 양의 유동성이 GIPSIC 국가에서 창출되어 유로존의 다른 국가에 안착하였다. 위기 이전에 중심국에서 GIPSIC 국가로 향한 민간신용 형태의 자금흐름은 이제 멈추었으며, 중심국의 은행이 나중에 곤경에 빠진 국가에게 빌려주었던 자금은 본국으로 되돌아갔다. 이는 투자자가 위험을 두려워했고, 민간대출자가 대응할 수 없는 조건으로 위험에 상관없이 신용을 제공하는 지역 발권기관과의 경쟁을 꺼려 했기 때문이다. 더욱이 이 장의 앞부분에서 언급한 바와 같이, 그리스와 스페인의 은행에서 해외의 안전한 곳으로 대규모 자본이 도피하였다.

이로 인해 다른 유로지역 국가에서 유동성과 신용이 과잉상태에 빠졌으며, 독일에서는 금리가 역사상 최저 수준으로 인하되고 건설 붐이 일어났다 (제3장 참조). 독일의 호황에서는 소규모의 유동성만 흡수되었고, 이는 상거래용 현금으로 추가 사용되었다. 다른 북유럽 유로존의 은행의 경우 유동성이 풍부해져 오히려 그 처리에 고충을 겪었다.

이로 인해 이 나라들에서 인플레이션이 자극되었을 수도 있지만, 제4장 [그림 4.8]의 아일랜드 그래프에서 보았듯이, GIPSIC 국가와 나머지 유로지역 국가 사이에 큰 차이의 인플레이션이 아직 실제로 발생하지는 않았다. 한편 유로존의 전체 물가상승률에 대해서는 걱정할 필요가 없었다. 2008년부터 2012년까지 물가상승률이 5년간 평균 2.1%로서 그 이전 5년간 평균 2.2%에 비해 높지 않았다.

그 이유는 아마도, 유로존의 본원통화가 실제로 위기 동안 총량기준으로 특별히 증가하지 않았기 때문일 것이다. 앞서 언급한 바 있듯이 2007~2012년에 GIPSIC 국가가 창출한 통화량이 세 배 이상 증가한 것은 유로지역 국가 전체의 통화량이 71% 증가에 그친 것과 뚜렷이 대비된다.

[그림 6.6]에서 무슨 일이 일어났는지를 알 수 있다. 분명히 유럽중앙은행의 담보정책과 만기정책에 의해 발생했고 또 가능하게 된 대출을 통해 GIPSIC 국가에서 창출된 통화량이 증가하고 나머지 유로지역 국가에서는 내부통화 유통량이 감소한 결과 유로존 전체의 본원통화 총량은 완만하게 증가하였다. 이는 다른 유로지역 국가의 시중은행이 유동성 유입의 필요성을 느끼지 않아, 적어도 그 일부라도 제거하기 위해 자신의 중앙은행 대출을 상환하거나 남는 현금을 자국 중앙은행에 정기예금 예치의 형태로 빌려주는 등의 상쇄조치를 취했기 때문이다.

2012년 4월까지 GIPSIC 국가에서 창출된 통화량이 큰 폭으로 증가하여 궁극적으로는 유로존 총 통화량의 시가(時價)가 1조 1,890억 유로에 이르렀다. 이 시점에서 유로존의 통상 거래에 필요한 통화는 모두 6개 위기국에서 창출되었다. 사실 그때 GIPSIC 이외 국가에서 4,390억 유로의 추가적인 외부통화량이 있었으나,[29] 이는 거래에 사용되지 않았다. 유럽중앙은행이 경매를 통해 정기예금을 시중은행에 제한 배정함에 따라 대부분 시중은행이 이를 각국 중앙은행에 요구불예금으로 보유하고 있었다. 또한 과잉유동성 흡수에 사용되어 이 예금에 잠긴 자금에 대한 이자는 2012년 7월 11일 0으로 설정되었다. 이로 인해 유동성이 거기에 머물 인센티브가 줄어들었다.

본원통화의 총 가치가 최고치였던 2012년 7월, 유로존 내 유통 본원통화의 77%가 중앙은행 대출이나 자산매입을 통해 6개 위기국에서 창출되었다. 이 비율은 2013년 4월과 9월에 81%로 최고치를 기록하였다. [그림 6.7]은 [그림 6.6]에 주어진 정보를 상대적 기준으로 제공함으로써 이를 매우 실감나게 보여준다.[30] 모든 변수는 유로존의 본원통화 총액에 대한 비율로 표현되었다.

그림 중간의 상승하는 실선은, 유로존에서 이용 가능한 총 본원통화량

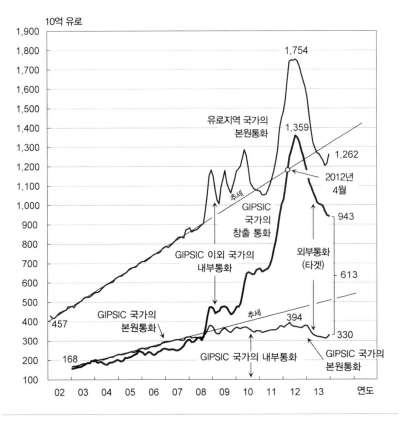

10억 유로

[그림 6.6] **본원통화의 구조와 타겟 잔액의 역할 (2002년 1월 ~ 2013년 12월)**

주: 정의와 출처는 [그림 6.5]를 참조하기 바란다. GIPSIC 이외 국가의 내부통화는 ECB 자신의 자산 매입에 의해 창출된 통화를 포함한다.

의 얼마만큼이 GIPSIC 국가(가로축으로부터 거리)와 GIPSIC 이외 국가(상방 경계로부터의 거리)에서 중앙은행 대출이나 자산매입에 의해 창출되었는지를 보여준다. 마찬가지로 점선은 총 본원통화량의 얼마만큼이 실제로 GIPSIC 국가(선 위 거리)와 GIPSIC 이외 국가(선 아래 거리)에서 유통되었는지를 보여준다. 실선과 점선 사이의 거리는 타겟 잔액, 즉 한 국가군에서 중앙은행 대출이나 자산매입에 의해 창출되어 지급지시를

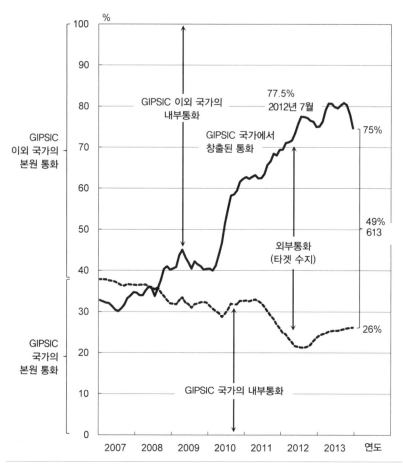

[그림 6.7] 순지급 지시에 따른 중앙은행 신용의 국제 이동 (2007년 1월 ~ 2013년12월)

주: 정의와 출처는 [그림 6.5]와 ECB의 대차대조표를 참조하기 바란다.

통해 다른 국가군으로 흘러들어가 거기서 유통되는 외부통화이다.

이는 분명히 타겟 잔액으로 측정된 지급지시를 통해 GIPSIC 이외 국가에 흘러들어간 유동성이, 이들 국가에서 자산매입이나 중앙은행 신용에 의해 창출된 유동성을 구축했다는 증거이다. 시중은행의 이용 가능한 대체 유동성 원천 때문에 개별 중앙은행의 신용공여 능력이 제한되었다.[31] 이러한 구축 과정은 GIPSIC 국가의 타겟 채무로 구성된 본원통화의 비율, 즉 GIPSIC 이외 국가에서 통용된 외부통화가 정점을 이룬 2013년 4월까지 지속되었다. 그때 유로존 본원통화의 19%만이 유로존 GDP의 68%를 차지하는 GIPSIC 이외 국가(또는 유럽중앙은행 자체)에서 창출되었다. 유로존에서 통용된 통화의 무려 81%가 GIPSIC 국가에서 창출되었다. 이 통화의 25% 포인트가 이 나라들에게 유동성을 제공하는 데 사용되었고, 56% 포인트는 GIPSIC 국가가 다른 지역에서의 상품 및 자산구입과 외채상환을 가능케 한 타겟 잔액이었다. 2013년 9월부터 창출통화 비율이 다소 감소하였다. 그럼에도 불구하고 2013년 말까지 유로존 본원통화의 75%가 GIPSIC 국가에서 창출되었다. 유로존 본원통화의 무려 49%(절대액으로는 6,130억 유로)가 GIPSIC 국가에게 제공된 타겟 잔액에서 창출되었다.

그렇지 않았더라면 자신의 자금을 돌려받지 못할 수도 있었던 채권자보다도 해당 국가에게 이것이 더 큰 도움이 되었는가 하는 것은 논쟁의 여지가 있다. 그러나 분명히 이것은 유로시스템 규정에 내재되었으나 처음에는 일반인은 물론 경제전문가조차 잘 이해하지 못했던 유럽중앙은행의 대대적인 구제수단이었다. 이 주제에 관한 논문의 원래 제목이 "유럽중앙은행의 은밀한 구제책"이었던 이유는 바로 여기에 있다.[32]

특히 독일에서는 구축(驅逐) 과정이 발표되었다.[33] 이에 따르면 시중은행이 자국의 중앙은행에 가지고 있는 정기예금을 빼고 계산한 순 재융자 신용은, 2011년 8월초가 되자 마이너스가 되었다.[34] 그 시절 독일에 남아 있던 유일한 내부통화는 독일연방은행의 그 이전 자산매입에 의해 창출된 것이었다. 2011년 8월 이후 독일 시중은행의 독일연방은행에 대한 순 채권 포지션이 2012년 2월 독일 본원통화의 −17%인 −990억 유로의 최고치를 기록하면서 수십개월간 마이너스를 유지하였다. 2013년 12월에야 독일연방은행의 신용이 다시 독일 본원통화의 0.9%인

50억 유로의 플러스로 돌아왔다.

핀란드에서는 상황이 더 극단적이었다. 여기서는 순 중앙은행 대출이 2010년 10월 마이너스로 돌아섰고, 2012년 1월 핀란드 본원통화의 −42% 인 −210억 유로를 보인 후 계속 마이너스를 유지하고 있다. 이 책을 쓰고 있는 동안 통계를 입수할 수 있는 마지막 시점인 2013년 12월에는 그 규모가 본원통화의 −34%인 −110억 유로였다.[35] 핀란드 중앙은행은 자본유출에 의해 밀려온 초과 유동성을 흡수하기 위해 시중은행으로부터 본원통화의 3분의 1에 해당하는 자금(순액 기준으로도 그러함)을 차입하였다.

그러나 중앙은행 통화량의 불태화 변동은 개별 중앙은행의 차입과 대출뿐만 아니라 시장성 있는 자산의 매매에서도 발생한다. [그림 6.8]은 독일과 핀란드에서의 통화창출 및 흡수 거래의 전반적 효과를 보여준다.

분명히 2012년 6월까지 독일연방은행이 자산매입과 신용 재융자를 동시에 수행함에 따라 창출된 통화량마저도 순계 개념으로는 구축되었다. 타겟 잔액이 독일 본원통화 총액 수준에 도달하자 내부통화 잔액은 소멸하였다.[36] 본원통화는 독일연방은행이 유로존의 다른 중앙은행을 대신해 순지급 명령을 수행하면서 독점적으로 창출되었다. 2012년 6월말 이후 몇 달 동안 독일연방은행의 타겟 청구권은 독일의 본원통화를 살짝 상회하기까지 했는데, 초과액 최고치는 2012년 11월 독일 본원통화의 9%인 610억 유로였다.[37] 독일연방은행은 자신이 창출한 통화를 이자와 담보를 받고 대출해주는 중앙은행이 되길 포기하고, 대신에 다른 유로지역 국가에서 자산매입 및 시중은행 앞 대출로 발생한 대량의 유동성을 타겟채권을 받고 흡수해 없애버리는 일종의 서류분쇄기로 전락하였다. 내부통화가 마이너스였던 기간은 2013년 11월까지 대략 1년 정도였다. 독일의 '자가제작' 본원통화는 독일 본원통화의 8%인 460억 유로가 된 2013년 12월까지 플러스로 전환되지 못했다. 위기동안 독일은 전량의 통화 잔액을 (자국 은행을 포함한) 유럽을 구제하기 위해 대출하였다.

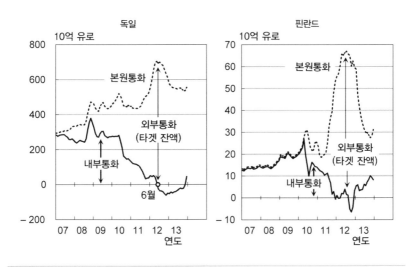

[그림 6.8] 독일과 핀란드에서의 내부통화 구축

자료: 독일연방은행과 핀란드은행의 대차대조표; IMF의 *International Financial Statistics*.
주: 기본적인 타겟 잔액은 [그림 6.2] 참조. 상응하는 네덜란드의 도표는 네덜란드은행이 본원통화 데이터를 공표하지 않아 그릴 수 없다.

오른쪽 그림에서 보듯이 핀란드에서도 마찬가지였다. 핀란드에서는 내부통화가 2011년 말까지 완전히 구축되었으며, 잠시 동안 내부통화량이 플러스로 전환되었다가 다시 마이너스로 된 후부터 타겟 청구권이 본원통화 수준 이하로 떨어져, 위기가 다시 진정된 2012년 말까지 정상인 플러스 상태로 되돌아오지 않았다. 2013년 말, 아직 핀란드 본원통화의 약 3분의 1이 내부통화, 3분의 2는 다른 유로지역 국가에서의 중앙은행 대출과 자산매입에 의해 생겨난 외부통화였다.

이러한 사실은 모두 타겟 잔액이 본원통화의 증가가 아니고 단순히 재융자 신용이 북유럽에서 남유럽으로 이전하는 것임을 시사하고 있다. 타겟 잔액은 (전자)윤전기가 남유럽 중앙은행에게 대여된 한도를 측정한다고 말할 수 있다. 이것이 타겟 잔액을 정부 간 신용의 척도로 해석하는 강력한 근거를 제공하는데, 이러한 방식으로 개별 중앙은행의 대차대조표에 기록된다.[38] 남유럽 중앙은행이 자국의 경제에 다른 나라 상품과 자산의 구입과 외채상환을 계속 할 수 있도록 대규모 발권을 통해 신용을 공여한 반면, 북유럽 중앙은행은 자국의 시중은행에 순 채무자가 되거나 대출을 줄임으로써 유입 통화를 "분쇄"하였다.

유럽중앙은행은 물론 이러한 상황을 알고 있었다. 이 기관은 은행들 사이의 신용중개기관 역할을 떠맡고 있다고 주장함으로써 자신의 정책을 정당화하였다. 은행들은 자금을 회수하지 못할 수 있다는 우려에 따라 상호 신용공여를 망설이면서 유럽중앙은행에게 자금을 맡겼고, 유럽중앙은행 스스로 자금 대출의 역할을 맡았다. 유럽중앙은행에 따르면 이것은 양측 모두에게 이익이 되었다. 차입은행은 저렴한 자금을 차입했고, 대출은행은 투자 안정성을 더 확보하였다.[39] 그러나 이러한 견해는, 그 정책을 가지고 유럽중앙은행이 체계적으로 저축자본의 방향을 한 나라에서 다른 나라로 바꾸었다는 사실, 즉 유로지역 국가 간 경상수지 불균형의 시정을 지연시키고 유로시스템의 중앙은행 사이에 이루어진 국제 공적자본흐름 조성과정을 은폐하고 있다. 이러한 국제 자본흐름의 크기는 타겟 잔액으로 측정한다.

Chapter 7

경상수지, 자본유출, 타겟 수지

Current Accounts, Capital Flight, and Target Balances

THE EURO TRAP

국제수지 적자의 보전

지금 위기에 처해 있는 국가들(GIPSIC; 그리스, 아일랜드, 포르투갈, 스페인, 이탈리아, 사이프러스)은 경쟁력을 잃었고, 유로화 도입에 따른 차입비용 하락으로 유발된 인플레적 신용거품의 결과로 대규모 경상수지 적자를 기록했음을 제2장과 제4장에서 살펴보았다. 미국의 위기가 유럽으로 번졌을 때 이러한 적자를 자본시장에서 보전하기가 매우 어려워졌다. 제5장과 제6장에서는 어떻게 그리고 어떤 측면에서 GIPSIC 국가가, 자본시장에서 더 좋은 조건으로 자금을 조달하기 어려운 상황에서 그 대체수단으로 화폐 윤전기를 활용했는지를 살펴보았다. 이 장에서는 각국이 경상수지 적자를 새로 창출된 통화로 실제 보전한 정도, 다른 경로로 마련한 부분, 그리고 자본유출이 앞 장의 [그림 6.2]에서 논의한 자본흐름 역전의 측면에서 어떤 역할을 했는지 등을 국가별로 고찰하고자 한다.

경상수지 적자, 즉 수출 및 이전수지 수입을 초과하는 수입 및 이자지급은 보전되어야 한다. 중앙은행의 국내통화량이 일정하다는 가정하에 한 나라는 다음 세 가지 가능성만 가진다.[1]

1. 민간 자본수입과 관련된 지급지시의 도래. 이는 보통 외국인의 포트폴리오 투자, 기업인수와 같은 외국인 직접투자 등 외국의 민간투자자 및 금융기관의 투자결정, 현지 거주자의 본국 송금 등의 결과로 나타난다. 이는 금융위기가 도래하기까지 실제로 경상적자를 메우는 통상적인 대안이었다.
2. 다른 나라와 국제기구가 제공하는 재정신용과 관련된 지급지시의 유입. 이는 근본적으로 유로존, 국제통화기금, 유럽재정안정기금 등과 같은 다국적 기구의 정부 간 신용이다. 이러한 형태의 신용은 2010년 5월에 시작했는데, 제7장에서 자세히 다룰 예정이다.
3. 대출과 자산매입을 통한 회원국 중앙은행의 지역자금 창출. 제6장에서 설명한 바와 같이, 이 책에서는 본원통화 monetary base를 잠식하지 않고서도 순지급 지시를 할 수 있도록 창출된 별도 통화를 '타겟 잔액'이라 한다.

이 세 가지 변수와 일국의 경상수지 사이의 관계는, 절도(竊盜) 이외의 경우에는 변경될 수 없는 국가 예산제약 때문에 발생한다. 물론 이는 대수적으로 성립한다. 한 항목이 부호를 바꾸면 다른 항목이 그것을 보전해야 한다. 예를 들어 일국의 민간자본수입이 마이너스가 되면, 자본유입이 멈출 뿐만 아니라 그 방향을 바꾸므로 타겟 신용이나 공적신용이 이를 보전해야 한다. 그렇지 않으면 경상적자가 발생할 수 없거나 자본유입이 그 방향을 바꿀 수 없다. 만약 A국이 B국에 대한 경상적자(또는 B국으로의 자본유출)를 보전하기 위해 타겟 신용을 사용하면, B국 중앙은행이 자국내 시중은행 앞 청구권 대신에 유럽중앙은행 시스템에 대한 청구권과의 교환으로 통화를 발행한다는 점에 주목하라. 여기서 유럽중앙은행은, 최초에 자국 시중은행에 신용 제공이나 자산매입을 통해 청구권을 취득했던 A국 중앙은행 앞 청구권을 수취한다. 이는 앞 장에서 설명한 바 있다.

만약 한 유로지역 국가가 유로존 밖의 국가와 경상수지 또는 자본수지 불균형에 있다면 이 설명은 수정되어야 한다. 이러한 불균형 자체는 국경을 넘는 유로화나 다른 통화의 흐름으로 이어지지만, 각 통화지역의 경제주체는 다른 법적 권역에서만 법화인 통화의 초과공급을 제거하려고 항상 노력하기 때문에 이러한 흐름이 영속되지는 않는다.[2] 환율조정은 초과공급을 흡수하는 효과를 가진 반대 방향으로의 상쇄거래를 항상 유도한다. 중앙은행이 외화를 축적함으로써 환율을 조작하는 경우(고정환율제도하에서 전형적임)나 국제거래 목적으로 자신의 통화권역 밖에 보유하고 있는 통화의 잔액에 큰 변동이 있을 경우에만 불균형이 발생한다. 제한된 범위에서는 달러와 유로가 지급수단으로 각 통화권역 밖에서 사용되는 것이 사실이지만, 통상 달러 및 유로 총량은 크게 증가하거나 감소하지 않는다.

유로존에서는 외환거래가 유럽중앙은행에 의해 이루어지는데, 이 은행은 해외에서 매매한 통화에 따라 회원국 중앙은행들에게 타겟 채무와 타겟 청구권을 할당한다. 특정 유로지역 국가의 국민이 중국 제품을 사면서 달러로 지급하는 경우를 가정하자. 이 국민은 유로로 지급지시를 하지만, 거래은행은 유로를 개별 중앙은행에서 달러로 바꾼다. 그 중앙은행은 유럽중앙은행에서 타겟 채무를 달러로 교환한다. 그러나 외국인이 상품과 자산을 구입하고 유럽중앙은행이 탄력적인 변동환율로 이를 유로로 바꾸어줌에 따라 유로존에 그 정도의 달러가 유입될 것이다. 이 역지급지시는 유럽중앙은행이 타겟 청구권을 지급수혜자의 중앙은행에 할당하는 것을 의미한다. 이와 마찬가지로 이 국민이 중국 제품의 구입대전을 유로로 지급하면 이 자금은 다른 유로지역 국가의 상품 및 자산구입에 사용되고 그

중앙은행은 유럽중앙은행에 대한 타겟 채무를 받아들여야 하며, 다른 유로지역 국가의 중앙은행은 유럽중앙은행에 대한 타겟 청구권을 수취한다.

이와 같이 상기 회계항등식이 적용되는 대상은 일국의 유로존 내부의 경상수지 및 자본수지 불균형이 아니고, 유로존과 비유로지역 국가를 포함한 전 세계 나머지 국가에 대한 불균형이다.

이제 막 떠오르는 질문은 타겟 잔액, 민간 자본수입, 그리고 있다면 재정자본 수입이 얼마만큼 경상적자 보전에 기여하였는가 하는 점이다. 그 답이 무엇이든 간에 타겟 잔액이 경상수지 적자의 원인이었다거나 둘 사이에 상관관계가 있다고 해석해서는 안 된다. 제2장의 '시기의 문제'라는 절에서 살펴본 바와 같이, 위기국의 경상적자가 느리게만 반응하고 어떻게든 보전되어야 하는 상황에서 타겟과 다른 두 변수(민간자본 흐름과 재정 구제신용) 사이에 주요 상관관계가 존재한다는 것은 분명하다. 그럼에도 불구하고 각 항목이 어떤 기여를 했는지를 살펴볼 필요가 있다.

첫 번째 개관은 [그림 7.1]에 제공되어 있는데, GIPSIC 국가 전체의 예산제약을 나타내고 있다. 이것은 매우 풍부하고 유용한 도표인데, 읽을 때 면밀한 주의가 필요하며 이 장의 나머지 부분의 기초가 되므로 주의 깊게 살펴보아야 한다. 이 그림은 다음 항목들의 시간 경로를 보여준다.

- GIPSIC 국가의 누적 경상적자, 2008년 1월을 기준점 '0'으로 함
- GIPSIC 국가의 타겟 채무 잔액
- GIPSIC 국가에게 지급된 재정 구제신용 잔액 (타겟 잔액에 합산됨)
- GIPSIC 이외 국가의 중앙은행과 유럽중앙은행이 자체 매입한 GIPSIC 국채의 잔액 (이 또한 앞의 두 항목에 합산됨)
- 시장가격으로 평가한 GIPSIC 국가의 순외채 잔액 (기본적으로 이 잔액은 제2장 [그림 2.9]의 맥락에서 나타난 미상환 채무 및 채권의 재평가로 조정된, 오래 전부터 누적되어온 경상적자의 합계임)

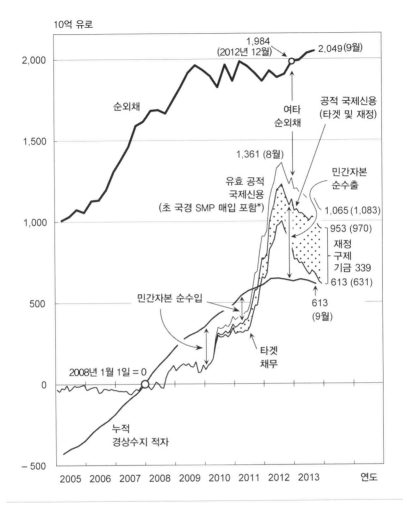

10억 유로

1,984
(2012년 12월)

2,049 (9월)

2,000

순외채

여타
순외채

공적 국제신용
(타겟 및 재정)

1,500

1,361 (8월)

유효 공적
국제신용
(초 국경 SMP 매입 포함*)

민간자본
순수출

1,065 (1,083)

953 (970)

재정
구제
기금 339

613 (631)

1,000

민간자본 순수입

타겟
채무

613
(9월)

500

2008년 1월 1일 = 0

0

누적
경상수지 적자

- 500

2005 2006 2007 2008 2009 2010 2011 2012 2013   연도

[그림 7.1] 순외채, 누적 경상수지, 타겟 채무, 공개 구제책 (GIPSIC 국가)*

* 국채매입계획(Securities Markets Programme; SMP): GIPSIC 이외 국가의 중앙은행들이 보유한 GIPSIC 국채의 장부가격.

자료: Eurostat, Database, *Economy and Finance*, Balance of Payments—International Transactions; European Commission, *Economic and Financial Affairs*, The EU as a Borrower; European Commission, *EU Budget 2011*, Financial Report; European Commission, *The Economic Adjustment Programme for Greece: Fifth Review*; European Financial Stability Facility, *Lending Operations*; IMF, *Financial Activities*; IMF, *SDR Exchange Rate Archives by Month*; IMF, *Updated IMF Quota Data*; European Stability Mechanism, *Financial Assistance*; European Stability Mechanism, *ESM Factsheet*; ECB, *Open Market Operations*; Banca d'Italia, *Base Informativa Pubblica*, Balance of

Payments and International Investment Position; for Target balances, [그림 6.2]와 [그림 6.3] 참조.

주: 괄호 안의 수치는 2008년 1월에 대비한 각 곡선의 증가분을 나타낸다. 이 수치는 2007년 12월의 GIPSIC 타겟 청구권 값만큼 도표의 곡선 값과 다른데, 총계는 180억 유로에 달한다.

정부의 구제금융은 6개 위기국의 구제책에 대한 자신의 기여분을 순계하고, 채무 상환분(2013년 12월까지 17억 유로)을 순계하여 계산되어, 실제 지급분만 기록되었다. 이는 EU, IMF, 유로 국가, EFSF 및 ESM에 의해 지급된 모든 금융지원을 포함한다 (월별 자료).

그리스 – 유로 국가 및 IMF에 의한 첫 번째 재정구제 패키지, EFSF와 IMF의 두 번째 구제 패키지. 아일랜드 – EFSF, EFSM 및 IMF. 포르투갈 – EFSF, EFSM 및 IMF. 스페인 – ESM. 사이프러스 – ESM 및 IMF. 이는 2013년 12월 3,390억 유로의 순 구제신용이 된다. 각국 자체의 기여분은, 첫 유로존 패키지 경우에서의 구제 협정, EU 공여의 경우에서의 2011년 EU 예산 수입에서의 지분, 그리고 ESM의 납입자본 기여에 따른 것이다.

ECB의 국채 매입: 모든 유로존 각국 중앙은행이 ECB의 자본에서의 자신의 몫에 따라 국채를 매입하는 데 참가했기 때문에, GIPSIC의 지분(37%)은 총계에서 차감된다. 이것과 다음 도표들은 2014년 2월 24일 현재 이용 가능한 데이터에 기초한다.

모든 곡선이 잔액을 나타내므로 그 기울기는 각각의 증감 추이를 나타낸다.[3] 따라서 예를 들어, 독자가 [그림 2.1]에서 그 수준을 이미 파악하고 있듯이 누적 경상적자 곡선의 기울기는 경상수지 적자를 나타낸다. 여기서 알 수 있듯이 이 적자는 2007년 위기가 발생하기 전에 이미 존재했으며 이후에도 지속되었다. 기울기가 평평하다가 계속 낮아지는 데서도 알 수 있듯이, 단지 몇 년간만 지연되다가 점차 감소하였다.

다른 언급이 없으면, 곡선 끝의 수치는 2013년말 현재 가치를 말한다. 괄호안의 수치는 2008년 1월 이후의 증가분이다. [그림 6.2]에서 볼 수 있듯이, 2013년 말 GIPSIC 국가의 타겟 채무는 6,130억 유로였고 2008년 1월 초 타겟 채무 잔액은 −180억 유로였으므로 이 사이 증가분은 6,310억 유로이다.

이미 제2장에서 설명한 바와 같이 위기 발발 이전, 시장은 계속해서 경상수지 적자를 보전하려는 의지가 있었다. 이에 따라 타겟 잔액은 2007년까지 극히 작았다. 그러나 리먼 붕괴가 위기를 본격화시킨 2008년 가을부터 타겟 잔액은 급격히 증가하기 시작하였다. 이는 특히 국내

중앙은행 대출을 위한 담보기준의 완화와 만기연장 등 제5장에서 기술한 정책을 계기로 화폐 윤전기가 가동되게 되어 유럽중앙은행에서 시장가격 이하 수준의 자금을 조달할 수 있게 되었기 때문이다. 타겟 곡선은 2008년 1월 1일 이후 누적된 경상적자 중 얼마만큼이 타겟 신용에 의해 여러 시점에서 보전되었는가를 보여준다. 엄밀하게 말하자면 타겟 신용의 기여분은 2008년 1월 1일부터의 곡선 높이의 증가분이지만, 타겟 신용이 시발점에서 0에 가까웠으므로 이 그림에서는 별 상관이 없다.

그러나 GIPSIC 국가는 유럽중앙은행뿐만 아니라 여러 재정기구에서 신용을 제공받았다. 여러 가지 구제정책의 결과에 따른 재정자본 흐름은 타겟 곡선 위에 점으로 표시한 부분의 높이로 측정된다. 구제정책은 2010년 5월 10일 유럽연합 국가들의 결정에 따라 개시되었다. 이 결정은 그리스에 대한 국제적 정부지원과 유럽재정안정기금 설치의 길을 터주었으며, 이에 따라 2011년 1월 아일랜드에게, 2011년 5월에는 포르투갈에게 신용을 지급하기 시작하였다. 이에 더하여 국제통화기금과 유럽연합의 구제신용도 있었는데, 유럽연합은 유럽금융안정기구European Financial Stabilization Mechanism; EFSM의 형태로 지원하였다. 그 후 2012년에는 영구 구제계획인 유럽안정화기구ESM가 추가되었다. 신용흐름은 GIPSIC 국가 자신의 구제정책에 대한 기여분과 상환분을 순계하여 산출된다. 그림에 표시된 수치들은 구제자금 총액이 아니고 실제 지급분만을 나타낸 것이다. 점선 구역이 나타내듯이, 이들 구제신용의 순흐름은 2010년 5월 이후 크게 증가했으며 위기국에 대한 지원에 기여하였다. 2013년 말까지 GIPSIC 국가가 받은 재정 구제기금 잔액은 괄호 안에 표시한 바와 같이 3,390억 유로이었다. 다음으로 점으로 표시한 구역의 상단은 타겟 신용과 재정 구제기금을 합한 것으로서 '공적신용'이라고들 한다.

경상수지 곡선과 공적신용 곡선의 차이는 정의상 2008년 1월 이후 축적된 GIPSIC 국가로의 민간자본 순유입(180억 유로의 초기 소액 타겟 청구권은 차감)이 된다. 왼쪽의 두 양방향 화살표는 위기의 초기 국면을 나타내는 다른 시점에서의 이 차이를 보여준다. 이 시점들까지 민간자본이 경상적자를 공동 보전해 왔던 것은 분명한 사실이다. 오른쪽의 세 번째 양방향 화살표는 이와 반대의 상황을 나타낸다. 타겟과 재정신용의 합계가 순계 기준으로 누적 경상수지 적자를 초과함에 따라, 민간자본이 위기 기간 중의 이 시점까지 GIPSIC 국가를 떠났다. 재정과 타겟, 두 공적신용은 경상수지 적자뿐만 아니라 현저한 자본유출을 보전하였다.

이 책을 쓰면서 마지막으로 데이터 입수가 가능한 시점인 2013년 12월에 공적신용, 즉 이 나라들 자체의 순 기여분인 타겟과 재정 구제기금의 합계는 9,530억 유로(2008년 1월 이후 이것의 증가분은 9,700억 유로)였다. 이 합계의 약 3분의 2는 타겟 신용이었으며, 3분의 1은 재정 구제기금이었는데, 이에 관해서는 제8장의 [그림 8.2]와 관련해 자세히 설명할 것이다.

또한 이 그림은 GIPSIC 국가의 보전에 관한 보완적 정보를 제공하는 또 다른 두 곡선을 보여주고 있다. 첫째는 '유효 국제공적신용'(국제 SMP 매입 포함)으로 표시된 곡선이다. 이 곡선과 점찍은 구역 상한의 거리는, 2010년 5월 도입된 유럽중앙은행의 국채매입계획SMP하에 GIPSIC 이외 국가의 중앙은행(유럽중앙은행 포함)이 매입한 GIPSIC 국채의 잔액을 나타낸다. 중앙은행이 자체 관할지역 내 은행들에게서 채권을 매입하기 때문에 이는 국제수지 통계의 직접적인 항목은 아니다. 이 은행들과 다른 시장주체들이 GIPSIC 국가로부터 국채를 매입할 때, 이 매입은 비록 공적으로 유도되지만 GIPSIC 국가의 민간 자본수입으로 계산된다. 구체적으로 살펴보면 GIPSIC 국가 이외의 중앙은행이 국내 시중은행으로부터 GIPSIC 국채를 매입할 때, 이 국채의 부족현상이 국내에 발생하여, 꼭 그렇지는 않지만 시중은행은 국제시장에서 채권을 매입해 보충하려 할 것이다. 이는 채권을 발행하는 GIPSIC 국가로부터의 채권 순유입을 유도하는데, GIPSIC 국가에서는 결과적으로 민간자본이 유입되고 그만큼 타겟 잔액이 감소한다. 이렇게 국제 국채매입계획SMP에 대응하는 구역의 높이는 개략적으로, 비록 민간에서 진행되지만 공적으로 유도된 GIPSIC 국가로의 자본흐름을 나타내는 것으로 볼 수 있다.

이러한 성격에 따라, 위에서 두 번째 곡선은 실제로 모든 정책을 포괄하는 '유효 국제공적신용'을 나타낸다. 이 그림의 오른쪽 끝에 표시한 바와 같이 이 총 공적신용은 2013년 12월 1조 650억 유로에 달했다.[4] 이 곡선은 2012년 8월에 1조 3,610억 유로의 최고치를 기록하였다.

유효 국제공적신용의 총 잔액은 모든 중앙은행이 특화된 민간 담보채권을 매입하도록 의무화한 유럽중앙은행의 커버드본드 매입정책 Covered Bond Purchase Programmes I and II; CBPP에 의해 더욱 확대되었다. 2013년 말 현재 이 정책에 따라 매입된 자산의 잔액은 570억 유로였으며, 이 중 GIPSIC 이외 국가와 유럽중앙은행에 의한 것은 360억 유로였다.[5] 그러나 유럽중앙은행이 무엇을 매입했는지 자세히 밝히지 않고 있어서 이 정책들은 GIPSIC 국가의 커버드본드 매입에 집중했던 것으로 추정될 뿐이다. 만약 그렇다면 GIPSIC 국가에 제공되고 국제수지 통계에 직간접적으로 나타난 총 재정 및 준재정 신용은 2013년 12월에 1조 1,010억 유로가 되었을 수도 있다.

보완적 정보 때문에 두 번째로 추가된 곡선은 그림의 최상단 곡선이다. 이것은 [그림 2.9]에서 이미 살펴보았던 GIPSIC 국가의 순 대외채무 포지션을 보여준다. 재평가 효과가 없는 상태에서 이 곡선의 경사는 누적 경상적자를 나타내는 곡선의 경사와 같을 것이다. 그러나 제2장에서 논의했듯이, 유럽통계청Eurostat은 시장가치 감소를 반영하여 GIPSIC 국가의 채무를 상각하였다. (본서 저술시 마지막 통계입수 가능 시점인) 2013년 9월말 현재 GIPSIC의 순외채는 2조 490억 유로에 달했다.

2012년 말 현재 GIPSIC 국가의 순외채는 1조 9,840억 유로였으며, 그 중 42%는 타겟 채무, 15%는 재정 구제기금, 7%는 GIPSIC 국채매입에 따른 다른 중앙은행으로부터의 신용이었다.[6] 나머지 26%만이 실질적인 민간의 몫이었다. 이는 [그림 6.4]에서와 같이 GIPSIC 각국의 2012년 순 대외채무 중 타겟 채무의 비율에 관한 정보와 일치한다.

공적신용(타겟 및 재정신용) 곡선과 누적 경상적자 곡선 사이의 관계는 위기에 관한 이야기를 해준다. 두 곡선이 같은 기울기를 보일 때 각 시점의 경상수지 적자는 전적으로 새로운 공적신용에 의해 보전되고, 모든 방향으로의 총 자본흐름은 항상 거대하지만 국경 사이에 다른 순 자본흐름은 없다. 공적신용 곡선의 기울기가 누적 경상적자 곡선의 기울기보다 더 클 때 공적신용이 각 시점의 경상수지 적자보다 더 많이 보전되는데, 이는 민간자본이 순계기준으로 수출되었음을 의미한다. 공적신용 곡선이 평평하게 되었을 때에는 공적신용이 경상적자보다도 덜 보전되어, 아직 순 민간 자본수입이 있다는 것을 의미한다.

공적신용은 내생적으로는 시장의 힘을 통해, 외생적으로는 제5장에서 논의한 유럽중앙은행 정책위원회의 정책수단뿐만 아니라 제8장에서 논의할 예정인 재정정책 결의를 통해 증가하였다. 이는 세 개의 파장을 일으켰다. 2008년 하반기(리먼브라더스 사태), 2010년 상반기, 그리고 2011년 여름부터 2012년 여름까지의 기간 중에 공적신용 곡선의 기울기는 누적 경상수지 적자 곡선보다 커서 전면적 자본유출이 있었음을 의미한다.[7] 순계 기준으로 민간자본은, 채권국의 은행들이 은행간 신용을 회수하여 다른 곳에 맡긴다는 의미에서, 대부분 외국인 투자자에 의해 다른 나라에 다시 배분되었다. 외국인 투자자는 경상수지 적자를 더 이상 보전하려고 하지 않았고, 이에 더해 대출이 만기가 되었을 때 이 채무를 회전시켜 주지 않고 자금을 회수하길 원했다. GIPSIC 국가는 대부분 금융 갭을 화폐 윤전기를 돌려 채웠고, 이는 제5장과 제6장에서 논의한 바와 같이 중앙은행 대출의 담보기준을 낮춤으로써 활성화되었다. 이들은 윤전기로 찍은 돈을 경상적자 보전 및 외국 채권자의 요구에 따른 기존 채무의 상환에 사용하였다. 더욱이 2010년 5월부터 재정 구제기금이 도달하기 시작했는데, 이는 기본적으로 같은 목적에 사용되었다.

도피자는 대부분 외국인 투자자였지만, GIPSIC 국가의 거주자도 안전지대로 도망갔다. 2008년부터 2013년 9월까지 그리스와 스페인의 은행이 다른 나라로 3,580억 유로를 이전했다는 사실은 제5장의 서두에서 밝힌 바 있다. 이들 나라의 은행은 자국 중앙은행에서 자금을 빌려 다른 나라에 빌려주거나 이 자금을 주로 국내 투자자로부터 국채를 매입하는데 사용했으며, 다른 나라에서는 펀드에 투자하였다.

2009년 그리고 2010년 가을부터 2011년 봄까지 두 차례에 걸쳐 자본유출이 발생한 후 시장은 잠시 평온해졌다.[8] 이 기간 중 공적신용 곡선은 다소 평평했으나 누적 경상적자 곡선은 여전히 가팔랐는데, 이는 시장이 다시 경상적자 증가분(전부는 아니지만)을 보전하려 했음을 의미한다. 2009년 가을까지는 순계 및 총계기준으로 자본유출이 없었다. 누적 경상수지와 타겟 채무를 나타내는 곡선 사이의 거리가 멀어진 것은, 상당한 민간 자본수입이 경상수지 적자의 대부분을 보전했음을 의미한다.

그러나 그 후 2010년 봄, 그리고 2011년 여름부터 2012년 여름까지 두 차례에 걸쳐 격심한 자본도피가 발생하였다. 이 시기에는 2008년 초부터 유입된 것보다도 더 많은 민간자본이 위기국을 떠났다. 타겟 잔액이 2008년 1월부터 누적된 경상적자를 보전하기에 딱 좋은 시점은 2011년 가을이었다. 그러나 자본도피가 2012년 여름까지 지속되어 공적신용 곡선이 경상수지 곡선 위로 올라가게 됨에 따라 이러한 현상은 순간에 그치고 말았다.

2012년 여름 이후 시장은 어느 정도 진정되었고, 급격히 떨어지는 공적신용 곡선에서 볼 수 있듯이 자본도피는 심지어 그 방향을 바꾸었다. 더구나 중앙은행에 의한 국제적인 국채매입계획SMP에 따른 국채매입을 포함한 공적신용을 나타내는 곡선은 이 시기에 하강하였다. 시장은 아마도 영구 구제기금인 유럽안정화기구의 설립과 유럽중앙은행의 무제한국채매입 계획 발표에 따라 진정되었는데, 둘 다 매입자의 GIPSIC 국채 매입을 더욱 안전하게 하여 투자자가 새로운 자금을 이들 국가에게 보내도록 유도하였다. 이에 관해서는 제8장에서 좀 더 자세히 다룰 예정이다.

그러나 타겟 채무 감소 그 자체는 시장의 신뢰회복에 따른 것만은 아니었다. 그것은 또한 재정 구제신용의 증가에 따른 것이기도 하였는데, 이것은 GIPSIC 국가에 대한 순지급 지시에 연계된 공여를 통해 타겟 신용을 감축시키기도 하였다. 2012년 8월의 타겟 곡선 최고점에서부터 2013년 12월까지 타겟 잔액의 감소규모는 3,890억 유로에 달하였다. 이 기간 중 재정 구제기금 덕분에 GIPSIC 이외 국가의 GIPSIC 국가에 대한 지급지시가 약 1,120억 유로 증가하였다. 이렇게 이 시기의 타겟 잔액 감소분의 29%는 전적으로 재정 구제기금에 기인하였다. 나머지는 유럽중앙은행의 무제한국채매입 계획과 유럽안정화기구 발표에 기인한다고 할 수 있다.

원론적으로 국채매입계획에 따른 실제의 국채매입은 GIPSIC 국가로의 민간 지급지시를 유도하여 타겟 잔액을 낮추는 데 기여하기도 했으나, 국채매입계획이 2012년 2월 종료되어 영향력을 행사할 수 없었다. 하지만 이 시점 이전에는 영향력을 행사하였다. 앞서 언급한 바와 같이 유효 공적신용 곡선은 2012년 8월 1조 3,610억 유로의 최고치를 기록하였다. 다른 조건이 일정할 때 국채매입계획과 재정 구제정책이 없었다면, 이 시점에서 이것은 GIPSIC 타겟 잔액이 될 수도 있었다. 이와 마찬가지로 재정 구제기금과 국채매입계획이 없었다면, GIPSIC 타겟 채무가 2013년 말 1조 650억 유로에 달할 수도 있었다. 재정 구제기금과 국채매입계획을 통해 제공된 신용은, 일반인이 보통 경제적 유사점을 잘 구분하지 못하는 여러 가지 다른 형태의 구제기금으로 그 총액을 배분함으로써 타겟 신용을 단순히 재포장했던 것이다.

위기 시에 경상수지 적자를 보전하는 방법에 있어서, 이것이 어떤 의미를 지녔는지에 주목할 필요가 있다. 2008년 초부터 2013년 9월(자료 입수 가능 마지막 시점)까지, 타겟 신용과 재정 구제기금은 GIPSIC 국가의 누적 경상수지 적자 총액 6,130억 유로 외에 자본도피금액 약 4,250억 유로를 보전하였다. 이렇게 GIPSIC 국가에 제공된 공적신용(타겟과 재정 구제신용)의 59%가 경상수지 적자 보전에 기여했고(순계 기준), 공적신용의 41%가 순 자본도피금액을 보전하였다. 2013년 9월까지 GIPSIC 국가에 약 1,130억 유로의 공적신용을 유도했던 국채매입계획을 고려하면, 경상수지 적자에 추가로 보전된 실제 민간자본 유출금액은 5,380억 유로에 달할 수도 있었다.

앞서 논의한 요점을 되풀이하자면, GIPSIC 국가의 경상수지 적자가 어떻게 보전되었는가에 대한 내역서는, 경제적 인과관계나 상관관계 등에 관한 자료가 아니고 회계보고서인 셈이다. 특정 기간에 걸쳐서는, 정부예산의 x 퍼센트가 세금으로 보전되고 y 퍼센트가 채무로 보전되었느냐 하는 것과 같은 수준의 논리이다. 현대 계량경제학의 분석 틀 하나를 이용해 이러한 보고서를 다시 쓰고 싶은 마음이 생길 수도 있지만, 단지 회계항등식에 불과하기 때문에 이러한 작업은 의미가 없다.[9] 경상수지 적자의 관성은 대상기간 동안 단기 타겟 채무와 민간 자본수입 간에 거의 완전한 역(逆)의 상관관계가 존재한다는 것을 논리적으로 의미하는 것이다.[10] 늘 그렇듯이 단기자본은 예민하게 국경을 넘나들고 있는데, 그 완충장치가 바로 타겟 신용이었던 것이다.

회계보고서가 나머지 유로지역 국가의 경상수지 적자뿐만 아니라 유로존 밖의 나머지 세계와의 적자도 포함한다는 점도 주목하라. 비유를 하자면, 특정 국가에서 상품을 구입하려면 누군가로부터 신용을 확보할 필요가 있는데, 만약 이 신용을 자본시장에서 제공받을 수 없다면 정부

간 신용과 같은 공적자금이나 화폐 윤전기가 제공하는 추가 신용을 얻어야 한다. 앞서 설명한 바와 같이, 유럽중앙은행이나 다른 중앙은행이 보유 외화를 저장 또는 방출하지 않을 경우 유로존 이외 국가로의 국제 지급지시가 원천국가에 대해서는 타겟 채무로, 유로존의 다른 나라에 대해서는 타겟 잉여surplus로 이어진다.

종합적으로는, 이렇게 위기국의 생활수준을 유지함에 있어서, 그리고 이 나라들에게 영향을 미치는 자본도피를 보전함에 있어서 공적신용의 압도적인 역할을 그림에서 확인할 수 있다. 타겟 잔액은 가장 중요한 부분이지만 그 지원형태는 잘 알려지지 않았다. 이에 유럽중앙은행의 주요 재할인율(오랫동안 1%에 머물러 있다가 지금은 0.25%)로 정해진 미미한 이자만 수반된다는 사실을 통해, GIPSIC 국가가 비록 해외순차입을 유지하고 시장에서 더 높은 금리를 지급해야 했지만 다른 국가들에 지급한 순 투자수익은 절대액 기준으로 위기 기간 동안에 감소했다는 [그림 4.3]의 수수께끼를 풀 수 있을 것이다. 위기 시 취한 GIPSIC 국가의 추가 신용이 오직 타겟 신용이었고, 이것이 시장조건으로 상환해야 할 기존의 신용을 대체하기까지 했으므로 이자 순지급이 감소했다는 것은 놀랄 일이 아니다.

화폐 윤전기로 연명하는 그리스, 포르투갈, 사이프러스

국가별 패널 데이터가 공표되지 않은 국채매입계획 하의 유럽중앙은행의 국채매입 곡선을 제외하고는, GIPSIC 국가 전체에 대해 수행한 것과 동일한 분석을 개별국가를 대상으로도 할 수 있다.[11]

그리스, 포르투갈, 사이프러스로부터 출발하자. 제4장의 분석에 의하면 앞의 두 나라는 경쟁력이 가장 약한 나라에 속한다. 세 나라 모두 위기가 시작하기 전에도 대규모 경상수지 적자를 기록하였다. 2007년 그리스의 적자는 GDP의 14.6%, 포르투갈은 10.1%, 사이프러스는 11.7%였다.[12] 그리스와 포르투갈의 경우, 양국이 유럽연합으로부터 상당한 수준의 공적 이전지출을 받아오지 않았더라면 이 적자는 약 1.5% 포인트 높았을 것이다. 역사적으로 독립국가가 이렇게 대규모로 외부자원을 순흡수한 사례를 찾아보기는 힘들 것이다. 그런데 [그림 2.6]에서 보듯이 유감스럽게도 과잉흡수의 목적이 투자보다는 소비에 있었다.

한편 경상수지 적자가 줄어든 이유는 경쟁력 강화에 필요한 상대가격의 조정 때문이 아니라 위기동안의 소득급감에 기인한 것이었다. 이에 대해서는 [그림 4.1]을 통해 설명한 바 있다.

[그림 7.2]는 [그림 7.1]과 비슷한 방법으로 세 나라의 상황을 보여주고 있다. 모든 곡선은 앞에서와 같은 의미를 지닌다. 위기의 초기 연도에 이 세 나라에 제공된 타겟 잔액은 이들의 누적 경상수지 적자와 거의 같았다. 실제로 재정 구제기금이 공여되기 시작할 때(그리스 2010년 5월, 포르투갈 2011년 5월, 사이프러스 2013년 5월)까지 우연의 일치가 계속되었다는 것은 놀라운 일이다. 이렇게 이러한 시점까지 누적 순 민간 자본 이동은 0에 가까웠다. [그림 6.2]에서 타겟 잔액을 설명할 때 소개한 용어를 사용하자면, 이는 분명 민간 자본수입의 역전이 아니고 자본흐름의 급정지임을 보여준다. 이러한 시점까지의 누적 경상수지 적자는 중앙은행의 대출, 노골적으로는 윤전기에 의해 보전되었던 것이다.

그러나 이 그림들은 자본흐름이 무역흐름보다 변동이 심하다는 점을 다시 한번 보여준다. 타겟 곡선의 기울기가 경상수지 곡선의 기울기보다 더 커진 시기가 언제나 잠깐은 있었는데, 이는 순 민간신용의 유출에 이어, 비록 더 낮은 수준이지만 단기간의 자본유입이 있었음을 의미한다. 이렇게 윤전기가 문제의 기간 동안 경상수지 적자를 보전했다는 설명이 상관관계가 존재한다는 것을 의미한다고 보아서는 안 된다. 이것은

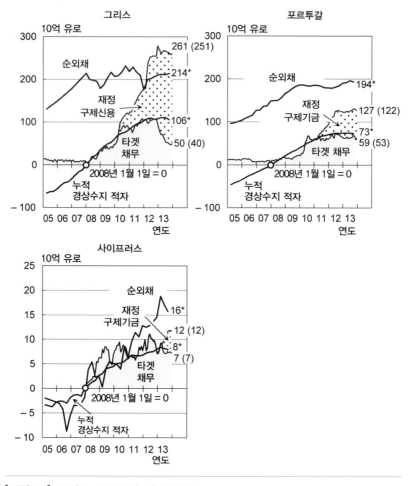

[그림 7.2] 그리스, 포르투갈, 사이프러스

* 2013년 9월.

자료: [그림 7.1] 참조.

주: 이곳과 다음 그래프들의 재정 구제신용은 구제책에 대한 각국의 기여분을 순계하고, 채무 상환분(있을 경우)을 순계하여 계산한 것이다. [그림 7.1] 밑의 설명을 참조하기 바란다. 괄호 안의 수치들은 2008년 1월 1일부터 2013년 12월 31일까지의 순증이다. 2008년 이전의 사이프러스의 타겟 데이터는 없다.

회계항등식에 대한 단순한 설명이다. 민간자본 흐름은 경상수지 적자 보전에 기여하지 못하고 재정 구제기금은 아직 가능하지 않았으므로, 당연히 유로시스템의 타겟 신용이 전적으로 담당해야 했다.

대규모 재정 구제정책을 실행할 수 있게 되었을 때 상황은 극적으로 바뀌었다. 첫 재정신용이 그리스에서 개시된 지 3년 반이 지난 시점인 2013년 9월까지 타겟과 재정 구제기금의 합계는 누적 경상수지 적자를 그리스에서 1,480억 유로, 포르투갈에서는 520억 유로 각각 초과하였다. 이는 위기의 마지막 국면에, 재정과 타겟 잔액이 경상수지 적자로 측정된 실물경제 자원의 순수입뿐만 아니라 전면적 자본도피를 보전했음을 의미한다. 비록 어떤 형태의 공적신용이 무엇(경상수지 또는 자본도피)을 보전했는지를 확언할 수는 없지만, 그림들은 재정 구제정책 때문에 이와 비슷한 규모의 자본도피가 이루어질 수 있었음을 시사한다. 왜냐하면 공적신용[발권기관의 중앙은행 대출(타겟) 또는 다른 나라의 재정신용]이 개시되지 않았다면 채무자가 채무를 상환하지 못했을 뿐 아니라 투자자가 국내자산을 팔아 해외로 송금할 수도 없었을 것이기 때문이다.

그리스의 경우 2012년 11월 GDP의 55%인 1,070억 유로의 최고치를 기록한 후 타겟 채무가 크게 줄어들었음을 주목할 만하다. 이것은 일견 이제 그리스로 자본이 돌아오고 상황이 진정된 증거로 간주될 수도 있다. 그러나 이는 잘못된 해석이다. 왜냐하면 경상계정 곡선이 평평해지기 시작해 그리스 경상적자의 감소를 암시했지만, 타겟 잔액과 재정 구제신용의 합계가 이 기간 중에 일정했기 때문이다.[13] 이렇게 그리스 타겟 채무의 감소는 전적으로 그리스에 지급된 재정 구제기금의 급증에 기인한 것이었고, 이는 타겟 계정의 역학(力學)에 의해 타겟 신용을 1대 1로 감소시킨다. 그리스 타겟 신용의 감소는 결코 그리스로의 민간자본의 회귀가 아니라 공적 구제신용의 재포장일 뿐이다. 명백히 그리스로의 민간자본의 회귀는 없었다. 독자들이 쉽게 검증할 수 있는 바와 같이 포르투갈에서도 똑같은 상황이 벌어졌었다. 이 글을 쓰는 시점까지도 포르투갈에 민간자본의 회귀는 없었다.

라이키 은행이 붕괴된 후 2013년 3월 자본규제가 도입된 사이프러스에서는, 경상계정이 흑자로 전환된 반면 타겟 신용과 재정 구제기금의 합계는 계속 증가하였다. 따라서 이 나라로부터의 민간 자본도피는 자본규제가 허용하는 한도 내에서 이 글을 쓰는 시점까지 빠르게 지속되었다.

아일랜드의 자본도피

아일랜드에서는 경상수지 적자에 비해 자본도피가 더 큰 역할을 했기 때문에 아일랜드의 상황은 포르투갈과 그리스의 경우와 완전히 다르다. 아일랜드의 상대적 경상적자는 2007년 GDP의 5.3%, 그 다음해 5.7%로 국제 기준으로는 매우 컸지만, 그리스의 5분의 2에도 못 미쳤고 포르투갈의 절반 밖에 되지 않았다. 조세천국인 아일랜드의 문제는 [그림 7.3]에서 보여주듯이 매우 명확히 자본도피 또는 중심국으로의 자본송금이었다. 아일랜드가 쌓은 타겟 채무의 언덕은 경상적자 보전에 필요한 것보다 훨씬 컸다. 이것은 기본적으로 이 나라로부터의 자본도피를 반영한다.[14]

제2장의 '외채문제' 절에서 논의한 바와 같이 만기전환, 즉 장기 대출 보전을 위한 단기 차입은 아일랜드 은행을 큰 곤경에 빠지게 하였다. 새로운 자본을 위해 이들이 제시해야 할 수익률은 더 높아졌지만, 이와 동시에 이들의 장기 대출금은 가치를 잃었다. 2007년 9월부터 2009년 9월까지 단 2년 만에, 이 덕분에 아일랜드의 순외채는 전체 GDP(2009년 1,620억 유로)의 증가폭과 거의 비슷한 규모인 1,470억 유로나 증가하였다. 정부는 이 은행들에게 GDP의 200%가 넘는 대규모 보증을 제공함으로써 시장을 안정시키려 했으나 실패하였다. 제2장에서 설명한 바와

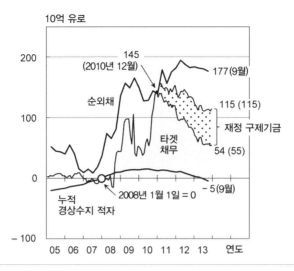

[그림 7.3] 아일랜드

자료: [그림 7.1] 참조.
주: [그림 7.1]과 [그림 7.2] 참조.

같이, 이 국가는 세계금융위기의 소용돌이에 빠졌으며 1년 내에 재정적
자는 GDP의 30%로 증가해 주권(主權)의 일부를 희생해야 하는 공적구
제책의 지원을 모색하게 되었다.

[그림 7.3]은 아일랜드의 자본도피가 두 차례 발생했음을 보여준다. 처
음 것은 2008년 8월 리먼브라더스 붕괴 직후 찾아 왔다. 아일랜드은행은
당시 유럽중앙은행의 신용제도인 긴급유동성지원Emergency Liquidity Assistance;
ELA 정책을 적극 이용하였다. 이는 아마도 필요한 막대한 규모의 중앙은행
대출에 활용할 수 있는 적격담보가 충분치 않았기 때문일 것이다 (제5장
참조). 그 후 상황이 다소 진정되었으며 2009/2010년 겨울에 자본이 이 국
가로 환류하였다. 그러나 2010년 가을에는 이전보다 훨씬 더 강한 두 번
째 파도가 몰려와 아일랜드는 재정 구제기금의 지원을 모색하게 되었다.

그리스의 경우에서와 같이 아일랜드에 지급된 재정 구제기금, 아일랜

드 타겟 채무 감소의 상당 부분을 설명한다. 첫 재정 구제신용이 아일랜드에 지급된 2011년 11월부터 2013년 12월까지 아일랜드 타겟 채무는 900억 유로 줄어들었으나, 이와 동시에 총 600억 유로의 구제신용이 이 국가에 주어졌다. 이렇게 아일랜드 타겟 채무 감소의 3분의 2(67%)는 단순히 타겟에서 재정 구제기금으로 재포장한 것이었고, 나머지는 아마도 무제한국채매입 정책을 통한 유럽중앙은행의 보증으로 유도된 민간 자본의 복귀로 설명된다.

실제로 중앙은행 유동성과 타겟 채무에 대한 의존도가 감소할 것이라는 기대는, 당시 유럽중앙은행 총재인 쟝 끌로드 트리셰Jean-Claude Triche가 아일랜드가 구제정책의 도움을 모색하도록 압력을 넣은 이유의 하나였다. 당시 타겟 채무의 이자가 1%에 불과한 데 대해 이 정책에는 5.8%의 이자가 수반되므로, 아일랜드는 구제자금을 원치 않았다. 그러나 트리셰는 유럽중앙은행 대차대조표를 관리하기 좋은 상황으로 가져가기 위해, 화폐 윤전기를 정부간 및 국제통화기금 지원으로 대체해야 한다고 주장하였다. 2013년 말 현재 아일랜드는 GDP의 33%에 해당하는 540억 유로의 타겟 신용을 보유하고 있다.

이탈리아와 스페인의 자본도피

2011년은 유로의 끔찍한 한 해였다. 타겟 잔액과 재정구제책으로 중소국 경제에 충격을 준 첫 파도를 겨우 넘을 수 있었지만, 두 번째의 더 큰 파도가 몰려와 이탈리아와 스페인은 비틀거리게 되었다.

일부 전문가는 어이가 없다고 하였다. 누가 이탈리아와 그리스를 비교하려고 하겠는가? 이탈리아는 독일보다 가구당 41% 이상의 개인 부를 가지고 있고 1인당 국민소득도 14%나 더 많다.[15) 북부 이탈리아 경제는 유럽에서 가장 생산적인 곳의 하나이다. 이탈리아가 오랫동안 GDP의 100%를 초과하는 공적채무와 GDP의 30% 미만(2013년 9월말 현재 29%)의 소규모 외채를 잘 관리하고 있었다는 사실이 시장을 안정시키기에 충분한 것처럼 보였다. 이와는 대조적으로 다른 위기국의 외채는 GDP의 약 100%에 이르렀다 ([그림 2.9] 참조).

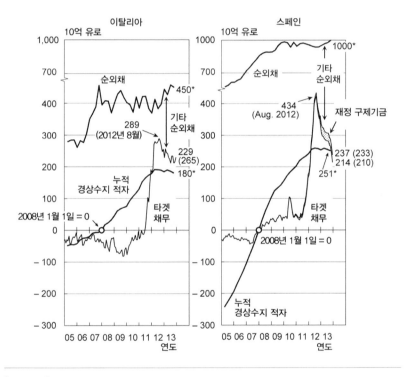

[그림 7.4] 이탈리아와 스페인

* 2013년 9월말 현재.
자료: [그림 7.1] 참조.
주: [그림 7.1] 및 [그림 7.2] 참조. 다른 GIPSIC 국가들과는 달리, 이탈리아는 재정구제책에 270억 유로를 순기여하였다. 이는 도표에 표시되지 않았다.

그럼에도 불구하고 이탈리아도 이번에는 흔들리고 있다. 2011년 7월 이탈리아 채무의 스프레드가 독일 벤치마크에 비해 상승하기 시작하였다 ([그림 2.2] 참조). 처음으로 외국은행이 이탈리아로부터 자본을 철수하기 시작해 이탈리아의 타겟 청구권을 타겟 채무로 전환시켰는데, 이 채무는 2011년 8월 이후 급증하였다. 베를루스코니 정부는 8월 성급하게 마련한 내핍정책으로 시장을 진정시키려 했으나 소용이 없었다. 2011년 말 이탈리아의 타겟 채무는 자본도피와 새로운 중앙은행 대출 때문에 그해 6월의 60억 유로에서 1,910억 유로로 급증하였다. 이때가 저자 서문에서 언급한 바와 같이 베를루스코니 총리가 이탈리아의 유로존 탈퇴에 관해 비밀협상을 개시한 때이다. 이탈리아의 타겟 채무는 [그림 7.4]에서 보듯이 2012년 8월 2,890억 유로로 치솟아 2008년 1월 대비 총 2,950억 유로나 증가하였다.

스페인의 상황도 비슷하였다. 2011년 여름 이전 스페인의 타겟 채무 잔액은 다소 증가했으나 완만하게 유지되었다. 2008년 1월부터 2011년 6월까지 스페인 중앙은행은 420억 유로의 타겟 신용을 떠맡았고, 반면에 스페인의 누적 경상수지 적자는 그때까지 2,270억 유로로 증가하였다. 이렇게 3년 반 동안 경상수지 적자의 5분의 1이 화폐 윤전기에 의해 보전되었던 것이다. 나머지는 정상적인 자본수입으로 보전되었다.

스페인의 상황 역시 2011년 7월 극적으로 바뀌었다.[16] 2011년 6월부터 2012년 8월까지 스페인의 타겟 채무는 450억 유로에서 4,340억 유로로 증가하였다. 3,890억 유로의 증가는 이 기간 동안 이탈리아의 2,950억 유로보다 훨씬 더 컸다. 제6장의 서두에서 논의한 바와 같이 외국 은행은 스페인의 은행에서 대규모로 자금을 철수시켰으나 스페인은행들도 예치금을 외국으로 이체시켰다.

이렇게 타겟 채무를 증가시킨 자본도피 규모는 2011년 여름 이전의 위기 초기에 발생했던 민간 자본수입에 비해 훨씬 더 컸는데, 스페인의 타겟 채무가 2008년 1월 1일에 30억 유로에 불과했으므로 이 시점의 누적 경상적자 곡선과 타겟 곡선 사이의 거리로 이를 대략 측정할 수 있다.

2011년 말에 이미 스페인의 타겟 곡선이 누적 경상적자 곡선에 도달하였다. 이렇게 2008년부터 2011년까지 4년간의 극심한 위기 기간을 합산하면 2,420억 유로의 스페인 누적 경상수지 적자는, 2011년 여름까지 수입되어 오던 자본이 단 몇 달 동안에 스페인을 떠났기 때문에 민간자본 유입이 아니고 오로지 화폐 윤전기에 의해서만 보전되었다.

이탈리아에서는 타겟 곡선과 경상계정 곡선이 2011년 말에도 교차했으나, 2008년 이탈리아 타겟 채무는 스페인에서와 같은 약 0이 아니라 마이너스(−360억 유로)로 시작했기 때문에, 이탈리아의 윤전기는 이 기간 동안 누적 경상수지 적자 이상으로 보전하였다. 자본도피 규모가 너무 커서 불과 반년 만에, 2008년 초부터 이탈리아가 수입한 총자본보다 더 많은 부분을 상쇄하였다.

그리스, 포르투갈, 아일랜드가 모두 재정 구제기금을 받았지만, 이탈리아는 아직 여기에 해당되지 않았다. 이탈리아는 유럽중앙은행 국채 매입의 혜택을 받았으나 어떤 구제자금도 받지 않았다. 그 대신에 유럽안정화기구에 대한 자기자본 제공과, 특히 지급흐름으로 이어지기 전에는 이탈리아의 국제수지 통계에 나타나지 않는, 유럽안정화기구에 대한 추가보증을 통해 스스로 기여하였다.[17] 반면에 스페인은 단기 재정구제 정책에 기여한 나라가 된 후, 오른쪽에 있는 타겟 곡선 위의 점으로 표시한 구역에서 볼 수 있듯이 자국의 기여금을 공제한 후 순계기준으로 2012년 12월 수혜자가 되었다. 그러나 스페인이 받은 막대한 타겟 잔액에 비해 재정 구제기금은 작게 나타난다.

2011년 여름, 정확히 무엇이 자본시장의 불안을 촉발했는지 불분명하다. GIPSIC 국가는 외채잔액이 급증했고 경쟁력이 뚜렷이 약화되었고 주택가격 거품이 터지고 은행은 막대한 양의 부실자산을 감추고 있는 것으로 추정되었으며, 실업은 치솟고 실물경제가 곧 회복되리라는 희망이 사라졌다. 이 모든 것이 투자자를 점점 더 불안하게 한 충분한 이유였으나, 각각의 과정이 그때 이미 오랫동안 진행되고 있었으므로 이것으로 2011년 여름 촉발된 사건을 설명하기에는 부족하다. 그것이 무엇이든 간에 일단 불신의 씨가 뿌려지면 투자자들 사이에 빠르게 전염되어 새로운 자본도피를 부채질하고 신뢰 파괴의 자기실현 과정을 유발한다.[18]

스페인과 이탈리아 밖으로의 자본도피를 유럽중앙은행의 구제책이 조장했다고 의심할 근거는 있다. 2011년 12월의 거대한 바주카포, 즉 두 번에 걸쳐 3년간 1조 유로의 중앙은행 대출을 결국 제공했던 제5장의 장기대출거래는 상당한 영향을 미쳤다. 예를 들어 스페인은행들은 이 장기 중앙은행 대출을 2,500억 유로 이상 가져가서 이를 이용해 은행 간 신용을 상환했고, 스페인 투자자가 파산 가능성에 대비해 자신을 보호하려고 해외로 급히 가지고 나간 자금을 대체하였다. 스페인은행들 역시 이 기간 동안 추가적으로 스페인 국채 850억 유로를 매입하여, 다른 투자자가 이 채권을 처분하여 수익을 나라 밖으로 가져갈 수 있는 기회를 제공하였다.[19] 스페인은행들 스스로도, 제5장의 서두에 제시한 바와 같이 거대한 금액을 해외(때로는 남미)에 투자하였다. 그림에서 볼 수 있듯이 이 정책의 결과로 2012년 1월부터 4월말까지 스페인의 타겟 채무가 약 1,010억 유로 급증하였다.

이탈리아 은행들은 2011년 12월부터 2012년 6월까지 장기대출거래 LTRO를 이용해 이탈리아 중앙은행으로부터 장기 대출을 2,010억 유로 수취하였다.[20] 이들은 이 자금을 해외 은행 간 신용 상환, 국채를 포함한 국내 채권 매입, 민간 고객에 대한 신규대출 등에 사용하였다.[21] 이 자금은 직접 해외로 흘러가거나, 먼저 이탈리아인에게 지급하면 그 사람을 통해 해외 안전지대로 보내졌다. 이러한 점에서 거대한 바주카포는 단기간에 이탈리아와 스페인의 채권가격을 안정시켰지만, 자본도피를 부추긴 대가로 그것은 전투로 여겨졌다.

이탈리아의 위기로 2011년 11월 베를루스코니 정권이 몰락하였다. 전 유럽연합 집행위원이고 밀라노대학 경제학 교수였던 신임 총리 몬티 Mario Monti는 전면적인 개혁에 돌입하였다. 먼저 2011년 의회를 통해 300억 유로의 긴축정책을 실시하였다. 이 정책에는 무엇보다도 퇴직 연령의 상향 조정, 의료비 삭감, 부가가치세 인상이 포함되었다.[22] 그러나 젊은이의 시장 진입을 돕기 위해 고령노동자의 재임권을 해제함으로써 노동시장을 유연화하려고 시도했을 때, 유럽중앙은행의 지원에 고무된 노동조합이 수십 년 동안 쌓아왔던 사회적 업적을 포기할 필요성을 절실히 느끼지 않아 많은 것을 이루지 못하였다.[23] 그의 대부분 전임자들과 마찬가지로 몬티는 몇 달 만에 사임해야 했다. 그는 2013년 2월 선거에서 참패하여 새 정부를 레타Enrico Letta에게 내주었고, 그 사이에 렌치Matteo Renzi로 또 바뀌었다.

중간에 낀 프랑스

유럽의 계산에서 가장 잘 알려지지 않은 것은 프랑스이다. 한편으로, 위대한 국가Grande Nation는 금융 불안정을 의심할 여지를 아주 없애야 했다. 프랑스는 국가가 언제든지 금융 자원을 국민에게 제공하고, 필요하다면 자신의 국내 문제에 유럽의 해법을 적용할 권한을 지니고 있었다.

다른 한편으로, 프랑스는 잠재력을 거의 모두 소진하였다. 프랑스는 2013년 OECD 국가 중 덴마크 다음으로 큰 GDP 57%의 공공부문을 가지고 있었고,[24] 공적채무는 GDP의 93%였다. 프랑스의 실업률은 2013년 12월 현재 10.8%로 2005년 유로위기 시 독일의 최고 실업률과 같은 수준이었다 ([그림 3.8]과 비교). 2008~2013년의 금융위기 기간 중

많은 나라의 경상수지 적자가 불경기에 따른 수입감소로 인해 줄었을 때, 위기 전 균형을 이루고 있었던 프랑스 경상수지는 악화되어 적자가 2013년 GDP의 1.8%가 되었다. 제4장에 인용한 골드만삭스 경제부의 분석에 따르면 ([표 4.1]과 [그림 4.8] 참조), 프랑스가 지속가능한 채무 관리를 하기 위해서는 유로존 평균에 비해 20%의 실질 절하가 필요하였다. 스탠다드푸어스S&P는 2012년 1월 프랑스를 최상위 등급에서 AA−로 강등했으며, 이어서 무디스Moody's는 2012년 11월에, 프랑스가 소유한 피치Fitch는 2013년 7월에 각각 프랑스의 등급을 낮추었다.

프랑스 특유의 불리한 점은 프랑스 은행들이 유럽 저축의 허브 역할을 했다는 점이다. 프랑스 은행들은 유럽의 은행간 단기자금시장에서, 때로는 벨기에, 네덜란드, 영국 등지에서 빌려와서 (이 나라들 역시 특히 독일 등 다른 나라에서 차입), 역사적, 문화적 이유로 밀접히 연결되어 있는 지역인 남유럽 국가에게 자금을 나누어 주었다 ([그림 5.1]의 논의도 참조). 독일 은행들은 미국 사업에 집중해 미국의 구조화 채권 상각손실로 코피가 터진 반면, 프랑스 은행들은 남유럽에 특화했기 때문에 그 영향을 거의 받지 않았다.[25] 2010년 1분기 말 재정구제책에 대한 합의가 이루어졌을 때, 프랑스 은행들은 그리스, 아일랜드, 포르투갈, 스페인 등의 국채를 프랑스 경제규모를 감안할 때 과도하게도 독일 은행들보다 95%나 더 많이 보유하였다.[26]

프랑스의 초조함은 [그림 7.5]에 그려진 타겟 곡선에 반영되었다. 프랑스는 결국 위기의 첫 파도 때 (특히 미 달러화 단기대출 시장의 어려움과 관련하여) 일부 자본도피와 전투를 치러야 했는데, 이로 인해 타겟 채무가 약 1,000억 유로로 증가하였다. 2010년 이 잔액은 감소했다가 2011년 여름 두 번째 파도가 닥쳤을 때 다시 증가하였다. 그러나 타겟 잔액의 전반적 증가가 보여주듯이 ([그림 7.1] 참조) 2012년 봄 자본도피가 유로존을 강타했을 때 프랑스 타겟 채무는 감소했는데, 이는

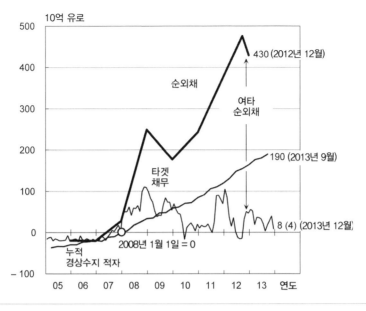

[그림 7.5] 프랑스

자료: [그림 7.1] 참조; 타겟 잔액은 [그림 6.3] 참조하기 바란다.

모든 혼란 속에서 프랑스가 자본시장에서 상대적 안전지대로 간주되었음을 의미한다. 2013년 말 프랑스 타겟 채무는 0에 가까웠으며 위기 초기에 비해 불과 40억 유로 정도밖에 늘지 않았다.

　프랑스가 위기 전에는 순외채가 전혀 없다가 위기 중에 채무를 안게 된 것은 주목할 만하다. 2012년 말 그 규모는 GDP의 21%에 달하는 4,300억 유로로 위기의 시작에 비해 큰 변화를 보였다. 이 채무의 증가폭은 경상수지 적자로만 설명하기 어려울 정도로 매우 컸는데, 프랑스 은행들도 아일랜드의 경우와 마찬가지로 단기로 차입한 후 위기국에게 장기로 빌려주어 결국 대규모 투자손실을 본 신용중개기관의 역할을 수행했던 것이다. 프랑스 은행들이 은행간 시장에서 단기로 차입하여 남유럽 경제주체들에게 유혹적인 금리로 장기 대출하는 기관이라고 보는 것이 아주 잘못된 것은 아닌 것 같다.

프랑스 타겟 채무를 평가할 때, 구제조치에 프랑스가 스스로 참여했지만 타겟 채무의 결과를 초래했을 것이라는 사실을 고려해야 한다. 예를 들어 프랑스 중앙은행은 450억 유로의 GIPSIC 국채를 유럽중앙은행의 국채매입계획SMP을 통해 매입해야만 했다. 이 채권들이 외국에서 들어왔기 때문에 프랑스의 참여는 다른 나라 앞으로 지급지시를 유발하였고 이에 상응하는 타겟 채무를 쌓아올렸다. 이에 더하여 재정구제정책에 대한 프랑스의 기여와 프랑스 자본시장에서의 유럽안정화기구 증권의 잠재적 매도 역시 프랑스 타겟 채무에 기여했을 것이다. 그럼에도 불구하고 프랑스의 실제 타겟 채무는 0에 가까우므로 민간 자본도피에 맞추어 경상수지 적자 내외의 민간 자본수입이 있었음에 틀림없다.

독일의 타겟 청구권 수출

2013년 2,010억 유로의 경상수지 흑자로, 독일은 세계에서 가장 큰 자본수출 국가였다 ([그림 3.4] 참조). 독일이 대규모 타겟 청구권을 축적함에 따라, 타겟 청구권이 자본수출에 얼마나 기여했고 구제신용이 어떤 기여를 했느냐 하는 의문이 생긴다. [그림 7.6]에서 그 답을 찾을 수 있다. 독일의 순 대외자산 포지션이 마이너스가 아닌 플러스이기 때문에, 이 그림은 부채와 채무가 아니라 자산과 청구권이라는 것만 제외하고는 이전의 그림과 비슷하다.

독일의 누적 경상수지 흑자와 관련된 두 가지 곡선이 있다. 실선은 여타 세계에 대한 흑자이고, 점선은 나머지 유로존에 대한 흑자이다. 흥미롭게도, 실선은 2012년 6월 유럽 내 국제수지 위기의 최고점에서 대략 타겟 곡선과 같은 높이에 도달하였다. 위기발생 초기 5년간(2008~

2102년) 누적 경상수지 흑자는 8,000억 유로였던 데 반해 타겟 청구권은 5,850억 유로 증가하였다. 이렇게 첫 위기 5년간 독일 누적 경상수지 흑자의 73%는 외국인이 시장성자산을 독일에 매각하거나 독일에서 차입한 자금으로 지급되지 않고, 유로존 내 다른 국가가 윤전기로 찍어내 차입하는 자금으로 지급되었다. 그 대신 독일연방은행이 받은 것은 모두 이를 보상하는 타겟 청구권이었다. 이 기간 동안 독일 누적 경상수지 흑자의 27%만이 외국 정부 및 기관에 대한 민간 청구권을 축적하는 데 사용되었다.

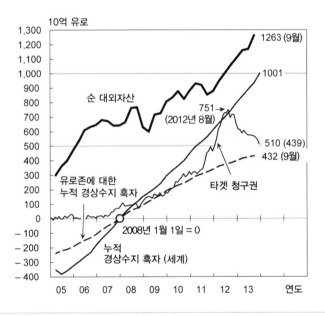

[그림 7.6] 독일

자료: [그림 7.1] 및 독일연방은행의 시계열 데이터 *External Sector*의 국가별 및 국가 그룹별 경상계정 참조하였다.

주: 괄호 안의 숫자는 2008년 1월 1일 대비 증가분이다.

2013년 독일의 타겟 잔액은 상당히 감소했는데, 이는 2012년 하반기에 시작해 2013년에 탄력을 받은 독일의 민간 자본수출이 크게 증가했음을 의미한다. 무제한국채매입과 유럽안정화기구ESM가 시장을 진정시켰기 때문에 상황은 극적으로 개선되었다. 2013년 말까지 독일의 누적 경상흑자는 1조 10억 유로였으며, 이중 44%인 4,390억 유로는 타겟으로 보전되었고 56%는 민간 자본수출로 충당되었다.

독일 은행들이 GIPSIC 국가에서 대대적으로 철수했음에도 불구하고, 독일이 여전히 위기 첫 6년 동안(2008년 1월 1일부터 2013년 12월 31일까지) 5,210억 유로의 민간자본 순수출을 기록했다는 점을 제5장의 서두에서 밝혔는데, 해당 기간 중에 경상수지 흑자가 계속 늘어 누적 1조 10억 유로에 달했다는 측면에서 볼 때 이 민간 자본수출이 독일 전체 자본수출에 비해 현저히 작은 것은 수수께끼이다. [그림 7.6]에 주어진 정보가 이 수수께끼에 대한 해답을 제공한다. 윤전기를 통한 공적 자본흐름이 갭의 대부분을 채워 준다. 또한 정부간 직접 지급지시를 유도한 독일이 그리스에 대한 첫 정부간 구제 프로그램에 참여하여 이 갭을 메꾸는 데 소액으로 인정되는 150억 유로를 기여하였다.

그러나 아마도 민간 자본수출 5,210억 유로의 대부분 또한 공적 개입에 기인하였다.

첫째, 민간자금은 룩셈부르크에 기반을 둔 구제기금으로 이동했으며, 이는 위기국들에게 공적신용으로 배분되었다. 해당기간에 국제기구에 의해 공급된 총 구제신용(그리스에 대한 직접 정부간 순 지원 기준)은 3,400억 유로인데, 여기에 독일 투자자도 미상의 몫을 기여하였다. 모든 유로지역 국가의 투자자가 상당히 많은 40%의 유럽의 구제신용 증서를 매입했기 때문에 독일의 몫은 300억 유로에서 600억 유로의 범위가 될 것이다.[27]

둘째, 독일연방은행이 국채매입계획에 참여함에 따라 독일의 타겟 청구권은, GIPSIC 국채를 독일로 옮기는 과정의 일부로서 타국에 대한 지급지시서 발행을 통해 감소하였다. 따라서 2008년부터 2013년까지 독일의 국채매입계획 참여만으로, 독일의 누적 자본순수출의 약 5%인 480억 유로의 타겟 청구권이 감소하였다.

셋째, 민간자금은 유럽중앙은행의 무제한국채매입 정책 및 유럽안정화기구의 영구적 구제기금의 보호 아래 위기국으로 직접 이동했는데, 이 주제와 관련해서는 제8장에서 자세히 논의할 것이다. 이 또한 상당한 몫의 민간 자본수출을 설명할 수 있다.

수출 수익을 얻고 있는 독일 기업은 그들이 수취한 돈이 다른 나라의 윤전기에서 나왔는지, 아니면 자산을 독일에 팔거나 독일에서 차입해 그 전에 획득했던 것인지 별로 개의치 않는다는 것은 사실이다. 이들에게 타겟 금융은 관심거리가 아니다. 그러나 사람들이 은행에 가지고 간 독일 저축의 상당 부분을, 은행이 대외자산의 취득이 아니라 그들이 독일연방은행에서 대출받은 자금을 상환하거나 독일연방은행 앞 정기예금으로 이체하는 데 사용했다는 것을 타겟 금융이 의미하는 한, 이 자금의 기원은 총량적으로 중요하다. 이렇게 독일 수출 흑자와 교환으로 여타 세계에 대한 청구권의 대부분을 획득한 것은 민간 개인이 아니라 궁극적으로는 공적기관인 독일연방은행이었다. 이 은행은 국내 저축을 해외에 투자하는 국부펀드와 유사하게 행동했는데, 진짜 국부펀드와의 유일한 차이는 기금을 계획적으로 투자하지 않고 윤전기를 사용하거나 유럽중앙은행 시스템 내에서 암묵적 인출권을 행사하는 다른 나라들을 통해 유로시스템에 대한 회계적 청구권을 쌓아 올린다는 것이다. 이 청구권은 절대 만기상환 청구될 수 없고, 유럽중앙은행의 재할인율과 동등한 보잘것없는 이자가 붙고 유로가 분열하면 위험에 처하게 된다. 이에 관해서는 제8장에서 설명할 예정이다.

타겟 흐름을 경상수지 흑자와 비교하는 대신, 독일의 타겟 잔액을 과거 경상수지 흑자의 결과물인 순 대외자산과 비교할 수도 있다. [그림 7.6]의 기초가 되는 데이터에 의하면, 2012년 말 독일 타겟 청구권은 독일이 역사상 취득한 순 대외자산([그림 6.4] 참조)의 59%에 달하였다. 2013년 9월말 현재 이 청구권은 독일 순 대외자산의 45%를 차지하였다.

이 모든 것이 타겟 채무자가 윤전기를 돌려 새로 만들어 낸 자금을 자신의 유럽중앙은행 계정에 기장하면서 독일 상품 구입에만 사용했다는 것을 의미하지 않는다. 독일과 타겟 채무자와의 진실한 관계는 유로존 안팎의 많은 다른 나라들이 포함되어 있어 이보다 훨씬 더 복잡하다.

원칙적으로 유로시스템은 한 국가로 하여금 타겟 채무로 전환되는 지역 윤전기로부터의 신용으로 유로 내 국제수지 적자를 보전토록 허용할 뿐만 아니라 여타 세계와의 국제수지 적자도 보전토록 허용한다. 이 국가는 그가 인쇄한 자금을 대가로 여타 세계로부터 상품 및 자산을 수취하고, 이어 이 자금은 상품 및 자산과 교환되어 유로존의 다른 나라로 흘러들어가서 지급지시를 수행해야 하는 개별 중앙은행에 대한 타겟 청구권으로 이어진다.

예를 들어 보자. 중국 기업가가 중국 제품을 산 스페인 바이어로부터 받은 달러화를 사용하여 독일 자동차를 구입한다고 가정하자. 그 스페인 바이어는 스페인 중앙은행으로부터 차입한 새로운 유로화를 대가로 유럽중앙은행으로부터 달러화를 수취하였다. 그리고 독일 자동차 제조업자는 달러화를 유로화로 바꾸기 위해 자신의 거래은행을 경유하여 독일연방은행에 건넸다고 가정하자. 이 경우 스페인중앙은행은 타겟 채무를 쌓고, 독일연방은행은 타겟 청구권을 취득한다. 독일연방은행은 기본적으로 독일로부터 중국을 경유하여 스페인에 이르기까지 상품에 대한 신용을 제공한 것이다.

또는 스페인으로부터 영국으로의 유로화 지급지시에 따른 자본도피를 생각해보자. 스페인 윤전기에서 나온 유로화는 스페인은행이 영국 투자자에 대한 채무를 상환토록 허용하며, 이 영국 투자자는 미국 차입자에게 이 자금을 대여하고, 미국 차입자는 이 자금을 독일 자동차 구입에 사용한다고 가정하자. 이 경우에서도 스페인의 타겟 채무는 독일의 타겟 청구권에 상응한다. 이는 독일이 스페인의 외채를, 유럽중앙은행 시스템에 대한 타겟 청구권 수취를 대가로 한 자동차 인도(引渡)로써 상환했기 때문이다.

이 후자의 사례는, 왜 독일의 타겟 청구권과 독일의 누적 경상흑자 사이의 유사성이 [그림 7.6]에서 보여준 바와 같이 아일랜드, 스페인, 이탈리아의 타겟 잔액과 각각의 누적 경상수지 적자 사이의 유사성보다 더 근접하는지 설명한다는 면에서 특히 적합하다. 이 나라들에서 도피한 자금은 아마도 유로존 내외의 많은 나라로 간 다음, 결국은 외국의 독일 상품 수입업자에게 대여되었다. 제5장의 서두에서 설명한 스페인으로부터 남미로의 막대한 자본유출 사례나 사이프러스와 아일랜드로부터의 영국 자본의 철수 사례를 생각해 보라. 이 모든 자본이동은 GIPSIC 본원통화를 소비하는 GIPSIC 국가로부터의 유로화 지급지시를 포함했는데, 본원통화를 보충하기 위한 그들의 (전자) 윤전기를 가동한 GIPSIC 국가의 중앙은행이 없었다면 이것이 가능하지 않았을 것이다. GIPSIC 국가에서 인쇄된 새로운 유로화는 세계를 바삐 떠돌아다닌 후 독일제 상품 구입으로 귀결되어, 독일의 잠재 시장성자산 축적을 단순한 타겟 청구권으로 대체하였다.

이것은 또한 위기동안 독일의 GIPSIC 국가 고객들의 몰락과 이에 상응하는 이 국가들의 경상적자 소멸 하에서도, 왜 독일의 경상수지 흑자가 하락하지 않고 안정을 유지하고 심지어 다소 증가하여, 2013년에는 유럽연합 정치인들에게 심하게 비난받은 수준인 독일 GDP의 약 7.3%를 기록하였는지의 수수께끼를 설명하는 데 도움이 된다. 그럴듯한 원인은 GIPSIC 국가에서 유로존 이외 국가로의 자본유출에 대한 보전이다. GIPSIC 윤전기에서 나온 새로운 유로화의 세계적인 풍부함은 유로화의 절하(미 달러화에 대해 2008년부터 2012년까지 13% 절하)를 가져왔고, 독일의 사상 최대의 거대한 경상수지 흑자를 유지시켰다 ([그림 3.4]도 참조). 지역 윤전기를 가속화시킨 유럽중앙은행의 담보정책이 없었다면 GIPSIC 국가의 금리는 더 높았을 것이고 자본유출은 줄었을 것이고 유로화의 가치는 더 높아졌을 것이며 독일의 경상수지 흑자는 줄었을 것이다. 그리고 독일은 2008~2012년 경상수지 흑자의 4분의 3을 단순한 타겟 청구권으로 보상받는 대신 시장성 있는 대외자산으로 바꿀 수 있었을 것이다.

이렇게, 독일이 자국의 상품을 효과적으로 수출하여 남유럽 국가들의 민간 외채를 어느 정도는 상환했는데, 이 국가들의 민간 채권자가 유럽중앙은행으로 대체되었고, 다시 유럽중앙은행은 독일연방은행의 채무자가 되었다. 민간자본 흐름이 역전되고 유로화가 달러화에 대하여 절상(2012년부터 2013년까지 3% 절상)되었더라도, 독일의 경상수지 흑자가 높은 수준을 유지하고 2013년에는 더 힘을 얻었다는 이의가 제기될 수도 있다. 그러나 이것은 잘 알려진, 단기에서의 경상계정 반응의 이례(異例), 즉 수출과 수입 물량의 조정 지연과 유로 미가입국들로부터의 상품 수입가격 하락의 조합일 개연성이 있다.

독일의 경상수지 흑자 지속이 실제로 대부분 독일연방은행이 제공하도록 강요된 구제신용의 결과에 따른 것임을 고려할 때, 독일이 자신의 경상수지 흑자로 인해 비난받는 것은 아이러니이며, 유럽연합 인사들이 독일에게 다른 나라에 대한 구제자본은 더 많이 제공하고 상품을 덜 수출하라고 동시에 요구할 때, 이는 경제적 회계항등식에 대한 무지몽매의 표현이다. 이들은 불가능한 일을 요구한 것이다.

핀란드와 네덜란드

이 장에서 명시적으로 고려한 마지막 두 나라는 핀란드와 네덜란드인데, 이 두 나라도 제6장에서 본 바와 같이 ([그림 6.4] 참조) 최근까지 거대한 타겟 청구권을 축적하였다. [그림 7.7]은 단순화한 각 도표를 보여준다 (재정 구제기금에 대한 기여와 순 대외자산 포지션을 포함하지 않았다 [그림 2.9] 참조).

그림은 이 두 나라의 다소 다른 패턴의 타겟 잔액을 보여준다. 전통적으로 막대한 경상수지 흑자를 가져 온 네덜란드의 경우, 2008년 초부터 2011년 6월까지 네덜란드 중앙은행이 쌓은 추가적인 타겟 청구권은 이 국가의 누적 경상계정의 딱 34%를 설명한다. 그러나 이후 많은 자본이

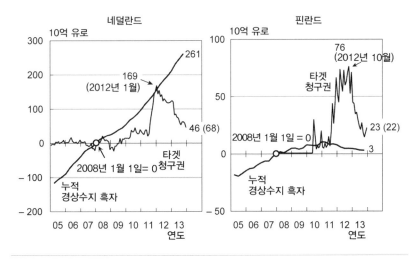

[그림 7.7] **북유럽 유로존의 다른 나라들**

자료: [그림 7.1] 참조.

주: 독일과는 달리 유로존 내의 나머지 국가에 대한 경상계정 데이터는 공표되고 있지 않다. 괄호 안의 숫자는 2008년 1월 1일 대비 증가분이다.

네덜란드로 도피해 들어왔는데, 이는 수출된 민간자본이 순계 기준으로 되돌아왔음을 의미한다. 이는 2012년 1월까지 네덜란드의 타겟 곡선이 일시적으로 누적 경상수지 흑자 곡선에 도달했다는 사실에 따른다. 그러나 그 시점 뒤 네덜란드는 민간자본의 수출을 지속하였다. 2008년 1월 1일부터, 이 글을 쓰는 시점에서 데이터가 입수 가능한 마지막 달인 2013년 9월까지의 위기 전 기간에 걸쳐 네덜란드 경상흑자의 33%는 외국 윤전기에서 찍어낸 자금으로 지급되었고, 나머지는 민간 자본수출이나 공적 구제신용에 사용되었다.[28]

핀란드의 상황은 명백히 매우 다르다. 누적 경상계정 곡선의 역전이 보여주듯이 2011년 핀란드의 경상흑자가 사라진 반면, 2011년 여름 이후 핀란드로의 거대한 자본흐름이 있었고, 이는 유럽안정화기구가 비준되고 무제한국채매입 계획이 발표된 지 1년만에 정지하였다. 네덜란드와 똑같이 핀란드도 통화분열 위험에 대한 피난처였다.[29] 보험은 핀란드 중앙은행인 핀란드은행Suomen Pankki에 의해 제공되었는데, 이 은행은 핀란드에 기금을 예치한 투자자의 지급지시를 대불(代拂)해 주고, 그 대가로 유로시스템에 대한 청구권을 수취하였다.

브레턴우즈 체제와 유럽결제동맹

타겟 잔액의 중요성은, 개별 통화를 달러화에 연계한 금본위제도에 의해 전후 1973년까지 세계 주요 선진국 간 통화관계를 지배했던 통화질서인 브레턴우즈 체제를 되돌아보면 더 분명해진다.[30]

1960년대에는 미국의 생산물이 크게 비싸지고 미국 경상수지 적자가 발생하였다. 유럽인 방문자는 미국이 비싸다는 것을 알게 된 반면, 미국인은 유럽에서 흥청망청 쇼핑을 하였다. 이들은 흥에 겨워 그것이 회사이든 자동차든 주식이든 구입하였다. 미국인 관광객은 오늘날 일본인처럼 그때에는 도처에 산재해 있었다.

그러나 미국인은 그들이 해외에서 지출하고 있는 자금을 차입하지 않고 있었다. 달러화는 세계의 기축통화로서 의심의 여지가 없이 전 세계적으로 받아들여졌다. 고정환율제로 인해 다른 나라 중앙은행들은 시장에 달러화가 초과 공급일 때 달러화를 비축해야 했으므로 많은 국가들이 실제로 이를 받아들여만 했다. 이렇게 하여 미 연준은 자산매입과 대출을 통해, 사람들의 해외 쇼핑여행을 위해 끊임없이 더 많은 달러화를 미국 경제에 제공할 수 있었다. 미국은 막대한 경상수지 적자를 쌓은 반면 유럽 국가들은 이에 상응하는 흑자를 축적하였다. 잉여 달러화는 주로 유럽으로 흘렀고 유럽의 중앙은행들에 의해 국별 통화로 교환되었다. 프랑스 중앙은행과 독일연방은행은 수년간 증가하는 달러화를 축적했으며 때로는 이것이 미 재정증권으로 전환되었다.

달러화를 내국 통화로 전환함에 따라, 국내 자산매입이나 각국 중앙은행 대출(이는 미국에서 이미 이루어짐)의 결과물이 아닌, 독일 마르크화와 프랑스 프랑화가 독일과 프랑스에서 순환하였다.

그 결과물인 유럽에서 순환하는 '달러—마르크'와 '달러—프랑'은 실제로는 미국에서 창출된 외부통화로서 유럽의 내부통화, 즉 독일연방은행이나 프랑스은행에 의한 대출이나 자산매입을 통해 국내에서 창출된 통화를 구축하였다.

이렇게 독일과 프랑스에서 통용되게 된 외부통화는, 위기시 GIPSIC 국가들로부터 온 외부통화와 똑같은 부류였다. 그 당시의 유럽 중앙은행들에 비축된 달러화와 미 재무성 증권은 현재의 유로시스템에 대한 북유럽 유로지역 국가의 타겟 청구권이다.

중앙은행을 통한 국제신용의 이동도 비슷하다. 유럽의 각국 중앙은행은 그들의 신용이 줄어드는 것을 본 반면, 미 연준은 은행으로부터 두드러지게 국공채를 매입하여 미국 경제에 더욱 더 많은 신용을 제공하였다. 당시의 미국은 GIPSIC 국가의 현 입장과 거의 유사한 상황에 있었다. 그 당시 유럽이 베트남 전쟁 재원을 마련하는 데 간접적으로 도왔어야 한다고들 하였다.[31]

미국의 프랑스령 인도차이나 사태 개입을 싫어했던 드골Charles de Gaulle 프랑스 대통령은, 1968년 달러화가 금 태환gold-backed 통화라는 미국의 확언을 문서로 확보하고, 프랑스의 달러 보유액을 금으로 전환해줄 것을 요구하였다. 그는 뉴욕에서 프랑스로 되돌아오는 금을 호위하기 위해 잠수함을 보냈다. 미국은 모든 전환 요구를 충족하기에 충분한 금을 가지고 있지 않아 금 태환을 포기해야 했으므로, 그것은 브레턴우즈 체제의 종말을 의미했다.[32] 드골의 잠수함이 프랑스 금을 싣고 간 5년 뒤 브레턴우즈 체제는 역사의 뒤안길로 사라졌다. 그때부터 세계의 대부분 환율은 시장 수급에 의해 결정되었다.

이와 대조적으로 독일연방은행은 보유 달러화를 금으로 전환하지 않겠다고 확언하였다.[33] 그러나 당시 독일은 유럽결제동맹European Payment Union; EPU 내에서 다른 유럽 국가들에 대해 대규모 경상흑자를 축적하였다.[34] 유럽결제동맹은 1944년 창설된 브레턴우즈 체제의 보조 제도로 유럽 내에 다자간 지급제도를 창출하고자 하는 미국의 노력 결과로 1950년 7월 1일에 설립되었다. 이 노력에는 서명국, 청산 범위 및 유럽재건프로그램European Recovery Program과의 연계성 측면에서 1947년부터 1949년까지 3개의 상이한 유럽 내 청산협정이 있었다. 유럽결제동맹 내 불균형의 청산은 국제결제은행Bank for International Settlements; BIS에 의해 매달 수행되었다.[35]

결국 75%까지 증가한 유럽결제동맹 내 불균형은, 달러화냐 공식 변환율로의 금이냐의 채권자 선택에 따라 결제되어야 했으나 금의 시장가격이 공식 변환율보다 낮았으므로 채권자들은 금 결제를 선호하였다.[36]

1958년까지 독일연방은행은 2,346톤의 금을 축적하였다.[37]

유럽결제동맹은 1958년에 유럽통화협정European Monetary Agreement; EMA으로 대체되었는데, EMA는 불균형 결제를 달러화로 하도록 요구했으나 달러화의 공식 금 변환율로 인해 실제 결제는 종종 금으로 이루어졌다. 그리하여 이후 10년 동안, 독일연방은행의 물리적 금 보유고는 55% 추가 증가하여 1968년에 총 약 4,000톤(또는 180억 마르크)이 되었다.[38] 1990년 초 유럽중앙은행에 약 6% 양도한 것을 제외하고 아직 독일연방은행이 이를 보유하고 있다.[39] 현재 독일연방은행의 금은 명목 기준으로 당시보다 약 15배의 가치가 있고 실질 기준으로는 4.4배의 가치가 있는데, 이는 3.4%의 연간 실질 수익률에 상응한다.[40] 반대로 그의 타겟 청구권은 현재 명목으로 0.25%, 실질 기준으로는 −1.0%의 이자가 붙는다. 브레턴우즈 체제하에서 국제수지 불균형 해소 필요 때문에 유럽의 적자 국가들은 자국 통화 공급을 희소하게 유지하였다. 이는 금리를 상승시켜 국내 차입을 어렵게 하고 경상적자를 억제하고 자본 수입을 격려했는데, 자본수입은 경상적자를 보전하고 국제수지 적자를 제한하였다. 이 메커니즘의 기본논리는 고전파 경제학자인 흄David Hume에 의해 19세기에 이미 기술되었다.[41] 잔액 결제의 필요성이 거의 확실하게, 왜 당시의 불균형이 오늘날의 유로시스템 하에서보다 상대 기준으로도 훨씬 작았었는가에 대한 설명이 된다. 1968년 독일연방은행의 달러 유보액은 GDP의 1.6%, 금 보유액은 3.4%였다. 둘을 합하여 GDP의 5%로 167.2억 마르크였다.[42] 반면에 독일연방은행의 타겟 청구권은 2012년 8월 GDP의 28.4%인 7,510억 유로를 기록하였다.[43] 독일연방은행은 달러 보유액을 현금이 아닌, 주로 미국의 국채와 재무성증권으로 현재까지 유지해 오고 있다.

트랜스퍼 루블

소비에트 제국은 시장경제에서 멀리 떨어져 있었던 만큼, 상호 거래를 허용하는 내부 지급제도 또한 필요하였다. 이러한 제도는 1964년에 상호경제원조협의회Council for Mutual Economic Assistance; CMEA인 일명 코메콘Comecon하에서 결집된 소련, 동유럽 국가, 쿠바, 베트남 등과 같은 다른 사회주의 국가를 포함한 지구상의 사회주의 국가들 사이에 도입되었다. 이는 이전에 존재해 온 비효율적인 구상무역barter trade 시스템을 대체하였다.[44] 모든 국가는 모스크바에 있는 국제경제협력은행International Bank for Economic Co-operation; IBEC에 계좌를 만들어 트랜스퍼 루블transfer rouble이라 불리는 계산단위를 다른 나라로 지급지시할 때 사용하였다.[45]

이 시스템이 국제수지 불균형에 아무런 제한도 가하지 않았기 때문에 회원국들은 이를 이용하여, 기본적으로 러시아중앙은행에 의해 공여되는 채무 포지션을 증가시켰다. 러시아가 이 국가들에게 신용으로 주어야 하는 실물경제 자원의 수출에 대응할 수 없음에 따라 이는 인플레이션과 시스템 내부의 정치적 긴장으로 이어졌다.[46] 이 긴장은 결국 소비에트 시스템의 붕괴에 기여하였다. 1992년 장벽이 무너진 다음 러시아는 쌍방 대월 한도를 도입함으로써 이 시스템을 바꾸었다.[47] 그러나 이로 인해 회원국들은 매력을 잃고 시스템을 탈퇴하였다. 이는 1993년 9월 루블존 붕괴로 이어졌다.[48]

러시아는 이전 소비에트 공화국들에게 러시아 GDP의 9.3%를 신용공여해 주었고, 이 채무는 채무국들 GDP의 11%(벨라루스와 몰도바)에서 91%(타지키스탄) 범위로 축적되었다.[49] 이 제도의 종말은 대혼란이었고 러시아는 이 청구권을 청산할 수 없었다.[50]

스위스의 사례

유로존의 타겟 불균형에 관한 이해를 돕는 또 다른 유용한 비교 대상은 스위스이다. 오늘날 스위스는 브레턴우즈 체제 또는 현 유로시스템 하에서의 독일과 유사한 상황에 있다. 해외로부터의 스위스 투자자본의 회귀는 위기국들로부터의 자본유입과 더불어, 스위스 프랑화의 대폭 절상을 가져오고 스위스 산업의 경쟁력을 약화시켰다. 이것이 스위스국립은행으로 하여금 제동을 걸도록 촉발하였다. 이 은행은 2011년 9월 6일에 앞으로는 유로화의 가격이 1.20프랑 밑으로 떨어지는 것을 허용하지 않겠다고 발표하였다. 이는 스위스 프랑이 83유로센트 이상으로 상승하지 않도록 한다는 것이었다. 이 발표는 신뢰성이 있었다. 왜냐하면 어떤 중앙은행도 자국 통화의 절하를 영구적으로 막을 수 없었으나 (이를 달성하기 위해서는 외국통화를 매도해야 하지만 유한한 금액만 보유하고 있기 때문임), 이 경우에는 국내외 투자자들의 스위스 프랑화나 금융 투자에 대한 수요에 대응하기 위해, 단순히 화폐 발행이나 채권 발행을 통해 스위스 프랑화를 절상으로부터 실제로 보호할 수 있었기 때문이다. 시장 개입의 결과는 대량의 유로화를 스위스 중앙은행으로 가져온 스위스 국제수지의 흑자였다. 그러나 중앙은행은 유로화를 현금으로 가지고 있지 않고 즉시 특히 독일 국채 등 유럽 증권에 투자하였다. 오늘날 스위스 중앙은행은 세계 최대의 독일 국채 보유자이다.[51]

스위스 중앙은행이 보유한 독일 국채는 독일연방은행 타겟 청구권의 유사물이다.[52] 유일한 차이는 이 청구권이 언제든지 다른 자산으로 교환될 수 있는 시장성 증권으로 구성되어 있다는 점이다. 스위스 시중은행이 스위스국립은행에 쌓아 모은 청구권은, 독일 시중은행이 독일연방은행에 축적한 것과는 달리 이 환율체제가 종식되더라도 스위스국립은행에 의해 인플레 유발적 화폐인쇄에 의존하지 않고도 언제든 상환될 수 있다.

미국의 유사(類似) 타겟 잔액 결제방식

유로시스템의 또 다른 유용한 비교 대상은, 미국 연방준비제도 또는 간단히 연준이라 불리는 미국의 통화제도이다.[53] 연준은 워싱턴에 기반을 둔 이사회와 연준의 규정에 따라 통화정책을 집행하는 12개의 연방준비은행(이하 '지역연준'이라 함)을 가지고 있다. 이는 프랑크푸르트에 정책위원회와 이사회를 두고 각 18개 회원국에 중앙은행을 둔 유로시스템과 유사하다. 그러나 이러한 유사점에도 불구하고 두 제도 사이에는 상당한 차이가 있다.

미국에서는 민간은행이 보유한 연방 공공증권(재무성증권 및 정부기관과 정부지원 기업이 발행한 증권)을 연준이 매입하는 과정을 통해 대부분 통화가 유통되기 시작한다. 그러나 위기동안 연준은 민간 부문에서 발행한 자산담보부 증권도 매입하였다. 대부분의 매입은 연방공개시장위원회Federal Open Market Committee를 대신하여 활동하는 뉴욕연방은행에 의해 이루어졌다. 이렇게 만들어진 연준공개시장계정System Open Market Account; SOMA이라고 불리는 포트폴리오는 모든 지역연준에 의해 소유된다.[54] 지역연준은 이렇게 중앙 집중화된 형태의 통화창출에 더하여 유로존의 중앙은행들에 의해 제공되는 신용과 유사한 담보부 대출('repos')뿐만 아니라 이른바 재할인 창구를 통해 지역내 중앙은행 대출을 제공한다. 많은 추가적인 지원제도가 위기 기간 동안 금융부문에 중앙은행 대출을 제공하기 위해 도입되었으며, 그 중에는 기간입찰대출제도Term Auction Facilities; TAF와 프라이머리딜러대출제도Primary Dealer Credit Facilities; PDCF가 있다. 다음으로 증권담보기간대출Term Securities Lending Facilities; TSLF은 연준 및 민간 재원으로부터의 신용에 더 좋은 담보물을 민간 부문에 제공하기 위해 민간자산을 정부자산으로 스왑하는 것을 허용하였다.

미국의 중앙은행제도는 유럽에서와는 달리 정부기관이 아니다. 지역연준은 이들의 주식을 가진 민간 시중은행들의 소유이다. 그러나 연준은 공공관리 하에 있고 발권차익을 연방정부에 주어야 한다. 그들의 관할 지역은 연방의 주 경계와 별 상관이 없다. 어떤 경우에는 몇몇 주가 한 지역연준에 속하고, 역으로 자신의 영토가 두 개의 지역연준의 관할권 아래 있는 주도 있다.

미국 제도에서 시중은행들 간의 지급지시는 지역연준을 통하고 각 지역연준은 다른 11개의 지역연준에 지역연준간결제계좌Interdistrict Settlement Account; ISA를 가지고 있다. 이 계좌의 잔액은 유로존의 중앙은행 타겟 잔액과 기본적으로 동일하다. 이는 한 지역연준이 다른 연준의 계좌에 수행한 지급지시, 다시 말해서 수혜 시중은행들의 계좌에 신용공여를 함으로써 지급지시를 완수하면서 얼마나 많은 신용을 한 연준이 다른 연준에게 주었는지의 순규모를 나타내기 때문이다.

비대칭적 통화창출 결과로 나타난 지역연준간결제계좌ISA의 지역간 지급지시 불균형은 유럽에서와 같이 이월되지 못하고, 매년 4월 각자의 연준공개시장계정SOMA 포트폴리오 소유권을 넘겨줌으로써 지역연준 사이에 상호 결제되어야 한다.

미국의 제도를 이해하기 위해 200년 역사의 과정에서 어떻게 발전했는지 살펴볼 필요가 있다. 처음에는 연방법에서 정한 정확한 금과 은에 관한 규율을 지키면서 공식 조폐창에서 발행된 달러화 동전만 있었다. 지폐는 미국 시민전쟁 재원을 마련하기 위해 1861년 최초로 유통되기 시작하였다. 미 연준은 1913년 설립되었다. 확실히 말하면 그보다 이른 1791년과 1861년에도 중앙은행을 만들려는 시도가 있었으나, 20년간의 영업만 인가받고 일단 인가기간이 끝나면 폐쇄되었다.

미국 연방준비제도가 존재하기 전에도 현금이 물리적으로 한 장소에서 다른 장소로 움직이지 않고도 자금이체가 이미 전 국토를 가로질러 이루어지고 있었다. 사람들은 지급금으로 수표를 보내기도 했는데,

이것이 현금화되기 위해서는 관련 시중은행들 사이에 이체가 이루어져야 했다. 은행들은 지급지시를 수행하고 만약 지급지시가 순계하여 0이 되지 않으면 서로에게 일시적 신용을 제공했으나, 결국은 잔액이 통상 관련 은행들 사이에 운송되어지는 금에 의해 물리적으로 결제되었다. 카우보이 영화를 좋아하는 사람이라면 누구나 이것이 비용이 많이 들고 번잡한 결제 과정이라는 것을 이해할 것이다.

새로운 연방준비제도는 1915년 이른바 금결제기금Gold Settlement Fund의 설립을 통해 결제 과정을 더 쉽게 만들었다. 이 기금은 물리적인 금과 금 증서를 연준에 보관하고, 각 지역연준이 비례 배분하여 이를 소유하였다.[55] 지역간 수지 불균형은 지역연준 사이에 물리적인 금 운송이 필요 없이 금과 금증서에 대한 각 소유지분을 이전함으로써 매주마다 결제되었다. 1934년 지역연준은 모든 금을 연방준비제도에 보냈고, 이후 결제는 금증서에 대한 소유권의 이전에 의해서만 일어났다.[56] 1973년에 금을 기초로 한 브레턴우즈의 국제환율제도가 붕괴된 후 금증서 또한 미국 내 결제 과정에서 역할을 상실하였다. 1975년부터 금증서의 이전은 화폐 창출 과정에서 획득된 연준공개시장계정SOMA 포트폴리오 소유지분의 이체로 대체되었다. 그러나 이것이 결제 과정의 본질을 바꾸지는 않았다.

왜 미국의 지역연준간결제계좌ISA 잔액이 유로존에서와 유사한 수준에 이르지 않는지, 또는 왜 그것이 유로존의 경우에서와 같이 자본시장 금리보다 낮은 금리를 제시하는 지역 윤전기의 증거로 해석되지 않는지를 설명하는 연준의 적어도 4가지 측면이 있다.

1. 민간조직이라는 성격과, 주와 지역연준 경계 사이의 구조적 분리 structural disentanglement가 지역 통화정책에 대한 정치적 영향을 제한한다. 이것만으로도, 유럽중앙은행의 구제정책의 필수 요소였으나 (제5장 참조) 미국에서는 상상할 수 없는, 투자부적격 국채를 담보로 한 지역 중앙은행 대출로 주(州)들을 구제할 수 있다. 미국 통화창출의 주요 경로

인 자산매입은, 캘리포니아와 일리노이 같은 방만한 주에서 발행한 것을 제외하고는, 각 단일 주에서 발행한 채권보다는 대부분이 연방 국채인 지역적으로 편향되지 않은 포트폴리오를 포함한다.

2. 미국에서는 뉴욕 연준이 연방 예산기금을 마련하기 위하여 미국 전역에서 이전에 판매된 연방 국채를 매입하면서 연방준비제도를 대신하여 배분하기 때문에 통화가 정상적으로 유통되기 시작한다. 이 과정 자체는 지역연준간결제계좌ISA 잔액과 관련하여 다소 중립적이어야 한다.[57] 뉴욕 연준이 이러한 채권을 매입하면 이는 연방 전역에서 뉴욕으로의 채권의 흐름과 이에 상응하는 다른 지역연준으로의 지급지시로 이어지고, 이는 뉴욕연준에 대한 지역연준간결제계좌ISA 채무가 된다. 이 채무는 윤전기로 지역 자본시장에서 낮게 입찰한 결과가 아니고, 그 지출이 모든 지역에 균등하게 영향을 미치는 연방정부의 재원조달의 결과에 따른 것이므로 유로존 중앙은행들과 비교 가능하지 않다. 이것이 위기전 지배적인 형태이었으나, 위기 발생 후에는 다른 형태들이 더 중요하게 되었다.

3. 미국이 일반 은행법을 가진 연방국가이므로, 윤전기로부터의 자금수요를, 주로 본점이 위치한 특정 지역에 집중시키는 전국 은행들이 있다. 예를 들어 뱅크오브아메리카Bank of America의 본부는 리치몬드에 있고, 웰스파고Wells Fargo 은행 본점은 샌프란시스코에 있다. 이는 앞서 설명한 바와 같이 연준이 특별 유동성 창출 프로그램을 수행했을 때, 위기 동안 왜 그 두 지역이 특별히 많은 지역연준간결제계좌ISA 채무를 기록했는지 설명할 수 있다. 이 프로그램은 모든 지역연준이 연준의 윤전기에 더 잘 접근할 수 있도록 했으므로, 통화창출은 임시적으로 뉴욕 연준에서 다른 지역연준들로 재배치되었다.[58] 유럽에서는 국제적으로 영업하는 몇몇 은행이 다른 나라에 지점 대신에 법적으로 독립된 자회사를 가진 반면, 대부분의 유럽 은행들이 국내적이기 때문만으로도 분명히

이 메커니즘과 유로존 사이에 유사점은 없다.

4. 불균형 상황은 연준공개시장계정SOMA 포트폴리오 소유지분을 양도함으로써 해결되어야 하기 때문에, 시장성 있는 증권으로의 지역연준간결제계좌ISA 잔액의 결제는 지역 윤전기에 대한 의존을 불가능하게는 아니지만 덜 매력적으로 만든다. 각 증권의 이자가 경비를 제외하고 연방정부에 넘겨져야 한다는 측면에서 채무 결제로부터의 불이익이 한정된다는 것은 사실이다. 그러나 남은 이익이 연방정부에 송금되기 전에 자신의 임금과 다른 수당들이 공제될 수 있으므로 약간의 지역 이익은 지역연준에 남는다. 이는 지역연준이 더 많은 직원을 고용하고 급여를 더 많이 지급할 수 있는 여지를 준다. 실제로 미국 지역연준 간 급여차이는 매우 고르지 않고, 어떤 지역연준 총재는 다른 총재들보다 50% 더 번다.[59]

미국에서 지역적으로 공정한 지분 이상의 통화를 발행하는 제한된 인센티브와 가능성은 미국 역사에서 종종 있었는데, 유럽경제에 관한 2013년 유럽경제자문단EEAG 보고서에 의하면 이로 인해 단기 연방금리가 때로는 100bp 이상의 상당한 차이를 보이기도 하였다.[60] 이러한 차이는 브레턴우즈 체제에서와 유사한 조정과정을 유발하였다. 만약 한 지역이 자신의 경상적자를 보전할 자본이 부족하면 동 갭을 종식시키기 위해 윤전기에 의존할 수가 없었고, 다른 지역으로부터 자본 수입을 유도하기 위해 시장에 높은 금리를 제시해야 했다. 이 메커니즘이 국제수지 불균형을 억제하였다.

이 모든 것이 위기동안 실제 지역연준간결제계좌ISA의 변동을 의미했던 것이 [그림 7.8]에 나타나 있다. 두 실선은 총 타겟 잔액과 총 지역연준간결제계좌 잔액의 변동을 보여주고 있는데, 둘 다 각각의 경제규모 (유로존과 미국의 GDP)에 대한 상대적 비율로 표시되었다. 금융위기가 닥치기 전의 지역연준간결제계좌ISA 잔액의 크기가 GDP의 약 0.2%에서

0.3%였으나, 위기 동안에는 GDP의 2%로, 그리고 약 3%까지 오른 뒤, 위기 이전 수준과 유사한 수준으로 하락한 것을 볼 수 있다.

또한 그 이전에 규모가 증가했을 경우, 주로 매년 4월 근처에서 그 규모가 내려갔다는 것을 알 수 있다. 이는 4월이 결제가 수행되어야 하는 달이기 때문이다.

이 결제는 전체 불균형에 대한 것이 아니고, 일반적으로 부분 결제만을 의미하는 특별한 공식을 따른다. 결제를 위해 실제로 계산되는 것은 이전 12개월간의 일평균 잔액과 1년전 4월의 미결제 잔액 사이의 차액이다. 미국에서도 위기 동안 잔액이 증가할 수 있으므로 이것이 전적으로 사소한 것만은 아니다. 그러나 이 잔액은 꾸준히 체계적으로 증가하지 않고, 그림에서 보듯이 결제 과정을 거쳐 정기적으로 아래로 간다. 또한 위의 논점을 반복하자면 유로존에서와는 달리 미결제 잔액이 더 취약한 지역을 지원하기 위해 윤전기를 이용하여 시장가격보다 낮게 자금을 공급해야 한다는 것을 의미하지 않는다.

유로존에서 타겟 잔액의 총 규모는 2007년 금융위기가 오기 전에는 GDP의 약 1%이었으나 그 뒤 천천히 일시적으로는 약 5%까지 오르다가 2012년 8월 1조 750억 유로로 유로존 GDP의 11.4%까지 치솟았다. 유럽중앙은행이 유통시장에서 위기국의 국채를 무제한으로 매입할 준비가 되어있다는 발표 이후 위기국에 새로운 민간자본이 들어와 2013년 12월 유로존 잔액은 GDP의 7.3%까지 내려갔다.

미국의 제도가 어떻게 작동했나를 보여주는 흥미로운 시기는 2009년 4월이다. 지역연준들이 연준의 결제 포트폴리오에서 소유지분의 재할당에 따른 손실을 회피하기 위해 신용을 외관상 줄임으로써 그 달 이전까지 잔액이 점진적으로 매월 감소하였다. 윤전기로부터의 지역 신용의 감소는 다른 지역으로부터의 민간신용의 유입을 증가시켰다. 결제 마감 이후에 이 잔액은 다시 증가하였다. 2009년 4월 부근의 상하향

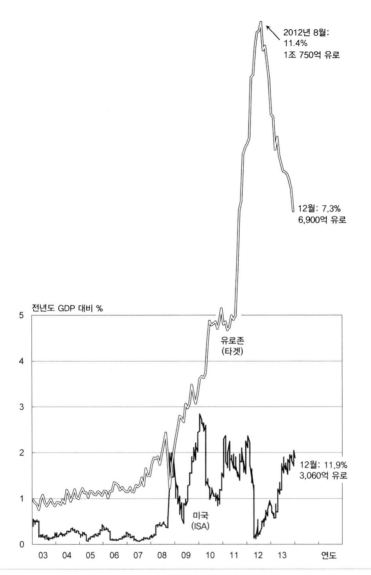

2012년 8월:
11.4%
1조 750억 유로

12월: 7.3%
6,900억 유로

전년도 GDP 대비 %

유로존
(타겟)

12월: 11.9%
3,060억 유로

미국
(ISA)

03 04 05 06 07 08 09 10 11 12 13   연도

[그림 7.8] 타겟과 지역연준간결제계좌(ISA) 잔액* (유로존과 미국의 GDP 대비 비율,
2003년 1월~2013년 12월)

* 유로시스템 중앙은행들의 총 타겟 청구권과 미 연준의 총 ISA 청구권의 합계이다.

자료: H.-W. Sinn, 'Fed versus ECB: How Target Debts Can Be Repaid', *VoxEU*,
10 March 2012, rjator: 〈http://www.voxeu.org/article/fed-versus-ecb-how-target-
debts-can-be-repaid〉; H.-W. Sinn and T. Wollmershäuser, 'Target Loans, Current
Account Balances and Capital Flows: The ECB's Rescue Facility', 2012 참조. 이 논문
의 [그림 9]는 최신 자료로 조정된 것이다.

주: 도표는 2013년 12월 현재의 데이터를 기초로 하였다.

움직임은 앞서 언급한 인센티브 효과의 증거이다. 다른 연도에는 그러한 결제의 두려움이 잔액을 감소시켰다. 이 글을 쓰면서 입수 가능한 가장 최근의 데이터 시점인 2013년 12월 지역연준간결제계좌ISA 잔액의 총 규모는 미국 GDP의 1.9%인 3,060억 달러에 불과하다.

미국과의 비교는 유로시스템의 디자인 결점을 확연하게 드러낸다. 만약 통화제도가 취약한 경제에게 무제한 자금을 진열장에 공급한다면, 신뢰가 극대화되어 자본시장을 안정시키고 지역간의 금리격차를 최소화할 것이다. 그러나 이것은 처음에 너무 많은 민간신용을 떠맡는 것을 부추기므로, 정확하게는 지역들을 불안정하게 만드는 것이다. 이는 그들의 외채가 너무 커서 시스템 한계를 깨트릴 것으로 시장이 예상하고 회수를 결정하여, 신용 의존 경제로 하여금 진열장으로부터 자금을 회수토록 촉발하기 전까지는 결국 인플레적인 과열과 막대한 무역불균형 및 경쟁력 약화를 초래한다.

진열장에 무제한의 자금을 공급하거나 중앙은행의 무제한 화력과 같은 인위적 보호 메커니즘을 제공함으로써 한 국가나 지역 경제에 대한 절대적인 시장 신뢰를 유도하는 것은 합리적이 아니다. 자본주의 시스템은 투자자 측의 건전한 회의론, 즉 그들의 돈을 잃기를 두려워하는 사람들의 주의에 기초하여 번창한다. 투자한 자금을 잃을 가능성이 절대로 제거되지 않아야 한다. 왜냐하면 그렇지 않을 경우 시장이 제멋대로 되고 브레이크가 없는 자동차 같이 통제력을 상실할 것이기 때문이다.

타겟 잔액에 제동을 거는 어떠한 조치도 결국에는 유로시스템을 붕괴시킬 것이기 때문에 도입해서는 안 된다고 주장되고 있다. 이 잔액은 거래의 원활한 흐름을 위해 필요하고, 이러한 이유로 모든 것이 지금과 같이 그대로 있어야 된다고 이야기되고 있다. 만약 이것이 사실이라면 미국의 제도는 오래전에 붕괴되었을 것이다.

실제로는 미국의 통화제도가 지금 꽤 오랫동안 지속되고 있다. 이는 지역간 자금결제제도를 통하여 셀프서비스 문화의 가능성을 제공하지 않고 지역 신용 제공에 엄격한 제한을 가하기 때문이다. 1975년까지 미국은 심지어 지역연준간결제계좌ISA 잔액을 금으로 결제토록 요구하였다. 미국의 시스템은 수지 불균형의 지속적인 평탄화를 요구할 정도로 엄격하지 않고 실제로는 앞서 언급한 바와 같이 1975년 이후 및 위기 기간 동안 제약이 느슨해졌다. 이렇게 도표에서 보듯이 일시적인 수지 적자는 허용되었다. 그러나 불균형을 제한하려는 메커니즘은 위기 이전에 아직 상대적으로 강하였고, 위기 기간 동안에도 어느 정도 유지되어 왔다. 만약 민간신용이 국제수지 적자를 보전할 만큼 충분하지 않다면, 문제 지역연준은 더 많은 통화를 발행하여 대출할 것이다. 그러나 결과적으로 초래되는 자금의 유출은 연준공개시장계정SOMA 포트폴리오의 소유권을 이전함으로써 신속하게 보상되어야 한다. 이 시스템은 이렇게 바퀴가 튀어 오르는 것을 제어하고 경제의 수레를 정상궤도로 잡아 두기에 충분히 튼튼한 완충장치를 가지고 있다.

미국 시스템의 발전을 고려해 볼 때, 잔액을 결제하는 것이 불필요하며 유럽에서 해오던 것처럼 신용계좌에 기록해 두는 것만으로 충분하다는 유럽중앙은행의 설명은 설득력이 없다.

구제정책의 기본적 이분성(二分性)

은행가, 정치인, 수많은 경제학자는 유로시스템이 기능하는 방식에 만족하고 있다. 이들은 위기국이 경쟁력과 시장의 신뢰를 회복하기 위해 개혁을 단행해야 하고, 이러한 현상이 나타나기까지는 풍부한 유동성을 공급해야 한다고 주장한다.[61) 어떤 전문가는 심지어 경상수지 적자와 자본유출은 외생적 사건이며, 유일한 분별 있는 대응책은 넉넉한 금액의 유럽중앙은행 유동성과 공적 재정구제 패키지를 제공하는 것이라고 주장하는 인상을 준다.

이 입장은 진열장의 돈이 투기적 공격에 대응한 최선의 방어물이라는 관점에서는 옹호될 수 있다. 또한 납세자의 돈으로 과다채무국과 그들의 채권자를 구제해주기 때문에 채권자 및 채무자 모두에게 유리하다. 그러나 이 장의 서두에서 언급한, 일국의 예산제약에 중요한 역할을 하는 변수들 간의 회계항등식을 간과해서는 안 된다. 경상수지 적자와 민간 자본수출은 중앙은행들이 새로운 통화와 이로 인한 공적신용을 공여하는 한도, 또는 정부 간 신용이 자금조달 갭을 채우는 한도 내에서만 동시에 발생할 수 있다는 것은 반박할 수 없는 사실이다. 만약 대안으로 이러한 공적신용을 이용할 수 없었다면 위기국은 경상적자를 축적할 수 없었고 동시에 자본유출을 경험할 수 없었다. 이는 구제조치에 있어서의 기본적인 이분성이다. 이것은 정책입안자들이 속도를 낮추어야 한다고 주장하는 자본유출이 가능하게 하였거나,[62] 정책입안자들이 이에 대해 불만을 토로하는, 경상수지 적자를 유지시켰음에 틀림없다.[63] 정책입안자들은 두 가지 불편한 결론 중 적어도 하나의 진실은 인정해야 할 것이다.

현실에서는 구제조치가 아마도 둘 다 했던 것 같다. 제4장에서 논의한 바와 같이 유럽중앙은행과 재정 구제기금은 경상적자의 구조적 개선을 지연시켰다. 이는 그들이 제공한 대체 자금조달이 위기국이 개혁을 연기하고 평소대로 운영을 지속하도록 하였기 때문이다. 동시에 유럽중앙은행 신용과 구제기금은 시장수준 이하의 조건으로 자금을 제공함으로써 민간 국제신용을 구축하였다. 특히 제5장에서 설명한 바와 같이 유럽중앙은행의 담보조건 급격 완화는 심각했으며, 이는 유로존에서의 통화정책 전념의 아이디어를 사실상 내팽개쳐 버리고 유럽중앙은행을 구제기관으로 전환시켰다.

정책입안자는, 이유가 없지는 않지만, 이들의 개입이 위기국에게 필요한 조정을 할 수 있도록 충분한 시간을 주기 위한 필요악이었다고 주장하였다. 그러나 그 개입이 일시적으로 더 좋은 균형으로 이끌도록 의도되었으나, 대신에 도덕적 해이를 부채질하고 그들이 풀려고 의도했던 문제를 악화시켰을 수도 있다. [그림 4.8]이 보여주듯이 아일랜드를 제외하고는 어떤 위기국도 상당한 수준의 실질적인 평가절하를 하지 않았고, 어떤 나라는 위기 첫 6년 동안 전혀 평가절하를 하지 않았다는 것이 그 징후이다. 리먼 사태 2년 전 거품이 터진 아일랜드는, 문제를 윤전기로 해결하는 타겟 적자를 운영하는 가능성이 초기에 주어지지 않았다. 리먼브라더스가 붕괴된 이후에야, 유럽중앙은행은 지역 윤전기에 열쇠를 건네주었다. 최초 몇 년간 아일랜드는 스스로 방어하고 시장에 의해 부과된 내핍을 받아들여야 했다. 이 국가는 일찍이 2007년 이에 대응하여 가격을 인하하기 시작했고, 이 과정은 국가를 다시 경쟁력 있게 만들었다.

반대로 [그림 4.9]에서 보여준 데이터에 의하면 스페인은 첫 3년간 공공 근로자의 임금을 19%, 포르투갈은 2007년 여름 위기가 시작한 후 첫 2년 동안 10%를 올렸으며, 그리스 공공부문의 임금은 첫 2년 동안 심지어 28% 급상승하였다. 민간 임금은 위기의 긴급성에도 불구하고 완만하게나마 상승했고 2010년에야 하락하기 시작했는데, 대부분의 경우 이 하락이 위기 첫 몇 년간 보였던 임금 상승을 상쇄한 것에 불과하였다. 확실히 실물경제 위기는 그 이후 강렬해졌고, 보다 최근의 데이터에 의하면 완만한 실질 평가절하가 그리스와 스페인에서 마침내 진행 중이다 (그러나 포르투갈에서는 아님. [그림 4.8] 참조). 그러나 가격절하는 위기가 닥친 뒤 만 5년이 지나서야 발생하기 시작하였다. 유럽중앙은행에 의한 대체 신용공여와 공적 구제정책은 실질 가격절하를 통한 필요한 구조적 경쟁력 개선을 5년 동안 지연시켰을 수도 있다.

다른 위기국은 아일랜드보다 더 천천히 조정되었을 뿐만 아니라 고정 환율제도에 묶여 있던 비슷한 유로 미가입국들보다 더 늦게 조정되었다. 제4장에서 살펴본 바와 같이, 또한 그로스_{Daniel Gros}와 알시디_{Sinzia Alcidi}가 입증한 바와 같이 유로화에 대한 상대 환율이 고정되었으나 유럽중앙은행의 지원을 받지 않은 동유럽의 이른바 BELL 국가(불가리아, 에스토니아, 리투아니아, 라트비아)는 남유럽 유로지역 국가보다 훨씬 빨리 조정되었다.[64] 이 저자들은 이것을 구제조치가 '신속한 조정 압력을 크게 둔화시키는 환경을 조성했다'는 사실에 그 원인이 있는 것으로 본다.

이것은 유럽에서 금융위기가 발생하였을 때 유럽중앙은행이 유동성을 공급하지 말았어야 된다는 것을 의미하지는 않는다. 리먼브라더스 투자은행의 붕괴가 시장을 패닉으로 몰아넣은 2008년 가을, 유럽중앙은행의 정책은 아마도 옳은 결정이었던 것 같다. 많은 평론가들의 의견에 따르면, 세계경제의 와해가 임박했던 마지막 순간에야 새로 인쇄된 자금이 시장에 넘치게 함으로써 극복되었다.[65] 그러나 2009년 가을 또는 늦어도 2010년 봄 세계경제가 매우 활기차게 회복되었고, 몇몇 유럽 국가들이 일시적 유동성 문제를 가진 세계 위기의 단순한 희생물일 뿐 아니라 그리스 같은 전면적인 상환 불능이 아닐지라도 근본적인 경쟁력 악화로도 힘들어하고 있다는 것이 분명해졌을 때 이러한 정당화는 사라져 버렸다. 그 당시 시장은 상당히 높은 금리를 부과했거나 ([그림 2.2]도 참조) 몇몇 국가에 대한 융자를 전적으로 꺼렸다.

2010년 봄 구제결정의 근거에 관해서는 논쟁의 여지가 있다. 이는 그것이 상환 불능을 연기시키고 기존 채권자를 구제했을 뿐 아니라 시장에서 부과한 위험 프리미엄을 여러 국가들이 분담하도록 도왔는데, 이로 인해 새로운 투자자들의 수익률이 잠식되었기 때문이다.

먼저 구제조치는 도피 자본을 단순히 대체하지 않았고 자본도피 자체를 가능하게 하였다. 만약 유럽중앙은행이 엄격한 대출정책을 적용하여

지역 윤전기로부터 초과 신용이 인출되는 것을 예방했더라면 민간자본이 거의 도피할 수 없었을 것이다. 국제 지급지시를 발급하여 투자자들의 신용 청구권을 상환하는 데 필요한 다량의 중앙은행 자금이 손쉽게 이용가능하지 않았을 것이며, 투자자들은 결국 훨씬 뒤에 적용된 일종의 탕감을 수용하도록 강요되었을 것이다 (그리스 채무에 2012년 3월, 사이프러스 채무에는 2013년 3월). 공적신용이 민간신용을 상환하는 데 필요한 자금을 제공했기 때문에, 유럽중앙은행과 구제기금은 파산을 지연시킴으로써 그리스와 사이프러스가 필요한 개혁을 지연하도록 도왔고 은행들과 다른 투자자들이 그들의 자금을 다시 퍼주는 것을 도왔다. [그림 5.1]이 보여주듯이 구제정책의 최대 수혜자는 프랑스, 독일, 영국, 네덜란드, 벨기에, 스위스 은행의 순이었다.

다음으로 특별히 유럽중앙은행의 느슨한 담보 요구와 대출에 대한 접근을 용이하게 하는 만기연장 혜택 등의 구제조치는, 시장에서 빌릴 수 없었던 조건으로 저렴하게 차입할 수 있는 기회를 제공함으로써 공적 구제금융을 신청하지 않았던 국가들을 포함한 차입국들을 도왔다. 유럽중앙은행의 구제정책은 채무자와 그들의 채권자를 도왔으나 윤전기로 자본시장에서 저가입찰을 하여, 그렇지 않았으면 수익성이 좋았을 시장이었던 데서 민간 투자자를 몰아냄으로써 새로운 예금자에게 손실을 안겼다. 예를 들어 뒤에 좋은 연금을 받을 희망으로 자신의 저축을 독일 보험회사에 신탁하려고 계획했던 사람들은, 이 보험사들이 그간 제공해 오던 최소 보험수익을 줄일 수밖에 없었으므로 이것 때문에 분명히 어려움을 겪었다. 외채잔액과 시장금리가 동시에 급격히 상승했음에도 불구하고 위기 동안 GIPSIC 국가에 의해 지급된 순외채에 대한 이자가 줄어들었다는 [그림 4.2]에서 보여준 관측은 이 효과에 대한 분명한 증거를 제시한다.

아이러니는 유럽중앙은행이 자신의 신용을 더 이용가능하게 함으로써 자본유출에 대응하려 했을 때 자본유출을 촉진했다는 것이다. 논쟁의 여지는 있지만 막대한 금액의 자본이 스페인으로부터 이탈리아로 옮겨 간 2011년 여름에서 2012년 여름까지 발생한 사건들은 다음과 같이 해석될 수 있다. 거대한 바주카포, 즉 2011년 12월 유럽중앙은행 정책위원회가 결정한 1조 유로의 장기 대출은 자본도피와 싸우기 위한 시도가 그 동기가 되었다.[66] 그러나 [그림 6.2]와 [그림 7.1~7.4]에서 보여주듯이 이 결정은 자본유출을 측정하는 타겟 잔액을 극적으로 더욱 더 팽창시켰다. 거대한 바주카포는 불을 기름으로 끄려고 하는 것과 비슷하였다.

유럽중앙은행과 국가 공동체는, 당면한 시장 긴축의 아픔을 완화시켰으나 동시에 시장경제의 통상적인 자기균형 과정을 정상에서 벗어나게 했다. 왜냐하면 만약 자본이 한 국가를 기피하면, 이 국가의 위험 프리미엄 차감후의 금리는, 신용에 대한 수요를 줄여 국내 자본시장이 균형을 이룰 수 있도록 하고 자본이 떠나지 않도록 하기 위해 상승해야 하기 때문이다. 만약 이 국가가 채권자들을 높은 금리를 제공함으로써 그대로 멈추도록 설득할 수 없는 스티글리츠-바이스Stiglitz-Weiss 류(類)의 시나리오에 도달하면 그 대안으로 마스트리히트 기본 규정의 하나에 의거하여 상환 불능을 선언해야 한다 (TFEU 125조).[67] 분명히 무제한의 유동성 제공과 시장금리의 절감을 통해 유럽 어느 곳에서든지 동일 명목금리를 유지하려는 시도는 통화동맹의 회원국들 전역에 밀려오는 민간 자본의 흐름을 불안정하게 하는 거대한 파도를 일으켰다. 이 자본흐름은 국내 통화 공급을 타이트하게 하고 금리격차가 균형에 이르도록 허용하는 결제 메커니즘이 있었더라면 가능하지 않았을 것이다.

이러한 결제 메커니즘의 존재는 확실히 위기국에게 디스인플레이션 또는 전면적인 디플레이션의 시기로 이끌었을 것이고, 이는 일찍이 필요한 가격과 임금을 재조정시키고 이 국가들에서 새로운 성장과 번영의 길을 열어 주었을 것이다. 그렇지 않으면 너무나 고통스러운 과정이었겠지만, 이 국가들로 하여금 유로화를 떠나도록 유도했을 것이다. 그러나 정책입안자들은 필요한 조정의 비용을 지연시키는 것을 선호하여 남유럽 국가들의 경쟁력 위기를 연장시켰고, 이에 따라 경제의 병세가 더욱 악화되었다.

비틀거리며 걷기

Stumbling Along

THE EURO TRAP

위기의 6단계

유로화는 이를 채택한 국가에게 함정이 되었다. 남유럽 국가는 경쟁력을 앗아간 유로화에 의해 유발된 인플레적 신용거품이 발생함에 따라 함정에 빠졌고, 북유럽 국가는 채무 악순환의 함정에 빠졌다. 첫 번째 함정에 관해서는 제2장과 제4장에서 분석하였다. 이 장에서는 앞서 논의한 바 있는, 윤전기 구제금융bail-out에 따른 일련의 공적 구제금융에서 초래된 채무 악순환에 관해 살펴본다.

유감스럽게도 위기대응책의 순서가 정해지지 않았고, 그 누구도 이 모든 것이 어디로 가고 있는지 모른다. 그 대신 유럽은 한 위기가 지나가고 또 한 위기가 오면서 비틀거리고 있다. 위기의 각 단계에서 지금까지의 아이디어는, 이전의 민간 및 공공 채무자가 지급불능에 빠지지 않도록 보호하기 위한 새로운 공적 자금조달 원천을 찾는 것이었다. 하지만 새로운 원천은 이 재원이 소진되고 새로운 위기의 악순환이 재개되기 전까지만 잠시 동안 금융문제를 해결할 뿐이었다. 진실은 다음의 위기가 예기치 않은 경제의 귀퉁이에서 다시 발생할 것이라는 점이다. 주어진 이전의 정책결정 하에서 또 다른 갑작스런 파멸을 피하기 위해 새로운 결정을 내려야 한다.

각 단계에서의 정책대안은 비이성적이다. 항상 실제로 취해진 결정을 합리화하는 강력한 논리와 긴급성이 있었다. 그럼에도 불구하고 직전의 역사에 의해 만들어진 각각의 경로의존적 단계는 아무도 원치 않으며, 자유시장경제와 심지어는 민주주의의 기초까지 저해하는 정치구조로 귀결될 수 있다.

지금까지 이 책에서 분명히 논의한 6가지 악순환이 있다. 다음은 발생한 사태를 개관하기 위해 정리한 것이다. 더 자세한 내용은 뒤에서 설명할 것이다.

● 제1단계 – 묵시적 구제금융 약속 (유로)

유로화 도입의 발표로 환위험이 제거되었지만, 마스트리히트 조약의 구제금지 조항(TFEU 제125조)에서 만약 한 국가가 채무를 상환하지 못하면 투자자가 헤어컷(haircut; 가치 하락분을 장부가치에 현실화하는 것/역자 註)을 받아들여야 한다고 기술하고 있지만, 유럽연합 기구들은 그 대신 찾아온 국가위기를 경시하였다. 제2장에서 설명한 바와 같이 유로존의 모든 은행과 모든 정부를 신용등급에 상관없이 유사하게 취급한 바젤 규제에 관한 유럽연합의 해석이 중대한 실수였는데, 이 규제에서는 대차대조표에 대응 완충장치로서 자본을 거의 요구하지 않았다. 그것은 구제금지 조항의 정신에 완전히 위배되었고, 자본시장이 희소한 자원을 경합하는 용도 간에 효율적으로 배분해야 하고 과열되는 것을 피해야 한다는 근심, 걱정, 회의론을 제거함으로써 시장의 행동에 극적인 결과를 초래하였다.

이에 더하여 유럽중앙은행 시스템의 구축은 국제 지급지시를 위한 무제한의 대월 공여, 긴급유동성지원ELA; Emergency Liquidity Assistance 형태의 광범위한 신용공여 가능성, 각국 중앙은행이 그들의 국내 금융시스템에 제공한 대출로부터의 손익 공유 등과 함께 만약 계속적으로 최악의 상황이 반복된다면 유럽중앙은행이 최종대부자로서 행동하여 채무자와 채권자를 구제할 수 있도록 하였다. 유럽중앙은행의 거의 무제한적인 구제금융은, 최대한의 금융안정과 신뢰를 조성하도록 의도되었으나 차입자와 대부자 사이에 낙관적 행동을 유도하여 남유럽 국가의 경쟁력을 빼앗고 이들을 견디기 힘든 대량실업에 몰아 넣은 인플레 유발적인 신용거품을 가져왔다.

● 제2단계 – 윤전기 대출 (타겟)

미국의 서브프라임 위기는 2007/2008년에 유럽을 휩쓸었다. 투자자가 채무국에 대한 융자를 피함에 따라, 유럽중앙은행은 담보조건을 극적으로 완화하고 대출의 만기를 연장하고 각국 중앙은행에게 자국 금융시스템에 광범위한 긴급유동성지원ELA 신용을 허용함으로써 이 나라들이 자국의 문제를 윤전기를 통해 해결할 수 있도록 하였다. 이로 인해 GIPSIC 국가는 상품 및 자산구입과 민간채무상환을 위해 다른 나라에게 순지급 지시서를 발행할 수 있게 되었다. 제5장, 제6장, 제7장에서 논의한 바와 같이 신용전략은 기본적으로 윤전기를 유로존의 북쪽에서 남쪽과 서쪽으로 대여하는 은밀한 구제금융이었다. 이는 위기국의 금융수요를 일시적으로나마 충족시켰으나 유럽중앙은행을 불충분하게 커버된 위험 포지션에 더욱 더 깊이 끌어들였다.

● 제3단계 – 담보 매입 (SMP)

2010년 봄 몇몇 국가의 스프레드가 치솟고 이에 따라 자산의 시장가치가 곤두박질칠 때 ([그림 2.2]와 [그림 2.3]도 참조), 유럽중앙은행은 관대한 대출의 대가로 받은 담보물의 가치가 급속히 하락하여 애를 먹었다. 유럽중앙은행이 대출을 유보하는 대응을 할 경우 남유럽 국가의 금융시스템 붕괴 위험이 있었으므로 유럽중앙은행은 시장가치를 유지하기 위해 담보물을 매입하기로 결정하였다. 비록 발표 당시의 목적은 광범위한 경제에 낮은 정책금리의 전달경로를 유지하는 것이었으나 이는 유럽중앙은행의 국채매입계획Securities Markets Programme; SMP의 주요 동기로 여겨질 수 있다 (나중에 설명할 것임). 또 다른 동기는 국채 금리를 '그릇된' 시장 세력으로부터 보호하고 통화정책 신호의 전달경로를 개선함으로써 고통 받는 국가를 도우려는 시도였다. 유럽중앙은행이 이들 국채를 매입해줌에 따라 국가는 스스로 제시해야 하는 할인율을 높이지 않고서도 새로운 국채를 발행할 수 있었다.

● 제4단계 – 기어 변경 (ESM & Co)

유럽중앙은행 집행위원회의 국채매입 결정은 통화발행에 의한 국가재정 보전monetary state financing을 금지한 유럽연합기능조약TFEU; Treaty on the Functioning of the European Union의 제123조와 앞서 언급한 구제금융 금지의 제125조에 저촉되는 것으로 보이는데, 둘 다 독일이 마스트리히트 조약에 서명하고 독일 마르크를 포기하기 위한 필수조건이었다. 이 때문에 독일연방은행 총재가 국채매입계획SMP을 강력히 반대하게 되었고, 결국에는 사임하게 되었다.

독일연방은행의 반대와 유럽중앙은행의 구제책들의 의심스러운 합법성은, 최소한 독일 정치인들 사이에 그것들을 쉽게 승인하기 어려운 중요한 이유였다. 일반적인 여론은 다음과 같았다. '네, 다른 어느 누구도 시장을 진정시키기 충분하게 빨리 유사한 구제책을 수행할 수 없었을 것이므로, 우리는 유럽중앙은행이 취한 조치들을 수용합니다만, 이제

기어를 변환해야 합니다. 만약 누군가 다른 나라들에게 신용을 제공해야 한다면, 바로 우리여야 합니다! 이를 위해 우리는 유럽중앙은행 정책위원회가 그러한 결정을 내리게 하기보다는 민주적으로 관리되는 기관이 필요합니다.' 이는 실제로 그리스에 대한 정부간 구제책, 유럽재정안정기금의 설립, 유럽금융안정기구EFSM, 국제통화기금 지원, 마지막으로 무시할 수 없는 영구적 구제책인 유럽안정화기구European Stability Mechanism; ESM등으로 이르게 한 강력한 정치적 논리였다.[1]

그러나 다른 동기도 있었다. 유럽중앙은행은 또한 회원국을 구제하는 부담에서 벗어나기를 원했으며, 당연히 위기국과 그들의 채권자도 구제되기를 원하였다. 실제로 채권자는 재정 구제조치를 국채매입계획SMP의 대체물이라기보다는 부가물로 여겼다.

그리고 북유럽 유로지역 국가들의 의회는 그들에게 타겟 청구권의 대가를 치르게 할 유로존 해체 방지를 위해 심지어 국채매입계획 없이도 재정 구제조치에 합의해야만 했는데, 이에 관해서는 이 장에서 설명할 것이다.

● 제5단계 – 무제한 약속 (OMT)

전문가들 눈에는 재정 구제책에만 의존함에 따른 한 가지 문제가 정치가들이 너무 인색하고 잠재적 자금의 사용에 있어 너무 많은 제약을 가하여 실제로 시장에 깊은 인상을 주기 어렵다는 것이었다. 유럽안정화기구의 준비에도 불구하고 스페인과 이탈리아로부터의 자본유출이 지속됨에 따라 ([그림 7.4] 참조) 2012년 9월 6일 유럽중앙은행은 유럽안정화기구의 규정에 입각해 무제한국채매입OMT의 약속 이행을 신청한 고통 받는 국가들을 위해 국채의 무제한 매입을 약속하였다.

이 프로그램은 새로운 신뢰를 가져왔고 자본이 위기국들에 되돌아오도록 유도하여, 재정 구제책에 따른 직접적인 감소에 더하여 타겟 잔액이 추가적으로 감소되게 하였다. 유로화를 구하기 위해 '할 수 있는 것은 다 한다'는 유럽중앙은행 총재의 약속은 무제한국채매입 발표와 더불어 확고해졌는데, 지금까지 유럽중앙은행이 어떤 추가적인 국채를 매입해야할 필요 없이도 시장을 안정시키는 데 매우 효과적인 것으로 증명되었다.[2]

● 제6단계 - 은행동맹(Banking Union)

무제한국채매입이 국채의 시장가격과 채권보유 은행을 안정시켰으나, 위기동안 압력을 받아온 은행 대차대조표의 다른 자산의 가치를 안정시키는 데 아무런 기여를 하지 못하였다. 특히 주택저당채권은 위기국의 자산시장 붕괴([그림 2.11] 참조)로 인해 흔히 해롭기까지 하였다. 제5장과 제6장에서 설명한 바와 같이 이것은, 유럽중앙은행이 열등 등급 담보물에 의해 위기국의 은행부문에 막대한 추가자금을 제공했기 때문에, 유럽중앙은행에 특별한 문제로 대두되었다. 이 자금은 2012년 8월까지 이 나라들의 타겟 채무가 1조 20억 유로가 되도록 하였다. 유로시스템 즉, 유럽중앙은행과 유로존 국가의 중앙은행NCB은 모두 합해 이 금액의 절반 밖에 안 되는 자기자본을 가지고 있어 유로시스템 자체가 위험에 처해 있었다. 일반은행을 지원하고 유로지역 국가 중앙은행의 대손상각 손실을 피하기 위해 2012년 6월 29일 브뤼셀의 유럽연합 정상회담은, 원래 정부지원만 예상되었으나, 은행자본의 재구성에도 이용할 수 있는 유럽안정화기구 기금을 조성하기로 결정하였다.[3] 이 글을 쓰고 있는 시점에서 이 절차가 진행되고 있어 최종적으로 어떻게 결정될지는 불분명하다. 이 장의 두 절에서는 이 주제에 관해 좀 더 자세히 논의할 예정이다.

새로운 문제가 발생할 때에는 물론 다른 단계의 조치가 이어질 것이다. 예를 들어, 만약 유럽중앙은행이 대규모 국채매입 약속을 지킨다면 궁극적으로는 유로본드를 도입할 수도 있을 것이다. 그렇지 않으면 무제한국채매입을 불법으로 간주하는 최근의 독일 헌법재판소의 판결에 따라 채무공동화가 멈출 수도 있다. 법원의 판결문이 아직 구속력을 가지는 법률의 형태로 제안되지는 않았지만 아마도 무제한국채매입을 종식시킬 것이다. 다음 절에서는 제3~5 단계에 대해서 자세히 다루고, 마지막 절에서는 이 모든 것이 유럽의 미래에 어떤 의미를 지니는지를 살펴볼 예정이다.

국채 매입 – 국채매입계획(SMP)

2010년 5월 10일 유럽중앙은행은 다음 절에서 논의할 예정인 방대한 재정구제 정책과 함께 국채매입계획Securities Markets Programme; SMP을 발표하였다. 독일 국채에 대비한 그리스의 금리 스프레드는 앞선 몇 달 동안 급격히 상승해 왔고 그리스 국채의 시장가격은 곤두박질쳤다 ([그림 2.3 및 2.3] 참조). 2년물 그리스 국채의 수익률은 2010년 4월 28일 일시적으로 38%로까지 급등하였다. 이로 인해 그리스 정부는 국채와 교환하여 많은 중앙은행 대출을 받은 그리스 금융시스템과 함께 파산 직전으로 내몰렸다.

그리스 국채를 보유한 시중은행은 대규모 대손상각 손실뿐만 아니라 그들의 중앙은행 대출 담보물 잠식의 어려움을 겪었다. 이들은 상환능력 문제와 유동성 문제 둘 다에 직면하였다. 신용평가기관이 그리스 국채의 투자등급을 박탈했을 때, 유럽중앙은행은 국채가 담보물로서의 자격을 유지할 수 있도록 국채의 투자등급 의무보유 요건을 면제해 도와주려 하였다. 그러나 담보물 가치는 시장에서 어떻게 평가되는지에 따르므로 이것이 가치 잠식을 멈추게 할 수는 없었다.

그때 많은 전문가들은 마스트리히트 조약(TFEU 125조)에 반영된 것 같이 그리스가 채무를 불이행해야 한다고 생각했고, 심지어 유로시스템 내에서도 그리스의 유로존 탈퇴를 지지하는 목소리가 있었다. 그러나 유럽중앙은행의 트리셰 총재는 억제 불가능한 금융시장 전염효과를 우려해 디폴트 아이디어를 강력히 반대하였다.[4] 결국 아일랜드, 포르투갈, 스페인, 이탈리아의 국채도 위험에 빠졌다. 자국의 금융시스템이 이들 국가 대부분에 과다하게 노출된 프랑스 또한 이 아이디어를 맹렬히 반대하였다.[5] 트리셰는 유럽중앙은행 정책위원회에서 정책매입계획을 성공적으로 지지하여 유로존이 2,000억 유로가 넘는 그리스, 아일랜드, 포르투갈, 스페인, 이탈리아의 국채를 매입하도록 하였다.

국채매입계획과 관련된 결정은 유럽중앙은행 수석 경제학자 슈타르크Jürgen Stark와 독일연방은행 총재 베버Axel Weber의 반대투표 하에서 채택되었다. 둘 다 즉각 사임을 원했으나 유임하도록 설득되었다. 그럼에도 불구하고 유로시스템의 국채매입에 대한 공개 항의로 이들은 1년 뒤 사임하였다.[6] 룩셈부르크와 네덜란드도 이 위원회의 결정에 대한 반대 의견을 냈다.[7] 트리셰를 반대한 사람들은, 그리스의 구제금융이 마스트리히트 조약에 의해 금지되었고 증세를 통해 문제를 해결하려는 인센티브를 약화시켜 다른 채무국에게 잘못된 신호를 줄 수 있다고 주장하면서 유럽에서의 정치적 결정 과정을 통한 전염을 우려하였다.[8]

국채매입은 2010년 5월 그리스와 아일랜드의 국채로부터 시작하였다. 포르투갈 채권은 2011년 6월에 이어졌다. 2012년 2월 매입이 멈추었을 때 유로시스템은 이 3개국에서 총 830억 유로를 매입하였다. 2011년 8월 유로시스템의 각국 중앙은행은 시장가격을 지지하기 위해 이탈리아와 스페인 국채도 대량 매입하기 시작하였다. 프로그램의 종료 시까지 940억 유로가 이탈리아 국채에, 470억 유로가 스페인 국채에 지급되어 국채매입 총액은 2,230억 유로에 달하였다.[9] [그림 8.1]은 시기별 국채매입의 증가세를 보여준다. 그 뒤 아마도 이 매입채권의 일부 만기가 돌아오고 시장에 재매도 함에 따라 유럽중앙은행이 보유한 규모는 점진적으로 감소하였다. 중앙은행들이 보유한 국채의 가치는 2012년 말 2,090억 유로, 2013년 말 1,790억 유로로 줄어들었다.[10]

언론 보도에 기초하여, 유럽중앙은행 자신이 이 채권을 매입했으리라 생각할 수도 있다. 그러나 이것이 완벽하게 맞지는 않다. 유럽중앙은행자체 매입은 130억 유로뿐이었다.[11] 유럽중앙은행은 주로 유로시스템

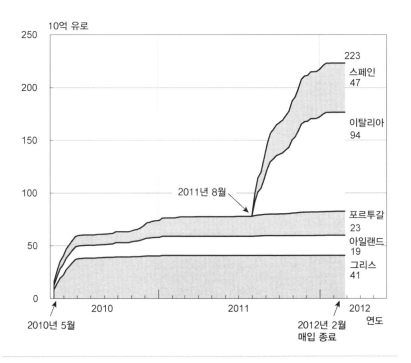

[그림 8.1] 국채매입프로그램(SMP) 하에서의 유로시스템의 국채 매입

자료: Barclays Capital, 'ECB SMP: Marking to market', *Interest Rates Research*, 6 January 2012; M. De Pooter, R. F. Martin, and S. Pruitt, 'The Liquidity Effects of Official Bond Market Intervention', *Discussion paper*, Federal Reserve Board of Governors, 2013.

에서 회원국 중앙은행이 무엇을 하기로 되어 있는지를 중앙은행에게 알려주는 조정센터로서의 기능을 수행하였다. 실제 매입의 93%는 유럽중앙은행 자본에서 차지하고 있는 지분에 비례하여 각국의 중앙은행에 의해 수행되었고, 오직 7%만이 유럽중앙은행 자신에 의해 수행되었다. 각국 중앙은행은 차례로 그들 자본비율에 엄격히 비례하여 국채를 매입하였다. 몇몇 중앙은행은 다른 곳에 비해 조금 앞서감에 따라 이러한 매입이 완전히 동시에 이루어지지 않았으나, 자본비율에 따른 동조화가 수일 또는 수주일 내에 일어났다. 이렇게, 예를 들어 독일연방은행은 무려 480억 유로, 이탈리아 중앙은행은 320억 유로, 프랑스 중앙은행은 360억 유로의 매입에 참여하였다.

국채매입이 부분적으로 금리를 안정시켰으나 유로시스템의 각국 중앙은행은 이 과정에서 높은 디폴트 위험을 감수하였다. 이는 한 국가가 디폴트 되면 관련 채권을 상각해야만 하고, 이로 인해 중앙은행의 자본이 잠식되기 때문이다. 예를 들어 독일연방은행의 경우 매입한 국채가 그 가치를 잃게 되면 2013년 말 가지고 있는 독일연방은행 자본금(유보금 포함) 931억 유로의 52%를 잃는다.

과연 유럽중앙은행이 민간투자자에 비해 우선권을 가져야 하는가에 관해서는 논란이 있다. 2012년 그리스 디폴트의 경우가 바로 그러했다. 유럽중앙은행에 의해 매입된 채권은 먼저 새로운 채권으로 전환되었고, 그때 채권상각에서 면제되었다. 그러나 거의 모든 그리스 채권이 우연히 그리스 법에 의해 발행되었다는 이유만으로 이 절차가 법적으로 가능하였다. 이 절차가 다른 국가들에 일반화될 수 있는 범위는 불분명하다. 사실 채권상각이 영국법 하에서의 채권 전환과 함께 시행됨에 따라 속임수의 반복은 가능하지 않을 것이다. 이것이 유럽중앙은행이 국채매입계획의 계승자로서 무제한국채매입 계획을 발표할 때 우선권을 포기한 이유인데, 이에 대해서는 아래에서 설명할 예정이다.

납세자에게는 위험이 없다?

때로는 중앙은행이 마이너스 자기자본을 가지고도 운영될 수 있음을 고려할 때, 중앙은행의 손실은 가상적이고 실질적 중요성이 없다고 주장된다. 결국, 유로시스템의 법규에 따라 정부가 자신들의 중앙은행 자본을 재구성해야 할 의무는 없다. 법규는 손실이 유보이익 및 경상 이자 수입에서 차감된다고 말할 뿐이고, 각국 정부가 그들의 중앙은행에게 필요시 새로운 자본을 공여하도록 하는 의무를 포함하지는 않고 있다.[12] 자원의 희소성 세계에서 그러한 기적이 가능하다면 멋진 일이나, 물론 진실은 그렇지 않다.

개별 중앙은행이 마이너스 자기자본으로도 운영될 수 있다는 것이 사실이기는 하나, 손실이 가상적이라는 것이 확실히 사실은 아니다. 자산의 상각은 항상 이 자산의 소유자가 이자 및 원본 회수금(이들의 현재가치가 이 자산의 가치임)을 잃는다는 것을 의미한다. 이렇게 손실은 정상자본과 시중은행에 대한 신용공여의 결과로 발생되는 중앙은행의 발권차익 자산을 잠식하는데, 매년 발권차익을 취하도록 권리가 부여된 유로존 각국의 재무부가 그만큼 부담해야만 한다.[13] 독자는 동태적 계산에서 정상자본과 발권차익 자산의 합계가 3.4조 유로로 추정된다는 것을 제1장에서 살펴본 것을 기억할 것이다.

제기될 수 있는 반대 의견은, 만약 국채매입계획의 자금이 중앙은행의 자산매입에 의한 추가 통화창출에 의해 조달된다면, 아무런 이자 손실이 발생하지 않는다는 것이다. 그러나 이러한 정책은 인플레 유발적이고, 손실을 통화 보유자에게 단순히 전가시키며, 이익은 자신의 국채가 매입되었다가 상각된 국가들에게 있을 것이다. 그러나 유럽중앙은행은 인플레 유발적인 수단에 호소하지 않을 것이며, 국채매입계획에 따라 증가한 본원통화를 불태화할 것이라고 여러 번 반복적으로 선언하였다.[14] 더욱이 북유럽 국가들의 은행이 그들의 중앙은행 대출을 덜 가져가거나 필요치 않은 자금을 중앙은행에 빌려줌으로써 여분의 유동성을 상쇄함에 따라 불태화는 다소 자동적인 전액배정방식이다. 이는 제6장의 '북유럽의 중앙은행 대출 구축' 절에서 논의한 바 있다. 그러므로 국채 매입은, 중앙은행 대출이나 자산매입에 상응하는 금액을 단순히 대체하고, 그로부터 초래되었을 이자소득 흐름을 감소시킨다. 만약 발행자 파산으로 이 이자흐름이 국채 이자에 의해 대체되지 않으면, 실제로 유로지역 국가의 재무부처와 이를 지탱하는 납세자에게는 발권차익의 영구적인 손실이 발생할 것이다. 이 발권차익 손실은 상각손실과 일치할 것이다. 자원이 무에서 창조될 수 있는 무릉도원에서는 중앙은행도 운영되지 않는다.

유로시스템의 모든 중앙은행은 유럽중앙은행 자본배정비율에 비례하여 그러한 매입에 참여하므로 유로시스템 손실의 사회화 또한 도움도 되지 않을 것이다. 각 참여 중앙은행과 그 주권국은 자신이 매입한 채권으로부터의 손실과 유럽중앙은행이 매입한 채권으로부터의 손실 분담분을 모두 떠맡아야 한다. 각 주권국 스스로가 그가 구입한 자산을 상각해야 한다면 그 효과는 동일할 것이다.

특히 독일에서는, 제1차 세계대전과 그 후에 발생하여 이 시기 독일에게 하이퍼인플레이션을 가져온 독일 국채의 현금화monetizing를 닮았기 때문에 이러한 채권 매입에 아주 회의적이었다. 그 당시 독일의 중앙은행이었던 라이히스방크는 국채를 매입하고 새로 인쇄된 화폐로 지급함으로써 정부 재정을 보전했는데, 그 결과 유통 화폐량이 꾸준히 증가하였다. 통화는 가치를 너무 많이 잃어, 결국 1923년경에는 은행권이 인쇄용 종이보다 가치가 더 낮았다. 실물자산에 투자하기에 너무 작은 자산을 가진 소시민들은 저축을 잃고 급진적으로 되어 10여년 뒤에 엄청난 결과가 초래되었다.

이것은 진실로 잠재적인 위험이지만, 이러한 극단적인 상황을 상정할 필요는 없다. 아직 상환능력이 있는 유럽 국가의 납세자들을 위협하는 디폴트 위험이 존재하는 한, 이런 화폐적 국가재정 보전에 대해 우려하지 않을 수 없다.

유럽안정화기구(ESM)

오바마Barak Obama 대통령의 재촉에 힘입어 트리셰 유럽중앙은행 총재는, 2010년 봄 재정 구제정책을 마련하도록 유럽의 정치가들을 성공적으로 설득하였다. 5월 2일 유로지역 국가의 정부들은 국제통화기금과 함께 그리스를 위한 1,100억 유로의 정부 간 구제 프로그램을 마련하였다 (800억 유로는 유로존에서, 300억 유로는 IMF에서 제공).[15]

더욱이 5월 10일 별도의 구제기금인 룩셈부르크에 위치한 유럽재정 안정기금EFSF; European Financial Stability Facility을 설립하기로 합의했는데, 이 기금은 유로지역 국가 공동체의 보증을 얻어 채권을 발행하고 개혁 수행을 약속한 위기국에게 그 수입을 빌려주도록 하는 것이었다.[16] 유럽 재정안정기금은 최대 4,400억 유로의 대출 한도를 가지고 3년 기한으로 설립되었다. 이 수행에 상응하는 국내법들은 유로지역 국가 의회들에 의해 수주 내에 빠르게 채택되었다.

이에 더하여 유럽연합 정부들은 2010년 5월 11일 유럽금융안정기구 European Financial Stabilization Mechanism; EFSM 설립에 합의하였다.[17] 이 협정은 유럽연합에게 유럽연합기능조약TFEU 제 5조에 따라 600억 유로까지 차입 및 배분할 수 있는 가능성을 주었다. 이 조항은 실제로 개별 국가들의 관리를 벗어난 자연 대재앙을 명시적으로 언급하고 있다.

국제통화기금은 구제 활동의 일부로 기대되었다. 국제통화기금은 기금을 공여하였으며 수혜국들이 충족해야 할 조건을 정의하는 데 참여하였다.

그러나 이 모든 것이 시장을 실제로 안정시키기에는 불충분하였다. 그러한 이유로 유럽안정화기구ESM라는 이름 하의 항구적 구제기금이 브뤼셀의 2011년 3월 24/25일 유럽연합 정상회담에서 합의되었고, 이듬해 유럽의회에 의해 비준되었다. 유럽안정화기구에는 800억 유로의 납입 자기자본이 공여되기로 하였으나 필요하다면 총 7,000억 유로까지의 자기자본 손실을 유로 국가들이 보충하도록 하였다. 이 글을 쓰는 시점(2014년 2월)까지 800억 유로 중 643억 유로가 납입되었다. 유럽안정화기구 회원국은 납입자본금을 각 160억 유로의 5차례 할부금으로 납부하는데, 그중 4차례의 납입이 완료되었다. 마지막 할부금은 2014년 4월로 예정되었다.[18]

유럽안정화기구는 채권 발행을 통해 시장에서 차입하여, 어려운 국가들이 개혁안에 대한 양해각서에 서명한 후에 동 국가들 앞으로 자금을 대출할 수 있다. 부과하는 금리는, 유럽안정화기구가 차입할 수 있는 금리 이상으로 하여 행정비용을 부담하도록 하되 각국 시장금리보다는 낮다. 국가 부도의 경우 유럽안정화기구는 다른 채권자들에 비해 우선적 채권자의 지위를 가진다. 유럽안정화기구의 총 대출 금액은 5,000억 유로로 제한되었다. 그러나 정책위원회가 85% 가중 다수의 찬성으로 자기자본 및 대출규모 확대를 결정할 수 있으며, 이 가중 다수는 유럽중앙은행 자본에서의 각국 지분에 비례하여 계상된다. 이 가중 다수는 양해각서의 수용 등 다른 주요 결정에서도 필요하다.

비록 유럽안정화기구가 처음에는 유럽재정안정기금의 대체물로서 발표되었으나, 궁극적으로는 보완물로 결정되어 2013년 중반까지 두 기금이 동시에 운영될 수 있었다.

유럽연합 회원국들은 유럽안정화기구의 보완장치로서 재정협약Fiscal

Compact 체결에 합의했는데, 이 협약은 1996년의 안정성장협약Stability and Growth Pact보다 더 강력한 채무제약을 정부에게 부과하였다.[19] 기본적으로 재정협약은 국가들이 안정 및 성장 협약의 재정 규율을 국가 수준에서 기본법으로 끌어올리도록 요구하였다. 또한 국가들은 GDP 대비 채무 비율과 관련하여, 최초 비율과 마스트리히트의 60% 한도 차이를, 조금 더 엄격한 벌칙 규정의 합의하에 연평균 20분의 1의 비율로 감축시킬 것을 약속하였다. 그러나 이 협약은 유럽안정화기구를 합의한 데 따른 보상으로 이를 요구하였던 독일을 제외하고는 어느 누구에게도 심각하게 받아들이지 않았다. 협약이 비준된 후 반년 내에 프랑스, 스페인, 포르투갈, 슬로베니아, 네덜란드, 폴란드는 이 규제의 면제를 신청하여 받아들여졌다.[20]

프로그램 국가들에게 신용을 제공하는 데 더하여 유럽안정화기구는 시장에서 차입한 기금으로 그들의 국채를 또한 매입할 수 있으며, 그러한 목적으로 이른바 유통채권매입기금SMSF; Secondary Markets Support Facilities을 설립하였다. 5,000억 유로의 대출 한도는 유통채권매입기금SMSF에 적용되지 않고, 국채 매입 목적으로 유럽안정화기구가 차입하는 기금의 규모에도 적용되지는 않는 반면, 주주의 유한책임이 유통채권매입기금의 규모를 암묵적으로 제약한다. 구제대상 국가들에게는, 유통채권매입기금이 우선적 채권자 지위를 갖지 않으므로, 유통채권매입기금이 직접적인 유럽안정화기구 신용에 비하여 더 매력적이다. 그러나 이 글을 쓰는 시점에서 유통채권매입기금은 아직 작동되지 않았다. 유럽중앙은행의 무제한국채매입 정책과 이것의 유사점은 아래에서 살펴볼 예정이다.

유럽안정화기구 조약의 실행과 관련하여 유럽안정화기구에 대한 많은 헌법재판소 소송으로 약간의 불확실성이 있었으며, 이는 독일 대통령 가우크Joachim Gauck가 조약서명을 연기하도록 하였다. 이 불확실성은 법원이 예비 판결에서 그러한 소송을 각하한 2012년 9월 12일 사라졌다.[21]

그럼에도 불구하고 법원이 독일의 참여에 대하여 여러가지 제약을 부과한 만큼, 원고에게는 성공적이었다. 유럽안정화기구 집행위원회에 대한 독일측 대표로 하여금 자금조달 결정이 나기 전에 하원Bundestag의 동의를 구하도록 요구함으로써[22] 조약에서 예견된 비밀스러운 유럽안정화기구의 결정 가능성을 배제하였으며,[23] 독일 정부로 하여금 국제법에 의해 구속력이 있는 다른 나라들의 선언문을 요구토록 하였다. 이는 유럽안정화기구가 그 구성에 있어 어떤 애매한 표현으로부터 도출될 수 있을 것 같은 공동 또는 연대 채무를 포함한다고 해석되는 것을 배제할 것이다.[24] 이 선언문이 에스토니아를 제외한 모든 유로지역 국가에 의해 2012년 9월 27일까지 채택된 이후, 유럽안정화기구 조약은 2012년 10월 1일 유효하게 되었다.

구제기금 개요

[그림 8.2]는 2012년 말까지 앞에서 언급한 공적 공급자로부터 GIPSIC 국가로 흐른 전체 공적신용에 대한 개요를 보여준다. 그것은 전 장에서 설명한 바와 같이 기본적으로 구제수단에 대한 정보를 다소 다른 방법으로 요약하고 있다. 그리스는 지원이 필요한 첫 번째 국가였다. 그리스는 공식적인 구제신용을 기대한 협정문에 기초하여 530억 유로의 정부간 구제신용을 받았다. 그리스, 아일랜드, 포르투갈, 스페인, 사이프러스가 모두 2,100억 유로를 유럽재정안정기금EFSF과 유럽안정화기구ESM에서 받았으며, 그 중에서 그리스가 1,340억 유로를 차지한다. 이에 더하여 이 국가들은 국제통화기금으로부터 740억 유로를, 유럽연합의 자연재해기금인 유럽금융안정기구에서 380억 유로를 받았다. 그림은 이러한 재정 구제기금이 국가별로 어떻게 나누어졌는지 보여주고 있다.

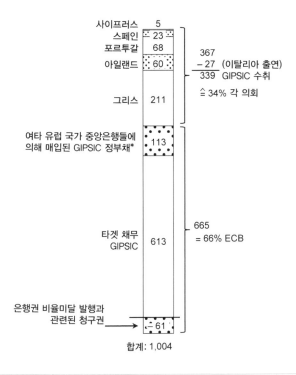

사이프러스	5
스페인	23
포르투갈	68
아일랜드	60
그리스	211

367
− 27 (이탈리아 출연)
339 GIPSIC 수취

≅ 34% 각 의회

여타 유럽 국가 중앙은행들에
의해 매입된 GIPSIC 정부채* — 113

타겟 채무
GIPSIC — 613

665
= 66% ECB

은행권 비율미달 발행과
관련된 청구권 → − 61

합계: 1,004

[그림 8.2] GIPSIC 국가에게 제공된 공적신용 (2013년 12월, 10억 유로)

* 이 합계에는 유럽중앙은행이 직접 매입하여 각 출자비율에 따라 각국 중앙은행에게 할당한 130억 유로의 지분이 포함되어 있다.

자료: Ifo 연구소 계산.

앞 장에서와 같이 모든 수치는 유럽연합 예산에의 공여contribution 또는 공식 구제기금에의 상호 참여와 같은, 국가의 명시적 및 묵시적 기여분을 차감한 순기준으로 계산된 것이다. 그리스, 아일랜드, 포르투갈, 스페인, 사이프러스는 그들 자신의 기여분을 공제하고 총 3,670억 유로를 받았으나, 이탈리아는 재정신용을 받지 않고 270억 유로를 공헌하였다. 전부 해서 GIPSIC 국가(이탈리아 포함)는, 이들을 위해 따로 배정해 놓은 410억 유로와는 별도로 그들의 2013년 GDP의 11%인 3,390억 유로를 받았다. 이탈리아를 제외하고, 다른 5개 위기국은 자기 자신들의 기여를 공제하고 2013년 이 국가들 GDP의 24%인 3,670억 유로를 받았다.

또한 그림은 국채매입계획SMP(1,130억 유로)과 타겟 잔액(6,130억 유로)으로 측정된 지역 윤전기를 통해 다른 나라 중앙은행들에 의해 GIPSIC 국가에게 제공된 신용을 보여준다.[25] 이탈리아는 재정 구제기금을 받지 않았으나, [그림 8.1]에서 보여주듯이 가장 많은 국채매입계획 SMP 신용을 수취하였으므로 명단에 포함되었다.

수취한 신용으로부터 공제된 항목은, GIPSIC 국가의 약간의 비례미달 은행권 발행으로부터의 유로시스템 내 청구권 610억 유로이다. 이는 타겟 잔액과 유사한 주제이다. 자산매입이나 재융자에 의해 일국에서 창출된 통화는 전자 지급지시뿐만 아니라 해외로의 물리적 운송에 따라, 외부금융 수요에 기여할 수 있다. 이는 비례초과 은행권 발행이 타겟 채무와 같이 유로시스템 내 채무를, 비례미달 은행권 발행이 유로시스템 내 청구권을, 각각 초래하는 이유이다. 이 초과 및 미달 비율 은행권 발행에 대한 해석이 국민의 지급결제 습관과 관련된 다른 해석과 연관되므로, 타겟 잔액과는 달리 은행권과 관련된 유로시스템 내 청구권과 채무는 국제수지 통계 내에 기록되지 않으며, 이에 따라 제7장의 분석에서는 고려되지 않았다. 그럼에도 불구하고 GIPSIC 국가가 받은 공적신용을 과장하지 않기 위해서 이것을 [그림 8.2]에 기입하였다. 약간의 비례미달 은행권 발행으로부터의 청구권은 그들이 다른 유로시스템 국가들에게 제공한 신용처럼 취급되며, 따라서 그들에게 제공된 유럽중앙은행 신용으로부터 차감된다.

2013년 말까지 GIPSIC 국가는 여러 출처로부터 자신의 은행권 청구권과 자신의 기여분을 공제하고 총 1조 40억 유로를 받았다. 위기의 정점인 2012년 8월 그들은 1조 3,390억 유로 또는 1인당 1만 유로를 받았다.

유사한 계산을 수행하는 데 필요한 세부내용이 아직 공표되지 않았기 때문에 수치는 아마도 커버드본드매입정책CBPP; Covered Bond Purchase Programmes을 통해 GIPSIC 국가에게 제공된 신용을 보여주지 못하였다. 그러나 [그림 7.1]의 맥락에서 제 7장에서 만들어진 고려에 기초하여 또 다른 360억 유로가 표에 주어진 1조 40억 유로의 전체 신용계수에 더해져야 할 수도 있다.

이러한 단서가 없더라도 국제통화기금을 포함한 국가 공동체에 의해 직접 제공된 지원에 비해 유럽중앙은행의 지원이 훨씬 더 컸다는 것은 주목할 만하다. 중괄호로 묘사한 바와 같이 중앙은행들은 위기국에게 주어진 지원 중 66%를 제공하였고, 그중에서 가장 많은 부분은 타겟 잔액이다. 잔여 34% 만이 의회의 승인을 조건으로 한다. 유럽중앙은행 정책위원회가 민주적 조직이 아니라는 점을 고려하면 (제1장의 [그림 1.5] 참조) 정통성 문제가 제기된다. 의회들이 이러한 구제수단을 많은 두려움을 가지고 겨우 동의하는 반면, 채권국이 소수로 있는 유럽중앙은행 정책위원회는 이러한 문제를 일국 일표 원칙에 기초한 단순 다수결로 결정하고 심지어 긴급유동성지원(ELA) 신용의 경우에는 투표 수의 3분의 1 이상의 비율로 결정한다 (제5장 참조).

[표 8.1]은 구제기금을 수혜국과의 GDP 수준과 연계시키고 [그림 8.2]에 보여진 데이터를 더욱 세분하였다. [표 8.1]의 두 번째 열은 명목 GDP 대비 타겟 채무 비율을, 세 번째 열은 비례초과 은행권 발행 비율(마이너스이면 비례미달)을, 넷째는 GIPSIC 이외 국가의 중앙은행 및 유럽중앙은행 자신이 가지고 있는 국채 비율을, 다섯 번째는 다른 나라들과 국제기구에 의해 제공된 구제신용의 비율을, 여섯 번째는 이 모든 항목의 합계, 즉 일국에 제공된 총 공적신용의 GDP 대비 비율을 각각 보여주고 있다. 이 열의 오른쪽 괄호 안의 숫자는 각 수혜 신용의 절대치를 보여준다.

그 결과는 GIPSIC 국가가 모두 2013년 말까지 다른 나라들로부터 공적 구제금융으로 그들의 총 GDP의 32%를 받았다는 것을 보여준다.

[표 8.1] 수혜국의 GDP 대비 국제 공적신용 (2013년 12월, %)

	타겟 채무	은행권 과다비율 발행	GIPSIC 이외 국가의 중앙은행 보유 국채	재정 구제신용	총 공적신용
그리스	27	6	9	115	157 (2,880억 유로)
아일랜드	33	10	4	36	83 (1,370억 유로)
포르투갈	35	-17	7	41	67 (1,110억 유로)
스페인	21	-5	2	2	21 (2,140억 유로)
이탈리아	15	-1	4	-2	16 (2,440억 유로)
사이프러스	44	0	0	28	72 (120억 유로)
GIPSIC	20	-2	4	11	32 (1조 40억 유로)

자료: 개별 중앙은행의 대차대조표는 H.-W. Sinn and T. Wollmershäuser, 'Target Loans, Current Account Balances and Capital Flows: The ECB's Rescue Facility,' International Tax and Public Finance 19, 2012, pp. 468–508, figure 1, updated; Eurostat, Database, Economy and Finance, Annual National Accounts; and Government Finance Statistics, Deficit and Debt; European Commission, Economic and Financial Affairs, Financial Assistance in EU Member States, Greece 등을 참조하기 바란다.

주: 재정 구제기금에 대해서는 [그림 7.1]의 주 참조.

[표 8.1]이 보여주듯이 외국에 의해 스페인에 제공된 2,140억 유로는 GDP의 21%로서, 상대 기준으로는 GIPSIC 평균 32%에서 아주 멀지 않다. 반대로 포르투갈과 아일랜드는 각각 그들 GDP의 67% 및 83%에 이른다.

별종은 분명 그리스이다. 그리스는 공적신용으로 외국에서 2,110억 유로를 받고 다른 중앙은행으로부터 770억 유로를 받았는데, 이는 그리스 GDP의 157%에 이른다. 만약 그리스가 트로이카(EU, IMF, ECB)의 승인 이후 이미 그리스를 위해 배정해 놓은 320억 유로도 받았다면, 이 비율은 2013년 그리스 GDP의 175%로 상승할 것이다.

이 모든 자금은 수혜국 자신을 도왔을 뿐만 아니라, [그림 7.1]에서와 같이 누적 경상수지 적자를 초과하는 범위까지, 대부분 다른 나라로부터의 투자자에 의해 본국으로 되돌아간 자본유출을 보전해 주었다. 이는 이전 장에서 자세히 논의하였다.

구제정책은 유럽연합기능조약TFEU 제125조의 구제금지no-bailout 조항에 배치되므로 논란의 여지가 많다. 독자들은 2010년 5월 신기원을 이룬 결정이 마스트리히트 조약에 정면 배치된다고 유럽 지도자들에게 분명하게 하였던 라가드Christine Lagarde 프랑스 재무장관의 언급을 기억할 것이다. 그것은 독일 전문가들의 상당한 반대를 대변하였다. 앞서 언급한 바와 같이 독일연방은행 베버Axel Weber 총재 및 유럽중앙은행의 슈타크Jürgen Stark 수석 이코노미스트가 사임했을 뿐만 아니라 어떤 사람들은 심지어 2010년 5월 30일 독일연방은행 쾰러Horst Köhler 총재의 사임도 이러한 맥락에서 봐야 한다고 의심한다. 유럽재정안정기금을 수반하는 법률을 독일 하원이 통과시킨 직후 사직서가 제출되었으며, 이에 대한 명확한 설명은 없었다.[26] 전 국제통화기금 총재이고 콜Helmut Kohl 정부하에서 재무장관을 지낸 쾰러는 구제금지 조항과 통화발행에 의한 국가재정 보전의 배제를 주장한 마스트리히트 조약의 주요 인물의 하나였다. 독일 정부는 유럽재정안정기금과 그리스 구제정책을 준비할 때 그를 피해갔다.

채무 위험

구제정책의 수혜자는, 극소수의 강력한 독일과 프랑스의 은행 및 보험회사가 아닌, 그렇지 않았더라면 자신의 돈을 돌려받지 못했을 수도 있는 채권자뿐만 아니라 위기국 자신이었다. 신규 채권자는 이제 지역 윤전기 및 구제기금과 경쟁하느라고 어려움을 겪었다. 가장 큰 고통을 받을 수 있는 사람은 유럽의 아직 상환 능력이 있는 국가의 납세자이다. 이들은 모든 위험을 흡수해야 할 것이고, 결국에는 비용을 부담해야 할 것이다. 이는 마스트리히트 조약이 이런 운명으로부터 그들을 보호하도록 약속했던 사실에도 불구하고 그러하다. 또한 그들이 가중 다수결 또는 심지어 국민투표에 의해 2010년 5월의 결정이 함축하는 일종의 헌법적 변화에 대하여 결코 동의한 적이 없고, 특히 유럽중앙은행 정책위원회에서 결정된 방대한 구제조치에 동의한 적이 없다는 사실에도 불구하고 그러하다.

독자는 1998년 독일 콜 총리가 그의 국민에게 마스트리히트 조약이 다른 유로지역 국가의 행위로부터의 채무로부터 그들을 보호하고 어떤 자금이동도 배제한다고 진중하게 반복적으로 약속한, 제1장에서 인용했던 문구를 기억할 것이다.

그것이 당분간은 그저 부채이기 때문에 납세자는 그들에게 부과된 짐을 아직 느끼지 못한다. 아직 구체화되지 않은 손실은 미래에만 발생하고, 예측하기 어려운 산발적이고 불투명한 방식으로 그들의 희생물로 닥쳐올 것이기 때문에 일반대중의 반대가 아직까지는 제한적이었다.[27] 올슨Olson의 이론에 따르면, 분배갈등에서 더 작은 그룹이 1인당 손익이 더 커서 집단적 로비 활동을 할 유인이 강하기 때문에 더 큰 그룹을 누르고 이기는 경향이 있다. 그렇게 하지 않았더라면 즉각적인 어려움에 직면할 수도 있었기 때문에, 자금을 필요로 하는 정부와 금융기관들의 정치력이 올슨의 이론에 따라 정치적 과정에서 우세하였다.[28]

물론 어디서 손실이 발생할 것이냐는 상황에 따라 다르다. 손실이 임박하게 될 때에는 필시 정치가들의 위장 행동이 난무할 것이다. 영리한 회계사들은 손실을 한 공공기관에서 다음 기관으로 보내고, 손실을 현실화하는 대신에 이자 지급을 축소 및 연기하고 채무 만기를 연장함으로써 (이는 계정에 상각으로 표시되어야 할 것임) 손실을 미래세대에게 전가하려고 할 것이다. 제5장에서 논의한 바와 같이 이는 아일랜드 긴급유동성지원ELA 신용의 경우였다. 아일랜드 긴급유동성지원 신용은 원래 단기 유동성 지원을 의미했으나 이후 평균 만기 34년의 아일랜드 국채로 전환되었다. 이 수법은 그리스 공적 채권자들이 2012년 11월 26일 및 27일 채권증서의 일정 재조정을 수용할 때에도 사용되었다.[29] 유럽재정안정기금과 정부간 신용의 만기는 2041/2042년으로 연장되었고, 유럽재정안정기금에 대한 이자지급은 10년 동안 포기되었고 나머지 기간 동안의 금리는 상당히 낮춰졌으며, 시장으로부터 구 국채를 되사기 위해 새로운 유럽재정안정기금 신용이 주어졌다. 이 수단은 그리스를 위해서 현재가치로 총 430억 유로의 공적신용을 즉시 탕감해 준 것과 동일하다.[30] 이중 어느 것도 그들의 납세자에게 부담을 지도록 한 국가들의 공적계좌에 기입되지 않았다.

비록 뒤 따를 정치적 위장을 예견하는 것은 불가능하지만, [표 8.2]에서 보여준 공적신용 규모는 납세자의 잠재적 위험을 나타낸다. 이 표에서는 (구제대상 국가들이 EU, IMF 및 ECB의 트로이카에 의해 조정되는 조건들을 충족시킬 경우 이용가능 하도록) 별도로 배정해 놓은 신용 규모 및 아직 미사용 구제 시스템 이용가능 한도는 제외하였다. [표 8.2]는 선택된 일부 유로지역 국가의 절대액과 1인당의 두 기준으로 계산된 공적 손실을 다음 두 가지 최악 시나리오를 가정해 개괄적으로 보여주고 있다.

    i) GIPSIC 국가의 채무불이행과 퇴출
    ii) GIPSIC 국가의 채무불이행과 유로의 해체

이 시나리오들은 어떤 조약에서도 예견하고 있지 않지만, 활발한 공개 토론과 여러 신용 지표들이 보여주듯이 전혀 개연성이 없는 것은 아니다. 두 시나리오는 제공된 재정신용에 대해서는 다르지 않은데, 타겟 잔액과 관련해서는 다르다. 재정신용 계산의 세부내용은 표의 주석에

[표 8.2] GIPSIC 국가의 디폴트 후 주요 유로지역 국가의 잠재 손실, 두 가지 최악의 시나리오 (2013년 12월)

GIPSIC 국가의 디폴트와 퇴출						
	재정신용	SMP	타겟 청구권	은행권 청구권[1]	합계	1인당 합계
			10억 유로			천 유로
오스트리아	12	5	27	−3	41	4.9
벨기에	16	6	34	−3	53	4.8
핀란드	8	3	17	−2	27	4.9
프랑스	88	36	197	−20	302	4.6
독일	116	48	263	−26	401	4.9
네덜란드	25	10	55	−6	85	5.1
GIPSIC 국가의 디폴트와 유로 해체						
	재정신용	SMP	타겟 청구권	은행권 청구권[1]	합계	1인당 합계
			10억 유로			천 유로
오스트리아	12	5	−38	42	21	2.5
벨기에	16	6	−14	13	21	1.9
핀란드	8	3	23	4	38	6.9
프랑스	88	36	−8	77	193	2.9
독일	116	48	510	−224	450	5.5
네덜란드	25	10	46	34	116	6.9

1) 비례 미달 은행권 발행으로부터의 유로시스템에 대한 타겟 유사 청구권
주: 각국의 잠재적 손실은 다음과 같이 계산된다. 재정 신용－그리스에 대한 첫 정부간 패키지에서의 자국 지분. EU 수익에서의 자국 지분에 따른 EFSM 신용. ECB 지분자본 비율에 따른 EFSF 신용(EFSF에서 '제외되는 보증인'으로 취급되는 GIPSIC 국가를 제외하고 조정). ECB 지분자본 비율에 따른 ESM 신용, IMF 자본에서의 국별 지분에 따른 IMF 신용. ECB 지분자본 비율에 따른 SMP, 타겟과 은행권 손실 계산은 본문에서 설명하였다.

자세히 설명하였다. 타겟 잔액의 역할은 아래에서 논의한다.

이 표는 앞에서 논의한 재정 지원 프로그램, 국채매입계획SMP, 타겟 잔액 등으로부터의, 그리고 비례초과 또는 미달 은행권 발행으로부터의 청구권과 채무를 공제한 채권국의 잠재적 손실을 보여준다.

마지막에서 두 번째 열은 GIPSIC 국가가 채무상환을 불이행하고 유로존을 떠날 경우 예를 들어 독일은 4,010억 유로, 프랑스는 3,020억 유로, 그리고 네덜란드는 850억 유로의 위험에 각각 직면했음을 보여주는 위험노출 총액이다. 만약 유로 자체가 해체되면 독일은 4,500억 유로나 손실을 입게 되고, 프랑스의 잠재적 손실은 1,930억 유로가 될 것이다. 독자는 이 계산이 기대 또는 가능 손실을 언급하는 것이 아니고 극대 잠재손실의 의미에서 단순히 보여준 위험노출도를 보여준다는 점을 잊지 말아야 한다.

단순 퇴출의 경우, 표에 나타난 모든 국가는 1인당 약 5천 유로의 잠재 자본손실을 겪게 될 것이다. 약간의 차이는, 손실의 분포와도 관계가 있는 유럽중앙은행 자본 지분이 유로지역에서의 인구 비중뿐만 아니라 GDP 비중에 의해 계산된다는 사실에서 주로 발생한다. 만약 유로가 존재를 멈추면 핀란드와 네덜란드는 1인당 6,900 유로의 가장 큰 잠재적 손실에 직면할 것이고, 그 다음은 독일로 1인당 5,500 유로일 것이다. 그 차이는 타겟과 은행권 위험에서 비롯된다.

많은 사람들에게 타겟 청구권 손실이 실질 손실인지는 전혀 분명치 않다. 실제로 타겟 잔액은 자산의 의미를 전혀 갖지 않는 관련 없는 통계적 항목이라는 견해가 종종 대두된다.[31] 타겟 손실을 이해하는 열쇠는 제5장과 제6장에서 살펴본 바와 같이 타겟 잔액이 국경을 넘는 중앙은행신용(그리고 마찬가지로 자산매입에 의해 제공된 자금)의 재배정액을 측정한다는 점을 기억하는 것이다. 타겟 채무를 가지고 있는 국가는, 그 나라 중앙은행의 민간은행 앞 신용제공을 통해 유로시스템 본원통화

정상지분보다 더 많이 발행하였다. 이 초과 신용은 다른 나라에 대한 순지급 지시서 발행을 가능케 하였고, 이는 제6장에서 보여주었듯이 거기서 제공되고 있던 각 중앙은행 대출을 구축하는 효과를 가졌다. 중앙은행 대출의 재배정으로, 유로시스템의 발권차익 원천 또한 이 신용에 대한 이자 기준으로 국가들 사이에 재배정되고 있었다. 발권차익은 유로시스템 내에서 공동으로 모아지고 국가 규모(ECB 자본 지분)에 따라서 재분배되므로, 만약 모든 은행들이 자신의 채무에 대한 원리금을 상환한다면 이 재배정이 개별 중앙은행의 각 재무부앞 이익 분배에 대해 아무런 의미가 없어진다. 그러나 한 국가의 은행부문이 채무 불이행에 빠지면, 이는 그리스, 아일랜드 및 사이프러스의 당면한 위험이었지만 (다른 구제수단에 의해 회피 · 완화됨) 국가간 유로시스템의 발권차익 수입의 재분배는 심각한 결과를 초래할 수 있다.

만약 은행이 파산하여 그들의 중앙은행 대출을 상환할 수 없다면, 이 신용에 대한 영구적인 이자흐름을 발권차익으로 재분배하는 데 이용가능하지 않아 유로시스템은 손실을 입는데, 그 손실의 현가는 중앙은행 대출 자체의 상각분과 같다. 만약 모든 국가가 유로화를 지키면 각국이 이 손실을 유럽중앙은행 지분자본 비율에 따라 분담한다. 유럽중앙은행이 더 높은 물가상승을 수용하길 원치 않는다면, 본원통화를 증가시킬 수 있는 새로운 중앙은행 대출에 의해서 이 손실이 모면되지 않는다. 따라서 채무불이행에 의해 중단된 단기 중앙은행 대출의 고리에 영구적인 이자흐름 손실이 있게 된다.

기본적으로 이 손실의 규모는 타겟 잔액에 한정되지 않는다. 이는 이 손실이 일국의 내부통화 제공 범위 내의 정상적인 중앙은행 대출과 관련해서도 발생할 수 있기 때문이다. 그러나 제5장에서 보았듯이 타겟 잔액과 다른 나라의 외부통화로 연결되는 초과 중앙은행 신용의 창출은 자연스럽게 높은 채무 불이행 위험을 수반하는 다소 지나친 유럽중앙은행 담보기준 완화로 귀결되었다. 따라서 타겟 잔액은 담보기준 완화에서 유발된 잠재적 손실에 대한 대략적인 지표가 된다.

만약 자신의 은행부문이 붕괴된 개별 중앙은행이 채무를 불이행하여 유로시스템을 떠난다면 그것은 이 손실의 정확한 지표이다. 그때는 유로시스템과 퇴출 국가의 시중은행 사이의 법적 관계가 단절되고 그 중앙은행에 대한 청구권만 남게 되기 때문이다. 이 청구권은 유로시스템이 개별 국가에게 준 신용과 유로시스템이 수취하도록 권리가 부여된 수익의 현재가치와 일치한다. 만약 개별 중앙은행이 채무를 불이행하면 이 수익의 전부 또는 일부는 절대로 현실화되지 못할 것이다.

이를 더 잘 이해하기 위해서는, 각국이 중앙은행 대출 규모에 정확히 비례한 통화량을 발행하는 대칭적인 상황을 먼저 생각하는 것이 유용하다. 그 경우 특정 중앙은행이 취합한 이자 수입은 유로시스템의 기금으로 흘러가고 정확히 동일 금액이 그 기금으로부터 각 중앙은행으로 흘러가게 된다. 만약 그러한 상황에서 국가 금융시스템의 붕괴와 해당국의 유로시스템으로부터의 퇴출로 인해 개별 중앙은행이 채무를 불이행하면, 모든 잔여 유로시스템 중앙은행이 그들 자신의 은행들로부터 발권차익을 계속 수취하여 이것을 아직 존재하는 기금에 보내고 그로부터 되돌려 받을 것이기 때문에, 나머지 유로존에는 발권차익 손실이 없을 것이다. 그러나 퇴출 중앙은행의 재무부는 유로시스템에서 얻는 이자수익의 수취에 더 이상 참가할 수 없을 것이므로 손실을 입을 것이다.

이것이 실질적으로 경쟁력이 없는 국가들이 유로에 집착하는 이유 중 하나이다. 만약 그들의 금융시스템 붕괴 이후에도 유로시스템에 남으면 문제 국가는 다른 곳에서 모아진 발권차익의 몫을 계속 수취하는 반면 발권차익 손실은 모든 국가가 자국의 출자비율에 따라 분담하게 될 것이다.

이제 한 나라가 더 많은 통화를 발행하여 다른 나라들의 비용으로 대출을 실시함으로써 타겟 불균형을 가져오는 대칭에서의 일탈을 고려해

보자. 이 비대칭은 이 국가의 은행들이 다른 나라의 중앙은행에게 순수익의 흐름을 인도해야 할 것이라는 점을 의미한다. 만약 이 특정국의 중앙은행과 금융시스템이 채무를 상환하지 않고 유로를 떠나면, 유로시스템의 나머지는 이 국가의 타겟 채무에 의해 측정되는 이 수익의 순흐름 현재가치를 잠재적으로 잃을 것이다. 모든 잔여 중앙은행은 이제 그들의 잠재 손실을 자본배정비율capital allocation key에 따라 분담할 것이다. 자본배정비율은 대충 상대적 인구 크기와 비슷하므로,[32] 모든 국가의 잠재적 1인당 손실은 [표 8.2]의 위쪽 오른편 열에서 보듯이 유사하다.

이렇게 유로시스템이 허물어질 때, 이는 공유pooling 메커니즘이 더 이상 작동하지 않는다는 것을 의미하기 때문에 상황은 변하여, 한 국가의 손실은 다른 나라들의 타겟 채무에 대한 자신의 지분이 아니라 유로시스템에 대한 타겟 청구권으로 측정된다. 타겟 청구권은 이 국가의 중앙은행 신용을 다른 나라로 옮김에 따라 발생하며, 따라서 이 국가가 권리를 가지고 있는 이 신용으로부터의 수익흐름의 현재가치를 측정한다. 그러나 유로의 분열 이후에는 이것은 더 이상 존재하지 않는 시스템에 대한 청구권이 될 것이다. 따라서 이 국가는 타겟 청구권을 잃을 것이다. 표의 두 번째 부분은 이 경우를 설명한다. 앞에서 언급한 바와 같이 독일은 절대액 기준으로, 핀란드는 1인당 기준으로 가장 큰 손실자가 될 것이다.

다섯 번째 열은, 일국의 중앙은행 대출의 총량이, 다른 국가에게 순지급 지시를 했기 때문만이 아니라 정상보다 더 많은 또는 더 적은 은행권을 발행함으로써 유로시스템 내 청구권이나 채무를 발생시켰기 때문에, 자기 규모에 비례한 수준에서 벗어날 수도 있다는 사실을 설명한다. 그 효과는 독일에서 특별히 크다. 독일은 2103년 12월 타겟 청구권을 5,100억 유로 가지고 있던 반면, 비례초과 은행권 발행으로부터 2,240억 유로의 채무를 졌다. 이 금액들 사이의 차이 2,860억 유로만이 독일이 권한을 갖고 있는 다른 나라들로부터의 이자수익의 현재가치로 해석될 수 있으며,

이 차이는 오직 유로화가 붕괴될 경우에만 잠재적으로 없어질 수 있다.

독일의 비례초과 은행권 발행은, 유로화가 특히 동유럽 및 티키 등 독일 밖에서 이전에 통용되고 있던 대규모 독일 마르크화 은행권 발행 잔액을 대체한 사실로부터 대부분 유래된다.[33] 이 은행권 발행으로부터의 발권차익 자산은 유로화 도입에 따라 사회화되었고, 이 발행은 그 때부터 독일연방은행의 채무로 계산되었다. 유로화가 종말을 맞더라도 독일연방은행이 이 사회화를 거스를 수 있을 것 같지 않다. 유로시스템에 잠재해 있는 채무를 유지하면서 유로화 은행권을 독일 마르크화로 바꿔주어야 할 것이다. 그러나 유로화가 그만 존재하게 될 때는 이에 대한 명쾌한 법적 토대가 없기 때문에 독일연방은행에 이 채무를 인수토록 강제하는 것은 불가능할 것이고, 독일연방은행이 타겟 청구권을 가지고 있기 때문에 유로화가 멸종하면 그에 대한 결제도 법적 토대가 없어질 것이다. 따라서 독일연방은행의 2,860억의 순 청구권은 십중팔구 상실될 것이다.

무제한국채매입 논쟁

위기의 다섯 번째 단계는 유럽중앙은행의 무제한국채매입 정책이었는데, 무제한국채매입OMT은 'Outright Monetary Transaction'을 나타낸다. 이 (영문)용어만 봐서는, 이 정책이 실제로 무엇인지, 이른바 만기가 1년에서 3년인 채권에 한정하여 국채매입계획SMP 형태의 국채 매입을 무기한 연장한다는 약속을 잘 알 수 없다. 만약 한 국가가 도움이 필요하여 유럽안정화기구의 규정에 따라 신청하고 아직 시장 접근이 가능하다면, 유럽중앙은행은 시장가치를 보존하고 금리를 낮게 유지하기 위하여 그 나라의 국채를 매입하기로 결정(실제로는 약속)할 수 있다. 드라

기 총재는 역사적이 된 다음 문장으로 이를 발표하였다:[34)

내가 언급한 것은 정확히 ─ 그리고 나는 런던에서 처음 말했던 것을 반복한다 ─ 우리는 주어진 권한 안에 있는 것은 무엇이든 할 것이다 ─ 우리의 권한 내에서는 ─ 유로존에서 단일한 통화정책을 갖기 위해서, 유로존에서 물가 안정을 이루기 위해서, 유로화를 지키기 위해서이다. 그리고 유로화는 되돌릴 수 없다고 우리는 단언한다.

그는 이전 7월 26일 투자자협회에서 행한 연설에서 이와 같은 문장으로 암시하였다. 그러나 이 연설에서 그는 무제한국채매입을 언급하지 않았다.[35) 유럽안정화기구ESM에 더하여 무제한국채매입 정책은 2012년 9월부터 시장을 성공적으로 안정시키고 남유럽 채권을 사는 투자자들 사이에 새로운 신뢰감을 불어 넣었다.

[그림 6.2]에 따르면 타겟 잔액은 실제로 감소하였다. [그림 7.1] 및 이어지는 제7장의 논의에서 보듯이 2012년 여름에서 2013년 여름까지 급감한 타겟 잔액의 29%는 지급되고 있던 추가 재정신용에 의해 설명될 수 있는 것이 사실이지만, 나머지 71%는 무제한국채매입의 탓으로 돌릴 수 있다.

그러나 이와 관련하여 [그림 2.2]에 따르면 금리 스프레드의 감소는 실제로 이보다 더 빠른 2011/2012 가을에 시작되었다는 것을 주목할 만하다 (스페인-2011년 12월, 포르투갈-2012년 2월, 그리스-2012년 3월). 당시 긴장 완화의 주요 원인으로 무제한국채매입보다는 유럽안정화기구와 더불어 3년 만기 장기대출거래Long-Term Refinancing Operation; LTRO가 지목된다. 결국 그때 무제한국채매입에 대한 언급은 없었다. 한편 3년 만기 장기대출거래는 은행들에게 대규모 자금을 제공하였고 은행은 국채를 매입하였다. 또한 그 겨울 동안 유럽안정화기구에 대한 격렬한 토론이 있었고 국채매입계획SMP이 본격 가동되었다. 2012년 9월 무제한국채매입 또한 시장을 안정시켰고 투자자들이 위기국에게 대출을 재개하도록 신뢰를 회복시켜 주었음은 부인할 수 없다. 스위스 국립은행의 힐데브란트Philipp Hilderbrand 총재는 다음 문장으로 날카롭게 표현하였다.

> 유럽중앙은행의 무제한국채매입은 게임 변경자이다. 무제한국채매입의 부드러운 힘은 시장 참여자들이 실제로 그것을 전 유럽에 걸쳐 채무의 공동화 약속으로 본다는 사실에서 유래한다. 국가들은 취약한 채무의 배후에서 결속하고 있다.[36]

채무국과 그들의 채권자의 관점에서 볼 때 유럽안정화기구 구제신용에 대한 무제한국채매입의 특별한 이점은 유럽중앙은행이 자신의 우선적 채권자 지위를 포기하겠다는 것을 명백하게 선언했다는 점이다.[37] 채권 소유자와는 독립적으로 그 순위가 개별 국채에 첨부된 약정에 따르는 한 이것은 그럴 듯하다. 따라서 국제 투자자의 박수갈채가 귀를 따갑게 할 정도였다는 것은 이해할 만한 일이다.

공개 청원에 서명한 몇몇 경제학자는 무제한국채매입이 '수십년 사이에 가장 잘 만들어진 성공적인 정책 커뮤니케이션'이라고까지도 주장하였다. 특히 이들이 좋아했던 것은 '유로화 한 푼 들이지 않고' 시장을 안정시키고 채무국이 계속 차입할 수 있는 금리 수준을 낮추는 것이 가능했다는 사실이다. 이들은 다수의 균형 중에서 무제한국채매입이 더 좋은 것을 만들었다고 주장하였다.[38]

그러나 세상은 그렇게 간단치 않다.[39] 첫째, 무제한국채매입은 국채매입계획을 계승한 것이므로 이러한 관점에서 봐야 한다. 둘째, 경제적 측면에서 무제한국채매입은 납세자의 위험 아래, 유럽중앙은행에 의해 공짜로 제공된 신용보험과 거의 비슷하다. 납세자는 위의 국채매입계획에 관련하여 위에 설명한 바와 같이 상각손실을 부담해야 할 수도 있다. 세 번째로 그리고 가장 중요하게, 마스트리히트 조약은 그러한 신용보험을 허용하지 않을 수도 있다. 다음 절에서 이러한 측면을 더 자세히 살펴볼 예정이다.

첫 번째 주제와 관련하여, 무제한국채매입이 기본적으로 국채매입계획의 연속이기 때문에 돈이 전혀 들지 않는 것이라고 주장하는 것은 오해의 소지가 있다. 실제로 그 차이점은 조건 변경, 무제한 매입 발표 그리고 명백한 우선권 포기이다. 그러나 [그림 8.1]에서 보듯이 2,230억 유로에 달하는 매입이 이루어졌다.

두 번째로, 채권자와 채무자 모두 무제한국채매입으로 제공되는 무료 보험을 좋아한다는 것은 분명한 사실이다. 이것은 채무자가 상환하지 못할 수도 있다는 채권자의 우려를 해결하고 채무자의 차입 지속을 돕는다. 채권자는 투자 안정성을 즐기고, 채무자는 낮은 금리로 차입할 수 있다. 양측 모두 신용거품에서 초래되는 채무위기와 경쟁이 절대로 발생하지 않은 것처럼 대출과 차입을 지속할 수 있다. 사실은 그러한 공짜 보험이 이용가능하지 않았더라면 달성하였을 것과는 다른 균형이 있다. 그러나 이것은 고정된 기대가 재앙적인 누적 과정을 방지할 수도 있는 복수 균형 경제이론의 의미에서, 결과적인 균형이 '더 좋다'는 것을 필연적으로 의미하지는 않는다.[40] 정부기관이 특정 활동에 보조하는 방법으로 시장에 개입하면 항상 또 다른 균형이 있듯이 그것은 단지 또 다른 균형을 의미할 뿐이다. 이 다른 균형은 오늘을 살고 있는 사람들 사이에서 그리고 현재와 미래 세대 사이에서 또 다른 소득과 부의 분배를 수반한다.

무제한국채매입으로 제공되는 일종의 보험시장이 이미 이용 가능한 상황에서 공적 개입은 아마도 더 나쁜 균형으로 이어질 수도 있다. 만약 채권자들이 더 안전한 투자물을 갖기 원한다면 시장에서 신용부도스왑 Credit Default Swap; CDS을 살 수 있다. 만약 유럽중앙은행이 이 보험을 공짜로 제공하기 때문에 채권자들이 안 산다면 이들은 위기전 수년 동안 했던 것처럼 먼저 유럽에 혼란을 가져온 자원배분 실수를 지속하면서 과도하게 대출할 수도 있다.

만약 어떤 사람이 서비스를 이용한다면 그 사람은 그것에 대해 대가를 지불해야 한다는 것이 시장경제의 기본 원리이다. 이 대금 지급은 서비스 이용자의 수익이 서비스 제공자를 충분히 보상할 만큼 크다는 것을 확신하게 한다. 이 원칙은 파레토 식의 분배효율을 확실하게 하고, 중앙계획경제에 대한 시장의 우월성을 설명한다. 보험시장도 이 원칙으로부터의 예외가 아니다. 이렇게 공짜로 신용보험을 제공한다는 의미에서의 정부 개입은, 납세자가 자신에게 부과될 위험을 모르고 조용히 있는 상황에서 채권자와 채무자가 그것을 좋아한다는 것을 단순히 지적하는 것으로 정당화될 수 없다.

[그림 8.3]은 GIPSIC 국가의 보험을 든 자본의 비율(%)로 표시된 신용보험 프리미엄이 최근에 어떻게 발전되고 있는지 보여준다. 무엇보다도 그것은 이러한 보험이 큰 시장가격을 갖는 귀중한 경제재라는 것을 나타낸다. 이렇게 '한 푼의 유로화'도 경제적 성과 달성을 위해 지출되지 않았다는 관측은 다소 허황하다. 보험계약의 보장은 피해가 발생하지 않고 보험회사가 유로화를 지급하지 않더라도 가치 있는 경제재이다. 무제한국채매입 옹호론에 근거하면, 분명 터무니없는 논리이지만, 보험회사에 손해가 실현되지 않는 한 보험료를 받지 않고 위험을 보장해 주기를 요구할 수 있다.

납세자들이 유럽중앙은행의 결정에 의해 그들에게 부과된 위험을 흡수하기를 원했다면 세계의 계약 시장에서 신용부도스왑CDS 계약을 살 수도 있었는데, 이 규모는 현재 27조 유로에 이른다.[41] 그렇게 함으로써 이들은 아마 매년 수백억 유로를 벌었을 것이다.

또한 이 그림은, 재정 구제조치 및 무제한국채매입 공표를 통해 시장을

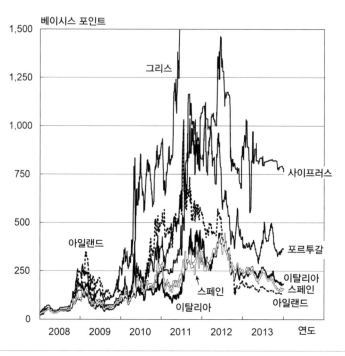

베이시스 포인트

그리스

사이프러스

아일랜드

포르투갈

스페인

이탈리아

이탈리아
스페인
아일랜드

2008 2009 2010 2011 2012 2013 연도

[그림 8.3] 10년 만기 GIPSIC 국채의 신용부도스왑(CDS) 프리미엄 추이

자료: Datastream, Thomson Reuters CDS

주: 그리스 국가 부도에 대한 CDS 보장 가격이 2012년 2월 10,000bp(100%) 이상으로 상승하면서 시장에서 가격이 책정되지 못하였다.

진정시키는 것이 대부분 GIPSIC 국가의 신용부도스왑 프리미엄을 상당히 줄여 주었다는 것을 보여준다. 그리스 디폴트가 더 이상 확률적인 경우의 수가 아니어서 그리스 국채만이 더 이상 의미 있게 보증될 수 없다. 신용부도스왑 프리미엄의 감소는 2011년 시작되어 2013년에 들어서도 잘 지속되고 있다. 2011년 4분기 프리미엄에 근거하여, 가령 2013년 'IPSIC(그리스 제외)' 국채의 보험에는 그림에 표시한 요율로 4.1% 또는 1,430억 유로의 비용이 들었을 것이다. 2년 후인 2013년 4분기에 이

프리미엄은 1.9%에 불과했고, 동일 채무에 대한 보험은 680억 유로에 불과하였다. 이렇게 구제 유로화에 실질적인 손실이 없었다 할지라도 제공된 공짜 보험은 1년에 750억 유로의 가치가 있었으며 이는 '단 1유로'보다 조금 많았다.[42]

무제한국채매입 수호자들은 아마도 유럽의 상황이 그러한 배당을 고려하기에는 이미 너무 심각하고 붕괴위험에 있으며, 무제한국채매입과 여타 구제책에 의해 제공된 공짜보험이 없다면 시장을 불안정하게 하는 전염 외부효과를 창조하는 뱅크런과 파산이 있었을 수도 있다고 주장할 것이다. 기본적으로 이는 정당한 주장이지만, 무제한국채매입에 대한 충분한 사유가 확실하게 되지는 않는다.

무엇보다도 그 상황이 실제로 얼마나 위험한지는 아무도 증명할 수 없다. 금융업계에서는, 투자자들이 공적자금으로 구제되지 않으면 세상이 쪼개질 것이라는 전염의 공포 시나리오를 항상 만들어 낸다. 어떤 의미에서 이것은 수익모델이다. 그들은 과도하게 위험한 활동을 하여 일이 잘되면 이익을 얻고 손실이 발생하면 납세자에게 비용을 부담하도록 요구한다. 이것은 위험선호에 대한 인위적 유인의 한 종류이고, 이것을 기반으로 자본시장이 오랫동안 양성되어 온 인위적 이익 원천의 일종이다.[43] 이러한 종말론적인 이야기는, 역사상 가장 큰 2012년 그리스 채무탕감 이전 및 사이프러스에서의 채무탕감과 라이키 은행의 채무조정 이전에 거론되었으나 파국적 전염효과가 두 경우 모두에서 구체화되지 못하였다.

사이프러스는 자본 통제와 은행으로부터의 현금인출 제한으로 문제를 해결하였다. 확실히 이것들은 공동통화지역에서 기피하고자 하는 수단이지만, 그럼에도 불구하고 이것들은 무제한국채매입의 수호자들이 두려워하는 뱅크런을 효과적으로 방지했으며, 은행시스템을 구제하는 것보다 납세자들이 부담하는 비용이 분명히 더 저렴하였다.

또 하나, 국가의 과도 차입 인센티브를 증가시키고 북유럽의 아직 채무상환 가능한 국가의 공공예산에 영향을 준다는 측면에서 단순한 금융시장 위기보다는 훨씬 더 위험할 수 있는 정치적 전염 및 도덕적 해이 효과가 있다. 유럽의 몇몇 국가만이 건전한 재정을 가지고 있고 대부분은 마스트리히트 기준 이상의 채무 수준을 가지고 있으며, 대부분 주요 중부유럽 국가의 베이비붐 세대가 은퇴하는 2025년에서 2030년 사이에 예산위기를 스스로 촉발하기에 충분한 기형적인 연령 피라미드의 고통을 겪고 있다. 여기에 더하여, 상환되지 못할 구제신용으로부터의 손실은 재앙을 만드는 비법이 될 수도 있다. 이러한 정치적 전염이 금융 전염보다 작고 금융기관에 끼친 손해가 재정시스템 및 이에 따라 결과적으로 전 사회에 가한 피해보다 크다는 것이 증명되지 않는 한, 금융시장에 관한 실질적인 전염 리스크로도 무제한국채매입을 옹호할 수 없다.

세 번째로, 이러한 경제적 고려에 대한 진실이 무엇이든 간에 주요 문제들은 법적인 측면에 있다. 세계의 많은 중앙은행들이 참가국 재분배의 차원에서 국가재정 보전을 위한 국채를 매입하고 있으나, 유로존은 특이하게도 공동 국가가 없는 공동통화지역이기 때문에, 유로시스템상 각국의 중앙은행은 권한을 위임받았지만 매우 제한적이었다. 재분배 기능을 가진 하나의 공동 국가가 아직 창조되지 않았고, 부분적으로는 통화동맹을 추진했던 사람들에 의해 강하게 거부되었기 때문에 (제1장 참조), 마스트리히트 조약은 통화발행에 의한 국가재정 보전의 가능성을 배제하였다.

그러나 미국이나 스위스와 같은 연방의 중앙은행에서도, 유럽중앙은행이 위기동안 개발한 지역 재정정책 같은 것은 상상할 수 없다. 미국의 연준이 연방정부 채권을 매입하는 것이 사실이나 절대로 단일 주state만을 위해서 최종대부자의 역할을 하지는 않을 것이다. 연준은 캘리포니아나 일리노이 같은 거의 상환 불능한 주의 채권을 건드리려고조차 하지 않을 것이다.[44] 마찬가지로 스위스국립은행이 단일 주를 위해 구제금융을 실시하는 것은 상상할 수 없다. 책임원칙은 미국 및 스위스에서 지금까지 존중되어왔다. 만약 한 주가 과도 차입하면, 그 주는 파산에 처하게 되고 중앙은행은커녕 어떤 중앙의 정치적 기관도 도우려고 하지 않을 것이다. 따라서 이는 첫 단계에서 과도 차입과 무모한 대출을 방지한다. 이에 관해서는 제9장에서 자세히 다룰 예정이다.

만약 누군가 유로시스템의 현 법규가 부적절하다고 판단하면, 그는 마스트리히트 조약의 수정에 의해 그것이 바뀌어져야 한다고 주장해야 한다. 자기 마음대로 자신의 위임범위를 결정하는 관료 기관에 의해서 강압적으로 그것이 변경되도록 할 수는 없다. 유럽중앙은행은 민주적 기관들에 의해 주어진 규정 내에서는 독립적이지만, 스스로 이러한 규정을 바꾸고 그것의 한계를 다시 정할 수 있다는 의미에서는 아니다. 유럽중앙은행 정책위원회는 그것의 위임범위가 협의의 통화정책 및 물가안정 추구로 제한되었기 때문에, 의도적으로 일국 일표의 원칙에 기초하여 고안되었다. 그것이 중대한 재정관련 정책을 수행하도록 의도되지는 않았다. 그럼에도 불구하고 정책위원회가 그러한 정책결정을 내리면, 그것은 법률가들이 월권 위반이라고 부르는 월권 및 권력남용의 범죄에 스스로 빠지는 것이다.

킹Mervyn King 전 총재가 고별 연설에서 강조한 바와 같이, 심지어 통화정책을 독립적으로 추구할 수 있는 영란은행도 이 정책에 대한 민주적인 후원을 얻기 위해 항상 재무부에게는 재정적 의미를 가지는 통화정책 결정을 한다.[45]

유로시스템을 다른 통화제도와 구분하는 두 가지 특별 규정은 독일의 마르크화 포기 조건이기도 한 유럽연합기능조약TFEU의 제123조와 제125조에 적혀 있다. 전자는 통화 발행에 의한 국가재정 보전을 배제하였고, 후자는 제1장에서 살펴본 바와 같이 구제금지 조항에 해당한다.

한편 유럽연합기능조약TFEU의 제125조는 앞서 살펴본 여러 가지 재정 구제계획을 마련하면서 유럽연합 의회의 정치적 결정에 의해 효과적으로 수정되었다. 법률가들은 이러한 결정이 마스트리히트 조약과 양립할 수 있는지 또는 조약의 수정이 필요할 것인지에 대해 아직도 격렬하게 논쟁하고 있다.[46]

그러나 국채매입계획SMP과 무제한국채매입의 맥락에서, 유럽연합기능조약의 제123조는 제125조보다 더 중요하다. 그 내용은 다음과 같다:[47]

> 유럽중앙은행 및 회원국 중앙은행(NCBs)의, 유럽연합 기구, 단체, 사무소·대행기관, 중앙정부, 지역·지방 또는 기타 공공기관, 공법에 의해 지배되는 단체, 회원국의 공공사업 등을 위한, 대월 제도 및 다른 형태의 신용 제도는 금지되며, 유럽중앙은행 및 회원국 중앙은행에 의한 그들로부터의 채권 직접 매입도 마찬가지이다.

이 조항의 의도는 명백히 화폐발행에 의한 국가재정 보전의 배제이다. 그러나 이는 마지막 문장의 '직접' 단어로 빠져나갈 여지를 남긴다. 엄격하게 말하면 정부로부터의 국채 직접 매입만 금지되고 간접 매입은 허용된다. 유럽중앙은행은 유통시장에서의 매입 허용을 의미하는 것으로 해석한다.[48]

그러나 이것이 사실이라면, 유럽중앙은행이 매입하기 전에, 유럽중앙은행과 회원국이 국채를 먼저 (심지어는 정부에 속한) 시중은행을 거치도록 함으로써 항상 이것을 피해갈 수 있기 때문에 이 해석은 설득력이 없다. 이 위험은 유럽연합집행위원회에 의해 일찍이 발견되었다. 따라서 이는 1933년 이사회 규정에, '유통시장에서의 매입은' 마스트리히트 조약 '제104조의 (...) 목적을 우회하기 위하여 사용되어서는 안 된다'라고 반영되었고, 이는 현재 유럽연합기능조약TFEU 제123조에 반영되었으며, 유로시스템에 속하지 않는 유럽연합 회원국 국채의 유통시장에서의

매입만이 예외적으로 허용되었다.[49]

　유통시장 매입 대신에, 간접매입 허용이 또한 기본적으로 의도하였던 것은, 은행들에게 중앙은행 대출을 제공함에 따른 은행시스템을 통한 매입이다. 결국 유럽중앙은행은 담보를 받고 은행에 자금을 대출하고, 은행은 이때 그들의 신용담보로 제출한 국채 매입을 위해 자금을 사용한다. 제5장에서 설명한 바와 같이, 이러한 종류의 통화적인 국가재정 보전은 위기 시 중요한 역할을 하였다. 은행이 국가 디폴트의 위험을 부담하고 유로시스템이 은행 디폴트의 위험에 동참하는 한 그것은 그 자체로도 충분히 문제가 많다. 그럼에도 불구하고 은행은, 유로시스템에 단 며칠 동안의 대기 기간 뒤에 국채를 팔 수 있을 때보다는 그들이 실제로 소유해야 할 때 국채 매입에 더욱 주의와 관심을 보일 것으로 기대될 수 있다.[50] 마스트리히트 조약의 서명자들이 금지된 모든 변종에 대한 세밀한 기술에 의해 통화적인 국가재정 보전을 금지하고자 했고, 사소하고 거슬리지 않게 들리는 '직접'이라는 한 단어를 사용하여 유로시스템 국가 사이에 대략 수천억 유로의 금융 위험 재구성을 허용하는 명백하게 우회 가능성을 가진 큰 구멍을 열어두기를 원했다는 것은 전혀 설득력이 없다.

　유럽중앙은행의 해석을 방어하기 위해 드라기 총재는 마스트리히트 조약 의정서의 제18조 제1항이, 유럽중앙은행이 금융시장에서 민간 자산에 한정되지 않고 '시장성 상품'을 매매할 수 있다고 규정하고 있다고 지적하였다.[51] 그러나 이는 지금까지 이론의 여지가 없었던, 유럽중앙은행이 공개시장조작을 수행할 수 있다는 일반적인 자구해석에 지나지 않는다. 일반 조항은 협소하게 유럽연합기능조약 제125조에 특화되어 있는데, 거기에는 유럽연합 집행위원회나 유럽연합 의회에서 바꿀 수 없는 마스트리히트 조약 의정서의 특별 조항인 제21조와 같은 문구로 이 목적을 위해 반복되어 있다.[52]

무제한국채매입의 주요 법적 문제는 위에서 본 바와 같이 유럽안정화기구의 유통·채권매입기금Secondary Markets Support Facility; SMSF과의 유사성에 있다. 후자는 위기국이 유럽안정화기구와 합의된 공식 개혁 프로그램을 제출하면, 필요시 유럽안정화기구가 우선적 지위를 가지지 않고 이 국가의 국채를 매입하겠다는 것이다. 이미 설명한 바와 같이, 유럽중앙은행이 무제한국채매입을 발표할 때 묵시적으로 자신의 우선적 채권자 지위는 포기했으나 수혜국이 유럽안정화기구의 일원이 되도록 요구하였다. 그러므로 무제한국채매입은 기본적으로 유통채권매입기금SMSF과 동일하다.

유일한 차이점은, 지원국의 법적 책임이 유럽안정화기구의 자기자본 7,000억 유로에 의해 엄격히 제한되지만, 유럽중앙은행을 경유하면 이 국가들의 법적 책임에 제한이 없게 되거나 정확히 이야기하면 수치가 매우 큰 유로시스템의 자기자본과 발권차익 자산의 합계에 의해 제한된다는 것이다. 제1장에서 설명한 바와 같이, 정태적 조건에서 유로시스템은 1조 6,150억 유로(2013년 12월 31일 현재 1조 2,620억 유로의 본원통화와 3,530억 유로의 자본)까지의 손실을 흡수할 수 있고, 미래의 본원통화 증가를 고려한 동태적 계산으로는 3조 4,000억 유로까지 손실을 흡수할 수도 있다.[53]

의회의 통제를 받고 있고 85% 가중 다수결제인 유럽안정화기구에 똑같은 업무를 수행하는 데 훨씬 작은 합계를 요구하는 반면, 제한된 위임 업무를 수행하는 통화 전문가의 관료 집단인 유럽중앙은행 정책위원회에 단순 다수결에 의해 그렇게 막대한 부채 위험을 초래토록 허용하는 것은 합리적이지 않다.

이를 차치하더라도 무제한국채매입과 유통채권매입기금SMSF의 유사성은 최소한 유럽안정화기구와 유럽중앙은행 두 기관 중 하나의 월권 문제를 암시한다. 만약 국채 매입이 재정거래라면 유럽중앙은행이 위임

권한을 넘고 있는 것이다. 반면에 유럽중앙은행이 주장하듯이 통화 거래라면 유럽안정화기구가 통화정책을 수행토록 허용되어 있지 않으므로 월권을 하고 있는 것이다. 논리적으로 두 기관 중 적어도 하나는 월권을 하고 있다.

유럽중앙은행 자신이 이러한 문제를 탐지했어야 했으며, 따라서 무제한국채매입 정책을 발표하기를 주저해 왔을 수 있었다. 결국 유럽중앙은행의 정관에서는, 유럽중앙은행의 일반위원회가 정책위원회에 대한 연차보고서에서 유럽연합기능조약 제123조의 양립 가능성을 평가해야 한다고 규정하고 있다. 이 보고서는 아직 공표되지 않았지만 유럽연합 일반위원회 등 다른 기관에게 제출되었다. 그러나 항상 그렇듯이 자체 평가의 결과는 외부평가의 결과와는 다르다.

독일 헌법재판소의 판결

이 책의 마지막 판이 인쇄되기 직전인 2014년 2월 독일 헌법재판소는 수만 명의 소송 원고를 묶어서 영구 구제기금인 유럽안정화기구에 대한 여러 소송에 대한 판결과 관련하여 무제한국채매입에 대한 외부평가를 내렸다.[54] 2012년 9월 12일 예비 판결에서[55] 이 법원은 금지명령을 위한 항소를 각하하고 가우크Joachim Gauck 독일 대통령이 유럽안정화기구 조약에 서명하도록 허용하였다. 그러나 모든 구제책의 누적 효과는 전체로 봐야 하며, 따라서 이 판결에서 유럽중앙은행의 구제정책에 대해서, 특히 유럽중앙은행이 무제한국채매입 정책을 추진할 때 위임권한을 넘었는지에 대해서 견해를 밝히겠다고 그 당시 언급하였다.

외신의 입장에서 독일 헌법재판소의 최근 발표 중 가장 중요했던 것은 무제한국채매입과 관련하여 유럽재판소의 의견을 듣겠다는 선언이었다. 언론은 이를 투자자 및 유럽중앙은행에게 좋은 뉴스로 해석하였다. 결국 유럽재판소는 유럽 통합과정을 용이하게 하기 위한 친 유럽기구 성향으로 알려져 있다. 따라서 일반적으로는 무제한국채매입을 지지할 것으로 기대된다.

그러나 독일 법원이 이 소송을 유럽재판소에 넘기지 않고 의견을 물었을 뿐이기 때문에 이것은 상황에 대한 잘못된 해석이다.[56] 그리고 무제한국채매입이 합법적인지 아닌지 묻지 않고, 만약 아니면 그것을 합법화시키기 위해 유럽재판소가 제시할 수 있는 조치에 대해서 물었다. 실제로 독일 법원은 유럽중앙은행이 무제한국채매입 정책과 관련하여 위임권한을 초월하였고 이 프로그램이 유럽연합의 기본법을 위반하였다는 것을 분명히 하였다.

무제한국채매입에 대한 이 법원의 주요 견해는 다음과 같다:[57]

(1) 무제한국채매입정책은, 만약 취득된 채권이 만기까지 소유된다면, 유럽 국가 사이에 현저한 부의 재분배로 이어질 수 있다. 유럽중앙은행에게는 이러한 부의 재분배를 가져오도록 하는 권한이 주어지지 않았다.

(2) 위기로 고통 받는 국가의 채권에 대한 선별적 매입은 경제정책 수단이다. 유럽중앙은행은 경제정책 수단을 강구할 권한이 없다.

(3) 개별 유럽연합 회원국을 차별하는 절차는 근본적으로 유럽중앙은행 시스템에 맞지 않다.

(4) 무제한국채매입 정책은, 상응하는 유럽재정안정기금과 유럽안정화기구의 구제정책과 기능적으로 동등하지만, 어떤 민주적 통제도 받지 않는다.

(5) 국채 금리격차를 감축하려는 유럽중앙은행의 의도는, 무제한국채매입이 유럽연합기능조약 제123조에서 금지한 통화발행에 의한

국가재정 보전monetary state financing이 된다는 주장을 지지한다.

(6) 금리격차는 잘 작동하는 자본시장의 필수요소이며, 따라서 유럽중
앙은행에 의해 완화되어서는 안 된다.

독일 법원은 무제한국채매입이 유럽연합 기본법과 양립할 수 있게 하기 위하여 어떻게 수정될 수 있는지에 대한 제안을 하고 있다. 특별히 프로그램 크기에 대한 한도 설정을 제안하고, 더욱 중요하게는 발행국가가 상환 불능하게 될 경우 유럽중앙은행이 국채 손실을 유발하지 않을 것이라는 보장을 제안한다. 따라서 유럽중앙은행은 '취할 수 있는 것은 모두' 하겠다는 약속을 할 수 없으며, 상환 불능시 국채를 만기까지 보유할 수 없고 민간 투자자와 같은 태도를 취할 수 없다. 시장 안정의 측면에서 이 프로그램을 매우 효율적으로 만든 특징은, 정확히 국채를 만기 전에 매입하고 대손상각 손실을 납세자의 어깨에 내려놓겠다는 암묵적인 약속이었기 때문에 이 두 단서는 분명히 무제한국채매입을 없앨 것이다.

유럽재판소가 어떻게 반응할 것인가 하는 것은 아직 두고 보아야 한다. 마지막 결전을 향해 나아가기보다는 아마도 독일재판소와 절충하고 협상하려고 할 것이다. 그렇지 않으면 중대한 헌법투쟁이 발생하여 유로화에 해로울 수 있는 방향으로 확대될 수 있다. 그러면 독일 법원은 독일연방은행이 무제한국채매입에 참여하지 않도록 요구하고 독일 정부에게 유럽연합 조약을 포기하도록 요구할 수 있다.

물론 유럽의 다른 국가들이 이러한 가능성을 걱정스럽게 보는 것은 지극히 이해할 만하다. 그러나 유럽재판소는 유럽 조약이 회원 국가들의 헌법들과 양립할 수 있는지 아닌지에 대한 사법권을 가지고 있지 않다. 유럽재판소가 독일 헌법재판소와 다르게 해석함으로 인해, 독일이 마스트리히트 조약의 구제금지 규정과 통화적 국가재정 보전 배제를 잘

못 해석했다면, 독일 헌법재판소는 독일 정부 및 의회가 조치를 취하도록 강제할 수 있는 권리가 있다.

아마도 독일 기관들은 그들의 태도를 바꾸도록 이미 강요받고 있다. 결국 법원의 의견은 마지막 판결이 나오기까지 기다릴 필요 없이 공표된 판결에 의해 밝혀진 것이다. 법원은 독일 의회, 독일 정부 그리고 독일연방은행은 위임권한을 초월하는 유럽 기관들의 조치에 참여하는 것이 금지되어 있을 뿐만 아니라 이러한 기관들에 의한 권력 남용에 적극적으로 반대하여야 한다고 매우 분명히 그리고 상당히 강조해 말하였다.[58] 또한 이 법원은, 그 기관들이 필요한 조치들을 취하지 않으면 모든 독일 시민에게 헌법재판소에 항소할 수 있는 권한을 주었다.[59]

그러므로 유럽중앙은행 정책위원회가 무제한국채매입정책을 활성화하더라도 독일연방은행이 이 프로그램에 참여하는 것이 기대되지 않을 수 있다. 이 경우 다른 중앙은행이 국채를 매입할 수 있고 독일연방은행은 유럽중앙은행 시스템의 상각손실에 아직 참여하고 있기 때문에, 이것이 문제되지 않을 수 있다고 주장되어오고 있다. 유로가 파경에 이르지 않고 살아남으면 이러한 주장은 정당하다. 그러나 그렇지 않으면 위험 분담은 종료될 것이고, 법적 정당성이 모호한 매입 국채에 대한 상각손실이 분담되어질 것인가의 여부는 격렬한 협상의 문제일 수 있다. 그 상황은 타겟 위험을 분담하는 데 대한 협상과 매우 유사할 것이다. 그밖에 독일연방은행이 무제한국채매입 정책에 참여하지 않겠다는 정치적 신호는 시장에 대한 스스로의 의미를 가질 수 있다.

의회의 3분 2의 다수를 차지하고 있는 독일 정부가 무제한국채매입과 유사한 채무공동화mutualization 활동을 현재 공식화된 상황이 아니지만 합법적으로 만드는 방향으로 마스트리히트 조약을 수정할 수 있기 때문에 낙관적인 투자자와 비관적인 납세자는 이 모든 것이 적절하지 않다고 생각할 수도 있다. 그러나 법원이, 유럽의 기관들로 하여금 독일 예산에 접근할 수 있도록 하는 자동적인 의사결정 절차에 독일 의회가 동의하는 것을 더욱 금지하고 미래 독일 의회의 재량권 범위를 축소시키면서 유럽의 기관들이 위임권한에 대해 자결권을 갖도록 하는 결정권을 독일 의회가 갖고 있지 않다고 선언했기 때문에 이것은 사실이 아닐 수 있다.[60] 유럽연합의 현행 법적 구조 및 독일 헌법하에서 독일 의회에게는 사안별 구제 결정만이 가능하다. 재분배 메커니즘의 실행을 위해서는 새로운 독일 헌법이 요구될 것이나 이는 새로운 헌법제정회의나 국민투표의 결정에 의해서만 가능할 것이다.[61]

은행동맹 – 채무조정 또는 구제금융

지금까지 위기시 취해진 마지막 단계는 유로존에 은행동맹banking union을 만드는 것이다. 국별 당국에 대한 도덕적 해이 인센티브를 억제하기 위해, 은행동맹이 공동 은행감독과 공동정리 규칙을 필요로 한다는 일반적인 합의가 있다. 사실 자신의 영역내의 은행에 대한 규제 감독을 국가별 당국에 맡기면서, 유럽중앙은행 신용의 위험을 공유하고 재정 구제기금을 통한 은행의 추가 위험을 서로 대신해 주는 것은 바람직하지 않다.[62] 위험 분담과 재분배는, 공동 감독 및 정리 당국뿐만 아니라 관련 은행에 대한 공동 행동제약을 반드시 필요로 한다.

은행동맹은 2012년 7월 27일 및 28일의 유럽연합 정상회담에서 다음과 같은 문구로 합의되었다.[63]

유로지역의 은행을 위해 유럽중앙은행을 포함하는 효과적인 감독 메커니즘이 확립되었을 때, 유럽안정화기구는 통상적인 결정에 따라 직접 은행 자본을 확충할 수 있다.

따라서 먼저 유럽중앙은행 통제 하에 공동 은행감독이 확립되어질 것이고, 공동체 자금은 은행들이 그들의 악성 투자로부터의 대손상각 손실을 커버할 수 있도록 만들어질 것이다.[64] 국가들이 서로 의지해야 할 뿐만 아니라 민간 경제활동이 공적 채널을 통해 상호 보장되고 지원받기 때문에, 공동체 자금으로 은행자본을 확충하는 지배적인 권력을 가진 은행동맹은 구제 철학에서의 비약적인 도약이다.[65]

정부들이 합의한 은행 자본확충이 새로운 규제 체제하에서 유발되는 미래의 상각손실을 보상하는 것으로 의도되었다고 이론적으로 인식할 수 있지만, 은행동맹 요청에 대한 긴급성과, 유럽중앙은행과 유럽연합 집행위원회뿐만 아니라 프랑스 스페인 이탈리아 정부에 의해 독일에 부과된 거대한 정치적 압력은 또 다른 사안이 목전에 있다는 것을 분명히 한다. 즉 위기 이전 수년간 은행 대차대조표에 축적된 부실 자산의 대손상각 손실의 측면에서 자산거품 폭발의 유산을 공유하는 것이다.

이러한 대손상각 손실의 대부분은 신용거품 기간중, 고평가된 부동산에서부터 과잉채무 정부에 이르는, 은행의 매우 위험한 투기의 결과로 초래되었으며, 이는 이제 이러한 은행의 존재를 위협한다. 지금까지는 필요한 상각 손실의 상당 부분이 아직 기장되지 않았으나 채권과 신용청구권이 만기가 되고 채무자가 상환할 수 없음에 따라, 점진적으로 대차대조표에서 실상을 볼 수 있을 것이다. 상환불능 채무자에는, 부동산 투자자, 일반 기업, 민간 가계 및 공동체 자금 덕분에 현재 파산되지는 않았으나 채무탕감이 필요할 수 있는 정부 등이 포함된다.

은행의 투자오류의 원인에 관해 제4장, 제5장, 제7장에서 살펴보았다. 이 원인에는, 필요시 지역 윤전기로 구제될 것이라는 기대뿐만 아니라 국별 정부와 국별 중앙은행 사이의 정치적 결탁, 은행이 국채로 그들의 대차대조표를 채우도록 이끈 바젤 협약에 대한 과도하게 방만한 해석 등이 포함된다. 이러한 모든 요인이, 처음에 인플레적인 신용거품을 유도했던 초과 해외대출을 부추겼다. 또한 특히 스페인과 이탈리아에서는, 드라기 총재가 '거대한 바주카포Big Bazooka'라 부른, 2011/2012년 겨울 유럽중앙은행이 공급한 막대한 장기신용을, 적자재정의 지속 확보를 위한 그들의 국채 매입을 위해 지역 은행이 사용하도록 하는 많은 정치적 압력이 위기 기간 중에 있었다.

또한 은행이 과도하게 위험한 활동을 하도록 허용했던 지역 규제 노력 완화 경쟁의 문제가 있었다.[66] 느슨한 규제는 은행산업을 유치하고 금융산업에서 일자리를 창출한다. 또한 값싼 국내 이용 신용경로를 개설한다. 다른 나라로 파산의 위험을 넘기면서 – 또는 더욱 좋게는, 파산을 막기 위해 다른 나라들이 구제하러 오면서 – 이러한 이익을 거둘 수 있는 가능성은, 어떻게 해도 그들의 외채를 상환할 수 없는 궁지에 빠진 국가에게는 거역할 수 없는 유혹이다.

유로시스템에 의해 구축된 왜곡된 유인체계는 몇몇 유럽 국가의 정부와 은행을, 시스템 안정을 위협하는 보잘것없는 합금으로 녹여버렸다. 시중은행, 지역 중앙은행 및 지역 정부 사이의 상호 결탁에 의해 창출된 은행 금융과 위기국 사이의 악순환은 GIPSIC 국가에 위치한 민간기업의 자금조달 비용을 증가시켰는데, 이는 결국 그들이 거주하고 있는 국가를 구하는 데 필요한 적어도 약간의 세금을 추가로 부담시킬 것이다. 이는 유럽중앙은행 조치를 통해 더욱 많은 민간투자의 위험을 공유하는 수요로 이어졌다.[67]

유럽연합집행위원회, 유럽중앙은행, 남유럽과 서유럽의 유로지역 국가 등은 은행의 손실을 유럽 납세자 사이에 배분함으로써 은행과 지역 정부 간의 해로운 관계를 끊길 원하였다. 그러나 이것이 유일한 대안이었던 것은 확실히 아니다. 그 대안은 손실을 은행 채권자에게 부담시키는 것이며, 흔히 이것을 '채무조정'bail-in이라고 한다. 채권자가 양심적인 투자결정을 하고 다년간 커다란 수익을 향유했다면, 자신의 결정에 따른 결과도 책임져야 한다.

당연히 이 대안은 금융산업에 의해 열광적인 반응을 받지 못하였다. 이렇게 채권자를 위한 채권상각을 통한 채무조정bail-in with hair-cut은 자본시장 안정성 측면에서 너무 위험하여 유럽의 은행동맹에 대한 초기 논의 단계에서 기각되었으며, 시행 여부가 장래 과제로 남겨졌다. 따라서 2012년 유럽연합집행위원회는 2018년까지 모든 채권상각으로부터 은행의 채권자 보호를 제안하였다.[68]

구제금융bail-out 주장은 불이 났으니 진화해야 한다는 것이다. 확실히, 채권상각은 투자를 결정한 사람을 징벌하여 장래에는 덜 무모하게 대출하도록 유도할 수 있다. 그러나 그동안은 생존이 장기 효율보다는 더욱 중요하였다. 구제금융이 없으면 배가 모든 승객과 함께 침몰할 수도 있다. 이미 설명한 바와 같이, 그것은 모든 위기시마다 논쟁을 그치고 납세자의 지갑을 열기 위해 금융산업 대표자들이 일상적으로 내세운 녹아웃knock-out 주장이다. 그러나 위기 발생 후 7년이 지나면서 이 주장은 위기가 시작했을 때의 긴급성을 잃었다.

유럽연합의 제안은 금융산업의 갈채를 받았으나 유럽에서 만장일치 승인을 거의 받지 못하였다.[69] 두 그룹의 독일 경제학자 480명이 서명하여, 미래의 투자 인센티브를 왜곡하고 부채원칙을 위반한다는 이유로 채권자 구제 아이디어를 거부하는 두 개의 비슷한 내용의 청원을 하였을 때 많은 정치가들은 문제에 경각심을 갖고 집행위원회의 제안을 수정토록 압력을 가하였다. 흥미롭게도 이들은 종종 좌파 정치인이었다. 결속에 따라 이들은 공동체 자금으로 국가들을 구제하기로 합의했으나 자금을 잘못 투자했던 부유한 금권 정치가들은 그렇지 않았다.

채무조정을 수행하는 정상적인 방법은 채무-자본 스왑, 즉 채권의 은행 주식으로의 전환이다. 확실히 은행들은 위기 기간중 많은 자기자본을 잃었으며 이제 잘 운영될 수 있도록 재원보충을 필요로 한다. 그러나 이 자기자본은 납세자에게 부담을 주는 대신 은행의 채권자로부터 공급될 수 있다. 채권자는 자신의 청구권에 대한 상각을 수용하고 대신에 은행주식을 받도록 요구되어질 수 있다. 이는 무엇보다도 실제로 위험을 부담해야 할 주식소유자에게 손실을 입힐 수 있으며, 자본이 충분치 못할 경우에는 채권자에게도 손실을 부담시킬 수 있다. 이러한 손실을 위해 배정된 유사자본에서 시작하여 시니어 채권에서 주니어 채권으로 점진적으로 옮아가면서, 채권자는 아무런 보상 없이 삭감을 수용해야 할 수도 있다.

이러한 해법을 위한 강력한 논거는, 잠재적인 상각손실 그 자체와 완충장치로 사용될 수 있는 대규모의 은행 채무이다. [표 8.3]은 GIPSIC 국가의 은행부분이 보유한 부실자산에 대한 최대 잠재 상각손실의 여러가지 추정치를 개괄적으로 보여준다. 조사 결과의 평균에 따르면 최대 상각액은 약 6,800억 유로로 추정되는데, 이는 GIPSIC 은행시스템의 총 자기자본(유보금 포함) 1조 350억 유로의 65%이며 2,290억 유로에 불과한 이 자본금의 시장가치보다 몇 배 많다.[70] 추정치의 범위가 매우 크지는 않다. 가장 비관적인 추정치를 합계하면 최대 결합 상각손실이 7,350억 유로에 이르고, 가장 낙관적인 추정치를 더하면 총액이 6,180억 유로이다. 수치들은 최악의 시나리오에서 상각손실이 GIPSIC 은행 자기자본의 절반 이상을, 그리스와 사이프러스에서는 대략 전액을 휩쓸어가버리는 것으로 나타나 참으로 경각심을 갖게 한다. 은행은 규정에 의해 필요한 것보다 살짝 더 많은 자기자본만을 보유하려는 경향이 있으므로 상각손실은 평균 은행을 상환 불능 상태로 내몰 수도 있다. 물론 개별은행은 평균적으로는 파멸적이더라도 아주 안전할 수 있으나 평균 상각 수치 하에서 이러한 안전 은행이 많으면 많을수록 다른 은행의 상황은 더욱 치명적이게 된다.

최대 상각손실액은 은행 자본에 비하여뿐만 아니라 유럽안정화기구

[표 8.3] GIPSIC 국가 은행들의 최대 잠재 상각손실

국별	은행권 상각손실 (10억 유로)	평균 (10억 유로)	평균/ (자본 및 유보액)	시기	자료
그리스	41.5 49.4 64.0 73.3	57.1	103.9%	Q4 2012 Q4 2012 May 2013 Q3 2013	Forbes J.P. Morgan Handelsblatt IMF
아일랜드	98.6	98.6	74.8%	Q3 2013	IMF
포르투갈	31.6 33.5	32.6	64.1%	Q4 2012 Q3 2013	J.P. Morgan IMF
스페인	242.6 246.9 192.5	227.3	57.5%	Q4 2012 Q4 2012 Q2 2013	J.P. Morgan Ernst&Young IMF
이탈리아	245.5 253.0 232.2 250.0 275.4	251.2	64.7%	Q2 2012 Q2 2012 Q4 2012 March 2013 Q2 2013	Forbes J.P. Morgan Ernst&Young Banca d'Italia IMF
사이프러스	15.0 10.5	12.8	91.7%	Q4 2012 Q2 2013	Forbes IMF
총계		679.5	65.7%		

자료: M. Melchiorre, 'With Cyprus, The EU Needs To Urgently Erase Europe's 'Nobody Loses' Mentality', *Forbes Capital Flows*, 22 March 2013 (Greece, Italy, Cyprus), available at: ⟨http://elibrary-data.imf.org/Report.aspx?Report=4160276⟩ (accessed on 27 March 2014); International Monetary Fund, *FSIs and Underlying Series* (Greece, Ireland, Portugal, Spain, Italy, Cyprus); N. Panigirtzoglou, S. MacGorain, M. Lehmann, L. Evans and J. Vakharia, 'Flows & Liquidity. NPL Timebomb', J. P. Morgan, *Global Asset Allocation*, 10 May 2013 (Greece, Portugal, Spain, Italy); G. Höhler, 'Die Last der faulen Kredite', *Handelsblatt*, 27 May 2013, p. 31; Ernst & Young, 'Outlook for Financial Services', *Ernst & Young Eurozone Forecast*, Winter Edition 2012/13 (Spain, Italy); F. Goria, 'Sulle banche italiane un macigno da 250 mil- iardi', *Linkiesta*, 16 July 2013; Deutsche Bundesbank, *Time Series Database*, *Time series MFI* (Greece, Ireland, Portugal, Spain, Italy, Cyprus), available at: ⟨http://www.bundesbank.de/Navigation/EN/Statistics/Time_series_databases/time_series_databases.html⟩

주: 수치는 최대 잠재 상각손실의 추정치로서 무수익 여신을 나타낸다.

자본에 비하여도 크며, 유럽안정화기구 지분이 손실을 보전하기에는 전혀 충분치 않을 것이다. 앞에서 설명한 바와 같이, 이 글을 쓰는 2014년 2월 현재 유럽안정화기구의 납입 자기자본은 모든 국가가 지분을 납입할 경우 예상되는 800억 유로 중 643억 유로이다. 또한 6,200억 유로는 요청에 의해 추후 납입될 예정이므로 7,000억 유로의 총 자기자본이 이론적으로 이용가능하다. 이는 GIPSIC 국가 은행들의 최대 잠재 상각손실을 딱 커버하기 충분하나, 자금이 이 목적에 사용되면 이른바 은행보다는 국가를 지원한다는 유럽안정화기구의 기본기능을 위해 남은 것은 거의 없을 것이다.

한편 은행 자체의 채무는 실제로 최대 잠재 상각손실 또는 유럽안정화기구 규모보다 10배 크므로 확실히 그 이상일 것이다. 이는 [그림 8.4]에서 볼 수 있는데, 위기국의 공적 및 은행 채무의 개관을 보여주고 있다. 좌측 상단의 열은 이들의 공적채무를 나타내고 있는데, 2013년말 현재 총 3조 7,980억 유로이다. 우측의 긴 열은 은행부문의 채무, 즉 그들 자신의 대출과 다른 투자자금 조달을 위해 은행들이 시장에서 차입한 자금을 나타내고 있다. 은행 채무의 총계는 8조 1,630억 유로이다. 은행 채무는 점친 부분, 회색 부분, 흰색 부분의 3개 영역으로 구분된다. 흰색은 즉시 인출 가능한 요구불예금을 나타낸다. 회색은 저축예금이다. 점친 부분은 예를 들어 은행간 신용, 은행채 등 다른 모든 종류의 은행 채무이다. 은행들이 자국의 중앙은행으로부터 받은 신용도 여기에 포함된다.

8조 1,630억 유로의 은행채무가 통합 국별 은행계좌에서 비롯되므로 한 은행의 여타 국내 은행에 대한 채무는 이미 공제되었다. 이렇게 합계는 각 국별 은행시스템의 순채무이다. 그러나 위기국 사이의 교차 연계는 분리할 수 없었다. 그러므로 GIPSIC 은행시스템의 총 채무를 나타내는 수치는 약간 주의를 기울여 해석해야 한다.

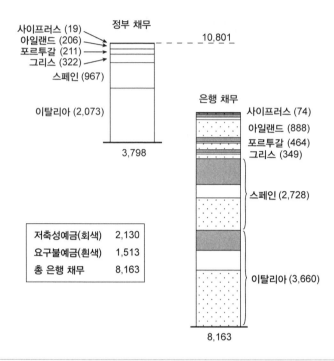

정부 채무
사이프러스 (19)
아일랜드 (206)
포르투갈 (211)
그리스 (322)
스페인 (967)
이탈리아 (2,073)
10,801
3,798

저축성예금(회색)   2,130
요구불예금(흰색)   1,513
총 은행 채무   8,163

은행 채무
사이프러스 (74)
아일랜드 (888)
포르투갈 (464)
그리스 (349)
스페인 (2,728)
이탈리아 (3,660)
8,163

[그림 8.4] GIPSIC 국가의 정부 및 은행 채무 (2013년 12월, 10억 유로)

자료: European Commission, Economic and Financial Affairs, Economic Databases and Indicators, AMECO – The annual macro-economic database; Deutsche Bundesbank, *Time Series Database*, Time series MFI (Monetary Financial Institutions); Ifo 연구소 계산.

주: 유로존 거주자(통화금융 당국과 정부 제외)의 은행 예금 부분은 흰색과 회색으로 그려졌는데, 흰색은 요구불예금이고 회색은 저축성예금임. 표시된 계수들은 반올림되어, 정확한 개별 계수들의 합계가 반올림된 계수의 합계와 일치하지 않는다. 정부 채무 2013년: European Commission 전망, 2013년 11월.

    은행부문 채무의 일부는 국채 소유자금 조달에 사용되었다. 1조 1,600억 유로의 상호 연계된 이 부분은, 두 열 사이에 겹친 부분으로 표시하여 설명되었다.[71] 만약 이것이 차감되면, 점선 위에 숫자에서 보듯이 GIPSIC 은행과 공적채무의 합계는 2013년 12월 현재 10조 8,010억 유로가 된다. 이는 위기국의 합계 GDP의 347%에 해당한다. 이렇게 매우 놀라운 규모로 보아, 유로존의 아직 견고한 경제로부터의 납세자 자금으로 GIPSIC 정부와 그 은행의 채권자 모두를 보호하려고 시도하는 것은 무모한 듯하다.

한편 정확히 그러한 이유로 인해, 은행 채무에 대한 평균 약 8.2%의 적당한 헤어컷은 최대 잠재 상각손실을 보전하기에 충분할 수 있다. 만약 요구불예금이 제외되면 10.1%가 충분할 것이고, 저축예금 역시 제외된다면 필요한 헤어컷은 14.9%가 될 것이다. 이것들은 확실히 시장에 유쾌하지 못한 수치이지만 아주 파국적이지는 않다. 상황은 있는 그대로이다. 손실을 유럽의 아직 상환능력이 있는 국가의 정부예산으로 전가시키는 것이 그 손실을 더 작게 만들 수는 없다. 이러한 전략은, 예를 들어 납세자가 일시적으로 벗어난다면 (추후 어쨌든 그들이 부담하여야 할 것임) GIPSIC 이외 국가의 GDP대비 평균 공적채무를 83%에서 93%로 10%포인트 증가시킨다. 그렇지 않으면 최대 잠재 상각손실은 GIPSIC 이외 국가의 현재 부가세 10년 세수의 7분의 1을 흡수할 것이다 (매년 공적채무가 GDP의 1.0%씩 증가하는 것과 같음). 세금 해법은 차입자 및 대부자에게 나쁜 인센티브를 만들어줄 뿐만 아니라 세금 회피와 탈세 활동 때문에 단순한 금융적인 것 이상의 상당한 부담을 초래하여 심각한 경제적 왜곡도 초래할 것이다.

이러한 고려가 유럽연합집행위원회에 감추어져 있는 것은 아니다. 수개월 간의 내부 토론 뒤에 이 집행위원회는 사이프러스 위기시 채무조정을 2018년까지 연기시키려는 전략을 바꾸고 이를 2012년 6월 선언하였다. 2013년 3월 사이프러스 은행시스템이 채무 불이행되었을 때 자금을 거기에 투자한 러시아 집권층과 다른 부유한 투자자를 구제하는 데 대한 정치적 지원은 거의 없었다. 유로그룹의 새로운 수장인 데이셀블룸Jeroen Dijsselbloem과 유럽연합집행위원회 의장 바니어Michel Barnier는 지금부터는 분명한 서열에 따라 손실이 다른 종류의 청구인에게 할당되는 채권조정이 있을 것이라고 선언하였다.[72]

계획

채무조정 절차에 관한 가이드라인과 은행동맹에 관한 더 자세한 사항은 유럽연합일반위원회와 유럽연합집행위원회에 의해 정해졌으며, 이 책이 발간되기 이전인 2014년 5월 입법 만료기간 전까지 제정되어야 할 법규의 완성을 목표로 유럽의회와의 추가협상 기준으로 활용되고 있다.[73] 제안된 법령에서는, 전환 및 주니어 채권 보유자와 주주가 (무위험 가중) 은행자산의 8%까지 먼저 채무조정bail-in되어야 한다고 규정하고 있다. 둘째로, 8%의 채무조정이 불충분한다고 판명될 경우, 유로존 은행들에 의해 출연될 단일정리기금Single Resolution Fund; SRF은 은행 총자산의 5%까지 커버할 수 있도록 만들어져야 한다.[74]

8% 법칙은 납세자를 보호하는 채무조정 도구로 정치가에 의해 선언되었으나 8%가 은행 자본을 포함토록 하고 있어 보기보다는 덜 보호적이다.[75] 손실을 지탱하는 것이 정상적인 기능인 자본equity은 보통 은행 총자산의 2%에서 5%를 커버한다. 따라서 채무조정 수단은 채권자의 손실이 은행 대차대조표의 8%가 아니라 3%에서 6%로 제한된다는 것을 사실상 의미한다.

또한 놀랍게도 많은 예외 항목이 예상됨에 따라 채무조정의 우선권은 희석되었다.[76] 예를 들어 10만 유로까지의 예금은 예외로 되었는데, 이는 네덜란드 중산층 가계의 자산 수준이고 독일 중산층 가계 자산의 두 배이다.[77] 예외 항목에는 연금 청구권, 은행 직원의 임금, 공과금과 세금으로부터의 채무, 만기 7일 미만의 단기 은행간 채무 등이 포함된다.

예금 다음으로, 채무조정에서 제외된 가장 중요한 항목은 커버드론, 즉 부동산(독일의 판트브리프Pfandbrief와 같은 주택저당채권)이나 은행간 신용 청구권 등 다른 자산으로 담보된 대출이다.[78] 이러한 예외가 언뜻 보면 매우 자연스러운 것으로 보이지만 담보 자체가 이미 대출을 보호하는 것을 의미하므로 실제로는 깜짝 놀랄 만한 것이다. 그러므로 예외는 이중 보장을 제공하고, 만약 담보물 자체가 그 가치를 상실하면 공동체 자금을 가지고 올 개연성이 있다. 따라서 이러한 이중 안전으로, 유럽연합 기구들은 궁극적으로 모든 참가국에 의해 보장되는 일종의 특급 안전자산을 창출하기를 분명 원한다.

이것이 미래에 심각한 도덕적 해이 효과를 창출할 것이라는 것을 예견하는 데 많은 경제이론이 필요치는 않다. 이러한 도덕적 해이 중 하나는, 인위적으로 담보를 불쑥 만드는 은행 사이의 순환거래일 것이다. 만약 사람들이 은행에 담보 없이 자금을 빌려주었는데 그 은행이 파산하면 보통은 그들이 은행에서 돈을 돌려받지 못할 것이다. 그러나 수많은 은행이 동등 가치의 채권을 상호 교환하면, 이는 그들 중 아무도 더 부유하거나 가난하게 만들지 않을 것이고 그들 사이에 순 현금 흐름마저 없는 결과가 될 것이다. 그러면 각 은행은 외부 채권자에게 채권을 담보로 주고 이 은행이 파산하면 채권자는 자동적으로 채권상각으로부터 면제될 것이다. 제5장에서 설명한 바와 같이, 은행은 이 수법을 중앙은행에서 신용을 인출하는 데 필요한 담보를 만들기 위해 이용하였다. 이들은 또한 자신의 민간 채권자들로부터 낮은 금리로 차입할 수 있도록, 채권조정으로부터 그들을 보호하기 위해 물론 이를 분명히 이용할 수 있었다.

이것 외에도 은행은 그들이 위기 이전에 해오던 대로, 열등한 실물 투자 프로젝트 재원을 마련하는 데 인위적으로 낮은 금리로 차입하기 위해 열등한 담보를 사용할 수도 있을 것이다. 이는 일반적으로 자산 소유자에게 혜택을 주어 자산가치를 보전하고 손실을 피하는 데 도움을 줄 수 있을 것이나 남유럽의 위기이전 시기를 특징짓는 자본금 소진이 지속될 수 있다는 것을 의미할 수도 있다. 희소한 저축 자본의 비효율적인 사용은 유로존에 수년간의 침체 지속을 가져올 수도 있다.

독일 자본시장에서 중요한 역할을 하여 왔던 주 정부 소유 투자은행인, 독일 란데스방크Landesbanks는 어떤 종류의 비효율이 예상될 수 있는지를 보여준다. 란데스방크의 채권자들은 무제한의 주 정부 보증을 향유함에 따라 무모하게 란데스방크에 저금리로 자금을 출연하였고, 란데스방크는 이를 전 세계의 의심스러운 자산에 종종 투자하였다.[79] 유럽연합집행위원회는 2002년 획기적인 결정에서 그들이 수익모델을 포기하도록 강제함으로써 이들 은행으로부터 특권을 빼앗았다.[80] 이는 란데스방크 대부분을 심각한 곤경으로 이끌었다. 독일에서 세 번째로 큰 란데스방크인 WestLB는, 유럽연합집행위원회가 노르트라인-베스트팔렌 주 정부로 하여금 이 은행을 지원하는 것을 금지하였기 때문에 청산되어야 했다. 이 위원회의 이러한 정당화되고 견고한 입장에서 볼 때, 동일 기관이 이제는 유로존의 모든 은행을 위해 유사한 종류의 보증을 주장하는 것은 더욱 더 놀랍다. 노르트라인-베스트팔렌 주의 납세자들은 그들 주 은행을 구제하지는 못한 채 다른 유로지역 국가의 은행을 구제하는 데는 참여해야 할 수도 있다.

은행동맹의 큰 문제는 어떻게 단일정리기금SRF을 출연하고 어떤 조건에서 은행의 채권자를 지원할 것인가 하는 것이다. 이 위원회는 공동 정리 시스템으로의 점진적인 전환을 제안하였다. 그것은 각국이 국별 정리기금을 설립하고 국별 기금은 10년간에 걸쳐 점진적으로 통합될 것을 규정하고 있다. 첫 해에 은행을 정리하는 비용은 (8% 채권조정 후 대차대조표의 5%까지) 전적으로 국별 기금에서 부담하지만, 이어진 각 연도에 추가 비용 부분은 다른 모든 기금에 의해 그들의 규모에 비례하여

분담되어야 하므로 최종적으로 정리 비용은 모든 국별 기금에 의해 완전히 분담될 것이다. 결과적으로 각국 기금은 은행 산업과 국별 정부의 출연금(부족 시)으로 설립된다. 그 목표는 결국 단일정리기금에 예금의 1%인 약 550억 유로에 해당하는 기금을 출연하는 것이다.[81]

이 단계에서 미해결 과제가 많다. 하나는 만약 한 국가의 은행 또는 그 국가 스스로가 국별 정리기금을 출연할 수 없을 경우에 어떻게 되느냐 하는 것이다. 단일정리기금이, 납세자들의 공동보증 하에 시장에서 자금을 차입하여 그 예산을 확대하도록 허용함으로써 이 문제를 해결하려는 계획이 있다.[82] 이는 단일정리기금을 유럽안정화기구와 유사한 추가적인 공적기금으로 전환할 수 있다.

가장 큰 문제는 단일정리기금 계획 규모가 [표 8.3]에서와 같이 6,800억 유로가 될 수 있는 GIPSIC 은행의 최대 잠재 상각손실에 비해 작다는 것이다. 만약 상각손실이 모든 은행에 동등하게 분산된다면 문제가 되지 않을 것이다. 왜냐하면 위에서 언급한 바와 같이, 이러한 손실이 GIPSIC 국가 은행 총자산의 7.4%와 맞먹는 모든 GIPSIC 국가 은행 채무 총액(총 대차대조표)의 8.3%만을 차지하기 때문이다. 이렇게 8% 채권조정 법칙은 이러한 대칭적인 경우에 모든 손실을 처리할 수 있다. 그러나 상각손실은 확실히 균등하게 나누어지지 않고 특정 은행에게 집중될 것인데, 이 손실이 이들 은행 대차대조표에서 높은 비율을 차지하게 될 것이다. 예를 들어 GIPSIC 국가에서 1조 유로의 결합 대차대조표와 5%의 자본-자산 비율을 가진 GIPSIC 국가에서 5개 은행만이 그들 자산의 절반을 잃었다고 가정하자. 그러면 채무조정 법칙은 최대 800억 유로를 산출할 것인데, 채권조정으로부터의 예외가 구속력이 없다면 그중 채권자들이 300억 유로의 손실을 부담할 것이고, 보전되지 않은 손실은 전체 단일정리기금 규모의 약 8배인 4,200억 유로가 될 것이다.

유럽연합집행위원회는 이러한 어려움을 예견하고 '대체금융원천'

alternative financing sources이라고 명명한, 단일정리기금에 대한 공동 백업기금의 설립을 옹호하였다. 이는 유럽안정화기구에 의해 출연될 수 있는데, 이에 대해서는 이전 절에서 살펴보았다. 그러나 이것은 아주 불분명한데, 이 글을 쓰고 있는 시점에서 유럽안정화기구 또는 새로운 종류의 공적기금이 도입될 것인지는 아직 협상에 달려 있다.[83]

대체로 은행동맹 준비로부터의 인상은, 채권자 채무조정 법칙을 명목적으로 고수하는 반면 납세자의 부담으로 구제시키는 것으로의 결정이 실제로 준비되고 있다는 것이다. 긴 리스트의 면제 항목 아래, 은행과 그 채권자는 아마도 채무를 조정하여 실질적으로 모든 채권자들이 보호되도록 시도할 것이다. 납세자에게는 궁극적으로 대부분의 비용을 부담하는 것 이외의 선택권은 없다.

주(州)의 지역 사회는, 부채성 지분 및 채무의 최소 금액에 법칙을 부과하여 그러한 시나리오로부터 자신을 보호해야 한다. 무엇보다도 자본-자산 비율이 상당히 높아져야 한다. 바젤 III 협정문에서 요구하는, 위험 가중자산에 대한 8% 자본(보통 총자산의 2% 밖에 되지 않음)은 분명 충분치 않다.[84] 바젤 III 협정문에서 규정하고 있는 바와 같이, 2018년부터 추가로 3%의 최소 자본-자산 비율을 요구하는 것도 충분치 않다.[85] 채무자와 납세자에게 부과되고 있는 재정의 외부성을 피하고자 하는 자본 공급은 실제로는 이보다 몇 배가 되어야 될 것이다.[86]

또한 은행은 순위가 낮은 유사자본을 끌어들이도록 강제될 수도 있다. 이른바 우발전환채권Contingent Convertible Bonds; CoCos이 이 목적에 이상적일 수도 있다. 한 은행이 그 자본의 특정금액 한도를 초과하는 손실을 입으면, 미리 정한 규칙에 따라, 갭을 메우기 위해 우발전환채권이 자동적으로 자기자본으로 전환될 것이다.[87]

그러나 불행하게도 특히 프랑스 등 일부 국가가 유사자본의 공동 최소 규제에 반대하고 각국이 자신의 재량으로 필요한 법칙의 실행을 고

집하고 있으므로, 너무 취약한 바젤협약을 뛰어넘는 그러한 법칙은 도입되지 않을 것이다.[88] 은행을 공동으로 규제한다는 측면에서, 은행동맹 도입에 대한 강력한 경제적 유인이 있고 손실을 공동화하는 유인은 약한 반면, 정치적 과정은 정확히 반대 방향으로, 즉 공동화 증대 및 규제 약화 쪽으로 움직이고 있는 것으로 보인다.

유럽중앙은행 구제

경제학자들 사이에 은행감독과 정리 규정이 유로존에 필요하다는 데 대해 광범위한 합의가 있는 반면, 누가 이러한 과업에 대한 책임이 있느냐의 문제에 관해서는 합의가 잘 이루어지지 않고 있다.

앞장에서 살펴본 유럽중앙은행의 담보 및 대출정책 결정과 같은 집단의사결정이 도덕적 해이 효과를 배제하는 데 있어 결코 충분치 않다는 증거인 한에 있어서 이 주제는 매우 중요하다. 다수결은 소수의 착취에 대한 방어가 되지 못하며, 투표권이 국가 규모와 연계되어 있지 않을 때는 심지어 민주적이지 않을 수도 있다. 따라서 다수의 착취로부터 소수를 보호하기 위해서는 의사결정체에 민주적 대표권을 부여하고 충분히 많은 정족수가 동의하도록 주의를 기울여야 한다.

유럽연합의회와 유럽연합집행위원회의 2013년 3월 19일의 결정에 따라, 감독 기능은 유럽중앙은행이 이끄는 단일감독기구Single Supervisory Mechanism; SSM라고 불리는 당국에 주어질 것이다.[89] 단일감독기구SSM 내에서 유럽중앙은행은 균일한 감독기준에 대한 일관성 있는 적용을 보장하고, 은행의 건전성 감독에 관한 주요 과업에 관하여 책임이 있다. 기본적으로 유럽중앙은행은 유로존의 총 6,000개 은행을 감독하기로 되어 있으나 당분간은 대차대조표 총액이 최소 300억 유로 이상의 대형은행에 대해서만 책임이 있을 것이다. 다른 은행은 국가별로 계속 감독을 받을 것이나, 국별 감독은 유럽중앙은행에 의해 모니터될 것이다.

유럽중앙은행은 이른바 단일정리기구Single Resolution Mechanism; SRM에 의해 한 은행이 언제 결말이 나야 하는지 결정하는 데에도 참여할 것이다. 단일정리이사회Single Resolution Board; SRB, 유럽연합집행위원회, 유럽연합 일반위원회, 국별정리기구 등을 포함하는 매우 복잡한 의사결정 구조가 있다. 단일정리이사회SRB가 우선권을 가질 것이지만, 유럽중앙은행도 감독 당국으로서 정리 착수를 제안하고 유럽연합집행위원회와 관련 국가 당국과 함께 단일정리이사회에 참여하기도 한다.[90]

단일감독기구SSM와 단일정리기구SRM가 활동을 개시하기 전에, 어떤 은행도 부실자산을 은행동맹에 밀반입하지 못한다는 점을 확실히 하기 위해서 유럽 은행들에 대한 스트레스테스트가 실행될 것이며, 이는 국별 당국이나 유럽안정화기구가 그들이 추정하는 것보다 더 많은 손실을 부담하도록 할 것이다.[91] 스트레스 테스트는 유럽중앙은행의 자산 품질 사전검토에 기초하여 유럽금융감독제도European System of Financial Supervision 산하의 독립적 유럽연합 기관인 유럽은행감독청European Banking Authority; EBA에 의해 수행될 것이다. 2013년 11월부터 수행된 이 검토는 1년이 걸릴 것으로 예상된다.[92] 유럽중앙은행이 약 1,000명을 고용하여 이 과업을 수행할 효과적인 조직으로 만들어야 할 것이므로 상당히 도전적인 일로 보인다.[93]

유럽중앙은행 정책위원회가 민주적으로 통제되는 기관이 아니고 악성 담보를 윤전기로 구제해 위기국의 은행에 대한 최대 채권자로 있는 한 유럽중앙은행을 개입시킨 결정은 문제가 많다. 실제로 은행동맹을 설립하기 이전에 나타난 상각손실이 유럽중앙은행 자신을 심각하게 타격할 수도 있고, 은행동맹 내부에서 발생한 그러한 손실이 공동체 자금에 의해 완화될 수 있다는 것을 고려할 때 유럽중앙은행이 부실자산을 은행동맹에 몰래 들여오는 것을 막는 취약한 인센티브만을 가진 것에 대해서는 두려움을 가져야 한다. 그러므로 유럽중앙은행이 특히 GIPSIC 국가의 자산과 관련하여 다소 느슨한 품질 검사를 수행할 것이라는 것을, 유럽중앙은행이 이들 국가의 은행에게 본원통화의 4분의 3을 빌려주었기 때문에 ([그림 6.7] 참조) 두려워해야 한다. 신뢰성 보호를 위해 유럽중앙은행이 몇몇 은행을 불합격시킬 수 있으나 은행의 대차대조표를 완벽하고 깨끗하게 하는 조치는 기대할 수 없다. 진정으로 대차대조표를 깨끗하게 하는 인센티브는 그것으로부터 수익을 얻을 유럽중앙은행이 아니라 자산 밀반입으로 어려움을 겪을 수 있는 유럽안정화기구와 같은 기관으로부터 기대될 수 있었다.

이러한 관점에서, 앞서 살펴본 채권조정으로부터 보호되는 커버드론이, 위기 기간중 크게 증가한 불량자산으로 담보되었던 유럽중앙은행의 신용을 포함한다는 것에 유의하는 것이 중요하다. 제5장에서 설명한 바와 같이 이들은 종종 투자 부적격 등급 자산이었다. 그것은 아마도 개별 중앙은행이 자신의 위험으로, 스스로 규정한 담보에 대하여 제공한 긴급유동성지원ELA 신용을 포함할 것이다. 이 담보와 긴급유동성지원 정책은 2013년 12월 현재 6,130억 유로의 GIPSIC 타겟 채무를 초래했는데, 당시 이용 가능한 중앙은행의 총 자기자본 3,530억 유로에 비하면 매우 큰 규모이다. 유로시스템의 평판은, 그러한 감독기능이 아니라면, 중앙은행들이 GIPSIC 은행시스템의 상각손실에 있어 그들의 몫을 감수해야 할 경우 심각하게 손상될 수 있다 ([표 8.3] 참조). 이는 왜 유럽중앙은행이 은행동맹에 대한 협상에서 유럽안정화기구가 손실에 대한 방어벽 역할을 해야 한다고 주장해 왔는지를 설명할 수 있다. 따라서 유럽안정화기구는 진열중인 자금이 그것 없이도 항상 이루어 온 올바른 균형을 확립하는 데 필요하다는 환상을 유지하기 위한 유럽중앙은행의 과도하게 느슨한 담보정책의 비용을 궁극적으로 부담해야 할 수도 있다.

아직 건전한 유로 경제의 납세자들에게 상각손실을 유럽중앙은행에서 유럽안정화기구로 재포장하는 것은, 유럽중앙은행의 발권차익 배분 감축 또는 유럽안정화기구 지분 손실을 통해 어쨌든 두 기관이 이 손실을 부담해야 하므로 중요하지 않다. 그러나 유럽중앙은행은 손을 깨끗이 하고, 문제되는 신용 전략을 지속하는 것을 정당하다고 느끼려고 할 것이다.

잘 의도된 연설에서 정치가들은, 공동 유로존 감독 시스템의 연대 책임 하에 발생한 장래 은행 손실을 보호하기 위해서만 공동체 자금이 들어와야 한다고 선언하였다. 그러나 이것이 유럽중앙은행과 그 은행들의 즉각적인 문제를 해결할 수는 없을 것이다. 따라서 실제로 유럽안정화기구는 국별 당국이 은행을 규제하는 데 책임이 있었고, 유럽중앙은행이 저렴한 신용에 의해 수천억 유로로 지원했을 때 은행동맹 설립 이전에 축적된, 종래 은행 자산으로부터 발생한 손실을 부담해야 할 수도 있다. 유로그룹에 의해 제출된 새로운 법규가 결국 유럽중앙은행을 유럽안정화기구를 가지고 구제하는 것으로 귀착될 수도 있다.

앞에서 설명한 바와 같이 이 구제 전략은 전반적인 구제책 구조를 보완한다. 민간 채권자가 남유럽 은행 및 국가에 대한 자금지원을 회피하였을 때 유럽중앙은행은 지역 윤전기로 6개 위기국에게 1조 유로의 추가 신용을 제공하고 ([그림 6.2]와 [그림 6.3] 참조) 국채매입계획SMP 하에서 GIPSIC 이외 국가의 중앙은행에게 약 1,000억 유로 상당의 국채를 매입토록 요구하였다. 이에 따라 의회들과 다른 정치적 기관들은 유럽중앙은행을 국제통화기금뿐만 아니라 재정 구제기금인 유럽재정안정기금EFSF, 유럽금융안정기구EFSM, 유럽안정화기구ESM로 구제해야만 했다. 그러나 이러한 도움이 은행보다는 국가로 갔던 반면, 은행동맹은 더욱 직접적인 방법으로 은행을 구제하고, 유럽안정화기구의 보호 하에 민간 투자자가 용감하게 은행에 재원을 제공하도록 하는 보험을 제공하는 방어벽 역할을 함으로써 유럽중앙은행을 구제하도록 의도되었다.

시장경제와 민주주의의 약화

근 5년 이상, 유럽중앙은행과 재정 구제기금은, 규제 인센티브를 따르는 것이 잘못이었음을 인지한 민간 투자자들이 더 이상 투자하고 싶지 않았던 곳에, 납세자의 공개 및 비공개 보장 아래 새로운 공적자본을 주입하고 민간자본을 호송해 왔다. 이것은 아마도 역사상 가장 큰 지역투자 조종(操縱) 프로그램일 것이다.

이 프로그램의 맨 첫 단계는 유로존 일부의 붕괴를 막았으며 따라서 방어적이었다. 리먼 위기 당시 세계 금융시스템 붕괴가 임박했을 때 이러한 구제조치는 재난을 피하도록 도왔다.

그러나 2009년 세계경제가 회복하고, 남유럽이 단지 유동성 문제를 야기한 일시적인 시장신뢰 부족이 아니라 구조적 경쟁력 문제와 과다채무로 어려움을 겪고 있는 것이 분명해졌을 때 유럽의 이러한 정책은 부적당하게 되었다. 아일랜드와 동유럽 국가의 회복 조짐이 보이자 공적 지원의 감소는 이 경제들의 경쟁력을 증진시키는 개혁 강화, 임금 조기 삭감 그리고 약간의 디플레이션까지 의미하게 되었다.[94] 제4장에서 지나치게 강력한 디플레이션 전략은 민간 및 공적 채무자를 파산으로 내몰기 때문에 위험하다고 주장했으나 모든 남유럽 국가가 아무 일도 없었던 것처럼 위기 발발 후 수년 동안 확장을 유지했다는 것은 확실히 적절치 않다. 그리스 GDP 물가수준 인플레이션은 2010년 3분기에 멈추고 미약한 디플레이션으로 돌아섰다. 그러나 포르투갈과 이탈리아의 GDP 가격 인플레이션은 이 글을 쓰는 2013년 3분기까지 아직 멈추지 않았다. 실제로 포르투갈은 최근 유로존 평균보다 훨씬 빠르게 물가가 상승하였다 ([그림 4.8] 참조). 사이프러스(2012년 3분기부터)와 스페인 (2013년 1분기부터)만이 대규모 실질 디벨류에이션real devaluation 단계에 진입하였다.[95]

자본주의 시장경제의 사회주의 시스템에 대한 우월성은 생산요소의 배분이 주로 정치보다는 시장의 힘에 의해 결정된다는 사실로부터 유래 되므로 일반적으로 자본흐름의 조정은 자본주의 시장경제에 적절하지 않다. 생산을 창출하고 임금 생산성을 증진하는, 실물경제의 각 단위 투 자자본의 뒤에는 위험을 최소화하고 수익률을 높이기 위해 자신의 자산 포트폴리오를 조심스럽게 최적화하려는 자산 소유자 및 금융 투자자가 있다. 이 투자자들의 조심성과 잠 못 이루는 밤들이 자본주의의 원동력 이며, 역사상 다른 시스템이 추진한 것에 비하여 분배 효율을 증진시키 는 주요 요인이다.

이러한 추정의 관점에서, 시장의 선택과 달리 자본의 공간적 배분을 효율적으로 바꾸려는 공공당국의 개입은 외부효과 또는 다른 시장실패 의 존재를 입증할 만한 강력한 논거를 필요로 한다. 이것뿐만이 아니다. 공공선택이론이 설득력 있게 보여주듯이 정책입안자들은, 개입 과정에 서 보통 겪는 정책 왜곡이 그들이 시정하려는 시장왜곡에 비해 크지 않 다는 것을 증명해야 하는 부담도 진다.[96] 이 위험이 너무 커서, 정당하게 보이는 개입이 비생산적이고 이기적인 지대추구(地代追求) 장치가 될 수 도 있다.[97]

유럽중앙은행은 이 점에 대해 거론하지 않는다. 유럽중앙은행은 자신 의 정책이 재정적 성격이 분명한데도 유로존 내에서 통화정책 전달과정 을 유지하는 데 필요하다고 주장하면서 통화적 성격을 가진다고 방어한 다.[98] 그것의 기본적 전제는, 기초 담보가 완벽하게 안전하기 때문에 담 보된 신용의 명목 단기금리가 공동통화지역의 어느 곳에서도 동등해야 한다는 것이다. 그러나 제5장에서와 같이 담보 기준, 특히 자신의 국별 기준을 정의하는 개별 중앙은행에게 주어진 범위를 아주 극한으로 낮춘다는 관점에서 이는 설득력이 없다. GIPSIC 국가의 은행들은, 그렇지 않았다면 타겟 잔액이 팽창할 수 없었으므로, 유럽중앙은행이 제공한 대출 만기 및 담보기준의 조합에 매우 만족하였다. 타겟 잔액은 일부 유로지역 국가에서 유럽중앙은행의 체계적인 시장조건이 약화되었다는 증거이다.

유럽중앙은행은, 시장이 실패하고 시정되어야 하기 때문에 그것이 당연하다고 인정할 수도 있다. 유럽중앙은행은 매일 담보물에 적용하는 평가절하가 중앙은행 신용을 안전하게 하는 데 충분하다고 주장하기 때문에, 시장이 그것을 사실이라고 믿지 않고 따라서 유사한 조건하에서 은행간 신용을 제공하기를 꺼린다면 시장이 잘못되어 있다는 것이다.

이러한 추론은 국채에도 적용된다. 유럽중앙은행은 장기 국채에 위험 프리미엄이 있다고 인정하지만, 시장에 의해 부과된 위험 프리미엄이 리디노미네이션redenomination 위험 (그리고 시장에 의한 다른 형태의 과다한 위험 책정)에서 유래하는 한 정당화될 수 없다고 주장한다. 시장은 정당화되지 않는 유로의 잠재적 분열과 관련된 리디노미네이션 위험에 대한 가격을 책정하고 있다.[99] 따라서 유럽중앙은행은 금리 스프레드를 낮게 유지하기 위해 무제한국채매입으로 개입한다.

그러나 이 주장은, 보통 말하는 유로 분열의 위험이 유럽 국가 간의 위험 프리미엄 격차를 설명할 수 없는 한 설득력이 없다. 그것은 기껏해야 보다 내재적 안정성이 있는 다른 통화지역의 경우와 비교한 유로존 자산의 상대적 위험 프리미엄을 설명할 수 있다. 위험 프리미엄 격차는 몇몇 국가가 그들 자신의 통화로 복귀한 뒤에 다른 나라에 비해 절하될 것이라는 기대의 결과로 발생하지만, 만약 그렇다면 제4장에서 논의한 바와 같이 이는 이들 국가들의 물가수준이 너무 높고 경쟁력과 채무 지탱 가능성을 되찾는 조정이 필요하기 때문이다. 따라서 유럽중앙은행이 제거하고 싶은 위험 프리미엄은 시장실패의 결과가 아니고 투자자 측의 합리적이고 정확한 기대의 결과이다. 결국 투자자는, 약간의 확률로, 절하된 통화로 상환 받을 것이며, 채무 리디노미네이션 이후에 국제적으로 거래되는 상품 기준으로 실질 상환 의무가 줄어드는 한에 있어서 채무자의 부담은 줄어들 것이다. 이들의 국가가 임금과 물가를 하락시킴으로써 유로존 내에서 실질 절하를 해야 하는 경우에 비해 이들은 형편이 더 나아질 것인데, 이는 실질 절하의 경우 이들의 채무 부담이 줄어들지 않기 때문이다. 채무의 국별 통화로의 전환이 병행되는 유로 해체 이후의 전면적 통화가치 절하outright currency depreciation는, 채권자의 이자수익과 채무자의 이자부담 모두가 실질기준으로 감소한다는 것을 의미한다. 그러므로 양측이 명목금리를 상향 조정함으로써 그 가능성을 보완하는 것이 합리적이고 효율적이다.

이 점에 관해서는 경제학원론의 첫 부분에서 언급하게 하는데, 이는 자본이 경합 사용처 중에서, 공통 기준으로 측정한 자산의 한계 수익률과 기대가격 상승률이 모든 자산에서 동일하게 하는 방식으로 배분되어야 한다는 자본시장의 기본 효율성 조건의 하나이다.[100] 이 법칙을 따르는 것은 한 사회의 가용 자본량이 경합 사용처 사이에서 파레토 최적 방식, 즉 미래 세대에게 불이익을 주지 않고 현재 소비를 극대화하는 방법으로 배분되는 것을 보장한다. 따라서 자원의 낭비를 피하고 유로존 성장을 자극하기 위해서는 기대 통화가치 절하 차감(잠재 부도확률 차감) 후의 명목금리가 모든 국가와 모든 자산에서 균등하게 된다는 점에서, 리디노미네이션 위험이 명목금리에 완전하게 반영되는 것은 필수적이다. 리디노미네이션 위험으로부터 초래되는 금리 스프레드를 유럽중앙은행이 시장실패의 증거로 해석하는 것은 그야말로 잘못되었다.

같은 이유로 시장이 리디노미네이션 위험을 민간 기업들이 지급해야 하는 수익률에 반영하는 것에는 잘못이 전혀 없다. 기업의 위험을 적극적으로 관리하는 자산유동화증권ABS 시장의 개설을 통해 이러한 위험 프리미엄에 대응하려고 하는 유럽중앙은행의 고려는, 국가의 위험 프리미엄을 무제한국채매입 정책의 방법으로 축소하려는 시도와 마찬가지로 결함이 있다.[101]

유럽중앙은행이 자신의 정책을 통화 정책 메커니즘을 완화하는 측면에서 옹호할 때, 유럽중앙은행은 자신에게 주어진 엄격한 법적 권한 내에 있다는 것을 입증하려고 시도한다. 그러나 실제로는 유럽중앙은행이 무료 보험을 제공함으로써 남부에서 북유럽으로의 자본흐름을 효과적으로 지원하는 지역 재정정책을 수행하고 있다. 유효한 경제적 정당화가 없을 경우 이는 자본의 최적 배분을 왜곡시키고 유럽의 성장을 방해하여 세계 다른 지역에 비해 유로존의 굼뜬 자세를 유지하는 것으로 예상될 수 있다 ([그림 1.1] 참조).

금융억압financial repression이라고도 알려진, 시장을 화폐 윤전기와 경쟁시키는 정책 또한 예금자의 투자수익 일부를 강탈하기 때문에 비판받을 수 있다.[102] 과다차입국에서 위험에 상응하는 수익률을 얻기보다는, 유럽중앙은행 정책위원회가 적절하다고 보는 조건에 스스로 만족해야 한다. 이들은 직접대출 대신에 자신의 저축을 자국의 중앙은행에게 제공하고, 중앙은행은 그에 상응하는 타겟 잔액에서 창출된 유동성을 흡수한다. 이렇게 유로시스템은 북쪽에서 저축을 확보해 이 저축이 남쪽으로 배달될 수 있는 조건을 결정하는 공공구매 조직처럼 효율적으로 운영된다.

이 정책은 과다채무국이 그들의 예산을 줄이고 위기국의 시중은행이 새로운 자본을 제공하는 사람들에게 지분을 양도할 필요도 없이 자본을 확충할 수 있도록 도와왔으나 예금자들과 그들의 기관들에게 부담을 주었다. 북유럽의 자본수출 은행들은 심각한 이익 감소의 고통을 받았다. 노동자 연금기금이 어려움을 겪었으며, 기금은 사용할 수 없고 이자수익만으로 살아가야 하는 자선단체들은 예산을 삭감해야 했으며, 생명보험회사들은 보장 최저 금리를 낮춰야만 했다. 이 모든 것은 금융시장의 신뢰를 심각하게 떨어뜨렸으며, 유럽의 예견되는 인구통계학적 수렁에 대처할 수 없을 전통적 원천징수 방식pay-as-you-go 연금 시스템으로의 방향 전환을 지원하였다.

유럽인들은 많은 국가에서, 21세기 중반까지 손에 대비한 입의 비율이 두 배가 될 것이라는 간단한 이유 때문에 근근이 살아가기도 힘들 것이다. 예를 들어 독일의 베이비붐 세대는 이글을 쓰는 시점에서 약 50세이지만 자식이 거의 없다. 그들의 민간 저축이 충분치 못하다고 느끼는 15년에서 20년이 지나면 그들은 성취한 것 이상을 다음 세대에게 요구할 것이다. 추한 분배갈등이 거의 예정되어 있다.

[그림 4.2]에서 살펴본 바와 같이, 2008년에서 2012년의 위기 5년 동안 유럽중앙은행과 국가 공동체가 수행한 구제 활동의 결과로 GIPSIC 국가가 향유한 이자 수익은 총 2,090억 유로에 달했으며, 작년 한 해 동안에만 GIPSIC 순외채의 약 3%인 670억 유로였다. 이 수치는, 경상적자를 통해 쌓인 GIPSIC 국가의 순 대외포지션에 시장금리가 폭발하기 전인 2007년 4분기 현재 순외채에 지급된 평균금리를 곱한 결과로 나온 가상적인 수익으로서 이 국가에서 다른 국가로 흘러간 실질 순 투자소득과 비교하여 계산되었다. 유럽의 가장 큰 채권국인 독일의 경우에 유사한 계산을 반복해 보면, 2008년에서 2012까지 5년 동안 투자 손실은 1,970억 유로이고 2012년에만 580억 유로이다. 580억 유로는 독일 순 대외포지션의 약 5.3%에 해당되며, 독일의 순 대외포지션은 제2장에서 논의한 바와 같이 ('외채문제' 절 참조), 시장금리의 극적인 상승의 결과로 초래된 해외자산 상각손실에 따라 5년 동안 3,360억 유로가 감소하였다.

유럽이 유럽안정화기구와 함께 취한 경로와 특히 유럽중앙은행의 광범위한 개입은, 그들의 정책을 대중에 알릴 때 모호한 이념적 주장을 이용하면서 시장경제를 중앙계획당국이 지역별로 자금을 배분하는 시스템으로 끌고 간다. 그렇게 하여 이 기구들은 공공선택Public Choice 교과서에서 기술한 바와 같이, 지대추구 활동에 빠진 전형적인 관료조직처럼 처신한다.[103]

유럽에서, 투자자본의 공간적 배분을 결정하는 것은 자산 소유자의 포트폴리오 결정이 아니고 정치적 세력이다. 이는 대륙의 활력과 효율성에 대해 우려되는 부정적 의미를 가질 뿐만 아니라 민주주의를 저해할 수 있는 정치권력 센터를 만든다. 유럽중앙은행이 민주적 결정을 통해 존재하게 되었다는 것은 사실이다. 그러나 유럽중앙은행의 현행 결정은, 투표 규칙이 소수의 권리를 보호하면서, 의사결정 과정에서 모든 시민에게 동등한 가중치를 부여하는 민주주의 개념과 양립할 수 없는 전문관료 조직에 의해 만들어졌다. 진정한 민주적인 의사결정 과정은, 심각한 재정적 의미를 가지고 있고 물가수준을 일정하게 유지할 목적으로 그저 협소하게 정의된 통화정책보다 더 많은, 모든 결정에 대한 영구적인 민주적 통제를 필요로 할 것이다. 민주주의 원칙을 충족하기 위해서는 한 기관이 민주적인 결정에 의해 한 번 설립되는 것만으로 불충분하다.

유럽중앙은행은 의회가 이용할 수 있는 재정정책 옵션의 범위를 제한함으로써 미래의 민주적인 의사결정을 미리 정할 수 있기 때문에 이 기관에 의해 행사된 권력은 특히 문제가 많다. 이는 이 장의 도입부에서 설명한 바와 같이, GIPSIC 국가의 경쟁력 함정과 병행하여 다른 유로지역 국가들을 부채의 함정으로 이끄는 경로의존성이다.

유럽중앙은행이 GIPSIC 국가로 하여금 그들의 금융수요를 윤전기로 해결토록 허용한 후인 2012년 여름에 북유럽 유로지역 국가는 무려 1조 20억 유로의 타겟 청구권자로 돌아섰다. 또한 유로시스템이 2,000억 유로 가치의 국채를 국채매입계획$_{SMP}$을 통해 매입한 후 민주적으로 선출된 정책 입안자들은, GIPSIC 국가와 그들의 은행을 공동체 자금으로 구제하는 것을 더 이상 자제하기 힘들었다. 이는 이것이 유럽중앙은행 자체를 효과적으로 구제하는 정책이었기 때문이다. 그들이 그렇게 하는 것에 반대했다면 유로는 붕괴했을 것이고, 유럽중앙은행은 파산했을 것이며, 북유럽 국가들은 타겟 청구권을 상실했을 것이다. 분명히 유럽중앙은행 정책위원회의 이전 결정들은, 유럽중앙은행을 포함한 채권자뿐만 아니라 GIPSIC 국가의 정부 및 은행을 구제하기 위하여, 유럽의회가 후속 결정을 통해 유럽안정화기구를 설립하도록 압력을 가하였다. 의원들이 마침내 요청받았을 때 다른 대안이 남아 있지 않았다. 이들은 유럽중앙은행 정책위원회에 사실상 허리를 굽혔다. 정책위원회는 골드 신용카드를 테이블에 놓았고, 의원들은 그것이 최고 한도에 달했다고 짜증이 났으며, 스스로 신용카드 한도 초과를 피하기 위해 그 옆에 플래티넘 카드를 두도록 강요당하고 있는 자신을 목격하였다.

유사한 위험이 이제 무제한국채매입에서 발생할 것이다. 현재 무제한국채매입은 어느 보장에 대해서도 아직 지급하지 않은 보험계약이지만, 다음 위기 파장을 약화시키기 위해 유럽중앙은행이 그 약속을 지키고 막대한 GIPSIC 국채를 매입할 때가 올 것이다. 이러한 일이 발생할 때 유로시스템의 대차대조표는 국채로 채워질 것이고, 유로시스템은 통화 공급의 충격을 불태화하기 위해 중앙은행 대출을, 은행으로부터 순 기준으로 자금을 차입함으로써 아마도 마이너스 범위로 감축해야 할 것이다. 타겟 잔액을 통해 그들의 중앙은행들이 같은 상황에 내몰렸던 독일과 핀란드의 사례를 따라서, 더욱 더 많은 중앙은행이 은행시스템에 대한 순 채권자에서 순 채무자로 전환될 것이다 ([그림 6.8] 참조). 이러한 상황에서 유로시스템이 불태화를 멈추고 인플레 유발적인 금융에 호소하려는 유혹을 크게 느낄 것이며, 의회도 유럽중앙은행이 국채매입을 그만두도록 해주는 유로본드를 거부하기는 어려울 것이다.

유로본드는 개별 국가가 그들의 예산을 보충하고 만기 구 채권을 상환하기 위해 발행하는 공동보증채권jointly guaranteed bonds이다. 공동보증에 힘입어, 모든 나라가 채무상환을 할 수 있을 것인지에 상관없이 동일 금리를 지급한다. 유로본드는 이를 매입하는 투자자에게 그들의 자금을 되찾게 될 것이라고 안심시킴으로써, 유럽중앙은행으로 하여금 장부에 보유하고 있는 국채를 제거할 수 있도록 할 것이다.

무제한국채매입 보험 약속은, 유로본드가 제공하는 재매입 약속이 같은 부류의 위험 공동화를 포함하므로, 유로지역 국가의 국채를 일종의 유로본드로 효과적으로 전환시켜왔다. 법적 관점에서 무제한국채매입에서 유로본드로의 행보가 클 수도 있으나 경제적 관점에서는 매우 작으며, 이것이 매우 작으므로 의회들이 이미 관행으로 인정하는 것은 큰 문제가 아닐 것이다.

항상 유로본드를 원했던 사람들은 이 발전을 환영할 것이나, 이 상황에서 의회들이 더 이상 그들의 선택을 수용 또는 거절할 자유가 없다는 것을 또한 인식해야 한다. 오늘날 특히 독일 등 몇몇 유로존 의회에서 유로본드에 대한 강력한 반대가 있다. 이러한 반대는 유럽중앙은행이 남유럽 국가의 대규모 국채 매입을 시작하자마자 사라질 것이다. 그 결과가 옳건 그르건 간에 이러한 결정 과정은 확실히 옳지 않다. 몰타가 독일 또는 프랑스와 동일한 투표력을 가진 전문관료 집단의 의사결정을 운명 짓기 때문에 유럽은 채무공동화 방향으로 움직일 것이다.

과다차입국이 높은 수익률을 요구하는 자본시장에 의해 더 이상 처벌받지 않는다는 것을 알고 있음을 감안하면, 유로본드가 아마도 더 많은 차입을 유발할 것이기 때문에 불행하게도 상황은 여기서 멈추지 않을 것이다. 유럽 공동체 특정 부분의 채무상환 불능은, 그것으로 인해 그저 재난을 잠시 피하게만 함으로써 위기의 한 파도에서 다음 파도로 비틀거리도록 하는 강력한 논리 때문에 유로존이 이전지출동맹transfer union으로 전환하는 것을 궁극적으로 요구하는 상황을 초래할 것이다.

또 다시 그 당시 의회들에 의해 필요한 행보가 민주적으로 결정될 것이나, 정책결정의 경로의존성은 이미 가능한 행동 범위를 축소시켜 왔다. 민주적 의사결정으로 보이는 것은 사실 유럽중앙은행 정책위원회에 의해 이전에 취해진 의사결정의 결과일 것이다. 따라서 의회는 유로존의 진정한 주도권을 가진 유럽중앙은행 정책위원회의 대리인이 된다.

무제한국채매입은 투자자의 위험을 납세자, 국가연금수령자, 생계를 국가에 의존하는 일반인에게 전가함으로써 상황을 진정시켰다. 일반인은 반응이 늦고 국가를 믿고 국가가 제공하는 보호를 믿는 반면, 투자자는 항상 경계를 하고 조그만 문제의 낌새에도 피해 버리는 정보를 잘 활용하는 사람이기 때문에 이러한 재분배가 잠시 동안은 사태를 수습해왔다. 그러나 일반인이 자신이 보전해야 하고 그로부터 연금과 소득을 수취하는 국가에 부과된 부담을 인식할 때, 그들의 분위기가 바뀌어 조치를 취하도록 고무될 수 있다. 이는 일시적 금융위기에 비하여 서구 세계의 안정성에 더 큰 위험이 될 수 있다. 확실히 말하면, 지금으로부터 15년 내지 20년 후의 유럽의 인구 통계적 문제에서 예견되는 위험은 이미 어마어마하다. 이러한 인구 통계적 문제에 납세자의 돈으로 금융위기를 회피하는 부채 위험을 더하는 것은 잠재적인 정치적 혼란과 재난이 될 것이며, 이는 단순한 금융위기의 공포를 무색하게 한다.

유럽은 잘 해야, 몇몇 국가와 지역이 오늘날 동부독일이나 이탈리아의 남부지역과 같이 영구적으로 다른 국가로부터의 이전지출에 의존하는 경제시스템으로 향할 것이며, 이들의 상품은 영원히 비싸며 실업률이 높고 이전지출 의존성이 영구화되는 만성적인 네덜란드 병에 걸릴 것이다.[104]

이 운명은 유로시스템을 재고함으로써 회피할 수 있다. 독일 헌법재판소의 키르히호프Ferdinand Kirchhof 부소장은 이를 덧붙일 필요 없는 다음 문구로 표현하였다:[105)

우리는 이 문제에서 저 문제로 점프하면 안 되고, 유로와 유럽연합의 전
반적인 개념을 신중하게 다시 생각해야 한다…유럽연합은 내부 조직을
재정비하고, 자신과 회원국들 사이의 관계를 가다듬고, 무엇보다도 더욱
민주화되어야 한다.

유로시스템 재고

Rethinking the Eurosystem

THE EURO TRAP

경로 변경

유럽에 대안은 없다. 전쟁과 긴장의 세기들을 보낸 후인 지금, 강력한 연합으로의 유럽의 추가 통합은 반드시 이루어야 한다. 유럽연합에 대한 대중의 지지가 위기동안 시들해지기는 했지만, 윈스턴 처칠의 '일종의 유럽합중국' 건설 제안은 아직도 유효하다.[1] 상품·자본·인력의 자유 이동, 제품표준과 조세제도, 공동대외정책과 국방 등은 유럽의 평화와 번영을 확보하는 목표에서 중요한 수단들이다.

그러나 유럽이 이러한 목적을 성취하는 많은 잠재적 방안이 있다.[2] 공동통화동맹을 통한 길은 분명히 예상보다 험난했으며, 지금은 그것이 실제로 유럽의 목적으로 이끌 것인지 정말 회의적이다. 통화동맹은 자동적으로 연대책임을 가져오고 따라서 도덕적 해이 효과가 있기 쉬운데, 이는 강력한 정치권력 센터에 의해 억제될 필요가 있다. 권력의 중앙집중화 없는 통화동맹이 성공하기 어렵다는 것은 많은 전문가들이 정확히 강조하고 있는 점이다.

유럽중앙은행의 신용에 대한 연대책임은, 지역 화폐 윤전기 접근방식과 결합하여, 유럽의 납세자에게 연관된 다른 어떠한 구제책보다 더 큰 자산 위험을 초래하였다. 그것은 투자자들 사이에 무모한 대출 및 차입으로 유도했던 과신 분위기를 조장하였다. 과도한 통화량이 가게 진열장에 놓여있었고, 너무 많은 채무가 대중의 어깨로 전가되었으며, 너무 많은 위험을 감수해야 했고 많은 자본이 국경을 넘나들었다. 이 모두는 인플레 유발적인 거품에 기여하며 결과적으로 남유럽 국가로부터는 경쟁력을, 다른 나라들로부터는 성장 활력을 빼앗았다.

그럼에도 불구하고 통화동맹은, 운영 담당자들이 마스트리히트 조약의 규정을 지켰더라면, 이론적으로 성장 가능성이 있었다. 그러나 그들은 그 과정에서 만난 유혹에 굴복한 뒤 목적을 잊어버렸다. 구제금지 조항은 지나치게 느슨하고 왜곡된 금융규제에 의해 훼손되었고, 안정성장협약은 무시되었으며, 2010년 5월 첫 국가 부도가 발생했을 때 마스트리히트 조약은, 구제정책에 의해, 완전히 위반되지는 않았지만 재해석되었다. 그것이 당시에는 더 쉬운 선택이었으나, 지도를 배 밖으로 던져버림으로써 조타실에 앉아 있는 사람들은 방향감각을 잃어버렸다.

경제학자들은 이를 시간 불일치성time inconsistency이라고 부른다. 첫째, 무지의 장막 뒤에서 몇몇 일반 규정이 특화되고 조약으로 존중되지만, 그리고 나면 의사결정권자들은 이후 계속 규율을 무시하고 재량껏 의사결정하길 원한다. 프레스콧Edward Prescott이 노벨상 수상 연설에서 강조했듯이, 법규에 따르는 것이 특정 시기에는 불편할 수도 있으나 장기적으로는 더 좋을 수 있다. 이것이 정책결정에서의 시간 불일치성을 극복하는 방법이기 때문이다.[3]

비틀거리며 가다가 순간에서 순간을 새로이 최적화하는 것이 경로의 존성을 만들었는데, 이는 마스트리히트 조약의 서명자들이 회피하고자 시도한 것이었다. 이 경로의존성 때문에 우리가 유럽합중국United States of Europe에 대한 열망, 그리고 염원하는 평화와 번영에 근접하게 되지는 않을 것 같다. 유로의 불황기를 비틀거리며 보내다가 취한 정책결정은 채무를 공동화하고 당면 및 미래 수요에 맞게 납세자의 지갑을 열게 하려는 시도로 집약되었는데, 이는 의회가 더 이상 활동할 여지가 없어 유럽중앙은행 정책위원회가 취하거나 준비한 결정들이었다. 미국의 초기 수십 년간 역사가 보여준 것과 같이 이것은 위험한 경로이다.

미국의 교훈

1790년 미국의 초대 재무장관인 해밀턴Alexander Hamilton은 혁명기간 중 발생한 주 정부 채무를 연방정부가 떠맡도록 하였다. 연방정부는 아직 정착되지 않은 영토(아팔레치아 산맥 서쪽)를 연방정부에 할양함으로써 인수한 채무를 부분 상환했으며, 국가가 그때부터 부과하기로 결정한 공동 수입세에서 발생한 수익으로 상환되도록 하였다.[4] 해밀턴은 새로운 연방국가가 설립된 뒤 점판암이 깨끗이 닦여지기를 바랐으며, 그는 채무공동화가 '우리 동맹의 강력한 시멘트'라고 주장하였다.[5]

많은 사람들은 이것이 유럽의 좋은 모델이 될 수 있고 (영토의 양도는 제외), 앞서 주장한 바와 같이 유럽중앙은행의 무제한국채매입 정책이 유로존 채무공동화를 향한 첫걸음일 수 있다고 생각한다.[6] 그러나 자세히 들여다보면, 이 긍정적 평가는 생각보다는 설득력이 약하다.

우선 미국 주 정부 채무는 영국으로부터의 독립을 쟁취하기 위한 혁명전쟁 기간 중(1775~1783년) 일부 발생했으므로, 이를 공동화하는 것이 논리적인 것처럼 보인다. 반면에 유로지역 국가의 채무는 공동 투쟁이 아니라 개별 정부의 소비결정으로부터 초래되었다. 제2장에서 논의한 바와 같이, 유로화가 가져온 금리 이점은 무익하였다.

다음으로, 유럽은 단일 국가를 설립하지 않았다. 단지 거래를 위한 공동 회계단위를 창출했을 뿐이며, 이는 마스트리히트 조약의 구제금지 조항(TFEU 125조)이 극명하게 강조한 입장이다.[7] 제1장에서 논의한 바와 같이, 유로존을 연방시스템으로 전환하려는 의향은 프랑스에 의해 확고히 거부되어 왔다.

미국의 채무공동화 경험은 좋지 않다.[8] 초기의 채무공동화는, 미래에도 그들의 채무를 연방의 어깨에 내려놓을 수 있을 것이라는 기대를 연방 주 정부들 사이에 불러일으켜 그들의 차입 의지를 극적으로 고조시켰다. 특히 영국과의 2차 전쟁과 관련하여 1812년부터 1814년까지 주 정부 채무가 다시 한 번 공동화되었기 때문이다.[9]

이 메커니즘은 그들의 지방 행정부가 과다 차입을 하였던 1980년대 아르헨티나와 브라질에서 관측된 것과 유사하다. 그 지방정부 또는 주들은 주요 프로젝트에 대한 재정 보전을 위해 각각 차입했는데, 상황이 긴박해지면 채무가 공동화될 것이라는 희망으로 상환에 대한 고려는 밀쳐 두었다.[10] 두 나라 모두에서 나타난 결과는 지자체의 주권 상실에 가까운 채무조정이었다.

미국에서 발생한 상황은 그보다 훨씬 좋지 않아, 주 정부 채무는 1820년대 중반까지 낮게 유지되었으나 이후 증가하기 시작했는데, 이는 무엇보다도 주 정부들이 금리인하의 이점을 지닌 시장성 높은 채권을 발행했기 때문이다. 이러한 채무 증가는 주로 막대한 자원이 소요되는 도로, 운하, 철도와 같은 하부구조에 대한 투자로부터 초래되었다. 남부 주들에서는 상당액의 채무가 주 정부들이 새로운 민간은행 소유자에게 필요자본을 지급하도록 제공한 신용의 결과로 초래되었다.[11] 주의 경제는 번영했으나 개별 주 정부의 채무가 급격히 증가한 1830년대에는 거품이 위태롭게 커졌다. 거품은 결국 1837년 터졌다. 패닉은 자본시장에서 분출되었는데, 특히 영국과 같은 미국의 유럽 무역 상대국을 집어삼킨 심각한 경제위기와 동시에 일어나 대부분의 주들이 주 정부 직원에 대한 임금 지급과 공급자에 대한 대금 지급을 중지할 수밖에 없게 만들었다. 패닉이 진정된 이후 시장은 다소 안정되었으나 1939년까지는 실제로 공개된 시장에서의 차입이 서서히 중단되었고 경제는 침체되었다.[12]

이 상황에서 연방정부는 주 정부들의 상환 불능을 막기 위해 그들의 시장 접근 어려움을 고려하여 여러 주들로부터 많은 채권을 샀다. 연방정부가 채무과다 주에 대해 관대할 것으로 입증될 것이고 궁극적으로 채무 자체를 떠맡을 것이라는 일반적인 기대가 달성된 것처럼 보였다.[13]

그러나 그 지원은 연방정부가 자제심을 잃기 전까지의 짧은 기간 동안에만 지속되었다.[14] 1841년 플로리다, 미시시피, 알칸사스, 인디애나 주는 공식적으로 파산 신청을 하였다. 1842년에 일리노이, 메릴랜드, 미시간, 펜실베이니아, 루이지애나가 이를 뒤따랐다. 앨라배마, 뉴욕, 오하이오, 테네시 같은 주는 막대한 금융 부담에 직면하여 파산지경에 이르렀다. 1842년 존재한 총 26개 주 및 영토 중 9개가 파산을 신청했고, 적어도 4개가 파산 직전에 있었다.[15]

연방정부가 주들을 구제하여 파산을 막을 수 있을 것이라는 희망이 실현되지 못하였다. 연방 예산의 가용성이 불충분했고, 불균형이 견디기 어려운 지경에 이르렀다. 주들 사이의 긴장과 갈등이 고조되었으며, 이는 추가 지원을 제공하려는 의지를 약화시켰다.

프린스턴 대학교의 경제사학자 헤롤드 제임스Herold James는, 해밀턴이 미국 재정동맹을 '다지려고' 했던 것이 결국은 "폭파시키는" 것으로 드러났다고 보았다. 제임스는 미해결된 채무 문제가 연방 주들 사이에 긴장을 발생시켰는데, 이는 연방 채무가, 남부에게 피해를 주고 북부 제조업자들은 이익을 보는, 정치적 분열을 초래하는 관세에 의해 상환되어야 했기 때문이라고 주장하였다. 더 나아가 이러한 긴장이 궁극적으로는 1861년부터 1865년까지의 미국 내전을 이끈 다른 요인들에 기름을 끼 얹었다고 주장하였다.[16]

경성 예산제약

미국은 유럽에 대해 매우 유용한 교훈을 주고 있는데, 이는 미국이 해 결해야 했던 재정연합fiscal federation의 문제가 유로존이 현재 직면한 것과 유사하기 때문이다. 신생국의 초기 수십 년간의 온갖 고난은 역사의 바 퀴를 재발명하기를 원하는 모든 사람에게 경고가 되어야 한다. 미국이 이미 오래 전에 했기 때문에, 유럽은 재정연방주의fiscal federalism를 고안할 필요가 없다. 두 세기 동안 지속된, 때로는 고통스러운 반복 과정을 통 해 미국은 진화하여, 현재 중앙정부의 높은 채무를 제외하고는 합리적 으로 잘 작동되는 것으로 보인다. 적어도 유럽이 어떻게 진화할 수 있는 지에 대한 어떤 신호를 보내고 있다. 맹목적으로 비틀거리고 상황을 우 연이나 금융 투자자의 압력에 방치하기 전에, 새로운 유럽의 건설을 위 해서는 미국의 역사에서 잘 배워야 할 것이다.

미국이 채무공동화의 결과로 겪은 에피소드 이후, 각 주는 자신의 채 무를 지급해야 하는 것이 최종적으로 명백하였다. 구제금지 원칙이 미 국 지방자치와 주 정부의 금융에서 보편적으로 받아들여지는 기둥이 되 었다. 많은 주들이 채무 수준에 한도를 두기 시작했으며 과다 채권 발행 을 법률적으로 제한하였다. 뉴욕주는 1846년 총 1백만 달러의 채무 한 도를 실행한 첫 번째 주였으며, 다른 주들도 1860년까지 이를 따라 하였 다.[17] 자진하여 부과한 제약들이 세계경제가 다시 침체에 빠졌을 때인 1870년대의 다른 채무위기를 막지 못하였으나, 이것만으로도, 연방정부와는 달리 주 정부들이 지금까지 보여주었던 내핍 태도를 강화하고 확인시켰다.

캘리포니아 주는 최근 파산의 목전에 있었다. 교사와 다른 주 정부 공무원의 급여 지급이 여러 번 연체되었고 주의 일자리는, 처음부터 강제 해고가 공시되는 시간제로만 주어지고 있다. 2009년 여름 캘리포니아 주 정부는, 남은 자금이 없고 은행이 추가 신용을 제공하지 않음에 따라 차용증서iou로 26억 달러 가치의 청구서와 임금을 지급하였다. 차용증서는 제3자에 양도될 수 있었으므로 잠시 동안 화폐 대신에 사용되었다.

미네소타 주와 일리노이 주도 잘하고 있지 않다. 그들의 재정은 심각한 재정위기에 영향 받아 극도의 곤경에 처해 있었다.[18] 2011년 7월, 미네소타 주 정부는 인프라 사업을 중지시켰고, 공원 경비원에게 줄 돈이 없어서 여행 시즌 중에 주립공원의 문을 닫았다. 수천 명의 주 정부 직원이 임금을 기다렸으나 주 정부는 지급할 수 없었다.[19] 일리노이 주에서는 몇몇 공공시설이 폐쇄되었으며 수천 명의 주 정부 노동자가 2011년 9월 해고되었다.[20]

몇몇 미국 주에서의 상황은 오늘날 그리스에서보다는 덜 위태로왔다. 독자들은 제2장([그림 2.7])으로부터 (2012년중 2013년 GDP의 58%에 해당하는 1,050억 유로의 채무 탕감을 향유했다는 사실에도 불구하고) 2013년 그리스 정부의 채무/GDP 비율이 175%였다는 것을 기억할 것이다. 이와 대조적으로 미국의 구제금지 원칙은 2013년 캘리포니아, 미네소타, 일리노이 주의 채무/GDP 비율을 10% 미만으로 지켰는데, 이는 파산의 경우에 아무도 그들을 돕지 않을 것이라는 것을 안 투자자들이, 유럽의 채무 친화적인 제도적 환경에서에 비해 훨씬 낮은 채무 수준에서 초조했기 때문이다.[21] 10% 채무 수준에서 주 정부의 채무상환 불능은 큰 문제가 되지 않으며 쉽게 처리할 수 있다. 그러나 채무가 그리스 차원에 이르면, 자본시장이 부과한 부담은 더 크고 모든 사람들의 상황은 더 위태롭다. 구제금지 원칙이 미국에서 확고히 정착한 상황에서, 언제든지 디폴트가 발생할 수 있으며 정부자금에 의존하는 사람들에게 징벌적이다. 여전히 미국의 어느 누구도, 시장 접근을 재개시키기 위해, 연대 책임의 방호 아래 위기 주들에게 금융지원을 제공하는 공동 프로그램을 계획하는 아이디어를 밝히지 않을 것이다.

좋은 교훈을 1975년 거의 파산한 뉴욕시에서 얻을 수 있다. 뉴욕시의 경제 규모는 뉴욕주 전체와 거의 비슷하다. 1960년대 후반, 당시 시장 린제이John Lindsay는 미국에서 유럽 스타일의 복지 주 건설을 시도하였다. 그 결과는 미국 전역의 가난한 사람들이 사회안전망으로부터의 이익을 얻기 위해 뉴욕시로 몰려오게 만드는 것이었다. 이 시는 채무상환 불능의 경지에 내몰렸다. 린제이는 그의 프로그램을 중단시켰으나, 그것으로 인한 채무로부터의 고통을 계속 겪었다. 1975년 뉴욕은 사실상 파산하였고, 마지막 순간 교사 연합 연금기금의 대출에 의해서만 구제될 수 있었다. 미국 정부는 구제에 나설 것을 거절하였다. '포드가 뉴욕에게: 죽어버려'Ford to City: Drop Dead라고 한 뉴욕 데일리뉴스의 헤드라인은 전설이 되었다. 이는 당시 대통령 포드Gerald R. Ford의 입장을 잘 보여주고 있다.[22] 포드는 그의 강한 입장을 잘 견지하지 못했고, 이듬해 의회는 연방기금에서 약간의 지원을 제공했으나 그것은 엄청나게 부족하였다. 뉴욕은 미래 조세수입에 대한 우선 청구권으로 담보된 채권의 발행을 통해서 겨우 새로운 자금을 얻을 수 있었다.[23]

미국의 다른 하위 행정부서들은 수년에 걸쳐 뉴욕시와 같은 운명을 겪었다. 되풀이하여 몇몇은 파산하고 채무상환을 연기하였다. 2012년에만 12개 자치단체가 파산을 신청하였다.[24] 통상적인 채무상환 불능 절차에 따라 지자체 당국을 개편하도록 한 1937년 미국 파산법 제9조 도입 후 약 600여건의 파산 신청이 있었다.[25] 1980년부터 2012년까지 272건의 신청이 기록되었고, 2013년에는 9건이 있었다.[26] 이 수치에는

2013년 7월 18일 파산한 디트로이트도 포함되어 있다.[27] 채무상환 불능이 선언된 후 채권자들과 일부 채무를 탕감받기 위한 협상이 모색되었고, 이 도시들은 다시 기능을 수행할 수 있었다.

자원이 희소하기 때문에, 초기의 연성예산제약soft budget constraints 시스템 실패 이후 미국은 경성예산제약hard budget constraints 시스템을 도입하였다. 이는 물론 모든 개인에게 고통스러울 뿐만 아니라 경제적 실체들에게도 고통을 주지만, 제대로 작동을 하고 파국으로 이끌지 않는 채무 규율을 주입시키기도 한다. 미국의 어느 누구도 해밀턴 이후 첫 수 십 년간의 경험을 되풀이하길 원치 않는다.

연성예산제약의 고통스러운 결과는 소련의 몰락에서도 분명하다. 연성예산제약이 소련의 붕괴를 초래할 것이라는 것은 일찍이 1980년 헝가리 경제학자 코르나이János Kornai에 의해 예견되었다.[28] 만약 정부가 어떤 것을 원한다면 그것은 수행되었다. 다른 용처로부터 생산요소를 빼옴에 따른 손해를 아무도 인식하지 못한 채 상품은 생산되었다. 정치가 경제학의 법칙보다 우월하다고 믿었으나 사실은 그렇지 않았다. 결국 경제학의 엄격한 법칙 때문에 소비에트 시스템은 지속될 수 없었다.

경성예산제약은 자동차의 브레이크와 같다. 언덕 아래로 내려갈 때, 그 스피드를 줄이는 것보다 자동차가 자유롭게 구르게 하고 싶지만, 결국 급제동이나 간혹 사고로까지 이어진다. 유로화가 발표되고 최종적으로 도입되었을 때 유로존은 연성예산제약의 국면을 관통하였다. 자동차는 쭉 돌진하였고 그대로 계속 갔다. 오늘날에도 운전자는 브레이크를 감히 세게 밟지 않는다. 일부는 심지어 차가 기운차게 쭉 가기를 원한다. 이들은 유로본드, 은행 채무의 공동화 그리고 브레이크 압력을 제거하는 다른 수단들을 요구하고 있다. 그리하여 이들은 미국이 초기 수십 년간 경험했던 같은 사고의 유형의 위험을 감수하고 있다.

중립 통화

지역 윤전기로 손쉽게 접근토록 한 것은 틀림없이 유로시스템의 중요한 설계 결점이었으며, 미국의 통화제도와 구분되는 가장 근본적인 특징이다. 이 지역 윤전기는 북유럽 중앙은행들로부터 GIPSIC 국가로 1조 유로에 이르는 추가 유로를 날랐으며 이는 타겟 잔액에 의해 측정되었다. 이는 진열장 화폐 이론에 부합하는데, 이 이론에 따르면 유로시스템은 시스템 안정을 위해 충분한 화력을 필요로 한다. 그러나 불행하게도 이론의 예측에 상반되게 진열된 화폐는 실제로 사용되었다. 타겟 잔액을 일대일로 감축시킨 공적신용이 대체물로 제공되었기 때문에 그동안 많은 금액이 되돌아왔으나, 이 글을 쓰는 시점에서도 아직 6,000억 유로가 사용되었다 ([그림 6.2 및 7.1] 참조). 상당한 규모의 초과 유럽중앙은행 신용은 납세자의 손실로 전환될 것이다. 이는 GIPSIC 국가 은행시스템의 상각손실이 수조 유로가 되고 ([표 8.3] 참조), 유럽의회가 정한 은행정리 전략이 채권자 채권조정 한도를 은행 대차대조표의 극히 일부분으로 제한하기 때문이다 (제8장의 '은행동맹' 절 참조).

특히 진열장의 돈 때문에 채권자가 신중하지 못하게 되었고 인플레적인 신용거품이 커졌으며, 결국에는 남유럽 국가의 경쟁력이 상실되고 유로존에서 막대한 구조적 경상계정 불균형이 초래되었다 (제4장 참조). 좀비 은행들의 손실을 공동으로 보전해 주느라고 중앙은행들이 유럽중앙은행 정책위원회로 하여금 담보기준을 낮추도록 요구하게 되었고, 그 기준에 따라 각기 한도까지 담보를 늘려 주게 되었다. 제5장에서 살펴보았듯이, 긴급유동성지원ELA의 연대 책임으로부터의 면제가 근거 없는 믿음에 따라 자신의 재량으로 초과 긴급유동성지원신용을 늘리도록 하는 강력한 도덕적 해이의 인센티브가 창출되었다. 이러한 인센티브에 대응하여 구속력이 있는 규칙과 강력한 제약이 필요했으나, 이러한 제약은 유로시스템에서 빠져 있었다. 그리스와 사이프러스의 경우에 서와 같이 (제5장 참조), 이러한 제약이 없다면 파산이 늦어질 수 있다는 것이 사실이지만, 그것은 채무 부담을 더욱 더 부풀리고 더욱 많은 신용 소유권을 민간으로부터 공공으로 이전시키는 화교(火橋)를 만들었다.

분열을 피하기 위해, 채무 악순환의 논리가 회원국 중앙은행들로 하여금 보다 많은 국채를 사도록 만들어 유럽안정화기구 채권이 유로본드에 더욱 가깝게 하고, 새로운 타겟 잔액의 발생을 피하기 위해 은행채무 공동화로 나아가도록 압박할 것이다. 이는 브레이크가 없는 차를 가속 페달을 힘껏 밟아 안정화시키려고 하는 것과 같다.

채무 악순환을 멈추기 위해서는, 유럽중앙은행의 후속적인 의회 구제 결정을 선결하고 유럽의 민주주의를 저해하는 지역 재정정책을 종식시 킴으로써 근본 원인을 교정하는 것이 필수적이다. 이러한 목적을 위해 타겟 잔액을 억제할 필요가 있다. 이를 위한 네 가지 방법이 있다.

기술적으로 가장 단순한 대안은 유럽중앙은행 정책위원회가 중앙은 행 대출을 위해 저질의 담보를 허용한 정책을 끝내는 것이다 (제5장 참 조). 만약 중앙은행 대출이 적격담보에만 한정되어 제공되었다면, 은행 들은 유럽중앙은행으로부터 신용을 인출함으로써 아무런 이득도 보지 못했을 것인데, 이는 좋은 담보물로는 언제든지 은행간 자금시장에서 저렴한 신용을 구할 수 있기 때문이다.

그러나 독일연방은행이 오래전부터 엄중한 담보기준을 주장해 왔지 만 항상 유럽중앙은행 정책위원회에서 부결되었다. 타겟 잔액으로부터 이득을 보는 국가들이 정책위원회의 다수를 차지하는 한, 결론에 도달 하기는 분명히 불가능하다. 이 이슈는 보다 근본적인 접근을 요구한다.

독일연방은행 전 총재 슐레징어Helmut Schlesinger의 의견에 따르면, 타겟 잔액에는 해당 중앙은행에 벌칙 금리가 부과되어야 한다. 이는 물론 유 로시스템의 공동화 활동에서 제외되어야 하며, 적자 발생 중앙은행들이 그들이 제공하는 신용을 억제하도록 회유하기에 충분히 높아서, 시장금리가 오르고 다른 나라들로 보내져 방황하는 신용이 되돌아가도록 하여야 한다.[29] 이는 지역 신용시장에서의 수요와 공급 사이의 균형 아이디어, 즉 제7장에서 살펴본, 미국 내부 시스템, 브레턴우즈 체제, 금본위제도의 특징을 재도입하려고 시도하는 것과 마찬가지이다. 이는 정말 적절한 수단, 즉 심지어는 아마 유럽연합 조약을 변경시키지 않고 유로시스템의 중앙은행들에 의해 수행될 수 있을 것이다.

그렇지만 마스트리히트 조약을, 특히 타겟 잔액의 결제와 관련하여, 미국에서 이용된 것과 유사한 규칙을 적용하여 수정하는 것이 더욱 더 좋을 것이다. 국가 사이에 그리고 심지어 통화동맹 내 주들 사이에 가장 자연스러운 결제 수단은 금이다. 한 나라가 일 년여 동안 타겟 적자를 기록해도 좋으나, 그 때는 유로시스템 내 채무를, 금이나 양도 가능한 금 보증증권을 타겟 청구권 보유자에게 남겨줘 상환함으로써 결제하여야 한다. 금은 항상 국가들 사이의, 제7장에 요약된 미국 연준의 역사에서와 같이 심지어는 통화동맹 내 주들 사이의 국제수지 불균형을 결제하는 데 사용되어 왔으며, 금은 지금까지도 국제 지급수단으로 남아 있다.

어떤 국가들은 그들의 의무를 충족할 만큼 충분한 금을 가지고 있지 않다고 주장할 수도 있다. 그러나 이는 집을 짓는 어떤 사람이 자기 빚을 상환하기에 충분한 현금을 손에 쥐고 있지 않다고 말하는 것과 같다. 금은 국제적인 유동성 자산이고 세계적으로 받아들여지는 회계단위이므로, 채무국이 그 의무를 완수하기 위해 커버드본드나 국가 자산과 같은 어떤 다른 자산을 시장가격으로 팔아 금과 교환할 수 있는 가능성을 항상 가지고 있다.

물론 채무상환 불능에 근접한 국가는 그렇게 하기가 어려울 수도 있다. 어떤 종류의 채무증서를 건네주거나, 신용이 장부에서 잠들게 하면서 필요하면 영원히 시스템을 그대로 내버려 두는 것이 더 편리할 수도 물론 있다. 만약 한 나라가 경상수지 적자를 기록하고 자원을 세계 나머지 나라들로부터 일시적으로 흡수하기를 원한다면, 그 나라는 차입을 하거나 자신의 자산 일부를 팔아 교환해야 하며, 그 나라가 그렇게 하는 조건은 모든 관련 당사자가 동의해야 한다.

그렇긴 해도 일부 남유럽 국가의 채무상환 불능 근접은 사실이고, 번영하는 미래를 위한 공기 정화를 위해 공동 유럽 집안에서 무언가가 이루어져야 한다. 공동 유럽 채무회의가 위기국의 채무 일부를 탕감하는 데 필요할 수도 있다. 이에 관해서는 다음 절에서 논의할 것이다.

국제수지 불균형 결제는 일국이 순지급 명령을 유로시스템을 통해 수행되도록 하는 가능성을 제약하지만, 개별 지급이 어떤 한도 이상으로 수행될 수 없다는 의미에서가 아니다. 최근 사이프러스의 경우에서와 같이 어떤 자본 규제도 가할 필요가 없을 것이며, 오늘날과 달리 유로화가 어디에서나 같은 가치를 가질 것이다. 주어진 중앙은행이 국내 통용에 필요한 것보다 더 많은 통화를 발행하는 것이 덜 매력적이 된다는 의미에서, 이 제약은 간접적으로만 작동한다. 만약 한 중앙은행이 이 금액 이상으로 발행하여 타겟 잔액 축적으로 이어지면, 결제하는 데 필요한 금을 사기 위해 시장성자산을 팔아야 할 것이다. 그러한 조치가 매력적이지 않을 수 있기 때문에, 이 중앙은행은 새로운 대출에 한도를 둘 것이며, 그때 지역 시중은행들은 유럽의 은행간 시장에서 공동 수용 조건으로 차입하는 것 이외의 다른 대안을 가지지 않을 것이다.

이것은 전혀 급진적이거나 구속력 있는 조치가 아니며, 단지 예산제약을 부과하는 것을 의미할 뿐이다. 예산제약이 어디에서나 동일 가치를 갖는 공동통화를 가진 시장균형이 달성 불가능하다는 것을 의미하는 것은 아니다. 반대로, 그것은 이러한 균형을 위한 전제조건이다.

시장기준으로 공적차입을 허용하는 연성예산제약은 경제안정을 위해서는 위험한데, 이는 그것이 과다 소비 그리고 국가 경쟁력을 잠식하는 과열 인플레적 신용거품을 초래할 것 같기 때문이다. 미국이 견고한 정치적 연합이었음에도 불구하고 내부적 금본위제를 1975년까지 유지했다는 것은 주목할 만하다. 반면에 비록 가까운 미래에 결코 연방국가에 유사한 것이 되기 어려움에도 불구하고 유로존 정치가들은 유로존이 이러한 제도를 필요로 하지 않을 것이라고 확신하였다.

적절한 집행당국을 가진 공동연합국가를 창조해가는 유럽의 진전에 따라 먼 미래에 금본위제도가 포기되고, 시장성 있는 자산으로의 단순 결제에 기초한, 현행 미국 제도와 유사한 해법이 결과적으로 채택될 수 있다. 제7장에서 설명한 바와 같이, 미국에서는 연준공개시장계정SOMA에서의 소유권 지분을 넘겨줌으로써 결제가 이루어진다. 그러나 이러한 해법에 최소한 두 가지 경고가 있다. 하나는 미국의 공적 예산제약 또한 너무 연성일 수 있다는 것이다. 역사는 내부적 금본위제로부터 벗어난 것이 실제로 좋은 아이디어였는지 알려줄 것이다. 다른 하나는 유럽에서의 통화 공급의 주 채널이 공개시장 자산매입보다는 중앙은행 대출이라는 점이다. 따라서 타겟 잔액을 결제하는 목적으로 개편될 수 있는 공개시장 청산 포트폴리오의 유사물은 없다.

한 가지 가능성은, 모든 유로존 가입국이 금 또는 자산으로 담보되고 이 수단에 적절한 시장금리가 생기는 초 안전 재정증권을 발행하는 것이다. 이와 같은 제안은 유럽경제자문단European Economic Advisory Group; EEAG의 '유럽경제에 관한 2102년 보고서'에서 이루어졌다.[30] 참가국들은 그들 각 중앙은행에 의해 축적된 타겟 채무를 청산하기 위해 이 증권을 사용할 것이다. 이 증권은 시장등급이고 실제로 거래되어야 할 것인데, 이는 국가들이 정상적인 차입 과정에서 이 수단에 의지할 것임을 전제로 한다.

이러한 조치가 없어서는 안 될 것이나, 이들은 미국 제도의 한쪽 면만을 커버할 것이다. 미국 제도의 다른 중요한 특징은, 미 연준이 뉴욕연준을 통해, 문제 주들의 것은 고사하고, 개별 주들에서 발행되지 않은 연방정부 및 연방기관 발행 증권을 매입한다는 것이다. 제7장에서 살펴본 바와 같이, 이는 유럽중앙은행이 국채매입계획SMP 및 무제한국채매입OMT 정책으로 수행해 온 일종의 지역 재정정책을 불가능하게 한다. 유로시스템으로 옮아가서 보면, 연준의 정책은 모든 중앙은행에게 관할 지역 경제규모에 따라 고정된 배정 한도의 신용을 제공하고, 항상 발행 국가의 경제규모에 비례하여 특정 정부의 채권을 매입하는 것을 의미할 것이다.[31] 더욱이 미국 제도에서 이용 가능한 것과 유사한 시스템을 통해 중앙은행 대출의 제한적인 추가 배정이 긴급 유동성 필요를 충족시키기 위해 도입될 수 있다. 이 모든 것이 우선 타겟 잔액을 감축하고 결제할 필요성이 있는 금액을 줄이는 데 효과가 있을 것이다.

견디기 어려운 채무

예산제약을 경화시키는 것이 잘 기능하는 유로시스템을 위해 없어서는 안 되지만, 새로운 규정을 스스로 도입하는 것은 GIPSIC 국가에게 타격을 주어 그들의 경제를 악화시킬 것이다. 장기적으로 실행 가능한 시스템을 위한 새로운 규정이 실행되기 전에 유럽의 채무 문제를 조속히 해결할 필요가 있다.

일국의 채무가 유지 가능한지는 대체로 GDP 성장률에 달려 있다. 케인지안의 적자재정지출을 정당화하기 위해 개발되었던 도마Domar의 공식에 따르면, 일국의 공적채무/GDP, 줄여서 채무비율은 장기적으로 GDP에서의 적자분과 장기 GDP 성장률 비율로 수렴할 것이다.[32] 따라서 실제로 아무도 알지 못하거나 오늘 관측할 수 있는, 이 성장률에 대한 적절한 가정이 있으면, 유지 불가능한 채무 상황은 유지 가능하게 보이도록 만들 수 있다. 주목할 만한 문서에서, 국제통화기금은 시장을 안정시키고 그리스 채무가 유지 가능하지 않다고 서술하는 것을 피하기 위해 이러한 접근법을 사용했다고 최근 인정하였다. 그렇게 서술했더라면 구제책이 중단되고 그리스의 파산이 촉발될 수도 있었다는 것이다.[33]

불행히도 몇몇 위기국은 향후 수년간 성장하는 대신에 정체하거나 심지어는 명목기준으로 축소될 수도 있는데, 이는 제4장에서 살펴보았듯이 이들의 상대가격을 조정해야 하기 때문이다. 만약 과감한 노동시장 개혁에서 성취될 수 있듯이 조정이 급속하게 이루어지면, 전면적인 디플레이션을 수반할 것이다. 이는 대량실업 지속 기간을 최소화할 것이나 명목 GDP 수준을 떨어뜨리는 기간이 있을 것이라는 점도 함축할 것이다. 다른 한편으로는 만약 가격이 하방 경직적으로 판명되고 유럽중앙은행이 다른 유로지역 국가를 부양시키려고 하지 않으면, 대부분의 GIPSIC 국가는 실질 및 명목기준으로 축소를 지속해야만 할 것이다. 따라서 이 두 시나리오 중 어느 것이 실현되더라도 일부 국가에서는 채무비율이 상승할 것이다.

위기가 닥치기 전에 GIPSIC 국가의 신용거품에 의해 창출된 인위적이고 인플레적인 성장은 다년간 채무 문제를 감추었기 때문에 채무 문제의 진실은 비통하다. 국가들이 과다 차입했기 때문에 그들의 경제는 과열되었고, 경제가 과열되었기 때문에 채무/GDP 비율은 준수하게 유지되거나 심지어는 스페인이나 아일랜드에서와 같이 몇 년 동안 하락하였다. 경제의 과열은 채무/GDP 비율의 분모를 증가시켰고 분자의 증가분을 작게 만들었는데, 이는 경제과열이 재정적자를 끌어내린 풍부한 조세수입을 의미하기 때문이다. 이 두 효과는 채무 문제가 관리되고 있고 이 국가들이 그것으로부터 벗어나 단순히 성장할 수 있을 것이라는 환상을 만들었다. 그러나 실제로는 이 과정에서 많은 나라의 경쟁력이 약화되었고 많은 경우에 있어 채무가 유지 불가능하게 되었다.

이것이 가져온 실제 위험을 이해하기 위해서는, 이 국가들의 GDP 수준을 경쟁력 있는 가격으로 평가하여 이러한 왜곡을 교정하는 것이 필요하다. 이를 위한 시도는 [표 9.1]에서 볼 수 있다. 두 번째 열은 [그림 2.7]에서 본 2013년 말 실제 채무/GDP 비율이다. 세 번째 열은, 만약 모든 국가의 물가수준(GDP 디플레이터)이 1995년 마드리드 정상회담 이후의 실질 평균율과 비슷하게 성장했다면 초래되었을 채무/GDP 비율이다. 마드리드 정상회담은 신용호황을 촉발한 금리수렴의 시발점으로 기록된다. 네 번째 열은, 2013년 유로존 평균 물가수준이 주어졌고 약간의 필요한 가격 조정이 이미 일어났다는 것을 고려하면서, 제4장에서 인용한 골드만삭스의 벤치마크 시나리오에 의해 계산한, 필요한 상대가격 조정 이후에 초래되었을 채무/GDP 비율이다.[34]

만약 상대가격이 변하지 않았더라면 오스트리아, 벨기에, 핀란드, 독일 등 몇몇 나라의 채무/GDP 비율은 오늘날 더 낮아졌을 것인 데 반해, GIPSIC 국가의 비율은 더 높아졌을 것이다. 평균적으로 이들의 채무/GDP 비율은 공식 통계에서 보여준 122% 대신에 145%가 되었을 것이다. 이탈리아는 133% 대신에 164%, 스페인은 95% 대신에 122%, 포르투갈은 128% 대신에 142%, 그리스는 176% 대신에 222%였을 것이다.

해외 및 국내 투자자의 비용으로 2012년 그리스 GDP의 54%에 해당하는 채무를 탕감한 2012년 3월의 채무탕감 조치가 없었다면, 2013년 그리스의 공적채무 비율은 현행 가격으로 GDP의 234%였을 것이다. 이 채무탕감이 없었다고 가정하고 필요한 디플레이션을 감안하면, 그리스의 공적채무 비율은 엄청나게 큰 315%가 되었을 것이다. 골드만삭스의 통계가 그리스의 조정이 꼭 필요하다는 인상을 준다는 것을 기억하라. 예를 들어 그리스의 물가수준이 2011~2013년의 터키 물가수준에 있었다면, 채무탕감 부재시 그리스의 채무/GDP 비율은 363%, 채무탕감 후에는 273%였을 것이다. 이러한 수치들은 그리스 채무 상황이 얼마나

[표 9.1] 실제 및 가상 공적채무/GDP 비율 (2013년 12월, %)

	실제	평균 인플레이션*으로부터의 편차에 대한 가설적 수정	필요한 재조정**후의 가설
그리스	176	222	237
주의 : 채무탕감 미수행시	234	294	315
아일랜드	124	139	122
포르투갈	128	142	180
스페인	95	109	130
이탈리아	133	164	148
사이프러스	116	144	
주의 : GIPSIC	122	145	
벨기에	100	99	
독일	80	67	67
에스토니아	10	21	
프랑스	93	92	117
룩셈부르크	25	29	
네덜란드	75	77	
오스트리아	75	68	
슬로베니아	63	67	
슬로바키아	54	99	
핀란드	58	56	

* 해당국의 GDP 가격상승률이 1995년(마드리드 정상회담) 이후 유로지역 국가의 평균에 따를 경우 통용된 가격으로 평가한 GDP에 대비한 실제 공적채무 수준이다.
** 2013년 평균 유로존 가격수준(GDP 디플레이터)을 고정시키면서, 골드만삭스의 2010년 3분기 베이스라인 시나리오 연구에 따라, 경쟁력 있는 가격으로 평가한 2013년 GDP 대비 실제 채무 수준이다. [표 4.1]를 참조하기 바란다.

자료: European Commission, *Economic and Financial Affairs*, Financial Assistance in EU Member States, Greece; H. Pill, K. Daly, D. Schumacher, A. Benito, L. Holboell Nielsen, N. Valla, A. Demongeot, and S. Graves, Goldman Sachs Global Economics, External Rebalancing: Progress, but a Sizeable Challenge Remains, *European Economics Analyst*, Issue No. 13/03, January 17, 2013; Ifo 연구소 계산.

주: 2013년 실제 공적 채무, 유럽연합집행위원회의 전망, 2013년 11월.

견디기 어려웠는지를 가장 분명하게 보여준다.

만약 물가가 골드만삭스의 베이스라인 시나리오 수준으로 낮아졌다면, 포르투갈의 채무/GDP 비율은 180%, 스페인의 비율은 130%였을 것이다. 이 두 나라의 수치는 물가수준 교정이 1995년 이후 실질 상대가격으로만 이루어진 경우에 비해서 더 나빠 보인다. 반면에 아일랜드와 이탈리아는 122%와 148%로 조금 더 좋아 보인다.

[표 9.1]의 경쟁력 있는 가격으로 다시 계산한 채무/GDP 비율은, 위기국의 국가들의 정부에 구제기금을 제공한 공공기관뿐만 아니라 국내 및 해외 투자자들이 보유한 공식적인 공적채무를 언급한다. 비슷한 계산이 앞장에서 분석한 바와 같이 ([그림 8.2]와 [표 8.1] 참조) 공적 구제기금 자체를 위해 [표 9.2]에 제공되었는데, 이는 외국 국가 또는 유럽중앙은행을 포함한 다국적 기구에 의해, 위기국의 정부와 중앙은행 그리고 중앙은행을 통한 각 지역 시중은행 시스템이 이용가능하게 되었다.[35] [표 8.1]에서 분석했듯이, 구제기금은 다른 나라들과 다국적 기구가 제공한 재정 구제신용뿐만 아니라 타겟 채무, 은행권 비례초과 발행으로 부터의 잠재적 채무(또는 비례미달 발행의 잠재적 채권), GIPSIC 이외 국가와 유럽중앙은행이 자체 보유한 국채 등을 포함한다. 이 항목들은 [표 9.1]에 보여준 정부 채무에 당연히 포함될 수 없다는 것을 주목하라. 이는 특히 그리스와 같은 몇몇 국가에서 공적채무가 국제 공공기관에 의해 보유되고 있기 때문이다. 또한 시중은행앞 분배를 위해 중앙은행에게 제공된 신용이 동일한 규모로 국가채무와 중복되기 때문인데, 이는 은행들이 국채매입을 위해 중앙은행 대출을 이용하고 그때 이 채권을 담보로 제출하는 연유이다.

[표 9.2]의 두 번째 열이 [표 8.1]의 경상 GDP에 대한 상대 수치를 단순히 반복하는 반면, 세 번째 열은 평균 유로존 가격으로 평가한 GDP에 기초한 재계산을 제공한다. 이 가격을 더 정확히 말하면, 만약 국가들의

[표 9.2] 수혜국의 실제 및 가상 GDP 대비 타국 또는 다국적 기구에 의해 제공된 공적 신용 비율 (2013년 12월, %)

	실제 공적신용 /GDP 비율	평균 인플레이션*으로부터 편차에 대한 가설적 수정	필요한 조정**을 반영한 가설적 수정
그리스	157	198	212
아일랜드	83	92	81
포르투갈	67	74	94
스페인	21	24	29
이탈리아	16	19	17
사이프러스	72	90	–
GIPSIC	32	38	39

* 해당국의 GDP 가격상승률이 1995년(마드리드 정상회담) 이후 유로지역 국가의 평균에 따를 경우 통용된 가격으로 평가한 GDP에 대비한 실제 공적 채무 수준이다 (집단 구제활동에 대한 자국 기여분은 순계함).

** 2013년 평균 유로존 가격수준(GDP 디플레이터)을 고정시키면서, 골드만삭스의 2010년 3분기 베이스라인 시나리오 연구에 따라, 경쟁력 있는 가격으로 평가한 2013년 GDP 대비 실제 채무 수준이다 (집단 구제활동에 대한 자국 기여분은 순계함). [표 4.1]을 참조하기 바란다.

자료: [표 8.1] 및 [표 9.1] 참조

주: 이 표의 첫 열의 해석 및 분해를 위해서는 [표 8.1]을 참조하기 바란다. % 수치는 타겟 채무, 은행권 비례초과 발행으로 인한 채무, GIPSIC 이외 국가의 중앙은행들 소유 정부채 및 정부 간 재정 신용(자신의 기여분 및 신용 상환분 제외)의 합계이다.

GDP 디플레이터가 1995년 마드리드 정상회담 이후의 평균과 비슷하게 증가했다면 일반화되었을 가격이다. 네 번째 열은 [표 9.1]에서와 같이, 유로존 평균 GDP 디플레이터를 2013년 수준으로 고정시키면서, GDP 가 앞서 특화한 것 같이 골드만삭스의 '경쟁력 있는' 상대가격으로 계산 되었다면 초래되었을 공적채무/GDP 비율을 보여준다.

그리스를 생각해보라. 그리스는 지금까지 해외로부터 다국적으로, 쌍무적으로 그리고 유럽중앙은행을 통해 공적신용을 수취했는데, 국제 구제활동에 대한 자신의 기여분을 순계한 그 규모는 실질 시장가격으로 평가한 2013년 GDP의 157%에 이른다. 물가가 1995년 이후 유로존 평균과 비슷하게 상승했을 뿐이지만, 만약 실질 기준 GDP가 2013년에 동일했다면 공적채무/GDP 비율은 198%에 이르렀을 것이다. 한편으로는, 만약 그리스의 GDP가 골드만삭스 타입의 경쟁력 있는 가격으로 평가되었다면 이 비율은 심지어 212%가 되었을 것이다. 훨씬 덜 극적이지만, 포르투갈도 GDP가 이 가격기준으로 평가되었더라면 더 나빠 보였을 것이다.

반대로 아일랜드의 경우 가격 교정이 문제가 덜한 결과를 산출한다. 아일랜드의 실질 공적채무/GDP 비율은 2013년 83%였고, 아일랜드 물가가 1995년 이후 유럽 평균보다 빠르게 상승하지 않았더라면 92%였을 것이나, 아일랜드 GDP가 골드만삭스의 경쟁력 있는 가격으로 평가되었을 때는 공적채무/GDP 비율은 '다만' 81%에 불과했을 것이다.

대체로, 이 절에서 제시된 계산은 다소 모호한 정책적 의미를 가지고 있다. 한편으로 이 계산은, 대외채무를 상환할 수 있도록 하는 구조적인 경상수지 흑자를 창출하는 데 가격 조정이 필수적이기 때문에, 외채 유지 가능 경로가 일시적인 채무/GDP 상승을 극복한다는 견해에 기초하고 있다. 다른 한편으로는, 몇몇 결과 수치들이 정말로 크고 그 국가들이 예견되는 미래에 지원 없이 채무 문제를 관리할 수 있을 것이라는 희망을 지운다.

특히 그리스는 채무 부담을 줄이기 위해, 이번에는 공적채권자의 비용으로, 또 다른 채무탕감이 필요할 수도 있다. 2012년 3월 첫 번째 그리스 채무탕감은 해외 및 그리스 민간 투자자에게 1,050억 유로를 부담시켰고, 2012년 12월의 구조조정은 제8장에서 본 바와 같이 현가 기준으로 다른 유로지역 국가의 430억 유로 손실을 의미했으며, 아직 그리스 채무의 추가 조정이 기다리고 있다.[36] 포르투갈의 상황은 크게 나쁘지 않으나, 조정된 경쟁가격으로 평가하면 공적채무/GDP 비율이 142%

에서 180% 사이이고, 다른 나라들로부터 받은 공적채무는 GDP의 74%에서 94% 사이이다. 포르투갈도 채무조정의 후보자가 될 수 있다.

채무조정

채무조정이 역사상 이례적이었다고 할 수는 없다. 1950년대 이래 민간 채권자에게 그들의 국채나 은행채의 감액을 수용하도록 강요하는 사례가 95개 국가에서 최소 186회나 있었다.[37] [그림 9.1]은 1978년 이후의 채무 감액과 국가 채무 불이행 사례를 개략적으로 보여준다. 수직 축은 채무 감액 결과 사라진 채권의 비율을, 원의 크기는 채무 감액의 절대 규모를 나타낸다. 1980년대 초 다수의 개도국에 적용되었던 채무 감액은 1997년과 2000년 러시아의 채무조정 및 1987년, 1993년 및 2005년에 있었던 아르헨티나의 파산 사례와 함께 분명히 있었던 사실이다.

아르헨티나는 1956년, 1962년 및 1965년에도 채무조정을 요구했었다. 이 나라의 전후(戰後) 역사는 이와 유사한 사건의 시리즈로 특징 지어져왔다. 아르헨티나의 첫 번째 채무조정은 1956년에 실베티Pedro Eugenio Aramburu Cilveti 군사독재정부가 정권을 장악하면서 협상이 이루어졌다. 이 정권은 채무상환을 시도하는 가운데 당초 합의되었던 것보다 좋은 조건으로 협상을 했다. 당시 채권자들과의 협상은 파리에서 진행되었으며, 이 협상과정에서 파리클럽이 설립되었다. 파리클럽은 과거의 경험을 통해 발전하고 축적된 규칙에 따라 채무조정을 처리하는 19개 공적채권자의 비공식 그룹이다. 이 클럽은 그동안 채무자와 채권자 사이의 협상에 자주 개입해 왔는데, 최근 사례는 2011년 미얀마의 군사정권이 실각한 후 2013년 1월에 있었던 미얀마 채무감축 협상이다. 파리클럽의 지침 하에 통산 400건의 채무조정 합의가 이루어졌다.[38]

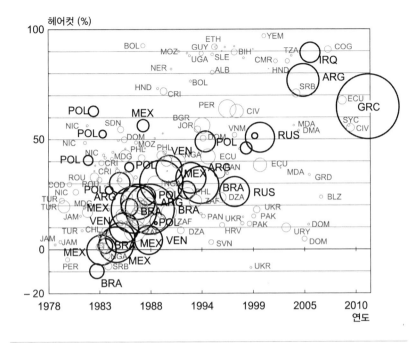

[그림 9.1] 완전 및 부분 국가파산 (1978~2010/2012년)

약어: ALB: Albania, DZA: Algeria, ARG: Argentina, BLZ: Belize, BOL: Bolivia, BIH: Bosnia-Herzegovina, BRA: Brazil, BGR: Bulgaria, CMR: Cameroon, CHL: Chile, COG: Republic of Congo, CRI: Costa Rica, CIV: Ivory Coast, HRV: Croatia, COD: Democratic Republic of Congo, DOM: Dominican Republic, DMA: Dominica, ECU: Ecuador, ETH: Ethiopia, GRC: Greece, GRD: Grenada, GUY: Guyana, HND: Honduras, IRQ: Iraq, JAM: Jamaica, JOR: Jordan, MDG: Madagascar; MEX: Mexico, MDA: Moldavia, MOZ: Mozambique, NIC: Nicaragua, NER: Niger, NGA: Nigeria, PAK: Pakistan, PAN: Panama, PER: Peru, PHL: Philippines, POL: Poland, ROU: Romania, RUS: Russia, SRB: Serbia and Montenegro/Yugoslavia, SYC: Seychelles, SLE: Sierra Leone, SVN: Slovenia, ZAF: South Africa, SDN: Sudan, TZA: Tanzania, TUR: Turkey, UGA: Uganda, UKR: Ukraine, URY: Uruguay, VEN: Venezuela, VNM: Vietnam, YEM: Yemen,

자료: J. Cruces and C. Trebesch, 'Sovereign Defaults: The Price of Haircuts', *CESifo Working Paper* No. 3604, October 2011; J. Zettelmeyer, C. Trebesch, and M. Gulati, 'The Greek Debt Restructuring: An Autopsy', *CESifo Working Paper* No. 4333, July 2013.

주: 도표는 2012년 그리스의 부분 파산을 포함한, 1978-2010년 기간 중 181개 국가의 헤어컷을 표기하였다. 수직 축은 문제된 국채의 시장가격에 대비한 헤어컷의 비율(%)을 나타내며, 각 원의 크기는 각 헤어컷의 절대규모를 나타낸다.

파리클럽은 전쟁채무와 배상금 지급의 결제가 과제였던 1920년대, 1930년대, 1950년대의 채무회의 방식으로 GIPSIC 국가와 그들의 채권국 사이의 공동 협상을 위한 채무회의를 조직하는 데에도 참여할 수 있을 것이다. 새로운 채무회의의 과제는 자본시장의 원활한 운영에 필요한 대차대조표 정상화, 투명성 및 신뢰 회복에 의하여 유로존의 금융시스템을 원래 상태로 회복시키는 것이다.[39] 채무회의는 세 가지 종류의 채무, 즉 국가 채무, 은행 채무, 타겟 채무를 다루어야만 하는데, 그 이유는 이 채무들이 서로 연결되어 있으며 공통의 근원을 가지고 있기 때문이다.

서로 연결된 대규모 채무의 경우 그리스와 아일랜드 사례에서 채택되었던 만기연장과 금리 하향조정과 같은 해결책은 바람직하지 않다. 그것은 진정한 해결책이 아니라 채권자가 대차대조표 상의 손실 상각을 회피하여 실제보다 많은 자기자본을 가지고 있는 것처럼 가장하는 것을 허용하는 은폐의 시도일 뿐이다. 이것은 채무국의 은행과 정부에게는 도움이 되겠지만, 채권자에게는 장부의 금액보다 적은 자본으로 사업하는 것이 가능하도록 함으로써 채권자의 재무상황을 취약하게 한다. 채무국 은행과 정부는 외부에서 자금을 조달하여 자본을 확충해야 한다. 유럽의 금융산업은 유럽연합이 시작한 은폐 전략으로 인하여 빈껍데기가 될 수 있다. 확실한 채무 감축과 민간부문의 저축 및 투자 증대, 소비 절감에 의한 보다 절제된 경제전략 추진이라는 의미로 채무조정이 제대로 이루어지는 것이 유럽경제의 장기적 안정과 성장을 위해서는 훨씬 바람직하다.

공적채무 감축은 민간 투자자뿐만 아니라 신용을 공여한 정부와 유럽 안정화기구 및 유럽재정안정기금의 구제기금에도 피해를 주는데, 구제기금의 경우 각국 정부의 추가적인 자본 투입에 의해 증액되어야 하기 때문이다. 위기의 초기 단계에서는 각국 정부가 이러한 손실을 피할 수 있었으나, 이제는 민간투자자를 구제하고 이들의 투자 포트폴리오 상당 부분을 떠안기 위해 비용을 부담해야만 한다. 최근 그리스 공적채무의 80%는 외국 공공기관이 채권자이며, 20%만이 외국 민간투자자의 몫이다.[40] 게다가 민간투자자가 가지고 있는 그리스 채무의 대부분은 그리스 시중은행의 대차대조표에 나타나 있는데, 시중은행은 이 채무를 중앙은행으로부터 신용을 지원받기 위한 담보로 이용했다.[41] 이것이 문제의 성격을 보여준다. 납세자는 이미 함정에 빠진 것이다. 이들은 정치인이 이러한 행태를 지속하도록 허용함으로써 더 깊은 함정으로 빠져 들어가기보다는 문제를 인정하고 손실을 상각처리해야만 한다.

  민간 은행은 제8장에서 논의한 바와 같이 대출금 출자전환 방식으로 자본을 확충할 수 있다. 납세자를 보호하기 위하여 주주와 채권자가 손실을 부담하도록 주장하고, 손실 배분을 위한 순서를 정한 유럽연합의 제안은 원칙적으로 합당하다. 하지만 면제 조항이 너무 많다. 주주와 채권자의 손실 부담액 합계를 은행 자산의 8% 이내로 제한하고, 정리기금 그리고/또는 유럽안정화기구를 공적 안전장치로 이용하자는 것은 위험한 계략에 가깝다. 이것은 손실 부담이 아니라 구제의 성격이 더 크다. 납세자를 진정으로 보호하려면 손실 부담 비율은 훨씬 더 높아야 하며, 예외 조항은 많이 줄여야 한다.

  예를 들어 네덜란드 가계 자산규모의 중앙값, 독일 가계 자산규모 중앙값의 두 배에 해당하는 10만 유로의 예금을 손실 부담의 예외로 인정하는 것은 지나치게 관대해 보인다. 이러한 면제는 국제적 책임 분담 시 필연적으로 초래되는 도덕적 해이 문제를 피하기 위해 반드시 각국의 보험예금제도에 의해 보전되어야 한다. 이 책을 쓰고 있는 시점에 공표된 유럽의 계획은 점진적인 전환 기간 동안 공동의 해결을 도모하는 것으로 되어 있듯이, 유감스럽게도 유럽의 해결책에는 이러한 규율이 잘 보이지 않는다. 더구나 이러한 예금보장을 제공하기 희망하는 국가가 일부는 그들 자신이 파산할 가능성이 크므로 이들 국가가 예금보장을 시행하기 위해서는 결국 공동의 기금이 필요한 실정이다. 따라서 이렇게 큰 금액의 예금을 손실 부담에서 면제하는 것은 가능하지 않다. 한 나라가 자신의 가계자산 중앙값 해당액 또는 그 이상을 한도로 다른 나라의 예금을 보장하는 예금보험제도를 도입하는 것은 형평성에 완전히 어긋난다고 생각한다.

책임 서열에서 커버드본드를 면제해 줄 이유가 없다. 이러한 대출은 보장 정도에 따라 각각의 담보에 의해 보호된다. 담보가 실행되지 못하는 경우에는 채권이 국채이거나 민간 증권 또는 어떠한 형태의 민간 자산일지라도, 유럽연합 제안과 같이 공동의 기금이 부담하도록 요구하기보다는 커버드본드 소유자가 손실을 부담해야 한다. 커버드론을 채무조정에서 면제해주면, 채권자 입장에서는 불량 담보일지라도 채권보호 수혜를 받는데 충분하므로 좀비 은행에 대여할 때에도 낮은 수익률에 만족하면서 전혀 주의를 기울이지 않게 된다. 아무 담보도 없을 때 필요한 담보를 생성하기 위해 은행들 사이에 채권을 순환 거래할 수도 있는데, 이는 은행의 채권자에게 공동 보장을 제공하며 은행으로 하여금 낮은 이자율로 차입할 수 있게 해준다. 이러한 전략에 의해 도덕적 해이와 비효율적 자원배분이 사전에 계획되는 것이다.

커버드론을 손실 부담 면제 대상에서 제외하는 것은 당연히 유럽중앙은행에 해를 끼치게 된다. 결국 커버드본드의 손실 부담을 면제하는 근거는 지나치게 느슨한 담보 관련 정책의 결과로부터 유럽중앙은행을 보호하는 것이었다 (제5장 참조). 그러나 유럽안정화기구 또는 여타 공동 수단에 의해 유럽중앙은행을 보호하는 것은 하나의 공공예산 대신 또 다른 공공예산에 의해 잠재적 손실 상각을 처리한다는 의미일 뿐 납세자에게는 전혀 이익이 되지 않기 때문에 소용없는 일이다. 이와 반대로 이러한 계책을 피하고 유럽중앙은행 정책위원회가 채택한 문제 있는 담보 관련 정책에 의해 초래된 위험이 반영된 각국 중앙은행의 대차대조표를 공개하는 것이 유럽의 유권자와 납세자의 이익에 부합할 것이다. 이렇게 하는 것이 각국이 돈을 찍어 무분별하게 대출해주는 전략을 멈추게 할 수 있는데, 돈을 찍는 것은 사실 부정적인 자원배분과 민주적 정당성 결여 문제가 있는 회원국별 재정정책이다.

유럽중앙은행의 은행들에 대한 신용공여액 일부를 탕감하는 것과 궤를 같이 하기 위해서는 각국 중앙은행의 새로 찍어낸 돈에 의한 과도한 대출로 인하여 생긴 타겟 채무도 상환이 불가능한 부분은 탕감되어야 한다. 탕감에 따르는 불가피한 손실은 상환이 거의 불가능한 국가로부터 아직 건전한 유로지역 국가로 유럽중앙은행에 대한 출자 비율에 따라 타겟 채무를 이전하는 방식으로 해당 국가 중앙은행의 대차대조표에 기장되어야 할 것이다. 이러한 채무 탕감은 유로지역에서 보다 엄격한 예산제약으로의 이행, 특히 앞서 제안했던 장래의 타겟 결제를 위한 금본위제도로의 이행을 전제로 실행되어야만 한다.

채무의 일부는 탕감될 필요가 있음에도 불구하고 각국은 스스로 채무를 상환하기 위해 각별히 상당한 노력을 기울여야 한다. 한 가지 가능성은 국가 재산을 매각하는 것이다. 예를 들면 그리스는 2010년에 GDP의 85%에 달하는 국가 소유 재산(부동산은 제외)을 가지고 있으며, GDP의 87%에서 130%로 추정되는 부동산을 추가적으로 보유하고 있다.[42] 그리스 정부는 2011년 7월 2일자 양해각서에서 500억 유로 상당의 국가재산을 사유화하기로 유럽중앙은행, 국제통화기금, 유럽연합에게 약속하였다.[43] 하지만 그동안의 노력은 빈약했던 편이다. 2012년말까지 그리스의 사유화 수입은 16억 유로에 불과하다.[44] 이 책을 쓰고 있는 시점에서 그리스 재무부의 사유화 관련 웹사이트는 아직 내용이 없다. 이와 관련해서 1790년 서부지역을 넘겨주는 대가로 이루어졌던 알렉산더 해밀턴 Alexander Hamilton의 채무 상호부담 사례를 상기해 보라. 그리스 자신이 기여하지 않고서는 모든 그리스 채무 문제를 해결할 수는 없는 일이다.

고려할 수 있는 다른 방법에는 자산세 부과 또는 재산 소유자의 국채 매입 의무화가 있을 수 있다.[45] 유럽중앙은행의 조사([그림 2.12] 참조)에 의해 드러났듯이 위기국에 상당한 규모의 개인 자산이 있다. 예를 들어 가계 규모의 차이를 감안하더라도, 이탈리아와 스페인의 국민은 평균적으로 독일에 비해 14%, 핀란드에 비해 40% 그리고 네덜란드에 비해서는 42%나 더 부유하다. 유럽중앙은행이 이에 관한 통계를 공표하기 훨씬 전에 당시 이탈리아의 베를루스코니 총리는 이탈리아 국민의 자산 규모를 강조한 바 있다.[46] 다른 위기국의 상황도 비슷하다. 이러한 자산이 일부 채무상환을 돕는 데 기여해야 하는데, 특히 민간사업의 상당 부분이 암시장에서 이루어지기 때문에 정부가 세금을 제대로 거두기 어려워 대신 차입을 함으로써 채무가 생긴 국가의 경우에는 더 그러하다. 그런데 암시장 경제의 상대적 규모와 GDP 대비 채무의 비율은 높은 상관관계를 가지고 있다.[47]

유로존의 원상회복을 위해 개최되는 파리클럽 채무회의에서 채무 탕감, 사유화 그리고 자산세 부과 등 세 가지 방안의 적절한 조합에 관하여 공동으로 협상할 수 있을 것이다. 유럽 채무위기에는 여러가지 원인이 있으며, 채권자와 채무자가 같이 책임을 분담해야 한다. 부담을 공평하게 배분하는 방법을 찾아야만 하며, 빨리 찾는 것이 중요하다. 빠른 것은 적어도 두 가지 이점이 있다. 하나는 신뢰가 빠르게 회복되고, 현재 경제활동을 무력화하는 요인으로서 투자자가 불확실성을 느끼는 기간이 단축되는 점이다. 또 다른 이점은 납세자에게 부과되는 비용이 절감된다는 것이다. 앞에서 그리스의 공적채무를 인용한 통계가 보여주듯이 최근 유럽은 남유럽 국가의 민간 채권자를 공적 채권자로 대체하는 국면에 있다. 시간이 지날수록 유럽 정부기관의 포트폴리오에서 GIPSIC 국가 자산의 비중이 커지고, 따라서 현 사태에 책임이 없는 국가의 납세자와 일반 국민에게 영향을 미치는 채무 감액 규모가 늘어나고, 채무가 감액되는 투자자가 채무를 지는 행태를 되풀이하고자 할 위험이 커질 것이다. 투자자는 반드시 교훈을 얻어야 하며, 이를 위해서 스스로 부주의한 투자결정으로부터 발생하는 손실은 그들이 부담하도록 하는 것이 필수적이다. 다른 할 일이 산더미처럼 많은 유럽 국가들이 윤리적으로 또는 경제적으로 투자자를 보호해야 할 경우는 없다.

살아 숨 쉬는 통화동맹 – 브레턴우즈와 달러 사이

채무 문제와 더불어 경쟁력 문제 역시 긴급하게 대처해야 한다. 두 문제는 서로 연관되어 있지만 동일하지는 않다. 일부 국가는 이탈리아와 같이 상당한 규모의 공적채무 문제를 가지고 있으나, 이탈리아는 국채 대부분을 국민이 보유하고 있기 때문에 이 경우 외채 문제는 아니다. 이탈리아가 외채를 유지하고 경제가 경쟁력을 갖추기 위해서 10% 이상의 실질 평가절하는 필요하지 않을 것으로 보인다 ([표 4.1] 참조). 반면에 그리스, 포르투갈, 스페인은 공적채무 문제가 해결된다고 해서 어려움을 벗어날 것으로 생각하기는 어렵다. 제4장에서 논의했듯이 터키의 물가수준에 도달하려면 그리스는 36%, 포르투갈은 29%의 평가절하가 필요하다. 골드만삭스의 여러 가지 시나리오에 의하면 스페인, 그리스, 포르투갈이 채무를 유지하기 위해서는 20~30%를 평가절하해야 한다. 스페인과 그리스의 제조업 임금은 폴란드에 비해 각각 세 배, 두 배 높다 ([그림 4.12] 참조). 포르투갈의 임금은 약 60% 높다. 이 국가들은 특히 위기 기간에 상대가격이 너무 완만하게 조정되었기 때문에 가까운 장래에 충분한 정도의 평가절하를 달성하지 못할 것이다 ([그림 4.8] 참조).

임금과 가격에 대한 압박을 통하여 필요한 정도의 실질 평가절하를 시도하는 것은 불가능하다고 생각하는 경제학자의 범위는 프리드먼에서 케인스에 이르기까지 넓다. 제4장에서 설명한 바와 같이, 한 가지 문제는 노동조합이 이러한 시도를 막으려고 한다는 것인데, 그 이유는 수백만 건의 계약이 동시에 변경되는 것을 전제로 하는 동일한 조건의 임금삭감과 물가인하가 납득이 되도록 조율될 수 없기 때문이다. 다른 문제는 해당 국가 내 대여자와 차입자의 대차대조표가 왜곡되어 다수의 차입자가 파산할 수 있다는 점이다.

시행 초기에 정치적인 문제를 야기하지 않는 새로운 공적신용 공여에 수반하는 긴축 조건의 준수와 경쟁력을 회복할 수 있는 유일한 메커니즘인 실질 평가절하를 혼동하지 말아야 한다. 신규 순차입에 대한 한 가지 제한에 불과한 소위 긴축 프로그램은 감내하기 어려운 것으로 여겨지지만, 이 프로그램은 [그림 4.8]이 보여주듯이 상대가격이 다소라도 낮아지도록 운영되어오지 않았다. 확실히, 추가적으로 신용을 공여하지 않고 기존 채무 만기 시 연장해 주지 않으며 강도 높은 비용감축을 요구하는 경우에는 디플레이션을 유도하는 것이 가능하겠지만, 이러한 요구를 받는 국가의 사회시스템은 재정 압박으로 붕괴되고 해당 국가는 혼란에 빠질 가능성이 있다. 제4장에서 논의한 바와 같이, 베르사유 조약과 도스 플랜에 의해 금본위제도를 시행하여 1929년부터 1933년까지 물가가 23% 하락했던 바이마르공화국 시절 독일의 경험이 충분한 경고가 될 것이다.

많은 사람들이 숙고했던 대안은 주요 유로지역 국가의 인플레이션이다. 어느 정도는 이것이 정말 필요하다. 하지만 물가안정이 유럽중앙은행의 가장 중요한 책무라는 점에서 이 대안은 배제된다. 더구나 중산층의 빈곤화와 급진화를 초래했던 1914년부터 1923년까지의 초인플레이션에 기인한 독일의 뿌리 깊은 정신적 상처가 극복되기는 어려울 것이다. 주요 유로지역 국가에서 소폭 인플레이션만이 가능할 것으로 보이는데, 이 정도는 가까운 장래에 상대가격을 필요한 만큼 조정하는 데 역부족이다.

이뿐 아니라 제4장에서 언급했던 일본의 사례도 인플레이션의 생성이 쉽지 않다는 것을 보여주었다. 1990년 일본의 자산거품이 터졌을 때 은행은 심각한 어려움에 처했었다. 초기에는 은행이 상각손실을 은폐할 수 있었으나, 1997년 즈음에 대출이 만기가 되고 상환되지 못하자 실체가 드러났다. 전체 은행의 약 40%가 곤경에 빠져 구제되거나 국가에 인수되어야만 했다. 1998년 이후 통화정책은 단기금리가 대부분의 기간에 0%에서 0.5% 사이에서 움직일 정도로 매우 확장적이었다.[48] 극단적인 케인스 방식의 채무 정책으로 인하여 GDP 대비 채무의 비율이 1999년 67%에서 2013년에는 244%로 높아졌다. 그럼에도 불구하고 GDP 디플레이터는 1998년 이래 하락해왔다. 현재 일본의 GDP 디플레이터는 1980년과 같은 수준에 머물고 있다. 따라서 설사 유럽중앙은행이 인플레이션의 촉발을 원할지라도 이러한 시도의 성공 여부는 아주 불투명하다. 물가가 하락하는 경제는 무한정의 유동성이 필요하지만, 더 많은 돈이 투입되더라도 정상으로 돌아가기는 불가능하다는 것이 밝혀질 것이다. 일본의 사례는 경제학자들이 오래전부터 디플레이션에 대해 우려해온 것이 정당하다는 것을 증명해준다.[49]

그래서 남아 있는 유일한 대안은 항구적 이전지출 또는 탈퇴이다.[50] 항구적 이전지출의 위험성은 네덜란드 병으로부터 동일한 치료를 원하는 다른 나라에 대한 전염효과에 이르기까지 이 책에서 이미 언급한 바 있다. 이전지출은 대상 국가를 중독에 빠지게 하고, 잘못된 가격체계를 고착시키며, 해당 국가가 결코 경쟁력을 갖출 수 없게 한다. 독일 통일 시 동독과 이탈리아 남부지역 개발 과정에서 대규모의 지속적인 이전지출에도 불구하고 경쟁적이고 자립할 수 있는 경제로 발전하지 못했던 부정적 경험을 경고로 받아들여야 한다.[51]

제1장에서 기술했던 남유럽 노동시장의 파국적인 상황 전개도 이러한

전략이 무용지물임을 보여준다. [표 8.1]과 [표 9.2]에 나타나 있듯이 그리스는 2013년 12월까지 2013년도 GDP의 157%에 해당하는 약 2,880억 유로의 공적신용을 받았다. 그리스 물가가 1995년 마드리드 정상회담 이후 유로존 평균 물가보다 빠르게 상승하지 않았더라면, 2013년 그리스 실질 GDP가 동일하다는 전제하에, 이 비율은 198%가 된다. 상대적으로, 이 금액은 전후 마샬플랜에 의해 독일에 지원된 금액보다 약 40배 많은데, 독일은 수년에 걸쳐 1952년 GDP의 5.2%에 해당하는 신용을 지원받았다.[52] 이에 더하여 그리스는 2013년 GDP의 36%인 약 650억 유로에 달하는 민간 해외 투자자의 비용(국내 투자자 포함시 1,050억 유로)으로 공적채무의 공개적 감액이라는 혜택을 받았다. 더 나아가서 다른 국가의 비용에 의해 이자를 면제해 준 묵시적 채무 감액은 그리스에게 2013년 GDP의 24%에 해당하는 무려 430억 유로의 혜택을 제공하였다. 추가적으로 2013년 그리스 GDP의 18% 상당액인 320억 유로의 구제신용이 이미 책정되어 있으며, 3개 국제금융기구가 제시한 조건을 충족시키면 그리스에 지급될 예정이다. 이와 같은 모든 지원은 환자를 단순히 생존하도록 해왔으며, 환자를 치료할 수는 없었다는 것이 분명하다. 2013년 그리스의 실업률은 그리스에 대한 공식적 구제조치가 시작되었던 2010년 5월 당시의 실업률보다 두 배 이상 높다. 이제는 치료 방법을 다시 생각해봐야 할 때이다.

폭동이나 갈등 없이 경쟁력을 회복하는 데 보다 빠른 방법을 제공할 수 있는 유일한 대안은 유로 회원국에서 탈퇴하고 이어서 새로운 자국 통화를 평가절하는 것이다. 라인하트Reinhart와 로고프Rogoff가 작성한 데이터를 근거로 Ifo 연구소는 71건의 통화위기를 연구한 결과 자국 통화를 평가 절하한 국가는 GDP의 성장과 함께 경상수지가 1~2년 내에 현저히 개선되었다는 결론에 도달하였다.[53] 3년차에는 이미 이 국가들의 수출 증가율이 일반적으로 추세치에 비해 약 2% 포인트 높아졌다.

Ifo 연구소가 2002년 아르헨티나, 1997년 태국, 1992년 이탈리아의 평가절하를 대상으로 수행한 세 가지 사례연구는 평가절하 이후 경제가 빠르게 회복되었음을 보여준다. 아르헨티나의 경우 평가절하 이후 2분기 만에 경제가 회복되는 기미를 보였으며, 태국은 6분기 후 경제가 호전되었다. 보다 긴 기간에 걸쳐서 평가절하가 이루어졌던 이탈리아마저도 빠르게 성장세를 회복하였다. 세 나라 모두 평가절하가 시작되고 나서 1년 후에 경상수지가 흑자로 돌아섰다.

그렇지만 어느 회원국에게도 통화동맹에서 탈퇴하라는 압력을 가할 수는 없다. 그 결정은 반드시 해당 국가의 정부와 의회가 해야 한다. 한편 탈퇴할 용기가 없거나 탈퇴할 의사가 전혀 없는 국가들이 다른 회원국들의 자금지원이 마땅히 계속될 것으로 생각하는 것은 받아들일 수 없다. 유로지역 국가라고 해서 경쟁력을 상실하는 경우 다른 나라의 이전지출에 의해 지원을 받을 권리가 있는 것은 아니다. 회원국에 관한 법적 조건은 마스트리히트 조약에 의해 분명히 규정되어 있다.

곤경에 처한 나라들이 항구적인 생명유지 장치에 의지하여 유로지역 국가 자격을 유지하도록 하는 것은 그들을 진정 돕는 것이 아니다. 이는 국채와 여타 자산을 가진 부유층이 자산 손실을 입지 않도록 하고 정부가 지출 재원을 조달하는 것을 돕는 반면, 보통 사람들은 이로부터 얻는 것이 거의 없다. 특히 일자리가 없는 청년층은 이러한 정책에 의해 피해를 본다. 청년층이 취업을 하지 못하고 사업을 배우지 못한다면, 이는 그들에게 평생 심각한 부정적 결과를 초래할 것이다. 그리스와 스페인이 유로존에 잔류하기 위해 필사적으로 노력하는 것이 오히려 이들 나라의 한 세대를 잃어버린 세대로 만들 수 있다.

유로화가 일부 국가에 초래한 파국적 상황이 회원국 공동체의 지원에도 불구하고 지속되고 있는 것을 볼 때, 해당 국가의 국민이 이러한 과정을 얼마나 더 감내할 수 있을지에 대한 질문이 떠오른다. 스페인과 그리스의 국민은 교육과정에 있지 않은 청년 두 명 중 한 명은 실업자라는 비참한 현실을 얼마동안 받아들일 것인지, 1년 더, 아니면 2년, 3년? 아무도 모른다. 단호한 정치적 결정이 내려져야 한다. 최종적으로는 해당 국가의 의회가 임금삭감을 포함한 과감한 사회적 개혁과 유로존 탈퇴 중 한 가지를 선택할 수밖에 없게 될 것이다.

한 나라가 탈퇴를 결정하는 경우, 회원국 공동체는 그 나라가 순차적인 과정을 밟도록 보장하기 위해 모든 노력을 기울여야 한다. 공동체는 해당 국가 은행들의 대출금 출자전환 방식에 의한 자본 확충으로 야기되는 사회적 부담을 완화하기 위해 도움을 줌으로써 퇴출 과정을 지원해야 한다. 또한 해당 국가의 수입물가 상승에 따른 부담으로 인하여 기본적 서비스와 에너지의 수급에 차질이 없도록 공동체 기금을 지원할 수 있는 긴급프로그램도 도입해야 한다.

무엇보다도 해당 국가에 한번 탈퇴하면 영원히 분리되는 불명예를 지워서는 안 된다. 이는 해당 국가에게 복귀할 수 있는 옵션을 가지는 준회원국 자격을 인정하는 살아 숨 쉬는 통화동맹을 설립함으로써 실천 가능하다.[54] 준회원국은 경쟁력 회복을 위해 노동조합이나 다른 이익집단과 수년간 다툴 필요가 없고, 나라 전체가 붕괴되는 위기를 초래할 수 있는 경제적 고질병과 대량 실업을 피하면서 환율을 신속히 조정할 수 있는 이점을 가지게 된다.

기존 협정인 2차 유럽환율조정장치ERM II가 이러한 통화 '연합'currency 'association'의 기반을 제공할 수 있다. ERM II는 1979년부터 1998년 막바지까지 유럽연합의 새 회원국을 제외한 모든 회원국의 통화가 공식적으로 포함되었던 1차 유럽환율조정장치ERM I의 후속판이다. 1999년 1월 1일 유로화가 도입되면서 ERM II가 ERM I을 대체하였다. 아직 유로화를 도입하지 않은 유럽연합 회원국인 덴마크와 리투아니아도 현재 ERM II에 포함된다. 2000년 이후 유로화를 채택한 모든 국가는 채택 이전

2년 동안 ERM II 체제 내에서 해당국 통화의 유로화 대비 기준 환율을 ±15% 범위에서 유지해야 하는 조건을 충족시켜야 했었다. 유로지역에서 벗어났다가 다시 들어오려는 계획을 가진 나라로서 탈퇴 후 전환 기간을 거친 나라를 보호하는 데 이와 같은 메커니즘을 확대 적용할 수 있을 것이다.

이러한 규칙이 적용되면 유로존은 브레턴우즈 체제 형태의 통화동맹과 미국 달러존같이 확고한 결합체 사이에 해당되는, 살아 숨 쉬고 개방적인 통화동맹이 될 수 있다. 이 책의 마지막 부분에서 논의되는 바와 같이 최종적으로는 달러존이 바람직하지만, 공동통화로 야기되는 도덕적 해이 문제를 피하기 위해 필요한 규칙을 강제할 수 있는 권한이 집중된 기구를 가진 연방국가를 형성하려는 정치적 의지가 아직은 없다. 이 한계를 감안할 때, 유럽에는 달러에 비해 유연한 통화동맹이 요구되는데, 이 통화동맹은 필요 시 환율조정을 통한 상대가격 재조정을 허용하는 동시에 각 통화별로 고정된 환율을 가지는 개별 통화제도보다는 엄격해야 한다.

유로존에서의 탈퇴는 물론 시장을 자극하고 혼란을 가져오는 요인이 될 것이다. 어느 경제학자라도 이로 인해 생기는 전염효과를 열거할 수 있다. 그러나 이 혼란은 순차적인 퇴출 행로가 불분명해서 생기는 혼돈의 결과일 뿐인데, 어떠한 일이 전개될지에 대한 억측이 크면 자본도피가 유발된다.

실제로 순차적인 퇴출은 다음과 같이 진행된다. 비밀리에 준비된 새로운 통화가 주말에 새 법정통화로 공표되고, 이때 은행의 영업은 정지된다. 유로화로 표시된 모든 예금과 임금계약, 대출, 임차계약, 연금을 포함한 모든 계약, 그리고 가격표도 즉시 새 통화로 다시 표시되어야 한다.

당연히 새 통화는 바로 평가절하 압력을 받게 된다. 분석에 의하면 그리스의 경우 약 1/2 내지 2/3의 평가절하가 예측되고 있다.[55] 그러나 환율은 결국 균형 수준에 이른다. 안정을 찾은 국가는 ERM II에 공식적으로 가입할 수 있게 된다. 이후에도 환율은 변동하지만, 이제는 정해진 범위 안에서만 움직일 수 있다. ERM II에 의거하여 유럽중앙은행이 개입해서 도울 수 있으므로 해당국은 이 요건을 충족할 수 있다. 추가적으로 해당국은 채무 해소 기준을 달성하는 것은 물론 특히 금리와 인플레이션의 유로존 평균치에 대한 편차를 충분히 축소하는 등 통화동맹에 재가입하기 위한 여타 일반적 요건을 충족해야 한다.

이에 더하여, 해당 국가와 재가입이 가능해지기 이전에 이행되어야 할 개혁안건에 대하여 합의하는 것이 바람직하다. 유로존으로의 복귀 가능성에 대한 희망보다 해당 국가의 정치집단에게 개혁의 필요성을 확신하도록 해주는 것은 없다.

물론 많은 기술적 문제가 제기될 것이다. 퇴출 계획이 사전에 알려지면 예금자들이 통화 전환currency conversion의 영향을 피하기 위해 그들의 모든 예치금을 찾으려고 함으로써 예금인출 사태가 발생한다. 이 경우에는 통화 전환이 신속하게 진행되어야 하고, 필요하다면 2013년 사이프러스 사례와 같이 자본통제와 예금인출 규모 제한이 시행되어야 한다. 하지만 자본통제가 오랫동안 이루어질 필요는 없는데, 그 이유는 통화가 전환되면 곧바로 통화가치가 절하되어 투자자의 자산에 손실이 발생하고 이미 발생한 손실은 자본을 도피시킨다고 피할 수 없으므로 자본도피 유인이 없어지기 때문이다. 한편 많은 사람들이 믿고 있듯이 초기에 통화가치 절하 정도가 과도할 경우 가격이 하락한 해당국 자산을 구입하기 위해 해외로 도피시켰던 자금을 국내로 다시 가져오는 것이 유리해질 것이다. 만약 사이프러스가 유로존에서 오늘 탈퇴한다면, 내일 모든 자본통제를 없앨 수 있다.

다행히 오늘날에는 대부분의 결제가 전자결제방식으로 이루어질 수 있다. 따라서 은행계좌의 전환은 하룻밤 사이에 수행할 수 있으므로 전환 대상 계좌의 많은 금액을 전환하는 데 별 문제가 없다. 그러나 은행권은 대부분의 나라, 특히 남유럽 국가에 있어서 아직도 일상생활에 매우 중요하다. 그래서 은행권 교환이 탈퇴의 가장 어려운 부분이다. 기본적으로 은행권 교환에는 세 가지 옵션이 있다.

첫 번째 옵션은 중앙은행이 유로화 은행권을 거두어들여 새 화폐와 교환해 주는 것이다. 그러나 유로화가 나머지 유로존에서는 계속 통용되므로, 이 옵션의 경우 모든 사람이 유로화를 몰래 모아서 국외로 반출하려고 시도하는 것을 막기 위해 화폐 관리, 국경 통제, 그리고 이를 담당할 상당히 큰 관료조직이 항구적으로 필요하다. 이러한 문제는 이 옵션의 실현이 어렵다는 것을 보여준다.

두 번째 옵션은 퇴출 국가의 유로화 은행권을 제외한 유로존 전역의 모든 유로화 은행권을 제한된 기간 동안 새 은행권으로 교환해 주는 것이다 (기술적으로 구 은행권에 스탬프를 찍어 새 은행권으로 재사용할 수 있다). 화폐 통제는 교환기간 종료 시점까지만 필요하다.

세 번째 옵션은 현재 동유럽 또는 터키의 경우와 유사한 방식으로서, 탈퇴한 국가에서 유로화를 새 화폐와 병행하여 사용하도록 허용하는 것이다.[56] 이 옵션은 전환 과정의 문제를 크게 줄여 준다. 새 화폐가 유일한 법정화폐로서 모든 가격, 임금, 채무 계약과 모든 전자결제 주문에 사용된다. 하지만 현금거래는 새로운 환율의 적용 하에 유로화로 이루어질 수 있다. 이러한 방법에 의하여 새 은행권을 필요한 양 만큼 제때에 인쇄하지 못하는 경우에도 현금거래는 가능하게 된다.

이 해결책의 장점 하나는 유로화를 비축하거나 국외로 반출하려고 시도할 이유가 없다는 것이다. 따라서 사이프러스 사례에서의 국경 통제와 자본 통제가 불필요하다. 자본도피의 위험성은 통화 전환 이전에만 존재하는데, 이 전환은 회계적으로만 이루어져 은행권에는 영향이 없으므로 주말 동안에 끝날 수 있다.

한번 인쇄된 새로운 국내 은행권은 시간이 지나면서 병행 유통 중인 유로화 은행권이 국외 구매에 사용됨에 따라 유로화 은행권의 대부분을 축출하게 된다. 이렇게 해당 국가 이외의 유로존에서 사용된 유로화가 이제는 현지에서 각국 중앙은행의 대출과 자산매입을 통해 창출된 유로화를 축출하게 된다. 그 경제적 효과는 제6장에서 논의했듯이 순지급지시와 타겟 채무 증가로 이어지는 추가적 재융자 신용에서 비롯되어서 북 유로 회원국에서 관측되었던 효과와 유사하다. 따라서 통화 전환 이후 국내에서 아직 유통되고 있는 유로화 은행권은 해당 국가의 타겟 채무에 가산하는 것이 합당하다.

그리스가 탈퇴하는 경우를 생각해 보자. 2013년 12월에 그리스 중앙은행의 본원통화는 379억 유로인 반면 타겟 채무는 500억 유로에 달한다. 본원통화에는 유로시스템 내 그리스의 비중에 해당하는 은행권 254억 유로와 이 비중을 초과한 은행권 발행액인 108억 유로가 포함되는데, 이는 그리스의 유로시스템 내 채무이다. 만약 그리스가 탈퇴한다면 254억 유로는 드라크마로 교환되고, 나머지 유로화는 다른 나라로 유출된다고 가정하는 경우 그리스 중앙은행은 유로존에 대해 608억 유로의 채무를 갖게 된다 (500억 유로 + 108억 유로). 만약 그리스가 드라크마를 제조하여 사용하기 시작한 후에도 유로존에서의 구매를 위해 사용될 수 있는 254억 유로를 보유한다면 그리스 중앙은행의 채무는 254억 유로가 추가적으로 늘어나게 된다. 이 채무 규모는 작지는 않지만 이미 발생한 타겟 채무와 유로시스템 내 채무에 비하면 작으며, [표 8.1]에 요약되어 있듯이 유로지역 국가, 국제통화기금, 유럽연합의 자금을 포함하여 현재까지 그리스에 대여된 모든 자금의 합계액인 2,880억 유로에 비하면 더 작다. 만일 그리스가 이 채무를 상환하지 못한다면 254억 유로의 상환 가능 여부는 그다지 중요하지 않게 된다.

중요한 문제는 그리스의 대외채무인데, 그 이유는 대외채무가 유로로 표시되어 있지만 탈퇴와 평가절하에 의해 특별한 영향을 받는 것은 아니기 때문이다. 제4장에서 논의했듯이 대외채무의 경우 가격 인하와 임금 삭감을 통한 대내 평가절하와 새 통화를 도입한 후의 대외 평가절하 사이에 차이가 없다. GDP 대비 채무 비율의 상승은 두 가지 사례에서 동일하다. 다시 한 번 강조하건대, 평가절하 이후 채무 상황이 어려워지겠지만, 평가절하만이 채무국이 경상수지의 구조적인 흑자 전환에 의해 채무의 일부라도 상환할 수 있는 유일한 방법이다. 대외채무를 다시 상환하는 길은 평가절하를 거쳐야 하며, 그러므로 초기에는 항상 채무 비율이 상승한다.

기존 회원국의 채무를 다룰 수 있는 가능한 방법은 해당 국가가 대외채무를 자국 통화로 전환할 수 있는 권리를 가지도록 하는 통화 변경권 lex monetae을 적용하는 것이다. 그리스에게 이 방법은 이전보다 현 시점에서 더 어렵겠지만, 2012년 그리스의 채무 감액이 영국 법률에 의해 이루어진 채무조정이었다면, 통화 변경권 적용 협정은 이 경우에만 특별하게 적용되는 새로운 유럽연합 규약에 의해 운영될 수 있다.

평가절하 이후에 물가상승률이 급상승하여 거의 즉각적으로 평가절하 효과를 무력화시킬 가능성에 대한 우려가 있다. 일부 경제학자는 이러한 이유로 평가절하가 탈퇴하는 국가에 도움이 되지 않는다고 주장해 왔다.[57] 이러한 우려는 평가절하가 재화가격 경쟁의 초기 상황에 발생하는 경우에만 정당화될 수 있으며, 유로존에서 곤경에 처한 나라들은 이러한 경우에 해당하지 않는다. 이 국가들에서는 유로에 의해 형성된 인플레적인 신용거품에 의해 가격이 과도하게 비싸졌으며, 현재는 유로존에서 균형 물가보다 매우 높은 하방경직적인 물가가 고착되어 있다. 평가절하는 유로화 표시 물가가 균형 수준으로 하락하는 것을 가로막고 있는 빗장을 제거하기 때문에 드라크마 표시 물가의 급등이 이 효과를 무력화하는 것을 두려워할 필요는 없다. 평가절하는 물가를 균형 수준 아래로 떨어뜨릴 정도로 과도한 경우에 한하여 인플레이션을 유발하게 된다. 한편 드라크마 표시 물가가 어느 정도 상승하더라도 순계 개념으로는 여전히 평가절하 효과가 있기 때문에 탈퇴하는 회원국 경제에 도움이 된다.

일단 평가절하와 필요한 개혁이 이행되면 ERM II에서 유로존의 정식 회원으로 복귀하는 것은 은행권 교환 문제가 발생하지 않기 때문에 비교적 쉽다. 즉 더 이상 어디에서도 사용할 수 없게 되는 자국통화를 숨기려고 하는 사람은 아무도 없을 것이며, 보유하고 있는 자국통화는 유로화로의 교환을 위해 은행으로 집중될 것이다. 그러므로 국내 유동성 수요를 충족하는 데 충분한 새로운 유로화가 유로시스템에 대한 채무를 유발하지 않고 해당 국가에 주어질 수 있다.

공개적 평가절하의 이행 가능성은 유로존의 기능 작동에 아주 중요하다. 한편에서는 유로시스템이 발권력에 의한 유동성 추가 공급으로 국제수지 문제에 대처하기 위해 막강한 힘이 필요하다. 다른 한편으로는 과도한 공적 및 민간 차입과 경제적 거품의 발생을 예방하기 위해 각 회원국의 신용도에 상응하는 엄격한 예산 통제와 금리 스프레드 책정이 필요하다. 현재의 유로존 구조하에서는 이들 두 가지 목표가 분명히 서로 조화를 이룰 수 없다.

유럽중앙은행은 코너 해법corner solution을 추구하면서 오늘날까지 이 딜레마를 부인해 왔다. 유럽중앙은행은 실물경제에 대한 왜곡된 유인을 무시해 왔으며, 국제수지 문제를 겪은 국가들에게 전례없이 낮은 금리와 해당 국가의 발권력이 이용된 아주 질이 낮은 담보를 허용함으로써 단지 시장을 진정시키려고 해왔는데, 이러한 정책은 나중에 여러 가지의 다른 재정 및 준재정 구제조치로 이어졌다. 시장 투자자의 이러한 정책에 대한 기대는 우선적으로 민간 및 공적 부문의 과도한 차입을 촉발하였고, 이어서 상당수의 회원국이 경쟁력을 잃게 되고 바닥이 없는 구덩이에 빠져 통화동맹 내의 아직 경제가 건전한 회원국에게 의지하도록 만들었다.

이와 같은 일차원적 정책목표를 추구하는 것은 심각한 정책오류가 되어 왔는데, 그 이유는 목표가 다른 상황에서 각기 다른 정책수단이 없을 경우에는 중도적 방식이 보다 합리적이었기 때문이다. 이런 오류는 자금지원 한도가 설정되고 일시적 퇴출과 평가절하를 통한 자립 가능성이 열려있을 때 한하여 바로 잡을 수 있다. 이러한 이유 때문에 유로존이 일시적 탈퇴와 이후의 재가입을 위한 질서 있는 절차가 갖추어진 보다 개방적인 통화동맹이 되는 것이 바람직하다. 이것이 어려움에 처한 나라들이 경제를 건강하게 회복할 수 있는 유일한 방법인 동시에 틀림없이 유로존 전체가 국제수지 위기를 극복할 수 있는 최선의 방법이다.

경제적 이점 외에 정치적 이점도 있다. 어느 회원국도 강제로 퇴출되지 않으며, 탈퇴하더라도 기회가 영원히 사라진다고 여길 필요가 없다. 만일 탈퇴 옵션이 끝장이 아니라 현실적인 정책적 조치로 받아들여진다면 이 옵션은 일부 금융 투자자를 제외하고는 관련된 거의 모든 당사자에게 이득이 되는 방식으로 관리되고 시행될 수 있을 것이다. 따라서 유럽의 결속과 유럽인의 평화로운 공존을 공고하게 할 것이다.

입장만 가능하고 퇴장이 불가능한 건물은 하나의 함정이다. 유로화는 남유럽 국가에게는 이러한 함정이 되어 버렸다. 이들은 낮은 금리에 현혹되었고, 약간의 성장을 누렸지만 경쟁력을 앗아간 인플레적 신용거품을 경험했는데, 이제는 필요한 실질적인 평가절하를 해야만 하는 커다란 어려움을 겪고 있다. 살아 숨 쉬는 통화동맹이 퇴로를 열어 주고, 유럽인들이 서로 평화롭게 살 수 있는 공간을 제공해 줄 것이다.

통합으로 가는 길[58]

미합중국의 모토는 '여럿으로 이루어진 하나'Out of many, one이다. 유럽의 모토는 '다양성에서의 조화'Harmony in diversity인데 공식적으로는 '다양성에서의 통합United in diversity'으로 표현된다. 미국과 유럽 모델의 차이를 이보다 더 뚜렷하게 표현하기는 어렵다. 미국은 용광로이다. 수많은 인종이 동질의 미국이라는 합금에 녹아들어 있다. 이민자가 도착하면 국경에서 자신의 국적을 버리고 전형적인 미국인으로 탈바꿈한다. 반면에 유럽은 오래되고 굴곡진 역사를 거쳐 발전해 온 이질적인 사람들과 문화의 모자이크로서 이웃 나라와 좋은 관계를 유지하기 위해 노력하고, 과학에서 종교에 이르기까지 여러 분야에서 공동의 전통을 공유하고 있다. 사람들은 자란 곳에서 살고, 자신의 언어로 말하고, 태어난 곳에 집착하는 경향을 가지고 있다.

이 차이로 인해 유럽합중국 건설이 가치가 있는 것인가에 대해 의문이 제기된다. 많은 사람들이 통일된 유럽이 정체성을 가질 가능성을 믿지 않기 때문에 이 개념의 수용을 거부한다. 미국과 같은 단일 정치제도는 하나의 공통 언어와 단일 국적을 전제로 한다. 그렇기 때문에 가까운 장래에 유럽은 연방confederation 이외의 것은 될 수 없다는 것이다.[59]

하지만 이 견해는 지나치게 비관적이다. 유럽 한 복판에 있는 스위스 연방은 다른 언어와 문화가 하나의 공동 국가에서 평화롭고 풍요롭게 존속할 수 있음을 증명하고 있다.[60] 스위스는 하나의 국방동맹에서 주canton의 권한이 강력한 반면, 제한된 재정적 권한이 중앙에 부여된 분권 국가로 성장했으며, 물론 공동통화를 가지고 있다. 미국과 마찬가지로 스위스도 구제금지 원칙이 기본이며, 지역 간 재정의 재분배는 거의 없다. 오늘날까지도 공동 외교정책과 공동의 군대가 연방의 중심축이다.

유럽연합이 그동안 이룩한 성취를 무시할 수는 없다. 유럽연합은 유럽이 끔찍했던 과거를 극복하고 종전 후 사람들이 감히 꿈꿀 수 없었던 장기간의 평화와 번영을 가져오는 데 기여해 왔다. 공동시장은 보다 효율적인 분업과 모두를 위한 교역의 이득을 가져왔다. 특히 작은 나라들은 시장 통합에 의해 소규모의 불리함을 극복하고 종전에는 큰 나라만이 누릴 수 있는 대규모 경제에 참여할 수 있게 됨으로써 이익을 누려왔다. 공동의 정치제도는 모든 곳에 법치를 확립함으로써 문화적 다양성에도 불구하고 누구에게나 많은 실질적인 이점을 가져왔다. 이러한 이점에는 국경을 자유롭게 통과할 수 있는 권리, 재화 및 서비스의 자유로운 이동, 타국에서의 경제적 활동에 대한 법적 보장, 공공 기반시설의 공동 이용, 마지막으로 하지만 역시 중요한 것으로 공동 안전보장이 포함된다. 이 이점은 수많은 유럽인의 삶에서 유럽 통합에 의문을 제기할 이유가 없을 정도로 엄청난 중요성을 부여해 왔다. 또한 유럽연합 내에서 상대방의 문화적 업적에 대한 존중과 함께 여러 가지 많은 유럽의 정체성이 드러났는데, 이점도 간과해서는 안 된다.

마스트리히트 조약[61]에 명시되어 있는 보완성 원칙subsidiarity principle에 의하면 분명히 경제적 결정은 가능한 한 가장 아래 단계에서 이루어져야 하는데, 이상적으로는 개인 단계까지 내려가야 한다. 경제적 결정 주체가 집단적 단계로 올라가는 것이 정당화될 수 있으나, 이 경우에도 그 범주에서는 가장 낮은 단계여야 한다. 만약 개인이 결정하지 않으면 가정이, 가정이 아니면 지역사회가, 지역사회가 아니면 주(州) 또는 도(道), 그 다음에 국가 그리고 최종적으로 유럽 기구의 순서가 된다. 보통 사람에 가까울수록 올바른 해결책에 필요한 정보가 많이 있으며, 그 단계에서 결정이 이루어질 때만 자유에 대한 개인적 권리가 보장된다.

하지만 집단적 행동이 필요한 다수의 정당한 예외가 있다. 공공기반시설, 국방, 기본적인 경제적 자유와 관련해서는 경제활동에 대한 규제가 있는데, 규제 제도 하에서는 경쟁이 최선이라고 기대할 이유가 많지 않다. 그보다는 느슨함이 일반적일 것이다.

은행규제 분야가 가장 시사적인 예이다. 이 문제는 제8장 은행연합 부분에서 다루었다. 만약에 은행들이 준수해야 할 규칙과 제한들이 개별 국가 차원에서 정해진다면, 은행 위험은 유로시스템 내의 중앙은행 대출과 부실자산매입을 통한 이익과 손실의 공유에 의해 부분적으로 통합될 것이며, 국별 규제 당국과 중앙은행은 자국에 잠재적 이득이 발생하는 반면 잠재적 손실의 일부는 타국에 전가되는 점을 감안하여 느슨한 기준을 설정하고, 신용을 관대하게 제공하여 결과적으로 과도한 위험부담을 유도하는 유인을 항상 갖게 된다. 재정연방주의에 관한 문헌에서 분석되었던 규범, 조세 또는 소득재분배 정책 분야에 이와 유사한 많은 예가 있다.[62] 그래서 다수의 근본적 고찰은 스위스와 같은 유럽연방 설립을 향한 끊임없는 유럽 통합과정의 심화를 언급하고 있는 것이다.

이러한 방향의 위험성은 집단적 결정기구는 누구에게나 유용한 집단적 서비스를 제공하기도 하지만 참가국들 사이에 자원을 재분배하는 권한을 남용할 수 있다는 사실에 있다. 민주적 의사결정기구라고 해서 예외는 아니다. 즉 이 기구는 소수가 다수에 의해서 이용당할 수 있게 한다. 이 문제에 대처하기 위해서는 의사결정에 있어서 자격을 갖춘 다수 또는 만장일치 요건 등 소수를 보호하는 특별 규칙이 필요하다. 이 책에서 논의했던 유럽중앙은행 정책위원회의 재정적 결정은 단순히 다수 — 긴급유동성지원ELA 신용의 경우에는 더 적은 다수 — 와 민주적으로 구성되지 않은 기구에 의해 채택된다는 점에서 이러한 문제의 극적인 예를 보여주고 있다. 이러한 결정에 의해 유럽 국가 사이에 그리고 경제가 아직 안정적인 유럽 국가의 납세자로부터 세계 여러 나라의 채권자에게 자금이 대규모로 재분배되어 왔다.

재분배가 보장보험 형태를 취한다면 모든 나라에 집단적 이익을 제공하는 것으로 이해될 수 있다. 보험의 모든 형태는 본질적으로 지금까지

행운이 지속되어 온 사람의 자원을 손해를 보는 사람에게 이전하는 재분배 시스템이다. 그러나 이러한 해석이 성립하려면, 이에 상응하는 결정이 무지의 베일 뒤에서 (예를 들면 재앙이 발생하기 이전에 그리고 행운과 비행운의 당사자가 알려지기 전에) 채택되어야 하는 것이 필수적이다.

유로존 내의 현행 재분배 결정은 손해가 확실해진 이후에 채택되기 때문에 명백하게 이 경우는 아니다. 더구나 이러한 보험제도는 마스트리히트 조약 협상에서 구제금지 조항(TFEU 125조)[63]에 의해 처음부터 명시적으로 제외되었다.

채무공동화를 향한 유로존의 방침은 ― 담보 기준의 대폭 완화 및 국채매입계획SMP과 무제한국채매입 정책을 통한 국채매입 결정에 의하여 은행에게 관대한 신용을 지원하기로 유럽중앙은행이 이전에 내렸던 결정을 따르는 ― 진정한 의미의 연방국가, 즉 그들 자신의 의지에 의해 단결하고 서로 돕기로 결정하는 동등한 자격을 가진 나라들로 구성되는 연합의 수립으로 이어지지 않는다. 그 대신 만약 존재한다면, 국민의 소망을 무시하는 행태를 통하여 그리고 완전히 독립적으로 행동하고 의회의 차후 결정 사항을 사전에 결정해 버리는 관료조직에 의해 국민들에게 강요되는 행동을 통해 출현하게 될 권력집중 국가로 이어진다.

이 경로는 유럽합중국으로 이어질 수 없는데, 그 이유는 유럽인의 대다수가 이에 동의하지 않기 때문이다. 북서유럽과 동유럽의 큰 나라들은 이를 원치 않으며, 이들 국가는 현재 만들어지고 있는 공동채무동맹joint-liability union에 대해 결코 자발적으로 동의하지 않을 것으로 보는 것이 타당하다. 체코와 스웨덴에서는 유로시스템을 무시하는 태도가 더 심해졌으며, 덴마크에서는 유로존 가입에 대한 열기가 폴란드에서와 같이 많이 식었다. 유로시스템이 유럽합중국 수립으로 이어질 수 있다는 주장은 설득력이 없다. 공동채무동맹으로 가는 길은 유럽의 깊은 분열로 이어질 가능성이 더 크다.

그것이 이번 위기동안 유럽 기구들이 취한 채무 공동부담 계획의 문제점이다. 유로시스템이 마스트리히트 조약을 부정하면서 묵시적으로 보험계약을 대신하는 것으로 간주되기 때문에 사전에 보험계약이 체결되지 않았는데도 보험이 요구되고 있다. 현재 시행되고 있는 광범위한 공영화 조치들을 정당화하기 위해서는 결합된 권력이 주(州) 채무의 공동부담을 배제하는 나라인 미국이나 스위스의 것을 넘어서는 권력집중 국가가 수립되었어야만 했다.[64]

해밀턴을 인용하거나 경제가 아직 건전한 유럽 국가가 위기국의 채무를 부담할 것을 주장하는 사람은 누구나 먼저 유럽인들의 전면적 동의하에 유럽합중국을 반드시 설립해야 한다. 적어도 오늘날 비용을 부담하는 사람들은 자신의 자식과 손자가 백 년 안에 도움이 필요할 때에는 다른 회원국으로부터의 유사한 보호를 기대할 수 있다고 반드시 상정할 수 있어야 한다. 오직 권력집중 국가만이 오늘 도움을 받은 수혜자가 장래에 필요한 경우 호혜적 지원을 반드시 제공하도록 함으로써 이러한 장기 약정을 확실히 정당화하고 보장할 수 있다. 이러한 국가의 헌법은 보험계약과 같다.[65]

합중국은 공동의 법률제도, 외부의 위협으로부터 국가를 방어하기 위한 공동의 군대, 보험계약의 규약과 의무가 이행되도록 하는 중앙권력이 필요하다. 그것은 공동의 정부, 일인 일표 원칙하에 구성되는 의회, 개별 국가를 대표하는 제2의 의회가 필요하다. 이러한 조건이 충족되고 나서야 재정적 균등화와 개인간 이체제도가 설립될 수 있는데, 이는 그 때서야 이들이 상호보험으로 여겨지기 때문이다. 재분배 과제가 클수록 제도의 원심력이 세지며 모든 것을 통합하여 관리하는 데 필요한 중앙권력이 강해져야 한다. 미국과 스위스의 경험이 주는 교훈은 채무의 공동부담은 연방시스템의 일부가 되지 말아야 한다는 것이다.

오늘날 유럽에서 이러한 합중국을 창립하려는 의향은 전혀 없다. 이 국가의 첫째 특권이며 가장 중요한 특권인 공동의 법률제도와 군대는 유럽이 외부의 적으로부터 유럽을 삼키려는 위협을 받지 않는 이상 조만간 만들어지지 않을 것이다. 프랑스는 그의 전력을 공동화하는 것에 대해 동의하지 않을 것이다. 예측 가능한 장래에 있어서 유럽연합은 강력한 중앙권력이 없는 하나의 국가연합으로 존속할 것이다.

유럽연합은 회원국 간에 의미 있는 재분배가 그동안 없었기 때문에 중앙 권력 없이도 안정적으로 존속해 왔다. 유럽연합의 전체 예산은 GDP의 1%에 해당하는 금액으로, 이 정도는 유럽연합과 함께하는 각 회원국들을 만족시키면서 모두에게 이로운 것으로 인식되었다. 전 유럽인의 국가 수립이 선행되지 않는 이전지출동맹을 주창하는 사람의 다수는 이러한 사실을 잊고 있는 것 같다.

재정동맹 도입을 통한 재분배를 주창하는 사람은 옛 소련의 운명이 주는 경고를 받아들여야 한다. 소련은 재분배를 하되 결집할 수 있는 힘이 필요했지만, 역사가 보여주듯이 이 힘에는 자기 파괴의 씨앗이 담겨 있었다. 옛 소련은 각 나라가 미래의 어느 시점에는 다른 나라로부터의 이전지출을 향유할 수 있다는 믿음을 주는 공정한 상호보험시스템이 결코 아니었다.[66]

소련이 아니라 미국과 스위스를 유럽의 모델로 삼아야 한다. 미국이 현재의 시스템을 갖기까지는 200년이 넘는 세월이 걸렸으며, 스위스는 500년이 넘게 걸렸다. 이들은 어려웠던 초창기 시절을 겪고 난 후, 주로 기본적 자유를 존중하고 채무동맹이 없는, 따라서 과도하게 엄격한 중앙 권력 없이도 작동하는 공정하고 기능적인 시스템으로 진화되어 왔다.

유로존이 회원국의 파산을 방지하기 위해 이전지출 및 채무동맹으로 발전하기를 바라는 사람이라면 누구든지 미국이나 스위스에서 행사 가능한 정도에 비해 훨씬 큰 중앙권력이 요구된다는 것을 알아야 한다. 이

시스템 하에서는 자유와 개별 국가의 자유로운 의지가 제약을 받을 소지가 있다. 미국과 스위스의 경우 중앙정부가 개별 주(州)의 예산을 효과적으로 제한할 수 없다. 그 대신에 지방정부가 지나치게 채무를 지면 스스로 채권자에게 채무를 갚아야 하며, 그렇지 못하면 최종적으로는 파산을 선언해야 한다. 역설적으로 들리겠지만, 사실 파산 위험은 맨 먼저 파산을 피하도록 차입을 절제할 필요성을 환기시키고, 또한 파산하지 않게 채무를 관리 가능할 정도의 적은 수준으로 유지할 필요성도 일깨워 준다는 점에서 모든 것을 조화롭게 하는 안정화 원칙이다. 지방정부가 과다하게 차입하는 경우에는 투자자들이 보다 높은 이자율을 요구함으로써 장래의 추가 차입에 제동을 걸고 남유럽과 아일랜드 경제를 파괴한 인플레적 신용거품과 같은 문제를 피하도록 한다. 과도한 자본 이동을 예방하는 이러한 자기교정 메커니즘이 없으면 통화동맹은 결코 스스로 안정될 수 없다. 독립국가 사이의 정치적 합의는 시장이 요구하는 것과 비슷한 정도의 절제를 요구하지 못한다. 채무동맹 내의 기회주의적이고 지나친 행위를 단순한 재정동맹 결성으로 피할 수 있다고 믿는 것은 비현실적이다.

재정협약에 의해 통제되는 이전지출동맹과 채무동맹을 가지는 유럽 중앙국가의 형성이 시작되기를 바라는 자들은 위험한 게임을 하고 있다. 이 길은 주요 갈등의 위협을 상기시키며, 평화로운 공존에 결코 기여하지 못할 위험을 초래한다. 그것은 친한 이웃 나라를 채무자와 채권자로 만든다. 이전에는 유럽에서 법적 수단에 의해 민간 차원에서 해결되어 왔던 채무자와 채권자 사이의 갈등이 국가 차원으로 높아질 것이다. 이 길은 바라던 유럽합중국이 아니라 혼란으로 이어지며, 유럽의 이상에 대해 불명예를 계속 초래한다. 그것은 유럽에서 지금까지 성취한 협력과 통합을 위태롭게 할 것이다. 더 훌륭한 유럽인은 로맨틱한 사람이 아니라 인간의 자유의지와 경제법칙에 부합하고, 권한을 과도하게 행사하는 관료조직에 의해 사전에 이루어지는 의사결정이 아닌 의회의 자유로운 의사결정에 부합하는 현실적 해결책과 자산의 강제적 재분배 없이 적용될 수 있는 해결책을 찾고자 하는 사람이다.

미국은 건국 초기의 몇십 년 동안 유럽이 앞으로 잘 하면 피할 수 있는 많은 위험한 실수를 저질렀다. 유럽합중국을 원하는 사람은 누구나 오늘날 미합중국의 경제원칙을 수용하고, 과거 미합중국의 실수를 반복하지 않도록 해야 한다. 유럽인들은 시간을 허비하지 말고 지체 없이 이 길을 따라나서야 한다.

주석

1) European Parliament, *Lisbon European Council 23 and 24 March 2000*, Presidency Conclusions 참조. 검색: <http://www.europarl.europa.eu/summits/lis1_en.htm>.

2) H. Henzler, 'Zunehmender Druck', *Wirtschaftswoche*, No. 26, 20 June 2002, p. 24 참조.

3) A. Friedman, 'Without Structural Changes, Experts Cautious on Economic Growth', *The New York Times*, 2 May 1998 참조. 검색: <http://www.nytimes.com/1998/05/02/news/02iht-simpact. t.html?pagewanted=all>; C. Noyer, 'The Euro: Accelerator of Economic Growth in Europe', *Speech delivered at the lunch-meeting of Cercle d'Union Interalliée in Paris*, 23 June 1999, 검색: <http:// www.ecb.europa.eu/press/key/date/1999/html/sp990623_1.en.html>. 그 밖에, 당시 유럽연합집행위원회의 수석 이코노미스트였던 에머슨(Michael Emerson)을 좌장으로 한 경제학자 패널은 화폐거래 비용을 제거하기만 해도 국내총생산이 0.5%에서 1% 정도 증가할 것이라고 추정하였다. P. Gumpel, 'Is the Euro Good for Europe?', *TIME Magazine*, 26 September 2004도 참조, 검색: <http://www. time.com/time/magazine/article/0,9171,702088-1,00.html>.

4) H.-W. Sinn and R. Koll, 'The Euro, Interest Rates and European Economic Growth', *CESifo Forum* 1, No. 3, October 2000, pp. 30–31, 검색: <http://www.cesifo-group.de/DocDL/Forum300-sl1.pdf>.

5) B. Eichengreen, 'The Great Recession and the Great Depression: Reflections and Lessons', *Journal Economía Chilena* 13, 2010, pp. 5–10 참조.

6) 이탈리아는 공적 구제자금의 도움을 받는 국가군에는 속하지 않지만 유럽중앙은행의 국채매입계획 (Securities Markets Programme, SMP)을 통해 막대한 지원을 받았다. 제8장의 [그림 8.1] 참조.

7) 유럽 통화협력 및 통합의 과정에 관해 역사적, 정치적으로 폭넓게 분석한 저서인 H. James, *Making the European Monetary Union*, Harvard University Press, Cambridge 2012 참조. H.-W. Sinn, 'Die Europäische Fiskalunion', *Perspektiven der Wirtschaftspolitik* 13, 2012, pp. 137–178도 참조하기 바람.

8) 콜과 미테랑이 아일랜드 대통령 찰스 호이에게 보낸 편지 C. J. Haughey, Agence Europe, 20 April 1990 참조.

9) P. Bérégovoy, 'Adapter la Constitution à Maastricht', *Speech at the French National Assembly*, 5 May 1992, Paris 참조, 검색: <http://www.beregovoy.org/Discours%20PB/sur_maastricht.htm>.

10) H. Kohl, *Speech at the German Bundestag during the Debate on the Resolution of the German Federal Government Regarding the Definition of the Participants in the Third Stage of the European Economic and Monetary Union*, 23 April 1998, Berlin 참조, 검색: <http://helmut-kohl. kas.de/index.php?menu_sel=17&menu_sel2=&menu_sel3=&menu_sel4=&msg=1764> (저자가 번역하였음).

11) J.-C. Juncker, *The Euro is a New Instrument to Achieve Peace and Stability*, Brussels Economic Forum 2008 참조, 검색: <http://ec.europa.eu/economy_finance/ emu10/quotes_ juncker_en.htm>.

12) A. Merkel, 'Der Euro—weit mehr als Währung', Interview by K. Dunz, *Deutsche Presseagentur*, 9 November 2011 참조, 검색: <http://www.bundesregierung. de/ContentArchiv/DE/Archiv17/ Interview/2011/11/2011-11-09-merkel-dpa.html>.

13) M. Monti, 'Spiegel-Gespräch mit Premier Mario Monti', Interview by F. Ehlers and H. Hoyng, *Der Spiegel*, No. 32, 2012, pp. 44–47 참조.

14) Ministero dell'Interno, *Elezioni 2013 Politiche e Regionali del 24 e 25 Febbraio* 참조, 검색: <http://elezioni.interno.it/camera/scrutini/20130224/C000000000.htm>.

15) A. Dabilis, 'New Coalition Government Fails to Calm Greek Worries', *Southeast European Times*, 21 June 2012 참조, 검색 <http://www.setimes.com/cocoon/setimes/xhtml/en_GB/features/setimes/features/2012/06/21/feature-01>.

16) 'Portugal Constitutional Court Rejects Budget Articles', *BBC News Europe*, 6 April 2013 참조, 검색: <http://www.bbc.co.uk/news/world-europe-22048169>.

17) Federal Constitutional Court, 2 BvR 987/102, *BvR 1485/102, BvR 1099/10*, press release, No. 55/2011, 7 September 2011 참조, 검색: <https://www.bundesverfas- sungsgericht.de/en/press/bvg11-055en.html>.

18) 'Quarto Reich', *Il Giornale*, 3 August 2012의 속표지 참조.

19) R. Alexander, 'Mario Monti wehrt sich gegen Italien-Misstrauen', *Welt Online*, 11 January 2012 참조, 검색: <http://www.welt.de/politik/ausland/article13810405/Mario-Monti-wehrt-sich-gegen-Italien-Misstrauen.html>.

20) M. Hasan, 'Angela Merkel's Mania for Austerity is Destroying Europe', *New Statesman*, 20 June 2012 참조. 잡지 표지에 나와 있는 이 글의 제목은 '유럽에서 가장 위험한 지도자'(Europe's most Dangerous Leader)이다.

21) G. Soros, 'Star-Investor prophezeit Hass auf Deutschland', Interview by M. Müller von Blumencron, S. Kaiser and G. P. Schmitz, *Der Spiegel*, 26 June 2012 참조, 검색: <http://www.spiegel.de/wirtschaft/interview-mit-george-soros-zu-deutschland-und-zur-euro-krise-a-841021.html>.

22) G. Soros, 'Why Germany Should Lead or Leave', *Project Syndicate*, 8 September 2012 참조, 검색: <http://www.project-syndicate.org/commentary/why-germany-should-lead-or-leave-by-george-soros>; G. Soros, *Financial Turmoil in Europe and the United States*, Public Affairs, New York 2012, 그리고 2013년 4월 9일 프랑크푸르트 대학교의 금융연구센터에서 행한 연설문인 G. Soros, 'How to Save the European Union from the Euro Crisis'도 참조하기 바람. 이에 대해 저자가 화답한 글인 H.-W. Sinn, 'Spiel mit dem Feuer', *Handelsblatt*, 25 April 2013, p. 64와 두 사람 사이의 논쟁을 다룬 G. Soros and H.-W. Sinn, 'Saving the European Union. Are Eurobonds the Answer? A Debate between George Soros and Hans-Werner Sinn', *CESifo Forum* 14, No. 2, June 2013, pp. 41–48도 참조하기 바람, 검색: <http://www.cesifo-group.de/DocDL/forum2-13-special2.pdf>.

23) G. Soros, 'Germany's Choice', *Project Syndicate*, 9 April 2013 참조, 검색: <http://www.project-syndicate.org/commentary/a-simple-solution-to-the-euro-crisis-by-george-soros>; H.-W. Sinn, 'Should Germany Exit the Euro?', *Project Syndicate*, 23 April 2013도 참조, 검색: <http://www.project-syndicate.org/ commentary/should-germany-exit-the-euro-by-hans-werner-sinn>; G. Soros and H.-W. Sinn, 'Soros versus Sinn: The German Question', *Project Syndicate*, 6 May 2013, 검색: <http://www.project-syndicate.org/commentary/soros-versus- sinn--the-german-question>.

24) A. Kaletsky, 'Can the Rest of Europe Stand up to Germany?', *Reuters*, 20 June 2012 참조, 검색: <http://blogs.reuters.com/anatole-kaletsky/ 2012/06/20/can-the-rest-of-europe-stand-up-to-germany>.

25) EU, 'Treaty on the Functioning of the European Union (TFEU)', *Official Journal of the European Union* C 115/47, 9 May 2008 참조, 검색: <http://eur-lex.europa. eu/LexUriServ/LexUriServ.do?ur

i=OJ:C:2008:115:0058:0199:en:PDF>.

26) M. Sauga, S. Simons, and K. Wiegrefe, 'You Get Unification, We Get the Euro', *Presseurop*, 1 October 2010 참조, 검색: <http://www.presseurop.eu/en/content/article/351531-you-get-unification-we-get-euro>.

27) Emnid 연구소와 Ipsos 연구소가 실시한 설문조사에 따르면, 1996년부터 1998년까지 유로 반대는 49%에서 70%로 늘었고 찬성은 약 44%에서 26%로 줄어들었다. 'Ohne D-Mark, ohne Kohl?', *Der Spiegel*, No. 2, 5 January 1998, pp. 22–25, 검색: <http://www.spiegel.de/spiegel/print/d-7809473.html>; Bankenverband—Bundesverband Deutscher Banken, *Zehn Jahre Europäische Wirtschafts- und Währungsunion (EWWU), Ergebnisse einer repräsentativen Meinungsumfrage im Auftrag des Bankenverbands*, March 2008 참조, 검색: <http://bankenverband.de/downloads/meinungsumfrage/08-05-05_10%20Jahre%20EWWU-Anlage-mit.pdf> (2014년 2월 7일 접속).

28) H. Kohl, *Speech at the German Bundestag*, 23 April 1998, Berlin (저자가 번역했음) 참조.

29) B. Carney and A. Jolis, 'Toward a United States of Europe', *The Wall Street Journal*, 17 December 2010 참조, 검색: <http://online.wsj.com/article/SB100014240527 4870403480457602568108734 2502.html>.

30) Bank for International Settlements, *BIS Quarterly Review*, September 2010, p. 16 참조. BIS에 따르면, 프랑스 은행들의 대출금 중 그리스, 아일랜드, 포르투갈, 스페인의 위험에 노출된 금액은 2010년 3월 말 기준으로 1,030억 달러였고, 독일 은행들의 경우 그 금액이 664억 달러에 달했다. 2009년 GDP에서 차지하는 비중으로 보면, 프랑스의 채권은 독일 은행들의 그것보다 95% 더 컸다. 제7장의 프랑스에 관한 부분을 참조하기 바람.

31) 일부 변호사들은 이것을 마스트리히트 조약의 헌법 수준의 규정 하나를 위반한 것이라고 보고 있다. D. Murswiek, 'Verfassungsrechtliche Probleme der Euro-Rettung', lecture given at *Munich Seminar*, CESifo and Süddeutsche Zeitung, 30 January 2012 참조.

32) 'Die Allianz der Skeptiker', *Der Spiegel*, No. 37, 8 September 1997, pp. 22–24 참조.

33) M. Friedman, 'Why Europe Can't Afford the Euro—The Danger of a Common Currency', *The Times*, 19 November 1997 참조.

34) M. Feldstein, 'The Political Economy of the European Economic and Monetary Union: Political Sources of an Economic Liability', Journal of *Economic Perspectives* 11, 1997, pp. 23–42 참조.

35) R. Dahrendorf, 'Alle Eier in einen Korb', interviewed by T. Darnstädt and R. Leick, *Der Spiegel*, No. 50/1995, 11 December 1995, pp. 27–33 (저자가 번역했음) 참조. R. Richter, 'Europäische Währungsunion: Mehr Kosten als Nutzen, Altar der Einheit', *Wirtschaftswoche*, No. 49, 29 November 1991, p. 97; M. J. M. Neumann, 'Die Mark ist ein Wohlstandsfaktor', *Zeit Online*, 16 October 1992, 검색: <http://www.zeit.de/1992/43/die-mark-ist-ein-wohlstandsfaktor>; J. Starbatty, cited by 'Vier gegen den Euro', *Der Spiegel*, No. 3, 12 January 1998도 참조하기 바람.

36) 유로의 조기 도입에 반대하는 독일 경제학 교수의 선언인 'Der Euro kommt zu früh', *Frankfurter Allgemeine Zeitung*, No. 33, 9 February 1998을 참조하기 바람.

37) Deutsche Bundesbank, Statistics, Time Series Databases, *Macroeconomic Time Series*, Time Series BBK01.WT5006: Devisenkurse der Frankfurter Börse/100 ESP = . . . DM / Spanien, BBK01; WT5007: Devisenkurse der Frankfurter Börse/1000 ITL = . . . DM / Italien, BBK01; WT5012: Devisenkurse der Frankfurter Börse/100 FRF = . . . DM / ab 1960/Frankreich.

38) Deutsche Bundesbank, *Statistisches Beiheft 5 zum Monatsbericht Devisenkursstatistik*, January 2000, pp. 45–47 참조.

39) M. Par Faure, 'Jean-Claude Trichet, chevalier du franc fort' (Jean-Claude Trichet, knight of the franc fort), *L'Express*, 16 September 1993 참조, 검색: <http://www. lexpress.fr/informations/jean-claude-trichet-chevalier-du-franc-fort_595798.html>.

40) H.-W. Sinn and R. Koll, 'The Euro, Interest Rates and Economic Growth', October 2000은 유로 도입 당시 이러한 견해를 밝혔다. 이 견해에 대한 때늦은 비판에 관해서는 H.-W. Sinn, Rescuing Europe, *CESifo Forum* 11, Special Issue, August 2010을 참조하기 바람, 검색: <http://www.cesifo-group.de/DocDL/ Forum-Sonderheft-Aug-2010_0.pdf>.

41) Deutsche Bundesbank, *Currency Statistics*, January 2000, pp. 6 f. 참조.

42) Committee for the Study of Economic and Monetary Union, *Report on Economic and Monetary Union in the European Community*, 1989 참조, 검색: <http://ec.europa.eu/ economy_finance/ publications/publication6161_en.pdf>.

43) H. Kohl, 'Regierungserklärung zum Gipfeltreffen der Staats- und Regierungschefs der NATO in Rom sowie zur EG-Konferenz in Maastricht', German Bundestag, *Plenarprotokoll* 12, No. 53, 1991 (저자가 번역했음); , 나중에 유럽중앙은행의 수석경제학자가 된 이싱(O. Issing)은 이에 동의 하였다. O. Issing, 'Gut für Deutschland', *Der Spiegel*, No. 3, 15 January 1996, p. 84를 참조하기 바란다.

44) J. Chirac, 'Nur der Euro bringt Fortschritt', Interview by H. Nathe, H. ㄹ, and M. Weber-Lamberdière, *Focus*, No. 38, 15 September 1997 참조, 검색: <http:// www.focus.de/politik/ ausland/ausland-nur-der-euro-bringt-fortschritt-und150-1-ar-chivdokument-2-teile_aid_168401. html>. 공동화폐를 사용하지 않고 재정동맹을 맺자는 견해에 관해서는 H. Uhlig, 'One Money, but many Fiscal Policies in Europe: What Are the Consequences?', in M. Buti (ed.), *Monetary and Fiscal Policies in the EMU*, Cambridge University Press, Cambridge 2003, pp. 29–56을 참조하기 바란다.

45) EU, 'Treaty on European Union', *Official Journal* C 191, 29 July 1992, 검색: <http://eur-lex. europa.eu/en/treaties/dat/11992M/htm/11992M.html> 참조.

46) EU, 'Treaty on European Union', 29 July 1992, article 109 littera j paragraph 4.

47) M. Sauga, S. Simons, and K. Wiegrefe, 'Der Preis der Einheit', *Der Spiegel*, No. 39, 27 September 2010, pp. 34–38 참조.

48) 'Gespräch des Bundeskanzlers Kohl mit Staatspräsident Mitterrand, in Latché, 4 January 1990', *Dokumente zur Deutschlandpolitik* 1998, p. 582 ff. 참조.

49) W. Proissl, 'Why Germany Fell out of Love with Europe', *Bruegel Essay and Lecture Series*, 1 July 2010, 검색: <http://www.bruegel.org/publications/publication-detail/publication/417-why-germany-fell-out-of-love-with-europe> 참조.

50) 유럽연합 바이에른 대표부의 전직 의장이었던 데스로흐(Hubertus Dessloch)가 2010년 5월 27일에 저자에게 보낸 편지에서 입증된 바와 같다.

51) F.-O. Giesbert, 'De Versailles à Maastricht' (From Versailles to Maastricht), *Le Figaro*, 18 September 1992, p. 1 참조.

52) R. Augstein, 'Neues vom Turmbau zu Babel', *Der Spiegel*, No. 42, 18 October 1993, p. 29 참조.

53) J. Chirac on 6 March 2002 according to W. Vogel, 'Frankreichs Europapolitik nach der Wahl', Deutsch-Französisches Institut, *Aktuelle Frankreichanalysen*, No. 18, 2002 (저자가 번역하였음) 참조.

54) C. Cordalis in TV talk show *Menschen bei Maischberger* of 28 February 2012, Topic: 'The Last Sirtaki: Greece Bankrupt, Germans Pay Nonetheless?' (저자가 번역하였음) 참조.

55) 정부 이전지출의 역할은 이미 베르너 계획에 의해 수행되었다. European Commission, *Report to the Council and the Commission on the Realization by Stages of Economic and Monetary Union in the Community*, 1970 참조; T. Mayer, *Europe's Unfinished Currency*, Anthem Press, London 2012의 특히 제1장 참조. 맥도걸 보고서(MacDougall Report)는 회원국 간 이전지출을 위해 GDP 의 5%에서 7%에 달하는 예산을 배정하라고 제안하였다. European Commission, *MacDougall-Report, Vol I: The Role of Public Finance in European Integration, and MacDougall-Report, Vol II: Individual Contributions and Working Papers*, 1970 참조. 많은 사람들이 유로존을 위한 재배분 메커니즘이 바람직하다는 주장을 펼쳤다. T. Courchene, C. Goodhart, A. Majocchi, W. Moesen, R. Prud'homme, F. Schneider, S. Smith, B. Spahn, and C. Walsh, 'Stable Money— Sound Finances', European Economy 53, 1993; P. Van Rompuy, F. Abraham, and D. Heremans, 'Economic Federalism and the EMU', *European Economy*, Special Edition, 1, 1991; M. Obstfeld and G. Peri, 'Regional Nonadjustment and Fiscal Policy: Lessons for EMU', *NBER Working Paper*, No. 6431, June 1999; 'Maastricht Follies—Fiscal Policy Should Not Be Constrained Under a Single Currency', *The Economist*, 9 April 1998, 검색: <http://www.economist.com/node/159467>; D. Fuceri, 'Does the EMU Need a Fiscal Transfer Mechanism?', *Vierteljahreshefte zur Wirtschaftsforschung* 73, 2004, pp. 418–428 참조.

56) EU, 'Treaty on European Union', 29 July 1992, article 104 littera c 참조.

57) 주간지인 슈피겔의 요청에 의해 알려진 파일에서 볼 수 있듯이, 이탈리아를 참여시킴으로써 그 많은 채무로 형성될 수 있는 막대한 위험에 대해서 콜 정부는 잘 알고 있었다. 1998년 1월에 콜의 외교정책고문인 요아힘 비터리히(Joachim Bitterlich)와 연방 재무장관이었던 위르겐 슈타크(Jürgen Stark)가 이탈리아의 적자가 더 적은 것은 건전한 자금조달의 지속성을 보장할 수 없는 파격적인 시장금리의 하락과 같은 예외적 효과에 주로 기인한 것이라고 지적하였다. 콜은 이러한 우려들을 무시해 버렸다. 'Kohl kannte Risiken', *MMNews*, 6 May 2012 참조, 검색: <http://www.mmnews.de/index.php/wirtschaft/9996-kohl-kannte-euro-risiken> 참조.

58) 'Theo hat alles gegeben', *Der Spiegel*, No. 51, 16 December 1996, 검색: <http://www.spiegel.de/spiegel/print/d-9133850.html>; 'Kreative Buchführung', Der Spiegel, No. 41, 7 October 1996, 검색: <http://www.spiegel.de/spiegel/ print/d-9102323.html>; M. Reimon, 'Eurokrise (nicht nur) für Dummies—Teil 1', *Der Standard*, 2 November 2011, 검색, 검색: <http://derstandard.at/1319181752075/ Eurokrise-nicht-nur-fuer-Dummies—Teil-1>; I. Zöttle, 'Gewaltige Sprengsätze', *Focus*, No. 13, 23 March 1998, 검색: <http://www.focus.de/politik/deutschland/waehrungsunion-gewaltige-prengsaetze_aid_170413.html>.

59) 국가신탁청은 예전의 공산주의 기업들과 그 사유화 대행기관들을 위한 동독의 신탁기금이다.

60) European Central Bank, *Annual Accounts* 2013, p. 4 참조.

61) 모든 유럽연합 국가들, 유로를 통화로 도입하지 않은 국가들도 주주가 되었다. 따라서, 예를 들어 참여하지 않을 수 있는 기피조항을 가진 유일한 국가인 영국과 덴마크조차도 자본금에 출자하고 있다. 그러나 아직 유로를 도입하지 않은 국가들은 통화정책에 참여하지 않으며, 유럽중앙은행의 통화정책을 수행할 의무가 없고, 통화창출로부터 얻어지는 유로시스템의 수입의 분배에도 참여하지 않

는다. 따라서 유로에 가입하지 않은 유럽연합국들에게 있어서 지분 소유권은 기본적으로 명목적인 것이고, 실질적인 중요성이 없다.

62) 바딩거와 니치(H. Badinger and V. Nitsch)는 유럽중앙은행이, 소위 테일러 법칙에 따라, 실질 생산과 잠재 생산능력 사이의 차이와 인플레이션에 의존해 금리를 결정하는 것이, 실제의 통계적 평균보다도 유럽중앙은행 인력에 있어서의 각 국적의 지분으로 국내 인플레이션과 실업율 자료에 가중치를 메김으로써 가장 잘 설명될 수 있다는 것을 보여주고 있다. H. Badinger and V. Nitsch, 'National Representation in Multinational Institutions: The Case of the European Central Bank', *CESifo Working Paper* No. 3573, September 2011 참조, 검색: <http://www.cesifo-group.de/DocDL/cesifo1_wp3573.pdf>.

63) European Central Bank, *Weekly Financial Statements*, Consolidated Financial Statement of the Eurosystem as at 31 December 2013, press release, 8 January 2014 참조.

64) M을 본원통화(중앙은행화폐의 저량), i를 (불변) 명목금리, r을 (불변) 연간 명목 경제성장률이라고 하면, 유로시스템의 발권차익 수입의 현재가치는 M i/(i-r)이 된다. 변동 성장률과 금리의 경우에는 좀 더 복잡한 공식이 도출된다.

65) W. Buiter and E. Rahbari, 'Looking into the Deep Pockets of the ECB', Citi Economics, *Global Economics View*, 27 February 2012 참조, 검색: <http://blogs.r.ftdata.co.uk/money-supply/files/2012/02/citi-Looking-into-the-Deep-Pockets-of-the-ECB.pdf>.

2장

1) H.-W. Sinn and R. Koll, 'Der Euro, die Zinsen und das europäische Wirtschaftswachstum', *ifo Schnelldienst* 53, No. 32, 2000, pp. 46–47 참조, 검색: <http:// www.cesifo-group.de/DocDL/ifosd_2000_33_8.pdf>; 번역판: 'The Euro, Interest Rates and European Economic Growth', *CESifo Forum* 1, No. 3, October 2000, pp. 30–31, 검색 <http://www.cesifo-group.de/DocDL/Forum300-sl1.pdf>; 그밖에 H.-W. Sinn, Rescuing Europe, *CESifo Forum* 11, Special Issue, August 2010, 검색: <http://www.cesifo-group.de/DocDL/Forum-Sonderheft–Aug–2010_0.pdf>; O. Blanchard, 'Current Account Deficits in Rich Countries', *IMF Staff Papers* 54, 2007, pp. 191–219; F. Giavazzi and L. Spaventa, 'Why the Current Account May Matter in a Monetary Union: Lessons from the Financial Crisis in the Euro Area', *CEPR Discussion Paper* No. 8008, September 2010도 참조하기 바란다.

2) 이 관계에 대해서는 모든 경제학도가 기초과정에서 배운다. 국내총생산(GDP)으로 측정된 상품(서비스 포함)은 소비, 국내실질투자, 순수출로 사용된다. GDP에서 감가상각을 뺀 것이 한 나라가 벌어들인 모든 소득의 합계와 같기 때문에 GDP에서 감가상각과 소비를 빼면 그 나라의 저축이 된다. 이 저축은 또한 국내 순투자와 순수출을 합한 것과 같다. 국내 투자로 쓰이지 않은 저축부분이 해외로 유출되기 때문에 상품순수출은 자본순수출과 같다. 엄밀히 말하자면 자본순수출은 경상수지 흑자와 같다. 경상수지 흑자는 상품순수출에 해외에서 유입된 자본순익을 더하고 해외로 유출된 이전소득(이주노동자 송금이나 개발원조와 같이 다른 나라에 있는 사람들에게 보낸 경상증여)을 뺀 것이다. 기업의 대차대조표에 기장되는 항목이 달라도 차변과 대변의 합계가 같듯이 한 나라의 경상수지 흑자는 자본순수출과 끝전까지 같은 것이다.

3) 이 절과 다음 절의 내용은 H.-W. Sinn, *Rescuing Europe*, August 2010 참조.

4) 이때 가입한 나라는 오스트리아, 벨기에, 핀란드, 프랑스, 독일, 아일랜드, 이탈리아, 룩셈부르크, 네덜란드, 포르투갈, 스페인이다. 그 후 가입국은 그리스(2001년), 슬로베니아(2007년), 사이프러스(2008

년), 몰타(2008년), 슬로바키아(2009년), 에스토니아(2011년)이다.

5) Eurostat, *Report on the Revision of the Greek Government Deficit and Debt Figures*, 22 November 2004 참조.

6) 그리스와 같이 규모가 작은 채무시장에서는 스프레드의 감소가 유동성 효과를 반영한 것일 수도 있다. 왜냐하면 유로존의 탄생은 포트폴리오 지분에 있어서 유로존 구성에 맞추고자 하는 투자자들로부터 각국 국채에 대한 새로운 수요를 촉발하기 때문이다.

7) R. J. Shiller, *The Subprime Solution: How Today's Global Financial Crisis Happened, and What to Do About It*, Princeton University Press, Princeton 2008; W. Münchau, *Kernschmelze im Finanzsystem*, Hanser, Munich 2008, 번역판: *The Meltdown Years: The Unfolding of the Global Economic Crisis*, Mcgraw-Hill Professional, New York 2009; G. A. Akerlof and R. J. Shiller, *Animal Spirits: How Human Psychology Drives the Economy and Why It Matters for Global Capitalism*, Princeton University Press, Princeton 2009; C. Reinhart, and K. S. Rogoff, *This Time is Different: Eight Centuries of Financial Folly*, Princeton University Press, Princeton 2009; H.-W. Sinn, *Kasino-Kapitalismus. Wie es zur Finanzkrise kam, und was jetzt zu tun ist*, Econ, Berlin 2009. 번역판: *Casino Capitalism. How the Financial Crisis Came About and What Needs to Be Done Now*, Oxford University Press, Oxford 2010; H.-W. Sinn, Die *Target-Falle, Gefahren für unser Geld und unsere Kinder*, Hanser, Munich 2012; A. Admati and M. Hellwig, *Bankers' New Clothes: What's Wrong with Banking and What to Do About it*, Princeton University Press, Princeton 2013 참조.

8) European Central Bank, *Technical Features of Outright Monetary Transactions*, press release, 6 September 2012 참조, 검색: <http://www.ecb.europa.eu/press/pr/date/2012/html/pr120906_1. en.html>.

9) 유럽중앙은행 총재 드라기(Mario Draghi)와 부총재 콘스타치오(Vitor Constâncio)의 2012년 9월 6일 기자회견 서문, 검색: <http://www.ecb.europa.eu/press/pressconf/2012/html/is120906.en.html>. 드라기는 OMT에 관해 언급하지는 않았지만 2012년 7월에 이미 유사한 발언을 했다. OMT에 대한 명확한 논의에 대해서는 제8장을 참조하기 바란다.

10) Federal Constitutional Court, 2 BvR 1390/12, 2 BvR 1421/12, 2 BvR 1438/12, 2 BvR 1439/12, 2 BvR 1440/12, 2 BvE 6/12, 12 September 2012 참조, 검색: <http://www.bverfg.de/entscheidungen/ rs20120912_2bvr139012en.html>. 2012년 9월 27일에 독일 대통령이 최종 서명하였다.

11) A. Marshall, *Money, Credit and Commerce*, Macmillan, London 1932; A. P. Lerner, *The Economics of Control*, Macmillan, London 1962; St. P. Magee, 'Currency Contracts, Pass-through and Devaluation', *Brookings Papers on Economic Activity* 1, 1973, pp. 303–325; R. Dornbusch, 'Expectations and Exchange Rate Dynamics', *Journal of Political Economy* 84, 1976, pp. 1161–1176; R. Dornbusch and S. Fischer, 'Exchange Rates and the Current Account', *American Economic Review* 70, 1980, pp. 960–971; D. W. Henderson, 'The Dynamic Effects of Exchange Market Intervention Policy: Two Extreme Views and a Synthesis', *Kredit und Kapital* 6, 1981, pp. 156–209; H.-W. Sinn, 'International Capital Movements, Flexible Exchange Rates and the IS-LM Model. A Comparison Between the Portfolio Balance and the Flow Hypotheses', *Weltwirtschaftliches Archiv* 119, 1983, pp. 36–63; R. Dornbusch, 'Exchange Rates and Prices', *American Economic Review* 77, 1987, pp. 93–106 참조.

12) G. A. Calvo, 'Capital Flows and Capital-Market Crises: The Simple Economics of Sudden Stops',

Journal of Applied Economics 1, 1998, pp. 35–54 참조.

13) Eurostat, Database, *Economy and Finance*, Annual National Accounts; and Government Finance Statistics 참조.

14) Council of the European Union, 'Council Regulation (EC) No. 1466/97 of 7 July 1997 on the Strengthening of the Surveillance of Budgetary Positions and the Surveillance and Coordination of Economic Policies', *Official Journal* L 209, 1997, p. 1 참조, 검색: <http://eur-lex.europa.eu/LexUriServ/LexUriServ.do?uri=CELEX:31997R1466:EN:HTML>, 특히 제2조 a항 참조.

15) European Council, 'Resolution of the European Council on the Stability and Growth Pact, Amsterdam, 17 June 1997', *Official Journal* C 236, 1997 참조, 검색: <http://eur-lex.europa.eu/LexUriServ/LexUriServ.do?uri=CELEX:31997Y0802(01):EN:HTML>, p. 1, IV, The Member States, 5. 여기에는 다음과 같이 적혀 있다. '특별한 상황이 없으면 과잉 재정적자가 확인된 다음 연도 내에 이러한 수정이 완성되어야 한다'.

16) Council of the European Union, 'Council Regulation (EC) No. 1467/97 of 7 July 1997 on Speeding Up and Clarifying the Implementation of the Excessive Deficit Procedure', *Official Journal* L 209, 1997, p. 6 참조, 검색: <http://eur-lex.europa.eu/LexUriServ/LexUriServ.do?uri=CELEX:31997R1467:EN:HTML>, 특히 제11-13조 참조.

17) H.-W. Sinn, 'Die Europäische Fiskalunion', *Perspektiven der Wirtschaftspolitik* 13, 2012, pp. 137–178. 이것은 다음 자료를 기초로 업데이트한 것이다. Eurostat, Database, *Economy and Finance*, Annual National Accounts; Eurostat, Government Finance Statistics; and European Commission, Economic and Financial Affairs, *European Economic Forecast*, Autumn 2013.

18) 그리스와 포르투갈에 대해서는 Organisation for Economic Co-operation and Development, *iLibrary*, OECD Economic Outlook: Statistics and Projections, Economic Outlook No. 86; 독일에 대해서는 German Federal Statistical Office, *Fachserie* 18, Volkswirtschaftliche Gesamtrechnungen, Reihe 1.4, 2012, Status: September 2013; and German Federal Statistical Office, *Fachserie* 17, Preise, Reihe 7, September 2013을 기초로 산출한 것이다.

19) Eurostat, Database, *Economy and Finance*, Annual National Accounts, National Accounts Detailed Breakdowns, National Accounts Aggregates and Employment by Branch 참조.

20) Eurostat, Database, *Economy and Finance*, and Government Finance Statistics, Government Deficit and Debt 참조.

21) C. Reiermann and K. Wiegrefe, 'Herr und Helfer', *Der Spiegel*, No. 29, 16 July 2012, pp. 32–34 참조.

22) H.-W. Sinn, *The German State Banks. Global Players in the International Financial Markets*, Edward Elgar, Aldershot 1999 참조.

23) 이 보증들은 공공부문의 적자나 채무 통계에 나타나지 않는 우발채무임. H.-W. Sinn, *Casino Capitalism*, 2010, chapter 9: *Rescue Attempts*, p. 193 참조.

24) Banco Financiero y de Ahorros (BFA) 189억 유로, 카탈루냐 은행(Catalunya Banc) 113억 유로, NCG Banco 76억 유로, 발렌시아은행(Banco de Valencia) 55억 유로, 언님 은행(Unnim Banc) 10억 유로; Eurostat Statistics, *Government Finance Statistics*, Supplementary Tables for the Financial Crisis 참조. 이 숫자들은 이 책을 저술하는 동안 이용 가능했던 최신 자료였던 2012년 통계임. 그래서 아마 스페인 배드뱅크들인 FROB와 SAREB에게 배정된 자금을 아직 포함하지 않았을 것이다. 이 두 은행은 2012/13년에 큰 금액을 받았다. SAREB 혼자서만 25억 유로를 받았다고

한다.

25) Eurostat, Database, *Economy and Finance*, Government Statistics, Government Deficit and Debt; and European Commission, Economic and Financial Affairs, *European Economic Forecast*, Autumn 2013의 표 38 참조.

26) Eurostat, Database, *Economy and Finance*, Government Statistics, Government Deficit and Debt; and European Commission, Economic and Financial Affairs, *Economic Databases and Indicators*, AMECO – 연간 거시경제 데이터베이스 참조.

27) 2014년 2월 이 책을 탈고할 때까지는 2013년의 그래프를 그릴 수 있는 통계가 발표되지 않았다.

28) 예를 들어, 자산이나 증권의 시장가치가 변할 때 재평가 효과가 발생한다. 흥미롭게도, 통계자료는 채무 자체의 가치변화도 기록하고 있다. 따라서 그리스와 포르투갈의 순 해외채무는, 전액상환의무는 여전히 그대로였을지라도 외국인들이 보유했던 채권의 시장가치 하락에 따라 감소하였다 (심지어는 2012년 그리스의 자산 평가절하 전에도 그랬음).

29) 초기의 실질 해외순자산 포지션은 2007년의 자산 가치에서 2006년과 2007년에 누적된 경상수지 흑자를 빼고 계산한 것이다. 이것은 아마도, 본문에서 설명한 대로 이 기간 중 초기채무에 고금리를 적용한 결과로 초기채무의 숨겨진 내재적 부분을 구성하고 있는 재평가 효과를 포함하고 있을 것이다. Eurostat 통계는 단지 몇몇 국가에 대해서만 이 두 가지 효과를 구분하고 있기 때문에 이것들이 여기서는 초기의 실질 해외순자산 포지션에 포함되어 있다.

30) 1995년의 실질 초기 채무 자체는 두 가지 구성요소를 포함하고 있었다. 스페인의 경우에는 자료 활용이 가능하다. 첫 번째 구성요소는 1995년 마드리드 정상회담 당시 990억 유로였던 순 해외채무의 명목가치였다. 두 번째 요소는 2,910억 유로에 달하는 막대한 재평가 효과였다. 그것은 그 이후 신규 채무에 대한 금리가 내려감으로써 구체화되었다. 어떤 의미에서, 이 효과는 단지 고금리 뒤에 숨겨져 있었던 초기 채무 부분을 드러낸 것이었다. 두 요소를 합치면 실질 초기 채무인 3,900억 유로가 된다 (흑색 막대).

31) European Mortgage Federation, 'Study on Interest Rate Variability in Europe', 2006, pp. 1–29 참조, 검색: <http://www.hypo.org/content/default.asp?PageID=203#INTEREST%20RATE%20 VARIABILITY>; and European Mortgage Federation, 'Hypostat 2010. A Review of Europe's Mortgage and Housing Markets', 2010, pp. 1–98, 특히 p. 8 참조, 검색: <http://www.hypo.org/ Content/Default.asp?PageID=524>.

32) Banco de España, 'Official Mortgage Market Reference Rates', *Boletín Estadístico* 2013 참조, 검색: <http://www.bde.es/webbde/es/estadis/infoest/series/be1901.csv>.

33) 1995년과 2001년 사이에 스페인에서 담보대출금리가 5.44% 포인트나 내린 반면, 독일에서는 단지 1.75%포인트만 내렸다. European Central Bank, *Structural Factors in the EU Housing Market*, 2003, pp. 1–55, 특히 p. 22 참조, 검색: <http://www.ecb.int/pub/pdf/other/euhousingmarketsen. pdf>. 1991년부터 2001년까지 담보대출금리의 하락폭은 10%포인트 이상이었다. Banco de España, 'Official Mortgage Market Reference Rates', 2013 참조.

34) Deutsche Bundesbank, Time Series Database, *Time Series MFI (Monetary Financial Institutions)*, Bestandsangaben; and European Commission, Economic and Financial Affairs, *Economic Databases and Indicators*, AMECO – 연간 거시경제 데이터베이스 참조.

35) Eurostat, Database, *Population and Social Conditions*, International Migration and Asylum 참조.

36) Eurostat, Database, *Population and Social Conditions*, International Migration and Asylum 참조.

37) G. D'Alessio, R. Gambacorta and G. Ilardi, 'Are Germans Poorer than other Europeans? The Principal Eurozone Differences in Wealth and Income', *VoxEU*, 24 May 2013 참조, 검색: <http://www.voxeu.org/article/are-germans-poorer-other-europeans-principal-eurozone-differences-wealth-and-income> 참조.

38) European Central Bank, 'The Eurosystem Household Finance and Consumption Survey: Results from the First Wave', Statistics Paper Series, No. 2, April 2013, p. 76. 평균 가계 규모는 이탈리아 2.53, 스페인 2.68, 독일 2.04, 네덜란드 2.22, 핀란드 2.08임. European Central Bank, The Eurosystem Household Finance and Consumption Survey, 2013, p. 12 참조. 일인당 순자산이 이탈리아 108,800유로, 스페인 108,700유로, 독일 95,700유로, 네덜란드 76,700유로 그리고 핀란드 77,600유로이다.

39) C. Reinhart and K. S. Rogoff, *This Time is Different*, 2009 참조.

40) P. De Grauwe, 'Animal Spirits and Monetary Policy', *Economic Theory* 47, 2011, pp. 423–457; G. A. Akerlof and R. J. Shiller, *Animal Spirits*, 2009 참조.

41) R. J. Shiller, *The New Financial Order: Risk in the 21st Century*, Princeton University Press, Princeton 2003; O. Hart, 'On the Optimality of Equilibrium when the Market Structure is Incomplete', *Journal of Economic Theory* 11, 1975, pp. 418–443; 기고(寄稿)인 K. Arrow, P. Diamond, J. Drèze, P. Dubey, D. Duffie, J. Geanakoplos, S. J. Grossman, A. Mas-Colell, O. Hart, R. Radner, and M. Santos, in M. Magill and M. Quinzii (eds), *Incomplete Markets*, Edward Elgar, Northampton 2008 참조.

42) O. Hart, 'On the Optimality of Equilibrium when the Market Structure is Incomplete', 1975; M. C. Kemp and H.-W. Sinn, 'A Simple Model of Privately Profitable but Socially Useless Speculation', *Japanese Economic Review* 51, 2000, pp. 85–95 참조.

43) H.-W. Sinn, *Casino Capitalism*, 2010, chapter 4: *Why Wall Street Became a Gambling Casino*, p. 92 참조.

44) Regulation Governing the Capital Adequacy of Institutions, Groups of Institutions and Financial Holding Groups, paragraph 26 number 2 littera b in connection with para- graph 70 section 1 littera c; Directive 2006/48/EC of the European Parliament and of the Council of 14 June 2006 Relating to the Taking Up and Pursuit of the Business of Credit Institutions (Recast), paragraph 80 number 1 in connection with paragraph 89 number 1 littera d 참조. 알려진 바로는 모든 유로 국가들이 이 규정을 국가 입법에서 수행하였다. 독일의 예를 보면, Verordnung über die angemessene Eigenmittelausstattung von Instituten, Institutsgruppen und Finanzholding-Gruppen, paragraph 26 number 2 littera b in connection with paragraph 70 number 1 littera c; Richtlinie 2006/48/EG des Europäischen Parlaments und des Rates vom 14. Juni 2006 über die Aufnahme und Ausübung der Tätigkeit der Kreditinstitute (Neufassung), paragraph 80 number 1 in connection with paragraph 89 number 1 littera d 참조. 바젤협약은 국채에 대한 위험가중치를 규정함에 있어서, 공식 등급 또는 수출 보험기관의 분류에 따라 0이 될 수 있었고, 그것들은 단지 은행이 위험평가를 함에 있어서 표준화된 방법을 지키는 경우만을 위한 것이었다. 더욱이, 표준화된 방법은, 은행의 자치를 요구하는 선택권이, 낮은 위험가중치에 부합할 수 있다는 점을, 고려하고 있었다. 그러나 만약 은행이 자체 위험평가모델(Internal Rating Based Approach, IRBA)에 의존하는 선택을 더 선호했더라면, 국채들에 대한 위험가중치들이 내부적으로 부과되었을 것이다. 따라서 EU 정책은 바젤 규정을 상당히 왜곡하고 확대해석한 것이었다. 또한 H.-W. Sinn, Casino Capitalism, 2010, chapter 7: Policy Failure도 참조하기 바란다.

45) Basel Committee on Banking Supervision, *Basel III: A Global Regulatory Framework for more Resilient Banks and Banking Systems*, December 2010 (2011년 6월 개정), 검색: <http://www.bis.org/publ/bcbs189.pdf>; and Basel Committee on Banking Supervision, *Basel III: The Liquidity Coverage Ratio and Liquidity Risk Monitoring Tools*, January 2013, 검색: <http://www.bis.org/publ/bcbs238.pdf> 참조.

46) EIOPA, *EIOPA Report on the Fifth Quantitative Impact Study (QIS5) for Solvency II*, 2011, 검색: <https://eiopa.europa.eu/fileadmin/tx_dam/files/publications/reports/QIS5_Report_Final.pdf> 참조.

47) H.-W. Sinn, *Casino Capitalism*, 2010, chapter 4: *Why Wall Street Became a Gambling Casino*. 저자는 한때 자본이 한정되어 있기 때문에 도박을 하는 동기를 '당신은 돌에서 피를 빼낼 수 없다 (You cannot get blood out of a stone)'를 암시하는 블루스(BLOOS) 법칙이라고 불렀고, 이것을 그의 논문에서 공식적으로 분석하였다. H.-W. Sinn, *Ökonomische Entscheidungen bei Ungewißheit*, Mohr Siebeck, Tübingen 1980, 영어판: *Economic Decisions under Uncertainty*, North-Holland, Amsterdam 1983, chapters III B and V C, 검색: <www.cesifo-group.de>. 다른 사람들은 이와 똑같은 현상을 묘사하기 위해 '부활을 위한 도박'(Gamble for Resurrection)이라고 말해왔다. M. Dewatripont and J. Tirole, 'Efficient Governance Structure: Implications for Banking Regulation', in C. Mayer and X. Vives (eds), *Capital Markets and Financial Intermediation*, Cambridge University Press, Cambridge 1993, pp. 12–35; M. Dewatripont and J. Tirole, *Prudential Regulation of Banks*, MIT Press, Cambridge, Mass. 1994, pp. 97 and 113 참조; H.-W. Sinn, *Risk-Taking, Limited Liability, and the Banking Crisis*, Selected Reprints, Ifo Institute, Munich 2008도 참조. 검색: <www.ifo.de/de/w/43e7rkviz>.

48) H. Geiger, *Das Währungsrecht im Binnenmarkt der Europäischen Union*, Verlag Versicherungswirtschaft, Karlsruhe 1996, p. 40 참조.

49) H. Hesse and B. Braasch, 'Zum optimalen Instrumentarium der Europäischen Zentralbank', in B. Gahlen, H. Hesse, and H. J. Ramser (eds), *Europäische Integrationsprobleme aus wirtschaftswissenschaftlicher Sicht*, Mohr Siebeck, Tübingen 1994 참조.

50) G. Braunberger, 'Die Krise im EWS kann den Gewinn der Bundesbank schmälern', *Frankfurter Allgemeine Zeitung*, No. 183, 10 August 1993, p. 11 참조.

51) Economic and Social Committee, 'Opinion of the Economic and Social Committee on "An Assessment of the Introduction of the Single Currency" ', *Official Journal of the European Communities* C 117/3, 26 April 2000, pp. 23–27, Sections 7.1 and 7.2 참조, 검색: <http://eur-lex.europa.eu/LexUriServ/LexUriServ.do?uri=OJ:C:2000:117:0023:0027:EN:PDF>.

3장

1) 유로지역 국가 중 슬로바키아와 몰타의 경제성장률이 더 높았다.

2) P. Plickert, 'Die Vor- und die Nachteile des Euro', *Frankfurter Allgemeine Zeitung*, 22 June 2011, 검색: <http://www.faz.net/aktuell/wirtschaft/ europas-schuldenkrise/waehrungsunion-die-vor-und-die-nachteile-des-euro-1653839.html>; A. Merkel, *Regierungserklärung zum Europäischen Rat in Brüssel*, 24/25 March 2011, 검색: <http://www.bundesregierung.de/ContentArchiv/DE/Archiv17/Regierungserklaerung/2011/2011-03-24-merkel-europaeischer-rat.html>; 'Wie profitiert

Deutschland vom Euro?', *ZDF heute-journal*, 8 September 2011, 검색: <http://www.etwasverpasst. de/sendung/88591/zdf/zdf-heute-journal/zdf-heute-journal-vom-08-september-2011.html>; 'Geben Sie Ihr Ehrenwort, dass wir Deutschen kein Geld verlieren?', Interview by K. Diekmann and D. Hoeren with José Manuel Barroso, Bild, 10 October 2011, 검색: <http://www.bild.de/geld/ wirtschaft/jose-manuel-barroso/deutschland-euro-krise-20394200.bild.html>.

3) H.-W. Sinn, *Die rote Laterne. Die Gründe für Deutschlands Wachstumsschwäche und die notwendigen Reformen*, Nordrhein-Westfälische Akademie der Wissenschaften (ed.), Ferdinand Schöningh Verlag, Paderborn 2003 참조. *ifo Schnelldienst* 55, Special Issue, No. 23, 17 December 2002, pp. 3–32, 검색: <http://www.cesifo-group.de/DocDL/SD23-2002.pdf>; Deutscher Bundestag, 'Das Geschehen im Parlament festhalten', 12 February 2010, 검색: <http://www.bundestag.de/ dokumente/tex-tarchiv/2010/28642186_kw06_stenografen/index.html> 등을 참조하기 바란다.

4) 이코노미스트 지는 이를 간과하였다. 'Vorsprung durch Exports. Which G7 Economy Was the Best Performer of the Past Decade? And Can It Keep It Up?', *The Economist*, 3 February 2011, 검색: <http://www.economist.com/node/18061550>; H.-W. Sinn, Letter to the Editor: 'Germany's Economy', *The Economist*, 23 February 2011, 검색: <www.ifo.de/w/3UfDQuwzg> 참조.

5) The World Bank, World Data Bank, *World Development Indicators* 참조, 검색: <http://databank. worldbank.org/data/home.aspx>.

6) The World Bank, World Data Bank, *World Development Indicators* 참조.

7) H.-O. Henkel, *Die Kraft des Neubeginns: Deutschland ist machbar*, Droemer, Munich 2004; German Council of Economic Experts, *Jahresgutachten 2002/03: Zwanzig Punkte für Beschäftigung und Wachstum*, November 2002 참조.

8) 슈피겔 지에 보낸 편지에서 당시 독일 경제전문가회의(German Council of Economic Experts)의 일원이었던 볼프강 비가르트(Wolfgang Wiegard)는 이 문헌이 어젠다 2010의 '지적 토대'였다고 주장하였다. W. Wiegard, *Letter to the Editor*, 검색 <www.ifo.de/wiegard/w/j7yqcXB2>; H.-W. Sinn, C. Holzner, W. Meister, W. Ochel, and M. Werding, 'Aktivierende Sozialhilfe. Ein Weg zu mehr Beschäftigung und Wachstum', *ifo Schnelldienst* 55, Special Issue, No. 9, 14 May 2002, 검색: <http://www.cesifo-group.de/DocDL/SD9-2002.pdf>; H.-W. Sinn, *Ist Deutschland noch zu retten?*, Econ, Berlin 2003, English translation: *Can Germany be Saved?*, MIT Press, Cambridge 2007; D. Snower, A. J. G. Brown, and C. Merkl, 'Globalization and the Welfare State: A Review of Hans-Werner Sinn's "Can Germany Be Saved?" ', *Journal of Economic Literature* 49, 2009, pp. 136–158 등을 참조하기 바란다.

9) H.-W. Sinn, *Die Basar-Ökonomie. Deutschland: Exportweltmeister oder Schlusslicht?*, Econ, Berlin 2005 참조.

10) 2011년에는 독일의 국민소득 계정에 중요한 변경이 이루어져 계산이 완전히 변화하게 되었다. 이 변경이 있기 전에는 독일의 순투자율이 OECD 국가 중에서 가장 낮았다.

11) 주립은행들의 무분별한 투자가 국가의 보증 때문에 가능했다고 초기에 비판한 저서인 H.-W. Sinn, *The German State Banks. Global Players in the International Financial Markets*, Edward Elgar, Cheltenham, UK, and Northampton, MA, USA, 1999을 참조하기 바란다.

12) 2011년 8월 독일연방통계청이 통계를 수정함에 따라 국내투자의 비중이 현저히 증가하였다. 통계 수정 이전의 데이터에 입각하면, 2002년부터 2010년까지 국내에 투자된 독일 저축의 비중은 34%에 불과하였다. H.-W. Sinn, 'Germany's Capital Exports Under the Euro', *VoxEU*, 2 August 2011 참조,

검색: <http://www.voxeu.org/article/germany-s-capital-exports-under-euro>.

13) 과소하거나 과도한 발권에서 비롯된 유로시스템의 채권과 채무는 여러 가지 측면에서 타겟 잔액과 비슷했다. 그러나 이것들은 타겟 잔액과는 달리 국제수지 통계에 포함되지 않았다. 자세한 내용은 제6장의 '공적 자본수출로서의 타겟 잔액' 절을 참조하기 바란다.

14) 자세한 내용은 H.-W. Sinn, *Kasino-Kapitalismus. Wie es zur Finanzkrise kam, und was jetzt zu tun ist*, Econ, Berlin 2009, English translation *Casino Capitalism. How the Financial Crisis Came About and What Needs to Be Done Now*, Oxford University Press, Oxford 2010, 특히 제6장 '뜨거운 감자'를 참조하기 바란다.

15) 사이프러스의 통계는 존재하지 않는다.

16) Bank for International Settlements, *BIS Quarterly Review*, September 2010, p. 16 참조.

17) G. Schröder, 'Regierungserklärung von Bundeskanzler Gerhard Schröder am 14. März 2003 vor dem deutschen Bundestag', Deutscher Bundestag, *Plenarprotokoll* 15, 2003, No. 32, in particular p. 2479 참조. 슈뢰더 개혁의 토대를 준비 작업으로는 2002년 5월에 Ifo 연구소가 준비한 제안인 사회지원의 활성화(Activating Social Assistance), 그 해 8월의 연방경제부 소속 경제자문위원회의(Economic Advisory Council)의 동반제안, 같은 달의 하르츠 위원회(Hartz Commission)의 제안, 그리고 무엇보다도 그 해 11월 독일경제전문가회의(German Council of Economic Experts)의 20가지 프로그램(Twenty-Point Programme) 등이 있다. H.-W. Sinn, C. Holzner, W. Meister, W. Ochel, and M. Werding, 'Aktivierende Sozialhilfe', 14 May 2002; Advisory Council to the Federal Ministry of Economics and Technology, 'Reform des Sozialstaats für mehr Beschäftigung im Bereich gering qualifizierter Arbeit', *BMWi Dokumentation*, No. 512, 2002; P. Hartz, N. Bensel, J. Fiedler, H. Fischer, P. Gasse, W. Jann, P. Kraljic, I. Kunkel-Weber, K. Luft, H. Schartau, W. Schickler, H.-E. Schleyer, G. Schmid, W. Tiefensee, and E. Voscherau, 'Moderne Dienstleistungen am Arbeitsmarkt', *Commission's Report*, 16 August 2002; German Council of Economic Experts, *Jahresgutachten 2002/03: Zwanzig Punkte für Beschäftigung und Wachstum*, November 2002 참조.

18) Bundesagentur für Arbeit, *Grundsicherung für Arbeitsuchende: Erwerbstätige Arbeitslosengeld II-Bezieher: Begriff, Messung, Struktur und Entwicklung*, Appendix, table 1 참조.

19) 이 절은 저자가 행한 조만(Sohmen Lecture) 강연을 토대로 한 글을 포함하고 있다. H.-W. Sinn, 'Die Europäische Fiskalunion', *Perspektiven der Wirtschaftspolitik* 13, 2012, pp. 137–178 참조; H.-W. Sinn, 'Genießt den Aufschwung!', *Wirtschaftswoche*, No. 18, 30 April 2012, p. 44, 검색: <http://www.ifo.de/bauboom/w/nuQXV8ng> 도 참조하기 바란다.

20) 이 건설 붐에 대한 첫 번째 전망에 관해서는 H.-W. Sinn, 'Nachweisbare Wirkungen', *Wirtschaftswoche*, No. 23, 7 June 2010, p. 39, 검색: <http://www.ifo.de/nachweisbare_wirkungen/w/3FZKYYgni>; *Ifo Viewpoint* 115, 22 June 2010; and H.-W. Sinn, Rescuing Europe, *CESifo Forum* 11, Special Issue, August 2010, pp. 19–20, 검색: <http://www.cesifo-group.de/DocDL/Forum-Sonderheft-Aug-2010.pdf>; ifo Konjunkturprognose 2010/2011: Auftriebskräfte verlagern sich nach Deutschland, Ifo Institute, 23 June 2010, 검색: <http://www.cesifo-group.de/DocDL/ifosd_2010_12_3.pdf>; H.-W. Sinn, 'Europa in der Krise', *Ifo Annual Meeting 2010*, 검색: <http://mediathek.cesifo-group.de/player/macros/_v_f_750_de_512_288/_s_ifo/_x_s-764870657/ifo/index.html>도 참조하기 바란다.

21) Projektgruppe Gemeinschaftsdiagnose, 'Gemeinschaftsdiagnose Frühjahr 2012', *ifo Schnelldienst* 65, No. 8, 26 April 2012 p. 29, 검색: <http://www.cesifo-group.de/DocDL/SD-8-2012.pdf>.

22) German Federal Statistical Office, *Fachserie 18*, National Accounts, Series 1.2, Quarterly GDP Figures, Fourth Quarter 2012, table 3.10 참조.

23) German Federal Statistical Office, press release of 17 March 2011, No. 110, and press release of 14 March 2013, No. 101 참조.

24) German Federal Statistical Office, press release of 25 February 2010, No. 63, and press release of 25 February 2013, No. 69 참조.

25) E. Gluch, 'ifo Architektenumfrage: Weiterhin hohe Auftragsbestände', *ifo Schnelldienst* 66, No. 5, 14 March 2013, pp. 49–50, figure 4 참조, 검색: <http://www.cesifo-group.de/DocDL/ifosd_2013_05_6.pdf>. 물가도 상승하였다. 부동산 중개업체가 제공한 통계에 따르면, 주인이 살고 있는 주택의 수는 2011년에 약 7% 증가하였다. 한편 테라스 하우스(연립주택)의 경우 증가율이 4%를 약간 상회하였다 (BulwienGesa AG, BulwienGesa-Immobilienindex 1975–2011, January 2012, p. 4 참조). 농경지에 대한 수요가 크게 확대되어 그 가격은 2009년에 9.6%, 2010년에 8.7% 상승하였다 (German Federal Statistical Office, *Fachserie* 3, Reihe 2.4, Kaufwerte für landwirtschaftliche Grundstücke 2010, p. 14 참조). 이러한 상승은 모두 투자자들이 유로 위기의 예측불허의 변화로부터 자신의 돈을 보호해 줄 안전한 투자를 갈망했던 데 기인하였다.

26) A. Merkel, 'Die Europa-Rede', Pergamon Museum Berlin, 9 November 2010 참조, 검색: <http://www.bundeskanzlerin.de/ContentArchiv/DE/Archiv17/Reden/2010/11/2010-11-09-merkel-europarede.html> (저자가 번역하였다).

27) C. Lagarde, Interview, Financial Times, 15 March 2010 참조, 검색: <http://www.ft.com/intl/cms/s/0/78648e1a-3019-11df-8734-00144feabdc0.html#axzz21iHcyCQk>.

28) R. Aichele, G. Felbermayr, and I. Heiland, 'Der Wertschöpfungsgehalt des Außenhandels: Neue Daten, neue Perspektiven', *ifo Schnelldienst* 66, No. 5, 14 March 2013, pp. 29–41 참조, 검색: <http://www.cesifo-group.de/DocDL/ifosd_2013_05_3.pdf>, *CESifo Forum*에 조만간 영어로 실릴 것이다.

4장

1) Council of the European Union, press release of the 3220th Council Meeting, Economic and Financial Affairs, Brussels, 12 February 2013, 검색: <http://www. consilium.europa.eu/uedocs/cms_data/docs/pressdata/en/ecofin/135438.pdf>; H. Van Rompuy, Speech by President of the European Council at the Annual 'State of Europe' Event, 11 October 2012, 검색: <http://www. consilium.europa.eu/uedocs/cms_data/docs/pressdata/en/ec/132796.pdf>; 'On Being Propped up', *The Economist*, 25 May 2013, p. 29, 검색: <http://www.economist.com/news/europe/21578394-spains-pain-likely-continue-despite-some-promising-reforms-unless-new-sources-growth> 등을 참조하기 바란다.

2) 여기서 투자소득은 이자소득, 배당금, 해외지사의 유보이익 등을 포함하는 넓은 의미로 사용되었다. 투자소득 외에도 경상수지는 개발지원과 같은 정부 및 해외노동자와 같은 개인의 국제 이전지출뿐 아니라 국제 소득지급도 포함하고 있다.

3) 'Peugeot to Cut Added 1,500 Jobs as European Sales Plunge', *Bloomberg*, 12 December 2012, 검색: <http://www.bloomberg.com/news/2012-12-11/peugeot-to-cut-added-1-500-jobs-as-european-

sales-plunge.html>; 'Renault to cut about 7,500 jobs in France', *BBC News*, 15 January 2013, 검색: <http://www.bbc.com/news/business-21032990> 등을 참조하기 바란다.

4) 'Frankreichs Regierung beschenkt Autoindustrie', *Zeit Online*, 25 July 2012, 검색: <http://www.zeit.de/wirtschaft/2012-07/frankreich-autoindustrie-hilfen>; 'Peugeot Citroen Secures Government Funds', *Bloomberg*, 24 October 2012, 검색: <http://www.bbc.com/news/business-20054391> 등을 참조하기 바란다.

5) 이 그림들은 GDP 디플레이터에 관해 설명하고 있는데, 독일의 경우 소비재의 인플레이션 증가율보다 낮았다.

6) K. S. Rogoff, 'The Purchasing Power Parity Puzzle', *Journal of Economic Literature* 34, 1996, pp. 647–668; H.-W. Sinn and M. Reutter, 'The Minimum Inflation Rate for Euroland', *CESifo Working Paper* No. 377, December 2000, pp. 1–17; A. Alesina, O. Blanchard, J. Galí, F. Giavazzi, and H. Uhlig, *Defining a Macroeconomic Framework for the Euro Area*, Centre for Economic Policy Research, London 2001, chapter 3: *Country Adjustments within the Euro Area: Lessons after two Years*; É. Balázs, I. Drine, K. Lommatzsch, and C. Rault, 'The Balassa–Samuelson Effect in Central and Eastern Europe: Myth or Reality?', *Journal of Comparative Economics* 31, 2003, pp. 552–572; K. Rose and K. Sauernheimer, *Theorie der Außenwirtschaft*, Vahlen, Munich 2006, chapter 3 참조.

7) 경쟁력은 비교역재와 교역재의 가격 비율로도 측정할 수 있다. 이 비율은 GDP 디플레이터와 같은 추이를 보일 것이다.

8) 초기에, 1979년 3월 13일 유럽환율조정장치(ERM)가 도입되었을 때 1천 리라가 2.19 독일마르크의 가치에 해당하였다. 1992년에 ERM이 위기에 봉착했을 때, 1995년 4월 19일에 1천 리라는 심지어 80페니히(독일마르크의 센트)로까지 떨어졌다. 마드리드 정상회담 당시에 1천 리라는 90페니히로 다시 올랐고 그 후 곧바로 1.01 독일마르크로 평가절상되었다.

9) H.-W. Sinn, 'Austerity, Growth and Inflation: Remarks on the Eurozone's Unresolved Competitiveness Problem', *The World Economy* 37, 2014, pp. 1-13도 참조하기 바란다, 검색: <http://www.cesifo-group.de/sinn-world-econ-2014_pdf>.

10) M. Draghi, *Opening Statement at Deutscher Bundestag*, Speeches and Interviews, 24 October 2012 참조, 검색: <http://www.ecb.int/press/key/date/2012/html/sp121024.en.html>.

11) 예컨대 당시 유럽중앙은행 이사였던 호세 마누엘 곤살레스파라모(José Manuel González-Páramo) 는 한 연설에서 이렇게 말했다. '우선, 금융정책이 단일통화권 전역의 물가안정에 주안점을 두어야 한다는 데 대해 학계, 전문가, 정책입안자 사이에서 광범위한 켄센서스가 형성되어 있다.... 이에 반해, 충격에 적응하는 과정에서 금융정책에 단일통화권의 산업부문간 또는 지역간 상대적 균형을 직접 달성하는 추가적인 역할을 부가하면 금융정책이 과부하가 걸려 주된 기능을 제대로 수행할 수 없게 된다. J. M. González-Páramo, *Inflation Differentials in the Euro Area*, Speech at Cámara de Comercio, Industria y Navegación de la Región de Murcia, 23 May 2005 참조, 검색: <http://www.ecb.europa.eu/press/key/date/2005/html/sp050523.en.html>. 그 당시 ECB의 부총재였던 루카스 파파데모스(Lucas Papademos)는 이렇게 강조하였다. '말할 필요도 없지만, 나는 단일 금융정책이 개별국가의 ULC 성장 및 인플레이션 수렴을 달성할 수 없을 것이라는 점을 분명히 해놓으려고 어쨌든 얘기하는 것이다. 그리고 그것이 그것을 할 수 없기 때문에 그것은 그것을 하려고 시도해서는 안 되며 그것을 하려고 하지도 않을 것이다. 그러나 그것은 유로존의 물가안정 유지를 보장함으로써 모든 유로 가입국에서의 인플레이션 기대를 물가안정으로 유도하고 전환하는 데 도움이 되어 소비자와 기업이 적절한 경제적 결정을 내리는 데 도움이 될 것이다. L. Papademos, *Inflation*

and Competitiveness Divergences in the Euro Area Countries: Causes, Consequences and Policy Responses, Speech at the conference 'The ECB and its Watchers IX', Frankfurt, 7 September 2007 참조, 검색: <http://www.ecb.int/press/key/date/2007/html/sp070907_2.en.html>. 그리고 심지어는 당시 ECB 총재 트리셰(Jean-Claude Trichet)는 2011년에 '유로권 전역의 평균 인플레이션에서 일시적으로 약간 벗어났다고 해서 걱정할 일은 아니다.' 라고 분명히 밝혔다. J.-C. Trichet, *Competitiveness and the Smooth Functioning of EMU*, Lecture at the University of Liège, 23 February 2011 참조, 검색: <https://www.ecb.int/press/key/date/2011/html/sp110223.en.html>.

12) 자료는 [표 4.1]의 하단에 적시하였다.

13) EEAG, *The EEAG Annual Report of the European Economy: The Euro Crisis*, CESifo, Munich 2012, chapter 2: *The European Balance-of-Payments Problem* 참조.

14) 155*(100%-36%)≈100을 기억하기 바란다.

15) H.-W. Sinn, *Ist Deutschland noch zu retten?*, Econ, Berlin 2003, English translation: Can Germany be Saved?, MIT Press, Cambridge 2007, chapter 2: *How German Workers Lost Their Competitive Edge* 참조.

16) H.-W. Sinn, 'Austerity, Growth and Inflation. Remarks on the Eurozone's Unresolved Competitiveness Problem', 2014 참조.

17) 이탈리아는 2011년 9월 17일에 표준 부가가치세율을 20%에서 21%로 올렸다. 이 나라는 또한 석유(가솔린) 가격을 1리터당 16 유로센트씩 올려 관련 세금을 인상하였다. ('Italien erhöht Benzinsteuer stark', *Der Standard*, 7 December 2011 참조, 검색: <http://derstandard.at/1323222432610/Monti-Sparplan-Italien-erhoeht-Benzinsteuer-stark>). 그리스는 경감 부가가치세율을 2010년 3월 15일에 4.5%와 9%에서 각각 5%와 10%로, 정상 부가가치세율을 19%에서 21%로 올렸다. 2010년 7월 1일 경감세율이 각각 5.5%와 11%로, 정상 부가가치세율은 23%로 다시 올랐다. 2012년 1월 1일에는 세율이 추가 인상되어 경감세율이 6.5%와 13%로 변경되었다 (European Commission, *VAT Rates Applied in the Member States of the European Union*, 1 July 2012).

18) 2010에는 농산물 수입이 수출을 47% 초과하였다. World Trade Organization, *Statistics Database*, Trade Profiles, Greece, April 2012 참조, 검색: <http://stat.wto.org/CountryProfile/WSDBCountryPFView.aspx?Language=E&Country=GR>.

19) 'Greece Importing Olive Oil from Germany', *ekathimerini.com*, 8 September 2011 참조, 검색: <http://www.ekathimerini.com/4dcgi/_w_articles_wsite1_1_08/09/2011_405493%CE%93%20%CE%B2%E2%82%AC>.

20) 그래프에 나타난 통계는 이 글을 쓰는 시점(2014년 2월)에서 입수할 수 있는 최신의 것이다. 유감스럽게도 모든 나라, 특히 그리스의 임금통계 발표가 상당히 지체되고 있다.

21) M. Chrysochoidis, 'Die Gesellschaft ist reifer als ihr System', Interview by M. Martens, *Frankfurter Allgemeine Zeitung*, 9 February 2012 참조, 검색: <http://www.faz.net/aktuell/politik/europaeische-union/griechischer-wirtschaftsminister-die-gesellschaft-ist-reifer-als-ihr-system-11642768.html>.

22) N. M. Corden and J. P. Neary, 'Booming Sector and De-Industrialization in a Small Open Economy', *Economic Journal* 92, 1982, pp. 825-848 참조.

23) 2010년 4월 30일에 Ifo 연구소(CESifo)와 BMW 재단(BMW Stiftung Herbert Quandt)의 주최로 열린 제9차 뮌헨경제정상회의(Munich Economic Summit)에서 돔브로프스키스(V. Dombrovskis)가 발표한 'Managing the Crisis. The Case of Latvia' 참조. 그는 주제 발표 후 토론시간에 이런 말을 했다.

24) 2013년 5월 16일에 Ifo 연구소와 BMW 재단의 주최로 열린 제12차 뮌헨경제정상회의(Munich Economic Summit)에서.

25) 불가리아, 체코 공화국, 에스토니아, 라트비아, 리투아니아, 폴란드, 루마니아, 슬로바키아, 슬로베니아. Eurostat, Database, *Economy and Finance*, National Accounts, Annual National Accounts, Auxiliary Indicators to National Accounts.

26) 사이프러스, 그리스, 이탈리아, 포르투갈, 스페인.

27) Eurostat, Database, *Economy and Finance*, National Accounts, Annual National Accounts, Auxiliary Indicators to National Accounts 참조.

28) H.-W. Sinn, 'Reining in Europe's Debtor Nations', *Project Syndicate*, 23 April 2010, 검색: <http://www.project-syndicate.org/commentary/reining-in-europe-s-debtor-nations>; P. Krugman, 'The Euro Trap', *New York Times*, 29 April 2010, 검색: <http://www.nytimes.com/2010/04/30/opinion/30krugman.html>. H.-W. Sinn (interview), 'Schuldenbegrenzung nicht ernst genommen', *Berliner Zeitung*, 29 March 2010, No. 75, p. 12, 검색: <http://www.cesifo-group.de/w/3MaFL6G8B>, 'Das zwingt uns in die Knie', *Spiegel online*, 26 April 2010, 검색: <http://www.cesifo-group.de/w/Kcf7SuQZ>, and 'Das Griechen-Drama wird schrecklich enden', *Focus online*, 19 March 2010, 검색: <http://www.cesifo-group.de/w/3Fzcg9dcq>도 참조.

29) EU, 'Treaty on European Union', *Official Journal* C 191, 29 July 1992, 검색: <http://eur-lex.europa.eu/en/treaties/dat/11992M/htm/11992M.html> 참조.

30) A. Hansen, *Full Recovery or Stagnation*, Norton, New York 1938 참조.

31) J. M. Keynes, *Essays in Persuasion*, Macmillan, London 1931, chapter 5: *The Economic Consequences of Mr. Churchill (1925)*, J. M. Keynes, *The General Theory of Employment, Interest and Money*, Palgrave Macmillan, London 1936, here Macmillan 1960, p. 267 참조.

32) C. G. Dawes and R. McKenna, Die Sachverständigen-Gutachten, *Der Dawes- und McKenna-Bericht, mit Anlagen*, literal after the original text, Frankfurter Societäts-Druckerei, Frankfurt am Main 1924, pp. 10, section VI and pp. 12 f., sections IX and X 참조. P. Heyde, *Das Ende der Reparationen. Deutschland, Frankreich, und der Youngplan; 1929-1939*, Ferdinand Schöningh Verlag, Paderborn 1998, pp. 48 and 51도 참조하기 바란다.

33) K. Borchardt, 'Zwangslagen und Handlungsspielräume in der großen Wirtschaftskrise der frühen dreißiger Jahre: Zur Revision des überlieferten Geschichtsbildes', Commemorative speech of 2 December 1978, *Jahrbuch der Bayerischen Akademie der Wissenschaften*, Beck, Munich 1979, pp. 85-132; 1920년대 독일 인플레이션 상황에 관한 자세한 내용에 관해서는 N. Ferguson, 'Keynes and the German Inflation', *English Historical Review* 110, 1995, pp. 368-391; N. Ferguson, 'Constraints and Room for Manoeuvre in the German Inflation of the Early 1920s', *Economic History Review* 49, 1996, pp. 635-666; N. Ferguson and B. Granville, ' "Weimar on the Volga": Causes and Consequences of Inflation in 1990s Russia Compared With 1920s Germany', *Journal of Economic History* 60, 2000, pp. 1061-1087 참조.

34) J. H. Müller, *Nivellierung und Differenzierung der Arbeitseinkommen in Deutschland seit 1925*, Duncker & Humblot, Berlin 1954 참조.

35) German Federal Statistical Office, *Fachserie 17*, Preise, Reihe 7, p. 2 참조.

36) D. Petzina, 'Arbeitslosigkeit in der Weimarer Republik', in W. Abelshauser (ed.), *Die Weimarer Republik als Wohlfahrtsstaat. Zum Verhältnis von Wirtschafts- und Sozialpolitik in der*

Industriegesellschaft, Vierteljahrschrift für Sozial- und Wirtschaftsgeschichte, Beiheft 81, Stuttgart 1987 참조.

37) A. Maddison, *The World Economy. Historical Statistics*, OECD, Paris 2003, p. 50 참조.

38) J. M. Keynes, *The General Theory of Employment, Interest and Money*, 1936 (1960, p. 267) 참조.

39) M. Friedman, *Essays in Positive Economics*, University of Chicago Press, Chicago 1953, chapter: *The Case for Flexible Exchange Rates*, especially p. 165 and p. 173 참조.

40) 이 문제들은 어빙 피셔(Irving Fisher)의 디플레이션 이론의 중심에 서 있었다. I. Fisher, 'The Debt-Deflation Theory of Great Depressions', *Econometrica* 1, 1933, pp. 337-357 참조.

5장

1) W. Münchau, *The Meltdown Years. The Unfolding of the Global Economic Crisis*, McGraw-Hill, New York 2009; H.-W. Sinn, *Casino Capitalism. How the Financial Crisis Came about and What Needs to Be Done Now*, Oxford University Press, Oxford 2010; A. S. Blinder, *After the Music Stopped*, Penguin Press, New York 2013 참조.

2) 그래프에 표시된 자료들은 은행들의 연결대차대조표에 의한 것이기 때문에 은행의 거래장부에 기재된 범위내에서 그 채권들의 시장가격의 변화와 만기 시 상각손실을 포함하고 있다. 그러나 이러한 영향은, 2012년 8월 위기의 정점까지는 시장가치가 곤두박질쳤다가 그 후 시장이 안정되고 금리가 다시 내려감에 따라 시장가치가 올라갔기 때문에, 일반적이지 않다. 만약 시장 재평가가 강한 영향을 미쳤다면 2012년 3분기 무렵에 그래프가 비정상적으로 나타났을 것인데, 분명히 어떠한 특별한 비정상적인 모습도 나타내지 않고 있다. 뚜렷한 재평가영향이 나타나지 않고 있는 이유들 중 하나는, 은행들이, 특히 혼란의 시기에 있어서는, 그들의 채권들을 장부가격으로 기재하려는 경향이 있고, 그것이 시장가치의 손실을 보고하는 수고를 덜어 주기 때문일 것이다.

3) 이하 Bank for International Settlements, *Consolidated Banking Statistics*, table 9E 참조, 검색: : <http://www.bis.org/statistics/consstats.htm>.

4) 'Leveraging the Backstop: A Trillion Euro Insurance Policy for the Common Currency', *Spiegel Online International*, 19 October 2011 참조, 검색: <http://www.spiegel.de/international/europe/leveraging-the-backstop-a-trillion-euro-insurance-policy-for-the-common-currency-a-792641.html>.

5) H.-W. Sinn and T. Wollmershäuser, 'Target Balances and the German Financial Account in Light of the European Balance-of-Payments Crisis', *CESifo Working Paper* No. 4051, 2012, figure 5도 참조하기 바람, 검색: <http://www.cesifo-group.de/DocDL/cesifo1_wp4051.pdf>.

6) Deutsche Bundesbank, *Zahlungsbilanzstatistik*, January 2014, p. 58 참조, 검색: <http://www.bundesbank.de/Redaktion/DE/Downloads/Veroeffentlichungen/Statistische_Beihefte_3/2014/2014_01_zahlungsbilanzstatistik.pdf?__blob= publicationFile>.

7) Deutsche Bundesbank, *Zahlungsbilanzstatistik*, January 2014, pp. 58–59.

8) 그러나 2011년과 2012년에는 독일의 민간자본 수출이 적었고, 각각 140억 유로와 350억 유로였다.

9) Deutsche Bundesbank, *Zahlungsbilanzstatistik*, January 2014, p. 7 참조.

10) 다음에 살펴볼 국제적 지출도 현금이동이 없는 전자거래이다. 발권이라는 용어는 통화의 발행과 이

체를 언급할 때 기술적 논의 시 일반적인 것이고 액면 그대로 받아들여서는 안 된다. 실물화폐를 언급할 경우에는 문맥이 명확해진다.

11) 덧붙이자면, 유로 도입 후에 독일의 신용 재용자 금리수입이 격감하였는데, 동유럽과 터키에서 독일 마르크(deutschmark)의 확대사용에 따라 독일연방은행이 얻었던 특별이익이 지금은 사회화되었기 때문이다. H. Feist und H.−W. Sinn, 'Eurowinners and Eurolosers: The Distribution of Seignorage Wealth in EMU', *European Journal of Political Economy* 13, 1997, pp. 665−689 참조.

12) 2013년 말에 유럽중앙은행의 자기자본은 유보된 재평가이익을 포함해 210억 유로였다.

13) J.−C. Trichet, 'Supporting the Financial System and the Economy: Key ECB Policy Actions in the Crisis', *Speech at a conference in Madrid organised jointly by Nueva Economia Fórum and the Wall Street Journal*, 22 June 2009 참조, 검색: <http://www.ecb.int/press/key/date/2009/html/sp090622.en.html>.

14) J.-C. Trichet, 'The ECB's Enhanced Credit Support', CESifo Working Paper No. 2833, October 2009 참조, 검색: <http://www.cesifo-group.de/DocDL/cesifo1_wp2833.pdf>. An overview of the monetary policy of the West's central banks and other rescue operations can be found in H.−W. Sinn, *Casino Capitalism*, 2010, chapter 9: *Rescue Attempts*, 특히 pp. 206 ff. and 215 ff. 참조.

15) J.-C. Trichet, 'The ECB's Enhanced Credit Support', October 2009 참조.

16) 유럽중앙은행의 유사한 등급기준에 따르면, '싱글 A' 등급은 최소한 무디스의 'A3', 피치나 스탠다드 앤 푸어스의 'A−' 이고, '트리플 B' 등급은 최소한 무디스의 'Baa3', 피치나 스탠다드 앤 푸어스의 'BBB−' 이다. European Central Bank, *Eurosystem Credit Assessment Framework (ECAF)* 참조, 검색: <http://www.ecb.int/paym/coll/risk/ecaf/html/index.en.html>.

17) European Central Bank, *Collateral Eligibility Requirements − A Comparative Study Across Specific Frameworks*, Frankfurt, July 2013; European Central Bank, 'The Eurosystem Collateral Framework throughout the Crisis', *ECB Monthly Bulletin*, July 2013, p. 71−86; C. Hofmann, 'Central Bank Collateral and the Lehman Collapse', Capital Markets Law Journal 6, 2011, pp. 456−469; J. Eberl and C. Weber, 'ECB Collateral Criteria: A Narrative Database 2001−2013', *ifo Working Paper* No. 174, February 2014, pp. 14−15도 참조.

18) European Central Bank, *Measures to Further Expand the Collateral Framework and Enhance the Provision of Liquidity*, press release, 15 October 2008 참조, 검색: <http://www.ecb.int/press/pr/date/2008/html/pr081015.en.html>.

19) European Central Bank, Monetary Policy, Instruments, Open Market Operations, Tender Operations History, *History of all ECB Open Market Operations* 참조, 검색: <http://www.ecb.int/mopo/implement/omo/html/top_history.en.html>.

20) European Central Bank, *ECB Announces Measures to Support Bank Lending and Money Market Activity*, press release, 8 December 2011 참조, 검색: <http://www.ecb.int/press/pr/date/2011/html/pr111208_1.en.html>.

21) 'Stabile Preise ohne monetäre Staatsfinanzierung', *Frankfurter Allgemeine Zeitung*, No. 47, 24 February 2012, p. 14 참조.

22) 2011년 50번째 주와 2012년 10번째 주 사이에 예금 가용액이 5,840억 유로만큼 늘었다. European Central Bank, *Consolidated Financial Statement of the Eurosystem as at 16 December 2011 and 9 March 2012*, press release, 20 December 2011 참조, 검색: <https://www.ecb.int/press/pr/wfs/2011/html/fs111220.en.html>. 2012년 3월 13일자는 <http://www.ecb.int/press/pr/wfs/2012/html/

fs120313.en.html>도 검색하기 바란다.

23) 2008년 10월 15일에 유럽중앙은행은 2008년 10월 22일부터 2009년 말까지 유효한 '담보구조의 일시적인 확대'를 발표했고, 자산유동화증권을 제외한 모든 자산에 대한 등급요건을 싱글 A에서 트리플 B로 낮추었다. 2009년 5월 7일에 이러한 확대가 2011년 말까지 연장될 것이라고 말했다. 2010년 3월에, 트리셰총재는 최저 신용등급제한을 2011년 말을 넘어서도 유지하겠다는 것이 유럽중앙은행 규제위원회의 의도라는 것을 시사하였고, 그리고 나서 2010년 4월 8일에 공식적으로 발표되었다. 이러한 연장은 만기를 없애 버렸고 여전히 진행 중이다. European Central Bank, *Measures to Further Expand the Collateral Framework and Enhance the Provision of Liquidity*, 15 October 2008; European Central Bank, *Technical Specifications for the Temporary Expansion of the Collateral Framework*, press release, 17 October 2008, 검색: <http://www.ecb.int/press/pr/date/2008/html/pr081017_2.en.html>; European Central Bank, *Longer-Term Refinancing Operations*, press release, 7 May 2009, 검색: <http://www.ecb.int/press/pr/date/2009/html/pr090507_2.en.html>; J.-C. Trichet, *Introductory Statement Before the Plenary of the European Parliament*, Brussels, 25 March 2010, 검색: <http://www.ecb.int/press/key/ date/2010/html/sp100325.en.html>; European Central Bank, *ECB Introduces Graduated Valuation Haircuts for Lower-Rated Assets in its Collateral Framework as of 1 January 2011*, press release, 8 April 2010, 검색: <http://www.ecb.int/press/pr/date/2010/html/ pr100408_1.en.html>; European Central Bank, ECB *Reviews Risk Control Measures in its Collateral Framework*, press release, 28 July 2010, 검색: <http://www.ecb.int/press/pr/date/2010/html/pr100728_1.en.html>도 참조하기 바란다.

24) 2010년 4월 27일에 스탠다드 앤 푸어스는 그리스의 신용등급을 BB+로 낮추었다. Standard & Poor's, *Greece Long- and Short-Term Ratings Lowered to 'BB+/B', Outlook Negative, '4' Recovery Rating Assigned to Sovereign Debt*, 27 April 2010, 검색: <http://www.standardandpoors.com/products-services/articles/en/us/?assetID=1245211893945>. Moody's downgraded Portugal on 5 July 2011 to Ba2 and Ireland on 12 July 2011 to Ba1, Moody's, *Rating Action*: *Moody's Downgrades Portugal to Ba2 with a Negative Outlook from Baa1*, 5 July 2011 참조, 검색: <http://www.moodys.com/research/Moodys-downgrades-Portugal-to-Ba2-with-a-negative-outlook-from?docid=PR_222043>; 그리고 Moody's, *Rating Action*: *Moody's Downgrades Ireland to Ba1. Outlook remains negative*, 12 July 2011, 검색: <http://www.moodys.com/research/Moodys-downgrades-Ireland-to-Ba1-outlook-remains-negative?docid=PR_222257#> 참조.

25) European Central Bank, *ECB Announces Change in Eligibility of Debt Instruments Issued or Guaranteed by the Greek Government*, press release, 3 May 2010, 검색: <http://www.ecb.int/press/pr/date/2010/html/pr100503.en.html>; European Central Bank, *ECB Announces the Suspension of the Rating Threshold for Debt Instruments of the Irish Government*, press release, 31 March 2011, 검색: <http://www.ecb.int/press/pr/date/2011/html/pr110331_2.en.html>; European Central Bank, *ECB Announces Change in Eligibility of Debt Instruments Issued or Guaranteed by the Portuguese Government*, press release, 7 July 2011, 검색: <http://www.ecb.int/press/pr/date/2011/html/pr110707_1.en.html>; European Central Bank, *ECB Announces Change in Eligibility of Marketable Debt Instruments Issued or Guaranteed by the Cypriot Government*, press release, 2 May 2013, 검색: <http://www.ecb.int/press/pr/date/2013/html/pr130502_3.en.html> 참조.

26) 이러한 결정은 그리스, 포르투갈, 그리고 아일랜드에 대한 특례를 끝낼 수 있게 하였다. European Central Bank, 'Decision ECB/2012/18', *Official Journal*, L 218/20, 15 August 2012, 검색: <http://www.ecb.europa.eu/ecb/legal/pdf/l_21820120815en00200023.pdf>; also European Central Bank, 'Decision ECB/2013/5', *Official Journal*, L 95/21, 5 April 2013, 검색: <http://www.ecb.int/ecb/legal/pdf/l_09520130405en00210021.pdf> 참조.

27) European Central Bank, *Payments and Markets, Collateral, Collateral Data*, 16 May 2013 참조, 검색: <http://www.ecb.europa.eu/paym/pdf/collateral/collateral_data.pdf?d8fde58106fc320aa93eb 9244a487513>.

28) N. Panigirtzoglou, G. Koo, S. MacGorain and M. Lehmann, 'Flows & Liquidity. Who are the Losers from Greek Debt Restructuring?', J. P. Morgan, *Global Asset Allocation*, 6 May 2011 참조.

29) 좀더 자세한 설명에 관해서는 H.−W. Sinn, *Casino Capitalism*, 2010, chapter 6: *Hot Potatoes*, in particular p. 115 ff.를 참조하기 바란다.

30) European Central Bank, *Payments and Markets, Collateral, Collateral Data*, 16 May 2013 참조.

31) European Central Bank, 'Guideline ECB/2009/1', *Official Journal*, L 36/59, 5 February 2009 참조, 검색: <http://www.ecb.int/ecb/legal/pdf/l_03620090205en00590061.pdf>.

32) European Central Bank, 'Decision ECB/2011/25', *Official Journal*, L 341/65, 22 December 2011 참조, 검색: <http://www.ecb.int/ecb/legal/pdf/l_34120111222en00650066.pdf>.

33) European Central Bank, 'Decision ECB/2012/11', *Official Journal*, L 175/17, 5 July 2012 참조, 검색: <https://www.ecb.int/ecb/legal/pdf/l_17520120705en00170018.pdf>. 트리플 B로 낮추는 것은 유럽중앙은행이 위기에 대응하여 도입한 '일시적 구도'의 한 부분이다.

34) 위기 전후의 발행규모 추이에 관해서는 H.−W. Sinn, *Casino Capitalism*, 2010, chapter 6, Fig. 6.1, p. 114를 참조하기 바란다.

35) 'Buffett Warns on Investment "Time Bomb" ', *BBC News*, 4 March 2003 참조, 검색: <http://news.bbc.co.uk/2/hi/2817995.stm>.

36) 'Zweifelhafte Werte', *Der Spiegel*, No. 23, 6 June 2011, p. 62 f과 'Auf schmalem Grat', *Der Spiegel*, No. 21, 23 May 2011, p. 60 f 를 참조하기 바란다.

37) 'Fußball Spanien: Spanische Klubs dürfen auf Schuldenschnitt hoffen', *Handelsblatt*, 12 March 2012 참조, 검색: <http://www.handelsblatt.com/fussball−spanien−spanische−klubs− duerfen−auf−schuldenschnitt−hoffen/6314162.html>.

38) European Central Bank, 'Decision ECB/2008/11', *Official Journal*, L 282/17, 25 October 2008 참조, 검색: <http://www.ecb.int/ecb/legal/pdf/l_28220081025en00170018.pdf>.

39) European Central Bank, *Monetary and Financial Statistics, Short−Term European Paper (STEP)* 참조, 검색: <http://www.ecb.int/stats/money/step/html/index.en.html>.

40) European Central Bank, *Assessment of STEP for Collateral Purposes in Eurosystem Credit Operations*, press release, 15 September 2006 참조, 검색: <http://www.ecb.europa.eu/press/pr/ date/2006/html/pr060915.en.html>.

41) European Central Bank, *Measures to Further Expand the Collateral Framework and Enhance the Provision of Liquidity*, 15 October 2008 참조; 연장에 관해서는 European Central Bank, *Longer− Term Refinancing Operations*, 7 May 2009를 참조하기 바란다.

42) European Central Bank, 'Guideline ECB/2011/14', *Official Journal*, L 331, 20 September 2011 참조, 검색: <http://www.ecb.int/ecb/legal/pdf/02011o0014−20130103−en.pdf>.

43) STEP 시장 관련 통계자료는 European Central Bank, *Monetary and Financial Statistics, Short− Term European Paper (STEP)*을 참조하기 바란다. 검색: <http://www.ecb.europa.eu/stats/money/ step/html/index.en.html>.

44) A. White, 'Euribor Should Be Overseen by EU Regulators, EBF Chief Says', *Bloomberg*, 20 July 2012 참조, 검색: <http://www.bloomberg.com/news/2012-07-12/euribor-should-be-overseen-by-eu-regulators-ebf-chief-says.html>.

45) European Central Bank, *Payments and Markets, Collateral, Eligibility Criteria and Assessment, Marketable Assets* 참조, 검색: <https://www.ecb.int/paym/coll/standards/marketable/html/index.en.html>.

46) M. Brendel and S. Jost, 'Die europäische Notenpresse gerät außer Kontrolle', *Die Welt*, 6 January 2013도 참조하기 바란다. 검색: <http://www.welt.de/finanzen/article112420942/Die-europaeische-Notenpresse-geraet-ausser-Kontrolle.html>.

47) European Central Bank, 'Guideline ECB/2011/14', 20 September 2011 참조.

48) European Central Bank, *Adjustment of Risk Control Measures for Newly Issued Asset-Backed Securities and for Uncovered Bank Bonds*, press release, 20 January 2009 참조, 검색: <http://www.ecb.int/press/pr/date/2009/html/pr090120.en.html>.

49) European Central Bank, *Payments and Markets, Collateral, Collateral Data*, 16 May 2013.

50) 루이스(M. Lewis)는 재미있고 적절한 예를 들었다. '너는 개 한 마리, 나는 고양이 한 마리를 가지고 있다. 우리는 각자 그것들이 10억 달러의 가치가 있다고 합의한다. 너는 10억 달러에 개를 나한테 팔고, 나는 고양이를 10억 달러에 너한테 판다. 이제 우리는 더 이상 애완동물 소유자가 아니고, 새로운 자산으로 10억 달러를 가진 아일랜드 은행이다.' M. Lewis, *Boomerang. Travels in the New Third World*, W.W. Norton & Company, New York 2011, p. 17 참조.

51) S. Sirletti and E. Martinuzzi, 'Italy Banks Said to Use State-Backed Bonds for ECB Loans', *Bloomberg*, 21 December 2011, 검색: <http://www.bloomberg.com/news/2011-12-20/italian-banks-are-said-to-use-state-guaranteed-bonds-to-receive-ecb-loans.html>; and J. Brennan, 'Irish Banks Aid Funding With Own-Use Bonds Amid Cyprus Woes', *Bloomberg*, 28 March 2013, 검색: <http://www.bloomberg.com/news/2013-03-28/irish-banks-aid-funding-with-own-use-bonds-amid-cyprus-woes-1-.html>. European Central Bank, *Adjustment of Risk Control Measures for Newly Issued Asset-Backed Securities and for Uncovered Bank Bonds*, 20 January 2009; and European Central Bank, 'Decision ECB/2013/6', *Official Journal*, L 95/22, 5 April 2013도 참조, 검색: <http://www.ecb.europa.eu/ecb/legal/pdf/l_09520130405en00220022.pdf> (2014년 2월 7일에 접속).

52) T. Alloway, 'Greek Banks in € 6.4bn Bond Switch', *Financial Times*, 6 November 2011 참조, 검색: <http://www.ft.com/intl/cms/s/0/a008a664-0898-11e1-9fe8-00144feabdc0.html#axzz2Z7qWa4rG>.

53) European Central Bank, 'Decision ECB/2011/25', 22 December 2011, article 4, paragraph 1 참조.

54) European Central Bank, 'Decision ECB/2011/25', 22 December 2011, article 4, paragraph 1; European Central Bank, *Eurosystem Credit Assessment Framework (ECAF)*도 참조하기 바란다.

55) European Central Bank, *ECB's Governing Council Approves Eligibility Criteria for Additional Credit Claims*, press release, 9 February 2012, 검색: <http://www.ecb.int/press/pr/date/2012/html/pr120209_2.en.html>; 그리고 Banque de France, *Eligibility Criteria Regarding Additional Credit Claims*, press release, 9 February 2012 참조, 검색: <http://www.banque-france.fr/uploads/tx_bdfgrandesdates/2012-02-9-eligibility.pdf>.

56) European Central Bank, *Payments and Markets, Collateral, Collateral Data*, 16 May 2013 참조.

57) M. Brendel and S. Jost, 'EZB leistet sich gefährliche Regelverstöße', *Die Welt*, 11 July 2013 참
조, 검색: http://www.welt.de/wirtschaft/article115063852/EZB-leistet-sich-gefaehrliche-
Regelverstoesse.html; also European Central Bank, *Payments and Markets, Collateral, Eligibility
Criteria and Assessment, Marketable Assets.*

58) M. Brendel and C. Pauly, 'Europe's Central Bad Bank: Junk Bonds Weigh Heavy on ECB',
Spiegel Online International, 6 June 2011 참조, 검색: <http://www.spiegel.de/international/
europe/europe-s-central-bad-bank-junk-bonds-weigh-heavy-on-ecb-a-766856.html>; M.
Brendel and S. Jost, 'EZB leistet sich gefährliche Regelverstöße', 11 July 2013.

59) M. Brendel and S. Jost, 'EZB leistet sich gefährliche Regelverstöße', 11 July 2013, and J. Eberl
and C. Weber, 'ECB Collateral Criteria: A Narrative Database 2001-2013', February 2014, pp.
14-15 참조.

60) 예를 들어 J. Rocholl, 'Die Finanzflut der EZB ist gefährlich', *Handelsblatt*, 29 February 2012 참
조, 검색: http://www.handelsblatt.com/meinung/gastbeitraege/gastkommentar-die-finanzflut-
der-ezb-ist-gefaehrlich/6267948.html>; and J. Rocholl, 'Die EZB und die Kunst des
Unmöglichen', *Handelsblatt*, 14 May 2012. M. J. M. Neumann, 'Die Europäische Zentralbank
auf Abwegen', *Argumente zu Marktwirtschaft und Politik*, No. 116, Stiftung Marktwirtschaft und
Politik, March 2012; A. Sibert, 'The Damaged ECB Legitimacy', *VoxEU*, 15 September 2011, 검색:
<http://www.voxeu.org/article/damaged-ecb-legitimacy>; S. Eijffinger and L. Hoogduin, 'The
European Central Bank in (the) Crisis', *CESifo DICE Report*, 10, No. 1, pp. 32–38, January 2012
도 참조, 검색: <http://www.cesifo-group.de/DocDL/dicereport112-forum6.pdf>.

61) S. Ruhkamp, 'Die Bundesbank fordert von der EZB bessere Sicherheiten', *Frankfurter Allgemeine
Zeitung*, 2 February 2012 참조, 검색: <http://www.faz.net/aktuell/wirtschaft/schuldenkrise-die-
bundesbank-fordert-von-der-ezb-bessere-sicherheiten-11667413.html>.

62) 이와 비슷한 주장을 펼치는 C. B. Blankart 'Goldgräber bedrohen Euroland', in D. Meyer (ed.), *Die
Zukunft der Währungsunion. Chancen und Risiko des Euros*, LIT-Verlag, Berlin 2012, pp. 291–
295 참조. 토넬과 베스터만(Aaron Tornell and Frank Westermann)은 다른 유형의 공동 풀 문제에
관해 설명하고 있다. 이들은 유로시스템 하에서 각 중앙은행은 자국이 혜택을 입는 한편 모든 국가
에게 인플레이션 심화의 부담이 커지면 윤전기를 과도하게 돌릴 유인을 가지고 있다. A. Tornell,
'Target2 Imbalances and the Dynamic Tragedy-of-the-Commons in the Eurozone', *UCLA
Mimeo*, September 2012; A. Tornell and F. Westermann, 'The Tragedy-of-the-Commons at the
European Central Bank and the Next Rescue Operation', VoxEU, 22 June 2012 참조, 검색: <http://
www.voxeu.org/article/tragedy-commons-european-central-bank>. C. B. Blankart, 'Oil and
Vinegar-A Positive Fiscal Theory of the Euro Crisis', forthcoming in *Kyklos*도 참조하기 바란다.

63) European Central Bank, 'Guideline ECB/2011/14', 20 September 2011, especially p. 51도 참조하
기 바란다.

64) European Central Bank, 'Haircut Schedule for Assets Eligible for Use as Collateral in Eurosystem
Market Operations', *Monetary Policy*, Collateral, Risk Mitigation, Liquidity Categories에서 구
할 수 있는 일반적인 정보만이 존재한다. 검색: <http://www.ecb.int/press/pr/date/2010/html/
sp090728_1annex.en.pdf?56d9b9db6fddaf7fcd28ebcd6706e630>.

65) Greek Ministry of Finance, *Rules for the Amendment of Securities, Issued or Guaranteed by the
Greek Government by Consent of the Bondholders*, 23 February 2012 참조, 검색: <http://www.
hellenicparliament.gr/en/Nomothetiko-Ergo/Anazitisi-Nomothetikou-Ergou?law_id=3b426740-

db7b–471a–9829–80a89a6518b5>.

66) Greek Ministry of Finance, *Rules for the Amendment of Securities, Issued or Guaranteed by the Greek Government by Consent of the Bondholders*, 23 February 2012 참조, 검색: <http://www.hellenicparliament.gr/en/Nomothetiko–Ergo/Anazitisi–Nomothetikou–Ergou?law_id=3b426740–db7b–471a–9829–80a89a6518b5>.

67) *Government*, press release, 20 July 2012 참조, 검색: <http://www.ecb.de/press/pr/date/2012/html/pr120720.en.html>. D. Szarek, 'Jetzt drucken sich die Griechen ihre Euro selbst', *Focus*, 25 July 2012도 참조, 검색: <http://www.focus.de/finanzen/news/staatsverschuldung/banken–refinanzieren–sich–ueber–notkredite–die–ezb–schaltet–auf–stur–also–schoepfen–sich–die–griechen–ihr–geld–selber_aid_786691.html>.

68) See also article 14.4. of the ECB Statute, *Protocol of the Statute of the European System of Central Banks and of the European Central Bank*, 검색 <http://www.ecb.int/ecb/legal/pdf/en_statute_2.pdf>; and *European Central Bank*, Annual Report 1999, p. 98 f, 검색 <http://www.ecb.europa.eu/pub/pdf/annrep/ar1999en.pdf>.

69) Central Bank of Ireland, *Financial Statement of the Central Bank of Ireland*, items 'Other Claims on "Euro Area Credit Institutions" and "Other Assets" ', 검색: <http://www.centralbank.ie/polstats/stats/cmab/pages/money%20and%20banking.aspx>, Central Bank of Greece, *Monthly Balance Sheet*, May 2013, items 'Other Claims on Euro Area Credit Institutions Denominated in Euro' and 'Sundry', 검색: <http://www.bankofgreece.gr/BogEkdoseis/financialstat201205_en.pdf>; Central Bank of Cyprus, *Monthly Balance Sheets*, April 2013, item 'Other Claims on Euro Area Credit Institutions Denominated in Euro' 참조, 검색: <http://www.centralbank.gov.cy/media/pdf/BALANCE_SHEET_APRIL_2013_EN.pdf>. 2013년 12월 기준, 그리스에서 공영된 ELA 신용의 잔고는 190억 유로였다. 아일랜드는 20억 유로, 사이프러스는 100억 유로였다.

70) European Central Bank, *Consolidated Financial Statement of the Eurosystem as at 31 December 2013*참조, 검색: <http://www.ecb.europa.eu/press/pr/wfs/2014/html/fs140108.en.html>. ELA 신용은 유럽중앙은행의 대차대조표에 명시적으로 보고되었다. 그러나 '유로존 신용기관에 대한 다른 청구권'이라는 용어는 보통 어림잡아 쓰는 표현으로 간주된다. 그것은 2012년 6월에 최고치인 2,510억 유로에 달하였다.

71) J. Asmussen, *Statement by the ECB in the Proceedings Before the Federal Constitutional Court*, Karlsruhe, 11 June 2013, to the Constitutional Complaint 2 BvR 1390/12, 2 BvR 1439/12 and 2 BvR 1824/12, 2 BvE 6/12 참조.

72) 독일연방은행이 제공한 정보이다. 이에 반해, 이자는 각국 중앙은행에 남아 재정자금으로 전환된다고 주장되어왔다. W. Buiter, J. Michels, and E. Rahbari, 'ELA: An Emperor Without Clothes?', *Global Economics View*, Citigroup Global Markets, 2011 참조; 이 논문의 2쪽에서 저자들은 이렇게 주장하고 있다. '이와 같이 14.4조는 ELA 관련 결정이 각국 중앙은행에 의해 결정되기 때문에 ELA 지원에서 발생하는 비용과 채무는 기금으로 조성되지 않고 유로시스템의 다른 회원국들에 의해 분배된다고 강조한다. 특히 유로시스템 기능의 일환으로 수행된 정책과는 달리, 그 어떤 이익과 손실도 기금으로 조성되지 않으며 유로시스템의 다른 회원국들에 의해 분배된다.'

73) 'Protocol (No 4) on the Statute of the European System of Central Banks and of the European Central Bank', *Official Journal of the European Union*, C 83/230 EN, 30 March 2010, article 33.2 참조.

74) 자기자본은 항상 재평가적립금을 포함해서 계산된다. 언급된 숫자들은 2012년 11월(그리스), 2011

년 2월(아일랜드) 그리고 2013년 4월(사이프러스) 것이다. 계산을 이해하기 위해서 아일랜드 숫자를 자세하게 들여다보자. 2011년 2월에 아일랜드 ELA 대출액(유로존에 있는 대출기관들에 대한 유로화 기타채권과 기타 자산)은 703억 유로였다. 하지만 아일랜드의 지분자본이 1.6%였고 유로시스템의 총 본원통화금액이 1조 570억 유로였기 때문에, 정태적인 조건하에 이 공동계정에서 아일랜드 지분의 현재가치는 단지 168억 유로였다. 아일랜드 중앙은행의 자본금과 유보금은 17억 유로, 자기자본의 일종인 재평가적립금은 2억 유로, 결국 총 자기자본은 19억 유로였고, 이 자기자본과 금리지분 현재가치의 합계는 187억 유로였다. 따라서 이 합계금액에 비해, 공동계정에 보내야 하는 금리를 내포하고 있던, 아일랜드 ELA 대출액의 배율은 3.76배, 즉 276%나 더 큰 것이었다.

75) K. C. Engelen, 'From Deauville to Cyprus', *The International Economy*, Spring 2013, pp. 51–53, 73–76 참조.

76) 아나스타시아데스(Anastasiades)는 2013년 3월 28일에 그리스 중앙은행 총재 파니코스 데미트리아데스(Panicos Demetriades)가 ELA 대출 당시에 언론과의 회담에서 고백한 내용을 더 인용하고 있다; '라이키 은행에 대한 ELA 대출은 사이프러스 GDP의 60%에 달했다. 즐거운 일은 아니었지만, 선거를 하기 위해서는 라이키 은행를 유지해야만 했다.' K. C. Engelen, 'From Deauville to Cyprus', Spring 2013도 참조.

77) H.–J. Dübel, *Bewertung des Bankenrestrukturierungsprogramms in Zypern und seiner Auswirkungen auf Konzepte und Institutionen der Bankenunion*, Kurzgutachten im Auftrag der SPD-Bundestagsfraktion, Finpolconsult, Berlin, 18 April 2013 참조, 검색: <http://www.finpolconsult.de/mediapool/16/169624/data/Zypern_Bankenrestrukturierung_Finpolconsult_4_18_13.pdf>. H.-J. Dübel, *Creditor Participation in Banking Crisis in the Eurozone–A Corner Turned? Empirical Analysis of Current Bank Liability Management and Restructuring Policies with Conclusions for the European Bank Restructuring and Resolution Framework*, Finpolconsult, Berlin, 28 June 2013도 참조, 검색, : <http://www.finpolconsult.de/mediapool/16/169624/data/Duebel_Bank_Creditor_Participation_Eurozone_Final.pdf>.

78) Central Bank of Ireland, *Central Bank Statement*, 7 February 2013 참조, 검색: <http://www.centralbank.ie/press–area/press–releases/Pages/CentralBankStatement.aspx>. 전직 유럽중앙은행 수석 이코노미스트 위르겐 슈타르크(Jürgen Stark)는 이것을 금지된 국가금융으로 분류하였다. J. Stark, 'Irlands verbotener "Deal" mit der Notenbank', *Die Welt*, 14 March 2013 참조, 검색: <http://www.welt.de/finanzen/article113645427/Irlands-verbotener–Deal–mit–der–Notenbank.html>.

79) R. Berschens, 'Wieder Notruf aus Zypern', *Handelsblatt*, No. 116, 20 June 2013, p. 10도 참조.

6장

1) 이 절과 그에 이어지는 절들은 H.-W. Sinn and T. Wollmershäuser, 'Target Loans, Current Account Balances and Capital Flows: The ECB's Rescue Facility', *International Tax and Public Finance* 19, 2012, pp. 468–508에 근거하고 있다. 검색: <http://www.cesifo-group.de/DocDL/sinn-itax-2012-target.pdf>. 이 이전에 발간된 자료로는 다음과 같은 것들이 있다. *NBER Working Paper* No. 17626, November 2011, <http://www.cesifo-group.de/DocDL/NBER_wp17626_sinn_wollm.pdf>, and *CESifo Working Paper* No. 3500, June 2011, 검색: <http://www.cesifo-group.de/DocDL/cesifo1_wp3500.pdf>. H.-W. Sinn, 'Die Target-Kredite der deutschen Bundesbank', *ifo Schnelldienst*

65, Special Issue, 21 March 2012, pp. 3–34, 검색: <http://www.cesifo-group.de/DocDL/Sd_Sonderausgabe_20120321.pdf>도 참조. 이러한 학술적 자료는 저자가 경상계정과 자본계정의 측면에서 타겟 잔액을 규정하고 기본적인 사안에 관해 설명하려고 작성한 간단한 논문에 입각한 것이다. H.-W. Sinn, 'Die riskante Kreditersatzpolitik der EZB', *Frankfurter Allgemeine Zeitung*, No. 103, 4 May 2011, p. 10 참조, 검색: <http://www.faz.net/aktuell/wirtschaft/europas-schuldenkrise/target-kredite-die-riskante-kreditersatzpolitik-der-ezb-1637926.html>, 그리고 마찬가지로 영어로 쓴 논문인 H.-W. Sinn, 'The ECB's Stealth Bailout', *VoxEU*, 1 June 2011, 검색: <http://www.voxeu.org/article/ecb-s-stealth-bailout>. 잔액의 위험한 수준에 관해 처음으로 공식 입장을 밝힌 H.-W. Sinn, 'Neue Abgründe', *Wirtschaftswoche*, No. 8, 21 February 2011, p. 35도 참조하기 바람. Ifo 연구소가 국제 보도자료로 작성한 영어번역본 'Deep Chasms', ifo Viewpoint No. 122, 29 March 2011 참조, 검색: <http://www.ifo.de/Viewpoint_122/w/4XRFPXeMj>. 그 이틀 후에 비슷한 정보를 담은 글이 인터넷에 등장하였다. J. Whittaker, 'Intra-eurosystem Debts', *Lancaster University Working Paper*, 31 March 2011 참조, 검색: <http://eprints.lancs.ac.uk/51933/4/eurosystem.pdf>. 다른 나라의 타겟 채무에 대한 독일연방은행의 노출도를 유럽중앙은행의 주자본에서 차지하는 비중에 따라 처음으로 계산한 H.-W. Sinn, 'Tickende Zeitbombe', *Süddeutsche Zeitung*, No. 77, 2 April 2011, p. 24를 참조하기 바란다. 저자의 단상에 대해 처음에는 일부 잘못된 해석이 있어 인터넷 논쟁이 벌어져 빠르게 확산되었는데 여기서 그것을 다 정리할 수는 없다. 이에 관해서는 H.-W. Sinn, 'On and off Target', *VoxEU*, 14 June 2011, 검색: <http://www.voxeu.org/article/and-target>과 앞서 거론한 CESifo working paper의 부록을 참조하기 바란다. 타겟 잔액은 원래 고정환율에서 유로 도입으로 가는 전환기(통화동맹의 III 단계)에 국한되는 것으로 생각되었다. 이 시기에 발생할 수 있는 문제에 관해 논한 P. M. Garber, 'Notes on the Role of Target in a Stage III Crisis', *NBER Working Paper* No. 6619, 1998과, P. M. Garber, 'The Target Mechanism: Will it Propagate or Stifle a Stage III Crisis?', *Carnegie—Rochester Conferences on Public Policy* 51, 1999, pp. 195–220을 참조하기 바란다. 나중에 2010년 12월에는 가버(P. M. Garber)가 도이치방크(Deutsche Bank)를 위한 인터넷 글을 보고형식으로 작성하였고 2011년 봄 토마스 마이어와 도이치방크에 의해 자신의 출간물이 발간된 후에 저자도 그 정보를 제공받았는데, 이것도 그에 이어 인터넷에서 출간되었다. P. M. Garber, 'The Mechanics of intra Euro Capital Flight', *Deutsche Bank Economics Special Report*, December 2010 참조. 그러나 가버는 글을 쓸 당시에 그 작업과정에서 유로 가입국의 타겟 잔액에 관해 진과 볼메르스호이저(Sinn and Wollmershäuser)가 취합한 패널 데이터를 가지고 있지 않았으며 자본계정, 경상수지, 타겟 잔액의 거시경제적 관계, 또는 국제수지와 타겟 잔액에 관해 논의하지 않았다. 저자 자신은 2010년 초가을에 독일연방은행 총재 헬무트 슐레징어가 독일경제부 과학자문위원회의 한 회의에서 제기한 타겟 문제를 인식하고 있었다. 유럽중앙은행은 오늘까지도 타겟 통계의 일관성 있는 자료를 발표하지 않았다.

2) Moody's, *Moody's Changes the Outlook to Negative on Germany, Netherlands, Luxembourg and Affirms Finland's AAA Stable Rating*, 31 July 2012, London, 검색: <https://www.moodys.com/research/Moodys-changes-the-outlook-to-negative-on-Germany-Netherlands-Luxembourg—PR_251214>. 이 신용평가기관은 이렇게 보고하였다. "'부정적'이라고 전망을 변경하게 된 두 번째의 상호 연계된 요인은 우발채무담보의 증가이다 [...] 우발채무담보는 상호대출, 유럽재정안정기금, 유럽중앙은행이 국채매입계획(SMP)과 타겟 2 잔액에서 차지한 지분, 그리고 유럽안정기구(ESM) 등에서 발생하고 있다. .

3) 초기 논문인 H.-W. Sinn and T. Wollmershäuser, 'Target Loans, Current Account Balances and Capital Flows: The ECB's Rescue Facility', 2012에 이어 Ifo 연구소는 2011년 8월에 유럽중앙은행과 독일연방은행의 저자들을 포함한 학자들의 초기 반응에 관해 *Ifo Schnelldienst*: 'Die europäische Zahlungsbilanzkrise', ifo Schnelldienst 64, No. 16, 31 August 2011에서 다루었다. 검색: <http://

www.cesifo-group.de/DocDL/SD-16-2011.pdf>. 이 논문집의 영어판은 2012년 1월 *CESifo Forum* 의 특별호로 출간되었다. H.-W. Sinn (ed.), 'The European Balance of Payments Crisis', CESifo Forum 13, Special Issue, January 2012, 검색: <http://www.cesifo-group.de/DocDL/Forum-Sonderheft-Jan-2012.pdf>. 아래의 자료는 주저자의 이름, 각 논문의 영어제목과 참조 페이지에 관한 정보를 제공하고 있다. H.-W. Sinn, 'The European Balance of Payments Crisis: An Introduction', pp. 3–10; H. Schlesinger, 'The Balance of Payments Tells Us the Truth', pp. 11–13; W. Kohler, 'The Eurosystem in Times of Crises: Greece in the Role of a Reserve Currency Country?', pp. 14–22; C. B. Blankart, 'The Euro in 2084', pp. 23–28; M. J. M. Neumann, 'The Refinancing of Banks Drives Target Debt', pp. 29–32; P. Bernholz, 'The Current Account Deficits of the GIPS Countries and Their Target Debts at the ECB', pp. 33–34; T. Mayer, J. Möbert, and C. Weistroffer, 'Macroeconomic Imbalances in EMU and the Eurosystem', pp. 35–42; G. Milbradt, 'The Derailed Policies of the ECB', pp. 43–49; S. Homburg, 'Notes on the Target2 Dispute', pp. 50–54; F. L. Sell and B. Sauer, 'Money, Capital Markets and Welfare: An Analysis of the Effects of Target2 Balances', pp. 55–62; I. Sauer, 'The Dissolving Asset Backing of the Euro', pp. 63–72; J. Ulbrich and A. Lipponer, 'Balances in the Target2 Payments System—A Problem?', pp. 73–76; C. Fahrholz and A. Freytag, 'A Way to Solve the European Balance of Payments Crisis? Take a Chance on Market Solutions!', pp. 77–82; U. Bindseil, P. Cour-Thimann, and P. J. König, 'Target2 and Cross-border Interbank Payments during the Financial Crisis', pp. 83–92; F.-C. Zeitler, 'Ways Out of the European Sovereign Debt Crisis after the Decisions of the July 2011 Summit', pp. 93–95; K. Reeh, 'Balance of Payments Adjustment in the Monetary Union: Current Events Help Shed New Light on an Old Question', pp. 96–101, and A. Tornell and F. Westermann, 'Greece: The Sudden Stop That Wasn't', pp. 102–103. See moreover U. Bindseil and P. J. König, 'TARGET2 and the European Sovereign Debt Crisis', *Kredit und Kapital* 45, 2012, pp. 135–174; U. Bindseil and A. Winkler, 'Dual Liquidity Crises - A Financial Accounts Framework', Review of International Economics 21, 2013, pp. 151–163; J. Pisani-Ferry, 'The Known Unknowns and Unknown Unknowns of European Monetary Union', *Journal of International Money and Finance* 34, 2013, pp. 6–14. An extensive recent overview of additional literature and a summary of the issues from the perspective of the ECB's specialist on Target balances can be found in P. Cour-Thimann, 'Target Balances and the Crisis in the Euro Area', *CESifo Forum* 14, Special Issue, April 2013, 검색: <http://www.cesifo-group.de/DocDL/Forum-Sonderheft-Apr-2013.pdf>. Also see T. Mayer, *Europe's Unfinished Currency*, Anthem Press, London 2012; R. A. Auer, 'What Drives Target2 Balances? Evidence from a Panel Analysis', *CESifo Working Paper* No. 4216, April 2013, 검색: <http://www.cesifo-group.de/DocDL/cesifo1_wp4216.pdf>, and N. Potrafke and M. Reischmann, 'Explosive Target Balances', *CESifo Working Paper* No. 4297, June 2013, 검색: <http://www.cesifo-group.de/DocDL/cesifo1_wp4297.pdf>.

4) S. Ruhkamp, 'Die Bundesbank fordert von der EZB bessere Sicherheiten', *Frankfurter Allgemeine Zeitung*, 29 February 2012 참조, 검색: <http://www.faz.net/aktuell/wirtschaft/schuldenkrise-die-bundesbank-fordert-von-der-ezb-bessere-sicherheiten-11667413.html>와 S. Ruhkamp, 'Bundesbank geht im Targetstreit in die Offensive', *Frankfurter Allgemeine Zeitung*, 12 March 2012 참조, 검색: <http://www.faz.net/aktuell/wirtschaft/wirtschaftspolitik/f-a-z-gastbeitrag-bundesbank-geht-im-targetstreit-in-die-offensive-11682060.html>. 자유롭게 번역된 논문에 이렇게 적혀 있다. '그 내용이 신문사 프랑크푸르트알게마이네차이퉁(F.A.Z)에 알려진 편지에서 바이트만(Weidmann)은 타겟 청구권의 증가에 관해 노골적으로 거론하고 있다. 그는 유럽중앙은행이 금융상 취약한 유로시스템 내 각국 중앙은행에 대해 가지고 있는 8천억 유로 상당의 대출채권에 대해 담보를 설정해야 한다고 제안하였다.

5) Deutsche Bundesbank, *Bundesbank Target2 Balances*, press release, 22 February 2011, 검색 <http://

www.bundesbank.de/Redaktion/EN/Pressemitteilungen/BBK/2011/2011_02_22_Bundesbank_TARGET2_balances.html>, and Deutsche Bundesbank, 'The Evolution of the Bundesbank's TARGET2 Balances', *Monthly Report* 63, No. 3, March 2011, pp. 34–37. 독일연방은행은 2011년 3월 18일 Ifo 연구소에 보낸 편지에서 이와 비슷한 입장을 취하였다.

6) H. Schlesinger, 'The Balance of Payments Tells Us the Truth', January 2013.

7) See P. Cour-Thimann, 'Target Balances and the Crisis in the Euro Area', April 2013.

8) M. Draghi, *Transcript of the questions asked and the answers given by Mario Draghi, President of the ECB, and Vítor Constâncio, Vice-President of the ECB*, press conference, 4 April 2012 참조, 검색: <http://www.ecb.int/press/pressconf/2012/html/is120404.en.html>: '우리는 연결 은행대차대조표를 국별로 살펴봐야 한다. 그리고 우리가 상상할 수 있을 만큼, 날마다 그것들을 살펴봐야 한다. 인플레이션 기대와 타겟2 잔액처럼, 이들은 우리가 날마다 살펴봐야 하는 세 가지이다. 거의 매일이 아니라 실제로 매일!' 저자는 2011년 4월 22일에 이탈리아은행에서 파워포인트를 이용해 학술발표를 할 때 드라기(M. Draghi)에게 타겟 잔액에 관한 정보를 제공하였다.

9) 이에 관해서는 H.-W. Sinn, 'Die riskante Krediterstatzpolitik der EZB', 4 May 2011, and H.-W. Sinn, 'The ECB's Stealth Bailout', 1 June 2011이 처음으로 설명하였다. 한편 H.-W. Sinn and T. Wollmershäuser, 'Target Loans, Current Account Balances and Capital Flows: The ECB's Rescue Facility', 2012가 이에 관한 최초의 공식적 분석이다.

10) 유로시스템이 작동하기 시작했을 때, 대량 지급지시만이 ECB의 지급시스템을 통해 이루어졌다. 타겟에 더해, 각국 은행들은 민간 지급시스템을 이용할 수 있다. 원래 대부분 지급은 이 시스템을 통해 진행되고 순계된다. A국에서 B국으로의 지급이 보통 B국에서 A국으로의 지급에 의해 상쇄되므로 타겟 시스템은 민간 지급시스템 중 잉여결제에 사용될 뿐이다. 이는 2007년 타겟 시스템 도입으로 바뀌었다. 게다가 더 작은 지급도 ECB의 타겟 계정을 통해 직접 진행된다. 최근의 데이터에 따르면, 타겟 거래의 3분의 2는 중간값이 10,000유로밖에 안 되는, 50,000유로 미만의 규모였다. European Central Bank, *Target Annual Report 2010*, Frankfurt 2010; and European Central Bank, *The Payment System—Payments, Securities and Derivatives, and the Role of the Eurosystem*, Frankfurt am Main 2010 참조. 이 변화가 타겟 시스템의 거래규모에 중대한 영향을 준 것은 사실이지만, 시스템에 매년 기장되는 잔액은 영향을 받지 않는다. 처음부터, 개별 유로 가입국 은행 간의 지급 이체의 전체 과부족을 파악한다. 이는 <그림 6.2>에 제시된 바와 같이, 시계열의 지속적 해석을 가능하게 한다. 보다시피 2007년 이후 타겟 잔액의 증가는 통계적 가공의 결과가 아니다.

11) J. Whittaker, 'Eurosystem Debts, Greece, and the Role of Banknotes', *Lancaster University Working Paper*, 14 November 2011, 검색: <http://eprints.lancs.ac.uk/51935/1/eurosystemNov2011.pdf>. 예를 들어 독일연방은행 대차대조표는 '법정' 은행권 유통액과 이를 초과하거나 미달한 은행권 유통액을 구분한다. 법정 은행권 유통액은 ECB 자본에서의 각국 지분에 따라 측정하는데, 동 지분은 국별 인구 및 GDP 지분이고 정상 값을 의미한다. 만약 실질 은행권 유통액이 동 값을 초과하면, 다른 나라로의 현금 유출이 추정되며, 이는 타겟 시스템을 통한 전자자금 유출과 유사한 채무를 측정한다. 이 채무는 '유로 은행권 발행으로 부터의 유로시스템 내 채무'로 기장된다. 이는 2007년말 1,000억 유로에서 2013.12월말 2,240억 유로로 증가하였다. 이 변화는 같은 기간 중 4,390억 유로(710억 유로에서 5,100억 유로)가 증가한, ECB 시스템에 대한 독일연방은행의 타겟 청구권의 변화와 비교된다. 독일에서 발행되었으나 해외에서 유통중이고, 그 시절 독일 본원통화량의 3분의 1을 차지했던, 이 국가들에서 유통되었던 이전 독일마르크화의 역할을 떠맡은, 유로화 은행권이 이의 대부분을 차지한다. 통화동맹에 따라, 독일은 해외 유통중인 독일 마르크 은행권 형태의 발권차익 자기자본을 다른 회원국에게 준다. H. Feist and H.-W. Sinn, 'Eurowinners and Eurolosers: The Distribution of Seignorage Wealth in EMU', *European Journal of Political Economy* 13, 1997, pp. 665–689; and

H. Feist and H.-W. Sinn, 'The Accidental Redistribution of Seignorage Wealth in the Eurosystem', *CESifo Forum* 1, No. 3, Autumn 2000, pp. 27–29, 검색 <http://www.cesifo-group.de/DocDL/Forum300-special.pdf>, and H. Feist and H.-W. Sinn, 'Der Euro und der Geldschöpfungsgewinn: Gewinner und Verlierer durch die Währungsunion', *ifo Schnelldienst* 53, No. 31, 17 November 2000, pp. 14–22. 이 '선물'의 값은 경제성장에 따라 빨리 증가한다. 이는 앞서 언급한 2,040억 유로의 대부분을 차지할 것이다. 타겟 청구권 및 채무와는 달리, 비율 초과 은행권 발행에서 생기는 채권과 채무는 [그림 2.9]에서 논의한 바와 같이 순 대외자산 포지션에 포함되지 않는다.

12) 통계적 보고에서, 국제수지는 정의상, 항상 균형에 있다. 이는 민간 주체와 재정 당국의 지급 불균형('선 위' 지급)이 나머지 세계에 대한 통화당국의 포지션 변동('선 아래' 지급)에 의해 맞춰질 것이기 때문이다. 반면에, 여기에 사용된 균형의 정의는 선위 지급의 균형만을 말한다.

13) 재정 메커니즘을 통한 자동 충격흡수는 약 13~15%에 이름. 즉, 지역 총소득의 10억 달러 손실은 8.7억~8.5억 달러의 순수익 손실로 이어진다. P. Asdrubali, B. E. Sorensen, and O. Yosha, 'Channels of Interstate Risk Sharing: United States 1963–1990', *Quarterly Journal of Economics* 111, 1996, pp. 1081–1110, who estimate 13%; or D. Gros, *Fiscal Union after Banking Union or Banking Union instead of Fiscal Union?*, unpublished note for the Austrian Government, June 2013, which estimates 15%; as well as D. Gros and E. Jones, 'External Shocks and Unemployment: Revisiting the Mundellian Story', unpublished manuscript, *Centre for European Policy Studies*, February 1995; J. von Hagen, 'Achieving Economic Stabilization by Risk Sharing within Countries', in R. Boadway and A. A. Shah (eds), *Intergovernmental Fiscal Transfers. Principles and Practice*, The World Bank, Washington 2007, pp. 107–132; M. Dolls, C. Fuest, and A. Peichl, 'Automatic Stabilizers and Economic Crisis: US vs. Europe', *Journal of Public Economics* 96, 2012, pp. 279–294 참조.

14) H.-W. Sinn, 'Die riskante Kreditersatzpolitik der EZB', 4 May 2011; 또는 영어로 된 H.-W. Sinn, 'The ECB's Stealth Bailout', 1 June 2011에서 이러한 정의가 처음 내려졌다. 간단한 수리적 해석에 관해서는 H.-W. Sinn and T. Wollmershäuser, 'Target Loans, Current Account Balances and Capital Flows: The ECB's Rescue Facility', 2012; 또는 S. Homburg, 'Notes on the Target2 Dispute', January 2013을 참조하기 바란다.

15) H.-W. Sinn and T. Wollmershäuser, 'Target Loans, Current Account Balances and Capital Flows: The ECB's Rescue Facility', 2012; 특히 preceding working paper versions도 참조하기 바람. 정기적으로 새로 작업한 타겟 관련 통계를 얻으려면 <http://www.cesifo-group.de/ifoHome/policy/Haftungspegel.html>을 검색하기 바란다.

16) 이 수치들은 저자가 2011년 4월 22일 이탈리아은행 강연에서 청중에게 처음으로 발표한 것이다. 그리고 그 다음에는 2011년 5월 19일 뮌헨 경제정상회담에서 발표했는데, 파이낸셜 타임스지가 저자의 허락을 받고 기사로 실었으며 울프(Martin Wolf)가 이에 관해 설명하였다. M. Wolf, 'Intolerable Choices for the Eurozone', Financial Times, 31 May 2011 참조, 검색: <http://www.ft.com/intl/cms/s/0/1a61825a-8bb7-11e0-a725-00144feab49a.html#axzz2Z7HBqk4Z>. 공식 working paper는 며칠 늦게 나왔다. 이 논문을 통해 이 수치들이 전세계에 알려지게 되었다.

17) ECB는 타겟 잔액의 경제적 중요성에 관해 2011년 10월 월례보고서(Monthly Report)에서 처음으로 언급하였다. European Central Bank, 'TARGET2 Balances of National Central Banks in the Euro Area', *Monthly Bulletin*, October 2011, pp. 35–40, in particular p. 37. 각주 5에서, 동행은 통계를 총괄하는 단일 데이터가 없으나, 데이터는 IMF 데이터에 기초하고 각국 중앙은행의 대차대조표로부터 계산될 수 있다고 언급하였다. 동행은 Sinn과 Wollmershäuser가 그들의 2011.6월 working paper에서 사용한 똑같은 방법을 이렇게 옹호하였다. *CESifo Working Paper* preliminary version by

H.-W. Sinn and T. Wollmershäuser, 'Target Loans, Current Account Balances and Capital Flows: The ECB's Rescue Facility', June 2011 참조. 사실, P. Cour-Thimann, 'Target Balances and the Crisis in the Euro Area', April 2013, Annex D에 설명된 바와 같이, 실제로 외환보유액 이체와 관련된 유로시스템 내 잔액도 차감함으로써, 이 방법을 추가 발전시키는 것이 가능할 것이다.

18) N. Potrafke and M. Reischmann, 'Explosive Target Balances', June 2013 참조.

19) The definition follows Gurley and Shaw's definition, but is not identical to it. See J. G. Gurley and E. S. Shaw, *Money in a Theory of Finance*, Brooking Institutions, Washington, DC, 1960.

20) 국별 타겟 잔액에 더하여, 2013년 말 유럽중앙은행 자신이 10억 유로의 유로시스템 내 타겟 청구권을 발생시켰다. 이는 기본적으로 미 연준과의 달러화-유로화 스왑협정의 결과이다. 유럽중앙은행은 연준에서 차입한 달러화를 특히 프랑스은행 등 몇몇 유로시스템 내 중앙은행에게 매도하였다. 그렇게 함으로써 유럽중앙은행은 유로시스템 내 개별 중앙은행에 대한 타겟 청구권을 수취하였고, 연준에 대한 대외채무를 발생시켰다. 유럽중앙은행의 *Annual Accounts* 2013. p.27 참조. 동전의 다른 면으로, 유럽중앙은행은 SMP에 참여하여 130억 유로의 GIPSIC 국채를 매입하였는데, 이는 유로시스템 내 다른 곳에 타겟 청구권을, 자신에게는 상응하는 타겟 채무를 발생시켰다. ECB, *Annual Accounts 2013*. p. 19 참조. 또한 유럽중앙은행은, 준회원으로서 타겟 청구권을 축적하도록 허용되었으나 타겟 채무를 발생시키는 것이 허용되지 않은, 불가리아, 덴마크, 라트비아, 리투아니아, 폴란드 및 루마니아에 대외 타겟 채무를 가지고 있다. 이 유럽중앙은행 채무의 상대측은 관련된 각국 중앙은행에게 지급지시를 발행하는 유로시스템 내의 각 중앙은행에 대한 유럽중앙은행의 청구권이다. P. Cour-Thimann, "Target Balances and the Crisis in the Euro Area', April 2013, p. 48도 참조하기 바란다.

21) H. Schlesinger, 'The Balance of Payments Tells Us the Truth', January 2013 참조.

22) ECB는, 국제적인 기관에서의 그러한 민간 지급시스템이, 그러한 시스템이 없었다면 만연했을 것과는 다른 타겟 잔액을 초래한다는 것을 적절하게 지적하였다. 그러나 ECB는 이것이 왜 타겟이 공적 국제 신용의 척도인 정확한 이유라는 것을 언급하지 않았다. European Central Bank, *Monthly Bulletin*, May 2013, p. 106 참조

23) Taxpayers Association of Europe (TAE), 'Target2: Die finanzielle Atombombe', *MMnews*, 24 February 2012 참조, 검색: <http://www.mmnews.de/index.php/wirtschaft/9560-target2-die-finanzielle-atombombe>.

24) Reply 2011/003864 of the Bundesbank to a question by the Ifo Institute, dated 11 March 2011, and letter from the ECB to the Ifo Institute, dated 15 March 2012. Article 2 paragraph 1 of the unpublished decision ECB /2007/NP10 on the interest yield of intra-Eurosystem net balances states: '유로시스템내 잔액은 [. ..] 유로시스템에 의해 주요 재융자 거래 입찰에 사용된 최근 이용가능한 한계 금리로 보상된다'.

25) 2007년에 발생하기 시작한 금융위기에 대처하기 위해 미 연방준비은행이 본원통화를 세배 증가시킨 정책반응에 관해서는 B. S. Bernanke, *The Federal Reserve and the Financial Crisis*, Princeton University Press, Princeton 2013을 참조하기 바란다.

26) A. Tornell and F. Westermann, 'Europe Needs a Federal Reserve', *New York Times*, 21 June 2012은 이와 유사한 관점을 제시하고 있다. 검색: <http://www.nytimes.com/2012/06/21/opinion/the-european-central-bank-needs-more-power.html?_r=1>.

27) M. Feldstein, 'Is Inflation Returning?', *Project Syndicate*, 29 August 2012, 검색 <http://www.project-syndicate.org/commentary/is-inflation-returning-by-martin-feldstein> or 'The World from

Berlin: "High Inflation Causes Societies to Disintegrate" ', *Spiegel Online International*, 11 May 2012 참조, 검색: <http://www.spiegel.de/international/germany/fear-of-inflation-in-germany-after-bunde sbank-comments-a-832648.html>.

28) M. Draghi, 'Stabile Preise ohne monetäre Staatsfinanzierung', Interview by H. Steltzner and S. Ruhkamp, *Frankfurter Allgemeine Zeitung*, 24 February 2012 참조, 검색: <http://www.ecb.int/press/key/date/2012/html/sp120224_1.en.html>.

29) 이 수치는 유럽중앙은행 자체의 자산매입을 통해 창출된 소량의 통화를 포함하고 있다.

30) 후자는 유럽중앙은행 자체의 자산매입을 통한 통화창출을 포함한다.

31) '구축(crowding out)'이라는 용어는, 인터넷에 적극적인 비경제학자들이 그것을 공급-유도(supply-induced) 구축으로 재해석하고 동 해석을 영문 블로그에 전파시킴에 따라, 토론에서 약간 혼동을 일으킨다. 어떤 사람은 심지어 Sinn과 Wollmershäuser가 타겟 잔액이 신용경색(credit crunch)을 초래했다고 주장했다고 암시하였다. 그러나 GIPSIC 이외 국가의 재융자 신용의 구축은 유동성에 대한, 공급보다는 수요가 주어졌기 때문에 발생한다. 이는 신용 경색과 정반대이다. 이 구축이라는 용어의 사용은, 유용한 공공 재화라서 민간 재화의 대체재라서, 민간 재화를 구축시킨다는 밀튼 프리드만의 주장을 시작으로 한, 통화경제학에서의 구축(驅逐)에 대한 초기의 논쟁을 떠올리게 한다. M. Friedman, *Capitalism and Freedom*, University of Chicago Press, Chicago 1962, chapter VI: *The Role of Government in Education* 참조. 프리드만은, 음식 수요가 제한되어 있기 때문에, 부모에 의한 음식 공급을 구축하는 학교 음식을, 그 예로 들었다. 타겟 통화 유입이 유발한 것은, 정확히 이와 같이 수요 감소로부터 초래된 구축이다. 또 다른 사례는 시장에서 다른 공급자의 유입으로 인해 한 공급자가 구축되는 것이다. 이 문제에 관한 자세한 분석은 H.-W. Sinn and T. Wollmershäuser, 'Target Loans, Current Account Balances and Capital Flows: The ECB's Rescue Facility', 2012에서 볼 수 있다. 특히 앞선 working paper. 그리고 이것과 다른 오해를 논의한 H.-W. Sinn, 'On and off Target', 14 June 2011도 참조하기 바란다.

32) H.-W. Sinn, 'The ECB's Stealth Bailout', 1 June 2011. For a scholarly analysis see H.-W. Sinn and T. Wollmershäuser, 'Target Loans, Current Account Balances and Capital Flows: The ECB's Rescue Facility', 2011 and 2012.

33) 네덜란드 중앙은행은 본원통화 총액 데이터를 공표하지 않았다. 따라서, 이와 관련하여 그것의 특별한 상황을 보고하는 것은 불가능하다.

34) H.-W. Sinn and T. Wollmershäuser, 'Target Loans, Current Account Balances and Capital Flows: The ECB's Rescue Facility', 2012, p. 485; see also A. Tornell and F. Westermann, 'Has the ECB Hit a Limit?', *VoxEU*, 28 March 2012, 검색 <http://www.voxeu.org/article/has-ecb-hit-limit>.

35) Balance Sheet of the Bank of Finland, 검색 <http://www.suomen-pankki.fi/en/tilastot/tase_ja_korko/Pages/tilastot_rahalaitosten_lainat_talletukset_ja_korot_taseet_ja_raha_aggregaatit_SP_tase_en.aspx#Pebaf7b6c85a04fcf91c867a3091f993b_6_51iT0R0x55>, and International Monetary Fund, *International Financial Statistics*, Datastream.

36) 일국의 본원통화가 비례초과 은행권 발행액을 포함하는 것으로 정의된다는 것을 기억할 만한 가치가 있으며, 이 은행권이 독일에서 유통되는지 세계 다른 곳에서 유통되는지는 알 수 없다. <그림 6.5>의 주석 참조.

37) 자신의 전체 본원통화가 타겟 잔액으로 전환되었을 때 독일연방은행이 접하였을 어려움은 H.-W. Sinn and T. Wollmershäuser, 'Target Loans, Current Account Balances and Capital Flows: The ECB's Rescue Facility', *CESifo Working Paper* No. 3500, June 2011(특히 그림 15)에 논의되었으

며, 이를 2013년으로 전망하였는데 예상보다 1년 빨리 도달하였다.

38) H.-W. Sinn, 'Die riskante Kreditersatzpolitik der EZB', 4 May 2011; and H.-W. Sinn, 'The ECB's Stealth Bailout', 1 June 2011이 처음으로 이러한 해석을 하였다.

39) J.-C. Trichet, 'Enhanced Credit Support: Key ECB Policy Actions for the Euro Area Economy', Lecture given at Munich Seminar, CESifo and Süddeutsche Zeitung, 13 July 2009; J.-C. Trichet, 'The ECB's Enhanced Credit Support', *CESifo Working Paper* No. 2833, October 2009 참조, 검색: <http://www.cesifo-group.de/DocDL/cesifo1_wp2833.pdf>.

7장

1) H.-W. Sinn, 'Die riskante Kreditersatzpolitik der EZB', *Frankfurter Allgemeine Zeitung*, No. 103, 4 May 2011, p. 10, 검색: <http://www.faz.net/aktuell/wirtschaft/europas-schuldenkrise/target-kredite-die-riskante-kreditersatzpolitik-der-ezb-1637926.html>; H.-W. Sinn, 'The ECB's Stealth Bailout', *VoxEU*, 1 June 2011, 검색: <http://www.voxeu.org/article/ecb-s-stealth-bailout>; H.-W. Sinn and T. Wollmershäuser, 'Target Loans, Current Account Balances and Capital Flows: The ECB's Rescue Facility', *International Tax and Public Finance* 19, 2012, pp. 468–508, 특히 9절, 검색: <http://www.cesifo-group.de/DocDL/sinn-itax-2012-target.pdf>; the latter appeared as *CESifo Working Paper* No. 3500, June 2011, 검색 <http://www.cesifo-group.de/DocDL/cesifo1_wp3500.pdf> and as *NBER Working Paper* No. 17626, November 2011, 검색: <http://www.cesifo-group.de/DocDL/NBER_wp17626_sinn_wollm.pdf>; S. Homburg, 'Anmerkungen zum Target2-Streit', *ifo Schnelldienst* 64, No. 16, 31 August 2011, p. 46, 검색: <http://www.cesifo-group.de/DocDL/ifosd_2011_16_9.pdf>; G. Milbradt, 'Die EZB auf der schiefen Bahn', *ifo Schnelldienst* 64, No. 16, 31 August 2011, p. 39, 검색: <http://www.cesifo-group.de/DocDL/ifosd_2011_16_8.pdf> 등 참조.

2) 불가리아, 덴마크, 라트비아, 리투아니아, 폴란드, 루마니아는 유로시스템의 준회원 위치에 있다. 이들은 타겟 청구권을 가질 수 있도록 허용되었으나 타겟 채무를 발생시키지는 못한다. 그러나 이는 사소한 측면에 불과하다.

3) 이 장은 다음 자료의 방법론을 확장해 사용하였다. H.-W. Sinn and T. Wollmershäuser, 'Target Loans, Current Account Balances and Capital Flows: The ECB's Rescue Facility', 2012.

4) 구제기금의 또 다른 분해는 다음 장의 [그림 8.2]를 참조하기 바란다. 수치들은 GIPSIC 국가가 비례에 미달해 은행권을 발행하기 때문에 나머지 유로존에 대해 소액의 청구권을 가지고 있다는 점을 고려했다는 점에 유의해야 한다. 이 청구권은 타겟 잔액과는 달리 국별 국제수지 통계 항목에 들어가지 않으므로 이 장의 분석에서는 포함하지 않는다.

5) European Central Bank, *Consolidated Financial Statement of the Eurosystem as at 31 December 2013*, press release, 8 January 2014 참조, 검색: <http://www.ecb.int/press/pr/wfs/2014/html/fs140108.en.html> 참조. GIPSIC 국가의 중앙은행들이 ECB 자본에 참여한 비율에 따라 구매에 참여했다고 가정한다.

6) 2013년 개별 데이터는 이 글을 쓰는 시점에서 아직 이용가능하지 않다.

7) 개별 데이터가 이용가능하게 되자마자, Sinn-Wollmershäuser의 여러 가지 버전에서 자본유출이 기록된다. 아일랜드는 2011년 6월의 CESifo 버전; 이탈리아는 2011년 11월 NBER 버전; 스페인은 2012년 5월. H.-W. Sinn and T. Wollmershäuser, 'Target Loans, Current Account Balances and

Capital Flows: The ECB's Rescue Facility', 2012 참조.

8) 자본도피에 대한 초기 평가에 관해서는 H.-W. Sinn, 'Italy's Capital Flight', *Project Syndicate*, 25 October 2011 참조, 검색: <http://www.project-syndicate.org/commentary/italy-s-capital-flight>.

9) 여러 저자들이 Sinn과 Wollmershäuser가 이러한 양의 상관관계를 가정했다고 주장하고 이것이 존 재하지 않는다고 보여왔다. 그러나 동 주장은 사실이 아님. 경상 적자가 해외로부터의 민간 신용 보 다는 타겟 잔액으로 보전되었다고 말하는 것은 상관관계에 관한 설명이 아님. H.-W. Sinn and T. Wollmershäuser, 'Target Loans, Current Account Balances and Capital Flows: The ECB's Rescue Facility', 2012 참조.

10) 그러나 아우어(R. A. Auer)는 장기적 관점에서 경상 적자와 타겟 적자 사이에 통계적으로 유의한 양 의 상관관계가 있다는 것을 보여주고 있다. R. A. Auer, 'What Drives Target2 Balances? Evidence from a Panel Analysis', *CESifo Working Paper* No. 4216, April 2013, 검색 <http://www.cesifo-group.de/DocDL/cesifo1_wp4216.pdf> 참조.

11) 매입자산 잔액의 다른 나라들에 대한 분배는 2012년 12월 31일과 2013년 12월 31일의 두 차례 만 있었던 것으로 알려져 있다, European Central Bank, *Details on Securities Holdings Acquired under the Securities Markets Programme*, press release, 21 February 2013, 검색: <http://www.ecb.int/press/pr/date/2013/html/pr130221_1.en.html>, and European Central Bank, *Annual Accounts of the ECB for 2013*, press release, 20 February 2014, 검색: <http://www.ecb.europa.eu/press/pr/date/2014/html/pr140220.en.html>. 발표된 통계는 다음과 같다. 2012년 12월 31일에는 이탈리 아: 장부가 990억 유로 (47.4%); 스페인: 장부가 437억 유로 (20.9%); 그리스: 장부가 308억 유로 (14.8%); 포르투갈: 장부가 216억 유로 (10.3%); 아일랜드: 장부가 136억 유로 (6.5%) 등이다. 2013 년 12월 31일에는 이탈리아: 장부가 868억 유로 (48.5%); 스페인: 장부가 384억 유로 (21.5%); 그리 스: 장부가 254억 유로 (14.2%); 포르투갈: 장부가 190억 유로 (10.6%); 아일랜드: 장부가 92억 유 로 (5.1%) 등이다. 다음 장의 [그림 8.1]에서와 같이 개인적인 국별 추정치도 있다. 그러나 이것은 2012년 2월에 끝나고 중간에 발생한 부분적인 불태화를 포함하지 않고 있다.

12) Eurostat, Database, Economy and Finance, Balance of Payments-International Transactions, Balance of Payments Statistics and International Investment Positions, Balance of Payments by Country 참조.

13) 2012.11월부터 2012.12월까지, 그리스 타겟 채무는 570억 유로 감소한 반면, 그리스가 수취한 재정 구제신용 잔액은 640억 유로 증가하였다.

14) H.-W. Sinn and T. Wollmershäuser, 'Target Loans, Current Account Balances and Capital Flows: The ECB's Rescue Facility', 특히 아일랜드가 수행한 특별한 역할에 관해 자세히 설명한 *CESifo Working Paper* No. 3500 of June 2011도 참조하기 바란다.

15) 제2장의 [그림 2.2]와 관련 논의를 참조하기 바란다.

16) H.-W. Sinn, 'Italy's Capital Flight', 2011 참조. 다가올 위기에 대한 조기 예측은 H.-W. Sinn, *Casino Capitalism. How the Financial Crisis Came About and What Needs to Be Done Now*, Oxford University Press, Oxford 2010, chapter 10: *Will the West Retain its Stability?*, section: *Will Greece and Italy Have to be Bailed Out?*에서 찾아볼 수 있다.

17) 계산 근거는 [그림 7.1]의 주에서 설명하였다.

18) 자본시장에서의 신뢰형성과 신뢰파괴의 철저한 분석에 관해서는 P. De Grauwe, *Economics of Monetary Union*, Oxford University Press, Oxford 2012를 참조하기 바란다.

19) Banco de España, Boletín Estadístico, *Net Lending to Credit Institutions and its Counterparts*, Net

Lending in Euro, Open Market Operations, LTROs, table 8.1.b, 검색 <http://www.bde.es/webbde/es/estadis/infoest/e0801e.pdf>; and Banco de España, Boletín Estadístico, Credit Institutions, *Aggregated Balance Sheet from Supervisory Returns*, Assets, Securities, Domestic, General Government, Total, table 4.4, 검색 <http://www.bde.es/webbde/es/estadis/infoest/a0404e.pdf>.

20) Banca d'Italia, Central Bank: Assets−Lending to Euro−Area Financial Sector Counterparties Denominated in Euros: Longer−Term Refinancing Operations, Base *Informativa Pubblica*, Supplements to the Statistical Bulletin, Bank of Italy Balance-Sheet Aggregates: Assets, June 2012, 검색 <http://bip.bancaditalia.it/4972unix/homebipentry.htm?dadove=corr&lang=eng>.

21) Banca d'Italia, General Government: Securities Held by Other Monetary Financial Institutions *Base Informativa Pubblica*, Supplements to the Statistical Bulletin, The Public Finances, Borrowing Requirement and Debt, General Government Debt: By Holding Sector, June 2012 참조, 검색: <http://bip.bancaditalia.it/4972unix/homebipentry.htm?dadove=corr&lang=eng>.

22) 'Italy Senate Passes Monti's Austerity Package', *BBC News Europe*, 22 December 2011 참조, 검색: <http://www.bbc.co.uk/news/world−europe−16301956> 참조.

23) 'Monti bringt Arbeitsmarktreform durchs Parlament', *Handelsblatt*, 27 June 2012 참조, 검색: <http://www.handelsblatt.com/politik/international/italien-monti−bringt−arbeitsmarktreform−durchs−parlament/6807276.html>.

24) OECD, *Economic Outlook* 2013, No. 94, Statistical Annex, table 25 참조.

25) H.−W. Sinn, *Casino Capitalism*, chapter 8: *The Extent of the Damage*, figure 8.6 참조.

26) Bank for International Settlements, BIS Quarterly Review, September 2010 참조, 검색: <http://www.bis.org/publ/qtrpdf/r_qt1009.htm> 참조.

27) EFSM 채권에서 독일 투자자의 지분은 29.4%이고, 프랑스 투자자는 11.1%, 베네룩스는 8.5%이다. (European Union, Investor Presentation, February 2014, p. 20 참조, 검색: <http://ec.europa.eu/economy_finance/eu_borrower/documents/eu_investor_presentation_en.pdf>). The share of German investors in 독일의 투자자가 EFSF 채권과 ESM 채권에 투자한 비중은 알려지지 않았다. 그러나 유로존 투자자는 최대 EFSF 채권발행의 46%, 그리고 최초 ESM 채권발행의 39%를 차지하였다 (European Financial Stability Facility & European Stability Mechanism, Investor Presentation, November 2013, p. 23 and 25, 검색: <http://www.esm.europa.eu/pdf/EFSF%20ESM%20New%20Investor%20presentation%2027%20November%202013.pdf>) 참조.

28) 제2장의 '시기의 문제' 절과 비교할 것.

29) 투자자는 대부분 영국의 금융기관이었던 것으로 보인다. S. G. Cecchetti, R. N. McCauley, and P. M. McGuire, 'Interpreting TARGET2 Balances', *BIS Working Papers* No. 393, December 2012 참조, 검색: <http://www.bis.org/publ/work393.pdf>. 체케티(Cecchetti) 등이 지적한 것은 맞았으나, 이들은 볼메르스호이저(T. Wollmershäuser)와 저자가 타겟 불균형이 경상계정 불균형 때문에 발생했다고 주장했다고 암시함으로써 우리의 연구를 잘못 해석하고 있다. 이는 분명 잘못된 해석이다. 우리는 우리의 모든 논문에서 자본유출과 경상계정 불균형의 역할을 타겟 잔액의 맥락에서 분석했고, 일찍이 다른 이유로 발생한 경상계정 불균형은 대체 보전 원천을 필요로 한다고 항상 분명히 밝혔다. 또한 우리는 각주 7에서 설명한 바와 같이, 처음부터 자본유출을 기술하였다.

30) W. Kohler, 'The Eurosystem in Time of Crisis: Greece in the Role of a Reserve Currency Country?', *CESifo Forum* 13, Special Issue, January 2012, pp. 14−22, 검색: <http://www.cesifo−group.de/DocDL/forum−0112−special−3.pdf>, and C. B. Blankart, 'The Euro 2084',

CESifo Forum 13, Special Issue, January 2012, pp. 23-28, 검색: <http://www.cesifo-group.de/DocDL/forum-0112-special-4.pdf> 등 참조. 멕시코 위기와 비교해보려면 A. Tornell and F. Westermann, 'Greece: The Sudden Stop that Wasn't', *VoxEU*, 28 September 2011을 참조하기 바란다. 검색: <http://www.voxeu.org/article/greece-sudden-stop-wasn-t>. 브레턴우즈 체제를 유럽의 금융시스템과 비교하고 브레턴우즈의 맥락에서 타겟을 논하려면 H. James, 'The Multiple Contexts of Bretton-Woods', *Oxford Review of Economic Policy* 28, 2010, pp. 411-430도 참조하기 바란다. 오늘날의 국제금융시스템과 브레턴우즈체제 간의 유사점을 도출해내는 분석을 하고 있는 B. Eichengreen, *Global Imbalances and the Lessons of Bretton Woods*, MIT Press, Cambridge 2006 참조하기 바란다.

31) R. D. Hormats, *The Price of Liberty: Paying for America's Wars*, Henry Hold and Company, New York 2007, 특히 p. 255 참조.

32) 브레턴우즈 체제의 붕괴에 관해 이 논의와 연계해 추가적인 논의를 전개하고 있는 T. Mayer, *Europe's Unfinished Currency*, Anthem Press, London 2012, 특히 chapter 3: *A History of Failures* 를 참조하기 바란다.

33) 1967년 3월 30일에 독일연방은행 총재 칼 블레싱(Karl Blessing)이 연준 총재 마틴(W. M. Martin Jr.)에게 보낸 편지를 참조하기 바란다. 검색: <http://www.mmnews.de/index.php/gold/7201-der-blessing-brief>.

34) 유럽결제동맹(EPU)과 유럽통화동맹(EMU)을 비교한 J. C. Martínez Oliva, 'The EMU versus the EPU. A Historical Perspective on Trade, Payments and the European Financial Crisis', *World Economics* 14, 2013, pp. 126-144를 참조하기 바란다.

35) 유럽결제동맹에 관해 자세히 연구한 E. Tuchtfeldt, *Die europäische Zahlungsunion*, Forschungsstelle Völkerrecht und Recht, Frankfurt am Main 1953을 참조하기 바란다.

36) C.-L. Holtfrerich, 'Geldpolitik bei festen Wechselkursen', in Deutsche Bundesbank (ed.), *50 Jahre Deutsche Mark-Notenbank und Währung in Deutschland seit 1948*, Beck, Munich 1998, 특히 p. 400 참조하기 바람. 1950년 7월 유럽결제동맹 설립 후 금 또는 달러의 비중은 25%에 불과했으나 1954년부터는 50%, 그리고 1955년부터는 75%로 커졌다.

37) C.-L. Thiele, *Pressegespräch 'Deutsche Goldreserven'*, Presentation, 16 January 2013 참조, 검색: <http://www.bundesbank.de/Redaktion/DE/Downloads/Presse/Publikationen/2013_01_16_thiele_praesentation_pressegespraech_gold.pdf?blob=publicationFile>.

38) C.-L. Thiele, *Pressegespräch 'Deutsche Goldreserven'*, and Deutsche Bundesbank, Statistics, Time Series Databases, *Macroeconomic Time Series*, Time Series BBK01.EU8201: External Position of the Bundesbank up to 1998/Gold, 검색: <http://www.bundesbank.de/Navigation/EN/Statistics/Time_series_databases/Macro_economic_time_series/its_details_value_node.html?tsId=BBK01.EU8201&listId=wwws201_b1005.>; P. Bernholz, 'Die Bundesbank und die Währungsintegration in Europa', in Deutsche Bundesbank (ed.), *50 Jahre Deutsche Mark-Notenbank und Währung in Deutschland seit 1948*, Beck, Munich 1998, 유럽의 금융통합 연대기를 살펴보려면 특히 p. 828와 J. H. Furth, 'The European Monetary Agreement', *Review of Foreign Developments*, 6 September 1955을 참조하기 바란다,

39) 1998년 말에 총 잔고 1조 1,900만 트로이온스 중 700만 트로이온스 또는 218톤의 금이 ECB로 이체되었다. Deutsche Bundesbank, *Annual Report 1999*, 6 April 2000, 특히 p. 168 참조, 검색: <http://www.bundesbank.de/Redaktion/EN/Downloads/Publications/Annual_Report/1999_annual_report.pdf?_blob=publicationFile>; Deutsche Bundesbank, *Annual Report 1998*, 1 April 1999, 특히 p.

176 참조, 검색: <http://www.bundesbank.de/Redaktion/EN/Downloads/Publications/Annual_Report/1998_annual_report. pdf?_blob=publicationFile>.

40) Deutsche Bundesbank, *Annual Report 2011*, 13 March 2012, in particular p. 142, 검색: <http://www.bundesbank.de/Redaktion/EN/Downloads/Publications/Annual_Report/2011_annual_report.pdf? blob=publicationFile>; Deutsche Bundesbank, Statistics, Time Series databases, *Macroeconomic Time Series*, Time Series BBK01.TUB600: Gold und Goldforderungen Bundesbank, July 2012, 검색: <http://www.bundesbank.de/Navigation/EN/Statistics/Time_series_databases/Macro_economic_time_series/its_details_value_node.html?tsId=BBK01.TUB600>; C.-L. Holtfrerich, 'Geldpolitik bei festen Wechselkursen', 특히 p. 351, 그리고 Deutsche Bundesbank, Time Series BBK01.EU8201: External Position of the Bundesbank up to 1998/Gold을 참조하기 바란다.

41) M. Burda, 'Hume on Hold?', *VoxEU*, 17 May 2012, 검색: <http://www.voxeu.org/article/hume-hold-consequences-not-abolishing-euro-zone-national-central-banks>; M. D. Bordo and H. James, 'The European Crisis in the Context of the History of Previous Financial Crises', *NBER Working Paper* No. 19112, June 2013 참조.

42) 1968년 말, 독일연방은행의 금 보유액은, 당시 5,537.1억 도이치마르크였던, GDP의 3.4%인 181.56억 마르크였다. 미 달러화 보유액은 GDP의 1.6%인 85.61억 마르크였다. Deutsche Bundesbank, Time Series BBK01.EU8201: External Position of the Bundesbank up to 1998/Gold; Deutsche Bundesbank, Statistics, Time Series Databases, *Macroeconomic Time Series*, Time Series BBK01.EU8215: External Position of the Bundesbank up to 1998/Foreign Exchange Reserves/US dollar Assets 참조, 검색: <http://www.bundesbank.de/Navigation/EN/Statistics/Time_series_databases/Macro_economic_time_series/its_details_value_node.html?tsId=BBK01.EU8215>; German Federal Statistical Office, Gross Domestic Product, Gross National Income, and Net National Income at Factor Cost 등 참조.

43) 2조 6,442억 유로: Eurostat, Database, *Economy and Finance*, National Accounts.

44) P. J. J. Welfens, *Market-oriented Systemic Transformations in Eastern Europe*, Springer, Berlin 1992, 특히 p. 151 참조.

45) P. B. Kenen, 'Transitional Arrangement for Trade and Payments Among the CMEA Countries', *IMF Staff Papers* 38, June 1991, pp. 235–267, 특히 p. 238 참조.

46) L. S. Goldberg, B. W. Ickes, and R. Ryterman, 'Departures from the Rouble Zone: The Implications of Adopting Independent Currencies', *World Economy* 17, 1994, pp. 293–322 참조.

47) L. S. Goldberg, B. W. Ickes, and R. Ryterman, 'Departures from the Rouble Zone: The Implications of Adopting Independent Currencies', p. 303 참조.

48) A. Åslund, 'Why a Collapse of the Eurozone Must Be Avoided', *VoxEU*, 21 August 2012 참조, 검색: <http://www.voxeu.org/article/why-collapse-eurozone-must-be-avoided-almost-any-cost>.

49) T. Wolf and J. Odling-Smee, 'Financial Relations among Countries of the Former Soviet Union', *IMF Economic Reviews*, 1994, and A. Åslund, 'Why a Collapse of the Eurozone Must Be Avoided', 21 August 2012 참조.

50) P. Conway, 'Currency Proliferation: The Monetary Legacy of the Soviet Union', *Princeton Essays in International Finance* 197, June 1995 참조.

51) 스위스 중앙은행은 1,000억 프랑으로 추정되는 독일 국채를 보유하여 독일연방 부채의 7~8%의

자금을 대고 있다. H. Schöchli, 'Standfest hinter der Nationalbank', *Neue Zürcher Zeitung*, 18 July 2012, 검색: <http://www.nzz.ch/aktuell/wirtschaft/wirtschaftsnachrichten/standfest-hinter-der-nationalbank-1.17368206> 참조.

52) H.-W. Sinn, 'Ohne Wettbewerbsfähigkeit zerbricht der Euro', Interview by A. Trentin, Finanz und Wirtschaft, No. 47, 13 June 2012, p. 20, 검색: <http://www.fuw.ch/article/ohne-wettbewerbsfahigkeit-zerbricht-der-euro/> 참조.

53) 미국의 시스템과 유럽통화동맹(EMU)의 시스템을 비교 분석하려면 H. James, 'Designing a Federal Bank', *VoxEU*, February 2013, 검색: <http://www.voxeu.org/article/designing-federal-bank>도 참조하기 바란다.

54) SOMA(Federal Reserve System Open Market System)는 미 재부성과 연방기구 증권, 해외 통화 투자 및 상호 통화협정의 포트폴리오이다. 이는 FRS(Federal Reserve System)의 공개시장조작에 사용됨. 활동과 구성에 대한 자세한 내용은 다음을 참조하기 바란다. Federal Reserve Bank of New York website, 검색: <http://www.newyorkfed.org/about-thefed/fedpoint/fed27.html>.

55) Federal Reserve, *Federal Reserve Bulletin*, 1 June 1915 참조, 검색: <http://fraser.stlouisfed.org/docs/publications/FRB/pages/1915-1919/19705_1915-1919.pdf>.

56) 1934년 1월 금본위법(Gold Reserve Act)에 따라, 연준(FRB) 보유 금 및 금증서를 포함한 미국의 통화 금(monetary gold) 전량을 미 재무성으로 이관하였다. Federal Reserve, *Monthly Bulletin*, February 1934, p. 67, 검색: <http://fraser.stlouisfed.org/docs/publications/FRB/1930s/frb_021934.pdf>, United States, *Statutes at Large of the United States of America from March 1933 to June 1934*, Part 1, pp. 337–344, Government Printing Office, Washington 1934 참조.

57) 정부는 미국 전 국토의 투자자에게 채권을 매도하고 동 자금을 정부 지출에 사용함. 이는 미국 전 국토에 넓게 퍼져 순 기준으로 ISA 잔액이 발생하지 않음. 독자는 연방정부 지출을 돈이 아니고 국채로 지급하는 비슷한 상황을 생각할 수 있는데, 이 경우 역시 ISA 잔액에 아무런 흔적을 남기지 않는다.

58) European Economic Advisory Group (EEAG), *The EEAG Report on the European Economy: Rebalancing Europe*, chapter 4: *US Precedents for Europe*, CESifo, Munich 2013, figure 4.5, p. 105 참조, 검색: <http://www.cesifo-group.de/DocDL/EEAG−2013.pdf>. 유럽중앙은행이 특별지역에 지원을 하는 것과 같은 맥락에서 연방준비제도가 취약지역에 특별 지원을 제공한다는 관점에서 다른 의견을 제시하고 있는 P. Cour-Thimann, 'Target Balances and the Crisis in the Euro Area', *CESifo Forum* 14, Special Issue, April 2013, figure 16, p. 30을 참조하기 바란다. 검색: <http://www.cesifo-group.de/DocDL/Forum-Sonderheft-Apr-2013.pdf>.

59) 2009년 세인트루이스 지역연준 총재는 276,800 달러를 지급받았던 반면, 샌프란시스코 지역연준 총재는 410,800 달러를 받았다. S. Reddy, 'Fed Salaries: It Pays to be Private', *Wall Street Journal Real Time Economics*, 24 May 2010, 검색: <http://blogs.wsj.com/economics/2010/05/24/fed-salaries−it−pays−to−be−private/>, 그리고 EEAG, *The EEAG Report on the European Economy: Rebalancing Europe*, 2013, p. 106.을 참조하기 바란다.

60) EEAG, *The EEAG Report on the European Economy: Rebalancing Europe*, 2013, figure 4.3, p. 103 참조.

61) 예컨대 IMF 수석 이코노미스트인 블랑샤르(Olivier Blanchard)가 이러한 견해를 개진하였다. I. Madár and K. Kovács, 'Blanchard: Eurozone Integration Needs to Go Forward or go Back, but it Can't Stay Here', *Portfolio.hu*, 3 October 2012도 참조하기; 바람, 검색: <http://www.portfolio.hu/en/equity/blanchard_eurozone_integration_needs_to_go_forward_or_go_back_but_it_cant_

stay_here.24931.html>; see also Z. Darvas, J.-P. Pisani-Ferry, and A. Sapir, 'A Comprehensive Solution for the Euro Crisis', *VoxEU*, 28 February 2011, 검색: <http://www.voxeu.org/article/three-part-plan-tackle-eurozone-debt-crisis>; IMF, 'Greece. 2013 Article IV Consultation', *IMF Country Report* No. 13/154, June 2013, 검색: <http://www.imf.org/external/pubs/ft/scr/2013/cr13154.pdf>; IMF, 'Spain. 2013 Article IV Consultation', *IMF Country Report* No. 13/244, August 2013, 검색: <http://www.imf.org/external/pubs/ft/scr/2013/cr13244.pdf>; P. De Grauwe, 'In Search of Symmetry in the Eurozone', *CEPS Policy Brief*, No. 268, May 2012; Z. Darvas, J. Pisani-Ferry, and G. B. Wolff, 'Europe's Growth Problem (and What to Do About It)', *Bruegel Policy Brief*, No. 03/2013, April 2013 참조.

62) M. Draghi, 'The Euro, Monetary Policy and the Design of a Fiscal Compact', *Ludwig Erhard Lecture*, Berlin, 15 December 2011 참조, 검색: <http://www.ecb.int/press/key/date/2011/html/sp111215.en.html>.

63) M. Draghi, 'Competitiveness of the Euro Area and within the Euro Area', *Le Monde*, and Association of Private French Companies (AFEP), *Les défis de la compétitivité*, Paris, 13 March 2012 참조, 검색: <http://www.ecb.int/press/key/date/2012/html/sp120313.en.html> 참조.

64) D. Gros and C. Alcidi, 'Country Adjustment to a Sudden Stop: Does the Euro Make a Difference?', *European Commission Economic Papers* 492, April 2013 참조, 검색: <http://ec.europa.eu/economy_finance/publications/economic_paper/2013/pdf/ecp492_en.pdf>.

65) H.-W. Sinn, *Casino Capitalism*, 2010, p. 58 참조.

66) 2012년 2월 9일 거대한 바주카포의 두 번째 입찰에 앞선 (질의응답을 포함한) 기자회견에서 ECB의 드라기(Mario Draghi) 총재와 콘스탄시우(Vítor Constâncio) 부총재는 그 무엇보다도 '유로에서 맨 처음 떠났던 자본시장 자금'이 돌아왔다는 점에서 LTRO 거래는 '의심할 여지없는 성공'이라고 평가하였다. Introductory Statement to the Press Conference (with Q&A) by Mario Draghi, President of the ECB; Vítor Constâncio, Vice-President of the ECB, 8 March 2012 참조, 검색: <http://www.ecb.int/press/pressconf/2012/html/is120209.en.html>; <http://www.ecb.int/press/pressconf/2012/html/is120308.en.html>.

67) J. E. Stiglitz and A. Weiss, 'Credit Rationing in Markets with Imperfect Information', *American Economic Review* 71, 1981, pp. 393-410.

8장

1) 독일 연방헌법재판소는 2012년 9월 12일 유럽안정화기구에 대한 청원을 각하하였다. 이에 관해서는 아래에서 설명할 것이다.

2) Introductory Statement to the Press Conference (with Q&A) by Mario Draghi, President of the ECB, and Vítor Constâncio, Vice-President of the ECB, 6 September 2012 참조, 검색: <http://www.ecb.int/press/pressconf/2012/html/is120906.en.html#qa>.

3) Council of the European Union, *Euro Area Summit Statement*, 29 June 2012 참조, 검색: <http://www.consilium.europa.eu/uedocs/cms_data/docs/pressdata/en/ec/131359.pdf>.

4) Introductory Statement to the Press Conference (with Q&A) by Jean-Claude Trichet, President of the ECB, and Lucas Papademos, Vice President of the ECB, 8 April 2010 참조, 검색: <http://www.

ecb.int/press/pressconf/2010/html/is100408.en.html>.

5) M. Feldstein, 'Why France and Germany Try so Hard to Delay a Greek Default', *The National*, 29 September 2011 참조, 검색: <http://www.thenational.ae/business/industry-insights/economics/why-france-and-germany-try-so-hard-to-delay-a-greek-default>.

6) 2013년 2월 22일 뮌헨의 한스자이델 재단(Hanns-Seidel-Stiftung)에서 공개 강연할 때 슈타르크가 설명한 바와 같이, 베버(Weber)는 2010년 5월 11일에 이에 대해 즉각 공개적으로 반대 입장을 밝힌 바 있다. A. Weber, 'Kaufprogramm birgt erhebliche Risiken', Interview with J. Schaaf, *Börsen-Zeitung*, 11 May 2010 참조, 검색: <http://www.bundesbank.de/Redaktion/DE/Downloads/Presse/Publikationen/interview_mit_bundesbankpraesident_axel_weber.pdf?blob=publicationFile>; 'Brandbrief: Ex-Währungshüter Stark attackiert EZB-Kurs', *Der Spiegel*, No. 3, 14 January 2012 도 참조, 검색: <http://www.spiegel.de/wirtschaft/soziales/brandbrief-ex-waehrungshueter-stark-attackiert-ezb-kurs-a-809199.html>.

7) A. Kunz, 'EZB-Chefvolkswirt Stark tritt zurück', *Wirtschaftswoche*, 9 September 2011 참조, 검색: <http://www.wiwo.de/politik/ausland/europaeische-zentralbank-ezb-chefvolkswirt-stark-tritt-zurueck/5212924.html>.

8) P. Bernholz, N. Berthold, C. B. Blankart, A. Börsch-Supan, F. Breyer, J. Eekhoff, C. Fuest, J. von Hagen, S. Homburg, K. Konrad, A. Ritschl, F. Schneider, H.-W. Sinn, V. Vanberg, R. Vaubel, C. C. von Weizsäcker, *Ökonomen-Erklärung*, 16 September 2011, and P. Plickert, 'Ökonomen unterstützen Wirtschaftsminister Rösler', *Frankfurter Allgemeine Zeitung*, 16 September 2011 참조, 검색: <http://www.faz.net/aktuell/wirtschaft/europas-schuldenkrise/insolvenz-griechenlands-in-betracht-ziehen-oekonomen-unterstuetzen-wirtschaftsminister-roesler-11228684.html>. W. Franz, C. Fuest, M. Hellwig, and H.-W. Sinn, 'Zehn Regeln zur Rettung des Euro', *Frankfurter Allgemeine Zeitung*, No. 138, 18 June 2010, p. 10, 검색 <http://www.ifo.de/de/10_regeln/w/3rXTZnXx3> 참조.

9) Barclays Capital, 'ECB SMP: Marking to Market', Interest Rates Research, 6 January 2012; and M. De Pooter, R. F. Martin, and S. Pruitt, 'The Liquidity Effects of Official Bond Market Intervention', *Discussion paper*, Federal Reserve Board of Governors, 2013 참조.

10) European Central Bank, *Details on Securities Holdings Acquired under the Securities Markets Programme*, press release, 21 February 2013, and see also European Central Bank, Annual Accounts of the ECB for 2013, press release, 20 February 2014 참조.

11) European Central Bank, *Annual Accounts of the ECB 2013*, 20 February 2014, p. 19 참조.

12) 'Protocol (No 4) on the Statute of the European System of Central Banks and of the European Central Bank', *Official Journal of the European Union*, C 83/230 EN, 30 March 2010, 검색: <http://www.ecb.europa.eu/ecb/legal/pdf/c_08320100330en_ecb_statute.pdf>, in particular article 33 paragraph 2. Also, the related discussion of write-offs on ELA credit in Chapter 5 참조.

13) 요청을 받은 유럽중앙은행(ECB)이 ECB가 충분한 위험 준비금을 갖추고 있고 향후 수입으로 손실을 방지할 수 있음을 근거로, ECB 보유 국채의 상환 불능이 국가 예산에 아무런 문제를 초래하지 않을 것이라고 독일 헌법재판소에 알려준 것은 약간 놀라운 일이다. Federal Constitutional Court, *BVerfG, 2 BvR 2728/13*, 14 January 2014, Absatz-Nr. (1 - 105), Sachbericht, article 12 참조, 검색: <http://www.bverfg.de/entscheidungen/rs20140114_2bvr272813.html>.

14) European Central Bank, *Monetary Policy*, Instruments, Open Market Operations, 24 May 2010 참조, 검색: <http://www.ecb.europa.eu/mopo/implement/omo/html/index.en.html>.

15) European Commission, 'The Economic Adjustment Programme for Greece', *Occasional Papers* 61, May 2010 참조, 검색: <http://ec.europa.eu/economy_finance/publications/occasional_ paper/2010/pdf/ocp61_en.pdf>. 슬로바키아는 처음부터 이러한 지급에 반대해 참여하지 않았다.

16) EFSF Framework Agreement, 참조, 검색: <http://www.efsf.europa.eu/attachments/20111019_ efsf_framework_agreement_en.pdf>.

17) Council of the European Union, 'Council Regulation (EU) No 407/2010 of 11 May 2010 Establishing a European Financial Stabilisation Mechanism', Official Journal L 118/1, 12 May 2010 참조, 검색: <http://eur-lex.europa.eu/LexUriServ/LexUriServ.do?uri=OJ:L:2010:118:0001:0 001:EN:PDF>.

18) Federal Ministry of Finance, *European Financial Assistance: ESM*, 10 July 2013 참조, 검색: <http://www.bundesfinanzministerium.de/Content/EN/Standardartikel/Topics/Europe/Articles/ Stabilising_the_euro/Figures_Facts/european-financial-assistance-esm.html?view=renderPrint>.

19) EU, 'Treaty on Stability, Coordination and Governance in the Economic and Monetary Union', (Fiscal Compact), 2 March 2012 참조, 검색: <http://www.consilium.europa.eu/ media/1478399/07_-_tscg.en12.pdf>.

20) European Commission, *Commission Takes Steps under the Excessive Deficit Procedure*, MEMO/13/463, 29 May 2013, 검색: <http://europa.eu/rapid/press-release_MEMO-13-463_en.htm>.

21) Federal Constitutional Court, *2 BvR 1390/12, 2 BvR 1421/12, 2 BvR 1438/12, 2 BvR 1439/12, 2 BvR 1440/12, 2 BvE 6/12*, 12 September 2012 참조, 검색: <http://www.bundesverfassungsgericht.de/ entscheidungen/rs20120912_2bvr139012en.html>.

22) Federal Constitutional Court, *Headnotes to the Judgment of the Second Senate of 7 September 2011, 2 BvR 987/10, 2 BvR 1485/10, 2 BvR 1099/10*, 7 September 2011, 참조, 검색: <http://www. bundesverfassungsgericht.de/entscheidungen/rs20110907_2bvr098710en.html>.

23) EU, 'Treaty Establishing the European Stability Mechanism (ESM)', 제10조 제1항 참조.

24) Federal Constitutional Court, *2 BvR 1390/12, 2 BvR 1421/12, 2 BvR 1438/12, 2 BvR 1439/12*, 2 *BvR 1440/12, 2 BvE 6/12*, 12 September 2012; S. Homburg, 'Retten ohne Ende', Frankfurter Allgemeine Sonntagszeitung, 29 July 2012 참조, 검색: <http://www.faz.net/aktuell/wirtschaft/ europas-schuldenkrise/schuldenkrise-retten-ohne-ende-11832561.html>.

25) 좀 더 구체적인 내용에 관해서는 Ifo Exposure Level을 참조하기 바란다. 검색: <http://www.cesifo- group.de/ifoHome/policy/Haftungspegel.html>.

26) 독일 연방의회는 2010년 5월 10일 EFSF 법을 비준했으며, 쾰러(Köhler)는 2010년 5월 22일 이 에 서명하였다. 이것과 그의 사임과의 관계에 대해서는 다음을 참조하기 바란다. P. Gauweiler, 'Erklären Sie sich!', open letter from CSU Bundestag member Peter Gauweiler to former German President Horst Köhler, *Der Spiegel*, No. 25, 21 June 2010, p. 27, 검색: <http://www.spiegel.de/ spiegel/print/d-71029975.html>.

27) 그러나 유럽납세자협회는 이를 반대하는 목소리를 냈다. Taxpayers Association of Europe (TAE), *Stop the ESM! EU Citizens Have to Pay the Bill!*, 16 February 2012 참조, 검색: <http://english. taxpayers-europe.com/information/new/34-statements/150-stop-the-esm-eu-citizens-have-to-pay- the-bill.html>.

28) M. Olson, *The Logic of Collective Action: Public Goods and the Theory of Groups*, Harvard

University Press, Cambridge 1965 참조.

29) *Eurogroup Statement on Greece*, 27 November 2012, 검색: <http://www.consilium.europa.eu/ uedocs/cms_data/docs/pressdata/en/ecofin/133857.pdf>.

30) 그리스 비용 절감액의 현가는 이자율 1.5%(2013년 11월 10년 만기 독일 국채 금리)로 계산됨. 만기 15년 연장 및 이자 10년 면제는 현가 320억 유로의 혜택을 가져왔다. 쌍무 구제신용의 100bp 이자 감소는 80억 유로의 혜택이 있고, EFSF 신용 수수료 절감은 30억 유로의 혜택이 있다.

31) 현대 경제에서 화폐는 항상 법정통화(fiat money)이라는 사실 때문에 손실은 존재하지 않는다고 주장하는 유명한 주장에 대하여는 다음을 참조하기 바란다. P. De Grauwe and Y. Ji, 'What Germany Should Fear Most is Its Own Fear', *VoxEU*, 18 September 2012, 검색: <http://www.voxeu.org/ article/how-germany-can-avoid-wealth-losses-if-eurozone-breaks-limit-conversion-german-residents>. 여기서 제시한 입장에서 반대주장을 하고 있는 H.-W. Sinn, 'Target Losses in Case of a Euro Breakup', *VoxEU*, 22 October 2012을 참조하기 바란다. 검색: <http://www.voxeu.org/article/ target-losses-case-euro-breakup>.

32) 엄밀하게 말하면, 이는 일국의 인구와 GDP 지분의 평균이다.

33) H. Feist and H.-W. Sinn, 'Eurowinners and Eurolosers: The Distribution of Seignorage Wealth in the EMU', *European Journal of Political Economy* 13, 1997, pp. 665–689; E. Wenger, 'Nicht 90, sondern 150 Milliarden Verlust durch den Euro', *Frankfurter Allgemeine Zeitung*, No. 141, 21 July 1997, p. 12.

34) Introductory Statement to the Press Conference (with Q&A) by Mario Draghi, President of the ECB, and Vítor Constâncio, Vice-President of the ECB, 6 September 2012. For details on the OMT, European Central Bank, *Technical Features of Outright Monetary Transactions*, press release, 6 September 2012 참조, 검색: <http://www.ecb.europa.eu/press/pr/date/2012/html/ pr120906_1.en.html>.

35) M. Draghi, *Speech at the Global Investment Conference in London*, 26 July 2012, 검색: <http:// www.ecb.europa.eu/press/key/date/2012/html/sp120726.en.html>도 참조. 여기서 그는 이렇게 말했다. '우리의 규정 범위 안에서는 유럽중앙은행이 유로를 보호하기 위해 기꺼이 무슨 일이든지 할 것입니다. 그리고 나를 믿으세요. 충분할 것입니다.'

36) P. Hildebrand, 'France's Economy Needs to Become more German', *Financial Times online*, 2 May 2013 참조, 검색: <http://blogs.ft.com/the-a-list/2013/05/02/frances-economy-needs-to-be-become-more-german/?#axzz2VLGgwKY0>.

37) European Central Bank, *Technical Features of Outright Monetary Transactions*, 6 September 2012, and Introductory Statement to the Press Conference (with Q&A) by Mario Draghi, President of the ECB, and Vítor Constâncio, Vice-President of the ECB, 6 September 2012. 기자회견에서 드라기는 이렇게 확인하였다. '[. . .] 우리는 다른 채권자들과 공조할 것입니다.' D. Gros, C. Alcidi, and A. Giovanni, 'Central Banks in Times of Crisis: The FED vs. the ECB', *CEPS Policy Brief* 276, July 2012; S. Steinkamp and F. Westermann, 'On Creditor Seniority and sovereign Bond Prices in Europe', *CESifo Working Paper* No. 3944, September 2012. C. Wyplosz, 'ECB's Outright Monetary Transactions' in: European Parliament, Directorate-General for Internal Policies, Policy Department A: Economic and Scientific Policy, *ECB Intervention in the Euro Area Sovereign Debt Markets*, Monetary Dialogue October 2012, Compilation of Notes 등을 참조하기 바란다. 검색: <http://www.europarl.europa.eu/RegData/etudes/note/join/2012/492450/IPOL-ECON_NT(2012)492450_EN.pdf>.

38) *A Call for Support for the European Central Bank's OMT Programme,* initiated by M. Fratzscher, F. Giavazzi, R. Portes, B. Weder di Mauro, and C. Wyplosz, 19 July 2013 참조, 검색: <https://berlinoeconomicus.diw.de/monetarypolicy/>. 세계 각국의 경제학 교수, 전문가, 연구자들이 3주에 걸쳐 211개의 서명을 하였다. DIW의 각고의 노력으로 청원을 시작했던 독일의 반응률은 DIW내 직원들을 제외하고는 빈약하였다. 사회정책학회(Verein für Socialpolitik)의 통화이론 관련 61명 회원중 4명만이 청원에 서명하였고, 재정학 관련에서는 모두가 서명 요청을 받았음에도 불구하고 113명의 경제학자중 1명만이 서명하였다. 이들이 이 협회의 관련 분야였다.

39) 다음 연구 때문에 저자는 독일헌법재판소에서 전문가 증언을 하게 되었다. H.-W. Sinn, 'Responsibility of States and Central Banks in the Euro Crisis', *CESifo Forum* 15, 2014, special issue, pp. 3–36, 검색: <http://www.cesifo-group.de/DocDL/forum1-14-1.pdf>.

40) P. De Grauwe, 'The Governance of a Fragile Eurozone', *CEPS Working Document* No. 346, May 2011 참조, 검색: <http://www.ceps.eu/book/governance-fragile-eurozone>; P. De Grauwe and Y. Ji, 'Mispricing of Sovereign Risk and Multiple Equilibria in the Eurozone', *CEPS Working Document* No. 361, January 2012 참조, 검색: <http://www.ceps.eu/book/mispricing-sovereign-risk-and-multiple-equilibria-eurozone>; G. A. Calvo, 'Servicing the Public Debt: The Role of Expectations', *American Economic Review* 78, 1988, pp. 647–661.

41) International Monetary Fund, *Global Financial Stability Report*, April 2013, p. 59 참조.

42) 그리스를 제외한 위기국의 정부채무 총액은 2013년말 현재 3조 4,760억 유로였다.

43) H.-W. Sinn, *Casino Capitalism. How the Financial Crisis Came about and What Needs to Be Done Now*, Oxford University Press, Oxford 2010, chapter 4: *Why Wall Street Became a Gambling Casino*, p. 80; H.-W. Sinn, *Ökonomische Entscheidungen bei Ungewißheit*, Mohr Siebeck, Tübingen, 1980, 특히 pp. 172–192; English edition: *Economic Decisions under Uncertainty*, North-Holland, Amsterdam 1983, 특히 pp. 163–182; M. Dewatripont and J. Tirole, 'Efficient Governance Structure: Implications for Banking Regulation', in C. Mayer and X. Vives (eds), *Capital Markets and Financial Intermediation*, Cambridge University Press, Cambridge 1993, pp. 12–35; and M. Dewatripont and J. Tirole, *Prudential Regulation of Banks*, MIT Press, Cambridge 1994, pp. 97 and 113 참조.

44) M. Feldstein, 'Dos and Don'ts for the European Central Bank', *Project Syndicate*, 29 July 2012 참조, 검색: <http://www.project-syndicate.org/commentary/dos-and-don-ts-for-the-european-central-bank>.

45) M. King, 'Threats to Central Banks and their Independence', *Presentation at the conference Challenges to Central Banks in the 21st Century*, 25 March 2013, London School of Economics 참조.

46) U. di Fabio, 'Finanzstabilität und Integration: Wege aus der Krise', Lecture given at *Munich Seminars*, CESifo and Süddeutsche Zeitung, 30 April 2012 참조, 검색: <http://www.ifo.de/w/3FaZQTUnS>; and U. di Fabio, 'Das europäische Schuldendilemma als Mentalitätskrise', *Frankfurter Allgemeine Zeitung*, No. 143, 22 June 2012, p. 9. See also M. Seidel, 'European Currency Union and Rule of Law', *CESifo DICE Report* 3, pp. 36–43, November 2012 참조, 검색: <http://www.cesifogroup.de/DocDL/dicereport312-rr1.pdf>; P. Kirchhof, *Deutschland im Schuldensog*, Beck, Munich 2012; G. Beck, 'EZB-Urteil: Londoner Jurist erwartet "Rechtsbeugung" durch Karlsruhe', *Deutsche Wirtschafts Nachrichten*, 6 June 2013 참조, 검색: <http://deutsche-wirtschafts-nachrichten.de/2013/06/06/ezb-urteil-londoner-jurist-erwartet-rechtsbeugung-durch-karlsruhe>.

47) EU, 'Treaty on the Functioning of the European Union (TFEU)', *Official Journal of the European*

Union C 115/47, 9 May 2008, p. 99 참조, 검색: <http://eur-lex.europa.eu/LexUriServ/LexUriServ. do?uri=OJ:C:2008:115:0058:0199:en:PDF>.

48) European Central Bank, 'Decision ECB/2010/5', *Official Journal* L 124/8, 20 May 2010 참조, 검색: <http://www.ecb.europa.eu/ecb/legal/pdf/l_12420100520en00080009.pdf>. Introductory Statement to the Press Conference (with Q&A) by Mario Draghi, President of the ECB, and Vítor Constâncio, Vice-President of the ECB, 6 September 2012; European Central Bank, *Monthly Bulletin*, October 2012, in particular 'Box 1: Compliance of Outright Monetary Transaction with the Prohibition on Monetary Financing', p. 7도 참조하기 바란다.

49) Council of the European Union, 'Council Regulation No. 3603/93', *Official Journal* L 332, 13 December 1993, Preamble and article 2, 검색: <http://eur-lex.europa.eu/LexUriServ/LexUriServ. do?uri=CELEX:31993R3603:EN:HTML>; S. Homburg, 'Der neue Kurs der Europäischen Zentralbank', *Wirtschaftsdienst* 92, October 2012, pp. 673–677 참조, 검색: <http://link.springer. com/article/10.1007%2Fs10273-012-1437-5>.

50) 대기 기간이 때로는 3일 밖에 안 되고 대개는 10일 미만이었다. 2012.11.12.일 독일 헌법재판소의 정보 요청과 2012년 12월 3일 독일연방은행의 질문 3에 대한 응답을 참조하기 바란다. 헌법재판소의 내부 서류는 저자가 동 법원의 전문가로서의 기능이 있어 이용가능 하였다. ECB's testimony before the German Constitutional Court by its representative F. Schorkopf, *Stellungnahme der Europäischen Zentralbank, Verfassungsbeschwerden 2 BvR 1390/12, 2 BvR 1439/12 und 2 BvR 1827/12, Organstreitverfahren 2 BvE 6/12*, 16 January 2013, p. 32도 참조하기 바란다.

51) M. Draghi, 'Nichts tun wäre noch viel riskanter', *Süddeutsche Zeitung*, 14 September 2012, p. 19; and 'Protocol (No 4) on the Statute of the European System of Central Banks and of the European Central Bank', *Official Journal of the European Union*, C 115/230, 9 May 2008 참조, 검색: <http://www.ecb. int/ecb/legal/pdf/en_statute_from_c_11520080509en02010328.pdf>, 특히 제18조 제1항.

52) 의정서의 제129조 제3항에 따르면, 유럽의회와 유럽집행위원회가 제18조를 포함한 매우 많은 조항 을 변경할 수 있는 데 비해 의정서 제21조와 TFEU 제123조는 신성불가침 조항이다.

53) W. Buiter and E. Rahbari, 'Looking into the Deep Pockets of the ECB', Citi Economics, *Global Economics View*, 27 February 2012 참조, 검색: <http://blogs.r.ftdata.co.uk/money-supply/ files/2012/02/citi-Looking-into-the-Deep-Pockets-of-the-ECB.pdf>.

54) Federal Constitutional Court, *BVerfG, 2 BvR 2728/13*, 14 January 2014, Absatz-Nr. (1–105), Sachbericht, article 12; see also Federal Constitutional Court, press release no. 9/2014, 7 February 2014.

55) Federal Constitutional Court, *BVerfG, 2 BvR 1390/12, 2 BvR 1421/12, 2 BvR 1438/12, 2 BvR 1439/12, 2 BvR 1440/12, 2 BvE 6/12*, 12 September 2012도 참조.

56) H.-W. Sinn, 'Outright Monetary Infractions', *Project Syndicate*, 9 February 2014, 검색: <http://www. project-syndicate.org/commentary/hans-werner-sinn-applauds-the-german-constitutional-court-s-ruling-on-the-ecb-s-bond-purchase-scheme>. See also W. Münchau, 'Germany's Constitutional Court Has Strengthened the Eurosceptics', *Financial Times*, 9 February 2014, 검색: <http://www.ft.com/intl/ cms/s/0/8a64e3ac-8f25-11e3-be85-00144feab7de.html#axzz2uEahyERf>.

57) Ifo Institute, *Comments by the Ifo Institute and Prof. Hans-Werner Sinn on Today's Statement by Germany's Constitutional Court on the ECB's OMT Programme*, press release, 7 February 2014도 참조, 검색: <http://www.ifo.de/w/3Sd4KMkse>.

58) Federal Constitutional Court, *BVerfG, 2 BvR 2728/13*, 14 January 2014, articles 45, 46 and 49.

59) Federal Constitutional Court, *BVerfG, 2 BvR 2728/13*, 14 January 2014, article 51.

60) Federal Constitutional Court, *BVerfG, 2 BvR 2728/13*, 14 January 2014, article 48. Cf. also Federal Constitutional Court, *BVerfG, 2 BvR 987/10*, 7 September 2011, article 126.

61) 국민투표에 관한 판례는 재판소의 ESM 관리에 참여하지 않았던 헌법재판소 부총재 키르히호프(Ferdinand Kirchhof)에 의해 만들어졌다. J. Gaugele, T. Jungholt and C. C. Malzahn, 'Verfassungsrichter für Volksabstimmung über Euro', Interview with F. Kirchhof, *Die Welt*, 5 February 2012 참조, 검색: <http://www.welt.de/politik/deutschland/article13850704/Verfassungsrichter-fuer-Volksabstimmung-ueber-Euro.html>. 전직 헌법재판소 판사인 파비오(Udo di Fabio)는 유럽중앙은행에게 원하는 것을 주려면 독일 헌법을 고칠 필요가 있을 것이다. 만약 그렇다면, 국민투표를 해야 할 것이다. U. di Fabio, 'Die Zukunft einer stabilen Wirtschafts- und Währungsunion', *Stiftung Familienunternehmen*, May 2013, especially p. 53; see also J. Jahn, 'Notfalls ist Deutschland zum Euro-Austritt verpflichtet', *Frankfurter Allgemeine Zeitung*, 2 June 2013 참조, 검색: <http://www.faz.net/aktuell/wirtschaft/europas-schuldenkrise/frueherer-verfassungsrichter-di-fabio-notfalls-ist-deutschland-zum-euro-austritt-verpflichtet-12205592.html>.

62) 진화하는 유럽 은행동맹에 관한 심도 있는 논의에 관해서는 *CESifo Forum* 13, No. 4, Winter 2012, 'European Banking Union'의 몇 가지 논문을 참조하기 바란다. 검색: <http://www.cesifo-group.de/DocDL/forum4-12-gesamt.pdf>. S. Lautenschläger, T. Gstädtner, and S. Steffen, 'Wie ist das EU-Konzept zur Bankenunion zu bewerten?', *ifo Schnelldienst* 66, No. 1, 17 January 2013, pp. 3–13도 참조하기 바란다. 검색: <http://www.cesifo-group.de/DocDL/ifosd_2013_01_1.pdf>.

63) Council of the European Union, *Euro Area Summit Statement*, 29 June 2012 참조. W. Mussler, 'Krisenfonds soll Banken direkt kapitalisieren', *Frankfurter Allgemeine Zeitung*, No. 150, 30 June 2012, p. 11도 참조하기 바란다.

64) 초 국경 정리 체제 및, 감독기구 간 협조의 중요성은, 개별 국가 및 EU 차원에서 ESM을 통한 은행 자본 확충의 전제조건으로, 다음 논문에 의해서 이미 지적되었다. C. M. Buch, 'From the Stability Pact to ESM. What next?', *IAW Discussion Paper* No. 85, June 2012.

65) R. Vaubel, 'Probleme der Bankenunion: Falsche Lehren aus der Krise', *Credit and Capital Markets—Kredit und Kapital* 46, pp. 281–302 참조.

66) H.-W. Sinn, *The New Systems Competition*, Yrjö Jahnsson Lectures, Basil Blackwell, Oxford 2003, chapter 7: Limited Liability, Risk-Taking and the Competition of Bank Regulators 참조. 은행규제에 관한 발텐스페르거(E. Baltensperger)와 스펜서(P. Spencer)와 논쟁에 관해서는 H.-W. Sinn, 'Risk-Taking, Limited Liability and the Competition of Bank Regulators', *Finanzarchiv* 59, 2003, pp. 305–329; E. Baltensperger, 'Competition of Bank Regulators: A More Optimistic View. A Comment on the Paper by Hans-Werner Sinn', *Finanzarchiv* 59, 2003, pp. 330–335; P. Spencer, 'Can National Banking Systems Compete? A Comment on the Paper by Hans-Werner Sinn', *Finanzarchiv* 59, 2003, pp. 336–339; H.-W. Sinn, 'Asymmetric Information, Bank Failures, and the Rationale for Harmonizing Banking Regulation. A Rejoinder on Comments of Ernst Baltensperger and Peter Spencer', *Finanzarchiv* 59, 2003, pp. 340–346 등을 참조하기 바람. Finanzarchiv에 수록된 논문에서 저자는 느슨한 규제가 부과하는 외부성은 은행도산이, 규제시스템의 불투명성 때문에 좋은 규제자와 나쁜 규제자를 구별할 수 없는 다른 나라의 채권자에게 손해를 입힐 것이라는 사실에서 기인한다고 주장하였다. 이 채권자들은이와 같이 규제경쟁은 너무 느슨한 기준 때문에 '레몬 균형'으로 귀결된다. 유로시스템에 의해 추가된 특별한 측면은 신용 재융자 수익금 풀의 제도화이다. R. S. Kroszner and R. J. Shiller, Reforming U.S. *Financial Markets*,

MIT Press, Cambridge 2011; A. Admati and M. Hellwig, *The Bankers' New Clothes*, Princeton University Press, Princeton 2013; A. Admati and M. Hellwig 'Does Debt Discipline Bankers? An Academic Myth about Bank Indebtedness', *Rock Center for Corporate Governance at Stanford University Working Paper* 132, February 2013; C. Goodhart, 'The Regulatory Response to the Financial Crisis', *CESifo Working Paper* No. 2257, March 2008, 검색: <http://www.cesifo-group. de/DocDL/cesifo1_wp2257.pdf>, and C. Goodhart, *The Regulatory Response to the Financial Crisis*, Edward Elgar, Northampton 2010 참조.

67) 특히 유럽의 주변국에서 민간부문의 자금조달을 용이하게 함으로써 차입비용을 낮춰야 한다는 주장 에 관해서는 ECB Executive Board member Benoît Coeuré in E. Kuehnen and G. Prodhan, 'Europe Must Do More on Small Business Loans', Reuters, 25 April 2013를 참조하기 바람. 검색: <http://www. reuters.com/article/2013/04/25/us-ecb-coeure-smallbiz-idUSBRE93O06420130425>; G. Soros, 'The Resistible Fall of Europe: An Interview with George Soros', *Project Syndicate*, 15 May 2013, 검색: <http://www.project-syndicate.org/commentary/the-resistible-fall-of-europe--an-interview-with-george- soros>; Spanish Prime Minister Mariano Rajoy in S. White, 'Spain's Rajoy Calls on ECB to Create Bank Lending Scheme for Smaller Companies', *Reuters*, 15 June 2013, 검색: <http://www.reuters. com/article/2013/06/15/us-spain-smes-idUSBRE95E09Q20130615>.

68) European Commission, *Proposal for a Directive of the European Parliament and of the Council Establishing a Framework for the Recovery and Resolution of Credit Institutions and Investment Firms*, COM(2012) 280 final, 6 June 2012, Preamble, 제52조 참조, 검색: <http://eur-lex.europa. eu/LexUriServ/LexUriServ.do?uri=COM:2012:0280:FIN:EN:PDF>.

69) *Aufruf von 279 deutschsprachigen Wirtschaftsprofessoren*, 5 June 2012, 검색: <http://www. statistik.tu-dortmund.de/kraemer.html> and *Stellungnahme zur Europäischen Bankenunion*, 12 June 2012, 검색: <http://www.macroeconomics.tu-berlin.de/fileadmin/fg124/allgemein/Stellungnahme_ zur_Europaeischen_Bankenunion.pdf>. See also H. Hau and H.-W. Sinn, 'The Eurozone's Banking Union is Deeply Flawed', *Financial Times*, 29 January 2013, p. 9, 검색: <http://www.ft.com/intl/ cms/s/0/47055db6-5b47-11e2-8ccc-00144feab49a.html#axzz2bjxANyUv>. 채무조정 규칙에 대한 이러한 비판에 핀란드와 네덜란드의 비평가들이 가담하였다. J. Brunsden and R. Christie, 'German Push to Accelerate Bank Bail-Ins Joined by Dutch', *Bloomberg*, 5 February 2013 참조, 검색: <http://www.bloomberg.com/news/2013-02-04/german-push-to-accelerate-bank-bail-ins-joined- by-dutch-finns.html>. 궁극적으로 ECB도 2018년까지 베일인 규칙을 도입하는 것은 너무 늦을 것이라고 경고하며 2015년을 제안하였다. Introductory Statement to the Press Conference (with Q&A) by Mario Draghi, President of the ECB, and Vítor Constâncio, Vice-President of the ECB, 4 April 2013도 참조하기 바란다. 검색: <http://www.ecb.int/press/pressconf/2013/html/is130404. en.html>.

70) 2013년 3월 은행시스템의 자본과 유보금은 그리스 549억 유로, 아일랜드 1,319억 유로, 포르투갈 508억 유로, 스페인 3,953억 유로, 이탈리아 3,880억 유로, 사이프러스 139억 유로이다. Deutsche Bundesbank, *Time Series Database*, *Time series MFI*, Aggregated balance sheet of euro area monetary financial institutions, excluding the Eurosystem / Liabilities / Capital and reserves, 검색: <http://www. bundesbank.de/Navigation/EN/Statistics/Time_series_databases/ESCB_Time_Series/eszb_details_ value_node.html?tsId=BSI.M.U2.N.A.L60.X.1.Z5.0000.Z01.E&listId=outstanding_amounts_48>. V. V. Acharya and S. Steffen, 'Falling Short of Expectations? Stress-testing the European Banking System', VoxEU, 17 January 2014, 특히 <표 3>도 참조하기 바란다. 검색: <http://www.voxeu.org/ article/what-asset-quality-review-likely-find-independent-evidence>.

71) 일반 정부에 대한 대출 및 유로 지역 통화금융기구의 총 대차대조표에서 일반 정부 지분 이외의 증권 보유. Deutsche Bundesbank, *Time Series Database*, *Time series MFI* (Monetary Financial Institutions) 참조.

72) 사이프러스 은행들에 대한 구제금융 제공 직후에 데이셀블룸은 사이프러스 모델과 미래 사례의 사태파악을 위한 채권자의 개입을 제안하였다. 'Cyprus Bailout: Dijsselbloem Remarks Alarm Markets', *BBC News*, 25 March 2013도 참조하기 바란다. 검색: <http://www.bbc.co.uk/news/business-21920574>, or 'Bomb from Brussels: Cyprus Model May Guide Future Bank Bailouts', *Spiegel Online International*, 1 April 2013, 검색: <http://www.spiegel.de/international/europe/cyprus-bank-bailout-model-has-increasing-numbers-of-adherents-in- eu-a-891849.html>. Single Resolution Mechanism의 제안을 마련하는 데 책임이 있었던 바니어(Barnier)가 비슷한 견해를 밝혔다. '나는 [공적 개입]이 주주와 모든 다른 채권자, 보험에 가입하지 않은 예금자가 채권조정된 후에만 이루어져야 한다고 믿는다. N. Chrysoloras, 'Resolution Mechanism for Banking Union Can Be Created without Treaty Change, Says EU's Barnier', 그리고 M. Barnier, *Ekathimerini*, 19 May 2013자 인터뷰 참조, 검색: <http://www.ekathimerini.com/4dcgi/_w_articles_wsite2_1_19/05/2013_499678>. Barnier also indicated early on that his proposal included a pecking order for creditor participation; A. Roche, 'Europe Needs Clear Order for Loss Imposition in Bank Closures—ECB', *Reuters*, 12 April 2013도 참조하기 바란다. 검색: <http://uk.reuters.com/article/2013/04/12/uk-eurozone-banks-asmussen-idUKBRE93B14S20130412>.

73) Council of the European Union, *Council Agrees General Approach on Single Resolution Mechanism*, press release 564, No. 17602/13, 18 December 2013, 검색: <http://www.consilium.europa.eu/uedocs/cms_data/docs/pressdata/en/ecofin/140190.pdf>; European Commission, Proposal for a Regulation Establishing Uniform Rules and a Uniform Procedure for the Resolution of Credit Institutions and Certain Investment Firms in the Framework of a Single Resolution Mechanism and a Single Bank Resolution Fund, COM(2013) 520 final, 10 July 2013, esp. article 24, paragraph 3 and 7a 참조, 검색: <http://eur-lex.europa.eu/LexUriServ/LexUriServ.do?uri=COM:2013:0520:FIN:EN:PDF>; European Commission, A Comprehensive EU Response to the Financial Crisis: Substantial Progress towards a Strong Financial Framework for Europe and a Banking Union for the Eurozone, MEMO/14/57, 24 January 2014, 검색: <http://europa.eu/ rapid/press-release_MEMO-14-57_en.htm?locale=en>.

74) European Commission, *A Comprehensive EU Response to the Financial Crisis: Substantial Progress towards a Strong Financial Framework for Europe and a Banking Union for the Eurozone*, 24 January 2014, p. 5 참조.

75) European Commission, *Proposal for a Regulation Establishing Uniform Rules and a Uniform Procedure for the Resolution of Credit Institutions and Certain Investment Firms in the Framework of a Single Resolution Mechanism and a Single Bank Resolution Fund*, 10 July 2013, article 24, paragraph 7.

76) European Commission, *Proposal for a Regulation Establishing Uniform Rules and a Uniform Procedure for the Resolution of Credit Institutions and Certain Investment Firms in the Framework of a Single Resolution Mechanism and a Single Bank Resolution Fund*, 10 July 2013, article 24, paragraph 3 참조. *Council of the European Union, Council Agrees General Approach on Single Resolution Mechanism*, 18 December 2013도 참조하기 바란다.

77) [그림 2.12] 참조.

78) European Commission, *Proposal for a Regulation Establishing Uniform Rules and a Uniform*

Procedure for the Resolution of Credit Institutions and Certain Investment Firms in the Framework of a Single Resolution Mechanism and a Single Bank Resolution Fund, 10 July 2013, article 24, paragraph 3.

79) 란데스방크의 무모한 투자행태에 관한 초기의 비판과 기록을 보려면 H.-W. Sinn, *The German State Banks. Global Players in the International Financial Markets*, Edward Elgar, Aldershot 1999을 참조하기 바란다.

80) European Commission, press release, *Understanding on Anstaltslast and Gewährträgerhaftung 07 17 2001*, 검색: <http:// europa.eu/rapid/press-release_IP-02-343_en.do>.

81) European Commission, *Proposal for a Regulation Establishing Uniform Rules and a Uniform Procedure for the Resolution of Credit Institutions and Certain Investment Firms in the Framework of a Single Resolution Mechanism and a Single Bank Resolution Fund, 10 July 2013, chapter 4.3: The Single Bank Resolution Fund*.

82) P. Spiegel and A. Barker, 'ECB Blow to European Bank Backstop', *Financial Times*, 18 December 2013 참조, 검색: <http://www.ft.com/intl/cms/s/0/6449c452-678a-11e3-a5f9-00144feabdc0. html#axzz2uRh2lasR>.

83) European Commission, *Proposal for a Regulation Establishing Uniform Rules and a Uniform Procedure for the Resolution of Credit Institutions and Certain Investment Firms in the Framework of a Single Resolution Mechanism and a Single Bank Resolution Fund*, 10 July 2013, 제24조, 제9항 참조.

84) Bank for International Settlements, *Basel III: A Global Regulatory Framework for More Resilient Banks and Banking Systems*, December 2010 (revised June 2011), p. 12; H.-W. Sinn, *Casino Capitalism*, 2010, chapter 7: Policy Failure, p. 141.

85) Bank for International Settlements, *Basel III: A Global Regulatory Framework for More Resilient Banks and Banking Systems*, December 2010 (revised June 2011), p. 61.

86) 예를 들어, 이는 Almaty 와 Hellwig에 의해 강조되었는데, 그들은 은행들이, 적어도 그들 총 대차대조표의 25%와 비슷하게, 더 많은 자본을 필요로 한다고 주장함. 이는 현재의 약 10배이다. A. Admati and M. Hellwig, *The Bankers' New Clothes*, 2013; A. Admati and M. Hellwig, 'Does Debt Discipline Bankers? An Academic Myth about Bank Indebtedness', February 2013 참조.

87) B. Rudolph, 'Die Einführung regulatorischen Krisenkapitals in Form von Contingent Convertible Bonds (CoCos)', *Zeitschrift für das gesamte Kreditwesen* 62, 2010, pp. 1152–1155, in particular p. 1153; B. Albul, D. M. Jaffee, and A. Tchistyi, 'Contingent Convertible Bonds and Capital Structure Decisions', Coleman Fung Risk Management *Research Center Working Paper* No. 2010-01 참조, 검색: <http://escholarship.org/uc/item/95821712#page-2>.

88) 검토조항에 따라 '유럽은행감독청(EBA)의 추천에 입각한 위원회가 모든 은행에 적용될 수 있는 조화로운 적격채무(MREL)를 도입할 수 있도록 하겠다고 했던 때인' 2016년까지 손실을 흡수할 능력을 갖추기 위해 각 국가기관이 개별적으로 '기관의 규모, 위험도, 사업모델에 따라 고유 펀드와 MREL에 대한 최소 요구조건을 설정할 수 있게' 되었다. Council of the European Union, *Council Agrees Position on Bank Resolution*, press release 270 No. 11228/13, 27 June 2013 참조, 검색: <http://www.consilium.europa.eu/uedocs/cms_data/docs/pressdata/en/ecofin/137627.pdf>, p. 4.

89) Council of the European Union, 'Council Regulation (EU) No 1024/2013 of 15 October 2013 conferring specific tasks on the European Central Bank concerning policies relating to the

prudential supervision of credit institutions', Official Journal L 287/63, 검색: <http://eur-lex.europa. eu/LexUriServ/LexUriServ.do?uri=OJ:L:2013:287:0063:0089:EN:PDF>. European Commission, *An Important Step Towards a Real Banking Union in Europe, Statement by Commissioner Michel Barnier Following the Trilogue Agreement on the Creation of the Single Supervisory Mechanism for the Eurozone*, MEMO/13/251, 19 March 2013도 참조, 검색: <http://europa.eu/rapid/press-release_ MEMO-13-251_en.htm?locale=en#PR_metaPressRelease_bottom>.

90) European Commission, *Proposal for a Regulation Establishing Uniform Rules and a Uniform Procedure for the Resolution of Credit Institutions and Certain Investment Firms in the Framework of a Single Resolution Mechanism and a Single Bank Resolution Fund*, 10 July 2013, chapter 4.1: A Single Resolution Mechanism; European Commission, *Commission Proposes Single Resolution Mechanism for the Banking Union*, press release IP/13/674, 10 July 2013 참조, 검색: <http://europa.eu/rapid/press-release_IP-13-674_en.htm?locale=en>.

91) Eurogroup, *ESM Direct Bank Recapitalisation Instrument—Main Features of the Operational Framework and Way Forward*, p. 3, 'A Robust Valuation'.

92) European Central Bank, *ECB Starts Comprehensive Assessment in Advance of Supervisory Role*, press release, 23 October 2013, 검색: <http://www.ecb.europa.eu/press/pr/date/2013/html/pr131023.en.html>.

93) N. Comfort, 'Draghi Raids Bankers in Rush to Hire 1,000 for Supervisor', *Bloomberg News*, 9 January 2014, 검색: <http://www.bloomberg.com/news/2014-01-08/draghi-raids-bankers-in-rush-to-hire-1-000-for-supervisor.html>.

94) D. Gros and C. Alcidi, 'Country Adjustment to a Sudden Stop: Does the Euro Make a Difference?', *European Commission Economic Papers* 492, April 2013, 검색: <http://ec.europa.eu/economy_ finance/publications/economic_paper/2013/pdf/ecp492_en.pdf>도 참조.

95) Eurostat, Database, *Economy and Finance*, Quarterly National Accounts, GDP and Main Components, Price Indices, Gross Domestic Product, Seasonally Adjusted and Adjusted Data by Working Days. 이 책에서 인플레이션과 디플레이션은 GDP 디플레이터의 변화를 말하는 것임에 유의해야 한다. 이는 이것이 경쟁력에 중요한 것이기 때문임. 소비자 물가는, 투자재를 제외하고 수입을 포함하므로 관련성이 더 작다.

96) W. A. Niskanen, *Bureaucracy and Representative Government*, Aldine-Atherton, New York 1971; H. Leibenstein, 'Allocative Efficiency and "X-Efficiency" ', *American Economic Review* 56, 1966, pp. 392–415; G. Brennan and J. M. Buchanan, *The Power to Tax: Analytical Foundations of a Fiscal Constitution*, Cambridge University Press, Cambridge 1980.

97) G. Tullock, 'The Welfare Costs of Tariffs, Monopolies, and Theft', *Western Economic Journal* 5, 1967, pp. 224–232 참조.

98) J. Asmussen, Introductory *Statement by the ECB in the Proceedings before the Federal Constitutional Court*, Karlsruhe, 11 June 2013 참조, 검색: <http://www.ecb.int/press/key/ date/2013/html/sp130611.en.html>; 자세한 내용은 F. Schorkopf, *Stellungnahme der Europäischen Zentralbank*, 16 January 2013을 참조하기 바란다.

99) F. Schorkopf, *Stellungnahme der Europäischen Zentralbank*, 16 January 2013, p. 20; and A. Di Cesare, G. Grande, M. Manna, and M. Taboga, 'Stime recenti dei premi per il rischio sovrano di alcuni paesi dell'area dell'euro' (Recent estimates of sovereign risk premia for euro-area countries), *Banca d'Italia Occasional Paper* 128, September 2012 참조, 검색: <http://www.

bancaditalia.it/pubblicazioni/econo/quest_ecofin_2/qef128>.

100) R. Dorfman, R. M. Solow, and P. A. Samuelson, *Linear Programming and Economic Analysis*, McGraw-Hill, New York 1958.

101) 드라기 ECB 총재는 2013년 5월 2일에 ECB가 예컨대 SME 대출에 기초한 자산유동화증권(ABS)의 시장을 활성화함으로써 SMEs에 대한 대출을 차단하는 방법을 평가하기 위해 유럽투자은행(European Investment Bank; EIB)과 함께 프로젝트팀을 설치했다고 공표하였다. Introductory Statement to the Press Conference (with Q&A) by Mario Draghi, President of the ECB, and Vítor Constâncio, Vice-President of the ECB, 2 May 2013 참조, 검색: <http://www.ecb.int/press/pressconf/2013/html/is130502.en.html>. 이러한 주도권이 ECB가 스스로 ABS를 매입하는 것을 암시하는 것인지는 알려져 있지 않지만, 드라기가 말한 것처럼 ECB는 '모든 가능한 대안을 찾고 있다'. 지금까지 ECB는 할 일에 대해 정확한 입장을 취하고 있지 않으며 '아직 결론을 전혀 내리지 못하고 있다'고 강조하고 있다. Introductory Statement to the Press Conference (with Q&A) by Mario Draghi, President of the ECB, and Vítor Constâncio, Vice-President of the ECB, 2 May 2013도 참조하기 바람.

102) S. Eijffinger, 'The Age of Financial Repression', *Project Syndicate*, 21 November 2012 참조, 검색: <http://www.project-syndicate.org/commentary/western-governments--increasing-use-of-financial-repression-by-sylvester-eijffinger-and-edin-mujagic>.

103) G. Brennan and J. M. Buchanan, *The Power to Tax: Analytical Foundations of a Fiscal Constitution*, 1980, as well as M. Olson, *The Logic of Collective Action: Public Goods and the Theory of Groups*, 1965.

104) G. Sinn and H.-W. Sinn, *Jumpstart—The Economic Unification of Germany*, MIT Press, Cambridge 1992; H.-W. Sinn, *Can Germany Be Saved? The Malaise of the World's First Welfare State*, MIT Press, Cambridge 2007, chapter 5: *The Withering East*, 특히 pp. 163–169 참조; H.-W. Sinn and F. Westermann, 'Due Mezzogiorni', *L'industria* 27, 2006, pp. 49–51, 영어판 H.-W. Sinn and F. Westermann, 'Two Mezzogiornos', *NBER Working Paper* No. 8125, February 2001 참조. 네덜란드병에 관해서는 N. M. Corden and J. P. Neary, 'Booming Sector and De-Industrialization in a Small Open Economy', *Economic Journal* 92, 1982, pp. 825–848도 참조하기 바란다.

105) J. Gaugele, T. Jungholt, and C. C. Malzahn이 F. Kirchhof와 인터뷰한 내용이다 (저자가 번역했음).

9장

1) W. Churchill, *Speech at the University of Zurich*, 19 September 1946, Council of Europe, 검색: <http://aei.pitt.edu/14362/1/S2-1.pdf>, and I. Traynor, 'Crisis for Europe as Trust Hits Record Low', *The Guardian*, 24 April 2013, 검색: <http://www.theguardian.com/world/2013/apr/24/trust-eu-falls-record-low>.

2) Some are presented by W. R. Cline, 'Alternative Strategies for Resolving the European Debt Crisis', in W. R. Cline and G. B. Wolff (eds), Special Report 21: *Resolving the European Debt Crisis*, Peterson Institute for International Economics, Bruegel, Washington 2012, pp. 197–234; by G. B. Wolff, 'The Euro Area Crisis: Policy Options Ahead', in W. R. Cline and G. B. Wolff (eds), *Special Report 21: Resolving the European Debt Crisis*, 2012, pp. 235–252; or by H. Uhlig, *Exiting the Eurozone Crisis*, Presentation Given at the Advantage Financial Conference in Milan, 13 May 2013, 검색: <http://home.uchicago.edu/~huhlig/papers/uhlig.milan.2013.pdf>.

3) E. C. Prescott, *The Transformation of Macroeconomic Policy and Research*, Nobel Prize Lecture delivered at Stockholm University, 8 December 2004, p. 374, 검색: <http://www.nobelprize.org/nobel_prizes/economic-sciences/laureates/2004/prescott-lecture.pdf>; F. E. Kydland and E. C. Prescott, 'Rules rather than Discretion: The Inconsistency of Optimal Plans', *Journal of Political Economy* 85, 1977, pp. 473–492 참조.

4) A. Hamilton, J. Jay, and J. Madison, The Federalist: A Commentary on the Constitution of the United States, in J. and A. McLean (eds), *The Federalist: A Collection of Essays Written in Favour of the New Constitution*, New York 1788, reprinted in The Modern Library, New York 2001.

5) R. E. Wright, 'Cementing the Union', *Financial History*, Spring 2008, pp.14–18, 특히 p. 15 참조.

6) German Council of Economic Experts, *Stable Architecture for Europe—Need for Action in Germany*, Annual Report 2012/2013, pp. 111–113.

7) EU, 'Treaty on the Functioning of the European Union (TFEU)', *Official Journal of the European Union* C 115/47, 9 May 2008, article 125, 검색: <http://eur-lex.europa.eu/LexUriServ/LexUriServ.do?uri=OJ:C:2008:115:0058:0199:en:PDF>.

8) J. Rodden, *Hamilton's Paradox: The Promise and Peril of Fiscal Federalism*, Cambridge University Press, New York 2006; T. Sargent, United States Then, Europe Now, Nobel Prize Lecture delivered at Stockholm University, 8 December 2011, available as video: 검색: <http://www.nobelprize.org/nobel_prizes/economic-sciences/laureates/2011/sargent-lecture.html>; H. James, 'Lessons for the Euro from History', *Julis-Rabinowitz Center for Public Policy and Finance*, 19 April 2012, 검색: <http://www.princeton.edu/jrc/events_archive/repository/inaugural-conference/Harold_James.pdf>; H. James, 'Alexander Hamilton's Eurozone Tour', *Project Syndicate*, 5 March 2012, 검색: <http://www.project-syndicate.org/commentary/alexander-hamilton-s-eurozone-tour>; EEAG, *The EEAG Report on the European Economy: Rebalancing Europe,* CESifo, Munich 2013, chapter 4: US Precedents for Europe, pp. 95–107, 검색: <https://www.cesifo-group.de/DocDL/EEAG-2013.pdf>.

9) B. U. Ratchford, *American State Debts*, Duke University Press, Durham 1941, 특히 p. 74 f. 참조.

10) J. Rodden, *Hamilton's Paradox*, 2006, in particular chapter 8; and A. Markiewicz, M. D. Bordo, and L. Jonung, 'A Fiscal Union for the Euro: Some Lessons from History', *CESifo Delphi Conference*, Hydra, 23–24 September 2012, NBER Working Paper No. 17380, September 2011.

11) B. U. Ratchford, *American State Debts*, 1941, p. 89.

12) B. U. Ratchford, *American State Debts*, 1941, p. 80.

13) B. U. Ratchford, *American State Debts*, 1941, p. 85, in particular footnote 22.

14) B. U. Ratchford, *American State Debts*, 1941, pp. 98–100 참조; A. Grinath, J. J. Wallis, and R. E. Sylla, 'Debt, Default and Revenue Structure: The American State Debt Crisis in the Early 1840's', *NBER Working Paper* No. 97, March 1997도 참조하기 바란다.

15) A. Grinath, J. J. Wallis, and R. E. Sylla, 'Debt, Default and Revenue Structure: The American State Debt Crisis in the Early 1840's', March 1997; and W. B. English, 'Understanding the Costs of Sovereign Default: American State Debts in the 1840's', *American Economic Review* 86, 1996, pp. 259–275 참조.

16) H. James, 'Lessons for the Euro from History', 19 April 2012 참조; EEAG, *The EEAG Report of the European Economy: Rebalancing Europe*, 2013도 참조하기 바란다.

17) A. Grinath, J. J. Wallis, and R. E. Sylla, 'Debt, Default and Revenue Structure: The American State Debt Crisis in the Early 1840s', March 1997 참조; J. von Hagen, 'Monetäre, fiskalische und politische Integration: Das Beispiel der USA', *Bankhistorisches Archiv Beiheft* 30, 1996, pp. 35–51; J. von Hagen, 'Monetary Union and Fiscal Union: A Perspective from Fiscal Federalism', in P. R. Masson and M. P. Taylor (eds), *Policy Issues in the Operation of Currency Unions*, Cambridge University Press, Cambridge 1993, pp. 264–296도 참조.

18) For Minnesota, see K. Dolak, 'Minnesota Government Shuts Down Amid Debt Fallout', *abcNews*, 1 July 2012; and for Illinois, see State Budget Crisis Task Force, *Report of the State Budget Crisis Task Force*. Illinois Report, October 2012, 검색: <http://www.statebudgetcrisis.org/wpcms/wp-content/images/2012-10-12-Illinois-Report-Final-2.pdf>.

19) K. Dolak, 'Minnesota Government Shuts Down Amid Debt Fallout', 1 July 2012.

20) J. Erbentraut, 'Quinn to Announce Thousands of Layoffs, Facility Closures', *Huffington Post,* 6 September 2011도 참조, 검색: <http://www.huffingtonpost.com/2011/09/06/quinn-to-announce-thousan_n_950654.html>.

21) C. Chantrill, 'Comparison of State and Local Government Spending in the United States. Fiscal Year 2013', *US Government Spending*도 참조, 검색: <http://www.usgovernmentspending.com/compare_state_spending_2013pH0D>.

22) F. Van Riper, 'Ford to New York: Drop Dead. Vows He'll Veto Bail-Out in Speech Attacking City', *Daily News*, 30 October 1975.

23) 뉴욕시의 세금 수입은 이 목적을 위해 주 세금 수입으로 선언되고. 이 세수는 뉴욕시 자금조달을 위한 채권 발행의 담보로, 특수목적기관인 MAC(Municipal Assistance Corporation)로 이체된다. L. Capodilupo, 'Municipal Assistance Corporation for the City of New York (MAC)', *William and Anita Newman Library and Baruch College*, City University of New York, April 2002 참조, 검색: <http://newman.baruch.cuny.edu/digital/2003/amfl/mac/mac_finding_aid_index.htm> and R. Dunstan, 'Overview of New York City's Fiscal Crisis', *California Research Bureau Note* 3, No. 1, 1 March 1995, p. 4, 검색: <http://www.library.ca.gov/crb/95/notes/V3N1.PDF>.

24) T. Barghini and C. Parsons, 'Factbox: Recent U.S. Municipal Bankruptcies', *Reuters*, 18 July 2013, 검색: <http://www.reuters.com/article/2013/07/18/us-usa-detroit-cities-factbox-idUSBRE96H1BR20130718>.

25) M. De Angelis and X. Tian, 'United States: Chapter 9 Municipal Bankruptcy— Utilization, Avoidance and Impact', in O. Canuto and L. Liu (eds), *Until Debt Do Part Us: Subnational Debt, Insolvency and Markets*, World Bank Publications, Washington 2013, pp. 311–351, especially p. 312.

26) American Bankruptcy Institute, Statistics from the Administrative Office of the U.S. Courts, *Chapter 9 Filings (1980-Current),* 검색: <http://news.abi.org/statistics>; and United States Courts, Statistics, Bankruptcy Statistics, 2013 Bankruptcy Filings, Filings by Chapter and Nature of Debt, by District (table F-2), 검색: <http://www.uscourts.gov/Statistics/BankruptcyStatistics/2013-bankruptcy-filings.aspx>.

27) M. Dolan, 'Record Bankruptcy for Detroit', *Wall Street Journal*, 19 July 2013, 검색: <http://online.wsj.com/article/SB10001424127887323993804578614144173709204.html>.

28) J. Kornai, ' "Hard" and "Soft" Budget Constraint', *Acta Oeconomica* 25, 1980, pp. 231–246.

29) H. Schlesinger, 'Die Zahlungsbilanz sagt es uns', *ifo Schnelldienst* 64, No. 16, 31 August 2011,

pp. 9–11, 특히 p. 11; 그리고 영어판인, 'The Balance of Payments Tells us the Truth' in H.-W. Sinn (ed.), The European Balance of Payments Crisis, *CESifo Forum* 13, Special Issue, January 2012, pp. 11–13, 특히 p. 13도 참조하기 바란다.

30) EEAG, *The EEAG* Report on the European Economy: The Euro Crisis, CESifo, Munich 2012, chapter 2: *The European Balance-of-Payments Problem*, in particular pp. 75–79, 검색: <http://www.cesifo-group.de/DocDL/EEAG-2012.pdf>.

31) M. Feldstein, 'Dos and Don'ts for the European Central Bank', *Project Syndicate*, 29 July 2012, 검색: <http://www.project-syndicate.org/commentary/dos-and-don-ts-for-the-european-central-bank>.

32) E. D. Domar, 'The "Burden of the Debt" and the National Income', *American Economic Review* 34, 1944, pp. 798–827.

33) International Monetary Fund, 'Greece: Ex Post Evaluation of Exceptional Access under the 2010 Stand-By Arrangement', *IMF Country Report* No. 13/156, June 2013, 특히 pp. 2, 21 and 33 참조, 검색: <http://www.imf.org/external/pubs/ft/scr/2013/cr13156.pdf>; K. Schrader, D. Bencek and C.-F. Laaser, 'IfW-Krisencheck: Alles wieder gut in Griechenland?', *Kieler Diskussionsbeiträge* No. 522/523, June 2013, 특히 31쪽의 그림 17도 참조하기 바란다.

34) H. Pill, K. Daly, D. Schumacher, A. Benito, L. Holboell Nielsen, N. Valla, A. Demongeot, and A. Paul, Goldman Sachs Global Economics, 'Achieving Fiscal and External Balance (Part 1): The Price Adjustment Required for External Sustainability', *European Economics Analyst* No. 12/01, 15 March 2012; H. Pill, K. Daly, D. Schumacher, A. Benito, L. Holboell Nielsen, N. Valla, A. Demongeot, and S. Graves, Goldman Sachs Global Economics, 'External Rebalancing: Progress, but a Sizeable Challenge Remains', *European Economics Analyst* No. 13/03, 17 January 2013.

35) <표 9.2>의 %는 <표 9.1>의 공적 채무 계수에 부분적으로 포함됨. 그러나 상업은행 앞 배분을 위해 국별 중앙은행에 제공한 신용(타겟 채무와 비례 초과 은행권 발행의 결과로 발생)은 포함되지 않는다. 이 신용은 각 국별 중앙은행의 채무가 되므로 국가 채무임. 공식 공적채무 계수에 포함되지는 않지만, 타겟 채무(은행권 발행 채무는 해당 안 됨)는 일국의 공식 공적 순 대외자산 포지션에 포함된다 (제6장 참조).

36) '채무위험' 절 참조

37) U. S. Das, M. G. Papaioannou, and C. Trebesch, 'Sovereign Debt Restructurings 1950–2010: Literature Survey, Data, and Stylized Facts', *IMF Working Paper* No. 203, August 2012. 국가의 국채상환 불이행에 관해서는 E. Streissler, 'Honi soit qui mal y pense?', *Austrian Academy of Sciences*, Vienna, August 2011을 참조하기 바란다. 유로존이 신흥국의 수많은 구조조정에서 얻을 수 있는 명시적 교훈에 관해서는 J. Zettelmeyer, 'How to Do a Sovereign Debt Restructuring in the Euro Area: Lessons from Emerging-Market Debt Crisis', in W. R. Cline and G. B. Wolff (eds), *Special Report 21: Resolving the European Debt Crisis*, 2012, pp. 165–186을 참조하기 바란다. 국가채무 조정에 관한 법률적 세부사항에 관해서는 부크하이트(L. Buchheit)가 여러 논문에서 설명하였다. 예컨대 L. Buchheit, 'Sovereign Debt Restructuring: The Legal Context', in W. R. Cline and G. B. Wolff (eds), *Special Report 21: Resolving the European Debt Crisis*, 2012, pp. 187–196을 참조하기 바란다.

38) U. S. Das, M. G. Papaioannou, and C. Trebesch, 'Sovereign Debt Restructurings 1950–2010', 2012, appendix 참조.

39) 이 제안과 관련해서는 H.-W. Sinn in his article, 'Rescuing Europe from the Ground Up', *Project*

Syndicate, 21 December 2013, 검색: <www.ifo.de/rescuing_europe/w/SvTE7mC2>. T. Beck and C. Trebesch, 'A Bank Restructuring Agency for the Eurozone – Cleaning Up the Legacy Losses' *VoxEU*, 18 November 2013을 참조하기 바란다. 검색: <http://www.voxeu.org/article/eurozone-bank-restructuring-agency>. 위기의 초기에는 만기연장을 통한 유동성지원으로부터 단편적인 채무조정으로의 점진적 전환과정이 정부의 차입중단 유인을 창출하는 등의 효과를 낼 것처럼 보였다. EEAG, *The EEAG Report of the European Economy*, CESifo, Munich 2011, chapter 2: *A New Crisis Mechanism for the Euro Area*, pp. 71–96을 참조하기 바란다. 이러한 제한을 하기에는 시간이 너무 많이 흘렀다. 오늘날에는 좀 더 급격한 접근방식을 권해야 할 것 같다.

40) J. Zettelmeyer, C. Trebesch and M. Gulati, 'The Greek Debt Restructuring: An Autopsy', *CESifo Working Paper* No. 4333, 검색: <http://www.cesifo-group.de/DocDL/cesifo-wp4333.pdf>.

41) European Banking Authority, EU-wide Transparency Exercise 2013 Summary Report, 검색: <http://stress-test.eba.europa.eu/documents/10180/526027/20131216_EU-wide+Transparency+Summary+Report.pdf>, p. 13, and EEAG, *The EEAG Report on the European Economy*: *The Road Towards Cohesion*, CESifo, Munich 2014, 검색: <http://www.cesifo-group.de/DocDL/EEAG-2014.pdf>, chapter 4: *Banking Union: Who Should Take Charge?*, figure 4.1, p. 93 참조.

42) International Monetary Fund, *Greece: Second Review Under the Stand-By Arrangement*, December 2010, p. 52 참조.

43) European Commission, *The Economic Adjustment Programme for Greece: Fourth Review*, Spring 2011, p. 94 참조.

44) European Commission, *The Second Economic Adjustment Programme for Greece*: *Third Review*, July 2013, p. 26 참조.

45) W. F. Richter, 'Zwangsanleihen—Ein Beitrag zur Konsolidierung', *Handelsblatt*, 25 November 2011은 이와 유사한 제안을 하였다. 검색: <http:// www.wiso.tu-dortmund.de/wiso/of/Medienpool/veroeffentlichungen_richter/WR_Veoeffentlichungen_Stand_Oktober_09/Zwangsanleihen.pdf>.

46) Organisation for Economic Co-operation and Development, *Economic Outlook* No. 91, 2012, Statistical Annex, table 58; see 'Berlusconi: "Non facciamoci del male" / E sulla crisi: "Noi, i più ricchi d'Europa" ' ['We, the richest in Europe'], *La Repubblica*, 20 June 2010, 검색: <http://www.repubblica.it/politica/2010/06/20/news/berlusconi-popolarita-4996320/>.

47) A. Prinz and H. Beck, 'In the Shadow of Public Debt: Are there Relations between Public Debt and the Shadow Economy?', *Economic Analysis & Policy* 42, 2012, pp. 221–236.

48) 낮은 금리가 통화량의 대폭 증가에 수반되지 않았기 때문에, 정책이 겉보기와 같이 느슨하지 않았다고 주장되어 오고 있다. M. Friedman, 'Reviving Japan', *Hoover Digest* 2, 30 April 1998, 검색: <http://www.hoover.org/publications/hoover-digest/article/6549>; A. H. Meltzer, 'Time for Japan to Print Money', *American Enterprise Institute Online*, 17 July 1998, 검색: <http://www.aei.org/issue/foreign-and-defense-policy/regional/asia/time-for-japan-to-print-money/>; D. Laidler, 'Monetary Policy after Bubbles Burst: The Zero Lower Bound, the Liquidity Trap and the Credit Deadlock', *Canadian Public Policy* 30 (3), September 2004, pp. 333–340 참조.

49) A. Hansen, *Full Recovery or Stagnation*, Norton, New York 1938. A. C. Pigou, *Employment and Equilibrium*: *A Theoretical Discussion, Macmillan*, London 1941. D. Patinkin, *Money, Interest, and Prices*: *An Integration of Monetary and Value Theory*, University of Chicago Press, Chicago 1956 참조.

50) A. Hughes-Hallett and J. C. Martínez Oliva, 'The Importance of Trade and Capital Imbalances in the European Debt Crisis', *Peterson Institute for International Economic Working Paper* No. 13-01, January 2013도 참조.

51) H.-W. Sinn and F. Westermann, 'Due "Mezzogiorni" ', *L'industria* 27, 2006, pp. 49– 51, and H.-W. Sinn and G. Sinn, *Jumpstart. The Economic Unification of Germany*, MIT Press: Cambridge, Mass., and London, England 1992.

52) H. Berger and A. Ritschl, 'Die Rekonstruktion der Arbeitsteilung in Europa. Eine neue Sicht des Marshall-Plans in Deutschland 1947–1951', *Vierteljahreshefte für Zeitgeschichte* 43, 1995, pp. 473–519, table p. 479. 그 대신 독일은 1953년 런던 채무협정에서 300억 마르크(마셜 플랜 신용액 포함)의 채무를 면제받았는데, 이는 1952년 서독 GDP의 22%에 해당하는 금액이었다. C. Buchheim, 'Das Londoner Schuldenabkommen', in L. Herbst (ed), *Westdeutschland* 1945–1955. *Unterwerfung, Kontrolle, Integration*, Oldenbourg, Munich 1986, pp. 219–229.

53) B. Born, T. Buchen, K. Carstensen, C. Grimme, M. Kleemann, K. Wohlrabe, and T. Wollmershäuser, *Austritt Griechenlands aus der Europäischen Währungsunion: historische Erfahrungen, makroökonomische Konsequenzen und organisatorische Umsetzung*, Ifo Institute, Munich 2012; C. Reinhart, 'This Time is Different Chartbook: Country Histories on Debt, Default, and Financial Crises', NBER Working Paper No. 15815, 2010; and C. Reinhart and K. S. Rogoff, *This Time is Different: Eight Centuries of Financial Folly*, Princeton University Press, Princeton 2009 참조.

54) 이 부분은 H.-W. Sinn, 'Die offene Währungsunion', *Wirtschaftswoche*, No. 29, 16 July 2012, p. 39을 토대로 기술하였다. 검색: <http://www.ifo.de/de/Sinn_WiWo_2012/w/4FAADYipx>; H.-W. Sinn and F. L. Sell, 'Der neue Euro-Club', *Süddeutsche Zeitung*, No. 169, 24 July 2012, p. 19, 검색: <http://www.ifo.de/de/ Sinn_Sell_SZ_2012/w/3qGgteRuJ>; and H.-W. Sinn and F. L. Sell, 'Our Opt-in Opt-out Solution for the Euro', *Financial Times*, 31 July 2012, 검색: <http:// www.ft.com/intl/cms/s/0/b2c75538-da35-11e1-b03b-00144feab49a.html#axzz25VFxZZXs>. A similar proposal was made in 2010 by Martin Feldstein. M. Feldstein, 'Let Greece Take a Eurozone "Holiday" ', *Financial Times*, 16 February 2010 참조, 검색: <http://www.ft.com/intl/cms/s/0/72214942-1b30-11df-953f-00144feab49a.html#axzz25VFxZZXs>.

55) Citi Research, Global Economic Outlook and Strategy, 25 July 2012, p. 7, 검색: <https://groups.google.com/forum/#!topic/brokeragesreport/WJWC3Wprr48>; M. Voss, 'Citigroup erwartet Griechenlands Euro-Austritt zum 1. Januar 2013', Focus, 26 July 2012, 검색: <http://www.focus.de/finanzen/news/staatsverschuldung/90-prozent-wahrscheinlichkeit-fuer-grexit-citigroup-erwartet-griechen-austritt-am-1-januar-2013_aid_787927.html>; and D. Eckert, 'Was passiert, wenn die Troika den Stecker zieht', Die Welt, 27 July 2012, 검색: <http://www.welt.de/finanzen/article108401579/Was-passiert-wenn-die-Troika-den-Stecker-zieht.html>.

56) 병행 통화에 관한 다른 제안이 많이 있다. B. Lucke and M. J. M. Neumann, 'Drachme als zweite Landeswährung einführen', Handelsblatt, 21 May 2012, 검색: <http://www.handelsblatt.com/meinung/gastbeitraege/gastbeitrag-drachme-als-zweite-landeswaehrung-einfuehren/6656530.html>; and T. Mayer, 'Der Geuro', *DB Research*, 23 May 2012, 검색: <http://www.dbresearch.de/ 마테오 해법(the Matheo Solution)이 있다. 이에 따르면, 모든 유로존 국가가 유로 외에 다른 통화를 병행 사용하는 것인데, 국내 대차계약과 가격은 이 통화로 확정한다는 것이다. A. ten Dam, ' "The Matheo Solution (TMS)" kann den Euro retten', *ifo Schnelldienst* 64, No. 23, 9 December 2011, pp. 22–25 참조, 검색: <http://www.cesifo-group.de/DocDL/ifosd_2011_23_2.pdf>.

57) B. Eichengreen, 'The Euro: Love it or Leave it?', *VoxEU*, 4 May 2010, 검색: <http://www. voxeu.org/article/eurozone-breakup-would-trigger-mother-all-financial-crises>; M. Jacobides, 'Greece could become "the North Korea of Europe" ', London Business School News, 16 May 2012, 검색: <http://www.london.edu/news-andevents/news/2012/05/Greece_could_ become_%E2%80%9Cthe_North_Korea_of_Europe%E2%80%9D_1432.html>.

58) 이 부분에는 출판사의 허락을 받아 다음 논문에서 사용했던 문장을 몇 개 그대로 사용하였다. H.-W. Sinn, 'Die europäische Fiskalunion', *Perspektiven der Wirtschaftspolitik* 13, 2012, pp. 137–178.

59) J. Limbach, 'Es gibt keine europäische Identität', *Frankfurter Allgemeine Zeitung*, 26 August 2012, 검색: <http://www.faz.net/aktuell/feuilleton/debatten/europas-zukunft/jutta-limbach-ueber-europas-zukunft-es-gibt-keine-europaeische-identitaet-11868798.html>; R. Herzog, 'Die dürfen nur nicken', Interview by T. Hildebrandt and H. Wefing, *Die Zeit*, 25 September 2011, 검색: <http://www.zeit.de/2011/39/Interview-Herzog/seite-2>; and R. Brüderle, 'BRÜDERLE-Interview für die Rheinische Post', Interview by M. Bröcker, *Rheinische Post*, 4 July 2012, 검색: <http:// www.liberale.de/content/bruederle-interview-fuer-die-rheinische-post-7>.

60) EEAG, *The EEAG Report on the European Economy: The Road Towards Cohesion*, Munich 2014, chapter 2: *Switzerland: Relic of the Past, Model for the Future?*.

61) EU, 'Treaty on the Functioning of the European Union (TFEU)', 9 May 2008, article 5 참조.

62) H.-W. Sinn, *The New Systems Competition*, Yrjö Jahnsson Lectures, Basil Blackwell, Oxford 2003 참조.

63) EU, 'Treaty on the Functioning of the European Union (TFEU)', 9 May 2008, article 125 참조.

64) 다른 통합경제 지역과 비교하여, 유로존은 위험 분담이 적고 주권 위임이 거의 없는 연합으로 디자 인되었다. 강력한 재정 계약이나 규칙의 실행이 없음으로 인해 안정적인 통합도의 경로를 벗어나, 이는 구제수단을 통해 주권 위임의 증가 없이 집단적으로 위험을 분담하는 방향으로 옮아 갔다. 이에 대해서는 다음을 참조하기 바란다. H. Berger, 'Die Logik der Währungsunion', in K. Konrad, R. Schön, M. Thum, and A. Weichenrieder (eds), *Die Zukunft der Wohlfahrtsgesellschaft—Festschrift für Hans-Werner Sinn*, Campus, Frankfurt 2013, pp. 57–76.

65) A. Spinelli and E. Rossi, *The Ventotene Manifesto. For a Free and United Europe*, Milan 1943 이 이러한 헌법을 초기에 제안하였다. 유럽연합의 현 정책결정구조에 입각하여 이러한 헌법에 관해 명시적이고 절제된 개괄적인 설명을 하고 있는 European Constitutional Group, *A Proposal for a Revised Constitutional Treaty*, April 2006도 참조하기 바란다. 검색: <http://www.freiheit.org/ files/600/A_Proposal_for_a_Revised_Constitutional_Treaty_10.04.06.pdf>.

66) F. Heisbourg, 'EU arbeitet hart daran zu verschwinden', Interview, *Der Standard*, 17 April 2012도 참조.

색인

인명 색인

주제어 색인

저자 및 편집자 색인

"어려운 현실에서 희망을 갖고자 하는 사람들은 탁월한 법의학서와도 같은 이 책에 반응하지 않을 수 없다"

– Alan J. Auerbach, University of California, Berkeley

"한스베르너 진은 독일에서 저술활동이 가장 활발하고 학식이 가장 뛰어난 경제학자로 부상하였다. 그는 유로뿐 아니라 그 밖의 매우 다양한 주제에 관해 저술하였다. 이 책은 그야말로 역작(力作)이다."

– Jagdish N. Bhagwati, Columbia University

"현재 유럽이 당면하고 있는 난제의 연결고리를 파악하는 데 관심을 갖고 있는 사람이라면 누구나 읽어야 할 필독서이다. 강력히 추천하는 바이다."

–Robert Haveman, University of Wisconsin-Madison

"놀라울 정도로 참을성 있게, 현명하게, 명석하게 유로 위기의 복잡하게 얽히고설킨 이야기를 술술 풀어낸 거장의 분석"

–Peter W. Howitt, Brown University

"한스베르너 진은 중요한 메시지를 전달하기 위해 복잡한 인과관계를 쉽게 이해할 수 있는 언어로 또다시 명석하게 설명하고 있다."

–Otmar Issing, former ECB Chief Economist

"유로를 구하기 위해 무엇을 해야 할지를 알고 싶은 사람이라면 누구나 읽어야 할 필독서이다."

– *Anil K. Kashyap, University of Chicago*

"유럽의 미래를 걱정하는 사람이라면 누구나 이 흥미진진한 책을 읽을 필요가 있다."

– *David Laidler, University of Western Ontario*

"'유로의 함정(Euro Trap)'은 넓은 독자층을 확보하고 있다."

– *Allan H. Meltzer, Carnegie Mellon University and Stanford University*

"실제 어떤 일이 진행되고 있는지를 알고 싶어하는 사람들의 마음을 사로잡는 책이다."

– *Manfred J. M. Neumann, University of Bonn*

"이 책은 대담하고 명석하게 분석하고 있다. 유럽과 전 세계의 일반대중과 정책입안자는 신중하게 궁구해야 할 것이다."

– *William D. Nordhaus, Yale University*

"한스베르너 진은 최소한 10년 만에 유로에 관한 가장 중요한 학술서를 저술한 것 같다. 어떤 논점을 취하든 간에 이 책을 꼼꼼히 읽어봐야 할 것이다. 그의 목표는 열렬한 지지를 보내거나 비판을 가하는 데 있는 것이 아니라 균형 잡힌 객관적 통찰을 제공하는 데 있다."

— *Kenneth Rogoff, Harvard University*

"이 책은 너무 흥미진진하고 그 세부내용이 너무 걱정스러워서 나는 이 책을 한자리에서 다 읽어버렸다."

— *Frank Schirrmacher, Co-Editor of the Frankfurter Allgemeine Zeitung*

"한스베르너 진은 언제나 그렇듯이 열정과 단순명쾌함으로 이 중요한 저작에서 유로존이 직면하고 있는 위험한 취약점의 원인을 설명하고 현실적인 개선안을 제시하고 있다. 진 교수는 영향력이 매우 큰 사람이다."

— *Robert M. Solow, Massachusetts Institute of Technology*